और बाबासाहेब अम्बेडकर ने कहा...

5

और बाबासाहेब अम्बेडकर ने कहा...

डॉ. बाबासाहेब अम्बेडकर के आलेख एवं अभिभाषण

(1951-1956)

खण्ड : पाँच

डॉ. भीमराव रामजी अम्बेडकर

अनुवादक/सम्पादक

डॉ. एल. जी. मेश्राम 'विमलकीर्ति'

राधाकृष्ण प्रकाशन

ISBN : 978-81-8361-205-0 (सेट)

और बाबासाहेब अम्बेडकर ने कहा...

पहला संस्करण : 2008
चौथा संस्करण : 2021
This book is printed on **Print on Demand** Technology : 2024

मूल्य : ₹5550
(छह खंडों का सेट)

प्रकाशक
राधाकृष्ण प्रकाशन प्राइवेट लिमिटेड
जी-17, जगतपुरी, दिल्ली-110 051

शाखाएँ : अशोक राजपथ, साइंस कॉलेज के सामने, पटना-800 006
पहली मंजिल, दरबारी बिल्डिंग, महात्मा गांधी मार्ग, प्रयागराज-211 001
1, अनमोल सोराबजी संतुक लेन, धोबी तलाव, मरीन लाइंस, मुम्बई-400 002
वेबसाइट : www.radhakrishnaprakashan.com
ई-मेल : info@radhakrishnaprakashan.com

AUR BABASAHEB AMBEDKAR NE KAHA... (Vol. 5)
Transleted and Edited by Dr. L. G. Meshram 'Vimalkirti'

डॉ. आंबेडकरांचे पत्र नं. ३

21/10/42.

22 PRITHVIRAJ ROAD
NEW DELHI

My dear Kosare,

I have your letter sent from 'Rajgraha' Bombay. You can go back if you like to Nagpur. I have sent Proofs to Joshi only yesterday. I am telling you that there is a post of a Labour Officer in C P. I don't know what qualifications they want. Write you by post if you cannot get into the Civil Pioneer Force. See that the Photos appear in appropriate places.

With kind regards
Yours truly
B R A

डॉ. आंबेडकरांचे पत्र नं. ४

New Delhi.
2nd December 1942.

My dear Kosare,

I have spoken to Mr. Rege, Labour Commissioner, C.P. when he came for the Labour Conference at Delhi about you and he has promised to call you for an interview. It might be better if you write to him for an appointment mentioning that I have asked you to do so, and I am sure that he will take you up.

Yours sincerely,

H. L. Kosare Esq., B.A.,
Secretary, Depressed Classes Conference,
New Shukarwarwadi,
Shirke Road,

N A G P U R .

प्रकाशकीय

दलित चेतना के अग्रदूत बाबासाहेब अम्बेडकर की क्रान्तिमूलक प्रेरणाओं से सारा विश्व परिचित है। आधुनिक भारत के इतिहास में जिन महापुरुषों के शब्द हमारी अमूल्य थाती हैं, उनमें डॉ. अम्बेडकर पहली पंक्ति में आते हैं। वर्ण-व्यवस्था के दुष्चक्र में फंसे भारतीय समाज के एक बड़े हिस्से को बाबासाहेब ने जिस तरह आत्मसम्मान की राह दिखाई, उससे साबित होता है कि वे सचमुच एक युगद्रष्टा थे। अपनी गहरी विश्लेषणात्मक दृष्टि और स्वानुभूत पीड़ा के मेल से उन्होंने जो बल दलित-दमित जातियों को दिया, वह आगे चलकर युग-प्रवर्तक सिद्ध हुआ।

अपने आलेखों, भाषणों और टिप्पणियों में उन्होंने बार-बार ब्राह्मणवाद की जड़ पर प्रहार किया और समाज का ध्यान उस अन्याय की तरफ दिलाया जिसे लोग सदियों से स्वाभाविक और प्राकृतिक मानते आ रहे थे। आज भी उनके शब्दों की महत्ता और प्रासंगिकता घटी नहीं है, क्योंकि अनेक कारणों से आज भी यह अन्याय भारत में मौजूद है, और इसीलिए अम्बेडकर साहित्य को बार-बार पढ़ने की जरूरत है।

और बाबासाहेब अम्बेडकर ने कहा... के ये पाँच खण्ड इसी उद्देश्य को ध्यान में रखकर प्रकाशित किए जा रहे हैं। इन खण्डों में डॉ. अम्बेडकर के लेखों, अभिलेखों और भाषणों को सिलसिलेवार ढंग से संकलित किया गया है। विद्वान सम्पादक डॉ. विमलकीर्ति द्वारा संकलित/अनूदित यह प्रामाणिक और अभी तक हिन्दी में अनुपलब्ध सामग्री समकालीन पाठकों को चिंतन के लिए प्रेरित करेगी तथा वर्तमान समाज-व्यवस्था और दलित चेतना के नवीन उत्कर्ष को नई रोशनी प्रदान करेगी, ऐसा हमारा विश्वास है।

—अशोक महेश्वरी

भूमिका

डॉ. बाबासाहेब अम्बेडकर के आलेखों और अभिभाषणों का यह पाँचवाँ खंड है। इस खंड में उनके सन् 1950 से सन् 1956 तक के आलेख और अभिभाषण संग्रहित हैं। मतलब इस खंड में उनके स्वतन्त्र भारत में दिए गए और लिखे गए आलेख और अभिभाषण संग्रहित हैं। डॉ. अम्बेडकर ने ब्रिटिश भारत में दलितों की स्थिति के बारे में और दलितों के अधिकारों के बारे में जो सवाल उठाए थे वे सवाल सन् 1950 के बाद के भारत में भी थे इस बात को डॉ. अम्बेडकर ने अच्छी तरह अनुभव किया था। उनकी यह मान्यता थी कि शासक बदले लेकिन दलितों की समस्याएँ ज्यों की त्यों हैं। लेकिन डॉ. अम्बेडकर ने आजाद भारत का पूरी तरह से समर्थन किया था। इसीलिए वे भारत की संविधान सभा में गए और उन्होंने संविधान सभा का संविधान ड्रॉफ्टिंग कमेटी का अध्यक्ष बनकर भारत के संविधान को लोकतान्त्रिक रूप देने का महान कार्य किया। वे स्वतन्त्र भारत के कानून मन्त्री थे। भारतीय संविधान के शिल्पकार थे, निर्माता थे। उन्होंने स्वतन्त्र भारत के सामने आनेवाले खतरों के बारे में भी लोगों को सचेत किया था उस सम्बन्ध में उनके महत्त्वपूर्ण विचार इस खंड में संग्रहित हैं।

इस खंड में उनके विचारों में व्याप्त कई महत्त्वपूर्ण संकल्पनाएँ व्यक्त हुई हैं। उनके कई बुनियादी और मौलिक विचार इस खंड में व्यक्त हुए हैं। इस खंड में उनके जो मौलिक आलेख और अभिभाषण संग्रहित हैं उनसे पता चलता है कि वे एक ओर भारत के संविधान को लोकतांत्रिक मूल्यों की बुनियाद पर खड़ा करते हैं तो वे दूसरी तरफ लोकतांत्रिक मूल्यों के अनुरूप बौद्ध धम्म का पूरा समर्थन करते हैं। वे हिन्दू धर्म को भारतीय संविधान के लोकतांत्रिक मूल्यों के अनुरूप नहीं मानते हैं। इस समय उनके जीवन में दो ही महत्त्वपूर्ण बातें दिखाई देती हैं और वह हैं बौद्ध धम्म और भारतीय संविधान। डॉ. अम्बेडकर ने दलितों और पिछड़ी जातियों की मुक्ति के लिए और उनके मानवीय अधिकारों की रक्षा तथा सुरक्षा के लिए बौद्ध धम्म और लोकतंत्रात्मक शासन प्रणाली के समर्थक भारतीय संविधान को ही उपयुक्त माना है।

इस खंड में उनके बौद्ध धम्म, सिविल कोड सम्बन्धी हिन्दुओं की नीयत, दलितों की आजादी, संसद का दुरूपयोग, बुद्ध की शिक्षा, मिलिन्द कॉलेज का गौरव, हिन्दू कोड बिल, कांग्रेस, मुस्लिम मतदाता, लोकतन्त्र की सफलता, ज्योतिबा फुले का रास्ता, राजसत्ता प्राप्त करने की आवश्यकता, अंग्रेजों की धोखाधड़ी, शराब मुक्ति, भारत के विश्वविद्यालय, सार्वजनिक पैसों का उपयोग, भाषिक प्रान्तों का निर्माण, बुद्ध विहारों की

आवश्यकता, बौद्ध धम्म की आवश्यकता, समाज को बदलने की आवश्यकता, राजनीति, संविधान की सफलता, लोकतन्त्र की सफलता, रिपब्लिकन पार्टी, चुनाव की असफलता, विरोधी दल की जरूरत, ब्राह्मण पंडित, ब्रह्मदेश में समानता, बुद्ध की अहिंसा, भगवद् गीता और धम्मपद, बुद्ध और मार्क्स आदि विषय मनन करने योग्य हैं। इस खंड में व्यक्त डॉ. अम्बेडकर के विचारों से इस बात का पता चलता है कि वे अपनी अन्तिम साँस तक भारत की परम्परागत और सनातन व्यवस्था को बदलने की लड़ाई लड़ रहे थे।

डॉ. अम्बेडकर के आलेखों में और अभिभाषणों में जो दाहकता है उस तरह की दाहकता भारत के अन्य किसी नेता में शायद ही कभी देखने को मिलेगी। डॉ. अम्बेडकर के आलेख और अभिभाषण उनके स्वतन्त्र चिन्तन का परिणाम है। उन्होंने जो भी कहा और जो भी लिखा है उसमें निरर्थक ऐसा कुछ भी नहीं है। इसीलिए उनके सामान्य से सामान्य अनुयायी ने भी उनके हर शब्द को किसी बहुमूल्य वस्तु की तरह संभालकर रखा है। उनके व्याख्यानों में और उनके आलेखों में कितना बल और कितनी प्रासंगिकता है इसका पता इन आलेखों को और अभिभाषणों को पढ़ने से ही लग सकता है। डॉ. अम्बेडकर को सम्पूर्ण रूप से समझने के लिए उनके अंग्रेजी आलेखों और लेखों की तरह उनके इन मराठी से हिन्दी में अनुदित आलेखों और अभिभाषणों को भी पढ़ना जरूरी है। उनके चिन्तन का मूल भी उनके इन आलेखों और अभिभाषणों में समाया हुआ है।

धन्यवाद।

नागपुर (महाराष्ट्र) **–डॉ. एल. जी. मेश्राम 'विमलकीर्ति'**

अनुक्रम

बौद्ध धम्म पुनः इस देश का धम्म होगा

__दि. 14 जनवरी 1951,__ रविवार को वरली मुम्बई में बुद्ध दूत सोसायटी के द्वारा एक सम्मेलन आयोजित किया गया था। इस सम्मेलन में डॉ. बाबासाहेब अम्बेडकर को भी निमन्त्रित किया गया था। इस सम्मेलन स्थल पर डॉ. अम्बेडकर का आगमन होते ही लोगों ने उनका जबर्दस्त स्वागत किया। इस सम्मेलन को सम्बोधित करते हुए डॉ. अम्बेडकर ने कहा–

प्यारे भाइयो तथा बहनो,

मैं यहाँ आप लोगों के सामने भाषण देने के लिए उपस्थित नहीं हुआ हूँ। मुझे लग रहा था शायद यह मेला अब समाप्त हो चुका होगा। लेकिन कल मेरे मित्र प्रो. भागवत मुझे मिले। और उन्होंने मुझे बताया कि मेला काफी दिनों तक चलेगा। मेरे पास यहाँ आने के लिए समय नहीं था। किन्तु लोगों के आग्रह के कारण मैं इनकार नहीं कर सका और मैं यहाँ हाजिर हो गया हूँ। इस तरह के समारोहों में हाजिर होने के परिणाम क्या होते हैं, इस बात को मैं अच्छी तरह जानता हूँ। मैंने आप लोगों के सामने बोलने की कोई पूर्व तैयारी नहीं की है।

धर्म का यदि कोई दिन मनाना हो तो वह कौन-सा दिन हो, जिसे मनाया जा सकता है? मुझे लगता है कि शिवरात्रि के रूप में वह दिन मनाना चाहिए। राम जयन्ती या कृष्ण जयन्ती मनानी चाहिए। हिन्दू धर्म की संस्कृति द्वारा नियोजित किए गए दिनों के अलावा अन्य दूसरा दिन हमारे दिलो-दिमाग में नहीं आता। बुद्ध का जन्मदिन मनाया जाना चाहिए इस तरह की भावना किसी के दिलो-दिमाग में नहीं आती। कितना आश्चर्य है! यह क्यों होना चाहिए, इसका कारण समझ में नहीं आ रहा है।

बुद्ध इस देश की धरती पर अस्सी साल तक जीवित रहे। उन्होंने इस देश में अपनी उम्र के पैंतालीस साल प्रचार में बिताए। आज जिस तरह शंकराचार्य के घूमने के लिए मोटरकार है, उस तरह की मोटरकार उनके पास नहीं थी। उनके पास मामूली घोड़ा-गाड़ी भी नहीं थी। उनके पास यातायात का कोई साधन उपलब्ध नहीं था। फिर भी जनकल्याण के लिए वह आदमी गाँव-गाँव, नगर-नगर, कस्बा-कस्बा पैदल घूमता रहा। इस देश में 1200 साल तक बुद्ध धर्म रहा। जिसने भिक्षा माँगकर अपना जीवन व्यतीत

किया, हर पीड़ा को बर्दाश्त किया, उस आदमी का नाम भी इस देश में किसी की जुबान पर नहीं आता!

कभी-कभी असत्य की विजय होती है। सत्य की विजय नहीं होती। यह कुछ-कुछ वैसी ही बात है। लेकिन सभी लोगों को यह बात ध्यान में रखनी चाहिए कि कभी न कभी सत्य की भी विजय होगी ही। और आज वह समय आ गया है। मुझे इस बात का पूरा यकीन है कि 1200 साल का धर्म पुनः इस देश का धर्म होगा। (तालियाँ)

हिन्दू धर्म एक नाले की तरह है। दो नाले मिलकर संगम बनाते हैं और उनका तीसरा नाला बन जाता है। इस तरह से हिन्दू धर्म उसी नाले की तरह है। एक नाले का पानी साफ-सुथरा होता है और दूसरे नाले का पानी गन्दा होता है। इन दोनों का संगम गन्दा और मैला होता है। उसी प्रकार हिन्दू धर्म के नाले से दो तरह का पानी बहता हुआ आया है। बौद्ध धर्म का साफ-सुथरा नाला और ब्राह्मणी धर्म का गन्दा नाला इन दोनों के संगम की वजह से उम्मीद थी कि हिन्दू धर्म के नाले से बहते हुए पानी की गन्दगी कम हो जाएगी। लेकिन हिन्दू के नाले का गन्दापन कम नहीं हुआ है। वहाँ के गन्दे पानी और साफ-सुथरे पानी को अलग-अलग करना चाहिए। तब तो गन्दगी को साफ किया जा सकता है।

अभी यहाँ भन्तेजी ने बताया है कि कई लोग बौद्ध धर्म की दीक्षा लेना चाहते हैं। किन्तु मैंने उन्हें बताया है कि बौद्ध होना आसान नहीं है। इसलिए हम लोग मिलकर कुछ नियम बनानेवाले हैं। जो लोग उन नियमों का पालन करेंगे उन्हीं को बौद्ध धर्म की दीक्षा दी जानी चाहिए। बुद्ध धर्म की दीक्षा लेने के बाद आप लोगों को हिन्दू धर्म के विचार और देवी-देवताओं को बौद्ध धर्म में लाने की इजाजत नहीं होगी। उनका पूरी तरह से त्याग कर देना होगा। घर में खंडोबा और बाहर बुद्ध इस तरह से नहीं चलेगा।

इसके अलावा जिन हिन्दू लोगों को बौद्ध धर्म की दीक्षा लेनी है उन्हें हिन्दू धर्म के कुकर्मों को छोड़ देना चाहिए। जातिव्यवस्था को माननेवाले लोग बौद्ध हो जाते हैं और बौद्ध धर्म को ब्राह्मण धर्म बनाते हैं, ऐसे लोग बौद्ध धर्म में नहीं आ सकते।

जिनके पास समय हो उन्हें यहाँ आना चाहिए और बौद्ध धर्म की दीक्षा लेनी चाहिए। उसके बाद बौद्ध धर्म को अपनाने की इच्छा हुई तो अपनाना चाहिए। गुड़-गोबर एक करने से काम नहीं चलेगा। आप लोग सिर्फ बौद्ध शिक्षा के मुताबिक ही आचरण कीजिए, और कुछ नहीं।

फिलहाल धर्म का पतन हो रहा है। लेकिन मैं कहता हूँ कि सभी को धर्म की जरूरत है। मेरी राय में एक बात निश्चित है कि समाज धर्म के बगैर बचेगा नहीं और वह धर्म बौद्ध धर्म ही होना चाहिए। यदि समानता, प्रेम, भाईचारा आदि बातें दुनिया के उत्थान के लिए जरूरी हैं तो वे बातें बौद्ध धर्म से ही मिल सकती हैं। मैंने बीस साल तक हर धर्म का अध्ययन किया है और सभी धर्मों का अध्ययन करने के बाद मेरी यह राय बनी है कि सारी दुनिया को बौद्ध धर्म को ही अपनाना चाहिए।

जरा सोचिए! यह बताया जाता है कि किसी समय यह देश सुसंस्कृत हो गया था।

फिर पाँच करोड़ अछूत लोग कहाँ से आ गए? करीब-करीब पाँच-सात करोड़ लोगों को चोरी-मारपीट करने के अलावा जीवन-निर्वाह का अन्य कोई रास्ता न मिलना, यह कैसे हुआ? अछूतपन का विधान करनेवाला दुनिया में एक भी धर्म नहीं है। फिर उस समय के और आज के सुसंस्कृत नेताओं ने क्यों प्रयास नहीं किया? चोरी, मारपीट करके अपना जीवन-निर्वाह करनेवाली जाति जिस संस्कृति में पैदा होती है, क्या उस संस्कृति को सुसंस्कृति कहा जा सकता है? इस तरह की जातियों को सुधारने का लोगों ने प्रयास नहीं किया इसका मतलब उस संस्कृति में कुछ-न-कुछ दोष तो निश्चित तौर पर रहा ही है। इस हिन्दू धर्म में पाँच करोड़ अछूत और पाँच-दस करोड़ लोग चोरी, मारपीट करनेवाले क्यों हैं? क्योंकि इस धर्म के मूल में ही दोष है।

इस नए कार्य को परखकर देखिए। उसका अध्ययन कीजिए। उसमें सम्मिलित हो जाइए। इस सुमंगल कार्य में आप लोग सम्मिलित हुए हैं, इसलिए मैं आप लोगों का अभिनन्दन करता हूँ।

साप्ताहिक 'जनता' के 20 जनवरी, 1951 के अंक में प्रकाशित।

सिविल कोड की बात करनेवालों की नीयत साफ नहीं

भारत में प्रतिक्रान्तिकारी, सनातनी विचारधारा माननेवालों की बड़ी लम्बी परम्परा है। जिन लोगों ने हिन्दू कोड बिल का विरोध किया था वे ही लोग सम्पूर्ण भारत के लिए सिविल कोड की माँग कर रहे थे। देश की संसद में गर्मागर्म बहस चल रही थी। डॉ. बाबासाहेब अम्बेडकर भारत के कानून मन्त्री थे। उन्होंने इसका जवाब देते हुए कहा–

जो लोग हिन्दू कोड बिल का विरोध कर रहे थे और परम्परागत हिन्दू कानून को बरकरार रखने का आग्रह कर रहे थे वे ही लोग आज अखिल भारतीय स्तर पर सिविल कोड तैयार करने की माँग कर रहे हैं। उनकी इस बात से मुझे बड़ा आश्चर्य हो रहा है। जो लोग इतने दिनों तक हिन्दू कोड बिल का सख्त विरोध कर रहे थे वे लोग ही अब इतने क्रान्तिकारी कैसे हो गए, यह बड़े आश्चर्य की बात है।

यदि उन लोगों को वास्तव में सिविल कोड की जरूरत है तो क्या उन्हें ऐसा लगता है कि जैसे हिन्दू कोड बिल को बनने में चार-पाँच साल लगे, उस तरह सिविल कोड बनाने में भी दस साल लग जाएँगे। मैं उन लोगों को बताना चाहता हूँ कि यदि उन्हें सिविल कोड चाहिए तो मैं उसे दो दिन में सदन के सामने रख सकता हूँ। यदि वे उस गोली को निगलने के लिए तैयार हों तो आधे घंटे में उसे मंजूर किया जा सकता है।

कौन-सा सिविल कोड? इंडियन सक्सेशन एक्ट (उत्तराधिकार का कानून) भी सिविल कोड ही है। इससे ज्यादा अच्छा कोड कोई बना सकता है, इस बात पर मुझे बिल्कुल भरोसा नहीं है। फर्क इतना ही है कि सिर्फ वह कानून सभी भारतीय नागरिकों पर लागू करना होगा। मतलब इसमें आनेवाले हिन्दुओं पर यह कानून लागू न हो इस दूसरी धारा को निकाल दिया गया तो सिविल कोड बन जाएगा! विवाह का कानून भी बनकर तैयार ही है।

किन्तु मुझे ऐसा लगता है कि जिन्होंने हमें सिर्फ सिविल कोड ही चाहिए, इस तरह की माँग की है क्या वह माँग एक अच्छा कानून देश में बने इस भावना से की गई है? (मान्यवर सोंधी ने बीच में कहा, 'उनके शब्दों पर यकीन कीजिए' उस पर

डॉ. अम्बेडकर ने कहा–) मैं उनके शब्दों पर विश्वास नहीं कर सकता क्योंकि मैं उन्हें अच्छी तरह से जानता हूँ। मुझे सिविल कोड की कल्पना विचारणीय नहीं लगती। इसका कारण उसमें कुछ नेकी या गम्भीरता है, ऐसा मुझे बिल्कुल नहीं लग रहा है।

धर्मनिरपेक्ष राज्य धर्म को नष्ट नहीं करता। उसका मतलब इतना ही है कि सरकार किसी धर्म को जनता पर थोप नहीं सकती। और इसीलिए सरकार धार्मिक भावनाओं पर प्रहार नहीं कर सकती। हिन्दू कोड बिल को अन्य धर्म को माननेवालों पर लागू करने की भाषा बोलना व्यावहारिक नहीं है। उसी प्रकार इस बिल के लिए जनमत की भी जरूरत नहीं है। यह सदन प्रभुत्वसम्पन्न है। वह कानून भी बना सकता है और उसे समाप्त भी कर सकता है। जो संसद (लोकसभा) हर कानून पास करते समय जनता की सम्मति की माँग करती है उस सदन का होने से न होना ही क्या बुरा है? (सरदार हुकम सिंह के आक्षेप का जवाब देते हुए डॉ. बाबासाहब अम्बेडकर ने कहा–) समाजशास्त्र की दृष्टि से हिन्दू कानून के तहत ही ये सभी धर्म आते हैं। बुद्ध और वैदिक ब्राह्मणों के मतभेद थे किन्तु वे सैद्धान्तिक थे। उन्होंने धार्मिक निर्बन्ध शास्त्र को बरकरार रखा था। उन्होंने अपने अनुयायियों के लिए नया कानून नहीं बनवाया। महावीर और सिखों के दस गुरुओं की भी यही बात है।

1830 में प्रिव्ही कौन्सिल ने इस तरह का फैसला दिया था कि सिख हिन्दू कानून में ही आते हैं। हिन्दू कानून धर्म बदलने के बाद भी बरकरार था, यह एक ऐतिहासिक सत्य है। यदि वह गलत लगता हो तो हम लोग उसमें संशोधन कर सकते हैं। उसे 'पंजाब पर लागू मत कीजिए' इस तरह की बात को मैं मंजूर नहीं कर सकता। हिन्दू कोड बिल को या तो पूरे देश में लागू कीजिए या फिर बिल्कुल लागू मत कीजिए। पंजाब में प्रचलित कानून हिन्दू कानून ही है। फर्क इतना है कि ईस्ट इंडिया कम्पनी ने मुस्लिमों के डर से उस समय हिन्दू शब्द का इस्तेमाल नहीं किया। क्योंकि वह कानून मुस्लिमों पर भी लागू है।

साप्ताहिक 'जनता' के 10 फरवरी, 1951 के अंक में प्रकाशित।

दलितों को अभी भी आजादी नहीं मिली

*रविवार **दि. 15 अप्रैल 1951** को दिल्ली के म्युटिनी रोड (रानी झाँसी रोड) पर डॉ. अम्बेडकर भवन के शिलान्यास का सम्भारम्भ डॉ. बाबासाहेब अम्बेडकर के ही हाथों आयोजित किया गया था। इस सभारम्भ के अध्यक्ष थे रफी अहमद किदवाई। इस अवसर पर अपने भाषण में डॉ. अम्बेडकर ने कहा–*

ब्रिटिश शासनकाल में दलित वर्ग को जितना संरक्षण प्राप्त था, उतना स्वतन्त्र भारत के शासन में नहीं है, इस बात को मुझे बड़े खेद के साथ कहना पड़ रहा है। ब्रिटिश शासनकाल में नौकरियों में दलित वर्ग को 12 प्रतिशत प्रतिनिधित्व देने के प्रस्ताव पर पूरी तरह से अमल होता था। किन्तु आज इस प्रस्ताव की कागज के मामूली टुकड़े जितनी कीमत रह गई है।

लोग कहते हैं कि हमें आजादी मिल गई है। किन्तु मैं दलित वर्ग को आजादी मिल गई है, इस बात को स्वीकार करने के लिए तैयार नहीं हूँ।

पंजाब में हमारे लोगों पर भयंकर जुल्म-ज्यादतियाँ हो रही हैं। इस तरह की जुल्म-ज्यादतियों से परेशान चालीस लोग दिल्ली आए हैं और उन्होंने राजघाट पर आमरण अनशन शुरू कर दिया है। दिल्ली के सभी अखबारों ने इस खबर का पूरी तरह से बहिष्कार किया है। इन लोगों ने लगभग तीस दिनों तक अनशन किया। लेकिन जब उन्होंने देखा कि हमारी ओर किसी का भी ध्यान नहीं है तो उन्हें वापस लौट जाना पड़ा। मुझे यकीन है कि जो अखबार उस समय आँखें मूँदकर बैठे हुए थे उन्होंने ही दिल्ली में किसी बूढ़ी औरत ने अनशन किया होता तो उस खबर को बड़े-बड़े हरफों में छापा होता। अखबारवाले अछूतों को पूरी तरह से अनदेखा करते हैं।

पंजाब में सिखों और अन्य लोगों द्वारा अछूत औरतों को जबरन भगाने की खबरें हैं। दलित वर्ग के लोगों पर कई तरह की जुल्म-ज्यादतियाँ की जा रही हैं। ग्रामीण इलाकों में उन्हें 'शामल' में जमीन विधि नहीं करने दी जाती; लकड़ियाँ नहीं तोड़ने दी जाती हैं।

जिनसे दलित वर्ग का प्रतिनिधित्व करने की उम्मीद की जाती है, ऐसे दस सदस्य पंजाब के विधिमंडल में हैं। पिछले तीन साल से लोकसभा में मेरे सामने इस तरह के तीस सदस्य बैठते हैं। उनमें से किसी एक को भी मैंने दलित वर्ग के कल्याण के बारे

में या उस वर्ग पर होनेवाली जुल्म-ज्यादतियों के खिलाफ एक शब्द भी बोलते हुए नहीं देखा है। लोकसभा में फिलहाल बजट पर बहस चल रही है। इसमें अनाज, चलनवृद्धि, कपड़े और चीनी का अभाव आदि के बारे में सरकार की आलोचना करने का मौका कोई नहीं छोड़ रहा है। किन्तु पंजाब के अछूत समाज पर जो जुल्म-ज्यादतियाँ हो रही हैं, उसके बारे में सरकार क्या कर रही है, इस तरह का सवाल किसी ने नहीं पूछा है।

यदि इस तरह के हजार सदस्य लोकसभा में रहें तब भी दलित समाज को उनसे कौन-सा फायदा होनेवाला है? ये गूँगे-बहरे लोग आखिर क्या करनेवाले हैं? मैं एक मन्त्री होने के कारण मेरे मुँह पर ताला लगा हुआ है। जब मैं सरकार में नहीं था उस समय मैं जुल्म-ज्यादतियों के खिलाफ आवाज बुलन्द करता था। उस समय मैं किसी भी अन्याय की ओर सरकार का ध्यान आकर्षित करता था। अब मेरे मुँह पर ताला लगा हुआ है। और जिन सदस्यों से दलित वर्ग की समस्याओं को उठाने की उम्मीद करनी चाहिए वे चुपचाप बैठे रहते हैं।

देश के अलग-अलग इलाकों से दलित वर्ग के हजारों लोग मदद की उम्मीद लेकर दिल्ली आते हैं। इसके लिए अम्बेडकर भवन में उनके ठहरने की व्यवस्था की जाएगी। इस भवन का निर्माण दलित वर्ग के सवर्ण हिन्दुओं की ओर से एक पैसा लिए बगैर अपने बलबूते पर करना चाहिए।

जब से गांधीजी ने अछूतोद्धार का आन्दोलन शुरू किया तब से सवर्ण हिन्दू समाज की सोच में फर्क आया है, इस बात से मैं सहमत हूँ। किन्तु पंडित, शर्मा जैसे मित्रों की हमदर्दी बेशकीमती होने के बावजूद भी हम लोगों को अपने बल पर ही भरोसा करना चाहिए। भूखे आदमी को रोटी की गरज होती है, केवल हमदर्दी से काम नहीं चलता। हम लोग यदि एक होकर खड़े रहे तो हम अपने हमदर्दों की मदद से और सहयोग से अपनी स्थिति में बदलाव ला सकते हैं।

पहले केन्द्रीय सरकार की कचहरी में एक भी दलित आदमी नहीं था। अछूतों को चपरासी बनने का भी अधिकार नहीं था। उसके बाद अपने प्रयासों को सफलता मिली और सरकारी नौकरियों में दलित वर्ग के लिए प्रतिशत तय किया गया। उनकी पढ़ाई-लिखाई के लिए सालाना तीन लाख रुपए मंजूर किए गए हैं।

साप्ताहिक 'जनता' के 21 अप्रैल, 1951 के अंक में प्रकाशित।

संसद को शेयर बाजार मत बनने दीजिए

डॉ. बाबासाहेब अम्बेडकर भारत के कानून मन्त्री थे। लोकसभा में संसद की स्वतन्त्रता पर बहस चल रही थी। इस अवसर पर डॉ. अम्बेडकर ने अपने भाषण में कहा–

संसद की स्वतन्त्रता बरकरार रहे, ऐसा चुनावी कानून बनाया जाना चाहिए।

व्यापारी वर्ग को अपना राजनीति पर प्रभाव दिखाने का मौका मिलना चाहिए, इसमें कोई आपत्ति नहीं है, किन्तु संसद को शेयर बाजार नहीं बना देना चाहिए। उसी प्रकार सरकार की ताल पर नाचनेवाली 'कोरस गर्ल्स' और जी-हुजूरी करनेवाले लोग भी संसद में नहीं जाने चाहिए।

'सलेक्शन कमेटी' ने चार महत्त्वपूर्ण संशोधन किए हैं। पार्लियामेंट या राज्य विधिमंडल के चुनाव में खड़े होने के लिए किसे अयोग्य समझा जाए, इसके लिए अयोग्यता के चार मूल कारण थे। वे सलेक्शन कमेटी ने आठ कर दिए हैं :

1. सरकारी कॉन्ट्रेक्ट लेनेवाला।

2. आयात-निर्यात नियन्त्रण के तहत व्यापार लाइसेंस प्राप्त करनेवाला।

3. सरकार की हिस्सेदारी और हितसम्बन्ध जिस कम्पनी में हों ऐसी कम्पनी का डायरेक्टर।

4. रिश्वत लेने के आरोप में जिसे सरकारी नौकरी से हटा दिया गया हो। इस तरह के और चार अन्य प्रकार के लोगों को अयोग्य घोषित कर दिया गया है।

उम्मीदवार का प्रवेश-पत्र स्वीकार करने के बारे में कुछ शिकायतें या विवाद के फैसले चुनाव होने से पहले ही हो जाने चाहिए, इस तरह की व्यवस्था मूल बिल में थी। उसे सलेक्शन कमेटी ने अस्वीकार कर दिया है। इसमें शायद सलेक्शन कमेटी को इस बात का डर रहा होगा कि इससे चुनाव की तिथियाँ आगे बढ़ सकती हैं। मूल बिल के मुताबिक चुनाव न्यायमंडल में जिला मजिस्ट्रेट, दस साल तक वकालत करनेवाला वकील और डिप्टी मजिस्ट्रेट की नियुक्ति की जा सकती थी लेकिन सलेक्शन कमेटी ने रिटायर्ड डिस्ट्रिक्ट मजिस्ट्रेट और रिटायर्ड या हाईकोर्ट के पूर्व जज को चुनाव न्यायमंडल में नियुक्त किया जा सकता है, इस तरह का नियम बना दिया है। कोई स्थान रिक्त होने पर उपचुनाव के लिए नोटिस निकालना आदि जिम्मेदारी राज्य सरकार की नहीं बल्कि चुनाव आयोग की रहेगी।

आपत्ति के सम्बन्ध में सलेक्शन कमेटी ने बड़े कठोर शब्दों का इस्तेमाल किया है। कॉन्ट्रेक्टर को चुनाव लड़ने की इजाजत होगी, लेकिन उसके चुनाव जीतने के बाद उसे कॉन्ट्रेक्ट छोड़ देना होगा या सदस्यता छोड़नी होगी; यह विकल्प रखा जाना चाहिए, यह मेरी अपनी निजी राय है।

संस्थानिकों को सरकार की ओर से आर्थिक लाभ तो मिलता ही है। इसलिए कुछ लोगों की यह भी सलाह है कि संस्थानिक ओहदेदार वर्ग के होने के कारण उन्हें चुनाव में खड़े होने के अयोग्य घोषित किया जाए। संस्थानिक लोग उक्त वर्ग के हैं या नहीं, इसके बारे में मैं अपना मत जाहिर नहीं करना चाहता। संविधान के मुताबिक इन मामलों में राष्ट्रपति से निवेदन करना पड़ता है और जाँच-पड़ताल के बाद जो उचित हो उसे करने का अधिकार राष्ट्रपति के पास होता है। फिर भी मौजूदा संविधान के अनुसार सरकार से जिन्हें आर्थिक सहायता मिलती है इस प्रकार के ओहदेदारों को पार्लियामेंट का या राज्य-विधिमंडल का सदस्य होने की इजाजत नहीं है, इसलिए उसके बारे में बिल में स्वतन्त्र प्रावधान करने की कोई जरूरत नहीं है।

जहाँ एक से ज्यादा उम्मीदवार चुने जाने हों ऐसे निर्वाचन क्षेत्र में दलित वर्ग के लोगों को आरक्षित स्थान देने से सम्बन्धित 1950 के जनप्रतिनिधि कानून में यह प्रावधान है। इसलिए जब तक उस कानून में संशोधन नहीं किया जाता तब तक इस सम्बन्ध में कुछ नहीं किया जा सकता।

इस देश में किसी भी आदमी को सरकारी नौकरी की वजह से अपना मताधिकार का इस्तेमाल करने पर रोक नहीं लगाई गई है। फिर भी नागरी और फौजी नौकरों को राजनीति में हिस्सा लेने की इजाजत दी गई तो सरकारी व्यवस्था में विद्रोह के बीज बोनेवाली बात हो जाएगी। प्रशासन की निष्पक्षता पर चोट न पहुँचे, इस बात का ध्यान रखना बहुत जरूरी है।

किसी उम्मीदवार का प्रचार करने से सम्बन्धित सभा, विज्ञापन आदि का खर्च ही चुनाव खर्च में जोड़ा जाएगा। किन्तु पार्टी के सिद्धान्तों का प्रचार करने के लिए जो किताबें, सभाएँ, विज्ञापन आदि पर खर्च होगा उसे चुनाव खर्च में शामिल नहीं किया जाएगा।

साप्ताहिक 'जनता' के 12 मई, 1951 के अंक में प्रकाशित।

राजनीति को शुद्ध रखने का प्रयास हो

सन् 1951 में मुम्बई में डॉ. बाबासाहेब अम्बेडकर की एक जनसभा आयोजित की गई थी। इस जनसभा को सम्बोधित करते हुए डॉ. अम्बेडकर ने कहा–

कांग्रेस ने इस देश की राजनीति को शुद्ध रखने का प्रयास नहीं किया है। कई राज्यों के मन्त्रियों के विरोध में कांग्रेसियों ने ही गम्भीर आरोप लगाए थे। लेकिन उनकी मामूली दलीय जाँच भी नहीं हुई, इसकी वजह क्या है? यह कांग्रेस के सम्मान और प्रतिष्ठा की दृष्टि से बड़े शर्म की बात है। किसी भी सरकार की महानता इस बात पर निर्भर करती है कि वह सरकार जनहित में कितना काम करती है। भोजन, कपड़ा आदि सवाल तो महत्त्वपूर्ण हैं ही किन्तु उससे भी महत्त्वपूर्ण बात यह है कि राजसत्ता कितनी शुद्धता से चलाई जाती है। जब से अपना देश आजाद हुआ तब से अनाज, कपड़े आदि का अकाल तो है ही लेकिन सबसे बड़ा दोष यदि कोई है तो वह है अशुद्ध और भ्रष्टाचार से सना हुआ राज्य प्रशासन। क्या राज्य शासन शुद्ध रखने के लिए बाहर से मदद लेनी पड़ेगी? इसके लिए सिर्फ शुद्धि की इच्छा चाहिए। राज्य शासन शुद्ध रखने के लिए आज कांग्रेस के सामने सबसे बड़ी कठिनाई यदि कोई है तो वह कांग्रेस में स्वयं को शुद्ध रखने की इच्छा की कमी है।

मित्रों से देशहित बड़ा है

भारत के उत्तर प्रदेश, बिहार, बंगाल आदि राज्यों में जनता ने नहीं तो कांग्रेसवालों ने ही कांग्रेस के मन्त्रियों के विरोध में कई आरोप लगाए हैं। लेकिन दुर्भाग्य की बात है कि इनमें से किसी भी राज्य में इन गम्भीर आरोपों की न्यायिक जाँच तो दूर, मामूली दलीय जाँच भी नहीं की गई है।

1920-21 के दौरान लॉर्ड रीडिंग और लॉर्ड जॉर्ज पर भ्रष्टाचार का आरोप लगाया गया था। उस समय लॉर्ड एस्क्रिप प्रधानमन्त्री थे। उस समय उस सरकार ने तुरन्त एक जाँच समिति का गठन किया। उसमें वे बेदाग साबित हुए फिर भी एस्क्रिप ने उन दोनों को इस्तीफा देने के लिए मजबूर किया क्योंकि उन्हें लगता था कि अपने सहयोगियों से भी देशहित बड़ा है। इसी प्रकार की दूसरी घटना पिछले साल एटली के कार्यकाल

में हुई है। लॉर्ड लिस्टीवेल वाणिज्य मन्त्री थे। उन पर यह आरोप था कि उन्होंने एक व्यापारी मित्र से ब्रांडी की बोतल और सूट का कपड़ा लिया है। जाँच के बाद उसमें कोई सच्चाई नहीं पाई गई, सिर्फ इतना पता चला कि रास्ते में मित्र से भेंट होने पर उनके मित्र ने ये चीजें उन्हें दी थीं। फिर भी एटली ने लिस्टीवेल को अपने मन्त्रिमंडल से निकाल दिया था। इस तरह से इंग्लैंड में राज्यसत्ता शुद्ध रखने का प्रयास देखिए और यहाँ कांग्रेस की नीति देखिए। यहाँ कांग्रेस के इन मन्त्रियों के खिलाफ कितने आरोप थे, लेकिन क्या हुआ उन आरोपों का?

कुछ उदाहरण देखिए, जब मैं मन्त्री था उस समय मैं प्रतिनिधित्व का बिल तैयार कर रहा था। उस बिल में यह व्यवस्था की गई थी कि सरकारी ठेका जिनके पास है उनके लिए पार्लियामेंट के दरवाजे बन्द होने चाहिए। लेकिन उस वजह से कांग्रेस पार्लियामेंट बोर्ड में तूफान खड़ा हो गया। अन्त में मुझे बिल के उस अंश को बदलना पड़ा।

दूसरा उदाहरण यह है कि उसी बिल में यह व्यवस्था की गई थी कि चुनाव में हर उम्मीदवार के चुनावी खर्च पर नियन्त्रण होना चाहिए। इस बात पर भी काफी हंगामा खड़ा किया गया। तीन दिन तक बहस चली। पार्लियामेंट के कांग्रेस सदस्य नेहरू के पास दौड़े और उन्होंने नेहरू से कहा कि, "आपने यह महत्त्वपूर्ण बिल तैयार करने के लिए ऐसे आदमी को क्यों दिया जो आदमी कांग्रेस को अपना दुश्मन समझता है? उसका इरादा तो कांग्रेस को नष्ट करना है।"

मैंने उस बिल में इस तरह की व्यवस्था की थी कि किसी भी उम्मीदवार का चुनावी खर्च उसके नाम किया जाए। उसका परिणाम यह होता कि चुनाव फंड को किसी भी उम्मीदवार द्वारा पार्टी के नाम पर बेहिसाब खर्च करने पर रोक लगती। लेकिन मुझे अन्त में इस धारा को भी बदलना पड़ा। मैंने उसके लिए काफी संघर्ष किया, किन्तु अन्त में मेरी हार हुई। आप लोग बताइए, क्या इस तरह का बर्ताव लोकतन्त्र की पवित्रता के अनुकूल है? हर देश के चुनाव कानून में इस तरह की धाराएँ हैं।

कांग्रेस आग से खेल रही है

लोकतन्त्र से कोई भी प्रतिबद्ध पार्टी इस बात को बर्दाश्त नहीं कर सकती। क्योंकि कोई भी कानून कितना भी अच्छा क्यों न हो किन्तु वह व्यवहार में किस तरह से लाया जाता है इस बात का राज्यशासन में महत्त्व है। ये राज्यशासन के दोष हैं। लोगों को इसी प्रकार के कई दोष इस कांग्रेस के कार्यकाल में दिखाई देंगे। जब मैं दिल्ली से आ रहा था उस समय मुझे यह बताया गया कि इस क्षेत्र में कुछ जगहों पर स्थानीय कांग्रेसी नेता न्यायाधीशों पर दबाव डालकर मनचाहे फैसले करवाने का प्रयास करते हैं। अपने संविधान में यह भी कहा गया है कि कानून सभी को समान रूप में देखेगा। किन्तु इस प्रकार से दखलंदाजी हुई तो इस देश का क्या होगा, इसके बारे में कुछ नहीं कहा जा सकता।

मुझे लगता है कि कांग्रेस को इस देश में विरोधी दलों को कुचल देने की भाषा का इस्तेमाल करने के बजाय उन्हें फलने-फूलने देना चाहिए और इस बात का प्रयास करना चाहिए। जिन देशों में संसदीय लोकतन्त्र है क्या वहाँ कई राजनीतिक पार्टियाँ नहीं हैं? फिर आप लोगों को किस बात का डर है? इस तरह के दबावों का प्रयोग करनेवाली कांग्रेस वास्तव में अंगारों से खेल खेल रही है। यही बात पैसेवालों की भी है। ये धनवान लोग किसी पार्टी के चुनाव फंड में पैसा देकर अपना वर्चस्व कायम करने की कोशिश कर रहे हैं। उन्हें भी यह बात ध्यान में रखनी चाहिए कि इस तरह की बातें देशहित की दृष्टि से बहुत खतरनाक हैं।

शराब, शिक्षा और सरकार

पहले जमाने में जब शराबबन्दी नहीं थी, सरकारी शराब की दुकानें थीं। उस समय गैरकानूनी शराब बेचने का धन्धा बहुत कम था। किसी भी विदेशी राष्ट्र की तुलना में हमारे देश में शराब पीने का शौक बहुत ज्यादा है। आज शराबबन्दी होते ही घर-घर में शराब की बिक्री शुरू हो गई है। घर में ही शराब बनाई जाती है इसलिए औरतों, बच्चों में भी शराब का शौक शुरू हो गया है। नैतिकता का पतन हो रहा है।

नशाबन्दी करने के लिए बहुत अल्पसंख्यक नशापीड़ित शराबियों को नशामुक्त करने के सफल प्रयास करने के लिए ही शायद सरकार ने उच्च शिक्षा को बहुत पेचीदा बना दिया है। केवल शराबबन्दी करने से पिछड़ा समाज आगे नहीं बढ़ सकता है। आज उन्हें उच्च शिक्षा, प्राथमिक शिक्षा की जरूरत है। और इस तरह की बातें जब तक नहीं होतीं तब तक ऊँचे वर्ग के हाथों में ही शासनसत्ता रहेगी। इस तरह से जब तक चल रहा है तब तक इस स्वराज्य का हम पिछड़े वर्ग के लोगों को क्या फायदा?

इस शराबबन्दी के लिए मुम्बई सरकार ने 1946 में 9 करोड़ रुपए बहा दिए। इतना ही नहीं, शराबबन्दी कानून अमल में लाने के लिए जिस पुलिस फौज का गठन किया है उस पर गरीब लोगों के 3-4 करोड़ रुपए खर्च किए गए हैं।

मैं आप लोगों से एक सवाल पूछना चाहता हूँ कि समाज में जो बहुत ही अल्पसंख्यक हैं ऐसे शराबियों को शराब के शौक से मुक्त करने की बजाय, मुक्त करने का भ्रम पैदा करना ज्यादा महत्त्वपूर्ण है या समाज के बहुसंख्यक भूखे लोगों के लिए अनाज की व्यवस्था करना, जिनके बदन पर कपड़ा नहीं है, उनके लिए कपड़े की व्यवस्था करना, जिनके पास रहने के लिए मकान नहीं उनके लिए मकान की व्यवस्था करना ज्यादा महत्त्वपूर्ण है? आप लोग ही इन सवालों का जवाब दीजिए।

भ्रष्टाचार योजना

इस योजना से दो बातें हो सकती हैं। पहली बात यह कि प्लॉनिंग कमीशन के अध्यक्ष पंडित नेहरू प्रधानमन्त्री की हैसियत से सर्वाधिकार सम्पन्न बननेवाले हैं। मैं अपना

अनुभव आप लोगों को बता रहा हूँ। हर विभाग के कामकाज पर और हर विभाग के मन्त्री पर पंडित नेहरू अपना वर्चस्व बनाए रखना चाहते हैं। वे किसी को भी स्वतन्त्र रूप से काम नहीं करने देते और न करने देंगे।

दूसरी बात यह कि इस योजना से भ्रष्टाचार और भी बढ़ जाएगा। यहाँ हर आदमी का जिनका सरकारी अफसरों से सम्बन्ध है, ऐसे सभी लोगों का यही अनुभव है कि रिश्वत दिए बगैर सरकारी अफसरों की ओर से कोई काम नहीं होता। इस पंचवर्षीय योजना के मुताबिक एक लाख रुपए से ज्यादा पूँजीवाला उद्योगधन्धा शुरू करने के लिए सरकारी अफसर की इजाजत लेनी होगी। उससे रिश्वत लेने का अनुपात हजारों गुना बढ़ जाएगा। कुल मिलाकर देखें तो इस योजना में उम्मीद करने लायक कुछ भी नहीं है।

गाडगिल की काँव-काँव

जब किसी आदमी के पास अपने कार्य के बारे में सन्तोषजनक बताने के लिए कुछ नहीं रहता उस समय वह दूसरों के बारे में गलतफहमियाँ पैदा करने के लिए, दूसरों को बदनाम करने के हरसम्भव प्रयास करता है। काकासाहेब गाडगिल की भी स्थिति वही है। शेड्यूल्ड कास्ट्स फेडरेशन और अन्य दलों के बीच चुनावी समझौता हुआ। उस पर आग उगलने का काम काकासाहब गाडगिल ने किया। उन्होंने यह सवाल उठाया कि, "शेड्यूल्ड कास्ट्स फेडरेशन एक जातिवादी संगठन है। और जो लोग यह कहते हैं कि हम कभी भी किसी भी जातिवादी संगठन से सहयोग नहीं करेंगे और ऐसा कहनेवाले समाजवादी विचारधारा के लोगों ने जातिवादी संगठन के साथ क्यों सहयोग किया है?" कांग्रेस का यह दावा है कि कुछ पार्टियाँ जातिवादी हैं और कुछ नहीं हैं। 1920 से इस तरह का प्रचार किया जा रहा है कि शेड्यूल्ड कास्ट्स फेडरेशन जातिवादी संगठन है। सिर्फ कांग्रेस जातिवादी नहीं है, ऐसा कांग्रेस का दावा है।

सवाल का जवाब दो

कांग्रेस के नेताओं से मेरा यह सवाल है कि क्या कांग्रेस के नेताओं ने जातिभेद को खत्म कर दिया है? क्या कांग्रेस के नेताओं ने सहभोज और अन्तर्जातीय विवाह को अपने जीवन में अमल किया है? काकासाहेब गाडगिल ने अपनी कन्या की शादी के लिए उच्चकुलीन सरदार आदमी को चुना है या नहीं? उसी प्रकार कांग्रेसी नेताओं में यह बात भी विशेष रूप से दिखाई देती है कि आधिकारिक पदों पर नियुक्ति करते समय उन्हें अपनी-अपनी जाति के लोगों का ही ख्याल रहता है। हम लोग जातिभेद को समाप्त करने का जितना प्रयास कर रहे हैं क्या उतना प्रयास किसी कांग्रेसी नेता ने कभी किया है? कांग्रेस मेरा इसलिए विरोध कर रही है क्योंकि मैं जाति से महार हूँ।

विरोधी दल की जरूरत

कोई भी सरकार बगैर गलती किए काम नहीं करती। हर किसी में प्रमाद तो होगा ही। किन्तु उसे उजागर करने के लिए जनता को सरकार की गलतियों की जानकारी देने के लिए विरोधी दल की जरूरत होती है। इंग्लैंड, कनाडा आदि देशों में विरोधी दल को कानूनी मान्यता है। और उनके नेताओं को सरकारी वेतन मिलता है। कांग्रेस ने इस देश की राजनीति को शुद्ध रखने के लिए कोई प्रयास नहीं किया है। इसलिए ऐसी भ्रष्ट कांग्रेस को पुनः चुनना है या नहीं, इस बात का फैसला आप लोगों को ही करना है।

मैं भारत के कांग्रेस विरोधी सभी दलों को इकट्ठा करने के बारे में सोच रहा हूँ। लेकिन चुनाव के लिए अब बहुत ज्यादा दिन नहीं बचे हैं इसलिए यह अब सम्भव नहीं है। लेकिन चुनाव के बाद मैं इसके लिए प्रयास करूँगा।

बुद्ध की शिक्षा को जीवन में अपनाइए

*दि. **19, 20** और **21 मई 1951** को नई दिल्ली में दिल्ली शेड्यूल्ड कास्ट्स वेलफेयर एसोसिएशन और भारतीय महाबोधि सोसायटी के द्वारा 'बुद्ध जयंति' का सभारम्भ बहुत बड़े पैमाने पर मनाया गया था। **19 मई** को बड़ी शोभायात्रा आयोजित की गई थी और **20 मई** को विराट सभा का आयोजन किया गया था। इस सभा को सम्बोधित करते हुए डॉ. अम्बेडकर ने कहा–*

आप लोगों को यहाँ आए हुए दो-तीन घंटे हुए होंगे और स्वाभाविक तौर पर आप लोगों को अपने-अपने घर जाने की इच्छा हो रही होगी। इस बात को देखते हुए मैं ज्यादा समय नहीं लूँगा। वैसे तो मुझसे पहले पाँच-छह वक्ताओं ने भगवान गौतम बुद्ध के जीवन के बारे में बहुत कुछ बताया है। मुझे जो कुछ कहना है वह सब आज ही कहना है, यह कोई जरूरी नहीं है। क्योंकि आज के बाद हम लोग फिर नहीं मिलनेवाले हैं, ऐसी बात नहीं। हम लोग बार-बार मिलते रहेंगे। फिर भी मुझे कुछ कहना ही है, यह कई लोगों का आग्रह है। इसलिए मुझे कुछ-न-कुछ कहना ही चाहिए।

मैं यह चाहता हूँ कि भारत के तमाम अछूतों को बुद्ध की शिक्षा अपनाते हुए उसके मुताबिक जीवन जीना चाहिए। पिछले साल हम लोग यहाँ बुद्ध जयन्ती के अवसर पर इकट्ठा हुए थे। उस समय यहाँ इतना बड़ा जनसमूह इकट्ठा नहीं हुआ था। लेकिन आज यह विशाल जनसमूह देखकर और एक साल में लोगों में इतना अधिक अपनापन पैदा हुआ, यह देखकर मुझे बड़ा सन्तोष हो रहा है। इसके अलावा अछूतों की खबरों को विशेष महत्त्व और स्थान न देनेवाले अखबारों में भी कल के विशाल जुलूस की खबर मुझे पढ़ने को मिली। हम लोगों ने जो प्रगति की है वह सचमुच प्रशंसनीय है।

बुद्ध जयंती मनाना कोई बहुत बड़ी बात नहीं है। किन्तु महान लोगों के कार्य के प्रति सम्मान की भावना व्यक्त न करना अच्छी बात नहीं। हम लोग बुद्ध जयंती मनाते हैं वह इसलिए कि भारत का सामाजिक पतन बन्द हो, इसलिए बुद्ध की शिक्षा को अपनाने से पहले बौद्ध धर्म और हिन्दू धर्म के बीच का फर्क लोगों को अच्छी तरह समझाया जा सके। हिन्दू धर्म में चातुर्वर्ण्य, मूर्तिपूजा, कर्मकाण्ड, होम-यज्ञ बलि चढ़ाना और आध्यात्मिकता आदि के रूप में सामाजिक असमानता है। लोगों के सामाजिक पतन के लिए और राष्ट्र के पतन के लिए जिम्मेदार ब्राह्मणशाही में और आज के हिन्दू धर्म

में मुझे कोई फर्क नहीं दिखाई दे रहा है। हिन्दू धर्म में शान्ति और एकता नहीं है। और उसका कारण चातुर्वर्ण्य पर आधारित हिन्दू धर्म की इमारत है, इस बात को आज अधिकांश हिन्दू लोग स्वीकार करते हैं। लेकिन सवाल यह है कि इस चातुर्वर्ण्य की चौखट को कैसे तोड़ा जाय, हिन्दू धर्म में शान्ति और एकता की स्थापना कैसे की जाय, इस सवाल का जवाब कोई नहीं दे रहा है। लायक-नालायक के बारे में सोच-विचार कर जो नालायक है उसे त्यागने की बात न करने का कारण एक ही है कि इस नालायकी की वजह से और चातुर्वर्ण्य की वजह से हिन्दू लोगों को स्वाभाविक लाभ मिल जाता है।

मैं सभी हिन्दुओं से यही कहना चाहता हूँ कि उन्हें इस चातुर्वर्ण्य व्यवस्था को पूरी तरह से त्याग देना चाहिए और पुरानी नादान मान्यताओं को समूल खत्म कर देना चाहिए। लेकिन यह कैसे होगा? क्योंकि वे वेदों की आज्ञा को प्रमाण मानते हैं। और वेदों में इस वर्णाश्रम व्यवस्था का समर्थन किया गया है। धर्म में सुधार होना चाहिए, इस तरह की भाषा बोलने से काम चलनेवाला नहीं है। उसके लिए आचार-विचारों में बुनियादी परिवर्तन प्रत्यक्ष जीवन में अमल में आना चाहिए। उसके बगैर सुधार की उम्मीद करना ही बेकार है।

बुद्ध धर्म से नफरत करनेवाले ब्राह्मणों से मैं पूछना चाहता हूँ कि बुद्ध को प्रारम्भ में जो शिष्य मिले वे कौन थे? उसमें नब्बे प्रतिशत तो ब्राह्मण ही थे। कुछ हिन्दुओं का कहना है कि जिन्हें बुद्ध धर्म स्वीकार करना हो, उन्हें करना चाहिए, लेकिन यह करते समय ब्राह्मणशाही को गालियाँ क्यों? उस सवाल का जवाब आसान है। वर्णाश्रम की बुनियाद पर खड़े ब्राह्मणशाही पर, हिन्दू धर्म पर प्रहार नहीं किया गया, उसका असली चेहरा नहीं बताया गया तो बुद्ध धर्म के प्रचार में, प्रगति के रास्ते में वह एक खतरा बन जाएगा। साफ-सुथरा निर्मल जल और गन्दा पानी इन दो धाराओं को साथ बहने दिया गया तो निर्मल जल गन्दा हो जाएगा। इसीलिए बौद्ध धर्म के निर्मल सिद्धान्तों के साथ हिन्दू धर्म का गन्दा जल नहीं बहने देना चाहिए।

बुद्ध धर्म की तरह ही हिन्दू धर्म में भी अहिंसा का समर्थन किया गया है, यह बात सही है। किन्तु वर्णाश्रम धर्म के हिन्दू धर्म की नींव बन जाने का एक ही कारण हिन्दू धर्म का निषेध करने के लिए पर्याप्त है। आज हिन्दू धर्म में जहाँ-तहाँ गन्दगी फैली हुई है। ब्राह्मण लोग मन्दिरों में रहते हैं। क्योंकि उन्हें वहाँ एशो-आराम का जीवन व्यतीत करने के लिए मिलता है; ईश्वर की भक्ति करने के लिए नहीं। पिछले साल सीलोन से लौटते समय मैं मद्रास में रुका था। उस समय वहाँ के कई हिन्दुओं ने मुझसे मन्दिरों को देखने की विनती की थी। मुझे बड़ा आश्चर्य हुआ। मैं मन्दिरों में गया। मैंने मन्दिरों में घूम-घूमकर देखा कि उनमें ब्राह्मण लोग मूर्ति पूजा कर रहे थे और धूप जला रहे थे, इसके अलावा वे दूसरा कोई काम नहीं करते। मुझे पता चला कि यह उनका एक महत्त्वपूर्ण व्यवसाय है। उनके बारे में दूसरी बात यह पता चली कि वे अत्यधिक खाना खाते हैं। सुबह, दोपहर, शाम–इस तरह वे लोग दिन भर खाना खाते रहते हैं। मैंने उनसे

पूछा कि उनका यह सब कैसे चलता है? उस पर मुझे जवाब मिला कि मद्रास सरकार की ओर से उन्हें डेढ़ लाख रुपयों की ग्रांट मिलती है। कुछ मन्दिरों में सोने-चाँदी की मूर्तियाँ दिखाई दीं। कुछ मूर्तियों की कीमत करोड़ों में आँकी जा सकती है। एक ओर देश में अनाज का अकाल है, लोग पैसे के लिए तरस रहे हैं और दूसरी ओर अनाज की खैरात बँट रही है और पैसों की लूट मची हुई है। यह सब हिन्दू धर्म के इन ब्राह्मण-पण्डा-पुरोहितों के लिए है। फिर आप ही बताइए, ये लोग हिन्दू धर्म की वाह-वाह क्यों नहीं करेंगे?

धर्म शुद्ध सिद्धान्तों पर आधारित होना चाहिए। बुद्ध का वर्णाश्रम धर्म पर कभी भी भरोसा नहीं था। हम सभी समान हैं, इस बात को हम लोगों को कभी भूलना नहीं चाहिए। आदमी-आदमी में किसी भी तरह का भेदभाव नहीं है। जन्म के आधार पर कोई भी ऊँच और कोई भी नीच नहीं हो सकता। आदमी ऊँच और नीच सिर्फ अपनी करनी से होता है। यही उपदेश बुद्ध ने दिया है। यदि लोग पुनः बौद्ध धर्म स्वीकार करेंगे तो यह देश फिर उत्थान की ओर बढ़ेगा, इस बात में कोई सन्देह नहीं है। इसके अलावा अन्य किसी भी रास्ते से जातिभेद नष्ट होना सम्भव नहीं है। जातीय भेदभाव को समाप्त करने के लिए बौद्ध धर्म को अपनाया जाना चाहिए। यही एकमात्र रास्ता है।

लेकिन हम लोगों को बिना किसी जल्दबाजी के धीरे-धीरे अपना लक्ष्य हासिल करना है। जो पुरानी पीढ़ी के लोग हैं, जिनके खून में हिन्दू धर्म घुल-मिल चुका है, ऐसे लोगों को यदि यह कहा जाय कि उन्हें हिन्दू धर्म तुरन्त छोड़ देना चाहिए, तो यह बात उनके लिए सम्भव नहीं होगी। और मैं भी उन्हें ऐसी सलाह नहीं दूँगा। किन्तु नौजवान लोगों के बारे में मुझे पूरा यकीन है कि वे उचित रास्ता अपनाकर अपना, समाज का और राष्ट्र का कल्याण करेंगे इसमें कोई सन्देह नहीं है।

साप्ताहिक 'जनता' के 26 मई, 1951 के अंक में प्रकाशित।

औरंगाबाद का गौरव : मिलिन्द कॉलेज

*दि. **1 सितम्बर 1951** को पीपल्स एज्यूकेशन सोसायटी द्वारा संचालित मिलिएन्द महाविद्यालय, औरंगाबाद के भवन का शिलान्यास सभारम्भ भारत के राष्ट्रपति डॉ. राजेन्द्र प्रसाद के हाथों हुआ। इस अवसर पर डॉ. बाबासाहेब अम्बेडकर ने अपने भाषण में कहा—*

अध्यक्ष महोदय,

जिस कॉलेज का शिलान्यास करने के लिए मैं आपसे विनती कर रहा हूँ उस कॉलेज की स्थापना 19 जून, 1950 में हुई है। इस कॉलेज को स्थापित करके इसकी जिम्मेदारी सँभालनेवालों के बारे में और इस कॉलेज को क्यों स्थापित किया गया इस सम्बन्ध में आज इस अवसर पर दो बातें कहनी मैं अनुचित नहीं समझता, ऐसा मुझे लगता है।

इस कॉलेज का संचालन पीपुल्स एज्यूकेशन सोसायटी, मुम्बई कर रही है और मैं इस संस्था का अध्यक्ष हूँ। इस संस्था की स्थापना 1945 में हुई थी। इस संस्था का उद्देश्य और लक्ष्य है संभवतः पूरे देश में और खास तौर पर पिछड़ी जातियों में उच्च शिक्षा का प्रसार करना। इसी उद्देश्य को मद्देनजर रखते हुए 1946 में मुम्बई में सिद्धार्थ नाम से एक कॉलेज शुरू किया गया। और मुझे यह कहने में खुशी हो रही है कि सिर्फ चार साल के अल्प समय में छात्रों की संख्या, देशी-विदेशी खेल और शिक्षा का स्तर आदि सभी बातों में सिद्धार्थ कॉलेज ने मुम्बई प्रदेश में महत्त्वपूर्ण स्थान बना लिया है। इस कॉलेज में 800 छात्र हैं। अन्य कॉलेजों में छात्रों की इतनी बड़ी संख्या शायद ही होगी। अन्तर कॉलेज खेलों के मुकाबलों में ऐसा एक भी खेल नहीं मिलेगा जिसमें सिद्धार्थ कॉलेज ने विजय हासिल न की हो। सिद्धार्थ कॉलेज ने मुम्बई विश्वविद्यालय की प्रसिद्ध छात्रवृत्तियाँ या पुरस्कार भी हाथ से नहीं जाने दिए। सिद्धार्थ कॉलेज की इस गौरवमयी परम्परा के लिए पीपुल्स एज्यूकेशन सोसायटी को स्वाभाविक रूप से गर्व महसूस हो रहा है।

इसलिए मुम्बई में शुरू किए इस कॉलेज के चार साल के अनुभवों से प्रेरित होकर अपने कार्य का फैलाव अन्य जगहों पर हम कर सकते हैं, इस बात का पूरा यकीन पीपुल्स एज्यूकेशन सोसायटी की गवर्निंग बॉडी ने दिलाया है।

इस कॉलेज को शुरू करने के लिए हैदराबाद संस्थान को ही क्यों तय किया गया,

इस तरह का सवाल शायद पूछा जा सकता है। इसका कारण भी बहुत सीधा है। शिक्षा की दृष्टि से हैदराबाद संस्थान काफी पिछड़ा हुआ है। और उच्च शिक्षा की दृष्टि से तो और भी पिछड़ा हुआ है। हैदराबाद संस्थान 84 हजार वर्ग मील भू क्षेत्र में फैला हुआ है। और उसकी जनसंख्या 1,60,0000 है। इस संस्थान में मार्च 1949 में कुल 17 कॉलेज थे। और कॉलेज में पढ़नेवाले छात्रों की संख्या 7615 थी। इन आँकड़ों की मुम्बई प्रदेश के शिक्षा के आँकड़ों से तुलना करके देखिए। मुम्बई प्रदेश का भूक्षेत्र 1,15,570 वर्ग मील है। और यहाँ की जनसंख्या 3.23 करोड़ है। यहाँ 31 मार्च, 1950 को कॉलेजों की संख्या 90 थी और उनमें शिक्षा पानेवाले छात्रों की संख्या कुल 50356 थी।

इन आँकड़ों से यह बात सिद्ध होती है कि हैदराबाद संस्थान उच्च शिक्षा की दृष्टि से काफी पीछे है। ऐसा क्यों है? मैं इसकी गहराई में नहीं जाना चाहता। यदि मुझे लगा तो इस सम्बन्ध में मैं हैदराबाद संस्थान की सरकार को सोचने के लिए एक स्वतन्त्र निवेदन पेश करूँगा। आज की स्थिति में हमें ऐसा लगता है कि हमारे कार्य के लिए हैदराबाद संस्थान ही उचित जगह है।

यदि हम हैदराबाद संस्थान के शिक्षा सम्बन्धी पिछड़ेपन को छोड़ दें तब भी गहराई में जाकर देखें तो यहाँ और भी एक खतरनाक बात दिखाई देती है। और वह यह है कि शिक्षा सम्बन्धी सहूलियतों का असंतोषजनक और असमर्थनीय विभाजन। हैदराबाद संस्थान में जो उच्च शिक्षा दिखाई देती है वह भी सिर्फ हैदराबाद शहर में ही है। कुल सत्रह कॉलेजों में से सिर्फ इंटर तक की शिक्षा देनेवाले तीन कॉलेज छोड़ दिए जाएँ तो शेष सभी कॉलेज संस्थान की राजधानी हैदराबाद शहर में ही हैं और जिन कॉलेजों में इंटर तक शिक्षा की सुविधा है ऐसे तीन कॉलेजों में से एक कॉलेज तेलंगाना क्षेत्र के लिए वारंगल में है, जहाँ की जनसंख्या 80 लाख है। 45 लाख जनसंख्यावाले मराठी क्षेत्र के लिए औरंगाबाद में एक इंटर कॉलेज और 35 लाख जनसंख्यावाले कर्नाटक क्षेत्र के लिए एक इंटर कॉलेज है।

इस अभाव को दूर करने के लिए सोसायटी ने हैदराबाद संस्थान को चुना है। शायद यह कहा जा सकता है कि औरंगाबाद की बजाय हैदराबाद संस्थान के तेलंगाना या कर्नाटक क्षेत्र में सोसायटी इस कॉलेज को शुरू कर सकती थी। हमारी सोसायटी को भाषिक या जातीय भावनाओं से कुछ लेना-देना नहीं है। हमारी सोसायटी का मूल उद्‌देश्य यही है कि जहाँ-जहाँ मौका मिलेगा वहाँ शिक्षा सम्बन्धी सेवाएँ उपलब्ध करना। मुम्बई का सिद्धार्थ कॉलेज चलाने में संस्था को जिस प्रकार से सफलता मिली है उसी प्रकार की सफलता इस नए प्रयास में भी मिलने की संस्था को पहले से ही उम्मीद थी। सोसायटी मुम्बई के अध्यापकों में से कुछ लोगों को यहाँ लाने के लिए तैयार थी। किन्तु यह दिखाई दिया कि सिर्फ मराठी बोलनेवाले प्राध्यापक ही अपनी इच्छा से यहाँ आने के लिए तैयार हुए। और इसी के कारण सोसायटी ने औरंगाबाद में अपना कॉलेज शुरू किया है।

कॉलेज ने जो विकास किया है उस आधार पर सोसायटी ने कॉलेज के लिए

औरंगाबाद का जो चयन किया है वह सही है, ऐसा कहने में कोई आपत्ति नहीं है। कॉलेज के विकास की जानकारी देने से पहले सोसायटी की गवर्निंग बॉडी की कार्य-प्रणाली की जानकारी होनी चाहिए। इसलिए मैं कॉलेज की कुछ बातों की ओर आपका ध्यान आकर्षित करना चाहता हूँ।

विशेष ध्यान देने योग्य बात यह है कि इस कॉलेज में लड़कों के साथ लड़कियाँ भी पढ़ रही हैं। जहाँ सामाजिक पिछड़ापन और सहशिक्षा की परम्परा का पूरी तरह से अभाव है, ऐसे क्षेत्र में लड़कों के साथ लड़कियों को भी शिक्षा का मौका प्रदान कर कॉलेज एक नया रास्ता तैयार कर रहा है। इस कॉलेज में सभी जाति और धर्म की लड़कियाँ शिक्षा पा रही हैं। लड़कियों को शिक्षा के लिए प्रेरणा मिले और उन्हें बड़ी संख्या में कॉलेज में पढ़ना चाहिए इसलिए शहर से कॉलेज तक आने के लिए कॉलेज ने एक बस की भी व्यवस्था की है। इस कॉलेज के दरवाजे सभी धर्मों के लोगों के लिए खुले हैं। यहाँ किसी भी प्रकार का जातिवाद नहीं है। कॉलेज के प्राध्यापक वर्ग में सभी धर्म के और सभी जाति के प्राध्यापक हैं। छात्रों में ज्ञान, विनय और शील का विकास करना, यही कॉलेज का लक्ष्य है।

यह कॉलेज अछूत और पिछड़े वर्ग के छात्रों की पढ़ाई की ओर विशेष ध्यान देता है। जिस संघर्ष के लक्षण आज हम देख रहे हैं, निम्न जातियों और ऊँची जातियों के बीच के इस संघर्ष को टालने के लिए सभी कॉलेजों को इसी तरह कार्य करना चाहिए। अछूत वर्ग के छात्रों की संख्या धीरे-धीरे बढ़ रही है। और फिलहाल कॉलेज में अछूत समाज के 26 छात्र हैं, उनमें कुछ छात्राएँ भी हैं।

इस कॉलेज के एक साल के विकास से यह साबित होता है कि इस कॉलेज के कारण इस क्षेत्र में जिस बात का अभाव था वह दूर हो गया है। यह कॉलेज 19 जून, 1950 को शुरू हुआ था। उस समय कॉलेज में सिर्फ 140 छात्र पढ़ रहे थे। आज छात्रों की संख्या बढ़कर 332 हो गई है और जगह के अभाव में पहले साल के वर्ग के प्रवेश पर मजबूरन रोक लगानी पड़ी है।

इस कॉलेज को सभी साधनों से सम्पन्न करने के लिए सोसायटी की गवर्निंग बॉडी ने किसी भी प्रकार की लापरवाही नहीं बरती है। कॉलेज ने 1 लाख 26 हजार रुपए खर्च करके प्रयोगशाला को सभी प्रकार के उपकरणों और साधनों से सजाया है। और सुयोग्य डेमॉन्स्ट्रेटर्स की देखरेख में विज्ञान के हर छात्र को स्वयं प्रयोग करने का मौका मिलता है।

जबकि इस कॉलेज को अभी एक साल हुआ है तब भी कॉलेज के पास एक सुन्दर पुस्तकालय है। उसमें कॉलेज में लगनेवाली हर प्रकार की किताबें हैं। सोसायटी ने इस पुस्तकालय पर चालीस हजार रुपए खर्च किए हैं और एक साल के भीतर ही चार हजार किताबों का संग्रह किया है। इस ग्रन्थालय में साहित्य तथा अन्य 64 विषयों की मासिक पत्रिकाएँ मँगवाई जाती हैं। यह पुस्तकालय कॉलेज छात्रों और शोध करनेवाले छात्रों दोनों के लिए उपयोगी हो सके, ऐसा पुस्तकालय बनना चाहिए, यही सोसायटी की इच्छा है।

छात्रों के शारीरिक विकास के लिए खेल और व्यायाम की ओर विशेष ध्यान दिया जाता है। छात्रों के शास्त्रीय और बौद्धिक विकास की ओर भी ध्यान दिया जाता है। छात्रों में शास्त्रीय विषयों में रुचि पैदा करने के लिए तान्त्रिक, औद्योगिक और शोध स्थलों तक पहुँचने के कार्यक्रम आयोजित किए जाते हैं। उसी प्रकार कॉलेज में प्रतियोगिता, साहित्य और विज्ञानमंडल भी स्थापित किए गए हैं। इन सारी सुविधाओं का लाभ कई छात्र उठा रहे हैं।

कॉलेज ने सिर्फ छात्रों को ही नहीं सामान्य जनता को भी शिक्षित करने का प्रयास किया है। इस दृष्टि से यूनेस्को द्वारा प्रस्तावित 'अनाज और जनता' विषय पर व्याख्यानमाला आयोजित की गई थी। यह व्याख्यानमाला काफी जनप्रिय हुई और अखबारों में उसका स्वागत किया गया है। कॉलेज तथा जनता के बीच का यह आपसी सम्बन्ध इसी तरह कायम रखने का कॉलेज का प्रयास है। जबकि यह कॉलेज अपनी शिशु अवस्था में है फिर भी किसी भी दृष्टि से यह कम नहीं है। बल्कि कॉलेज के हर क्षेत्र में जीवन्तता है और वह दिनोंदिन बढ़ रही है।

इस कॉलेज ने प्रशंसा योग्य जो कुछ किया है, उसका सारा श्रेय सिर्फ कॉलेज को ही देना चाहिए यह मेरा कहना नहीं है। बल्कि अन्य लोग भी उसके हकदार हैं। इसलिए मैं यहाँ साफ शब्दों में घोषणा करना चाहता हूँ कि इसके लिए सोसायटी सभी के प्रति एहसानमन्द है। इस सफलता के जो मेरे मित्र हक़दार है उनमें हैदराबाद के पूर्व शिक्षामन्त्री मान्यवर राजा धोंडीराज बहादुर का नाम महत्त्वपूर्ण है। उनके सहयोग के बगैर कॉलेज शुरू करना सम्भव नहीं था। उनके बाद वर्तमान मुख्यमन्त्री मान्यवर एम.के. बेलोदी, अर्थमन्त्री मान्यवर सी.वी.एस. राव, महसूल मन्त्री मान्यवर शेषाद्रि, शिक्षामन्त्री मान्यवर रामकृष्ण राव, उसी प्रकार मेरे सहयोगी मित्र मान्यवर गोपालस्वामी आयंगर मिनिस्टर फार स्टेट, उस्मानिया विश्वविद्यालय के उपकुलपति नवाब अली यावर जंगबहादुर, हैदराबाद शेड्यूल्ड कास्ट्स ट्रस्ट फंड के सेक्रेटरी मान्यवर आवासे, औरंगाबाद के तत्कालीन कलेक्टर मान्यवर राजवाडे, लैंड एक्वीजीशन ऑफिसर मान्यवर अष्टपुत्रे, हैदराबाद स्टेट कांग्रेस के अध्यक्ष मान्यवर, बिन्दू, पी.डब्ल्यू.डी. मन्त्री मान्यवर नवाब यावरजंग, पी.डब्ल्यू.डी. के आर्किटेक्चर दवे आदि सभी लोगों के प्रति मैं अपना आभार व्यक्त करता हूँ। सभी के प्रति अपना आभार व्यक्त करते समय मैं कॉलेज के प्रिंसिपल और उनके सभी सहयोगी कर्मचारियों को भी भूल नहीं सकता क्योंकि उन्होंने अपने घर-परिवार को मुम्बई में छोड़कर औरंगाबाद आने का बेमिसाल स्वार्थ त्याग किया है।

फिलहाल कॉलेज में बी.ए. और इंटर साइंस तक की पढ़ाई होती है। लेकिन अगले साल साइंस डिग्री तक की पढ़ाई की व्यवस्था करके इसे सम्पूर्ण कॉलेज बनाने का निश्चय किया गया है।

फिलहाल कॉलेज किराए के बँगले में चल रहा है। यह बँगला कैंटोन्मेट एरिया में होने की वजह से दो माह का नोटिस देकर इसे मिलिट्री कभी भी खाली करने के लिए कह सकती है। यह स्थिति बेहद नाजुक है। इस स्थिति की वजह से कॉलेज के स्थायी

अस्तित्व के बारे में सन्देह पैदा हो सकता है। कॉलेज की जरूरत की दृष्टि से यह स्थान बहुत अपर्याप्त है। उसी तरह छात्रों की ओर से हॉस्टल की माँग की जा रही है क्योंकि स्थानीय छात्रों से बाहर से आनेवाले छात्रों की संख्या अधिक है। और शहर में अन्य जगह पर रहने की पर्याप्त व्यवस्था नहीं है। इन सभी कारणों की वजह से कॉलेज को अपनी खुद की इमारत बनानी बहुत जरूरी है। इस बात को मद्देनजर रखते हुए सोसायटी ने इमारत बनाने का काम शुरू किया है। इस इमारत में बारह सौ छात्रों की व्यवस्था हो सके, इसमें एक हॉल और हॉस्टल होगा। इसके लिए सोसायटी ने शहर से ढाई मील की दूरी पर एक सौ पचपन एकड़ भूमि खरीदी है। इस भूमि के चारों ओर का दृश्य बड़ा रमणीय है। और उसी के साथ तैरने की और बोटिंग की व्यवस्था है। उसी प्रकार उसी के पास औरंगाबाद की सुप्रसिद्ध पनचक्की भी है।

इस तरह से इस कॉलेज के द्वारा हैदराबाद संस्थान और औरंगाबाद शहर को सुशिक्षित करने की सोसायटी की इच्छा है। फिर भी यह कॉलेज इस तरह से कैसे निर्मित किया जाए इस बारे में सोसायटी चिन्तित है। कॉलेज के इस पहले साल में सोसायटी को 1 लाख 7 हजार रुपयों का घाटा हुआ है। इस साल छात्रों की संख्या कुछ बढ़ जाने से यह घाटा कुछ कम हो जाएगा। फिर भी इस तरह के कुछ डर पैदा करनेवाले कारण हैं जिनकी वजह से अनिश्चित काल तक घाटा होता रहेगा और कॉलेज चलाने के सोसायटी के प्रयास शायद असफल हो जाएँगे। वे कारण प्रबल हैं और बहुत कम लोगों को उनकी जानकारी है। इस वजह से उन्हें सबके सामने रखने में कोई हर्ज नहीं है, ऐसा मुझे लग रहा है।

पहला कारण यह है कि उस्मानिया विश्वविद्यालय में इंटर तक के कॉलेज का होना। यह बात सही है कि औरंगाबाद में पीपुल्स एज्यूकेशन सोसायटी के अपना कॉलेज शुरू करने से पहले से उस्मानिया विश्वविद्यालय का यह कॉलेज चल रहा है। लेकिन दोनों कॉलेज ढंग से चल सकें, छात्रों की संख्या इतनी यहाँ नहीं है। इस वजह से वह कॉलेज सोसायटी के कॉलेज के प्रतिस्पर्धी की तरह काम कर रहा है। संस्थान में ऐसे कई शहर हैं जहाँ इमारतों की सुविधा है। किन्तु वहाँ कॉलेज नहीं है। संस्थानी प्रजा और अपने खुद के लाभ की दृष्टि से ऐसे किसी शहर में अपना कॉलेज स्थानांतरित करना उस्मानिया विश्वविद्यालय के लिए कठिन नहीं है। सोसायटी को यह बताया गया था कि उस्मानिया विश्वविद्यालय अपना कॉलेज औरंगाबाद से संस्थान के किसी अन्य शहर में ले जाएगा। परन्तु यह करने के बजाय उस्मानिया विश्वविद्यालय का औरंगाबाद में ही अपना कॉलेज कायम रखने का प्रयास चल रहा है। विश्वविद्यालय के सभी छात्रों को सोसायटी का कॉलेज अपने यहाँ समायोजित कर सकता है, इसके लिए कॉलेज में पर्याप्त व्यवस्था है। लेकिन उस्मानिया विश्वविद्यालय के कॉलेज की ऐसी स्थिति नहीं है। इसलिए वे अपनी प्रयोगशाला काले अरक[1] महल में ले जा रहे हैं। हमें यह भी मालूम हुआ है कि इस काम के लिए 10,000 रुपए मंजूर कर लिए गए हैं। लेकिन जहाँ कॉलेज

---

1. निजाम सरकार का औरंगाबाद का पुराना राजमहल।

के लिए अनुकूल सरकारी इमारत है, ऐसे मराठवाड़ा क्षेत्र के मोमिनाबाद शहर में ही कॉलेज और प्रयोगशाला ले जाना उचित होगा या नहीं? ऐसा करने से एक अन्य जिले के छात्रों को उच्च शिक्षा प्राप्त करने का मौका मिलेगा और सोसायटी का कॉलेज भी बेवजह की खींचतान से मुक्त होगा।

दूसरी कठिनाई फीस के सम्बन्ध में है। उस्मानिया विश्वविद्यालय को कॉलेज की प्रवेश फीस तय करने का हक़ है। उस्मानिया विश्वविद्यालय में साल में 60 रुपए मतलब कम-से-कम फीस निर्धारित की गई है। यह बात सही है कि पीपुल्स एज्यूकेशन सोसायटी के कॉलेज को साल में 120 रुपए फीस लेने की उस्मानिया विश्वविद्यालय की ओर से अनुमति दी गई है। फिर भी पड़ोस के मुम्बई विश्वविद्यालय नासिक और खानदेश जिले के कॉलेजों में जो फीस ली जाती है उसकी तुलना में यह फीस बहुत कम है। इस तरह फीस कम लेने से संस्थान की प्रजा की आर्थिक स्थिति से कोई सम्बन्ध नहीं है। उनका आर्थिक स्तर किसी भी रूप में पड़ोसी संस्थान की प्रजा के आर्थिक स्तर से कम नहीं है।

विश्वविद्यालय फीस को आमदनी के साधन के रूप में नहीं देखता इसलिए विश्वविद्यालय को इतनी कम फीस लेने में कोई नुकसान नहीं है। पहले के समझौते के मुताबिक हैदराबाद सरकार विश्वविद्यालय की हर आमदनी को सरकारी आय समझती थी। विश्वविद्यालय सिर्फ आय वसूल करनेवाला एक एजेंट समझा जाता था। उसे उस आमदनी से कुछ लेना-देना नहीं था। विश्वविद्यालय को सरकार की ओर से सालाना अनुदान दिया जाता था।

तीसरा कारण प्राध्यापकों के वेतन के प्रमाणों से सम्बन्धित है। उस्मानिया विश्वविद्यालय को अपने अधिकार में निजी कॉलेजों के प्राध्यापकों का वेतन निर्धारित करने का हक़ है। उस्मानिया विश्वविद्यालय के औरंगाबाद के कॉलेज के प्राध्यापक वर्ग के वेतन निम्न प्रकार हैं–

पद	**वेतन (रु.)**
प्रिंसिपल	1,200-1,700
प्रोफेसर	800-1,500
लेक्चरर	300-800
रीडर	350-800

उस्मानिया विश्वविद्यालय ने पीपुल्स एज्यूकेशन सोसायटी के औरंगाबाद के कॉलेज के लिए जो वेतन निर्धारित किए हैं वे निम्न प्रकार हैं :

पद	**वेतन (रु.)**
प्रिंसिपल	500-700
लेक्चरर	250-400
जूनियर लेक्चरर	180-355

उस्मानिया विश्वविद्यालय के कॉलेजों के प्राध्यापकों के वेतनमान निस्सन्देह बहुत ज्यादा हैं। यह बात सही है कि उस्मानिया विश्वविद्यालय ने सोसायटी के कॉलेज के लिए जो वेतनमान निर्धारित किए हैं वे सोसायटी ने अपने कॉलेज के जो वेतनमान निर्धारित हैं उनसे कुछ कम हैं। लेकिन पड़ोस के नासिक और खानदेश जिलों के कॉलेजों में फीस का फर्क और वहाँ के वेतनमानों की तुलना में ये वेतनमान बहुत कम हैं। इससे कॉलेज की अन्य स्थितियों पर फर्क पड़ता है।

चौथा कारण सरकारी अनुदान के सम्बन्ध में है। हैदराबाद संस्थान के कॉलेज की पढ़ाई उस्मानिया विश्वविद्यालय की मालगुजारी बनकर रह गई है। उच्च शिक्षा के बारे में सभी प्रकार की जिम्मेदारी से अपने-आपको अलग रखकर हैदराबाद सरकार ने उस जिम्मेदारी को उस्मानिया विश्वविद्यालय को सौंप दिया है। अब सरकार की जिम्मेदारी का मतलब संस्थान में स्थित कॉलेज-शिक्षा के लिए उस्मानिया विश्वविद्यालय को सिर्फ सालाना अनुदान देना रह गया है। इस अनुदान की रकम में से ही अपने कॉलेज को अनुदान मिलेगा, पीपुल्स एज्यूकेशन सोसायटी को ऐसी उम्मीद थी। लेकिन उस्मानिया विश्वविद्यालय का तर्क है कि सम्बद्ध कॉलेज के प्रति उसकी सीमित जिम्मेदारी है। इस सम्बद्ध कॉलेज का विश्वविद्यालय के अनुदान पर कोई हक़ नहीं है। सोसायटी का यह कॉलेज विश्वविद्यालय से सम्बद्ध किया गया है फिर भी उसके लिए उस्मानिया विश्वविद्यालय से अनुदान नामंजूर किया गया। इस पर सरकार का यह कहना है कि सरकार जितना अनुदान देने के लिए प्रतिबद्ध है उतना अनुदान उस्मानिया विश्वविद्यालय को दिया गया है। इसलिए सोसायटी के अनुदान की जिम्मेदारी सरकार पर नहीं है और सरकार इससे ज्यादा और कुछ नहीं कर सकती। इसका परिणाम यह हुआ है कि सभी प्रकार के सालाना घाटे का बोझ सोसायटी को बर्दाश्त करना पड़ रहा है।

इन बातों का परिणाम प्रतिकूल है। इससे कॉलेज के सामने कठिन स्थिति पैदा हो गई है। कॉलेज हर तरह से कठिनाइयों का सामना कर रहा है और उन कठिनाइयों को दूर करने में कॉलेज असमर्थ है। कॉलेज का सालाना अनुदान नामंजूर कर दिया गया है। फीस से आय बहुत कम है, और प्रतिस्पर्धी कॉलेज होने की वजह से कॉलेज की आर्थिक स्थिति पर इसका प्रतिकूल असर पड़ रहा है। वेतन के भारी दबाव के कारण कॉलेज का खर्च अत्यधिक बढ़ गया है।

कॉलेज का भविष्य पूरी तरह से इन कठिनाइयों के हल होने पर निर्भर है। मुझे उम्मीद है कि उस्मानिया विश्वविद्यालय और संस्थानिक सरकार के संयुक्त प्रयासों से ये कठिनाइयाँ हल की जा सकती हैं और कॉलेज का भविष्य सुरक्षित तथा निश्चिन्त किया जा सकता है। सोसायटी को किसी खास सहूलियत की जरूरत नहीं है। उसे यदि कुछ चाहिए तो कार्य के लिए अनुकूल और मुक्त क्षेत्र चाहिए।

मेरे पास अधिकृत जानकारी तो नहीं है लेकिन मैं सुन रहा हूँ कि हमारी सोसायटी के कॉलेज को हैदराबाद सरकार ने कुछ अनुदान देना तय किया है। यह खबर निश्चित तौर पर स्वागत योग्य है। और यदि यह खबर सही हो तो सहयोग के लिए मैं संस्थानिक

मन्त्री का आभारी हूँ। अब इतना ही काम शेष रह जाता है कि उपकुलपति कॉलेज की अन्य कठिनाइयों को दूर करें। मेरा उनसे नम्र निवेदन है कि वे उस्मानिया विश्वविद्यालय के कॉलेज को औरंगाबाद से अन्य जगह स्थानान्तरित करने का प्रयास करें। और मुम्बई राज्य के पड़ोसी जिलों के कॉलेजों में जितनी फीस वसूल की जाती है उसी मात्रा में हमें भी फीस बढ़ाने की अनुमति दी जाए। उपकुलपति मेरे निवेदन पर गौर करेंगे इस बात की मुझे पूरी उम्मीद है।

सोसायटी ने काफी बड़े आर्थिक बोझ से इस कॉलेज को शुरू किया है। वह बोझ कितना बड़ा है इस बात को बहुत कम लोग जानते हैं। सोसायटी ने हैदराबाद संस्थान के उत्थान के लिए निजाम सरकार द्वारा स्थापित एक करोड़ रुपए के शेड्यूल्ड कास्ट्स ट्रस्ट फंड में से 12 लाख रुपए कर्ज लेकर इस कॉलेज को शुरू किया है। यह कर्ज हम लोगों को बिना ब्याज के दिया गया है। इसलिए मैं फंड के बोर्ड का आभारी हूँ। यह एहसान की बात है फिर भी सालाना 50,000 रुपए की किश्त के हिसाब से यह कर्ज चुकाना है। इस बात को सोसायटी कभी भूल नहीं सकती। इस कर्जे की वापसी 1956 से शुरू होगी। 12 लाख रुपए की राशि इमारत और अन्य सामान खरीदने पर खर्च करनी थी। अब तक उपकरण और फर्नीचर पर तीन लाख खर्च हो गए हैं। इस रकम को घटाने के बाद कम-से-कम नौ लाख रुपए सोसायटी के पास बच जाते हैं। और अंदाज यह है कि कॉलेज की इमारत पर लगभग 20 लाख रुपए लग जाएँगे। इस तरह सोसायटी को कम-से-कम 11 लाख रुपए का घाटा हो रहा है। सोसायटी के पास आय की अपनी कोई व्यवस्था नहीं है। उस घाटे को पूरा करने के लिए सोसायटी को लोगों के दान पर निर्भर रहना पड़ेगा। सोसायटी ने जिस काम को शुरू किया है वह पूरी तरह से गैरराजनीतिक कार्य है। वह पूरी तरह से शिक्षा से सम्बन्धित और सांस्कृतिक कार्य है। जिसमें इच्छा और बल हो, चाहे वह किसी भी राजनीतिक पार्टी का आदमी हो, वह इस कार्य में मदद कर सकता है। इसलिए मैं इस सोसायटी के द्वारा हैदराबाद संस्थान के मराठवाड़ा और औरंगाबाद की जनता को उसी प्रकार हैदराबाद संस्थान के बाहर की जनता को अपने उदार हाथों से दान देकर इस शिक्षा से सम्बन्धित कार्य में सहयोग करने का नम्र निवेदन करना चाहता हूँ। मुझे पूरी उम्मीद है कि लोग मेरे इस निवेदन का आदर करेंगे।

इससे इस बात का पता चलता है कि अपना लक्ष्य हासिल करने के लिए सोसायटी को कितनी कठिनाइयों को बर्दाश्त करना पड़ रहा है। सोसायटी पर दोहरा बोझ है। इमारत का काम पूरा करने के लिए 11 लाख रुपए और उसके बाद कर्ज लौटाने के लिए साल में 50 हजार रुपए की व्यवस्था करनी है। इमारत तैयार करने के लिए अनुकूल स्थिति का और पैसा मिलने का सोसायटी इन्तजाम नहीं करेगी। सोसायटी को इमारत निर्माण का कार्य तुरन्त शुरू करना है। मुझे उम्मीद है कि इसे सोसायटी के कार्य से सम्बन्धित संकल्प का दस्तावेज समझा जाएगा। सोसायटी को इस बात का पूरा भरोसा है कि जब लोग देखेंगे कि इमारत का निर्माण कार्य शुरू हो गया है तो लोगों

का सहयोग भी मिलने लगेगा। छात्रों की संख्या की दृष्टि से कॉलेज की इमारत विशाल और सुन्दर होगी इसमें कोई सन्देह नहीं। वास्तुकला की दृष्टि से तो वह इमारत औरंगाबाद शहर में अपनी ही तरह की होगी।

हम लोग हिन्दू समाज के एकदम निचले स्तर से आए हैं। इसलिए शिक्षा का कितना महत्त्व है, इस बात को मैं अच्छी तरह जानता हूँ। निचले समाज का उत्थान उसकी आर्थिक स्थिति पर निर्भर माना जाता है। किन्तु यह बड़ी भूल है। हिन्दुस्तान के दलित समाज का उत्थान का मतलब उसकी बुनियादी जरूरतों को पूरा करके उसे पहले की तरह उच्च वर्ग की सेवा के लिए प्रेरित करना नहीं है। जिन कारणों से निम्न वर्ग का उत्थान रुका है और उसे दूसरों का गुलाम बनना पड़ा है उस हीनभाव को उसके दिलो-दिमाग से निकालना, प्रस्थापित समाज प्रणाली में जो लोग अछूतों को बेरहमी से लूटते हैं, उन्हें उनका राष्ट्र की दृष्टि से क्या महत्त्व है इस बात के प्रति सचेत करना ही निम्न वर्ग का मुख्य सवाल है। और यह उच्च शिक्षा के प्रसार के अलावा अन्य किसी बात से सम्भव नहीं होगा। मेरी राय में हमारे सभी सामाजिक सवालों का यही एक समाधान है।

अध्यक्ष महोदय, बचपन से ही मेरा एक सपना था कि शिक्षा के प्रसार के लिए कुछ-न-कुछ किया जाए। और मुझे इस बात की खुशी है कि मैं अपने सपने को साकार रूप दे सका। उससे भी ज्यादा खुशी मुझे इस बात की है कि कॉलेज की इमारत के शिलान्यास के लिए आप यहाँ आए हैं। कॉलेज की इमारत का शिलान्यास करने और हम लोगों को आशीर्वाद देने के लिए ज्ञान और संस्कृति की दृष्टि से आपसे ज्यादा लायक व्यक्ति कोई दूसरा नहीं है। मैं जो कह रहा हूँ वह खुशामद नहीं है। मैं जो कह रहा हूँ उस पर आप यकीन करें। अध्यक्ष महोदय, अब शिलान्यास करने के लिए मैं आपसे नम्र निवेदन कर रहा हूँ।

साप्ताहिक 'जनता' के 15 और 22 सितम्बर, 1951 के अंक में प्रकाशित।

हिन्दू कोड बिल से ही हिन्दू धर्म का कल्याण होगा

भारत की लोकसभा में हिन्दू कोड बिल पर बहस चल रही थी। सनातनी हिन्दुत्ववादी सांसद इस बिल का घोर विरोध कर रहे थे। उनका जवाब देते हुए भारत के कानून मन्त्री डॉ. अम्बेडकर ने कहा–

हिन्दुओं की पवित्र विवाह-पद्धति का मतलब है मनुष्य को बहुपत्नीत्व का अधिकार और औरत को हमेशा के लिए दासता। अर्थशास्त्र में गुलामी और स्वाधीन श्रम की संस्था में जो फर्क किया गया है वही इसमें है। स्वाधीन श्रम की संकल्पना में नौकरी का क़रार जब जरूरी लगे तब रद्द कर देने की सहूलियत होती है।

इस बिल में तलाक लेने की जो शर्तें हैं उन्हें कम करने की नई योजना को किसी सदस्य ने रखा तो मैं उस पर सोचने के लिए तैयार हूँ। यदि आप लोग औरतों को भारतीय संविधान में दी गई स्वतन्त्रता देना चाहते हो तो इस सुविधा को रखना ही चाहिए अन्यथा संविधान को बरकरार रखना उचित नहीं होगा।

यह बिल भारत के प्राचीन लक्ष्य पर भी आधारित नहीं है या वह पश्चिमी लोगों का अन्धानुकरण भी नहीं है। मेरा ध्येयवाद आम लोगों द्वारा स्वीकृत संविधान से ही पैदा हुआ है। इस संविधान की प्रस्तावना में ही स्वतन्त्रता, समानता और भाईचारे की संकल्पनाएँ समाहित हैं और उस कसौटी पर इस देश की हर सामाजिक संस्था को परखा जाना चाहिए।

यह समझा जाता है कि हिन्दू समाज अधिक प्रगतिशील है। वह उसकी सबसे बड़ी विशेषता है इसमें कोई सन्देह नहीं क्योंकि उसने अपने कई विरोधियों को हजम करके स्वयं को स्थाई सिद्ध कर दिया है। हिन्दू समाज अन्य किसी बात को स्वीकार कर लेगा, लेकिन अपनी सामाजिक संरचना में शूद्रों और नारियों की दासता में परिवर्तन करने के लिए वह कभी तैयार नहीं होगा। और इसी वजह से कानून को आगे आना चाहिए, तब कहीं हिन्दू समाज आगे बढ़ सकता है।

प्राचीन हिन्दू समाज में शायद जातिभेद नहीं रहा होगा, लेकिन वर्ण थे। वे वर्णभेद कभी भी विवाह में रुकावट नहीं बने। पहले जमाने में नारियों को भी पुरुषों की तरह आय का बराबर हिस्सा मिलता था। लेकिन उसके बाद हिन्दू समाज की स्थितियाँ बदलती गईं, उससे सम्पत्ति पर नारी के अधिकार को छीन लिया गया। क्या इसे आप

परिवर्तन कहेंगे या पतन कहेंगे? इन सभी बातों की ओर अलग दृष्टि से देखने की जरूरत है। इस समाज को जब तक कानून के द्वारा पूरी तरह से हिलाया नहीं जाता तब तक उसके जागने की कोई उम्मीद नहीं है।

आज तक जब भी यह बिल सदन में चर्चा के लिए आया, उसका कभी डॉ. मुकर्जी (श्यामा प्रसाद) ने विरोध किया हो ऐसी बात मुझे याद नहीं है। किन्तु सरकार की ओर से होनेवाली हर बात का विरोध करने की विरोधी दल के लोगों की जो एक आदत होती है वह आदत अब मुकर्जी के विरोधी दल में जाने की वजह से उनमें आ गई है। पहले जब वे सरकार में थे उस समय भी उन्होंने कभी हमारा विरोध किया हो ऐसी कोई घटना मुझे याद नहीं है।

मद्रास, मुम्बई राज्यों में जबरन तलाक और विवाह से सम्बन्धित कानून हैं। यदि हम लोगों ने इस कानून को वैकल्पिक रखा तो उसका स्वरूप केन्द्रीय होने के कारण उसके विस्तार में रुकावट आएगी और उन्होंने अब तक जो प्रगति की है वह भी बेकार चली जाएगी। यह और इस तरह के कारणों की वजह से या तो कानून मत बनाइए या अगर कानून बनाना ही है तो उसका स्वरूप अखिल भारतीय स्तर का होना चाहिए। अन्यथा एक राज्य से दूसरे में जाकर इस कानून से बचने का प्रयास किया जा सकता है।

कुछ सदस्यों का कहना है कि हिन्दू कोड बिल भेदभाव पैदा करता है। अपने संविधान की धारा 25 को पढ़ने पर उनके सवाल का जवाब उन्हें मिल जाएगा। उसमें हर व्यक्ति को अपने धर्म के मुताबिक रहने की स्वतन्त्रता है। भारत में धर्म के साथ कानून भी आता ही है। इसलिए जब संविधान के मुताबिक मुस्लिमों को धार्मिक स्वतन्त्रता है तब अपने कानून का पालन करने की स्वतन्त्रता हम लोगों को उन्हें देनी ही चाहिए। इस तरह की स्थिति में मुस्लिम समाज को अलग मानने का भेदभाव ही पैदा नहीं होता। यह सब होने पर भी इस देश की किसी भी जमात के कानून में दखल देने का अधिकार सरकार को है। इस मुद्दे पर मैं किसी भी प्रकार का तर्क नहीं चलने दूँगा। कोई भी जमात यह नहीं कह सकती कि हमारे निजी कानून में दखल देने का अधिकार संसद को नहीं है। क्योंकि इस संसद को उस तरह के सभी अधिकार प्राप्त हैं। किन्तु यह बिल सिर्फ हिन्दू समाज पर ही लागू होगा।

मान्यवर भूपेन्द्र सिंह का यह आरोप कि इस बिल का प्रारूप तैयार करने से पहले सिखों से विचार-विमर्श नहीं किया है, पूरी तरह से गलत है और यदि उसे सच मान भी लिया जाए तब भी उनके साथ उस तरह से विचार-विमर्श की कोई जरूरत नहीं थी। क्योंकि राव समिति के सामने जिन सिख नेताओं ने अपने बयान दिए उनमें किसी ने भी यह नहीं कहा कि यह कानून सिखों पर लागू नहीं किया जाना चाहिए। इस कानून की दृष्टि से सिख भी हिन्दू ही समझे जाते हैं।

साप्ताहिक, 'जनता' के 22 सितम्बर, 1951 के अंक में प्रकाशित।

ये लोग कभी भी मेरे मित्र नहीं थे

डॉ. बाबासाहेब अम्बेडकर स्वतन्त्र भारत की पहली सरकार में कानून मन्त्री थे। जवाहरलाल नेहरू प्रधानमन्त्री थे। हिन्दू कोड बिल और अन्य बातों पर उनके प्रधानमन्त्री नेहरू से मतभेद हो गए। उन्होंने नेहरू मन्त्रिमंडल से मन्त्रीपद का त्यागपत्र दे दिया और ***दि. 10 अक्तूबर 1951*** *को उन्होंने अपने त्यागपत्र के सम्बन्ध में एक महत्त्वपूर्ण भाषण दिया। उसमें उन्होंने कहा–*

लोकसभा के सम्माननीय सदस्यों को निजी तौर पर ही सही लेकिन यह बात मालूम हो गई होगी कि अब मैं मन्त्रिमंडल का सदस्य नहीं रहा हूँ, ऐसा मुझे लगता है। मैंने 27 सितम्बर को ही मन्त्रीपद से त्यागपत्र प्रधानमन्त्री को दे दिया है। मैंने उसमें यह विनती की है कि मुझे उस जिम्मेदारी से तुरन्त मुक्त किया जाए। उसके दूसरे दिन उस त्यागपत्र को स्वीकार करने की कृपा प्रधानमन्त्री ने की है। 28 सितम्बर के बाद भी मैं आज तक मन्त्रिमंडल में हूँ। इसलिए कि, प्रधानमन्त्री ने लोकसभा की इस बैठक के अन्त तक उस जिम्मेदारी को सँभालने के लिए मुझसे आग्रह किया है। लोकसभा का शिष्टाचार पालन करने के लिए यह स्वीकार करना जरूरी है।

यदि कोई मन्त्री त्यागपत्र देता है तो लोकसभा की कार्यप्रणाली के अनुसार उसके त्यागपत्र के सम्बन्ध में अपना निवेदन प्रस्तुत करने का उसे मौका मिलता है। मेरे कार्यकाल में कई मन्त्रियों ने त्यागपत्र दिए हैं किन्तु इन त्यागपत्र देनेवाले मन्त्रियों के सन्दर्भ में ऐसे निवेदन करने के बारे में कोई समानता दिखाई नहीं देती। कुछ लोगों ने मन्त्रिमंडल से जाने के पहले ही अपना निवेदन पेश किया। लेकिन कुछ लोग तो इस प्रकार का कोई निवेदन किए बगैर ही चले गए। इस सम्बन्ध में मुझे क्या करना चाहिए इस पर मैं बहुत दिनों से सोच रहा हूँ लेकिन अब तक कोई निर्णय नहीं ले सका था। सभी स्थितियों पर गम्भीरता से सोचने के बाद मैं इस नतीजे पर पहुँचा कि त्यागपत्र देनेवाले मन्त्री का इस तरह का निवेदन सिर्फ आवश्यक ही नहीं, बह उसका लोकसभा के प्रति एक अनिवार्य कर्त्तव्य भी है और उसका उसे पालन करना ही चाहिए।

मन्त्रिमंडल का भीतरी कामकाज किस प्रकार चलता है यह बात लोकसभा के सामान्य सदस्यों को शायद ही मालूम हो। मन्त्रिमंडल का कार्य सहज रूप से चलता है या अन्दरूनी तौर पर उसमें कुछ रुकावटें हैं, इस बारे में उन्हें कोई जानकारी नहीं होती।

उसकी वजह यह है कि मन्त्रिमंडल का निर्माण सामूहिक उत्तरदायित्व के तत्त्वों के आधार पर होता है। और जिस मन्त्री का बहुमत नहीं होगा उसे मन्त्रिमंडल में जो मतभेद हैं उन्हें सार्वजनिक रूप से लोगों को बताने का अधिकार नहीं होता। इसी की वजह से मन्त्रिमंडल में कुछ मतभेद और विवाद होने के बावजूद भी लोकसभा के सदस्य ऐसा मानकर चलते हैं कि मन्त्रिमंडल में कोई मतभेद नहीं है। इसलिए जो मन्त्री कार्य-मुक्त होना चाहता है उसे लोकसभा के सदस्यों को अपने त्यागपत्र का कारण बताकर, वह सामूहिक उत्तरदायित्व क्यों नहीं निभा रहा है, इस बात को उसे अपने निवेदन में स्पष्ट करना चाहिए।

दूसरी बात यह है कि इस प्रकार के निवेदन के बगैर कोई मन्त्री मन्त्रिमंडल से हट गया तो उसके निजी या सार्वजनिक बर्ताव में कुछ न कुछ गड़बड़ अवश्य होगी, इस तरह का सन्देह पैदा होने की गुंजाइश बनी रहती है। मेरी राय में किसी भी मन्त्री को इस तरह के सन्देह के लिए अवसर नहीं देना चाहिए। इसका एकमात्र हल यही है कि त्यागपत्र का स्पष्टीकरण अर्थात निवेदन पेश किया जाए।

तीसरी बात है अपने यहाँ के अखबार। ये अखबार लगातार किसी-न-किसी का समर्थन करते हैं और किसी-न-किसी का विरोध करते हैं। उन्होंने किसी के गुण-दोषों का सही परीक्षण करके कोई निर्णय दिया है, ऐसा शायद ही कभी हुआ हो। अखबारों के खाली पन्ने भरने हों तो त्यागपत्र देनेवाले मन्त्री को कुछ भी पूछने की बजाय हक़ीकत में जो बातें झूठी हैं वे उन्हीं बातों को छापते हैं। उसका परिणाम यह होता है कि वे लोग जिस व्यक्ति का पक्ष लेते हैं उसका चित्र वे जनता के सामने ऐसे आकर्षक शब्दों में रखते हैं कि वह आदमी जनता को बहुत बड़ा लगने लगता है। और वे लोग जिसके विरोध में होते हैं उसका चित्र बहुत ही घटिया ढंग से लोगों के सामने पेश किया जाता है। मेरे अपने बारे में कई बार यही हुआ है, इस बात को मैं अच्छी तरह जानता हूँ। इसी वजह से आपसे विदा होने से पहले मैंने एक निवेदन पेश करने का फैसला किया।

प्रधानमन्त्री ने मुझे कानून मन्त्री की जिम्मेदारी स्वीकार करने के लिए कहा था। आज उस बात को 4 साल, 1 माह और 27 दिन हो चुके हैं। इस प्रस्ताव से मुझे बड़ा आश्चर्य हुआ था। मैं विरोधी दल में था। और जब अगस्त, 1946 में आन्तरिक सरकार बनी उस समय इस तरह के किसी भी पद के लिए मैं अयोग्य हूँ, इस तरह से घोषित कर दिया गया था। फिर प्रधानमन्त्री की दृष्टि में या व्यवहार में इस तरह का परिवर्तन क्यों आया, इस बारे में मैं कोई कल्पना तक नहीं कर सकता था। मेरे मन में सन्देह पैदा हो गया था। जो लोग कभी भी मेरे मित्र नहीं रहे, उनके साथ मेरी कैसे बात बन सकती है, यह मेरी समझ में नहीं आ रहा था। मुझसे पहले जिन लोगों ने कानून मन्त्री की जिम्मेदारी को सँभाला था उनकी तरह समर्थ रूप में मैं इस जिम्मेदारी को सँभालते हुए उस पद के कानूनी महत्त्व की रक्षा कर पाऊँगा या नहीं, इस बारे में मेरे मन में सन्देह था। लेकिन मेरी इन शंकाओं का निवारण करके प्रधानमन्त्री यदि राष्ट्र निर्माण के कार्य के लिए मेरे सहयोग की अपेक्षा कर रहे हैं, इसलिए उसे अस्वीकार करना उचित

नहीं है, इस भावना से मैंने यह पद स्वीकार किया। परिणामस्वरूप इतने दिन तक मैंने कानून मन्त्री के नाते जो कार्य किया है उसका मूल्यांकन करना मेरा काम नहीं है।

मैंने जिस वजह से अपने सहयोगियों से सम्बन्धविच्छेद किया है उसके बारे में मुझे अब कुछ कहना है। कई कारणों से यहाँ से विदा हो जाने की इच्छा कई दिनों से मेरे दिलो-दिमाग में थी।

सबसे पहले जिन छोटे-बड़े निजी कारणों की वजह से मैंने त्यागपत्र दिया है, मैं उन बातों के बारे में कहना चाहता हूँ। मैं वायसराय की कार्यकारिणी का सदस्य था इसलिए मुझे पहले ही मालूम था कि विधिमन्त्री का पद कितना बेमतलब का होता है। इस पद की वजह से देश के नीति-निर्धारण के कार्य में हिस्सा लेने का किसी भी प्रकार का अवसर प्राप्त नहीं होता। हम उसे पुराने वकीलों के खेलने योग्य 'साबुन का खाली डिब्बा' कहा करते थे। जिस समय प्रधानमन्त्री ने विधिमन्त्री बनने का प्रस्ताव मेरे सामने रखा उसी समय मैंने कहा था कि, 'अपनी शिक्षा और अनुभव की योग्यता के आधार पर एक वकील होने के बावजूद शासन के दूसरे किसी भी विभाग को सँभालने की योग्यता मुझमें है।' वायसराय की पुरानी कार्यकारिणी में मेरे पास श्रम-विभाग और सेंट्रल पब्लिक बवर्रा विभाग थे। मैं इस विभाग का प्रमुख था इसलिए योजना निर्माण के कई कार्यों से मेरा सम्बन्ध था। इसलिए मुझे कोई अन्य सरकारी विभाग भी दिया जाए, यह मेरी इच्छा है। प्रधानमन्त्री इसके लिए राजी हो गए। उन्होंने मुझसे कहा कि विधिमन्त्री के पद के अलावा योजनाओं का विभाग भी मुझे दिया जाएगा, जिसका वे निर्माण करना चाहते थे। लेकिन अफसोस की बात है कि योजना विभाग का निर्माण बहुत बाद में हुआ और जब वह विभाग बनाया गया तब उन्हें मेरी याद नहीं आई। मेरे कार्यकाल में कई मन्त्रियों के विभागों में परिवर्तन हुआ। आज एक विभाग एक मन्त्री के पास है तो कल दूसरे के पास चला जाता था। मुझे भी यह उम्मीद थी कि मुझे दूसरे विभाग के लायक समझा जाएगा। लेकिन इस बारे में कभी किसी ने मेरी ओर नजर नहीं घुमाई। कई मन्त्रियों को दो-दो, तीन-तीन विभाग दिए गए। मुझ पर काम का बोझ पड़ा लेकिन मेरी तरह ज्यादा काम की उम्मीद रखनेवाले कुछ मन्त्री वैसे ही रहे। जब कभी कोई मन्त्री विदेश के दौरे पर गया उस समय भी उनकी अनुपस्थिति में उनका काम सँभालने लायक मुझे नहीं समझा गया। सरकारी काम का विभाजन करते समय प्रधानमन्त्री किन बातों को आधार मानते थे, यह कहना बड़ा मुश्किल है। क्या उनकी योग्यता को देखा जाता था? या यह विश्वास का सवाल था? या सिर्फ दोस्ती निभाने की बात थी? या वह किसी दिशा में झुकाव का परिणाम था? मुझे कभी विदेश व्यवहार समिति या संरक्षण समिति जैसी समितियों का सदस्य बनने का मौका नहीं दिया गया। जब आर्थिक व्यवहार की समीक्षा करने के लिए समिति का गठन किया जाता था उस समय मुझे यह उम्मीद थी कि उस समिति में मुझे लिया जाएगा क्योंकि बुनियादी तौर पर मैं अर्थशास्त्र का ही छात्र रहा हूँ। लेकिन मुझे उसमें भी नहीं लिया गया। जब प्रधानमन्त्री विदेश के दौरे से लौटकर आए और उन्होंने अपने मन्त्रिमंडल में परिवर्तन किया उस समय भी वे मुझे

भूल गए। बाद में जब इस समिति का पुनर्गठन किया उस समय उसमें मेरा नाम शामिल कर दिया गया। लेकिन वह मेरे विरोध का परिणाम था।

इस बारे में मैंने कभी कोई शिकायत नहीं की, इस बात को प्रधानमन्त्री भी स्वीकार करेंगे, इस बात की मुझे उम्मीद है। मन्त्रिमंडल में शासन शक्ति को अपनी ओर खींचने का जो खेल चलता है, उसमें भी मैंने कभी कोई दिलचस्पी नहीं दिखाई। इसी तरह यदि कोई विभाग खाली हुआ तो उसे हड़पने के लिए भी मैंने कभी कोई प्रयास नहीं किया। सरकार का प्रमुख होने के नाते प्रधानमन्त्री जो काम देंगे उसी काम को सेवाभाव से करने में ही मेरा यकीन है। फिर भी मेरे साथ जो अनुचित व्यवहार हो रहा था उस पर मेरा चुप रहना मेरे लिए अमानवीय था।

अब मैं यहाँ उन बातों का जिक्र करना चाहता हूँ जिनकी वजह से मेरे मन में सरकार के बारे में असन्तोष पैदा हुआ। उन बातों का सम्बन्ध दलित और पिछड़ी जातियों के साथ हो रहे व्यवहार से है। संविधान में दलित और पिछड़े वर्ग की जातियों के लिए किसी भी प्रकार के 'संरक्षण' की व्यवस्था न होने का मुझे ज्यादा दुख है। राष्ट्रपति द्वारा नियुक्त कमीशन की सिफारिशों के मुताबिक कार्यवाही करने की जिम्मेदारी प्रशासकीय विभाग को दे दी गई है। अपने देश के संविधान को स्वीकार किए एक साल से ज्यादा समय बीत चुका है लेकिन सरकार ने इस तरह के कमीशन की नियुक्ति के बारे में आज तक कुछ नहीं सोचा है। 1946 में जब मेरे पास किसी भी सरकारी विभाग की जिम्मेदारी नहीं थी उस समय मैं और अन्य पिछड़े वर्ग के नेता काफी चिन्तित थे। ब्रिटिश सरकार ने संविधान में दलित जातियों के लिए कुछ संरक्षण व्यवस्था करने का वादा किया था, उससे वे अब मुक्त हो गए थे। इस सम्बन्ध में विधानसभा कुछ करना चाहती है या नहीं, इस बात की कोई जानकारी अछूत जातियों को नहीं थी। इस प्रकार की गम्भीर स्थिति में मैंने संयुक्त राष्ट्रसंघ के सामने अपनी बात रखने के लिए 'अछूतों की स्थिति' के बारे में एक निवेदन तैयार किया था। (पिछड़ा वर्ग कमीशन का मसौदा और पिछड़ों के वैधानिक अधिकारों का सरकार द्वारा हनन।)

किन्तु मैंने उसे पेश नहीं किया। मैंने यह सोचा था कि देश की संविधान निर्माण समिति में और भावी लोकसभा में इसके बारे में क्या किया जाता है, इसका इन्तजार किया जाए। संविधान में अछूत जातियों के संरक्षण की जो कुछ व्यवस्था की गई है उससे मैं बिल्कुल सन्तुष्ट नहीं हूँ। मुझे यह उम्मीद थी कि सरकार उसे प्रभावी बनाने के लिए कुछ तगड़े कदम उठाएगी। लेकिन आज भी अछूत जातियों की स्थिति क्या है? मेरी जानकारी के अनुसार पहले जैसी थी वैसी ही आज भी है। पहले जो अन्याय, अत्याचार, उत्पीड़न, भेदभाव आदि होते थे, उसी प्रकार आज भी हो रहे हैं और उनकी हालत दिन-ब-दिन खराब हो रही है। इस तरह के मैं सैकड़ों उदाहरण दे सकता हूँ क्योंकि दिल्ली और पासपड़ोस के लोगों ने मेरे पास आकर सवर्ण हिन्दुओं द्वारा उन पर जो अन्याय हो रहा है, उसकी कहानियाँ सुनाई हैं। उन्होंने यह भी कहा है कि जब उन्होंने इसके लिए पुलिस में शिकायत दर्ज की तो पुलिस ने उन्हें किसी भी प्रकार की

कोई मदद नहीं की। भारत के अछूतों के इस उत्पीड़न की तुलना की जा सके ऐसा दूसरा उदाहरण दुनिया के मंच पर मिल सकेगा या नहीं इसके बारे में मुझे सन्देह ही है। मुझे तो इस तरह का दूसरा कोई उदाहरण नहीं दिखाई दे रहा है। भारत में अछूतों को किसी भी प्रकार की सहूलियतें क्यों नहीं दी गईं? सरकार को मुस्लिमों के संरक्षण की ही सबसे ज्यादा चिन्ता क्यों है? हम इन दोनों समाजों की तुलना करके देख सकते हैं। अपने प्रधानमन्त्री का सारा समय मुस्लिमों की फिक्र करने में व्यतीत हो रहा है। भारत के मुस्लिमों को जिस सम्बन्ध में और जब संरक्षण मिलना जरूरी हो उस समय मिलना भी चाहिए। इस बारे में मैं प्रधानमन्त्री से बिल्कुल अलग नहीं हूँ। लेकिन मैं यह जानना चाहता हूँ कि इस तरह से संरक्षण की जरूरत क्या सिर्फ मुस्लिमों को ही है? क्या इस प्रकार की व्यवस्था की जरूरत अछूत जातियों और भारतीय ईसाइयों को नहीं है? वास्तव में इन लोगों को मुस्लिमों से भी संरक्षण की ज्यादा जरूरत है, लेकिन क्या प्रधानमन्त्री को इनकी फिक्र है? सरकार ने अछूत जातियों की जो उपेक्षा की नीति अपनाई है, उसी की वजह से मेरे मन में नफरत की भावना पैदा हो गई है। और उसे मैं अपने तक सीमित नहीं रख पाया। मैंने अछूत जाति की एक सभा में इस सम्बन्ध में कहा भी।

माननीय गृहमन्त्री की ओर से मुझे एक सवाल पूछा गया कि अछूतों को बारह प्रतिशत स्थान दिए जानेवाले नियम से अछूतों का कुछ भी भला नहीं हुआ, क्या यही आपका आरोप है? और मेरे इस आरोप का स्वयं गृहमन्त्री ने ही जवाब दिया कि मेरा यह आरोप बेबुनियाद है। लेकिन अपनी सन्तुष्टि के लिए हो या अन्य किसी कारण से हो, उन्होंने बाद में सरकार के सभी विभागों को एक पत्र भेजकर इस तरह की जानकारी हासिल करने की कोशिश की कि पिछले समय अछूतों में से कितने उम्मीदवारों को नौकरी पर लिया गया। मुझे इस प्रकार की जानकारी मिली कि अधिकांश विभागों में ऐसे स्थान नहीं भरे गए इस तरह की जानकारी उन्हें मिली। यदि मेरी यह जानकारी सही हो तो माननीय गृहमन्त्री द्वारा दिए गए जवाब पर ज्यादा बहस करने की कोई जरूरत नहीं है।

जिस अछूत समाज में मेरा जन्म हुआ है, उसकी मुक्ति के लिए मैंने अपने आपको बचपन से ही समर्पित कर दिया था। मुझे इस रास्ते में लालच न दिया गया हो ऐसी बात नहीं। यदि मैंने अपने स्वार्थ की ही फिक्र की होती तो मैं जो चाहता वही हासिल कर सकता था। मैं यदि कांग्रेस में चला गया होता तो वहाँ मैं बड़े से बड़ा पद हासिल कर सकता था। लेकिन जैसा मैंने कहा कि मैंने अपने आपको अछूत जातियों की मुक्ति के लिए समर्पित कर दिया है। मेरी यह मान्यता है कि यदि तुम्हें किसी भी कार्य में सफलता चाहिए या कार्य करने का उत्साह बरकरार रहे ऐसी अपेक्षा हो तो तुम्हें अपना लक्ष्य सीमित रखना होगा। इससे आप अंदाजा लगा सकते हैं कि जहाँ अछूत जातियों के हितों को सरेआम रौंदा जाता हो उससे मुझे कितना कष्ट होता होगा।

केवल यही मेरे असन्तोष की बात नहीं, जिसके लिए मैं चिन्तित हूँ, ऐसी ही तीसरी

बात है अपने देश की विदेश नीति। जिस किसी ने अपनी विदेश नीति का गहराई में जाकर निरीक्षण किया होगा और भारत के बारे में दूसरे राष्ट्रों की जो समझ बनी हुई है उसकी जाँच-पड़ताल की जाय तो इस बात का खुलासा होगा कि इन राष्ट्रों ने भारत सम्बन्धी व्यवहार में जल्दबाजी में इतना बड़ा परिवर्तन क्यों किया है। जब 15 अगस्त, 1947 में हमें आजादी मिली उस समय कोई राष्ट्र हमारे खिलाफ नहीं था। अब चार साल के बाद अपने सभी मित्रों ने हमारा साथ छोड़ दिया है। अब हमारा कोई मित्र नहीं है। हमने अपने आपको सबसे अलग कर लिया है। हम अकेले ही अपनी नैय्या खे रहे हैं। संयुक्त राष्ट्र संघ में हमारे प्रस्तावों का समर्थन करने के लिए हमें कोई नहीं मिलता। जब मैं अपने देश की विदेश नीति के बारे में सोचता हूँ तब मुझे बिस्मार्क और बर्नार्ड शॉ के कथन याद आते हैं। बिस्मार्क कहता था, 'राजनीति किसी एक आदर्श को प्रत्यक्ष उतारने का खेल नहीं है बल्कि जो सम्भव है उसे वास्तव में करने का एक खेल है।' कुछ दिन पहले बर्नार्ड शॉ ने कहा था, 'ऊँचे आदर्श अच्छे होते हैं किन्तु हमें यह याद रखना चाहिए कि जरूरत से ज्यादा अच्छा होना खतरनाक होता है।' इन जग-प्रसिद्ध व्यक्तियों के सन्देश के विरोध में हमारी विदेश नीति है।

हमारी विदेश नीति असम्भव को सम्भव बनाने और बेमतलब की अच्छाई हासिल करने की होने की वजह से हमारे लिए कितनी खतरनाक सिद्ध हुई है, यह हम लोग फौज पर जो हद से ज्यादा खर्च कर रहे हैं, उसी से पता चलता है। इसी वजह से हम अपने करोड़ों लोगों को भोजन की सुविधा भी मुहैया करने में असमर्थ रहे हैं। और अपने औद्योगिक विकास को बढ़ाना हमारे लिए असम्भव हुआ है।

हम लोग अपने देश के 350 करोड़ रुपए की आय में से करीब-करीब 180 करोड़ रुपए सिर्फ फौज पर खर्च कर रहे हैं। यह खर्च इतना ज्यादा है कि उसकी कोई तुलना नहीं है। इतना भयंकर खर्च हमारी विदेश नीति का परिणाम है। हमारे संरक्षण का सारा खर्च हमें स्वयं करना पड़ रहा है। क्योंकि आपात स्थिति में हमारी मदद के लिए दौड़ आए ऐसा कोई मित्र नहीं रहा है। क्या अपनी विदेश नीति इसी तरह की होनी चाहिए?

हमारा पाकिस्तान के साथ जो झगड़ा चल रहा है वह भी हमारी विदेश नीति का एक परिणाम है और उससे मैं असन्तुष्ट हूँ। पाकिस्तान के साथ हमारे जो सम्बन्ध बिगड़े हुए हैं उसके मूल में दो बातें हैं। एक है कश्मीर का सवाल और दूसरा है पूर्वी बंगाल में हमारे लोगों की स्थिति। अखबारों को पढ़ने से पता चलता है कि पूर्वी बंगाल में हमारे लोगों की स्थिति बहुत खराब है। कश्मीर की तुलना में हमें यहाँ के लोगों की स्थिति की ओर ज्यादा ध्यान देना चाहिए। लेकिन उसकी किसी भी प्रकार की परवाह किए बगैर हम कश्मीर के सवाल पर अपनी सारी शक्ति दाँव पर लगा रहे हैं। यह होते हुए भी मुझे ऐसा लगता है कि हम किसी अयथार्थ बात के लिए झगड़ रहे हैं। क्या हम सचमुच किसकी बात सही है और किसकी बात गलत है इस बात का निर्णय करने के लिए झगड़ रहे हैं? मेरी दृष्टि से किसकी बात न्यायोचित है इसका यहाँ कोई सवाल नहीं है। लेकिन किसकी बात सही है इस बात को बुनियादी मानकर सोचा जाए तो

मेरी मान्यता रही है कि कश्मीर का विभाजन ही एकमात्र रास्ता है। कश्मीर का हिन्दू और बौद्ध प्रदेश भारत से जोड़ दिया जाए और मुस्लिम प्रदेश पाकिस्तान को दे दिया जाए। भारत का विभाजन भी इसी आधार पर हुआ है। वास्तव में कश्मीर का जो मुस्लिम बहुल इलाका है उससे हमें कोई लेना-देना नहीं है। इसके लिए पाकिस्तान के मुस्लिमों और कश्मीर के मुस्लिमों को आपसी निर्णय की जरूरत है। वे इस सम्बन्ध में कोई व्यावहारिक निर्णय ले सकते हैं। यदि आपको मंजूर हो तो कश्मीर के तीन हिस्से किए जा सकते हैं–(1) युद्ध विराम सन्धि प्रदेश, (2) कश्मीर घाटी और (3) जम्मू लद्दाख का प्रदेश। सिर्फ कश्मीर घाटी में जनमत संग्रह किया जाए। प्रस्तावित आम मतदान का मैं समर्थक नहीं हूँ। इसकी वजह यह है कि कश्मीर की हिन्दू और बौद्ध जनता पाकिस्तान में घसीटी जाएगी। पूर्वी बंगाल में आज जो स्थिति है वैसी ही स्थिति कश्मीर में भी पैदा होगी, इस तरह की मुझे आशंका है।

अब जिस बात का मेरे त्यागपत्र के साथ करीब का सम्बन्ध है, मैं उस चौथे कारण की ओर आपका ध्यान आकर्षित करना चाहता हूँ। आजकल अलग-अलग समितियों में जो निर्णय लिए जाते हैं, उनकी जानकारी रखना ही मन्त्रिमंडल का काम रह गया है। जैसाकि मैंने पहले कहा है कि मन्त्रिमंडल समितियों के द्वारा काम करता है। एक सुरक्षा समिति है और एक विदेश समिति है। संरक्षण के सम्बन्ध में जो महत्त्वपूर्ण बातें हैं उनका निर्माण सुरक्षा समिति में लिया जाता है। और विदेशों के सम्बन्ध में महत्त्वपूर्ण निर्णय विदेश समिति में किए जाते हैं। मन्त्रिमंडल का एक ही सदस्य इन दोनों समितियों का सदस्य होता है। मैं इन दोनों में से किसी भी समिति का सदस्य नहीं हूँ। इस तरह की दोनों समितियाँ गुप्त रूप से काम करती हैं। जो लोग इन दोनों समितियों के सदस्य नहीं हैं उन्हें भी इन निर्णयों की सामूहिक जिम्मेदारी को लेना पड़ता है। किन्तु उसके परिणामों की जिम्मेदारी उन पर नहीं होती है। यह एक बड़ी कठिन स्थिति है।

अन्त में जिस बात की वजह से मुझे त्यागपत्र देने का निर्णय लेना पड़ा, उस बात को रखना चाहूँगा। हिन्दू कोड बिल के साथ बुरा व्यवहार किया गया है। 11 अप्रैल, 1947 को एक बिल के रूप में उसे पहली बार लोकसभा में रखा गया था। उसे चार साल बाद ही खत्म कर दिया गया। उस बिल की मौत पर किसी ने दो आँसू भी नहीं बहाए। उसकी सिर्फ चार धाराएँ मंजूर हो सकीं। यह बिल जितने दिन तक लोकसभा के सामने रहा उतने दिन तक वह केवल अपनी साँसें गिनता रहा। पूरे एक साल तक वह बिल किसी सलेक्शन कमेटी के पास भेजना है, यह बात सरकार की समझ में नहीं आई। उस बिल को 9 अप्रैल, 1948 में एक सलेक्शन कमेटी के पास भेजा गया। उस बिल को 12 अगस्त, 1948 को बहस के लिए स्वीकृत किया गया। उस बिल पर 31 अगस्त, 1948 को बहस हो, इस तरह का प्रस्ताव मैंने लोकसभा में रखा। सिर्फ प्रस्ताव रखने तक ही उस बिल को कार्यपत्रिका में सम्मिलित किया गया। फरवरी, 1949 को लोकसभा की बैठक शुरू होने तक उस प्रस्ताव पर बहस की इजाजत नहीं दी गई। और जब बहस की इजाजत दी गई तब उस पर लगातार बहस हो इसकी इजाजत नहीं

दी गई। यह बहस दस माह तक चली। फरवरी में चार दिन, मार्च में एक दिन, अप्रैल में दो दिन, और दिसम्बर में एक दिन।

सलेक्शन कमेटी ने जिस रूप में मेरे इस बिल की सिफारिश की उस रूप में उस पर बहस हो, इस बात को लोकसभा ने 17 दिसम्बर, 1949 को स्वीकार किया। 1950 के पूरे साल इस बिल के लिए समय नहीं दिया गया। उसके बाद यह बिल पुनः 5 फरवरी, 1951 को लोकसभा के सामने आया। उसकी हर धारा पर अलग-अलग बहस होने लगी जिसके लिए 5, 6 और 7 फरवरी के तीन दिन तय किए गए और उसके बाद उसे सड़ते रहने के लिए छोड़ दिया गया।

लोकसभा की यह अन्तिम बैठक थी इसलिए मन में विचार आया कि हिन्दू कोड बिल को मंजूर करके उसे कानून में परिवर्तित करना हो तो लोकसभा का यह सत्र समाप्त होने के पहले ही उस पर पर्याप्त बहस होनी चाहिए और उसे कानून का रूप दिया जाना चाहिए या उसे नई लोकसभा के जिम्मे छोड़ देना चाहिए। मन्त्रिमंडल ने निर्णय दिया कि इस बिल पर इसी बैठक में अन्तिम निर्णय हो जाना ही अच्छा है। इसलिए यह बिल पुनः सितम्बर, 1951 की कार्यपत्रिका में रखा गया। उसकी कई धाराओं पर एक के बाद एक बहस शुरू हुई। जितना समय बचा था उतने समय में शायद उस बिल पर बहस पूरी नहीं न हो, इस सन्देह की वजह से सारे बिल के व्यर्थ होने के बजाय कम-से-कम उसके कुछ अंशों को पढ़ा जाए इसलिए प्रधानमन्त्री ने एक नया प्रस्ताव रखा कि उसका कम-से-कम एक हिस्सा मंजूर करके उसे कानूनी रूप दिया जाए। इससे मुझे बड़ी पीड़ा हुई। किन्तु जैसे किसी चीज को सर्वनाश से बचाने के लिए पंडित लोग उसे आधा त्याग देते हैं उसी तरह मैं उसके लिए भी तैयार हो गया। प्रधानमन्त्री ने यह प्रस्ताव रखा कि 'विवाह और तलाक' के हिस्से को कानून में तब्दील कर दिया जाए। अब इस बिल में काट-छाँट की दृष्टि से बहस शुरू हुई। दो या तीन दिन इस बिल पर बहस चली। प्रधानमन्त्री ने फिर एक नया प्रस्ताव रखा। उनका प्रस्ताव था कि 'विवाह और तलाक' के साथ पूरे बिल को ही छोड़ देना चाहिए। इस तरह की बात मेरे लिए फौलादी वार थी। उस समय मैं बड़े दुख का अनुभव कर रहा था। इसलिए कुछ बोलने की स्थिति में नहीं था। केवल समय के अभाव में काट-छाँट किए हुए बिल को भी रोक दिया गया, इस बात को मैं स्वीकार करने के लिए तैयार नहीं हूँ। इस बिल को इस वजह से रोका गया कि अन्य प्रभावी नेता अपने-अपने बिल पेश करने की कोशिश कर रहे थे। बनारस विश्वविद्यालय, अलीगढ़ विश्वविद्यालय या प्रेस बिल को हिन्दू कोड बिल से अधिक प्राथमिकता दी जाती है, इसकी वजह क्या है, यही बात मेरी समझ में नहीं आ रही है। बनारस और अलीगढ़ विद्यापीठों के लिए अनुशासन का कोई कानून ही नहीं था, ऐसी भी बात नहीं है या लोकसभा की इस बैठक में इस तरह का कानून मंजूर नहीं किया गया होता तो विश्वविद्यालयों पर धूल चढ़ी होती ऐसी भी बात नहीं है। उसी प्रकार प्रेस बिल की भी तुरन्त जरूरत नहीं थी। प्रेस बिल और भी कुछ दिन तक प्रतीक्षा कर सकता था। इन सभी बातों का मुझ पर

यह प्रभाव पड़ा कि प्रधानमन्त्री का अन्य बिलों के प्रति अधिक झुकाव है किन्तु हिन्दू कोड बिल के बारे में उनमें कोई दिलचस्पी नहीं है, और उसे मंजूर करने के लिए उनका कोई इरादा भी नहीं है।

इस बिल की वजह से मुझे बड़ी मानसिक पीड़ा बर्दाश्त करनी पड़ी। पार्टी संगठन का मुझे जो सहयोग मिलना चाहिए था वह भी नहीं मिला। प्रधानमन्त्री ने उनकी पार्टी के सभी सदस्यों को मत स्वतन्त्रता दे दी है। यह बात पार्टी प्रणाली के इतिहास की अनोखी बात है। मैंने इस बात की भी कोई परवाह नहीं की। लेकिन मैंने दो बातों की उम्मीद की थी। मेरी इच्छा थी कि पार्टी के लम्बे-लम्बे भाषणों पर पाबन्दी लगाई जाए और पार्टी-प्रमुख को आदेश दिया जाए कि जब बहस पूरी हो तब उन्हें स्थगन प्रस्ताव रखना चाहिए। भाषणों पर यदि समय की पाबन्दी लगाई गई होती तो हिन्दू कोड बिल को मंजूर कर लिया गया होता। जब मतदान की स्वतन्त्रता दी गई थी तब लम्बे-लम्बे भाषणों पर रोक लगाने पर किसी ने भी कोई आपत्ति नहीं की होती। लेकिन इस तरह की पाबन्दी नहीं लगाई गई। हिन्दू कोड बिल के मूल प्रयोजक संसदीय कार्य-मन्त्री का इस सम्बन्ध में व्यवहार सही नहीं था। वे तो हिन्दू कोड बिल के सबसे बड़े दुश्मन थे। उन्होंने बहस स्थगन का प्रस्ताव पेश करके मुझे एक बार भी सहयोग नहीं दिया। इस बिल की एक-एक धारा पर कई दिनों घंटों बहस चलाई और यह बहस उस बिल की पूरी हजामत होने तक चलती रही। लेकिन सरकार के समय को बचाकर उसके कार्य को आगे बढ़ाने की जिसकी जिम्मेदारी है, पार्टी का वह संसदीय नेता जब हिन्दू कोड बिल पर बहस चल रही थी तब सदन में मौजूद नहीं था। अपने कर्त्तव्य के प्रति इतनी गैरजिम्मेदारी का बर्ताव करनेवाला संसदीय नेता और अपने आदेशों को किसी तरह का महत्त्व देनेवाले नेता के प्रति इतना गैरजिम्मेदार प्रधानमन्त्री मैंने आज तक नहीं देखा। इस तरह का गैरकानूनी बर्ताव होने के बावजूद भी पार्टी का यह संसदीय प्रमुख आज भी प्रधानमन्त्री का प्रिय है। और अपने कर्त्तव्य के प्रति गैर ईमानदारी के बावजूद उसे पार्टी संगठन में पदोन्नति दी गई है। ऐसी स्थिति में कोई भी काम करना असम्भव है।

इस तरह बताया गया है कि बिल का प्रबल विरोध होने की वजह से बिल को वहीं छोड़ दिया गया है। क्या सचमुच विरोधी पार्टियाँ प्रबल थीं? कितनी प्रबल थीं? इस बिल पर पार्टी के भीतर बहस हुई थी और उस पर मतदान भी हुआ था। लेकिन हर बार विरोधियों की हार हुई थी। पिछले समय जब पार्टी की बैठक में उस पर बहस हुई तब 120 सदस्यों में से सिर्फ 20 सदस्य विरोध में थे। जब उस पर पार्टी के भीतर खुली बहस हुई उस समय सिर्फ 20 घंटों में इस बिल की 44 धाराएँ मंजूर की गई थीं। इससे यह बात स्पष्ट होती है कि इस बिल पर पार्टी के भीतर विरोध का प्रतिशत कितना था। खुद लोकसभा में भी दूसरी और चौथी धारा पर मतविभाजन हुआ था। हर बार अधिक से अधिक मतों से इस बिल को समर्थन प्राप्त होता था। इतना ही नहीं, सम्पूर्ण हिन्दू कोड बिल की जो जान है उस चौथी धारा को भी लोकसभा में बहुमत का समर्थन

प्राप्त था। इसलिए प्रधानमन्त्री का यह कहना कि समयाभाव की वजह से बिल को रोक देना पड़ा, मुझे पूरी तरह नामंजूर है।

कुछ लोगों ने यह गलतफहमी पैदा करने की कोशिश की है कि मेरा स्वास्थ्य ठीक न होने की वजह से त्यागपत्र दे रहा हूँ। इसलिए मैंने अपने त्यागपत्र से सम्बन्धित हर बात की इतनी विस्तार से चर्चा की है। आप लोगों को यह बात ध्यान में रखनी चाहिए कि मैं अपने स्वास्थ्य के लिए अपनी जिम्मेदारी को नजरअन्दाज करनेवालों में से नहीं हूँ।

कुछ लोग यह कहते हैं कि त्यागपत्र देने के लिए मैंने उचित समय नहीं चुना। और यह भी कहा जाता है कि यदि मैं सरकार की विदेशी नीति के बारे में और पिछड़े तथा अछूत जातियों के बारे में सरकार की नीतियों से असहमत था तो इससे पहले ही मुझे त्यागपत्र दे देना चाहिए था। यह आरोप कुछ हद तक सही लग सकता है। लेकिन पद पर आज तक बने रहने के कुछ खास कारण भी थे। पहला कारण यह कि मैं जब से मन्त्रिमंडल का सदस्य बना उसी समय से मैं भारत का संविधान बनाने के कार्य में व्यस्त रहा हूँ। 26 जनवरी, 1950 तक मेरा सारा ध्यान उसी काम में लगा हुआ था। उसके बाद मैं जनता के प्रतिनिधित्व बिल के काम में व्यस्त रहा। उसके बाद विदेशी सम्बन्धों की तरफ ध्यान देने के लिए मेरे पास मुश्किल से समय बचता था। इन कार्यों को आधे-अधूरे छोड़कर त्यागपत्र देना मेरे लिए उचित नहीं था।

दूसरी बात यह कि हिन्दू कोड बिल के लिए मुझे मन्त्रिमंडल में रहना जरूरी था। कुछ लोग यह कह सकते हैं कि हिन्दू कोड बिल के लिए मेरा मन्त्रिमंडल में रहना जरूरी नहीं था। लेकिन मेरी दृष्टि अलग थी। जिस हिन्दू कोड बिल पर लोकसभा में बहस होनेवाली थी वह बात इस देश के हिन्दू समाज के सुधार के लिए विधिसभा द्वारा होनेवाला बहुत बड़ा विचार था। आज तक की विधि सभाओं ने इतने महत्त्वपूर्ण कानून पर कभी विचार नहीं किया होगा। और भविष्य में भी इस तरह के कानून पर विचार होने की सम्भावना नहीं है। जाति जातियों में जो असमानता दिखाई दे रही है, और नर-नारी में जो असमानता है उसे हाथ लगाने की बजाय आर्थिक सवाल हल करने के नाम पर कानून बनाते जाना एक तरह से संविधान का मजाक उड़ाना है। इसे 'गोबर के ढेर पर महल खड़ा करने का प्रयास' ही कहा जाएगा। मैं हिन्दू कोड बिल को इतनी महत्त्वपूर्ण चीज मानता आ रहा हूँ कि मेरा मतभेद होने के बावजूद भी मैं इसी बिल के लिए मन्त्रिमंडल में था। इसमें कुछ अप्रिय बातों के मूल में कल्याणकारी भावना ही थी। इस कार्य में लोगों द्वारा जो अलग-अलग तरह की बाधाएँ खड़ी की जा रही थीं उन्हें निरस्त करके हम सफल हो सकेंगे, ऐसी उम्मीद करना क्या गलत है? इस सन्दर्भ में अपने प्रधानमन्त्री ने इसी सभा में जो तीन वक्तव्य किए हैं, उनकी ओर मैं आपका ध्यान आकर्षित करना चाहता हूँ।

28 नवम्बर, 1948 को इस बारे में आश्वासन देते हुए प्रधानमन्त्री ने कहा था, "सबसे बड़ी बात यह है कि इस बिल को मंजूर करवाने के लिए सरकार वचनबद्ध है।

इसलिए सरकार उस बिल को मंजूर करेगी। सरकार इस बिल को लेकर यहाँ आएगी। इस सभा की यह जिम्मेदारी है कि उसे कानून के रूप में स्वीकार करे। लेकिन यदि सरकार कोई महत्त्वपूर्ण कानून बनाना चाहती है और यदि सभा ने उसे स्वीकार नहीं किया तो इसका अर्थ यह होता है कि उस बिल के साथ ही सरकार भी सभा को नामंजूर है। इस तरह की स्थिति में उस मन्त्रिमंडल को त्यागपत्र देना होगा। उसके स्थान पर दूसरी नई सरकार आएगी। इस तरह का बिल इतना महत्त्वपूर्ण है कि उसके मंजूर होने न होने पर आज की सरकार का अस्तित्व निर्भर है।''

पुनः 19 दिसम्बर, 1949 को प्रधानमन्त्री ने कहा, ''हम इस बिल को कम महत्त्व देते हैं इस तरह की कल्पना भी इस सभा को नहीं करनी चाहिए। हम इस कानून को सबसे ज्यादा महत्त्व देते हैं। जैसाकि मैंने पहले ही कहा है, हम इस बिल को एक या दो धाराओं के महत्त्व की वजह से नहीं स्वीकार रहे हैं बल्कि सामाजिक और आर्थिक समस्या हल करने के मौलिक उद्‌देश्य से हमने उसे स्वीकार किया है। हम लोगों ने इस देश के लिए राजनीतिक आजादी हासिल की है। राजनीतिक स्वतन्त्रता अपने लक्ष्य का पहला बिन्दु है। यदि समाज को तरक्की करनी हो तो उसे चारों ओर से तरक्की करनी चाहिए।''

पुनः 26 सितम्बर, 1951 को प्रधानमन्त्री ने कहा कि ''जितना ज्यादा से ज्यादा सम्भव हो उतना प्रयास करके हम लोगों को इस बिल को कानून का रूप देना चाहिए, यह बात मुझे इस सभा को बतानी ही चाहिए यह जरूरी नहीं है। फिर भी जब तक इस बिल पर विचार करने के लिए हमें समय नहीं मिलता तब तक हम इस विषय को रोक रहे हैं। मुझे उम्मीद है कि इसी संसद में ऐसा मौका आएगा।''

प्रधानमन्त्री के उक्त विचार इस बिल को ठंडे बस्ते में डालने के समय के हैं। प्रधानमन्त्री की इस घोषणा पर किसी को यकीन हो सकता था? प्रधानमन्त्री के बोलने में और करने में फर्क है, इस बात को यदि मैं समझ नहीं पाया तो निश्चित रूप से यह मेरा दोष नहीं है। मेरे इस त्यागपत्र का इस देश के किसी भी आदमी पर शायद कुछ प्रभाव भी नहीं पड़ेगा। और उसकी शायद किसी को कोई परवाह भी नहीं होगी। लेकिन मुझे अपने प्रति ईमानदार रहना चाहिए। और यह बात त्यागपत्र देने से ही सिद्ध हो सकती है।

अन्त में मन्त्रिमंडल के मेरे सहयोगियों ने जब मैं मन्त्रिमंडल में था उस समय मेरे साथ जो सज्जनता का व्यवहार किया उसके लिए मैं उनका एहसानमन्द हूँ। मैंने लोकसभा की सदस्यता से त्यागपत्र नहीं दिया है फिर भी लोकसभा के सदस्यों ने मेरे बारे में जो सहनशीलता दिखाई उसके लिए मैं उनका भी एहसानमन्द हूँ।

शेड्यूल्ड कास्ट्स फेडरेशन : चुनाव घोषणा-पत्र, 1951

डॉ. बाबासाहेब अम्बेडकर ने शेड्यूल्ड कास्ट्स फेडरेशन का चुनावी घोषणापत्र लिखा था। भारतीय राजनीति में इस घोषणापत्र का बड़ा महत्त्व है। उन्होंने इस घोषणापत्र को ***सन् 1951*** *में लिखा था–*

सभी सार्वजनिक कार्यों में दल की नीति निम्न सिद्धान्तों के मुताबिक रहेगी।

1. फेडरेशन समानता को स्वीकार करेगी। भारतीयों को सिर्फ कानून की ही दृष्टि से समानता नहीं दिलवाई, बल्कि जहाँ-जहाँ समानता को ठुकराया जाता है वहाँ फेडरेशन समानता के हक़ के लिए संघर्ष करेगी।

2. हर भारतीय को अपना उत्थान अपनी विचारधारा के मुताबिक करने की स्वतन्त्रता है और सरकार उसे पूरा करने के लिए केवल निमित्त रहेगी।

3. हर भारतीय को धार्मिक और राजनीतिक विचार की अभिव्यक्ति और बर्ताव करने का हक़ रहेगा। उस पर कोई आपत्ति न उठे इसके लिए फेडरेशन सचेत रहेगी।

ये हक़ समय विशेष पर अन्य देशवासियों के और देश के हितों की रक्षा के लिए सीमित कर दिए जाएँगे।

4. हर भारतीय को अपने उत्थान के लिए समान अवसर देने और जिन्हें अवसर नहीं मिला उन्हें पहले अवसर देने का रास्ता अपनाया जाता है या नहीं, इस पर निगाह रखी जाएगी।

5. हर प्रकार के डर से हर भारतीय की सुरक्षा करने में सरकार को सचेत करने का काम फेडरेशन करेगी।

6. फेडरेशन स्वतन्त्रता, समानता और अपनेपन की भावना का सम्पूर्ण स्वीकार करेगी। यही नहीं आदमी आदमी के बीच, वर्ग वर्ग के बीच और राष्ट्र राष्ट्र के बीच जो टकराव हैं, दुश्मनी है और अमानवीय ढंग से होनेवाले उत्पीड़न को समाप्त करने का फेडरेशन पूरा प्रयास करेगी।

7. व्यक्ति और सामान्य जनता की सम्पूर्ण भलाई की दृष्टि से लोकतन्त्र का ईमानदारी से स्वीकार करनेवाली संवैधानिक पद्धति ही श्रेष्ठ है। ऐसी लोकतान्त्रिक सरकार को ही फेडरेशन समर्थन देगी।

उक्त लक्ष्य का उद्देश्य समझते हुए दो विशेष बातों की ओर ध्यान देना जरूरी

है। दलित फेडरेशन ने उक्त सिद्धान्तों को स्वीकार, भारत के पिछड़े तथा उत्पीड़ित दलित जनता की सम्पूर्ण भलाई के लिए किया है। इस दृष्टि से सोच-विचार करने के बाद फेडरेशन पर जातिवादी, जाति-संगठन का आरोप कोई नहीं लगा सकता। इस संगठन में दूसरों के लिए कोई स्थान नहीं फिर भी सभी भारतीयों की सेवा करना और जिनके साथ सहयोग करना अनुकूल हो ऐसे लोगों के साथ फेडरेशन अपनत्व की भावना से सम्बन्ध स्थापित करेगी।

दलित फेडरेशन के उद्‍देश्य और लक्ष्य में अजीब तरह का नयापन शायद ही दिखाई दे। ऐसा नयापन अन्य राजनीतिक दलों के घोषणा-पत्रों में साफ दिखाई देगा। फेडरेशन के घोषणा-पत्र में अन्य राजनीतिक दलों से अलग दो मुख्य बातें दिखाई देंगी।

सिर्फ राजनीतिक उद्‍देश्य नहीं

सिर्फ राजनीतिक सोच रखकर उच्च स्तर हासिल करने का प्रयास इसमें दिखाई नहीं देगा या मतदाताओं को गुमराह करने का भी इसमें प्रयास नहीं किया गया है। अछूतों की सामाजिक स्थिति से ही उक्त सिद्धान्तों का जन्म हुआ है।

अनुकूल सिद्धान्तों का स्वीकार

उक्त सिद्धान्तों का स्वीकार दलित फेडरेशन के कार्य से इतना सम्बन्धित है कि उनमें से कोई सिद्धान्त हटा दिया जाए या उसका अमल करने में फेडरेशन ने आनाकानी की तो फेडरेशन के अस्तित्व का महत्त्व नहीं रहेगा। क्योंकि फेडरेशन द्वारा स्वीकार किए गए सिद्धान्त अछूत समाज के जीवन में तब्दीली लानेवाले जरूरी और बुनियादी सिद्धान्त हैं। वे राजनीतिक श्रद्धा के बाहरी आवरण नहीं हैं बल्कि आन्तरिक पीड़ा के सही प्रतीक हैं। सिर्फ चुनाव जीतने के लिए आँखों पर चमड़ी चढ़ानेवाली बात नहीं है या लोगों को गुमराह करने के लिए चढ़ाया गया परदा नहीं है।

एक महत्त्वपूर्ण बात

देश के कई राजनीतिक दल इस तरह का दिखावा करके मतदाताओं को भ्रमित करने की होली खेलेंगे। लेकिन एक बात ध्यान में रखनी चाहिए और वह यह है कि अपने सिद्धान्तों के साथ इतनी प्रतिबद्धता और ईमानदारी दलित फेडरेशन के अलावा अन्य किसी दल ने नहीं दिखाई है।

दलित फेडरेशन की नीति

घोषित किए हुए लक्ष्य के मुताबिक पूरी तरह से उन पर अमल करना, यही दलित फेडरेशन की नीति रहेगी।

दलित फेडरेशन कम्युनिज्म, समाजवाद, गांधीवाद तथा अन्य विशेष विचारधाराओं को अन्धश्रद्धा से कभी स्वीकार नहीं करेगी। उनसे प्रेरित नहीं होगी। जिस विचारधारा के कारण जनता को आर्थिक सम्पन्नता सही ढंग से प्राप्त होगी और जीवन में सही सुख प्राप्त होगा ऐसे प्रगतिवादी और पुरोगामी योजनाओं का, फिर उनकी उपज कहीं से भी हो, ऐसी योजनाएँ फेडरेशन के सिद्धान्तों के लिए मददगार होंगी तो जनहित की दृष्टि से उन्हें जरूर स्वीकार किया जाएगा। दलित फेडरेशन की नीति पुरोगामी, प्रगतिवादी, शास्त्रशुद्ध आधुनिक और सामान्य जनता को लाभदायी रहेगी। दलित फेडरेशन बौद्धिक चतुराई का व्यवहारशून्य खेल नहीं खेलेगी।

दलित फेडरेशन का ठोस कार्यक्रम

अंग्रेजों ने भारत में जो कुछ अच्छी-बुरी परम्पराएँ कायम की थीं उन्हीं के आधार पर देश के राजनीतिक दलों को अपना कार्यक्रम तैयार करना चाहिए। और वह जनता के अनुकूल होना चाहिए। अंग्रेजों में अच्छी बातों के साथ कुछ बुरी बातें भी रही हैं। उनमें से कुछ बातें निम्न प्रकार हैं–

1. विधि-विधान में एकसूत्रता, 2. न्याय की समानता और 3. राज्य-संचालन में एकसूत्रता। इसी प्रकार उनमें कुछ समाज-विनाशक बातें भी रही हैं। कुछ महत्त्वपूर्ण बातें निम्न हैं :

1. परम्परा से चली आ रही सड़ियल और वर्णसंस्कारों से जकड़ी हुई समाज-व्यवस्था को बरकरार रखा।

2. शिक्षा में उसी प्रकार फौज और अन्य सरकारी नौकरियों में सफेदपोश वर्ग को विशेष सुविधाएँ दीं।

3. अछूत, आदिवासी और पिछड़े वर्ग को बेहिसाब प्रताड़ित करना और उन्हें नजरअंदाज करना।

4. देश को अपाहिज बनाए रखना आदि।

पिछड़े वर्ग का स्तर कैसे सुधरेगा

शिक्षा और नौकरी में अछूत, आदिवासी और पिछड़ी जातियों का अनुपात किस तरह से बढ़ सकता है इसके लिए फेडरेशन पूरी लगन के साथ काम करेगी और उसके लिए आन्दोलन करेगी।

जो कुछ बातें फेडरेशन को तुरन्त और संकल्प के साथ पूरी करनी हैं उनमें उक्त सवाल को विशेष महत्त्व दिया जाएगा। इतना ही नहीं, इस बात को अत्यन्त महत्त्वपूर्ण समझा जाएगा। उसे हासिल करने के लिए किसी भी प्रकार की देर नहीं की जाएगी। बल्कि उसे समय पर पूरा करने का प्रयास किया जाएगा।

जो अच्छी शिक्षा फेडरेशन इन जातियों को देना चाहती है वह आजकल की प्राइमरी

या माध्यमिक शिक्षा से बेहतर होगी। उस शिक्षा से यह जनता राजसत्ता के सूत्र अच्छी तरह संचालित करने में सक्षम और ताकतवर हो ऐसी प्रगतिवादी उच्च शिक्षा फिर वह भारत में प्राप्त हो या विदेशों में, ऐसी शिक्षा के लिए फेडरेशन इस तरह का प्रयास करेगी।

उसी प्रकार फेडरेशन इस दलित वर्ग को जब तक सरकारी और फौजी नौकरियों में आसानी से संतोष करने योग्य स्थान नहीं मिलते तब तक कम से कम शैक्षिक आधार निर्धारित करके ऐसी नौकरियों में लेने का सफल प्रयास करेगी। आज प्रगत समाज ही कट्टर जातिभक्त होकर सरकारी और फौजी स्थानों पर अपने-अपने लोगों की नियुक्तियाँ कर रहे हैं। जैसे कुछ निश्चित नौकरियाँ निश्चित जातियों की बपौती ही बन गई हों।

दलित फेडरेशन इस तरह की प्रचलित घटिया मानसिकता पर रोक लगाएगी और जिन जातियों को अपने हक़ों की नौकरियाँ हासिल करने का मौका नहीं दिया गया उन्हें देश की राजनीति में उचित महत्त्व प्रदान करने के लिए लगातार संघर्ष करेगी और इस अन्याय के खिलाफ उचित निर्णय लेगी।

देश के ऊपरी वर्ग और निचले वर्ग में काफी बड़ी दरार है जिसकी वजह से इन दो वर्गों में जबर्दस्त दुश्मनी पैदा हो गई है। 1948 में गांधी की हत्या के बाद लूटपाट, खूनखराबा और जो ज्यादतियाँ हुईं वही इस गहरी दुश्मनी का कारण हैं। इन दो वर्गों के बीच की नफरत समाप्त करने का एक ही असली उपाय है और वह यह है कि निचले वर्ग को ऊँची शिक्षा देकर उसे महत्त्वपूर्ण नौकरियाँ दी जाएँ, यह फेडरेशन का मानना है। ऊपरी वर्ग और निचले वर्ग के बीच का भेद सिर्फ जन्म के आधार पर तय किया जाता है, इस अस्वाभाविक भेदभाव को समूल नष्ट करना बहुत जरूरी है और वह निचले वर्ग को जरूरी शिक्षा देकर ऊपरी वर्ग की बराबरी में लाए बगैर समाप्त नहीं होगा।

गरीबी का सवाल कैसे हल होगा

भारत की आर्थिक स्थिति का जो वर्णन योजना आयोग ने किया है वह यथार्थवादी है। उनका संक्षिप्त स्वरूप इस प्रकार है–

1. भारत की जनसंख्या (जम्मू और कश्मीर को छोड़कर) आज 35.69 करोड़ है। यह जनसंख्या 1901 में 23.55 करोड़ थी। पिछले पचास सालों में उसमें करीब-करीब 52 प्रतिशत की बढ़ोतरी हुई है। पहले दो पीढ़ियों की बढ़ोतरी विशेष ध्यान देने योग्य नहीं थी। लेकिन बाद में यह संख्या अधिक बढ़ गई। इसमें 1921 से 1931 में सिर्फ 11 प्रतिशत, 1931 से 1941 तक 14.3 प्रतिशत और 1941 से 1951 तक 13.4 प्रतिशत की बढ़ोतरी हुई है।

2. इस देश में औद्योगिक विकास हुआ फिर भी औसत प्राप्ति में विशेष परिवर्तन नहीं हुआ। 1911 में 71 प्रतिशत आम जनता खेती करती थी। नेशनल कमेटी ने 1928 में यह आँकड़ा 68.2 स्वीकार किया है।

खेती में साल में कुछ समय काम मिलता है जिसकी वजह से इस वर्ग के लोग

साल में अधिकांश समय बेकार रहते हैं। इसी कारण देश में बेकारी की समस्या में वृद्धि हुई है।

3. धीरे-धीरे प्रति व्यक्ति बुवाई योग्य जमीन का प्रतिशत घट रहा है। ब्रिटिश इंडिया में प्रति व्यक्ति जुताई की जमीन का प्रतिशत घटता रहा है। 1911-12 से 1941-42 के दौरान हर गाँव 0.83 एकड़ जमीन से यह प्रतिशत 0.71 एकड़ जमीन कम कृषि लायक आँकी गई। देश के विभाजन के बाद 1948 में प्रति व्यक्ति 0.71 एकड़ बुवाई योग्य जमीन का प्रमाण था। इससे कौन से और किस तरह के निष्कर्ष निकले, इसका पूरा विवरण प्रकाशित नहीं है। फिर भी कुछ प्रकाशित आँकड़ों से यह दिखाई देगा कि उपज का कुछ प्रतिशत कम हुआ है। खेती के कम-ज्यादा उपज का सम्पूर्ण ब्यौरा देना मुश्किल है। फिर भी खेती के विकास में अवरोध पैदा हुआ है यह कहना गलत नहीं होगा।

दरिद्रता की तलवार दोधारी है। इन दोनों मोर्चों पर संघर्ष करके समस्या-निवारण का प्रयास फेडरेशन जरूर करेगी।

परिवार नियोजन कीजिए

बेहिसाब बढ़ती जनसंख्या को रोकने के लिए फेडरेशन सन्तान नियोजन का प्रचार करेगी और लोगों को उसकी जरूरत समझाएगी। फेडरेशन देश में जगह-जगह पर सन्तान नियोजन सूचना केन्द्र स्थापित करने का जरूरी प्रचार करेगी। फेडरेशन का यह मानना है कि देश की बेहिसाब बढ़ती जनसंख्या देश के लिए एक खतरा है, इसलिए उस पर नियन्त्रण पाने और उस पर रोक लगाने के सख्त कदम उठाए जाने चाहिए।

औद्योगिक और कृषि-विकास

देश में किसी भी प्रकार के उद्योग-धन्धों के विकास के लिए ट्रेडमार्क योजना से फेडरेशन का कोई विरोध नहीं होगा।

उद्योग धन्धों का विकास तात्कालिक परिस्थितियों पर निर्भर है। जहाँ राष्ट्रीय योजना जरूरी हो वहाँ फेडरेशन उसे स्वीकार करेगी। जहाँ तक उसे अमल में लाना सम्भव होगा, फेडरेशन राष्ट्रीय योजना को अमल में लाएगी।

जहाँ निजी उद्योगधन्धे लगाने की सम्भावना होगी, उनका राष्ट्रीयकरण किए बिना वहाँ फेडरेशन निजी उद्योगधन्धे स्थापित करने का समर्थन करेगी। देश के लोगों की गरीबी दूर करने के बारे में सोचते हुए इस बात को समझना जरूरी है कि उत्पादन करना ही काफी नहीं बल्कि उत्पादन बढ़ाना भी बहुत जरूरी है।

उद्योगधन्धों की पूर्व योजना विशेष और महत्त्वपूर्ण बात नहीं है। उद्योगधन्धों की पूर्व योजना से भी अधिक उत्पादन गरीबी का शर्तिया इलाज है। खास तौर पर एक बात ध्यान में रखनी चाहिए कि इस तरह की उत्पादन बढ़ोतरी करते समय कामगारों का अकल्याण और नुकसान न हो इस बात के लिए पूरी सतर्कता बरतनी चाहिए, यह दलित फेडरेशन की मान्यता है।

जिन अधिक उत्पाद योजनाओं में किसानी के पुनरुत्थान का अन्तर्भाव न हो उस तरह की योजनाएँ परिणामहीन साबित होंगी। खेती में ज्यादा उत्पादन के लिए खेती की निम्न योजनाएँ स्वीकार की जानी चाहिए, ऐसा फेडरेशन को लगता है।

1. खेती का मशीनीकरण होना चाहिए। क्योंकि जब तक परम्परा से चली आ रही खेती पद्धति में बुनियादी परिवर्तन नहीं होता, तब तक खेती का विकास नहीं होगा।

2. मशीनीकरण से खेती का विकास करने के लिए जमीन के छोटे-छोटे टुकड़ों से काम नहीं चलेगा। उसके बड़े पैमाने पर चकबन्द करना जरूरी है। इन छोटे-छोटे टुकड़ों को एक साथ मिलाकर उन्हें जमीन के बड़े टुकड़ों में परिवर्तित करना चाहिए।

3. ज्यादा फसल प्राप्त करने के लिए पर्याप्त खाद और उन्नत बीजों का प्रचुर भंडार होना चाहिए। इस तरह की प्रशासनिक योजना को अमल में लाना सामान्य किसान के लिए आसान नहीं है। क्योंकि इस तरह की योजना का खर्च बर्दाश्त करने की उनकी ताकत नहीं है। इसलिए दलित फेडरेशन को ऐसा लगता है कि इस तरह की योजनाएँ सरकार को अपने हाथ में लेनी चाहिए। इस योजना की प्रशासनिक जिम्मेदारी सरकार की है। सरकार द्वारा किसान को खेती की आधुनिक जानकारी और कर्ज देकर उस कर्ज को जमीन के महसूल के साथ वसूलना चाहिए।

किसानों की स्वाधीन खेती के छोटे-छोटे टुकड़े होने के कारण बड़े पैमाने पर खेती करना कैसे सम्भव होगा, यह भी एक सवाल है। लेकिन यह सवाल सामूहिक या सहकार प्रणाली से हल किया जा सकता है।

भारत कृषिप्रधान देश है फिर भी उसमें मेहनत करनेवाले किसान केवल मेहनती होने की वजह से दुखी जीवन व्यतीत कर रहे हैं। उनकी मेहनत का बेहिसाब लाभ जमींदार लोग उनका शोषण करके उठा रहे हैं। इस तरह भूमिहीन किसानों का दुर्भाग्यपूर्ण जीवन देश की गरीबी को बढ़ा रहा है।

इस गम्भीर स्थिति को नियन्त्रण में लाने और उसका सही निदान सम्भव होते हुए भी, उसका उसी तरह बरकरार रहना बड़े शर्म की बात है। खेती के लिए उपयोग में लाए जाने योग्य जमीन के निम्न प्रकार के आँकड़े चौंकानेवाले हैं :

कुल भौगोलिक प्रदेश	85	लाख	एकड़
कुल उपजाऊ जमीन	577	”	”
कुल खेती की जमीन	84	”	”
कुल खेती करने योग्य परती जमीन	93	लाख	”
कुल ऊसर जमीन	93	”	”
खेती के उपयोग में न लाई गई जमीन	62	”	एकड़
खेती के काम में लाई गई कुल जमीन	244	”	”

उक्त आँकड़ों से यह दिखाई देता है कि 93 लाख एकड़ से भी ज्यादा जमीन का उपयोग उत्पादन के लिए किया जा सकता है।

जमीन को बुआई के योग्य बनाना आधुनिक औजारों से संभव है। दलित फेडरेशन इस बात पर निश्चित रूप से विचार करेगी।

खेती का भविष्य इर्दगिर्द के जंगली क्षेत्र पर निर्भर करता है। कृषि उत्पादन बारिश की मात्रा पर निर्भर होता है। अपने देश में बारिश की ओर आँखें लगाकर देखना पड़ता है। यह आज की स्थिति नहीं है। इसलिए अधिक से अधिक जंगलों की रक्षा हो इसके लिए फेडरेशन प्रयास करेगी।

सिर्फ खेती की वजह से ही देश की सम्पत्ति नहीं बढ़ेगी। साथ ही ग्रामोद्योग का बल भी चाहिए। लेकिन बिजली की पर्याप्त आपूर्ति के बिना ऐसे उद्योग सफल नहीं हो सकते। बिजली पैदा करना और उसकी अधिक से अधिक आपूर्ति करना ही देश के आर्थिक उत्थान का निश्चित साधन है। फेडरेशन इस बात का पूरा प्रयास करेगी कि नदियों पर बाँध बनाकर बिजली के लिए, खेती उद्यानों के लिए ऐसी योजनाएँ अमल में लाई जाएँ।

कुछ नए सवाल

दलित फेडरेशन के घोषणापत्र में इस बात की विस्तार से चर्चा की गई है कि अंग्रेजों ने जो काम अधूरे छोड़ दिए हैं उनमें से देश के विकास की दृष्टि से ऐसी उपयोगी पुरानी योजनाएँ अमल में लाई जाएँ। अब स्वतंत्रता प्राप्त होने के बाद जो नए सवाल सामने आ रहे हैं उन पर भी विचार-विमर्श करना जरूरी है। इस सवाल को दो हिस्सों में बाँटा जा सकता है :

अ. आन्तरिक राजसत्ता,

ब. विदेशी राजनीति।

अ. आन्तरिक राजसत्ता

आन्तरिक राजसत्ता के महत्त्वपूर्ण अनुषंग निम्न प्रकार हैं :

1. भाषिक प्रान्त निर्माण,
2. राजसत्ता का शुद्धीकरण,
3. कालाबाजार करनेवाले और उन पर नियंत्रण,
4. बढ़ती कीमतें और बढ़ता खर्च।

भाषिक प्रान्तों का निर्माण एक महत्त्वपूर्ण सवाल है। मद्रास, मध्यप्रदेश और मुम्बई आदि प्रान्तों की विशेष भाषा से सम्बन्धित प्रदेशों के झगड़े इस हद तक पहुँचे हैं कि उनके कारण आन्तरिक राज्यव्यवस्था में रुकावटें पैदा हो गई हैं। इससे लोकतन्त्र को खतरा पैदा हो गया है। अलग-अलग भाषिक प्रदेशों में सामाजिक समरूपता और

राजनीतिक व्यवस्था पर आधारित होना चाहिए। इसके लिए भाषिक प्रदेशों का निर्माण ही सही विकल्प है। इसलिए फेडरेशन भाषिक प्रदेशों के निर्माण को स्वीकार करेगी।

राज्यव्यवस्था में जो अव्यवस्था और अनीति चल रही है उसे कांग्रेस ने जन्म दिया है। ऐसे नीतिभ्रष्ट लोगों को सजा दिलवाना उचित है ऐसा कांग्रेस को बिल्कुल नहीं लग रहा है। स्वयं कांग्रेस के प्रतिष्ठित सदस्यों ने इस अनीति और भ्रष्टाचार के खिलाफ कांग्रेस के मंत्रियों पर सरेआम आरोप लगाए हैं। लेकिन कांग्रेस हाईकमान को इन गंभीर आरोपों की मामूली जाँच-पड़ताल करने की भी जरूरत महसूस नहीं हुई। जाँच-पड़ताल करने की बात तो दरकिनार, जिन्होंने ऐसे आरोप लगाए उनकी जबान पर हाई कमान ने ताला लगा दिया और गुनहगारों को सजा दिलवाने के बजाय अनैतिकता को स्वीकार किया। जहाँ मंत्रियों जैसे जिम्मेदार लोग सरेआम गुनाह करते हैं और उन्हें छुपाया जाता है, वहाँ निचले अधिकारी इस अनैतिकता के भँवर से कैसे बच सकते हैं?

इसलिए फेडरेशन इस प्रकार के देशद्रोही और गुनाहगार मंत्रियों तथा अफसरों की बगैर किसी भेदभाव के जमकर जाँच किए जाने का समर्थन करेगी। इतना ही नहीं, आन्तरिक राज्यव्यवस्था का नैतिक स्तर बढ़ाने और कांग्रेस द्वारा लगाए गए कलंक को धोने में पूरी सतर्कता बरतेगी। फेडरेशन गुनाहगारों को उचित सजा दिलवाने की पूरी कोशिश करेगी।

बढ़ते प्रतिबन्ध और कालाबाजार कांग्रेस की शैतानी राजनीति के परिणाम हैं। यह कांग्रेस और बड़े व्यापारियों की गहरी दोस्ती का दुष्परिणाम है। कांग्रेस मूल रूप से पूँजीपतियों की कायल है और उसने इन पूँजीपतियों को खुली छूट दे रखी है। उत्तर प्रदेश की ओर ध्यान दें तो इस बात का पता चलेगा कि कांग्रेस और पूँजीपतियों ने ऐसे बर्ताव को बरकरार रखने की कसमें खाई हैं। चुनाव जीतने के लिए कांग्रेस पूँजीपतियों के हाथ सत्ता बेचने के लिए एक पाँव पर खड़ी है। और पूँजीपति लोग कांग्रेस के चुनाव के लिए पैसे देकर सत्ता की सौदेबाजी करने के लिए तैयार हैं। उत्तर प्रदेश में कांग्रेस और पूँजीपतियों के बीच यह रिश्ता बरकरार है।

इस प्रकार की विनाशकारी शक्ति को नष्ट करना पूरी तरह से मतदाताओं के हाथ में है। पूँजीपतियों ने जिन्हें आगे किया और उनके कायल उम्मीदवारों को मतदाताओं ने समर्थन नहीं दिया तो इस सवाल को हल करना आसान है।

फेडरेशन ने कभी भी पूँजीपतियों को अपने पास नहीं आने दिया। फेडरेशन इस बात के लिए पूरा प्रयास करेगी कि ऐसे पूँजीपतियों की सरकार स्थापित न हो।

बढ़ती मुद्रावृद्धि को रोकना मुश्किल लग रहा है। किस तरह से लोगों का जीवन स्तर ऊँचा उठे, इस बारे में बिल्कुल नहीं सोचा गया। फेडरेशन मुद्रास्फीति पर तुरन्त नियन्त्रण स्थापित करने के लिए उचित कदम उठाएगी।

ब. विदेश नीति का सवाल

जिस दिन भारत को आजादी मिली उस दिन भारत के दुनिया के तमाम राष्ट्रों से मैत्रीपूर्ण सम्बन्ध थे और वे भारत के प्रति सद्‍भावना रखते थे। आज की स्थिति एकदम

अलग है। आज भारत का कोई सच्चा मित्र नहीं है। सभी राष्ट्र भारत के दुश्मन नहीं हैं फिर भी वे भारत से बेहद नाराज हैं। वे भारत की भलाई की ओर नहीं देख रहे हैं। उसके लिए कांग्रेस सरकार की अस्थिर विदेश नीति ही जिम्मेदार है। भारत की कश्मीर सम्बन्धी नीति, यू.एन.ओ. में कम्यूनिस्ट चीन के प्रवेश के बारे में जल्दबाजी और कोरियन युद्ध के प्रति अनास्था आदि पिछले तीन साल की बचकानी नीति के कारण अन्य राष्ट्रों ने भारत से मुँह मोड़ लिया है।

कश्मीर के बारे में कांग्रेस सरकार की नीति दलित फेडरेशन को बिल्कुल पसन्द नहीं है। यही नीति आगे बरकरार रही तो भारत और पाकिस्तान के बीच भयंकर असन्तोष तो रहेगा ही, उसके कारण इन दो देशों में युद्ध छिड़ जाने की भी सम्भावना है। फेडरेशन की तहेदिल से यह इच्छा है कि इन दो राष्ट्रों में दोस्ती रहनी चाहिए। पाकिस्तान की नीति के बारे में निम्न बातों पर गम्भीरता से सोचा जाना चाहिए।

1. विभाजित हुए भारत को एक करने की भाषा बन्द करनी चाहिए और पाकिस्तान, भारत दो स्वतन्त्र राष्ट्रों के अस्तित्व को मन से स्वीकार करना चाहिए।

2. कश्मीर का विभाजन करके बहुसंख्यक मुस्लिम प्रजा की आम राय जानकर उस प्रदेश को पाकिस्तान को दे देना चाहिए और गैरमुस्लिम प्रदेश (कश्मीर और लद्दाख) को भारत में शामिल कर देना चाहिए।

इसके कारण दो राष्ट्रों में एकता कायम करने का अच्छा मौका मिलेगा। फेडरेशन इन बातों के लिए अनुकूल प्रचार करेगी।

चीन सम्बन्धी नीति के कारण अन्य दोस्त राष्ट्र हमारे दुश्मन बन गए हैं। यू.एन.ओ. में स्थायी सदस्यता के लिए भारत को आज भी प्रयास करना पड़ रहा है, इसका यही एक कारण यह है, यह बड़े आश्चर्य की बात है। चीन अपने हक़ के लिए लड़ने में समर्थ होने के बावजूद उसकी जिम्मेदारी को भारत को अपने सिर क्यों लेना चाहिए? चीन के सवाल पर भारत की नीति के कारण अमेरिका की ओर से आर्थिक और यान्त्रिक मदद मिलना मुश्किल हो गई है।

हमने औपनिवेशिक स्वराज्य को नकार दिया है। हम एक स्वतन्त्र राष्ट्र हो गए हैं। ब्रिटिश कॉमनवेल्थ का सदस्य होना हमने स्वीकार किया है। इसके बावजूद अन्य राष्ट्रों के साथ हमारे सम्बन्ध अच्छे नहीं हैं। पूँजीवाद और लोकतन्त्र के बीच के भेद के परिणाम हमारी विदेश नीति में नहीं दिखाई दिए। हम इस बात को समझ सकते हैं कि पूँजीवाद से नफरत करना जरूरी है लेकिन लोकसभा में लोकतन्त्र का गलत अर्थ समझकर उसका स्थान तानाशाही न ले इस बात के लिए हमें हमेशा सचेत रहना चाहिए।

भारत की पहली जिम्मेदारी है अपना उत्थान। भारत को यू.एन.ओ. में कम्युनिस्ट चीन को प्रवेश दिलाने के लिए दौड़धूप करने से पहले अपना स्थान यू.एन.ओ. में स्थायी सदस्य के रूप में निश्चित करने के प्रयास में जुट जाना चाहिए। भारत को माओत्से तुंग का समर्थन करते हुए चांग काई शेक को नजरअंदाज करने का प्रयास छोड़ देना चाहिए।

दुनिया को बचाने के दिखावे की इस विदेश नीति को छोड़ देना चाहिए, अन्यथा उससे भारत का विनाश होगा। इसलिए भारत को तुरन्त इस स्वविनाशी विदेश नीति में परिवर्तन करना जरूरी होगा। पूर्वी देशों की भलाई के लिए झगड़ने का नेतृत्व करने से पहले भारत को अपने हाथ मजबूत करने के लिए कमर कसकर दौड़धूप करनी चाहिए और जहाँ तक सम्भव हो उतनी मदद हासिल करनी चाहिए तब कहीं भारत का प्रभाव बढ़ेगा। दलित फेडरेशन इस तरह की विदेश नीति को स्वीकार करेगी।

आमदनी के संसाधन

रचनात्मक कार्य सिर्फ शब्द और कल्पना का मेल-मिलाप करने से नहीं होता बल्कि उसे करते समय धन की जरूरत होती है। जब तक किसी एक दल का तैयार किया हुआ कार्यक्रम अमल में लाने के लिए सही दिशा मालूम न हो तब तक इस प्रकार के कार्यक्रमों पर लोगों का भरोसा होना सम्भव नहीं है।

रचनात्मक कार्य पूरा करने के लिए अतिरिक्त पैसा होना चाहिए, तब कहीं आर्थिक सवाल हल किए जा सकते हैं।

दलित फेडरेशन देश का सम्पूर्ण विकास करने के लिए जरूरी आर्थिक आमदनी के लिए निम्न प्रकार के सुझाव देना चाहती है–

1. फौजी खर्च में कटौती।
2. नमक पर पुनः कर लगाना।
3. शराबबन्दी से प्रतिबन्ध हटाना और आबकारी आमदनी में बढ़ोतरी करना।
4. जीवन बीमे का राष्ट्रीयकरण।

भारत सरकार की कुल टैक्स की आमदनी 4.50 करोड़ रुपए है। उसमें से 50 प्रतिशत से भी अधिक रकम फौज पर खर्च की जाती है। यह सालाना रकम लगभग 180 करोड़ रुपए है। जिस देश में लोग भूख से मर रहे हैं, उस देश में इतना अधिक खर्च सिर्फ सुरक्षा पर किया जाता है। फेडरेशन के घोषणा-पत्र में कश्मीर के बारे में स्वीकार की गई विदेश नीति, आवश्यकतानुसार विदेश नीति में परिवर्तन और अन्य राष्ट्रों के साथ मैत्रीपूर्ण समझौते, इससे सुरक्षा पर हर साल होनेवाले खर्च में 50 करोड़ रुपए बचेंगे और ऐसा करने से कोई खतरा पैदा होनेवाला नहीं है।

यह समझ में नहीं आ रहा कि नमक पर फिर टैक्स क्यों नहीं लगाया जाना चाहिए। नमक पर लगाया गया टैक्स केवल भावना की बलि चढ़कर बन्द किया गया। उससे नमक के दाम कम नहीं हुए बल्कि नमक के दाम बढ़े हैं। इस टैक्स से प्राप्त होनेवाले सालाना 11 करोड़ रुपयों की आमदनी को हम लोगों ने खो दिया। इससे देश के विकास में बड़ी रुकावट आएगी। इसलिए यह टैक्स सालाना 30 करोड़ तक बढ़ाने में किसी को कोई एतराज नहीं होगा।

शराबबन्दी एक मूर्खता है। शराबबन्दी कार्यक्रम को चलाने से काम नहीं चलेगा। बल्कि इस नीति को ही समाप्त कर देना चाहिए। शराबबन्दी के कारण जो बुरी आदतें

नष्ट होनी चाहिए, जो इसका उद्देश्य था वह पूरा होने की बजाय अन्य तरह की खामियाँ बढ़ रही हैं। शराब बनाना एक ग्रामोद्योग बन गया है। पहले सिर्फ पुरुष ही शराब पीते थे। अब तो औरतें और बच्चे भी सरेआम शराब पीने लगे हैं। क्योंकि घर-घर में बच्चों और औरतों के सामने शराब बनाई जाती है जिसकी वजह से निचली जातियों में गुनाहगारों और अत्याचारों का अनुपात बढ़ रहा है।

आमदनी की दृष्टि से यह देश का नुकसान है। आबकारी उत्पाद शुल्क अ वर्ग के प्रान्तों से 1945-46 में 51.67 करोड़ रुपए था। 1950-51 में यह शुल्क 25.23 करोड़ रुपए हो गया और 1951.52 में 24.75 करोड़ रुपए हो गया। 1945-46 के आँकड़ों में अविभाजित पंजाब और बंगाल प्रान्त सम्मिलित हैं। फिर भी अ वर्ग के प्रान्तों में आम तौर पर सालाना 25 करोड़ की आमदनी का घाटा हुआ। इसमें यदि शराबबन्दी न होती तो क्या होता इस बात को सम्मिलित नहीं किया गया है।

मुम्बई प्रान्त में 1946-47 में आबकारी उत्पाद शुल्क से आय 9.47 करोड़ रुपए थी। 1950-51 में वही आय 1.20 करोड़ रुपए रही और 1951-52 का अनुमान 1.05 करोड़ रुपए है। इस कारण करीब-करीब आबकारी टैक्स का सालाना 8.7 करोड़ रुपए का घाटा बर्दाश्त करना पड़ेगा।

1945-46 में मद्रास प्रान्त में आबकारी आमदनी 16.80 करोड़ रुपए थी। 1950-51 में उसमें 0.50 करोड़ रुपए का घाटा हुआ। 1951-52 में 0.36 करोड़ की अतिरिक्त आय होगी ऐसी उम्मीद है जिसके कारण कुल 16 करोड़ रुपए का घाटा होने की सम्भावना है।

उत्तर प्रदेश में 1947-48 में 7.06 करोड़ रुपए की आमदनी हुई। 1950-51 में 5.13 करोड़ रुपए आए। 1951-52 में 5.84 करोड़ रुपए आय होगी, ऐसी उम्मीद है जिसमें 1.2 करोड़ रुपए का घाटा होगा।

मध्य प्रदेश, पंजाब और बंगाल आदि प्रान्तों की आबकारी से आमदनी घट रही है। मद्रास और मुम्बई प्रान्त में तो 25 करोड़ रुपए का घाटा होता है। अ वर्ग के प्रान्तों में भी लगभग इतना ही घाटा होता है।

ये आँकड़े पर्याप्त नहीं हैं। इसमें ब वर्ग के प्रान्तों के आँकड़े सम्मिलित नहीं किए गए हैं, क्योंकि वे उपलब्ध नहीं हो पाए। शराबबन्दी की नीति को स्वीकार करने के कारण खर्च में जो बढ़ोतरी हुई उसके आँकड़े भी यहाँ नहीं दिए गए हैं।

आम भलाई की दृष्टि से सोचा जाए तो शराबबन्दी का कोई मतलब नहीं दिखाई देता बल्कि शराबबन्दी के खर्च का बोझ लोगों को बर्दाश्त करना पड़ता है। लाख-दो लाख शराबियों को सुधारने के लिए सारी जनता को इस सुधार के बोझ को क्यों ढोना चाहिए? इस तरह के शराबी कभी सुधरनेवाले नहीं हैं। जब शिक्षा, मकान, स्वास्थ्य आदि सवालों को हल करने की जरूरत है तब लोगों को शराबबन्दी के खर्च को क्यों बर्दाश्त करना चाहिए? पैसे का उपयोग अन्य प्रकार के सुधारों पर क्यों नहीं करना चाहिए? ज्यादा महत्त्व किस सवाल को देना चाहिए, शराबी को या गरीब व भूखे आदमी

के सवाल को? ये सवाल जोर-जबर्दस्ती और लापरवाही से भुला दिए जाते हैं। कुछ भी क्यों न हो, इस प्रकार की परिणामहीन शराबबन्दी की योजना पर पुनर्विचार होना चाहिए और इस पर बर्दाश्त किया जानेवाला खर्च अन्य दूसरे महत्त्व की योजना को सफल बनाने में किया जाना चाहिए।

जीवन बीमे का राष्ट्रीयकरण लाभ की दृष्टि से कितना जरूरी है यह निम्न आँकड़ों से देखा जा सकता है :

1. जीवन बीमा कानून द्वारा रजिस्टर्ड की गई कम्पनियाँ	339
2. कुल जीवन बीमा योजना (1949)	33,03,000
3. इन्शुअर की गई रक़म	73,49,00,000
4. प्रीमियम पर सालाना आय	37,18,00,000
5. सरकारी बांड में लगाई गई रक़म	8,64,16,000
6. कम्पनी का कामकाज खर्च	29.2

इन आँकड़ों से इस बात का पता चलता है कि इंश्योरेंस कम्पनी के हाथ में सालाना कुल 37 करोड़ रुपए की रक़म होती है और बैंक की तरह उसके कभी भी निकाले जानेवाले बैंक डिपोजिट नहीं हैं। यह रक़म उसके पास होने की वजह से उसे दूसरी ओर दीर्घकालीन योजनाओं पर खर्च किया जा सकता है। इंश्योरेंस कम्पनियाँ सरकारी बांड में पैसा लगाती हैं और उससे सरकार को लाभ होता है। ऐसी स्थिति होने पर भी इंश्योरेंस का राष्ट्रीयकरण नहीं है। क्योंकि सरकारी बांड में 37 करोड़ रुपए आय में से कुल 9 करोड़ रुपए लगाए जाते हैं। दूसरी बात यह है कि इस पर सरकार को ब्याज देना पड़ता है। और वह एक प्रकार का बोझ टैक्स देनेवालों पर पड़ता है। इसके अलावा इंश्योरेंस कम्पनियाँ सालाना 11 करोड़ रुपए अपने पल्ले में बाँध लेती हैं (1949)।

यह एक तरह से पैसे की फिजूलखर्ची है। राष्ट्रीयकरण से इस पर रोक लगेगी। फेडरेशन सिर्फ राष्ट्रीयकरण का आग्रह नहीं करेगी बल्कि हर प्रान्त को और निजी नौकरी करनेवालों के लिए भी उसे अनिवार्य करेगी। इंश्योरेंस कम्पनी के राष्ट्रीयकरण की वजह से हर किसी को इंश्योरेंस पर विश्वास पैदा होगा और सरकारी खजाने से भी देश के विकास की योजनाएँ सफल बनाने में मदद मिलेगी।

देश के अनुकूल विकास के लिए अवगत आय का प्रमाण निम्न है :

1. फौजी बजट से	50 करोड़ रुपए
2. नमक के टैक्स से	30 करोड़ रुपए
3. आबकारी आय	25 करोड़ रुपए
4. सरकार और निजी कामगारों के अनिवार्य इंश्योरेंस से	आँकड़े उपलब्ध नहीं हैं।

उक्त स्रोतों से होनेवाली आय देश के उत्थान के लिए बननेवाली योजनाओं की अनुपूरक हैं।

केवल कोई संस्था स्थापित करने से वह पार्टी नहीं बनती। जहाँ लोग विशेष सिद्धान्तों से कार्य करने के लिए प्रतिबद्ध होते हैं उसे ही पार्टी कहा जा सकता है। विशेष प्रकार के लक्ष्य के बगैर पार्टी बरकरार नहीं रह सकती। और लोग भी इकट्ठा नहीं रह सकते। इसलिए जिस पार्टी के लोगों ने कसम खाकर अपनी पार्टी के लक्ष्य के मुताबिक काम करने का संकल्प नहीं किया और वैसा बर्ताव नहीं करते, ऐसी पार्टी के साथ फेडरेशन का सहयोग करना सम्भव ही नहीं है। इसके अलावा उस पार्टी की नीति और फेडरेशन का लक्ष्यों में समानता होनी चाहिए, तब कहीं सहयोग सम्भव है।

केवल राजनीतिक उदार लक्ष्य होने से काम नहीं चलता। उस लक्ष्य की विजय होनी चाहिए। इस तरह की बातें सिर्फ एकाकी व्यक्तित्व से सफल नहीं होतीं। उन्हें सुव्यवस्थित पार्टी के द्वारा ही अमल में लाया जाता है। इसके लिए ख़ास वजह के बगैर दलित फेडरेशन किसी भी स्वतन्त्र मतदाता को बढ़ावा नहीं देगी। किसी-न-किसी पार्टी से ही सहयोग करेगी।

दलित फेडरेशन पिछड़ी हुई जातियों और अनुसूचित जनजातियों से जरूर सहयोग करेगी क्योंकि उनकी स्थिति अछूतों से अलग नहीं है। अछूत समाज में पिछले बीस सालों में राजनीतिक हक़ हासिल करने के लिए जितनी राजनीतिक प्रगति हुई उतनी प्रगति दुर्भाग्य से उन्होंने नहीं की। भारतीय संविधान के अनुसार स्वतन्त्र भारत में पिछड़े समाज, अछूत समाज और अनुसूचित जनजातियाँ यही देश के असली सूत्रधार हैं। इतने दिनों तक अल्पसंख्यक सफेदपोश हिन्दू सत्ताधारी थे। दलित फेडरेशन को एक ही डर है और वह यह कि पिछड़े समाज के और अनुसूचित जनजातियों के अज्ञान के कारण ये लोग सफेदपोश हिन्दुओं के षड्यन्त्र के शिकार हो जाएँगे। और इससे वे लोग उनके हमेशा की तरह गुलाम रहेंगे और अपने मालिक स्वयं नहीं हो पाएँगे।

फेडरेशन की पहली जिम्मेदारी यह है कि इन समाजों को अपने पाँव पर खड़ा किया जाए। यदि उनकी इच्छा हो तो उन्हें पूरी तरह सम्मिलित करने के लिए दलित फेडरेशन का रूपान्तरण अखिल पिछड़ी जमातों का फेडरेशन में किया जा सकता है। अन्यथा फेडरेशन इन समाजों के संघ के साथ जरूर सहयोग करेगी और उन्हें सहयोग देगी।

4. राजनीतिक दलों के बारे में फेडरेशन की नीति एकदम स्पष्ट है। फेडरेशन कभी भी हिन्दू महासभा और राष्ट्रीय स्वयंसेवक संघ (आर.एस.एस.) से सहयोग नहीं करेगी।

5. फेडरेशन कम्युनिस्ट पार्टी जैसे दल से भी सहयोग नहीं करेगी क्योंकि उनका लक्ष्य व्यक्तिगत स्वतन्त्रता और लोकतान्त्रिक शासन प्रणाली को समाप्त करके तानाशाही स्थापित करने का है।

6. जो अन्य पार्टियों के खिलाफ पार्टी के विकास में रुकावट पैदा करेगा और देश में एक ही पार्टी रहे ऐसी नीति स्वीकार करेगा इस तरह की पार्टी से फेडरेशन कभी सहयोग नहीं करेगी।

7. म्यूनिसपैलिटी में राजनीतिक दलों की बढ़ती दखलंदाजी को फेडरेशन कभी स्वीकार नहीं करेगी।

देश को दो प्रमुख दलों की जरूरत है। एक राजसत्ता चलानेवाला सत्ताधारी दल और दूसरा विरोधी दल। इस प्रकार के दो दलोंवाली राजनीति को फेडरेशन स्वीकार करेगी। आनेवाले चुनाव में या आज यह सम्भव है कि एक अखिल भारतीय संघ स्थापित किया जाए। देश के अनेक राजनीतिक दल या संघ का सम्मिलन खास प्रकार की नीति पर होना चाहिए और उसका अमल अनुशासन से होना चाहिए। इसमें सम्मिलित होनेवाले दलों को अपनी आन्तरिक नीति की स्वतन्त्रता होनी चाहिए। इस प्रकार के अखिल भारतीय संघ द्वारा जो उम्मीदवार चुने जाएँगे वे इन सभी दलों के उम्मीदवार होने चाहिए। और इन अलग-अलग दलों के उम्मीदवारों को आवश्यक मदद और सहयोग संघ में सम्मिलित होनेवाले दलों को देना होगा। इसके लिए सभी दलों की एक समिति नियुक्त की जानी चाहिए। किसने किस तरह की मदद देनी है यह बात तय करनी चाहिए। ब्रिटिश मजदूर संघ की तरह इस तरह का एक संयुक्त संघ होना चाहिए। यदि किसान मजदूर पार्टी, सोशलिस्ट पार्टी, जस्टिस पार्टी और जहाँ इस तरह के दल नहीं हैं ऐसी सभी इकाइयाँ निम्न शर्तें स्वीकार करें तो दलित फेडरेशन ऐसे संयुक्त संघ की एक इकाई जरूर हो सकता है।

(अ) संघ में हर दल की नीति स्पष्ट होनी चाहिए।

(ब) हर दल की नीति फेडरेशन की नीति के अनुकूल होनी चाहिए।

(क) संघ से सहयोग करनेवाले दलों को अछूतों के आर्थिक और सामाजिक उत्थान के लिए मदद करनी चाहिए।

(उ) फेडरेशन की आन्तरिक व्यवस्था में और राजनीति में इन दलों को हस्तक्षेप नहीं करना चाहिए।

(इ) इस संघ को जो दल अस्वीकार करेगा ऐसे दल के साथ किसी भी प्रकार का सम्बन्ध या सहयोग करनेवाले दल को संघ में स्थान नहीं दिया जाएगा।

साप्ताहिक 'जनता' के 13 अक्तूबर, 1951 के अंक में प्रकाशित हुआ था।

राजसत्ता प्राप्त कीजिए

पहले आमचुनाव प्रचार के लिए डॉ. बाबासाहेब अम्बेडकर पंजाब के दौरे पर गए थे। उस समय उन्होंने ***दि. 27 अक्तूबर 1951*** *को मोहल्ला रामदासपुरा (बुटान मंडी) जालंधर की एक जनसभा को सम्बोधित किया। उस सभा में उन्होंने अपने भाषण में कहा—*

भाइयो तथा बहनो,

आप लोगों ने इससे पहले भी कई बार इस प्रकार के कार्यक्रमों की योजना बनाई थी और उन कार्यक्रमों में मुझे सम्मिलित होना चाहिए ऐसी इच्छा प्रकट की थी। लेकिन खास तौर पर केन्द्रीय सरकार के मन्त्री-पद की जबर्दस्त जिम्मेदारी और अपने गिरते स्वास्थ्य की वजह से मैं पूर्व कार्यक्रमों में सम्मिलित नहीं हो सका। इसके लिए प्रारम्भ में ही मैं खेद व्यक्त कर रहा हूँ। मुझे ऐसा बताया गया है कि मेरा भाषण सुनने के लिए आप लोग यहाँ कई बार इकट्ठा हुए हैं। लेकिन आप लोगों को निराश होकर लौटना पड़ा। इसलिए आप लोगों को जो परेशानी हुई और जो निराशा हुई उसके लिए मैं आप लोगों से माफ़ी चाहता हूँ।

आप लोगों को इस बात का पता है कि पिछले चार साल से मैं केन्द्रीय सरकार में एक मन्त्री था। और इससे पूर्व किसी भी विधिमन्त्री को इतनी परेशानी नहीं झेलनी पड़ी होगी या भविष्य में किसी विधिमन्त्री को ऐसी परेशानी नहीं झेलनी पड़ेगी, काम का इतना बोझ मुझे बर्दाश्त करना पड़ा। मैं दौरे नहीं कर सका इसका यही एक कारण है। दूसरी बात यह है कि मेरी तबियत ठीक नहीं है। अभी भी मेरी तबियत अच्छी नहीं है। मेरे स्वास्थ्य ने भी मेरे दौरे में रुकावट पैदा की है। तीसरी और अन्तिम बात यह है कि इस देश के सभी प्रदेशों में अछूत लोगों की बस्तियाँ हैं। यदि मैं हर तहसील, हर जिले और प्रदेशों के दौरे करने का कार्यक्रम बनाऊँगा तो चार या पाँच सालों में भी दौरों का कार्यक्रम पूरा करना मेरे लिए सम्भव नहीं होगा। आप लोगों का यह आग्रह होता है कि मुझे आपके गाँव आकर आप लोगों से हार्दिक संवाद करना चाहिए। इसके पीछे मेरे बारे में आपके मन में जो सम्मान और प्रेम-भाव है उसे मैं जानता हूँ। लेकिन हर किसी को स्वयं निर्भर होकर अपने पाँवों पर खड़ा रहना चाहिए और स्वतन्त्र सामाजिक जीवन जीना चाहिए, यही मेरी अभिलाषा है।

अपनी उम्र के 58 साल मैंने पूरे कर लिए हैं। यदि मैं सरकारी नौकरी में होता तो अब तक मुझे सेवानिवृत्त होने के लिए मजबूर किया गया होता। यदि वैसा होता तो अच्छा होता। आजकल यह दिखाई देता है कि जिनके पास अपना पेट पालने का साधन नहीं है और बुद्धि भी नहीं है, ऐसे 55 साल वाले लोग राजनीतिक नेता बनकर अपना पेट पाल रहे हैं।

मेरे राजनीति में होने की वजह यह है कि राजनीति के अखाड़े में अपना कदम रखकर अब मुझे 30 साल से ज्यादा समय बीत चुका है। इतने लम्बे समय तक राजनीति में लगातार रहनेवाला कोई आदमी आज भारत में नहीं है। खाली समय में राजनीति करना यह एक सामान्य बात है। इन 30 सालों में आठ साल मैंने केन्द्रीय सरकार के सदस्य के रूप में बिताए हैं। इस स्थान पर कोई भी मुझसे आगे नहीं रहा है। यदि मैं चाहता तो और कुछ समय तक सरकार के सदस्य के रूप में रह सकता था।

लेकिन जब से मुझे जीवन का अर्थ समझ आया तब से मतलब अपने बचपन से ही मैंने लगातर एक बात का पालन किया है और वह बात है अछूत भाइयों की सेवा करना। लेकिन मैं हमेशा अपने भाइयों की भलाई के लिए चिन्तन करता रहता हूँ और कार्य करता रहता हूँ। मैंने अन्य किसी सवाल को इतना महत्त्व नहीं दिया है। मेरे पूर्णजीवन का यही उद्‌देश्य था कि मुझे अछूतों के हितों की रक्षा करनी ही चाहिए। और भविष्य में भी मैं यही करता रहूँगा। मोटी-मोटी तनख़्वाहों की नौकरियाँ मुझे मिल रही थीं लेकिन मैंने उन नौकरियों को अस्वीकार कर दिया क्योंकि अपने लोगों की सेवा करना ही मेरे जीवन का लक्ष्य है।

विदेश से अर्थशास्त्र की ऊँची डिग्री प्राप्त करके आनेवाला सिर्फ अछूतों में ही नहीं बल्कि सम्पूर्ण भारत में मैं पहला आदमी था। मुम्बई पहुँचते ही तुरन्त मुम्बई सरकार ने मुझे राजनीतिक-अर्थशास्त्र के अधिव्याख्याता की नौकरी दी। मैंने यदि उस नौकरी को स्वीकार कर लिया होता तो आज मुझे मोटी तनख़्वाह मिलती। लेकिन मैंने उस नौकरी को ठुकरा दिया क्योंकि मुझे मालूम था कि मैंने किसी सरकारी नौकरी को स्वीकार कर लिया तो स्वाभाविक तौर पर अपने लोगों की सेवा करने की इच्छा पर बन्धन लग जाएगा। मेरा जीवन-निर्वाह भी होता रहे और मैं आजाद भी रहूँ इसलिए कानून की पढ़ाई के लिए एक-दो साल बाद मैं पुनः लन्दन चला गया। अपने जीवन-निर्वाह के लिए जो आदमी अन्य किसी पर निर्भर नहीं होता, सही अर्थों में वही आदमी आजाद होता है।

बार-एट-लॉ की डिग्री हासिल करके इंग्लैंड से लौट आने के बाद पुनः मुझे डिस्ट्रिक्ट जज के पद का और तीन साल बाद हाईकोर्ट के जज के पद पर पदोन्नत करने का प्रलोभन दिया गया था। उस समय मेरी मासिक आमदनी सौ रुपए भी नहीं थी। उस समय मुम्बई में खास तौर पर बहुत गरीब लोगों के लिए बनाई गई एक चाल के एक कमरे में मैं रहता था। जज की वह नौकरी काफी मोटी तनख्वाह की थी। उसमें जीवनभर मुझे पैसे की कमी महसूस नहीं होनेवाली थी फिर भी मैंने उस नौकरी को

ठुकरा दिया क्योंकि यदि मैंने उस नौकरी को स्वीकार किया होता तो स्वाभाविक तौर पर अपने जीवन का लक्ष्य हासिल करने में मतलब अपने लोगों का उत्थान करके उनकी स्थिति सुधारने के मेरे स्वयं अपनाए गए कार्य में रुकावट पैदा हो गई होती।

पुनः 1942 में मुझे इसी तरह का एक मौका और मिला था। आर्थिक दृष्टि से सम्पन्न कर सकनेवाली और दस साल तक नौकरी के बाद आगे का जीवन मैं खुशहाली से बिता सकूँ ऐसी हाई कोर्ट के जज की नौकरी मुझे मिल रही थी। मुझे वायसराय की कौन्सिल में भी महत्त्वपूर्ण स्थान पर नियुक्त करने का आश्वासन दिया गया था। उस समय मैंने अपने जीवन-लक्ष्य को आँखों के सामने रखकर वायसराय की कौन्सिल में जाना पसन्द किया। हर आदमी को अपने लोगों की सेवा करने में अपना जीवन व्यतीत करना चाहिए और सेवा करते-करते अगर मौत आ जाए तो उसे स्वीकार कर लेना चाहिए।

मैं केन्द्रीय सरकार में 1947 में सम्मिलित हुआ था। मेरे कुछ आलोचकों ने यह कहना शुरू कर दिया कि मैं कांग्रेस में शामिल हो गया हूँ। मेरे आलोचकों ने मुझ पर जो आरोप लगाए उनका जवाब मैंने लखनऊ के भाषण में दिया है। उस भाषण में मैंने अपने देशवासी भाइयों से कहा कि मैं पानी की धारा के साथ बहनेवाले मिट्टी के ढेले की तरह फुसफुसा नहीं हूँ। बल्कि मैं पानी में घुलने की बजाय नदी के प्रवाह को ही बदलनेवाली किसी सख्त चट्टान की तरह हूँ। मैं कहीं भी रहूँ, मैं किसी के साथ भी रहूँ फिर भी मैं अपनी विशेषता को खोने नहीं दूँगा। किसी ने अच्छे काम के लिए यदि मुझसे सहयोग माँगा तो मैं खुशी से सहयोग दूँगा। मैंने पिछले चार साल तक अपनी मातृभूमि के लिए कांग्रेस सरकार से ईमानदारी के साथ सहयोग किया है। लेकिन मैंने इस सम्पूर्ण समय के दरमियान कांग्रेस संगठन में घुलने से अपने आपको दूर रखा है। जो लोग अपनी जुबान से और कार्य से ईमानदार रहकर अछूतों के उत्थान में मदद करना चाहते हैं उनके साथ मैं खुशी से सहयोग करके उन्हें मदद करूँगा। जो लोग सिर्फ मीठी बातें और मीठी बकवास करनेवाले हैं, किन्तु जिनका असली उद्देश्य और व्यवहार हमारे लोगों की भलाई के खिलाफ होता है, उन लोगों को मैं कभी मदद नहीं कर सकता।

अब आनेवाले आम चुनाव के बारे में मैं आप लोगों से यही कहना चाहता हूँ कि चुनाव को शेड्यूल्ड कास्ट्स के लोगों को अपने जीवन और मौत की लड़ाई समझकर आनेवाले समय में बड़ी लगन के साथ काम करना चाहिए। अपने उम्मीदवार चुनने के लिए अपनी सारी ताकत दाँव पर लगा देनी चाहिए। इस दुनिया में मनुष्य को ताकत धन-दौलत और जनसंख्या से प्राप्त होती है। हम लोग अल्पसंख्यक हैं और हम धनवान भी नहीं हैं। हर गाँव-देहात में अपनी जनसंख्या कुल जनसंख्या के 5 प्रतिशत से अधिक नहीं है। 95 प्रतिशत लोगों की संघ-शक्ति और उनकी धन-सम्पन्नता की तुलना में हम एकदम गए-गुजरे हैं। पुलिस भी खास तौर पर उच्चवर्णीय होने के कारण हमारी सही शिकायतों को नहीं सुनती। बल्कि शिकायत करने पर हमारे लोगों को ही परेशान किया

जाता है। गरीबी के कारण हम अधिकारियों को अपने पक्ष में करने में असमर्थ रहते हैं। लेकिन हम लोगों को एक शक्ति प्राप्त हो सकती है और वह है राजकीय शक्ति! इस शक्ति को हमें हासिल करना ही चाहिए। शक्ति से सचेत होकर हम लोग अपने लोगों के हितों की रक्षा कर सकते हैं।

इस देश ने जो आजादी हासिल की उस आजादी ने आप लोगों को क्या इस राज्यशक्ति का यकीन दिलाया है? हम लोग कभी भी अपने देश की स्वतन्त्रता के खिलाफ नहीं थे। लेकिन हमें एक सवाल का सीधा जवाब चाहिए था। स्वतन्त्र भारत में हमारी स्थिति किस प्रकार की रहेगी? इस तरह का सवाल मैंने गांधी के सामने भी रखा था और अन्य नेताओं के सामने भी रखा था। उनके 'स्वराज्य' में हमारी कैसी स्थिति रहेगी, इस बात को हम जानना चाहते हैं। क्या हम पर होनेवाली जुल्म-ज्यादतियाँ खत्म होंगी? हमारे बच्चों को शिक्षा की सुविधाएँ प्राप्त होंगी? क्या हमारे लोग भारत के आजाद नागरिक के रूप में जीवन जीने में समर्थ होंगे? क्या जुल्म-ज्यादतियाँ और शोषण समाप्त होगा? क्या हमारी नारियों की इज्जत सुरक्षित रहेगी? लेकिन गांधी या अन्य किसी भी नेता ने इन सवालों के जवाब सही ढंग से नहीं दिए और न उस तरह के प्रयास किए हैं।

मैंने गोलमेज परिषद् में सबसे पहले यह सवाल रखा और मुस्लिम, ईसाई, सिख तथा अन्य अल्पसंख्यकों की तरह अछूतों के लिए स्वतन्त्र मतदाता संघ की माँग की। लेकिन गोलमेज परिषद् में अपने देशवासियों की ओर से इस माँग को समर्थन हासिल नहीं हो सका कि अछूतों के लिए स्वतन्त्र मतदाता संघ बने। फिर भी अपने लोगों के लिए मैंने राजनीतिक हक़ प्राप्त किए हैं। उसके बाद क्या हुआ इस बात को इस देश का हर आदमी जानता है। इतना बताना पर्याप्त है कि आधुनिक भारत के इतिहास में पहली बार हमने जो हक़ प्राप्त किए हैं उन राजनीतिक हक़ों को छीनने के लिए गांधी ने आमरण अनशन शुरू कर दिया था। अछूतों के मन में जो राजनीतिक उम्मीदें पैदा हो रही थीं, उनसे डरकर गांधी ने अछूतों का विरोध किया। गांधी यही चाहते थे कि अछूत अपने दयालु स्वामी यानी सवर्ण हिन्दुओं की दया पर पूरी तरह निर्भर रहें। हमने गांधी के शब्दों और हिन्दू नेताओं के वायदों पर भरोसा रखकर गांधी की जान बचाने के लिए अपने हक़ों की बलि चढ़ा दी। इसका परिणाम अब हमारे सामने है। यह वायदे से बेईमान होने और दुष्टता की एक पीड़ादायी कहानी है। कांग्रेस ने हर तरह के अच्छे-बुरे तरीके अपनाकर अछूतों को उनके न्यायोचित हक़ों से बेदखल कर दिया है। जिन्हें अछूत समाज में सम्मान का स्थान प्राप्त नहीं है ऐसे लोग सिर्फ सवर्ण हिन्दुओं की दया पर विधिमंडल के लिए चुने जाते हैं। तथाकथित 'हरिजन' लोग कांग्रेस के गुलाम हैं। इन 'हरिजन' उम्मीदवारों को टिकट देते समय कांग्रेस की कसौटी क्या है? यह बात मेरी समझ में नहीं आ रही है। आम तौर पर किसी भी उम्मीदवार को टिकट देते समय कांग्रेस यह पूछती है कि उसने देश की आजादी के लिए जेल भोगी है या नहीं। लेकिन आश्चर्य की बात यह है कि 'हरिजनों' को टिकट देते समय कांग्रेस की

ऐसी कोई कसौटी नहीं है। कांग्रेस आरक्षित स्थानों पर 'हरिजनों' को खड़ा करके अछूतों के हासिल किए हुए हक़ आसानी से धूल में मिला रही है।

कांग्रेस के टिकट पर कई अछूत लोग विधिमंडल के लिए चुने गए हैं। इन 'हरिजन' विधायकों से मैं पूछना चाहता हूँ कि पिछले चार वर्षों में उन्होंने अपने लोगों के लिए क्या किया है? संसद में और संविधान सभा में 30 हरिजन थे जिन्हें अछूतों के प्रतिनिधि के रूप में नियुक्त किया गया। ऐसे 30 सदस्यों में से एक ने भी भारत के संविधान पर हुई बहस में कभी हिस्सा लिया है? क्या इन 'हरिजन' सदस्यों में से किसी ने कभी कोई सवाल पूछा है? या कोई प्रस्ताव रखा है? या कोई बिल पेश किया है? इन 'हरिजनों' के चुप बैठने से संसद की कार्यवाही की समीक्षा करनेवाला कोई विदेशी समीक्षक यही निष्कर्ष निकाल सकता है कि भारत में अछूतों के साथ किसी भी प्रकार की जुल्म-ज्यादतियाँ नहीं हो रही हैं, उनकी कोई शिकायत नहीं है। ईमानदारी के साथ कहा जाए तो सत्य इसके विपरीत है। हमें इस प्रकार के प्रतिनिधि चाहिए जो विधिमंडल में हमारे उत्पीड़न के खिलाफ बगैर किसी डर के आवाज उठा सकें। लेकिन कांग्रेस द्वारा नियुक्त किए गए अछूतों के ये प्रतिनिधि ईमानदार गुलामों की तरह अपने स्वामी का समर्थन करते हैं, उनकी प्रशंसा करते हैं। और जब अछूतों के हक़, उनकी बुनियादी जरूरतें नकारी जाती हैं, अछूतों को निराश किया जाता है, उनका अपमान किया जाता है, उनका शोषण और उत्पीड़न किया जाता है, अत्याचार और दमन की घटनाएँ सारे भारत में घटने की भयंकर कहानियाँ सुनाई देती हैं तब भी वे लोग अपना मुँह बन्द रखते हैं।

अछूतों के सवाल पर पंडित नेहरू ने कभी कोई हमदर्दी नहीं जताई है। वे पिछले बीस साल से राजनीति के मोर्चे पर हैं। उन्होंने शायद दो हजार से भी ज्यादा सभाओं में भाषण दिया होगा। अछूत लोगों पर जो जुल्म-ज्यादतियाँ होती हैं, जो अत्याचार होते हैं, उनकी क्या उन्होंने कभी चर्चा की है? मुझे याद नहीं। उन्हें मुस्लिमों के भूत ने पछाड़ा है। उस रोग से वे परेशान हैं। मुस्लिमों पर अन्याय हुआ या अन्याय का आभास होने पर वे उत्तेजित हो जाते हैं। वे भारत के मुस्लिमों की रक्षा करने के लिए हर तरह की कोशिशें करते हैं। मैं मुस्लिमों को सुरक्षा देने के खिलाफ नहीं हूँ। मेरा यह मानना है कि मुस्लिमों को पाकिस्तान जाना चाहिए। जनसंख्या के परिवर्तन का उचित मार्ग न मिल रहा हो तो भारत के मुस्लिमों का रक्षण करना हमारी जिम्मेदारी है। लेकिन मुस्लिम अल्पसंख्यक होने के बावजूद अछूतों से उनकी तुलना की जाए तो वे अपनी सुरक्षा की दृष्टि से ज्यादा अच्छी स्थिति में हैं। अछूत, आदिवासी, गुनाहगार जातियाँ जिनके नामों से भी नफरत की जाती है, पिछड़ी जातियाँ या ईसाई लोग आदि जैसे अल्पसंख्यक लोगों को भी सुरक्षा देने या उनके उत्थान के लिए कुछ ठोस कदम उठाने की बात क्या कभी नेहरू ने सोची है? यदि कांग्रेस के लोगों को अछूतों के बारे में प्रेम या हमदर्दी नहीं तो कांग्रेस के लोगों पर अछूत लोग कैसे भरोसा कर सकते हैं?

अछूतों के लिए कांग्रेस ने बहुत कुछ किया है, इस बात का प्रचार सारी दुनिया में करते हुए पंडित नेहरू किसी भी प्रकार का संकोच महसूस नहीं करते। लेकिन वे

जो कुछ कहते हैं उसमें कितना झूठ है इस बात को सिद्ध करने के लिए मैं सिर्फ एक ही उदाहरण देना चाहता हूँ।

विभाजन के बाद पाकिस्तान सरकार ने अछूतों को पाकिस्तान से भारत आने पर रोक लगाने के लिए एक फरमान निकाला था। कितने ही हिन्दुओं ने पाकिस्तान छोड़ दिया तब भी पाकिस्तानी सरकार ने उनकी कोई परवाह नहीं की। लेकिन अछूतों ने पाकिस्तान छोड़ दिया तो मैला ढोने, सड़कें साफ करने, मरे हुए जानवर उठाने जैसे अछूत जाति के गन्दे काम कौन करता? उस समय मैंने पंडित नेहरू से निवेदन किया था कि इन लोगों के स्थानान्तरण पर पाबन्दी लगानेवाले इस फरमान को वापस लेने की कार्यवाही कीजिए। लेकिन उन्होंने इस सम्बन्ध में कुछ नहीं किया। इस समस्या पर उन्होंने आँखें मूँद ली थीं और पाकिस्तान के साथ समय-समय पर जो बातचीत हुई उसमें उन्होंने इस सवाल का प्रासंगिक उल्लेख तक नहीं किया। उस समय मुझे अकेले ही जितना करना सम्भव था, उतना मैंने किया है। महार बटालियन के बहादुर फौजियों ने खतरा मोल लेते हुए मुझे मदद की। और हम पाकिस्तान से कई अछूत लोगों को भारत ले आए। ऐसी स्थिति में हम लोगों को कांग्रेस के नेताओं पर कैसे भरोसा करना चाहिए? यदि अछूत लोगों के बारे में कांग्रेस का उद्देश्य साफ हो तो वे जनरल सीट पर अछूत उम्मीदवार को खड़ा करके अपनी ईमानदारी का परिचय क्यों नहीं देते?

हमें यह बताया जाता है कि कांग्रेस के साथ मुकाबला करना शेड्यूल्ड कास्ट्स फेडरेशन के लिए मुश्किल पड़ेगा। यह कोरी बकवास है। इस चुनाव में हम पूरी सफलता के साथ बाहर निकलेंगे, इस बात में मुझे कोई सन्देह नहीं है। समय बदल चुका है। पिछले चुनाव के समय हर आदमी हमारे खिलाफ था। उस समय कांग्रेस का यह प्रचार था कि कांग्रेस ने ही आजादी दिलाकर देश को आजाद किया है, इस बात पर भरोसा रखकर हर आदमी उसके साथ था। आज क्या स्थिति है? आप सिर्फ पंजाब की ओर अपनी नजर दौड़ाइए! क्या सचमुच में पंजाब में कांग्रेस जीवित है? पंजाब में कांग्रेस कब की मर चुकी है। उसके दो आधारस्तम्भ डॉ. गोपीचन्द भार्गव और मान्यवर भीमसेन सच्चर बड़प्पन के लिए आपस में लड़ रहे हैं। उम्मीदवार तय करने की तारीख बहुत करीब आ पहुँची है फिर भी कांग्रेस ने आनेवाले चुनाव के लिए उम्मीदवारों की सूची अब तक तैयार नहीं की है। जो लोग मकान की छत पर से यह ऐलान कर रहे थे कि, 'हम एक माँ के बेटे हैं', वे ही लोग अब भयंकर दुश्मन की तरह एक-दूसरे से लड़ रहे हैं। भार्गव गुट और सच्चर गुट में हार्दिक एकता होना करीब-करीब असम्भव है।

इन नेताओं के सामने एक ही सवाल है कि 'पंजाब का मुख्यमन्त्री कौन होगा?' पंजाब में कांग्रेसियों का झगड़ा किन्हीं सिद्धान्तों के लिए नहीं है बल्कि सत्ता के लिए है। यही स्थिति बिहार और अन्य कई राज्यों में है। कांग्रेस के ऑफिस में कांग्रेस के उम्मीदवारों के खिलाफ रिश्वत, भ्रष्टाचार और भाई-भतीजावाद की कई शिकायतें आ रही हैं। 1947 में कांग्रेस अपनी कीर्ति के शिखर पर थी। अब वह कीर्ति चार सालों में एकदम धुँधली पड़ गई है। यह दुनिया के राजनीतिक इतिहास का एक अजीबोगरीब

उदाहरण है। 'कांग्रेसी' और 'सज्जनता' ये एकदम एक-दूसरे के विरोधी, अलग-अलग और एक-दूसरे से कभी सम्बन्धित न रहनेवाले दो शब्द हैं।

ऐसी स्थिति में हम इस लड़ाई में हार जाएँगे। इस तरह डरने की कोई जरूरत नहीं है। कांग्रेस जो हमारा हमेशा का दुश्मन संगठन है, अपनी परम्परागत शक्ति को खो चुका है। फेडरेशन स्वाभिमान और एकता के बल पर सफल होगी इसमें कोई सन्देह नहीं। इसलिए हम लोगों को जिद से और संकल्प लेकर प्रयास करना होगा। मैं आप सभी भाइयों तथा बहनों का आह्वान करना चाहता हूँ कि मतदान के दिन आप अपने सभी तरह के काम छोड़कर अपने मतदान के हक़ को अमल में लाएँ।

कांग्रेस को हमारे लोगों में दरारें पैदा नहीं करनी चाहिए इसलिए शेड्यूल्ड कास्ट्स फेडरेशन के लोगों को पहरेदारी करनी चाहिए। आप लोगों को कांग्रेस के झूठे प्रचार और पाखंडी बातों के जाल में नहीं फँसना चाहिए। उसी तरह आप लोगों को 'सदियों से जैसे रखा गया वैसे ही रहिए' इस तरह की सन्तुष्टि नहीं रखनी चाहिए। आप लोगों को हमेशा सचेत रहना चाहिए। आप लोगों को हमेशा इस बात का ध्यान रखना चाहिए कि अपनी आरक्षित सीटें सिर्फ दस साल के लिए हैं। यह आरक्षण अछूतपन की सम्पूर्ण समाप्ति तक रहना चाहिए, यह मेरी इच्छा थी। सरदार पटेल ने मेरे इस प्रस्ताव का संसद में और संसद के बाहर जबर्दस्त विरोध किया। सरदार पटेल की बात छोड़ दीजिए लेकिन अछूतों के प्रतिनिधि के रूप में कांग्रेस द्वारा नियुक्त संविधान सभा के 30 हरिजनों को भी मेरे प्रस्ताव का समर्थन करने का साहस नहीं हुआ। सरदार पटेल के कदमों पर चलनेवाले ये कांग्रेस के गुलाम दूसरी बात और क्या कर सकते हैं? चुनाव का टिकट तो गले में लटका हुआ था ही और इन स्वार्थी, अवसरवादी तथा सत्ताभोगी लोगों से अन्य किसी प्रकार की उम्मीद कोई नहीं कर सकता। यह आरक्षण सिर्फ दस साल तक रहनेवाला है। दस साल के बाद आप क्या करेंगे? यदि आप लोगों के पास मजबूत संगठन नहीं है तो देश की राजनीति में हम लोगों को कोई महत्त्व प्राप्त नहीं हो सकता। यदि 'अछूत' लोग एक संघ इस प्रकार की एक जाति (वर्ग) में संगठित हुए तो हम राजनीति में कुछ स्थान हासिल कर सकते हैं।

अपना संगठन मजबूत और एक संघ करने के लिए हम लोगों को दस साल तक नहीं रुकना चाहिए। आज से ही इस संगठन को मजबूत करना चाहिए। इस संगठन को आज ही मजबूत करना चाहिए। हाँ, कल नहीं, परसों नहीं, बल्कि आज ही! यदि इन दस वर्षों में हमने अपना संगठन मजबूत और ठोस नींव पर खड़ा नहीं किया तो इन दस वर्षों के बाद 'मनुस्मृति-राज' को मजबूरन स्वीकार करने का दुर्भाग्य हमारा होगा। वास्तव में इस तरह का संगठन पहले से ही हमारे पास है। हमारा फेडरेशन ही हमारा संगठन है। हमें सिर्फ उसे मजबूत करना है। पेड़ तो पहले ही लगाया गया है। हमें उसे केवल पानी डालकर सींचना है। हमारे फेडरेशन को चुनाव आयुक्त की ओर से अखिल भारतीय संगठन के रूप में मान्यता प्राप्त हो चुकी है। हम लोगों को नया मकान नहीं बनाना है, मकान पहले से तैयार है। हम लोगों को जो करना है वह इतना

कि उसे सही ढंग से सँभालना है। उसके लिए हमने आज से ही प्रयास नहीं किया और यदि सन्तुष्ट होकर रहे तो इस प्रकार की स्थिति आने की सम्भावना है कि मकानहीन होकर हमें इधर-उधर भटकना पड़ेगा। और हर तरह का अपमान, अन्याय, जुल्मोसितम बर्दाश्त करना पड़ेगा। उसी प्रकार वैदिक काल से हम जिसके शिकार हैं वही दुर्बलता हमें फिर प्राप्त होगी।

आप सभी लोगों को इस बात का पता है कि आनेवाले चुनाव में शेड्यूल्ड कास्ट्स फेडरेशन का निशान हाथी है। मैंने हाथी निशान को पसन्द किया है क्योंकि भारत के हर आदमी को यह मालूम है। अनपढ़ लोग भी उसे आसानी से पहचान सकते हैं। इसके अलावा हाथी समझदारी, शक्ति और हिम्मत के लिए प्रसिद्ध है। अपने लोग हाथी की तरह हैं। उसे अपने पाँवों पर खड़े होने में समय लगता है। लेकिन एक बार यदि वह अपने पाँवों पर खड़ा हो गया तो फिर आप उसे आसानी से घुटने टेकने के लिए मजबूर नहीं कर सकते।

अब मैं चुनाव समझौते के बारे में कुछ कहना चाहूँगा। शेड्यूल्ड कास्ट्स के लोग अल्पसंख्यक हैं। हम लोगों को स्वतन्त्र मतदाता संघ भी प्राप्त नहीं हुए हैं। इसलिए हम लोगों को चुनाव तक अन्य दलों के साथ समझौता करना जरूरी है। शेड्यूल्ड कास्ट्स के लिए आरक्षित मतदाता-संघ में हम लोगों को दो मतों का अधिकार है। हम जिस दल के साथ दोस्ती करेंगे उस दल को अपना एक मत दे सकते हैं। एक मत शेड्यूल्ड कास्ट्स के उम्मीदवार को दिया जाएगा। चुनाव के लिए किस दल के साथ समझौता किया जाए यह बात अभी तक तय नहीं हुई है। जल्दी ही यह तय किया जाएगा। एक बार इस बारे में तय हो जाने के बाद जिस दल के साथ हम समझौता करेंगे उस दल को अपना एक मत देना शेड्यूल्ड कास्ट्स के हर मतदाता की अपनी जिम्मेदारी है।

भाषण समाप्त करने से पहले पंजाब के हर मतदाता से मेरा नम्र निवेदन है कि उन्हें फेडरेशन के उम्मीदवार को ही अपना मत देना चाहिए और अपने उत्थान का रास्ता प्रशस्त करना चाहिए।

गांजरे, प्राचार्य मा.फ.–डॉ. बाबासाहेब अम्बेडकरांची भाषणे–खंड सात, पृष्ठ 48-56।

अंग्रेजों ने अछूतों को धोखा दिया

*दि. **28 अक्तूबर 1951** को डॉ. बाबासाहेब अम्बेडकर लुधियाना पहुँचे। वहाँ उनकी एक विशाल सभा आयोजित की गई थी। उसी दिन शाम को सभा को सम्बोधित करते हुए डॉ. अम्बेडकर ने कहा–*

प्यारे भाइयो तथा बहनो,

अपने लोगों के बीच बोलने का लुधियाना में मेरा यह पहला मौका है। इससे पहले मैंने कई बार यहाँ आने का कार्यक्रम बनाया था लेकिन कुछ स्थितियाँ ऐसी रहीं कि मैं यहाँ नहीं आ सका। आप सभी लोग यहाँ इकट्ठा हुए हैं, यह कितना सुनहरा, मंगलदायक मौका है?

आप सभी लोग जानते हैं कि दो या तीन माह के बाद चुनाव होंगे और उसमें कई दल अपने उम्मीदवार खड़े करनेवाले हैं। शेड्यूल्ड कास्ट फेडरेशन भी इस चुनाव में अपने उम्मीदवार खड़े करनेवाली है। विधानसभा और केन्द्रीय संसद में शेड्यूल्ड कास्ट्स के लिए आरक्षित सभी स्थान और जहाँ हमारे मतदाता पर्याप्त संख्या में हैं ऐसे कुछ आम स्थानों पर हम चुनाव लड़नेवाले हैं। इसमें हमारे उम्मीदवारों की जीत होगी मुझे ऐसी उम्मीद है। हमारे उम्मीदवारों की जीत खास तौर पर हमारे मतदाताओं पर निर्भर है। अपने सभी मतदाताओं ने अपने उम्मीदवारों को ही मत दिया तो वे सफल हो जाएँगे इस बात का मुझे पूरा यकीन है। इसलिए शेड्यूल्ड कास्ट्स और अन्य पिछड़े लोगों के लिए जो शेड्यूल्ड कास्ट्स फेडरेशन है वही उनका एकमात्र संगठन है। इस संगठन द्वारा खड़े किए गए उम्मीदवारों को ही सभी शेड्यूल्ड कास्ट्स के लोगों को अपना मत देना चाहिए, यह मेरा आपसे अनुरोध है।

जब भारत पर अंग्रेजों का राज था तब उन्होंने हम लोगों को किस तरह से धोखा दिया, इस बात को मैं आप लोगों के सामने रखना चाहता हूँ। वे भारत से सैकड़ों मील दूर रहने के बावजूद भारत में अपना राज कायम करने में कामयाब हुए। सबसे पहले ईस्ट इंडिया कम्पनी भारत आई। उस समय उसका उद्देश्य सिर्फ व्यापार करना था। लेकिन बाद में अपना राज कायम करने के लिए अंग्रेज लोग एक-एक कदम आगे बढ़ने लगे। वे अपने इस उद्देश्य को कामयाब करने के लिए कैसे समर्थ हुए? भारत में उनकी अपनी फौज नहीं थी। अंग्रेज अपनी खुद की फौज के बगैर भारत के सभी राजा-

महाराजाओं को पराजित करने में कैसे समर्थ रहे, इस बात का स्पष्टीकरण कोई नहीं कर सका। मैं इस बात का जवाब देना चाहता हूँ। जिन्हें उन्हीं के देशवासी 'अछूत' के नाम से पुकारते थे ऐसे शेड्यूल्ड कास्ट्स के लोगों की मदद से अंग्रेज लोग भारत के शासक बन गए। ये अछूत लोग अनपढ़ थे और सवर्ण हिन्दू उनसे सदियों से जो बर्ताव कर रहे थे वह बेहद अमानवीय था। उनके पास अपने जीवन निर्वाह के कोई साधन नहीं थे। उन्हें हमेशा सवर्ण हिन्दुओं की दया पर, मेहरबानी पर निर्भर रहना पड़ता था। जो कुछ हुआ वह उचित था इस बात को आपके दिलो-दिमाग में स्थापित करना मेरा उद्देश्य नहीं है। किन्तु मैं एक दूसरे मुद्दे पर बल देना चाहता हूँ। मुझे यह साबित करना है कि जिन लोगों को भारत में अपनी सत्ता कायम करने के लिए मदद की गई, उन्होंने हमारे लोगों के साथ बेहद अमानवीय बर्ताव किया। इन अंग्रेजों के लिए हमारे लोगों ने युद्ध में अपनी जान गँवाई। लेकिन उन्हें इसका मुआवजा क्या मिला? लाभ किसका हुआ? शेड्यूल्ड कास्ट्स के लोगों ने अंग्रेजों को मदद की फिर भी उनसे ज्यादा लाभ ब्राह्मण और अन्य सवर्ण हिन्दुओं ने उठाया है। अंग्रेजों ने उन्हीं के बच्चों को पढ़ाया और उनकी हर तरह की आर्थिक मदद की। लेकिन हमारे लोगों की ओर बिल्कुल ध्यान नहीं दिया गया।

इसका परिणाम यह हुआ कि बेचारे गरीब शेड्यूल्ड कास्ट के लोगों की मेहनत और कुर्बानी से सवर्ण हिन्दू लोग धनवान बन गए। और अछूत लोग जस के तस रह गए। आज तक शेड्यूल्ड कास्ट्स के परिवार धनवान क्यों नहीं हुए, उनके बच्चे पढ़े-लिखे क्यों नहीं और वे क्यों पिछड़े रह गए, इन बातों का यही कारण है। आज आम तौर पर फौज, पुलिस और प्रशासनिक विभागों में महत्त्वपूर्ण पद फिलहाल सवर्ण हिन्दुओं के हाथ में हैं। अंग्रेजों को हमारे विकास के लिए कुछ करना चाहिए था। लेकिन हमारे लिए कुछ नहीं किया। 1857 का विद्रोह हुआ। इस विद्रोह के कारण क्या थे? क्योंकि हमारे लोगों के लिए कुछ न करने की अंग्रेजों ने भारी गलती की थी। फौज में हमारे लोगों को उनके खिलाफ विद्रोह करने के लिए मजबूर होना पड़ा। जब इस विद्रोह पर नियन्त्रण पा लिया गया और इस बात का पता चला कि फौज में हमारे लोगों ने अंग्रेजों के खिलाफ विद्रोह किया था तब उन्होंने आगे हमारे लोगों की फौज में भर्ती पर रोक लगा दी। उनकी बजाय सवर्ण हिन्दू और राजपूतों की फौज में भर्ती की गई। इस तरह हमारे लोगों की उन्नति के मुख्य द्वार बन्द कर दिए गए।

1947 में जब अंग्रेजों ने भारत छोड़ दिया तब अंग्रेज लोगों के भारत में आने से पहले अछूत लोग जिस स्थिति में थे उसी स्थिति में रहे। राजसत्ता सौंपते समय अंग्रेजों ने सारी सत्ता सवर्ण हिन्दुओं के हाथों में सौंप दी, हम लोगों को कुछ नहीं मिला। जिनका न्याय से कोई लेन-देन नहीं था इस तरह के सवर्ण हिन्दुओं की दया पर हमें छोड़ दिया गया। इससे इस बात का पता लग जाएगा कि बेचारे शेड्यूल्ड कास्ट्स के लोगों के साथ अन्य लोग किस प्रकार का बर्ताव करते हैं। आज तक हम पिछड़े क्यों रहे इसका यह एक कारण है। अब मैं आप लोगों के सामने एक सवाल रखना चाहता हूँ। क्या आज

भी आप लोगों को उसी तरह से पिछड़े रहकर सवर्ण हिन्दुओं का गुलाम बनकर रहना है? जब आर्य भारत में आए तब वर्णव्यवस्था कायम हुई। लोगों को उनके जन्म के आधार पर सामाजिक स्थान दिया गया। कुछ लोगों को ब्राह्मण कहा गया, कुछ लोगों को वैश्य, कुछ लोगों को शूद्र और कुछ लोगों को अछूत समझा गया है इस विभाजन के मुताबिक अछूत लोग सबसे नीचे और समाज से पूरी तरह अलग थे। सवर्ण हिन्दू और अछूत इनके बीच का सम्बन्ध पाँव और जूतियों जैसा था। जब हम घर में प्रवेश करते हैं तब जूतियाँ घर के बाहर ही रख देते हैं, उसी प्रकार अछूत लोगों को समाज से बाहर रखा गया और उन्हें किसी प्रकार के मानवीय अधिकार नहीं दिए गए। सवर्ण हिन्दुओं ने हमारे साथ जो अमानवीय बर्ताव किया उसे हमने सदियों तक बर्दाश्त किया और आज भी सामाजिक, आर्थिक और राजनीतिक दृष्टि से हो रही जुल्म-ज्यादतियों को हम बर्दाश्त करते जा रहे हैं।

कई साल लड़ने के बाद हमने कुछ राजनीतिक हक़ हासिल किए हैं और उन्हें खुद भारत के संविधान में हमने दर्ज किया है। मैंने बीस साल के लम्बे समय तक गांधी के खिलाफ लड़ाई लड़ी। वे हम लोगों को किसी प्रकार के स्वतन्त्र अधिकार देने की बात के खिलाफ थे। उनका तर्क यह था कि यदि अछूतों को अलग हक़ दिए गए तो वे हिन्दू जीवन-पद्धति में आने के लायक नहीं होंगे। इसके अलावा वे हमेशा के लिए हिन्दुओं से अलग हो जाएँगे। गोलमेज परिषद् में भी गांधी ने हमारी स्वतन्त्र निर्वाचन क्षेत्र की माँग का विरोध किया था। इतने लम्बे समय तक झगड़ने के बाद हमने कुछ राजनीतिक हक़ हासिल किए हैं। अब शेड्यूल्ड कास्ट्स के लिए आरक्षित स्थानों से हम अपने प्रतिनिधि विधानसभा और संसद में भेज सकते हैं।

हमारे इन हक़ों को छीनने के लिए कई दल काफी सक्रिय हो गए हैं। हमारे लोगों के लिए आरक्षित स्थानों से अपने अनुचर चुनने के लिए अधिक वोट उन्हें मिलें, ये दल ऐसी कोशिश कर रहे हैं। आप उनके उद्देश्य को अच्छी तरह समझ सकते हैं। उन्हें ऐसा लगता है कि शेड्यूल्ड कास्ट्स के लोग जहाँ हैं और जिस स्थिति में हैं उन्हें उसी स्थिति में रहना चाहिए। उन्हें राजसत्ता हासिल नहीं करनी चाहिए। मतलब आज हमारे लोग जो घटिया काम कर रहे हैं उनके काम में कोई रुकावट नहीं होनी चाहिए। इसलिए आनेवाले चुनाव में आप लोगों को अपने वोटों के बारे में सचेत रहना चाहिए। हमारे वोटों के बल पर सिर्फ हमारे सही प्रतिनिधि चुने जाएँ अन्य नहीं, इस बात की आपको पूरी सतर्कता बरतनी होगी। ऐसा होने पर ही आपके जो हक़ संविधान में दर्ज हैं वे सुरक्षित रह पाएँगे।

यदि हमारे सही प्रतिनिधि विधानसभा और संसद के लिए नहीं चुने गए तो हम लोग अपनी आजादी का सही ढंग से उपयोग नहीं कर पाएँगे। अपने लोगों के लिए आजादी एक नाटक होगा। यह आजादी हिन्दू लोगों की आजादी होगी, इसका हमारे लिए कुछ भी उपयोग नहीं होगा। लेकिन यदि हमारे सही प्रतिनिधि विधानसभा और संसद में होंगे तो वे हमारी भलाई के लिए संघर्ष करेंगे, आवाज बुलन्द करेंगे और हमारे

लोगों के दुखों को दूर करेंगे। सिर्फ उसी से अपने बच्चों को अच्छी शिक्षा मिलेगी, सिर्फ उसी से हमारी गरीबी दूर होगी। और सिर्फ उसी से हम लोगों को जीवन के हर क्षेत्र में बराबरी का हक़ मिल सकता है। भारत के संविधान में शेड्यूल्ड कास्ट्स के लोगों को विशेष अधिकार दिए गए हैं फिर भी अन्य दल खास तौर पर कांग्रेस जैसा दल इसमें बेवजह दखल दे रहा है। शेड्यूल्ड कास्ट्स के लोगों के लिए आरक्षित स्थानों पर वे अपने अनुचर खड़े कर रहे हैं। कांग्रेस के टिकट पर चुने गए लोगों को उनके स्वामी की इच्छा के मुताबिक चलना पड़ता है, फिर वे हमारे हितों की रक्षा कैसे कर सकते हैं? वे हमारे लोगों के लिए क्या कर सकते हैं?

अछूतों के लिए आरक्षित स्थानों से कांग्रेस के टिकट पर संसद के लिए चुने गए सदस्यों के बारे में मैं आपको जानकारी देना चाहता हूँ। उनकी संख्या लगभग 30 थी। और पिछले चार सालों से वे संसद में थे। उन 30 सदस्यों में से एक ने भी अछूतों की समस्या के बारे में एक भी सवाल कभी संसद में नहीं पूछा। यदि किसी ने कोई सवाल संसद में पूछने की कोशिश की तो सभाध्यक्ष ने उसे इजाजत नहीं दी और वह सवाल वहीं समाप्त हो गया। यदि किसी समय सभाध्यक्ष ने मेहरबान होकर कोई सवाल सभा की कार्यवाही में सम्मिलित करने की अनुमति दी तो कांग्रेस का मुख्य प्रतिनिधि उस सम्बन्धित सदस्य के पास जाकर उस सवाल को छापने से पहले ही वापस लेने के लिए कहता था। किसी समय गलती से यदि इस तरह का सवाल छपा भी तो जब उसका जवाब देने का समय आता था तब सवाल पूछनेवाला वह सदस्य अनुपस्थित रहे, ऐसा उस सदस्य से कहा जाता था। जिसने सवाल पूछा वही सदस्य उपस्थित नहीं रहता था तो इस कारण उस सवाल पर चर्चा नहीं होती थी। पिछले एक माह से संसद में बजट पर चर्चा चल रही है। इस समय कोई भी सदस्य इस बजट बहस में सम्मिलित होकर, अपने समाज अथवा वर्ग के लिए वांछित व्यवस्था से सम्बन्धित विचार रख सकता है। वह इस बात की ओर ध्यान आकर्षित कर सकता है कि इतनी बड़ी रक़म अमुक गैरजरूरी योजना पर खर्च हो रही है और अमुक महत्त्वपूर्ण बातों की ओर ध्यान नहीं दिया जा रहा है। मैंने इन चार वर्षों में एक भी 'हरिजन सदस्य' को कोई 'कट-मोशन' पेश करते हुए नहीं देखा। इस तरह की तमाम बातें कांग्रेस के दबाव के कारण होती हैं। कांग्रेस के सदस्यों को यदि कोई प्रस्ताव रखना हो तो वह प्रस्ताव प्रत्यक्ष पेश करने से पहले उसे सबसे पहले मुख्य सचेतक से अनुमति हासिल करनी पड़ती है। इन चार वर्षों में इन सदस्यों ने एक भी बिल पेश नहीं किया। अछूत, भारतीय ईसाई और एंग्लो इंडियन आदि लोगों को संविधान में जो अधिकार दिए गए हैं वे यदि कांग्रेस के दरवाजे से उनके दुश्मनों ने हथिया लिए हैं तो उन अधिकारों का उपयोग ही क्या है?

यदि आप लोगों ने कांग्रेस को वोट दिया तो आप लोगों को हमेशा के लिए दुख उठाना पड़ेगा। इस मुद्दे को मैं स्पष्ट करना चाहता हूँ। कांग्रेस के टिकट पर चुने जानेवाले हमारे प्रतिनिधि विधानसभा और संसद में मुँह तक नहीं खोलते। शेड्यूल्ड कास्ट्स फेडरेशन ही हमारा सही प्रातिनिधिक संगठन होने के कारण उसके टिकट पर

चुने गए प्रतिनिधि ही हमारे हितों की रक्षा कर सकते हैं। कांग्रेस में रहकर अपने दुख दूर करने की कुछ सम्भावना होती तो मैं उस संगठन से दूर नहीं रहता। मैं जानता हूँ कि कांग्रेस के पास बेहिसाब पैसा है और उसके बल पर वे वोट खरीदने का प्रयास करेंगे। लेकिन आप लोगों को इस बारे में होशियार रहना चाहिए। यदि मैं चाहता तो मैं कांग्रेस सरकार में हमेशा के लिए रह सकता था। और मुझे वहाँ निश्चित तौर पर अच्छा स्थान मिल गया होगा। लेकिन यदि मेरा उद्देश्य स्वार्थ होता और मुझे अपने समाज से हमदर्दी न होती तो मैं वैसा कर सकता था। मुझे किसी लाइसेंस या परमिट की जरूरत होती तो मैं कांग्रेस में ही गया होता। लाइसेंस और परमिट हासिल करनेवाला आदमी समाज-हित की बलि चढ़ाकर ही ऐसा कर सकता है। जब मैं कांग्रेस सरकार में मन्त्री था उस समय का मुझे ऐसा काफी अनुभव है।

यदि अंग्रेज चाहते तो वे अपने शासनकाल में हमारे समाज के उत्थान के लिए कुछ कर सकते थे। लेकिन उन्होंने भी हमारे साथ धोखा किया। वह समय अब बीत चुका है और अब दूसरी तरह की स्थिति है। अंग्रेज लोग हमें छोड़कर चले गए हैं और दूसरे लोग अब राजसत्ता में हैं। अब भी हम सचेत नहीं हुए और आँखें बन्द कर बैठे रहे तो हमारा विनाश निश्चित है। आप लोगों ने आज तक जो जुल्म-ज्यादतियाँ सही हैं वही आप लोगों की भावी पीढ़ियों को बर्दाश्त न करनी पड़ें ऐसी यदि आपकी इच्छा हो तो आप लोगों को उसके लिए कुछ करना चाहिए। आप लोग जब पेड़ लगाते हैं तब कुछ समय के बाद फल मिलने ही चाहिए, ऐसा आप चाहते हैं। मैं आप लोगों को यह समझाना चाहता हूँ कि विधानसभा और संसद की आरक्षित सीटें सिर्फ दस साल के लिए हैं। भारत में जब तक अछूतपन है तब तक उसका रहना जरूरी है, ऐसा मुझे लगता था। लेकिन कांग्रेस के टिकट पर हमारे जो लोग संसद के सदस्य हुए उन्होंने ही मेरा विरोध किया। ऐसी स्थिति में उच्चवर्णीय लोगों के बारे में क्या कहा जाए? कुछ न मिलने की स्थिति में थोड़ा भी मिले तो ठीक है। इस तरह से सोचकर मैंने दस साल के लिए आरक्षण होना चाहिए इस पर अपनी सहमति दी और अपने लोगों के लिए कुछ हासिल किया। ये आरक्षित स्थान सिर्फ अगले दो चुनावों के लिए हैं और उस दरमियान भी कांग्रेस जैसे स्वार्थी दल आप लोगों के पास आएँगे और वोट माँगेंगे। इस तरह से दस साल का यह समय भी बीत जाएगा। इस समय-सीमा को बढ़ाने की माँग करने के लिए आप लोगों का कोई आदमी उस समय संसद में नहीं होगा। उस समय आप लोग क्या करेंगे, यही एक सवाल मैं आप लोगों से पूछता हूँ। उस समय के कांग्रेसवाले आप लोगों के पास आकर उनके टिकट पर चुनाव लड़ने के लिए क्या आपसे प्रार्थना करेंगे? बिल्कुल नहीं। वे इतने मूर्ख नहीं हैं। वे आप लोगों को बेवकूफ बनाना चाहते हैं। आज जो लोग कांग्रेस के टिकट के लिए प्रयास करते दिखाई देते हैं, बाद में उनके मुँह पर थूकने के लिए भी ये कांग्रेसी तैयार नहीं होंगे। इसलिए आप सभी लोगों को इस समस्या पर गम्भीरता से सोचना चाहिए। आपने किस उम्मीदवार को वोट देना है इस बात का फैसला कीजिए।

किसी भी दल के पास या तो सत्ता होनी चाहिए या पैसा होना चाहिए। अपने समाज के पास न तो पैसा है और न सत्ता। हम लोग गाँव-देहातों में थोड़ी-थोड़ी संख्या में इन सवर्ण हिन्दुओं की दया पर रह रहे हैं। बनिया और मारवाड़ी आदि लोग भी सत्ताधारी नहीं हैं। लेकिन उनके पास पैसा है। वे लोग पैसे के बल पर मनचाही चीजें खरीद सकते हैं। इसलिए आप स्वयं के लिए कुछ करें, यही एक मौका है। यदि आप लोग संगठित रहे तो आप लोगों के हितों की रक्षा करने के लिए आप अपने प्रतिनिधि संसद में और विधानसभा में भेज सकते हैं अन्यथा आप लोगों की बड़ी हानि होगी। इसलिए इस मुसीबत से अपने समाज को बाहर निकालने के लिए आप लोगों को शेड्यूल्ड कास्ट्स फेडरेशन के झंडे तले इकट्ठा होना चाहिए। अपने सही प्रतिनिधि चुनने के लिए हर अछूत भाई को फेडरेशन को मदद करनी चाहिए। कई दल आप लोगों के पास आएँगे और आपसे वोट माँगेंगे। लेकिन उनकी बातों को सुनकर गलत रास्ते पर मत जाइए।

कुछ दिन पहले पंडित नेहरू यहाँ आए थे। उन्हें यह बताया गया कि दो और तीन लाख लोग उनका भाषण सुनने के लिए यहाँ इकट्ठा होंगे। तब यहाँ कितने लोग इकट्ठा हुए इस बारे में मुझे कुछ जानकारी नहीं है। कल जब मैं जालन्धर पहुँचा उस समय दो लाख से भी अधिक लोग वहाँ इकट्ठा थे। लेकिन हिन्दूवादी और कांग्रेसी अखबारों ने सिर्फ 35 हजार लोगों का अनुमान दिया है। मैं आप लोगों को बताना चाहता हूँ कि यदि कांग्रेस की कोई सभा हो और वहाँ श्रोता बहुत कम हों तब भी वे प्रकाशित करेंगे कि इस सभा में बहुत बड़ी संख्या में लोग उपस्थित थे। वे पाँच हों तो पचास और पचास हों तो पाँच हजार लिखेंगे। और पाँच हजार को पाँच लाख लोग इकट्ठा हुए थे। वे ऐसा छपवाएँगे। इन अखबारवालों का इस तरह झूठी खबरें छापने और झूठी आलोचना करने के बारे में मुझे बिल्कुल आश्चर्य नहीं होता। इस तरह के अखबार कई सालों से मेरी झूठी आलोचना करते आ रहे हैं। फिर भी मेरा शारीरिक और मानसिक उत्थान हो ही रहा है। बहुत बड़े जनसमुदाय के सामने भाषण देने की मुझे कोई इच्छा नहीं है। मुझे जो चाहिए वह यह कि हिन्दू लोगों की ओर से होनेवाले जुल्म-ज्यादतियों का मुकाबला करने के लिए हमारे लोगों को संगठित होना चाहिए, उन्हें मेरी यह बात सुननी चाहिए, यही मेरी इच्छा है। फिर वे बहुत बड़ी संख्या में इकट्ठा हों या कम संख्या में, यहाँ संख्या का कोई महत्त्व नहीं है।

हर राजनीतिक पार्टी ने अपना घोषणा-पत्र जारी किया है। हर पार्टी ने यह आश्वासन दिया है कि हम चुनाव के बाद यह करेंगे वह करेंगे। शेड्यूल्ड कास्ट्स फेडरेशन ने भी अपना घोषणा-पत्र जारी किया है। सबसे पहले कांग्रेस पार्टी ने अपना लम्बा-चौड़ा घोषणा-पत्र प्रसारित किया। लेकिन जब उनकी समझ में आया कि आम आदमी उसे अच्छी तरह से समझ नहीं पाएगा तब उन्होंने उसमें परिवर्तन किया और उसे छोटा रूप दे दिया। दिन-ब-दिन उनका घोषणा-पत्र छोटा होता जाएगा। और एक दिन ऐसा आएगा कि कांग्रेस का घोषणा-पत्र ही नहीं रहेगा, ऐसा मुझे लगता है। मैं

आप लोगों को यह बताना चाहता हूँ, कि घोषणा-पत्र में क्या होना चाहिए और क्या नहीं होना चाहिए। मेरा सभी राजनीतिक दलों को आह्वान है कि उन्हें सबसे अच्छा घोषणा-पत्र कौन-सा लगा, इस बात को तय करने के लिए एक कमेटी नियुक्त करनी चाहिए। मुझे इस बात में बिल्कुल सन्देह नहीं कि हमारा घोषणा-पत्र ही सबसे अच्छा साबित होगा। सभी दलों ने अपने-अपने घोषणा-पत्र में जनता को ढेरों आश्वासन दिए हैं। आश्वासन देना आसान है लेकिन उन्हें अमल में लाना आसान काम नहीं है। आप एक बात का आश्वासन दे सकते हैं तो आप सौ बातों का भी आश्वासन दे सकते हैं। घोषणा-पत्र सिर्फ आश्वासनों की लम्बी सूची नहीं होना चाहिए। देश को जिन समस्याओं का मुकाबला करना पड़ता है उन पर घोषणा-पत्र में विचार होना चाहिए। और इन समस्याओं को कैसे हल किया जाए यह भी होना चाहिए। क्या कांग्रेस के घोषणा-पत्र में इस तरह की बातें हैं? कांग्रेस के घोषणा-पत्र में सिर्फ मुस्लिम समस्या पर बल दिया गया है। क्या कोई आदमी इस मुद्दे पर सहमत हो सकता है? जब भारत अविभाजित था और जब पाकिस्तान नहीं बना था तब मुस्लिम समस्या थी। लेकिन उस समय भी देश के सामने यही एकमात्र समस्या नहीं थी। मुस्लिम लोग बहुत बड़ी संख्या में पाकिस्तान चले गए हैं और अब सिर्फ हिन्दू, सिख और अन्य अल्पसंख्यक लोग ही भारत में हैं। क्या आपको ऐसा लगता है कि भारत आज मुस्लिम समस्या का मुकाबला कर रहा है? यहाँ मुस्लिमों से भी दस गुना गरीब और पिछड़े वर्ग के लोग हैं, ऐसे दलित वर्ग के लोगों के लिए कुछ भी न किया जाए, इस बात को आप मंजूर करते हैं? सरकार को अनुसूचित जाति, जनजाति और गुनाहगार जमातों की ओर विशेष ध्यान देना चाहिए। लेकिन कांग्रेसवाले कहते हैं कि लोगों को जातिवादी नहीं होना चाहिए और पिछड़ी जातियों के लिए कुछ विशेष सुविधाओं की माँग नहीं करनी चाहिए। भारत की दूसरी महत्त्वपूर्ण समस्या है दरिद्रता की। भारत के लोग बेहद गरीब हैं। वे इतने गरीब हैं कि 90 प्रतिशत लोगों को खाने के लिए अच्छा अनाज नहीं मिलता। उन्हें पर्याप्त कपड़े नहीं मिलते। उनके पास रहने के लिए ढंग की व्यवस्था नहीं है। हर साल विदेशों से करोड़ों रुपए का अनाज मँगवाया जाता है। यदि हमें अनाज भी हर साल विदेश से मँगवाना पड़ता है और उसकी खरीद पर इतनी बड़ी रक़म खर्च करनी पड़ती है तो हम कैसे टिक पाएँगे? लेकिन इन सब बातों के लिए कांग्रेसवालों के मन में कोई स्थान नहीं है। उनके सामने एक ही सवाल है और वह है मुस्लिम समस्या।

मैं आप लोगों से यही कहना चाहता हूँ कि आनेवाले चुनाव में हम शेड्यूल्ड कास्ट्स फेडरेशन के उम्मीदवार खड़े कर रहे हैं। शेड्यूल्ड कास्ट्स फेडरेशन सभी पिछड़े लोगों का प्रातिनिधिक संगठन है। हर पिछड़े समाज के आदमी को उसमें प्रतिनिधित्व दिया जाएगा। किसी को अपने मन में किसी प्रकार का सन्देह नहीं रखना चाहिए। चमार और भंगी सभी एक हैं। हम एक जमात के लोग हैं। हम लोगों को आपस में नहीं झगड़ना चाहिए। मैं सभी महिलाओं और पुरुषों से अनुरोध करना चाहता हूँ कि मतदान के लिए सभी काम एक ओर रखकर मतदान केन्द्र पर जाकर मतदान करें। एक तो

पहले ही अपने वोट पर्याप्त नहीं हैं और उस दिन यदि हम सबने मतदान नहीं किया तो उससे हमारा बड़ा नुकसान होगा। हम लोग बगैर प्रतिनिधित्व के रह जाएँगे। मतदान का दिन अनुसूचित जाति के लोगों के लिए जीवन या मौत का दिन है।

आनेवाले चुनाव में अपने उम्मीदवार खड़े करनेवाले हर राजनीतिक दल को एक पार्टी निशान दिया गया है। हमारे फेडरेशन का निशान 'हाथी' है। हमारे लोगों के मन में किसी प्रकार का सम्भ्रम पैदा न हो इसलिए मैंने यह निशान चुना है। कुछ दलों ने बैल, घोड़ा और गधा आदि निशानों का चयन किया है। साफ पहचान के लिए मैंने 'हाथी' निशान का चयन किया है।

इस चुनाव में अपने पसन्द के एक ही उम्मीदवार के नाम सारे मत-पत्र नहीं डालने होंगे। क्योंकि इस समय संयुक्त (Cumulative) मतदान पद्धति नहीं है। अब विभाजित (Distributive) मतदान पद्धति है। इसलिए अपने मत अलग-अलग उम्मीदवारों को देना है। एक जनरल सीट के उम्मीदवार को और दूसरा मत आरक्षित सीट के उम्मीदवार को देना है। आरक्षित सीट पर चुनाव लड़नेवाले अपने उम्मीदवार को आप अपने पास के दोनों वोट नहीं दे सकते। आप उसे एक ही वोट दे सकते हैं। और जनरल सीट पर खड़े दूसरे उम्मीदवार को अपना दूसरा वोट देना है। इसलिए जो पार्टी अपना दूसरा वोट हमारे उम्मीदवार को देगी, हम अपना दूसरा वोट उसी पार्टी के उम्मीदवार को देंगे, जो पार्टी इस बात के लिए राजी होगी उसी के साथ हम समझौता करेंगे। अपना समझौता किस पार्टी के साथ हो, इस बात को हमने अभी तय नहीं किया है। कई पार्टियाँ हमारे पास समझौते का प्रस्ताव लेकर आईं। लेकिन अभी अन्तिम फैसला नहीं हुआ है; बात चल रही है। किसी पार्टी से समझौता करने से पहले हमें गम्भीरता से सोचना चाहिए। लेकिन हमें किसी-न-किसी पार्टी के साथ दोस्ती करनी ही पड़ेगी।

अन्त में मुझे यही कहना है कि पंजाब, उत्तर प्रदेश और अन्य दूरदराज के प्रदेशों के लोग दिल्ली में मेरे साथ अपनी शिकायतें लेकर आते हैं। कुछ लोगों की शिकायत होती है कि जमींदार ने उन पर हमला किया है। और जब उन्होंने सम्बन्धित अफसरों से न्याय माँगा तो उनके खिलाफ फैसला दिया गया। क्योंकि अधिकतर पद पर जो अफसर थे वे सवर्ण हिन्दू थे। इस प्रकार की इतनी शिकायतें हैं कि उन्हें शीघ्र हल करना असम्भव है। कई लोग निराश होकर अपने घर लौट जाते हैं। इसलिए मैंने दिल्ली में एक भवन बनाने का फैसला किया है जिसमें अपना एक वकील रहेगा। अपने लोगों की शिकायतों पर ध्यान देकर लोगों को सलाह देना उसका काम होगा। हम लोगों ने इस काम के लिए दिल्ली में जमीन खरीद ली है। उस जमीन पर मकान बनाना है। वहीं पर अपने फेडरेशन का दफ्तर रहेगा। बाहर से आनेवाले लोगों का वहाँ सम्मान होगा और उनकी शिकायतें सुनी जाएँगी। इस इमारत का निर्माण-कार्य शुरू करना जरूरी है, लेकिन पर्याप्त पैसा नहीं है। इसलिए आप सभी से अनुरोध है कि आप लोगों को अपनी सामर्थ्य के मुताबिक दान देना चाहिए। इस तरह से हम अपना लक्ष्य हासिल कर सकते

हैं। दिल्ली के बाबा तुलादास इमारत कोष इकट्ठा करने के लिए पंजाब का दौरा करेंगे। इस महत्त्वपूर्ण कार्य के लिए आप सभी लोगों को बड़ी उदारता से मदद करनी चाहिए, आपसे यह अनुरोध मैं एक बार फिर कर रहा हूँ।

Dr. Babasaheb Ambedkar Writing and Speeches, vol. 18, part III, P. 255.

कांग्रेस एक जलता हुआ मकान है

*जब डॉ. बाबासाहेब अम्बेडकर **अक्तूबर 1951** को पंजाब के प्रचार दौरे पर गए थे उस समय उन्होंने **दि. 29 अक्तूबर 1951** को पटियाला में एक विराट सभा को सम्बोधित किया। इस सभा में पी.एन. राजभोज, सेठ किसनदास, सुलेख, मिहान सिंह आदि पंजाब दलित फेडरेशन के प्रमुख नेता भी उपस्थित थे। इस सभा को सम्बोधित करते हुए डॉ. अम्बेडकर ने कहा–*

भाइयो तथा बहनो,

मेरा स्वास्थ्य ठीक नहीं है इस सम्बन्ध में आप लोगों को मान्यवर राजभोज ने बताया है। पिछले कुछ दिनों से मैं अस्वस्थ हूँ। इसलिए मैं आप लोगों से बहुत कम बात कर पाऊँगा और आप लोगों से अधिक बात न कर पाने के लिए आप लोग मुझे माफ करेंगे, मैं यह उम्मीद करता हूँ। आज हम लोगों के सामने जो महत्त्वपूर्ण सवाल हैं मैं उन्हीं सवालों के बारे में आपसे कुछ कहना चाहता हूँ। जिनके कारण इस देश में आज जो राजनीतिक स्थिति है वह स्पष्ट हो जाएगी और उससे कुछ रास्ता खोजा जा सकता है।

यह चुनाव का माहौल है। आनेवाले चुनाव की तैयारी के लिए सभी राजनीतिक दल और राजनीतिक कार्यकर्त्ता दौड़धूप कर रहे हैं। यह बड़ी महत्त्वपूर्ण बात है, इसमें कोई सन्देह नहीं। कम-से-कम हमारे लिए तो आनेवाला चुनाव जीवन और मौत का सवाल है। इसलिए इस सवाल पर गहराई से सोचना जरूरी है।

कांग्रेस भारत का सबसे बड़ा राजनीतिक दल है। 60 से भी ज्यादा वर्षों से उस दल का अस्तित्व है। इसके अलावा पिछले चार साल से वह दल इस देश पर राज कर रहा है। कांग्रेस की ओर से यह बताया जा रहा है कि कांग्रेस के अलावा अन्य कोई भी दल लोगों को धन नहीं दिला सकता। और इसीलिए लोगों को कांग्रेस को वोट देना चाहिए। कांग्रेस को लगता है कि उसे पुनः सत्ता हासिल करनी चाहिए। कांग्रेस को यह भी लगता है कि गरीब, अमीर, शोषण करनेवाले और शोषित सभी लोगों को एक छत्र के नीचे आना चाहिए और कांग्रेस को वोट देकर अपने जीवन का एक नया अध्याय शुरू करना चाहिए। कांग्रेस के पास जो बेहिसाब पैसा है उसके बल पर उसने कई वेतनभोगी प्रचारक पाल रखे हैं। इसलिए कांग्रेस लोगों को आसानी से प्रभावित कर

सकती है। इसलिए कांग्रेस के बारे में क्या सच है इस बात की खोज करनी चाहिए। किसी को भी एकतरफा प्रचार के जाल में नहीं फँसना चाहिए। पिछले चार सालों में सत्ता में रहते हुए कांग्रेस ने लोककल्याण का कुछ कार्य किया है या नहीं इस बात की हमें खोज करनी चाहिए। हमें यह दिखाई देता है कि लोगों के रोटी-कपड़े का सवाल हल करने में कांग्रेस पूरी तरह से असफल रही है बल्कि यह सवाल पहले से भी ज्यादा पेचीदा हो गया है। निर्वासित लोगों का सवाल हल करने में भी कांग्रेस पूरी तरह असफल रही है, इस बात को उसने स्वयं साबित कर दिया है। फिर कांग्रेस को पुनः सत्ता में लाया गया तो वह आज के इन जलते सवालों को हल करेगी इस बात की उम्मीद कैसे की जा सकती है? उतने कम समय में ऐसे सवालों को सही ढंग से हल करना पूरी तरह से असम्भव है। इस तरह का तर्क देकर कांग्रेस शायद कारण बताने की कोशिश करेगी। लेकिन भारत के सभी प्रान्त और केन्द्रीय सरकार के सभी मन्त्रियों के पास सत्ता होने पर भी आज करीब-करीब हर राज्य में प्रचलित सबसे खतरनाक बात है भ्रष्टाचार, रिश्वतखोरी और भाई-भतीजावाद जिसे रोकने में कांग्रेस पूरी तरह असफल रही है और उसके लिए उसे कोई भी माफ नहीं कर सकता। यदि कांग्रेस चाहती तो उसने गलत बातों को पलभर में खत्म कर दिया होता। लेकिन इस तरह की बातें कांग्रेस की राजनीति में ही सिर से पाँव तक अपनी जड़ें मजबूत कर चुकी हैं और उन्हें खोदकर मिटाने का कांग्रेस का कोई इरादा नहीं है, यह बात एकदम साफ है।

किसी को लगता है कि अपने आवेदन-पत्र को कांग्रेस के मन्त्री से स्वीकृत करवाना हो तो किसी न किसी प्रकार की रिश्वत देनी जरूरी है, इस बात को सारी दुनिया जानती है अन्यथा आवेदन-पत्र को कचरे की टोकरी में फेंक दिया जाता है। कांग्रेस के मन्त्रियों पर भ्रष्टाचार, रिश्वतखोरी या कालाबाजारी के आरोप सिर्फ मैं ही लगा रहा हूँ ऐसी बात नहीं है। कांग्रेसवालों ने स्वयं सरेआम ऐसे आरोप लगाए हैं। मद्रास के मुख्यमन्त्री मान्यवर टी. प्रकाशन को मद्रास कांग्रेस के भ्रष्ट गिरोह के कारण इस्तीफा देना पड़ा। उन्होंने इस्तीफा देने के बाद कांग्रेस के उच्च अधिकारियों के सामने मद्रास के मन्त्रियों के विरोध में एक आरोप-पत्र पेश किया। उस आरोप-पत्र में कहा गया था कि उन्होंने कई तरह के लाइसेंस देते समय रिश्वत ली, कुछ सरकारी ठेके अपने नजदीकी रिश्तेदारों को दिए और उसी तरह का अन्य भ्रष्टाचार भी किया। उत्तर प्रदेश में भी ठीक यही हुआ। उत्तर प्रदेश की राज्य सरकार के मन्त्री और अब उत्तर प्रदेश विधानसभा में विरोधी दल के नेता मान्यवर त्रिलोक सिंह ने भी उत्तर प्रदेश के मन्त्रियों पर इसी प्रकार के आरोप लगाए हैं। वे एक-दूसरे पर रिश्वत, भ्रष्टाचार और भाई-भतीजावाद के बारे में लगातार आरोप लगा रहे हैं।

इन मन्त्रियों के विरोध में जो आरोप लगाए गए हैं उनकी जाँच के लिए एक जाँच आयोग नियुक्त करने की जिम्मेदारी कांग्रेस के उच्च अधिकारियों की थी। और यदि आरोप सही साबित हुआ तो गुनाहगारों को सजा देनी चाहिए थी। मन्त्री जैसे उच्च पदों पर रहे व्यक्तियों के ऐसे आरोपों की खुलेआम जाँच किए बगैर देश को अच्छी सरकार

नहीं मिल सकती। ऐसी ही पृष्ठभूमि पर ब्रिटेन के इसी तरह के एक प्रकरण का उल्लेख करना जरूरी है। एक ब्रिटिश मन्त्री पर रिश्वत लेने का आरोप था। उस समय ब्रिटिश प्रधानमन्त्री मिस्टर एटली ने आरोपों की जाँच के लिए एक जाँच आयोग नियुक्त किया। आयोग ने जाँच की और आयोग इस फैसले पर पहुँचा कि एक व्यापारी ने क्रिसमस की भेंट के रूप में मन्त्री को एक व्हिस्की की बोतल और एक शूट का कपड़ा भेंट दिया था। लेकिन आयोग ने रिमार्क दिया कि सम्बन्धित मन्त्री का रिश्वत लेने और व्यापारी का रिश्वत देने का उद्देश्य नहीं था।

अपने यहाँ की तुलना में देखें तो यह बात मामूली थी। फिर भी मिस्टर एटली ने उस मन्त्री को इस्तीफा देने के लिए कहा। किन्तु हमारे देश में कैसी स्थिति है? समाज के विरोध में बेहद घटिया गुनाह करने के आरोप अलग-अलग राज्यों के 25 से भी अधिक मन्त्रियों पर कांग्रेसवालों ने ही लगाए हैं। लेकिन कांग्रेस की उच्चाधिकार समिति ने उन पर कोई कार्यवाही नहीं की। इन गम्भीर आरोपों के बारे में किसी भी प्रकार की जाँच नहीं की गई। और इस प्रकार का आरोप जिन पर है वे लोग आज भी मन्त्री पद पर बने हुए हैं और जनता पर अपनी सत्ता चला रहे हैं। फिर ऐसे मन्त्रियों पर और उनके संगठन पर कोई भी आदमी कैसे विश्वास कर सकता है? जनता को सरेआम लूटनेवाले लुटेरों की टोली के साथ कोई भी स्वाभिमानी और सत्प्रवृत्त आदमी कैसे सहयोग कर सकता है? मैं पूरे यकीन के साथ कह सकता हूँ कि कांग्रेस की सरकार भ्रष्ट सरकार है। वह लुटेरों की सरकार है। लोगों को इस बात की उम्मीद थी कि कांग्रेसी मन्त्रियों की ऐसी हरकतों पर पंडित नेहरू रोक लगाएँगे। लेकिन उन्होंने अपने अनुयायियों को पूरी तरह से निराश किया है। दिल्ली के कांग्रेस अधिवेशन में दिए गए भाषण में उन्होंने बताया है कि भारत से अधिक अन्य देशों में रिश्वतखोरी और भ्रष्टाचार है। इसलिए इस प्रकार के भ्रष्टाचार के विरोध में कार्यवाही करने की कोई जरूरत नहीं, ऐसा उन्होंने कहा। पंडित नेहरू जैसे योग्य व्यक्ति के ये शब्द एक तरह से जो लोग पहले ही भ्रष्टाचार में मशगूल हैं उन्हें बढ़ावा देते हैं और जो लोग आज उस तरह के काम करने से घबराते हैं उन्हें उस तरह के काम करने की खुली छूट देनी है। रिश्वतखोरी और भ्रष्टाचार करने की अच्छी तालीम लिए हुए लोग और कांग्रेस के मन्त्री आदि के पाप छिपाकर उनके काले धन्धे जारी रखने की इजाजत देनेवाले पंडित नेहरू जैसे नेता उन्हें मिल गए इसलिए वे उनका आभार मानते होंगे। जिन लोगों को भ्रष्टाचार और दूसरे प्रकार के नीच काम करने में बिल्कुल शर्म नहीं उन लोगों से हम देश की भलाई की उम्मीद कैसे कर सकते हैं? जो लोग कांग्रेस को वोट देंगे वे लोग इस तरह की बुरी बातें जारी रखने के लिए ही मताधिकार का प्रयोग करेंगे। मुझे यकीन है कि भारत के लोग काफी समझदार हैं और उन्हें इस बात का पता है कि उनकी भलाई किसमें है और किसमें नहीं है।

कांग्रेस के नेता लोगों से कहते हैं, अन्य दलों को छोड़कर हमारे दल में आइए। क्योंकि सिर्फ हमारा संगठन ही देश का भला कर सकता है, यह उनका कहना है। मैं

आप लोगों से पूछना चाहता हूँ कि क्या बिल्ली और चूहा इकट्ठा रह सकते हैं? एक का दूसरे के हाथों विनाश ही होगा! क्या साँप और नेवला इकट्ठा रह सकते हैं? एक के हाथों दूसरे का विनाश ही होगा। पशुओं-पंछियों में ऐसे एक-दूसरे के कई विरोधी हैं। मनुष्य जाति में भी यही बात है। यहाँ भी ऐसे व्यक्ति और वर्ग हैं, जिनके हित-सम्बन्ध एक-दूसरे के खिलाफ हैं। उनमें संघर्ष होता है। क्या 'बनिया' और 'किसान' समान हित-सम्बन्धों के लोग हैं? क्या वे इकट्ठा रह सकते हैं? बनिया किसान की जमीन को हड़पने की हर तरह से कोशिश करेगा। ब्राह्मण और अछूतों के भी समान हित-सम्बन्ध नहीं हैं। ब्राह्मण जिस ढंग से भी हो, अछूत को अधिक से अधिक निम्न स्थिति में रखने की कोशिश करेगा। ब्राह्मण यह भी प्रयास करेगा कि अछूतों को उनके इनसानियत के हक़ प्राप्त न हों। जब यह सच्चाई है तो फिर शोषक और शोषित, उत्पीड़क और उत्पीड़ित, लुटेरे और लुटे जानेवाले लोगों का एक ही दल या संगठन कैसे हो सकता है? जिस दल में उत्पीड़न, शोषण करनेवाले लोग महत्त्वपूर्ण पदों पर हैं, उस दल में दलित, शोषित, उत्पीड़ित लोगों के हित-सम्बन्ध सुरक्षित रहेंगे इस तरह की उम्मीद कैसे की जा सकती है?

इसीलिए सभी दलित, शोषित, उत्पीड़ित, सर्वहारा वर्ग के लोगों का एक अलग, स्वतन्त्र संगठन होना चाहिए अन्यथा उनका सर्वनाश होना अटल है। इसीलिए कांग्रेस द्वारा फैलाए गए जाल में हम लोग फँसें नहीं, इस बात की पूरी सतर्कता बरतनी चाहिए। यदि हम लोग अज्ञानवश या चन्द स्वार्थों के लिए जुल्मी और स्वार्थी लोगों के संगठन में चले गए तो अपने हालात पुराने समय के हालात से भी खराब होंगे। इस देश की मिली हुई आजादी को सवर्ण हिन्दू लोग (उच्चवर्णीय) अपने स्वार्थ के लिए इस्तेमाल करेंगे। इस आजादी से हमारा भी कुछ लाभ हो, इस तरह की यदि इच्छा हो तो हम लोगों को अपने संगठन शेड्यूल्ड कास्ट फेडरेशन को मजबूत करना चाहिए।

आज की सभा में लोग उपस्थित न रहें, यह प्रचार कांग्रेस के हरिजन मन्त्री द्वारा किया गया। अनुसूचित जाति-जनजाति के हक़ों के लिए यदि हमारे फेडरेशन ने लगातार लड़ाई न लड़ी होती तो इस मन्त्री के क्या हाल होते? इन लोगों को किसने मन्त्री बनाया? मैंने उन्हें मन्त्री बनाया है, फेडरेशन ने उन्हें मन्त्री बनाया है। यदि अपनी फेडरेशन न होती तो ये मन्त्री हमें गाँव में मरे हुए जानवरों की खाल छीलते या रास्ते पर झाड़ू लगाते किसी कुत्ते का जीवन जीते रहते। इन मन्त्रियों ने अपने भाई-बहनों की आँखों के आँसू पोंछने के लिए कुछ किया है? उन पर होनेवाले अन्याय को दूर करने के लिए उन्होंने क्या कभी कुछ प्रयास किया है? अपने भाई मनुष्य का सम्मानपूर्ण जीवन जिएँ, इसके लिए क्या उन्होंने कोई लड़ाई लड़ी है? अपने भाइयों के लिए अपनी जिम्मेदारी पूरा करने में ये हरिजन मन्त्री असफल रहे हैं। उनका रूपान्तरण खून चूसनेवाले कीड़ों में हुआ है। वे खून चूसनेवाले हैं, यह सिद्ध हो चुका है।

इसलिए हमें अपने लोग चाहिए। वे इसलिए कि उन्हें अपने समाज की भलाई के लिए आन्दोलन खड़ा करके जुल्म-ज्यादतियाँ सह रहे लोगों के हक़ वापिस दिलवाने चाहिए।

उन्हें अपने समाज के लोगों पर हो रहे अन्याय को मिटाना चाहिए। उन्हें अपने लोगों की शिकायतें सरकार के सामने हिम्मत के साथ रखनी चाहिए। उन्हें गम्भीरतापूर्वक सोचकर नेतृत्व करना चाहिए, और स्वयं आदर्श का व्यवहार करना चाहिए, वे ध्येयवादी और चरित्रवान होने चाहिए। ऐसे लोगों को ही विधानसभा में भेजा जाना चाहिए। हम लोगों को ऐसे प्रतिनिधि विधानसभा में भेजने चाहिए, जो किसी के गुलाम न हों और अपनी विवेक-बुद्धि को कायम रखें। वे हमारी शिकायतों को दूर करने का प्रयास करें। पेप्सू के अनुसूचित जाति के मन्त्री की और विधायकों की क्या स्थिति है? उनकी स्थिति कांग्रेस के गुलाम से अधिक नहीं है। वे मानो अपने स्वामी के पाँव चाटनेवाले कुत्ते हैं!

मुझे कांग्रेस में सम्मिलित हो जाना चाहिए इसके लिए मुझ पर बड़ा दबाव डाला गया। लेकिन जो संगठन मेरे लोगों का कुछ भी भला नहीं कर सकता उस संगठन में मुझे क्यों जाना चाहिए? इसलिए मैंने सरकार से इस्तीफा दे दिया। अन्य लोगों को इस्तीफा देने के लिए जिस तरह कहा जाता है, उस तरह से मुझे नहीं कहा गया। वहाँ मेरे खिलाफ कुछ नहीं था। मेरा यह आह्वान है कि मेरे चरित्र पर यदि किसी प्रकार का कलंक हो तो उसे उन्हें दिखाना चाहिए। कोई भी आदमी मुझ पर उँगली नहीं उठा सकता। मैंने कभी कोई रिश्वत नहीं ली है। भ्रष्टाचार नहीं किया है। मैंने किसी को गुमराह नहीं किया है या किसी के साथ कोई दुर्भाव नहीं रखा है। लेकिन जो संगठन मेरे लोगों का कुछ भला नहीं कर सकता उस संगठन के नियन्त्रणवाली सरकार में रहा तो यह अपने साथ धोखाधड़ी हो जाएगी, ऐसा मुझे दिखाई दिया।

हिन्दू भाइयों के हाथों में जो सत्ता आई है उसका उपयोग उन्हें अछूतों के उत्थान के लिए करना चाहिए। यह आज भी हमारी इच्छा है। हम और दस साल इन्तजार करेंगे और उसके बाद हमारी उम्मीदें बेवजह हैं ऐसा हमें लगा तो अपने हक़ हासिल करने के लिए हम जरूरत के मुताबिक सख्त कदम उठाने में आगे-पीछे की परवाह नहीं करेंगे। अपनी उचित माँगों का विरोध करनेवाले किसी की भी हम परवाह नहीं करेंगे।

आपातस्थिति में हम मोर्चे पर लड़ेंगे। इस देश के लिए हर कीमत चुकानेवाले हम ही हैं। सवर्ण हिन्दू नहीं हैं। वे देश का और लोगों का नुकसान करके स्वयं धनवान बनते हैं, यह बात अनुभव से सिद्ध हो चुकी है। जब फौज की भर्ती के लिए आह्वान किया गया था तब सबसे पहले फौज में भर्ती होनेवाले अछूत ही थे। सवर्ण हिन्दू धन-दौलत जुटाने के लिए सिर्फ फौजी छावनियों के पास दुकानें लगाते हैं। वे लोग ठेके लेकर गरीब लोगों को लूटते हैं या फिर कालाबाजारी करते हैं।

मैं अनुसूचित जाति-जनजाति के लोगों के लिए यह लड़ाई पिछले बीस साल से लड़ रहा हूँ। इसमें मेरा कोई स्वार्थ नहीं है। मैंने गांधी के सामने सीधा सवाल रखा। मैंने उनसे यह कहा कि देश की स्वतन्त्रता से हमारा विरोध नहीं है। लेकिन इस स्वराज्य में अनुसूचित जाति-जनजाति के लोगों की स्थिति क्या रहेगी? इस सवाल का सही जवाब न तो गांधी ने दिया और न अन्य किसी ने। आज भी मैं यही सवाल सवर्ण हिन्दुओं को पूछ रहा हूँ।

आज का स्वराज्य वास्तव में उनका स्वराज्य है। हम लोग आज भी गुलाम ही हैं। यह हमारा दोष नहीं है। यह उनका कारनामा है। यदि हम मनुष्य के रूप में जीना चाहते हैं तो हमें अपने पाँव पर खड़ा होना पड़ेगा।

हमने जो राजनीतिक हक़ पाए हैं उनका हमें उपयोग करने दीजिए, ऐसा मैं सवर्ण हिन्दुओं से कहता हूँ। लेकिन कांग्रेस अपनी जमात में जमातद्रोही लोग पैदा करके हम लोगों में दरार पैदा करने का प्रयास कर रही है। वे लोग सिर्फ धन के लोभी हैं और टिकट के भूखे हैं। उनका काम सिर्फ धन्धा करना है। वे पहले कांग्रेस के पास जाते हैं, जब वहाँ से उनको मारकर भगाया जाता है तब वे टिकट की भीख माँगते हुए हमारे फेडरेशन के पास आते हैं। जिसके लिए हमने लड़ाई लड़ी और सफलता पाई, हमारी उस उपलब्धि को कांग्रेस ऐसे लोगों को अपने हाथ का खिलौना बनाकर तहस-नहस करना चाहती है। संघर्ष करके अपने सही प्रतिनिधि विधानसभा में भेजने का यह बड़ा महत्त्वपूर्ण अवसर है। यदि इसमें हमने आनाकानी की तो हमारा विनाश होगा, इसमें कोई सन्देह नहीं।

हम लोगों ने यह जो आरक्षण हासिल किया है यह भी सिर्फ दस साल के लिए है, इस बात को हमें अच्छी तरह से समझ लेना होगा। इस बीच के समय में हमने अपना संगठन मजबूत नहीं किया तो हम पूरी तरह से लाचार हो जाएँगे। आज आप लोगों को आरक्षण मिलने के कारण अपना दल मजबूत करने के उद्देश्य से सवर्ण हिन्दुओं के अलग-अलग दल आप लोगों को टिकट देने के लिए काफी उत्साहित हैं। लेकिन दस साल का यह समय खत्म होने के बाद कोई भी हिन्दू कभी आपके दरवाजे पर नहीं आएगा। इसलिए इस दरमियान हम लोगों को अधिक होशियार रहने की जरूरत है। अपने भविष्य के मजबूत और गहरे उजाले के लिए आप लोगों को पूरा यकीन रखना चाहिए और उसके लिए यही एक रास्ता है कि हमें अपने संगठन को मजबूत करना चाहिए। आपके संगठन ने जिन उम्मीदवारों को खड़ा किया है उन्हें वोट देना चाहिए। आपके अपने उम्मीदवार विधानसभा में आप लोगों के कल्याण के लिए लड़ते रहेंगे, और कठिनाइयों में भी वे अपना आन्दोलन नहीं छोड़ेंगे।

हम लोग अल्पसंख्यक हैं इस बात को भी हमें ध्यान में रखना चाहिए जिसके कारण स्वाभाविक तौर पर हमारे मतदाताओं की संख्या बहुत कम है। इसलिए हमारे हर उम्मीदवार की सफलता इसी में है कि हम लोगों को हर मुसीबत का मुकाबला करते हुए अपना वोट अपने ही उम्मीदवारों को देना चाहिए। मतदान के दिन हमारे चाहे जितने भी महत्त्वपूर्ण काम हों, उन्हें छोड़कर अपने मतदान के हक़ को अमल में लाना चाहिए।

हम लोगों ने अन्य राजनीतिक दलों के साथ चुनाव के लिए दोस्ती की तो हमारी असफलता सुनिश्चित हो जाएगी। हमें उनके मतों से मदद मिलेगी। हम लोगों को किसके साथ सहयोग करना चाहिए यह बात अभी तक तय नहीं हुई है। लेकिन जब यह तय हो जाएगा तब अपना दूसरा वोट उस दल के उम्मीदवार को देना हमारा कर्त्तव्य बन जाएगा।

इस समय हमारी जीत का अच्छा मौका है। हमारी सनातन दुश्मन कांग्रेस काफी हद तक बिखर चुकी है। पंजाब में कांग्रेस के दो गुट एक-दूसरे के जबर्दस्त विरोधी हैं। पंजाब कांग्रेस के इन दो गुटों के नेताओं में एकता होने के कोई संकेत नहीं दिखाई दे रहे हैं। हम लोगों को कांग्रेस से डरने की कोई जरूरत नहीं है। इसलिए मैं आप लोगों से, हर आदमी से और सभी से यह नम्र निवेदन कर रहा हूँ कि फेडरेशन के उम्मीदवारों को ही अपना वोट दीजिए। और अपने हर तरह के विकास का यकीन हासिल कीजिए। इस चुनाव में यदि हम जीत गए तो अपने रास्ते की रुकावटें नष्ट करने और अपने हक़ हासिल करने का रास्ता हमें मिलेगा।

सा. जनता : दि. 3 नवम्बर 1951। Dr. Babasaheb Ambedkar Writing and Speeches, vol. 18, part III, p. 265

शराब मुक्ति के लिए जनता में जाग्रति पैदा कीजिए

__दि. 15 नवम्बर 1951__ को भुसावल में डॉ. बाबासाहेब अम्बेडकर की चुनावी प्रचार सभा का आयोजन किया गया था। यह पहला आम चुनाव भारत के दलितों की दृष्टि से बहुत ही महत्त्वपूर्ण था। उस समय सम्पूर्ण देश में कांग्रेस के विरुद्ध राजनीतिक स्थिति थी। भुसावल की चुनाव प्रचार सभा में डॉ. अम्बेडकर ने कहा—

बहनो तथा भाइयो,

पहले जब शराबबन्दी नहीं थी, सरकारी शराब की काफी दुकानें थीं। उस समय गैरकानूनी शराब बनाने का धन्धा बहुत कम था। किसी भी विदेशी राष्ट्र की तुलना में हमारे यहाँ शराब का सेवन करनेवालों का प्रतिशत बहुत ज्यादा है। आज शराबबन्दी होने के बाद तो घर-घर में शराब बनना शुरू हो गई है। घर में शराब का धन्धा शुरू होने की वजह से औरतों और बच्चों में भी शराब पीने की आदत पड़ गई है। बड़े पैमाने पर नैतिकता का पतन शुरू हो गया है।

शराब की आदत समाप्त करने के लिए जिनकी संख्या अधिक नहीं है, ऐसे आदतखोर शराबियों को नशे से मुक्त करने के लिए सरकार ने शिक्षा को बहुत महँगा बना दिया है। आज सिर्फ प्राथमिक शिक्षा प्राप्त करने से पिछड़े दलित समाज का उत्थान सम्भव नहीं है। उन्हें उच्च शिक्षा मिलनी चाहिए। और इस तरह की बात जब तक नहीं होगी तब तक ऊँची जातियों के हाथों में ही राजनीतिक सत्ता रहेगी। और जब तक यह स्थिति है तब तक प्राप्त स्वराज्य का हम अछूतों और पिछड़ों के लिए क्या फायदा?

इस शराबबन्दी के लिए मुम्बई सरकार ने 1946 में 9 करोड़ रुपए खर्च किए। यही नहीं, शराबबन्दी कानून को अमल में लाने के लिए पुलिस आदि पर गरीब नागरिकों के 3-4 करोड़ रुपए और खर्च हो रहे हैं। मैं यहाँ इकट्ठा हुए आप सभी लोगों से एक सवाल पूछना चाहता हूँ कि जो समाज में निरे अल्पसंख्यक हैं ऐसे शराबखोरों को शराब की आदत से मुक्त करना नहीं बल्कि मुक्त करने का यह बहाना करना ज्यादा महत्त्वपूर्ण है या समाज के बहुसंख्यक भूखे-पीड़ित लोगों को जिन्हें भोजन नसीब नहीं हो रहा उन्हें भोजन नसीब कराना, जिन्हें कपड़ा नहीं मिल रहा उन्हें कम-से-कम तन ढकने के लिए कपड़ा दिलाना, जिन्हें रहने के लिए झोंपड़े तक नसीब नहीं हैं उन्हें बसेरे दिलवाना ज्यादा महत्त्वपूर्ण है? आप लोग ही इस सवाल का जवाब दीजिए।

इस योजना से दो बातें हासिल हो सकती हैं। पहली बात यह कि योजना आयोग के अध्यक्ष पंडित नेहरू प्रधानमन्त्री की हैसियत से एक तरह से सत्तासम्पन्न बननेवाले हैं। मैं आप लोगों को अपना अनुभव बताना चाहता हूँ। पंडित नेहरू हर विभाग के काम पर और हर विभाग के मन्त्री पर अपना नियन्त्रण रखना चाहते हैं। वे किसी को भी स्वतन्त्र रूप से काम नहीं करने देंगे। दूसरी बात यह कि इस योजना से भ्रष्टाचार में बढ़ोतरी होगी। हर आदमी का जिसका भी सरकारी अधिकारियों से काम पड़ता है ऐसे हर आदमी का यह अनुभव है कि रिश्वत दिए बगैर सरकारी अधिकारी कोई काम नहीं करते। इस पंचवर्षीय योजना के मुताबिक एक लाख रुपए से ज्यादा की पूँजीवाले हर उद्योग के लिए शुरू में सरकारी अधिकारी की इजाजत आवश्यक होगी। इसलिए रिश्वत की मात्रा तो बढ़ेगी ही। वास्तव में देखा जाए तो इस योजना में इस तरह से कुछ करने की कोई जरूरत नहीं है।

जब किसी व्यक्ति को अपने कार्य से सन्तोष नहीं होता तब दूसरों के बारे में गलत धारणाएँ फैलाने, दूसरों की आलोचना करने के लिए वह हर तरह के प्रयास करता है। काकासाहेब कालेलकर का अन्त में यही हाल हुआ। दलित फेडरेशन और समाजवादियों में जो चुनावी समझौता हुआ है अन्त में उसे बदनाम करने का उन्होंने प्रयास किया। उन्होंने यह सवाल पूछा कि दलित फेडरेशन जातीय संगठन है, और हम किसी जातीय संगठन के साथ किसी भी प्रकार का सहयोग नहीं करेंगे, ऐसा कहनेवाले समाजवादियों ने इस जातीय संगठन के साथ क्यों समझौता किया है ? कांग्रेसवालों का यह दावा है कि कुछ संगठन जातीय हैं और कुछ जातीय नहीं हैं। दलित फेडरेशन एक जातीय संगठन है, इस प्रकार का प्रचार कांग्रेसवाले 1920 से कर रहे हैं। सिर्फ कांग्रेस ही जातीय संगठन नहीं है, ऐसा कांग्रेसवालों का दावा है। मैं कांग्रेस के नेताओं से यह सवाल पूछना चाहता हूँ कि क्या कांग्रेस के नेताओं ने जातिभेद को खत्म किया है ? क्या कांग्रेस के नेताओं ने सामूहिक भोज, सामूहिक विवाह को अपने जीवन में उतारा है ? क्या काकासाहेब (कालेलकर) ने अपनी बेटी के ब्याह के लिए बड़े कुल के सरदार पुत्र का ही चयन नहीं किया है? कांग्रेस नेताओं में यह बात विशेष रूप से दिखाई देती है कि वे सत्ता पदों पर नियुक्ति के समय अपनी-अपनी जाति की ओर ही अधिक देखते हैं। हम अछूतों में हजारों जातियाँ हैं। लेकिन जातिभेद को खत्म करने के लिए हम लोगों ने जिस प्रकार का प्रयास किया है और कर रहे हैं उस तरह का प्रयास क्या कांग्रेस के नेताओं ने किया है? सिर्फ जाति-भाइयों की नियुक्ति करना ही कांग्रेस का उद्देश्य है। कांग्रेसवाले मेरा विरोध क्यों कर रहे हैं? क्योंकि मैं महार हूँ। साधु की जाति कोई नहीं पूछता। उसी तरह आप हमारे दलित फेडरेशन के कार्यों को देखिए, हमारी योजनाओं को देखिए। इस योजना को किसने बनाया इस बात की ओर मत देखिए, बल्कि वह योजना किस प्रकार की है, यह देखिए। उसे अन्य योजनाओं की कसौटी पर परखिए, फिर बात कीजिए। बेवजह आलोचना करने से क्या फायदा?

हमने समाजवादियों के साथ समझौता किया है इस बात का कांग्रेस को बड़ा दुख

है। उन्हें ऐसा लगता है कि सभी लोगों को कांग्रेस की बैसाखियों से चलना चाहिए। मुझे यह बात समझ में नहीं आ रही है कि हमने समाजवादियों के साथ समझौता किया है, इसमें क्या बुरा है? मेरा यह प्रयास था कि कांग्रेस विरोधी सभी संगठनों को इकट्ठा किया जाए। किन्तु चुनाव के लिए बहुत ज्यादा दिन नहीं रहे, इसलिए यह करना सम्भव नहीं हुआ। किन्तु उसके लिए मैं चुनाव के बाद पुनः प्रयास करना चाहता हूँ। दो संगठनों की योजनाओं में और कार्यक्रम में यदि बहुत ज्यादा फर्क न हो तो चुनाव के लिए आपसी गठबन्धन करने में कोई हर्ज नहीं है? इसी बुनियाद पर हमने यह गठबन्धन किया है। एक पूरब की ओर और दूसरे पश्चिम की ओर जानेवाले संगठनों में गठबन्धन करना बेईमानी है। लेकिन एक ही दिशा में दो लोग जा रहे हों और उन्होंने कुछ फासला साथ-साथ तय किया तो उसमें कोई बेईमानी नहीं है। उसमें कोई पाप भी नहीं है। आज यह गठबन्धन तो सिर्फ चुनाव तक ही है।

सा. जनता : दि. 1 दिसम्बर 1951।

कांग्रेस : एक खोखला संगठन

दिल्ली से मुम्बई जाते समय डॉ. बाबासाहेब अम्बेडकर की जगह-जगह पर चुनाव प्रचार सभाएँ आयोजित की गई थीं। उनकी **दि. 15 नवम्बर 1951** *को भुसावल, चालीसगाँव आदि जगह चुनाव प्रचार सभाएँ हुई। उनको चुनाव प्रचार कार्य के लिए दादासाहेब गायकवाड के हाथों चालीसगाँव तहसील की ओर से रु. 2001 की नीधि भी अर्पित की गई थी। चालीसगाँव की सभा को सम्बोधित करते हुए डॉ. अम्बेडकर ने कहा–*

देश के विभिन्न राजनीतिक दलों ने अपने-अपने चुनावी घोषणा-पत्र जारी किए हैं। उसमें शेड्यूल्ड कास्ट्स फेडरेशन ने अपना जो चुनावी घोषणा-पत्र जारी किया है वह सबसे अच्छा है, उसकी तारीफ दुनिया के सभी राष्ट्रों ने की है। कांग्रेस के घोषणा-पत्र में आश्वासनों से ज्यादा कुछ नहीं है। कांग्रेस ने पिछली बार जो आश्वासन दिए थे उनको पूरा नहीं कर पाई। इसलिए कांग्रेस का घोषणा-पत्र खोखला साबित हो गया है।

मैं कांग्रेस के शासनकाल में चार साल तक मन्त्री था। मैंने किसी भी अवसर पर कांग्रेस नेताओं में एकता नहीं देखी। (पंडित नेहरू और सरदार वल्लभभाई पटेल में जबर्दस्त खींचतान और विवाद चल रहा था, इस बात की ओर डॉ. अम्बेडकर ने श्रोताओं का ध्यान आकर्षित किया।) कांग्रेस ऊपर से जितनी संगठित दिखाई देती है उतनी ही वह भीतर से खोखली हो गई है। उसमें एकता नहीं है। तब आपको ऐसी कांग्रेस का क्या फायदा? और ऐसी कांग्रेस को वोट देने से भी कौन-सा लाभ होनेवाला है। इसलिए सभी दलित-पिछड़े वर्ग के लोगों को इस बात पर गम्भीर रूप से सोचने की जरूरत है। कांग्रेस अब देश की सेवा करनेवाला संगठन नहीं है।

महाराष्ट्र के प्रचार दौरे में जगह-जगह दिए गए भाषणों का सारांश।

साप्ताहिक 'जनता' के 1 दिसम्बर, 1951 के अंक में प्रकाशित।

ज्योतिबा फुले का रास्ता ही असली लोकतन्त्र का रास्ता

*डॉ. बाबासाहेब अम्बेडकर के चुनाव प्रचार दौरे की घोषणा पहले ही कर दी गई थी। उसके अनुसार **दि. 17 नवम्बर 1951** को मनभाड और नासिक में सभाएँ आयोजित की गईं थीं। इस दौरे में दादासाहेब गायकवाड भी उनके साथ में थे। नासिक में **17 नवम्बर** को उनकी सभा आयोजित की गई थी। इस सभा को सम्बोधित करते हुए उन्होंने कहा–*

मेरे मित्र मान्यवर भाऊराव गायकवाड ने मुझसे आग्रह किया है कि मैं आप लोगों के सामने कुछ कहूँ। मेरा यह अभियान चुनाव के सम्बन्ध में है। इसलिए मैं आप लोगों के सामने चुनाव के सम्बन्ध में ही कुछ बातें कहना चाहता हूँ। इस इलाके में खड़े फेडरेशन के और समाजवादी पार्टी के उम्मीदवारों को ही आप लोगों को चुनना चाहिए यही मेरा आप लोगों से अनुरोध है।

बेहद अप्रिय

इस चुनाव में कांग्रेस को हराना एकदम असम्भव है, ऐसी बात नहीं है। कांग्रेस के बारे में जनता में असन्तोष फैला हुआ है, इस बात को सभी लोग जानते हैं। स्वतन्त्र विचारधारा रखनेवाले लोगों को कांग्रेस पसन्द नहीं करती। कांग्रेस को सिर्फ गुलामों की फौज चाहिए। और जो लोग उस बात को पसन्द नहीं करते वे कांग्रेस से निकल रहे हैं। आज देश में जो कई राजनीतिक पार्टियाँ हैं उनमें जनता के लिए सबसे अप्रिय पार्टी यदि कोई है तो वह कांग्रेस है। कांग्रेस के अलावा ऐसी कोई दूसरी पार्टी नहीं है।

फिर भी इस चुनाव में कांग्रेस शायद जीत जाएगी इस बात का मुझे डर है। और उसका एक ही कारण है और वह यह कि, आज कांग्रेस विरोधी पार्टियों में एकता नहीं है। यहाँ कई पार्टियाँ हैं और उन पार्टियों ने अपने-अपने उम्मीदवार खड़े किए हैं। ये उम्मीदवार आपस में झगड़ेंगे और उससे कांग्रेस विरोधी शक्ति कम होगी, इस वजह से कांग्रेस जीत जाएगी।

एकता जरूरी

कांग्रेस विरोधी सभी पार्टियों को एक होकर एक निर्वाचन क्षेत्र से कांग्रेस विरोधी एक ही उम्मीदवार खड़ा रहना चाहिए, यही मेरी इच्छा थी। लेकिन चुनाव के लिए बहुत कम समय बच रहने के कारण उस सम्बन्ध में मेरे प्रयास सफल नहीं हो सके। फिर भी जिस पार्टी में ज्यादा एकता दिखाई देती है इस तरह की पार्टियों की चुनाव तक एकता हो, इस उद्देश्य से फेडरेशन ने समाजवादी पार्टी के साथ चुनावी समझौता किया है। आप लोग जानते ही हैं कि यदि हमें पंढरपुर जाना है तो उसके कई रास्ते हैं। सभी का एक रास्ते से जाना सम्भव नहीं है। कुछ लोगों का यह विश्वास होता है कि अमुक रास्ते से जाने पर हमें बैकुंठ प्राप्त हो सकता है। आज तक हमें राजनीति का जैसा अनुभव होना चाहिए वैसा नहीं हो पाया है। जब हमें उस तरह का अनुभव होगा तब सभी पार्टियाँ एक होकर कोई नया रास्ता खोजेंगी। और उसमें हमें कांग्रेस विरोधी पार्टियों की एकता दिखाई देगी। आज सभी पार्टियों को अपना ही रास्ता सही लग रहा है। ऐसी स्थिति में मार्ग की ओर ज्यादा ध्यान देने की बजाय किस रास्ते से जाना है, उसे देखते हुए उस रास्ते से जानेवाले अन्य लोगों के साथ हाथ मिलाते हुए रास्ता खोजा गया तो उसमें किसी को गुमराह किया गया, ऐसा बिल्कुल नहीं होगा। इसमें किसी पर बेईमानी का आरोप भी नहीं लगाया जा सकता।

शेड्यूल्ड कास्ट्स फेडरेशन और समाजवादी

इसी दृष्टि से फेडरेशन (शेड्यूल्ड कास्ट्स) और समाजवादी पार्टी ने मिलकर चुनावी समझौता किया है। हम दोनों में कुछ बातों में मतभेद भी हैं। लेकिन हम दोनों का रास्ता एक ही है। ऊँची जाति के उत्पीड़न से आम जनता को सही आजादी दिलवाने के बारे में उनमें और हममें समानता है। इसलिए सभी बातों के सम्बन्ध में समानता, एकमत न होने के बावजूद दोनों ने एक होकर, संगठित रूप से इस लड़ाई में मुकाबला करना सम्भव है, इस तरह के निष्कर्ष पर पहुँचने के कारण ही हम लोग इस चुनाव को संयुक्त रूप से लड़ रहे हैं।

शेतकरी कामगार पक्ष

मुझसे सवाल पूछा गया कि आपने महाराष्ट्र के शेतकरी कामगार पार्टी के साथ चुनावी समझौता क्यों नहीं किया? मैंने आज तक इस सम्बन्ध में सार्वजनिक तौर पर कहीं कुछ नहीं कहा था। आज मैं इस सवाल का जवाब देना चाहता हूँ। पहले ब्राह्मणेतर पार्टी का अस्तित्व था। अपने प्रान्त में नहीं तो मध्य प्रान्त–वरहाड, मद्रास में इस पार्टी का अस्तित्व था। महात्मा ज्योतिबा फुले ने इस पार्टी की नींव रखी। इसलिए इस पार्टी के अनुयायी अपने आपको ज्योतिबा फुले के अनुयायी कहलाने लगे। लेकिन इस पार्टी के

लोग सिर्फ नाम के लिए फुले के अनुयायी रह गए। ज्योतिबा फुले का कार्यक्रम, उनकी नीति आदि को इस पार्टी के लोगों ने छोड़ दिया। अपना स्वतन्त्र अस्तित्व अपने ही हाथों दफनाकर ये लोग कांग्रेस में चले गए। यह ब्राह्मणेतर पार्टी कुछ दिनों के बाद समाप्त हो गई।

ज्योतिबा फुले का अनुयायी

अपने आपको ज्योतिबा फुले का अनुयायी कहलाने में मुझे इससे पहले कभी शर्म महसूस नहीं हुई और आज भी नहीं। बड़े विश्वास के साथ मैं आज यह कह सकता हूँ कि आज तक मैं ही वास्तव में ज्योतिबा फुले के प्रति प्रतिबद्ध और ईमानदार रहा हूँ। मुझे इस बात का पूरा यकीन है कि इस देश में जनता की सम्पूर्ण भलाई चाहनेवाली ऐसी कोई भी पार्टी आगे आई, उसने किसी भी प्रकार का नाम अपनाया तब भी उसे ज्योतिबा फुले का कार्यक्रम, उनका दर्शन और उनकी नीति के अनुसार चलना पड़ेगा। वही लोकतन्त्र का सही रास्ता है। समाज के 80 फीसदी लोगों को शिक्षा हासिल करने से रोकना और उनको सामाजिक, आर्थिक तथा राजनीतिक गुलामी में जकड़कर रखना आदि षड्यन्त्रकारी चालें आज भी चली जा रही हैं फिर भी 'स्वराज्य, स्वराज्य' कहकर चीखने-चिल्लाने से क्या फायदा? स्वराज्य का लाभ सभी को मिलना चाहिए। पिछड़ी जातियों के सम्पूर्ण विकास का कार्यक्रम हाथ में लेकर आगे आए बगैर कोई भी पार्टी आज जनता का नेतृत्व नहीं कर सकती, यह बात सूरज की तरह सत्य है। समाजवादी पार्टी को भी इस बात पर सोचना जरूरी है, ऐसा मुझे लगता है।

आज की शेतकरी कामगार पार्टी ब्राह्मणेतर पार्टी के संस्करण के रूप में आगे आई है। लेकिन अपने आपको ब्राह्मणेतर पार्टी कहलाने में उस पार्टी को शर्म क्यों है, यही मेरा सवाल है। इस पार्टी के नेताओं से हमारे पुराने और बहुत गहरे सम्बन्ध हैं। यह होते हुए भी फेडरेशन ने इस पार्टी के साथ सहयोग क्यों नहीं किया, इस सवाल का जवाब मैं आज यहाँ देना चाहता हूँ।

कम्युनिज्म के रास्ते पर

इस पार्टी के बारे में एक बात सभी को मालूम है कि इस पार्टी ने किसी समय कम्युनिस्ट पार्टी बनने का प्रयास किया था। नासिक जिले में ही दाभाडी गाँव में इस पार्टी का सम्मेलन हुआ था। उस सम्मेलन में इस पार्टी ने एक प्रस्ताव मंजूर किया था। उस प्रस्ताव को 'दाभाडी प्रस्ताव' कहा जाता है। यह प्रस्ताव पूरी तरह से कम्युनिस्ट दर्शन पर आधारित है। आज कम्युनिज्म को इस देश में महत्त्व देने के लिए मैं तैयार नहीं हूँ। शायद पंडित नेहरू की अन्तर्राष्ट्रीय राजनीति में भयंकर गलती की वजह से कम्युनिज्म आएगा और चीन तथा रूस के नियन्त्रण में यह देश जाएगा भी, लेकिन उससे इस देश की स्वतन्त्रता समाप्त होगी।

देश पर आक्रमण

आज मैंने यहाँ के 'गाँवकरी' समाचारपत्र में एक खतरनाक खबर पढ़ी है। नेपाल में कम्युनिस्ट फौज घुसने के लिए जिस समझौते का इन्तजार कर रही थी, उस प्रकार का मौका नेपाल की आन्तरिक स्थिति के कारण उन्हें मिल रहा है, यह वह खबर थी। आज भारत की सीमा पर कम्युनिस्ट फौज पूरी तैयारी के साथ खड़ी है। यह फौज हमारे देश में कब घुसेगी, इस बारे में कुछ नहीं कहा जा सकता। इस तरह का खतरा आज दिखाई दे रहा है। यही नहीं, मैंने एक साल पहले इस तरह के खतरे की सूचना पंडित नेहरू को दी थी। उस समय किसी ने मेरी बात नहीं सुनी। आज दुर्भाग्य से मेरा सन्देह सच साबित हो रहा है।

रूस की गुलामी

हम लोगों को अपने देश की स्वतन्त्रता बरकरार रखनी चाहिए। अपने देश की स्वतन्त्रता को बरकरार रखकर हमें अपने देश का उत्थान करना है। इस देश में कम्युनिज्म को महत्त्व दिया गया तो हमारी स्वतन्त्रता खतरे में पड़ जाएगी। अपना देश रूस का गुलाम बनकर रह जाएगा। पूर्वी यूरोप के राष्ट्रों का अनुभव हमें इसी बात का संकेत दे रहा है। आज अपने देश के सामने जो बड़े महत्त्वपूर्ण सवाल हैं उन्हें हम अपनी स्वतन्त्रता को खोकर हल नहीं कर सकते। देश की स्वतन्त्रता का विनाश कम्युनिस्टों के कारण होगा, इस बात की हम अनदेखी नहीं कर सकते।

कम्युनिज्म के अलावा अन्य रास्ता भी है। और इस दूसरे रास्ते से हम अपने देश की स्वतन्त्रता को भी बरकरार रख सकते हैं और दलित, उत्पीड़ित जनता को सुखी और सम्पन्न बना सकते हैं, इस बात का मुझे पूरा यकीन है। इस तरह का लोकतन्त्र का रास्ता अपर्याप्त और असफल होने पर ही हम कम्युनिज्म के बारे में सोच सकते हैं।

तानाशाही के बगैर असम्भव

आज कम्युनिज्म के साथ निकाह करनेवाले, कम्युनिज्म के रास्ते पर कदम बढ़ानेवाले और उनके अनुयायियों को मैं यह पूछना चाहता हूँ, कि इस देश में कम्युनिस्ट सत्ता आई तो क्या होगा? इस बारे में क्या कभी उन्होंने सोचा है? आपको यह बताया जाता है कि शेड्यूल्ड कास्ट्स पार्टी के पीछे सारा मराठा समाज खड़ा है और इसीलिए मैं यह बात पूछना चाहता हूँ। कम्युनिज्म का मतलब यही है कि सबसे पहले अपनी सारी जायदाद सरकार के स्वामित्व में कर देना? सम्पूर्ण उद्योग-व्यवसाय, सम्पूर्ण जमीन, खेत, मकान सभी कुछ सरकार के स्वामित्व में हो जाएँगे। और यह सब तानाशाही सत्ता के तहत चलेगा। फिर शेड्यूल्ड कास्ट्स पार्टी के पीछे जो मराठा समाज है उसे ये सारी बातें मंजूर हैं? उनकी जमीन, उनके खेत-खलिहान, उनके बगीचे, उनकी हवेलियाँ सब कुछ सरकार के स्वामित्व में होना क्या उन्हें मंजूर होगा, यही मेरा सवाल है।

इस रुकावट को फेंक दीजिए

लोकतान्त्रिक राजसत्ता में यह होना सम्भव नहीं है, इसलिए यहाँ तानाशाही की स्थापना की जाएगी। विधिमंडलों को समाप्त करके लोकतान्त्रिक राजसत्ता को समाप्त करके कम्युनिस्ट सत्ता इस काम को करेगी। 'दाभाडी प्रस्ताव' हमारा लक्ष्य है, हमारी घोषणा है, इस तरह से गला फाड़-फाड़कर चिल्लानेवालों को अब वह प्रस्ताव मवेशी के गले में अड़गोड़ा की तरह लग रहा है। शेड्यूल्ड कास्ट पार्टी के नेताओं को अब इस अड़गोड़े को हटाना मुश्किल हो गया है। अब उस अड़गोड़े को फेंक देने का मतलब राजनीतिक गैरजिम्मेदारानापन है, ऐसा उन्हें लग रहा है। लेकिन आज नहीं तो कल, इस पार्टी को उस अड़गोड़े को हटाना ही पड़ेगा। अपने आपको ज्योतिबा फुले के अनुयायी कहनेवालों को इस बात का जल्दी ही पता चल जाएगा कि कम्युनिज्म का रास्ता उचित नहीं है। आज हम उसी प्रकार की उम्मीद करते हैं।

यह भाषण साप्ताहिक 'दीनबन्धु' के दिसम्बर, 1951 के अंक में छपा था और साप्ताहिक 'जनता' ने अपने 8 दिसम्बर, 1951 के अंक में इसे उद्धृत किया था।

हमारे लिए कांग्रेस के पास शब्दों के अलावा कुछ नहीं

*मुम्बई दलित फेडरेशन के जनरल सेक्रेटरी ने एक पर्चा प्रकाशित किया था। उसके अनुसार मुम्बई के परल के सैंट जेवियर मैदान पर **दि. 22 नवम्बर 1951** को डॉ. बाबासाहेब अम्बेडकर की विराट दलित जनसभा आयोजित की गई थी। उन्हें समता सैनिक दल की ओर से यहाँ सलामी दी गई थी। इस सभा को सम्बोधित करते हुए डॉ. अम्बेडकर ने कहा—*

बहनो तथा भाइयो,

आज की यह सभा एकतरफा है, ऐसा यदि कहा जाए तो गलत नहीं होगा। यह सिर्फ दलितों की सभा होने के कारण मैं एकतरफा ही भाषण करूँगा किन्तु आम तौर पर चुनावी सभाओं में जहाँ लोग बहुत बड़ी तादाद में उपस्थित होते हैं वहाँ एकतरफा भाषण देना उचित नहीं होता।

पिछले चार साल मैं कांग्रेस सरकार में एक मन्त्री के रूप में था। अब मैं इस्तीफा देकर बाहर चला आया हूँ। इस स्थिति में मुझे जो लोग मिलते हैं उनकी ओर से मुझे दो तरह के सवाल पूछे जाते हैं :

1. आपने इससे पहले कांग्रेस से इस्तीफा क्यों नहीं दिया? यदि मैं कांग्रेस से निकल गया होता तो कांग्रेस विरोधी संगठित योजना अमल में लाना सम्भव हुआ होता। जो कांग्रेस विरोधी गुट और समूह हैं उनमें एकता स्थापित करना आसान हो गया होता।

2. दूसरे लोगों का कहना है कि मैंने चार साल के कार्यकाल में कांग्रेस से निकटता स्थापित क्यों नहीं की? निकटता स्थापित क्यों नहीं हो सकी?

इस सम्बन्ध में मैं खुलासा करना चाहता हूँ। इस चार साल के कार्यकाल के दौरान कांग्रेस के लोगों में अछूत या पिछड़े वर्ग के उत्थान के सम्बन्ध में कितनी हमदर्दी है, कितना अपनापन है, कितनी तड़प है, उनके महान सिद्धान्तों के प्रति कितनी वफादारी है आदि बातें मुझे एकदम करीब से देखने को मिलीं। जो लोग अछूतों के उत्थान के बारे में कह रहे हैं, कह रहे थे और आगे भी कहते रहेंगे उनमें अछूतों के प्रति कितनी

हमदर्दी है इस बात को देखने-जानने का मुझे अच्छा मौका मिला। मैं साफ़ तौर पर समझ गया हूँ कि जो कांग्रेस के संचालक हैं, जो कांग्रेस की राजनीति को बदल सकते हैं, उनके पास शब्दों के अलावा और कुछ नहीं है। इस बात को स्पष्ट करने के लिए मैं कुछ उदाहरण दे सकता हूँ।

देश का संविधान बनाने में मेरी प्रमुख भूमिका रही है। बहुत सारे लोग कहते हैं कि आबू-बाबू लोगों ने ही इस संविधान का प्रारूप तैयार किया है और मैंने सिर्फ हस्ताक्षर किए हैं! (हँसी)। मेरे साथ ड्रॉफ्टिंग कमेटी में जो सदस्य थे वे कितने दिन तक उपस्थित थे और कितने दिनों तक लापता रहे, इस बात को भी मैं आप लोगों को बता सकता हूँ। अन्त में मैं और मेरे सेक्रेटरी रह गए। कुछ लोगों की कहीं नियुक्तियाँ हो गईं। जब मुझे अपनी आत्मकथा लिखने का समय मिलेगा तब मैं इन बातों पर विस्तार से लिखूँगा। जब मैंने संविधान सभा में अपना अन्तिम भाषण दिया उस समय मैंने इस जानकारी को इकट्ठा किया और मैं उसमें उनकी अच्छी खबर ले सकता था। लेकिन अपने ही सहयोगियों पर इल्जाम लगाना असभ्यता की बात होगी, यह सोचकर मैंने अपने भाषण से वह परिच्छेद हटा दिया।

हमारी संविधान सभा में अछूतों की ओर से दो महत्त्वपूर्ण मुद्दे थे :

1. राजनीतिक संरक्षण अर्थात अछूतों के लिए आरक्षित स्थान होने चाहिए। और
2. कानूनी तौर पर सरकारी नौकरी की व्यवस्था।

ये दो सवाल विवाद के मुद्दे बन गए।

खींचतान कर मैंने किसी भी तरह आरक्षित स्थानों के लिए दस साल की अवधि निश्चित की। इसलिए कुछ लोगों के पेट में पाप पैदा हो गया। और दी हुई सुविधाएँ समाप्त करने के लिए कांग्रेसवालों ने आन्दोलन शुरू कर दिया। इस वजह से मुस्लिम और ईसाइयों को आरक्षित स्थान नहीं मिल पाए। हम लोगों को भी बलि का बकरा बनाया गया और पुनः बलि चढ़ाने का डर आँखों के सामने था। इन दस वर्षों में शायद तीन चुनाव होंगे लेकिन आगे क्या?

मैं कांग्रेसवालों से पूछना चाहता हूँ कि क्या आप इस तरह का आश्वासन दे सकते हैं कि दस साल में अछूतपन को समाप्त कर दिया जाएगा? परम्परा से चला आ रहा भेदभाव खत्म हो जाएगा और सभी लोग एक समाज के अंग बन जाएँगे? यदि दस साल में हम लोगों का उत्थान करने की सामर्थ्य आप लोगों में नहीं है, हम लोगों पर होनेवाली जुल्म-ज्यादतियाँ रोकने की ताकत आपमें नहीं है तो मैं आप लोगों से पूछना चाहता हूँ कि आरक्षण की सहूलियत आप दस साल में क्यों समाप्त करना चाहते हैं? उस तरह की सहूलियत कम-से-कम कांग्रेस सरकार ने दस साल तय न की होती तो पीताम्बर पहने नारी का भरी सभा में वस्त्रहरण करने से दुनिया में बदनामी होगी इस डर से ही कांग्रेस ने इतनी अवधि निश्चित की।

नौकरी में आरक्षण के लिए पहले इतनी समय-सीमा नहीं थी। लेकिन के.एम. मुंशी के पेट में दर्द होने लगा। कांग्रेस के कुछ सदस्यों ने राष्ट्रपति को इस बारे में निवेदन

भेजा कि अछूतपन समाप्त होने तक यह आरक्षण न दिया जाए। और उन्होंने यह माँग की कि इस अनुच्छेद पर पुनः विचार किया जाए। मुझे यह समझ में नहीं आ रहा था कि इस अनुच्छेद का और कांग्रेस पार्टी का क्या सम्बन्ध है? कांग्रेस पार्टी में इस सवाल पर काफी विवाद चला। अन्त में जब मैंने इस्तीफा देने का निश्चय कर लिया तब कहीं उस अनुच्छेद को बरकरार रखा गया।

इसमें मैंने एक अन्य बात की व्यवस्था की है। संविधान के एक अनुच्छेद के द्वारा अछूत और अन्य अल्पसंख्यक लोगों की सुरक्षा के लिए एक सरकारी अफसर नियुक्त किया जाए और वह इन जमातों पर होनेवाली जुल्म-ज्यादतियों की रिपोर्ट इकट्ठा करके उसे संसद में पेश करे।

मुझे लगता है इस पद पर किसी अछूत व्यक्ति को नियुक्त किया जाएगा। क्योंकि संत तुकाराम के शब्दों में 'जिसमें उत्पीड़ित को देखकर पीड़ा पैदा होती है, जिसमें लाभ की खातिर प्यार की भावना पैदा होती है' ये दो बातें अलग-अलग हैं। वेतनभोगी आदमी की नियुक्ति करने से क्या फायदा? इसके लिए अछूत व्यक्ति को नियुक्त किया जाए। आज अछूतों में ऐसे अफसर मिलना मुश्किल नहीं है। जिन्हें नियुक्त किया गया है उन अफसरों के बारे में मैं कुछ नहीं कहना चाहता। फिर भी एक सन्देह पैदा होता है कि यह कांग्रेस सरकार अछूतों के वास्तविक जीवन की रिपोर्ट उस अफसर को प्रसारित करने देगी या नहीं! अछूतों पर कौन किस प्रकार से जुल्म-ज्यादतियाँ करते हैं इस तरह की बातें लोगों के सामने नहीं आएँगी।

कांग्रेस सरकार को अछूतों को सहूलियतें देने में कोई रुकावट पैदा नहीं करनी चाहिए थी। लेकिन इस बात को कांग्रेस कैसे होने देगी? उसे अछूतों पर होनेवाली जुल्म-ज्यादतियों के प्रति हमदर्दी कैसे हो सकती है?

इससे पहले मतलब ब्रिटिश शासनकाल में मैं एग्जीक्यूटिव कौन्सिलर और मजदूर मन्त्री था। मुझे कई महत्त्वपूर्ण विभागों का अनुभव है। मेरा अनुभव दोनों सरकारों का है। इसलिए मैं दोनों सत्ताओं की तुलना कर सकता हूँ। यह कोई पुराणों की गप्प नहीं है। मैंने खुद इसे अनुभव किया है। (हँसी) कांग्रेस के शासनकाल में अछूतों की बहुत अधिक उपेक्षा हुई है। अपना इस्तीफा देते समय मैंने जो निवेदन दिया था उसमें इस बात की विस्तार से चर्चा की गई है। यही नहीं, जब मैं मन्त्री था मैंने उस समय भी दिल्ली की एक सभा में कांग्रेस सरकार के बारे में यह बात कही थी।

उसमें मेरा मुख्य आरोप यही था कि कांग्रेस ने अछूतों को राजनीतिक सहूलियतों का उपयोग नहीं करने दिया। मेरे इस आरोप का जवाब देने के लिए प्रधानमन्त्री नेहरू को आज तक समय नहीं मिल पाया है! मैंने अपने इस्तीफे में खुल्लमखुल्ला इस बात का उल्लेख किया फिर भी पंडित नेहरू इस पत्रव्यवहार को पार्लियामेंट में रखने के अलावा इस बारे में ज्यादा बोलने की हिम्मत नहीं जुटा पाए। जवाब देने के लिए उनके पास काफी समय था। उसके आठ दिनों बाद कांग्रेस का अधिवेशन शुरू हुआ। उन्हें कई बार बोलने का मौका मिला फिर भी वे मेरे आरोपों का जवाब नहीं दे पाए। बल्कि

उन्होंने मेरी बात को पूरी तरह से टालने का ही प्रयास किया क्योंकि मैंने जो आरोप लगाया था वह पूरी तरह सच्चाई पर आधारित था।

ब्रिटिशों ने भी अछूतों के लिए कुछ विशेष नहीं किया था। उनकी ज्यादा कृपादृष्टि मुस्लिम, ईसाई और एंग्लो इंडियन लोगों पर ही थी। जब 1942 में मैं हिन्दुस्तानी सरकार का कौन्सिलर बना तब मैंने उन्हें पहला सवाल पूछा था कि इस तरह का सौतेला व्यवहार क्यों? ब्रिटिशों ने ज्यादा बहस करने के बजाय अपनी गलती को कबूल कर लिया था। किन्तु कांग्रेस सरकार को समझाने के बाद भी समझ में नहीं आया! उस समय ब्रिटिश सरकार ने अन्य जमातों के अछूतों की शिक्षा के लिए तीन लाख रुपए मंजूर किए।

बाद में जब मैं कांग्रेस सरकार में मंत्री बना तब इस रकम को बढ़ाया गया। और उसमें अन्य चार जातियों को भी शामिल किया गया। अछूतों का सही विकास बाबूगीरी में नहीं है। सही विकास के लिए ऊँची शिक्षा मिलनी चाहिए। सामान्य शिक्षा हासिल कर बाबूगीरी करने से क्या फायदा? बाबूगीरी करनेवाला आदमी जीवन में क्या कर सकता है? वह समाज का संविधान नहीं बना सकता। जिसने ऊँची शिक्षा हासिल करके महारत हासिल की है, वही समाज में बुनियादी और अनुकूल परिवर्तन कर सकता है। उसके लिए अछूतों को सत्ता स्थान हासिल करने चाहिए। और वे स्थान उन्हें मिलने ही चाहिए। तीन लाख रुपये ऐसे छात्रों को विदेश में भेजने के लिए उपयोग में लाए जा रहे थे। जब मैं कौन्सिलर था उस समय 20-30 अछूत छात्रों को इसका लाभ मिला। लेकिन बाद में 1946 से उच्च शिक्षा के लिए अछूत छात्रों को विदेश भेजना बन्द कर दिया गया। इस तरह कांग्रेस के शासनकाल में अछूतों को उच्च शिक्षा के लिए विदेश जाने के अवसर समाप्त कर दिए।

दिल्ली सचिवालय में अछूत चपरासी भी नहीं थे। एक-दो बाबू थे। उन्हें चपरासी भी पानी नहीं पिलाता था। जब मैंने वहाँ कुछ अछूत चपरासियों की भर्ती की तो उन्हें वहाँ का जमादार रात की ड्यूटी देकर परेशान करने लगा। जब मैं दिल्ली गया तब मैंने 24-25 प्रतिशत नौकरी के स्थान आरक्षित करवाए।

लड़ाई की 'बेबीन वायस' योजना के तहत कुछ प्रशिक्षणार्थी इंग्लैंड भेजे जाते थे। उनमें एक भी अछूत नहीं था। मुझसे पहले इस योजना के तहत अन्य समाजों के 500 लड़कों का चयन किया गया था। अन्त में उसमें साढ़े बारह प्रतिशत अछूत लड़कों को लिया गया। इस तरह से अछूतों के सौ लड़के उसका लाभ उठा सके। उस समय तीन अछूत एग्जीक्यूटिव इंजीनियर नियुक्त किए गए। लेकिन कांग्रेस के शासनकाल में क्या एक भी अछूत को ऊँचा पद मिला है?

कांग्रेस ने अछूतों के लिए इस तरह से कुछ नहीं किया है, यह आरोप जब मैंने दिल्ली की एक जनसभा में कांग्रेस पर लगाया तब होम मेम्बर मान्यवर राजगोपालाचारी ने पार्लियामेंट में जवाब दिया कि यह सब झूठ है। लेकिन उनका मन उन्हीं को परेशान करने लगा और उन्होंने अछूतों की नौकरियों के बारे में जानकारी हासिल करने के लिए

एक सर्कुलर निकाला जिसका उन्हें हर तरफ से नकारात्मक जवाब मिला होगा। कांग्रेस अछूतों का कितना भला कर सकती है क्या यह उसका अच्छा उदाहरण नहीं है?

विभाजन के बाद हिन्दू और मुस्लिमों के जत्थे भारत से पाकिस्तान और पाकिस्तान से भारत आ-जा रहे थे। उस समय पाकिस्तान ने ऊँची जाति के हिन्दुओं को भारत आने दिया लेकिन अछूतों को काँजी हाउस में बन्द करके उन पर जानवरों की तरह जुल्म-ज्यादतियाँ की गईं। कांग्रेस सरकार ने अछूतों को हिन्दुस्तान लाने के सम्बन्ध में एक पैसे की भी मदद नहीं की। उस समय महारों की बटालियन पाकिस्तान में तैनात थी। उस समय हमने मान्यवर भाऊराव गायकवाड और मान्यवर रमेशचन्द्र जाधव को पाकिस्तान भेजा। महार बटालियनों की मदद से अछूत नर-नारियों को हिन्दुस्तान में करीब-करीब जबरन लाया गया है, इसके लिए मुझे खेद है। यही नहीं, इससे कांग्रेस के प्रति नफरत पैदा होती है। जो अछूत यहाँ नहीं आ सके उन्हें मुस्लिम होना पड़ा। मैं पूछना चाहता हूँ कि क्या यह कांग्रेस की उदारता का प्रमाण है?

पूर्वी पंजाब के निर्वासितों को हिन्दुस्तान में और सिख हिन्दुओं को कुछ जमीनें दी गईं। लेकिन अछूत निर्वासितों को क्या दिया गया? पत्थर? कुछ अछूत निर्वासितों ने राजघाट के सामने भूख हड़ताल की लेकिन उन्हें अखबारवालों और कांग्रेस के लोगों ने कोई महत्त्व नहीं दिया। इन सारी स्थितियों का वर्णन करने के लिए महाभारत जैसे ग्रन्थ लिखने पड़ेंगे।

कांग्रेस के लोगों को भी इस बात को कबूल करना पड़ा कि इन चार बरसों में मन्त्री रहते हुए मैंने कोई बेईमानी नहीं की। बीमार होते हुए भी मैंने अपने खून का हर कतरा सरकार के लिए खर्च किया है (तालियाँ)। उनके आपस के विवादों में मैंने कोई रुचि नहीं दिखाई या मन में किसी प्रकार की नफरत की भावना रखते हुए कोई बर्ताव नहीं किया। चार साल के अनुभव के बाद मैं सोचने लगा कि इस पार्टी में रहकर या मन्त्री रहकर भी मैं एक मामूली सवाल भी उनके सामने रख नहीं पाया। अब अपना स्वतन्त्र रास्ता अख्तियार करने के इरादे से मैंने इस्तीफा दे दिया है। (तालियाँ)

इतने बरसों के अनुभव से एक सोच बन गई कि अपना उत्थान हर किसी को अपने आप करना चाहिए। आप लोगों ने स्कूल में एक चिड़िया की कहानी 'लावा (मादी) और उसके बच्चे' पढ़ी होगी। यह यहाँ पूरी तरह लागू होती है। जिसे अपना खेत जोतना हो उसे स्वयं ही उसके बारे में प्रयत्न करना चाहिए और अपने आप कार्य करना चाहिए। (तालियाँ) यदि हम इनसानियत हासिल करना चाहते हैं तो हमें अपनी लड़ाई खुद लड़नी पड़ेगी। इसीलिए मैं कांग्रेस की राजनीति को छोड़कर फेडरेशन की लड़ाई लड़ रहा हूँ। (तालियाँ)

आज की राजनीति में किसी एक दल से समझौता करना चाहिए। अछूत लोग सौ में नौ या दस हैं। इसलिए समझौता करना जरूरी है। मेल-मिलाप की राजनीति सफल हो सकती है। एकतरफा राजनीति सफल नहीं हो सकती। समाजवादियों के उम्मीदवारों को इस बात पर यकीन होना चाहिए। हमारे लोग इस गठबन्धन को स्वीकार कर इस

तरह से इस चुनाव में सहयोग करेंगे। फैसले के मुताबिक बर्ताव करना, इसी में हमारी इज्जत है।

मैं पार्लियामेंट के लिए खड़ा हूँ। पिछले तीस साल से मैं राजनीति कर रहा हूँ। राजनीति कुर्सी पर बैठकर सिगरेट पीने की चीज नहीं है। यह कोई मामूली काम नहीं है। मेरा काम अब बहुत हो चुका है। लेकिन समाज के हालात मुझे चैन से नहीं रहने देते। समाज को चार कदम आगे ले जाना, यही मेरी इच्छा है।

युवा लोग अब राजनीति करने के लिए बेचैन दिखाई दे रहे हैं। उन्हें राजनीति का अनुभव होना चाहिए और उस तरह का अनुभव अपने लोगों को है या नहीं इसी बात पर मुझे सन्देह है। अब उनकी उम्मीदवारी ज्यादा दिन नहीं रहेगी। जल्दी ही उन्हें मौका मिलेगा।

किसी भी राजनीतिक संस्था को सहयोग करनेवाला एक संगठन भी चाहिए। पहले इसी इलाके में अछूतों की सभाएँ होती थीं। दूसरे लोग इस बात का प्रयास करते थे कि उस तरह की सभाएँ न हों, इसलिए पत्थरबाजी करते थे। सभाओं में हुल्लड़ मचाया जाता था। इसके लिए समता सैनिक दल का गठन किया है। लेकिन बाद में इस समता सैनिक दल में कुछ खराबी आ गई। विनयशीलता नहीं रही। मेरे दिल्ली जाने के बाद इस तरह की स्थिति पैदा हो गई। आज इस दल का पुनर्गठन हो रहा है यह बड़ी खुशी की बात है। अब उन्हें हर मोहल्ले में जाकर बहुत बड़ी जिम्मेदारी निभानी चाहिए। आज यहाँ इतना विशाल जनसमूह इकट्ठा हुआ है। पता नहीं अखबारवाले कितनी संख्या लिखेंगे? ऐसे समय में सिर्फ सभाओं में आने से ही काम नहीं चलेगा बल्कि हर किसी को अपने मतदान के अधिकार का उपयोग करना चाहिए। मुम्बई में काम का असली दिन तीन जनवरी है।

अछूत समाज की तरह अन्य पिछड़े समाज भी हैं। फेडरेशन उनकी ओर हमदर्दी के साथ तो देखेगी ही। मजदूरों की कठिनाइयों की तरह हमारी भी कठिनाइयाँ हैं। किन्तु हम सिर्फ जाति-निरपेक्ष योजनाएँ तैयार नहीं कर सकते क्योंकि अछूतों की कुछ विशेष समस्याएँ हैं। और समस्याओं का हल सिर्फ दलित फेडरेशन ही कर सकती है। इसलिए आप लोग दलित फेडरेशन के हाथ मजबूत कीजिए।

साप्ताहिक 'जनता' के 24 नवम्बर, 1951 के 10 और अंक में प्रकाशित।

लोकतन्त्र की सफलता के लिए प्रभावी विरोधी दल चाहिए

दि. ***25 नवम्बर 1951*** *को शिवाजी पार्क, मुम्बई में शेड्यूल कास्ट्स फेडरेशन और समाजवादी पार्टी की ओर से चुनाव प्रचार की आमसभा आयोजित की गई थी। इस सभा में दो लाख से भी ज्यादा जन समुदाय था। इस सभा में डॉ. अशोक मेहता भी थे। इस सभा को सम्बोधित करते हुए डॉ. अम्बेडकर ने कहा–*

पण्डित नेहरू ने परसों के व्याख्यान में मेरी आलोचना का जवाब देने का प्रयास किया। इसलिए मेरा उस सम्बन्ध में बोलना अप्रासंगिक नहीं होगा। मैं कांग्रेस की जिस प्रकार की आलोचना करता हूँ, वही आलोचना मैंने अपने त्यागपत्र में भी की है। नेहरू ने कई दिनों तक मेरी आलोचना का जवाब देने का प्रयास नहीं किया। उन्होंने लोकसभा में मेरे जाने के बाद शाम को 6 बजे उनके और मेरे बीच हुए पत्राचार को ही पढ़कर सुनाया। उन्होंने मेरे आरोपों का जवाब नहीं दिया है। खैर, परसों के भाषण में भी उन्होंने क्या कहा है?

कांग्रेस पर आरोप

मेरे कांग्रेस पर खास तौर पर दो आरोप हैं। एक यह कि कांग्रेस सरकार ने अछूतों के उत्थान के लिए कुछ नहीं किया है। पण्डित नेहरू ने कहा कि मेरा कहना गलत है। लेकिन यह मानने का सवाल नहीं, सच्चाई है। सिर्फ पण्डित नेहरू ही सत्यवक्ता हैं और दूसरे नहीं, इस बात को दुनिया नहीं मानती। मेरे आरोप का नेहरू के लिए सिर्फ एक ही तरह से खण्डन करना सम्भव था और वह ऐसे कि उन्हें ऐसा पर्चा छपवाना चाहिए था कि उनकी सरकार ने अछूतों के लिए क्या किया है और इस बात की उन्हें सम्पूर्ण जानकारी देनी चाहिए थी। कम से कम उनके सरकारी दफ्तर में तो इस तरह की जानकारी होगी ही या नहीं? उन्होंने मुम्बई आने से पहले और आमसभा में मेरे आरोप का जवाब देने से पहले अपने विभाग से इस तरह की जानकारी क्यों नहीं प्राप्त की? मेरे पर्चे और समय-समय पर भेजे गए पत्र पण्डित नेहरू के पास तो होंगे ही। कम से

कम मेरे पास तो उनकी प्रतियाँ हैं। इसलिए मेरे आरोपों का तर्कसंगत जवाब दीजिए, यही मेरा नेहरू से कहना है।

मन्त्रिमण्डल में चुप क्यों?

मेरा दूसरा आरोप उनकी विदेश नीति पर है। नेहरू का कहना है कि जब मैं मन्त्रिमण्डल में था तब मैंने कुछ नहीं कहा। पहली बात यह कि मैं 15 अगस्त, 1947 से 26 जनवरी, 1950 तक संविधान सभा के काम में व्यस्त था। इसलिए उस समय मुझे विदेश नीति पर नेहरू के साथ बात करने का मौका नहीं मिला। दूसरी बात यह कि मान लीजिए, उस समय मैंने नेहरू के साथ इस विषय पर बात नहीं की, इसलिए क्या मेरा कहना गलत सिद्ध होता है? मान लीजिए उस समय इस बारे में उनसे बहस न करने की मुझसे गलती हो गई, लेकिन उसी बात को आगे रखकर आप मेरे मुद्दों की उपेक्षा क्यों कर रहे हैं? मैंने उसी समय यह क्यों नहीं कहा, मतलब मैंने इस्तीफा क्यों नहीं दिया, यही यदि पण्डित नेहरू का कहना है तो मैं उन्हें इतना ही कहना चाहता हूँ कि मन्त्रियों को इस प्रकार के अहम निर्णय सोच-समझकर लेने पड़ते हैं। हर मुद्दे पर मतभेद होने के बाद इस्तीफा देने की परम्परा शुरू हो गई तो बड़ी खतरनाक स्थिति पैदा हो जाएगी।

मतभेद होते हुए भी मैं मन्त्रिमण्डल में था। इसका सही कारण राष्ट्र का संविधान बनाने का महान कार्य मेरे सिर पर था। मैं उसे सबसे ज्यादा महत्त्वपूर्ण समझता था। उसे पूरा करने के लिए मैं प्रतिबद्ध था। उस काम को छोड़कर मन्त्रिमण्डल से बाहर आ जाना चाहिए था, इस तरह की बात करनेवाले आदमी को नादान समझना चाहिए।

इसलिए मैं कहता हूँ कि इस प्रकार की बचकानी बातें करने की बजाय कश्मीर का सवाल या भारत की विदेश नीति पर मेरी बातों को कसौटी पर कसकर देखिए और उनके जवाब देने का प्रयास कीजिए।

सपना देखनेवाला नेहरू

नेहरू और कांग्रेस एक भ्रम है। नेहरू सपना देखनेवाले और भोले हैं। कांग्रेस के लोग नेहरू के पीछे नहीं हैं, इस बात के कई उदाहरण दिए जा सकते हैं। कांग्रेस के अध्यक्षीय चुनाव के लिए टंडन और कृपलानी का जो मुकाबला हुआ था वह असल में पटेल के विरुद्ध नेहरू का मुकाबला था। पहले तो नेहरू ने मान्यवर शंकरराव देव को हल्दी लगाकर तैयार किया। लेकिन उस दूल्हे को दुल्हन नहीं मिलेगी। यह जानकर कृपलानी को खड़ा किया। अन्त में कृपलानी भी हार गए। एक तरह से यह नेहरू की हार थी। सरदार पटेल के मरने के बाद नेहरू ही कांग्रेस के एकमात्र नेता रह गए।

बंगलौर कांग्रेस

फिर कांग्रेस नेहरू के पीछे नहीं गई। बंगलौर कांग्रेस में नेहरू के हाथों में सारे सूत्र दे

देने का प्रस्ताव दिल्ली के उन्हीं के एक दोस्त ने रखा, लेकिन उस प्रस्ताव का समर्थन करने के लिए आगे नहीं आया। नेहरू के इस्तीफे की धमकी देने के बाद भी कांग्रेस कार्यकारिणी ने टंडन जी से कहा, इस्तीफा देने की कोई जरूरत नहीं है। इसका मतलब यह है कि नेहरू कांग्रेस से चले जाएँ तब भी कोई बात नहीं, इसकी कांग्रेसवालों ने तैयारी कर ली थी। लेकिन चुनाव दिखाई देते ही पलभर में वह स्थिति बदल गई। किसी मशहूर सिनेमा अभिनेत्री की भूमिका के कारण फिल्म का महत्त्व बढ़ जाता है, फिर फिल्म में और कुछ न रहा तब भी काम चल जाता है। कांग्रेसवालों को चुनाव जीतने के लिए टंडन कोई ख़ास अभिनेत्री नहीं थी। इसलिए मैं नेहरू से पूछना चाहता हूँ कि जो कांग्रेसवाले आज तुम्हारे पीछे खड़े हैं, वे क्या आपके प्रति प्रेम के कारण हैं या वे सिर्फ चुनाव जीतने के लिए आपका उपयोग कर रहे हैं। यदि मैं नेहरू की जगह होता तो इस तरह का सवाल मेरे मन में अवश्य उठा होता। मैं चार साल से कांग्रेसवालों के सम्पर्क में था। उनके हर चौके में क्या चलता है, कौन-कौन नेहरू के बारे में क्या-क्या कहता है, इस बात को मैं नेहरू से भी अधिक जानता हूँ।

नेहरू और राजेन्द्र संघर्ष

जो लोग यह कहते हैं कि कांग्रेस ही देश में एकमात्र सुसंगठित दल है, उसके अलावा अन्य कोई दल स्थिर सरकार दे नहीं सकता, मैं उन्हें पूछना चाहता हूँ कि कांग्रेस में जो धाँधली फैली हुई है उसे छोड़ भी दिया जाए तो भी कांग्रेस के बड़े नेताओं में क्या एकता है? मुझे लगता है चुनाव होने के बाद तो इस तरह के विवाद और भी खुलकर होंगे। स्वयं राजेन्द्र प्रसाद और पंडित नेहरू में तनाव होगा, यह मेरा तर्क है। उनके दोनों के आलिंगन के फोटो एक तरह से नागरिक संस्कृति का झूठा दिखावा है। हिन्दू कोड बिल के सवाल पर उनके मतभेदों को सभी जानते हैं, उसी प्रकार पिछली बार राष्ट्रपति किसे बनना चाहिए इस बात का निर्णय लेते समय नेहरू ने इस्तीफा और पटेल ने राजेन्द्र बाबू का समर्थन किया था, इस बात को सभी लोग जानते हैं। चुनाव के बाद पुनः इस पर विवाद होना ही है।

कांग्रेस की गन्दगी

कांग्रेस में कितनी गन्दगी फैली हुई है इस बारे में कांग्रेस के बड़े-बड़े नेता ही कांग्रेस के बारे में क्या-क्या कहते हैं, यह देखिए। स्वयं टंडनजी ने कांग्रेस का टिकट लेने से इनकार कर दिया। बाबू सम्पूर्णानन्द ने भी यही किया। सम्पूर्णानन्द ने कहा कि कांग्रेस की राजनीति एक तरह से गटर की राजनीति हो गई है।

पंडित नेहरू की सोच के बारे में मुझे सही पता नहीं लग सका। वे कम्युनिस्ट, सोशलिस्ट, पूँजीवाद समर्थक इनमें से क्या हैं, इस सवाल का सही जवाब मैं नहीं दे सकता। लेकिन वे आम तौर पर प्रगतिवादी हैं ऐसा मैं मानता हूँ। इसीलिए उनके

सहयोगी मान्यवर किदवई जब कांग्रेस से बाहर निकले उस समय मैंने उन्हें कहा था कि यदि आप पंडित नेहरू को साथ में लेकर निकलते हैं और सोशलिस्ट जैसे प्रगतिशील दल से सहयोग करते हैं तो मैं भी आप लोगों के साथ आऊँगा। लेकिन वे खिचड़ी में फँसे हुए हैं। उसके लिए कौन क्या करेगा? किदवई में राजनीतिज्ञ का कुछ भी अंश नहीं दिखाई दिया।

विरोधी दल होना जरूरी

लोकतन्त्र में किसी भी दल के हाथ में बेलगाम सत्ता न हो इसलिए विरोधी दल की बड़ी जरूरत होती है। इंग्लैंड, अमेरिका या फ्रांस में इस प्रकार के दो या तीन दल होने के कारण वहाँ लोकतन्त्र सफल हुआ है। इसीलिए हमने सोशलिस्ट, और शेड्यूल्ड कास्ट फेडरेशन को मिलाकर एक सबल विरोधी मोर्चा खड़ा करने का फैसला किया है। हम लोगों में कुछ विरोध के मुद्दे होने के बाद भी समानता के मुद्दे बहुत हैं। और खास बात यह है कि हमें इस तरह से देश का कल्याण करना है।

भाषायी प्रदेशों का पुनर्गठन

भाषायी प्रदेशों के पुनर्गठन के बारे में भी हमें लड़ना पड़ेगा क्योंकि मुम्बई शहर को महाराष्ट्र से अलग करने का षड्यन्त्र रचा जा रहा है। इस सम्बन्ध में नेहरू की राय भी महाराष्ट्र के विरोध में है। हैदराबाद का विलय करने में लिए नेहरू का विरोध है। इसलिए यह विवाद अधिक बढ़नेवाला है।

साप्ताहिक 'जनता' के 1 दिसम्बर, 1951 के अंक में प्रकाशित।

अत्याचारी कांग्रेसी राजसत्ता

डॉ. बाबासाहेब अम्बेडकर ने चुनाव प्रचार का एक महत्त्वपूर्ण भाषण **दि. 26 नवम्बर 1951** *को सर कौवसजी जहाँगीर हॉल की सभा में दिया था। इस सभा के अध्यक्ष थे बं. पुरुषोत्तम त्रिकमदास। इस समय डॉ. अम्बेडकर का स्वास्थ्य ठीक नहीं था। उनकी आँखों में और घुटनों में परेशानी थी। फिर भी उन्होंने लोगों को सम्बोधित करते हुए कहा–*

बहनो तथा भाइयो,

स. का. पाटिल अपने दोस्तों को निजी तौर पर यह बता रहे हैं कि उनकी वजह से अम्बेडकर को पहले मन्त्रिमंडल में स्थान मिला। और अब वे कृतघ्न होकर कांग्रेस के मन्त्रिमंडल की आलोचना कर रहे हैं। क्या यह जानकारी सच है? यह सवाल सभा में उपस्थित एक आदमी ने सभा शुरू होने से पहले मुझसे पूछा। मुझे कांग्रेस के मन्त्रिमंडल में कैसे स्थान मिला यह मेरे जीवन में एक महत्त्वपूर्ण घटना है और बड़े आश्चर्य की बात है। मेरे लिए संविधान सभा के सभी दरवाजे, खिड़कियाँ और झरोखे भी बन्द कर दिए गए थे। हम अन्य किसी को संविधान सभा में लेंगे लेकिन अम्बेडकर को नहीं लेंगे, ऐसी कांग्रेस वालों की प्रतिज्ञा थी। लेकिन मैं बंगाल विधिमण्डल से भारी बहुमत से संविधान सभा के लिए चुना गया। मेरी स्थिति शेर की गुफा में फँस जाने जैसी हो गई थी। मैं किसी के साथ बात नहीं करता था। मैंने सिर्फ एक बार भाषण किया था।

इस तरह छह माह गुजर गए। बाद में एक दिन संविधान सभा का काम समाप्त होने के बाद अचानक मुझे नेहरू ने अपने कमरे में बुलाकर पूछा कि क्या आप मन्त्रिमंडल में शामिल होना चाहेंगे? मैंने इस तरह से सोचकर और अपने सहयोगियों की सलाह से इसे सहयोग का मौका समझकर मन्त्रि-पद को स्वीकार किया। बाद में सरदार पटेल और राजाजी दोनों कहने लगे कि हमारी सिफारिश की वजह से आपको मन्त्रिमंडल में लिया गया। अब उनकी होड़ में स. का. पाटिल भी शामिल हुए हैं, ऐसा लगता है। इस आधार पर मैं इस निष्कर्ष पर पहुँचा हूँ कि शायद मैंने कुछ अच्छा काम जरूर किया होगा, इसलिए यह श्रेय लेने की होड़ चल रही है।

कृतघ्नता नहीं

लोग अब यह भी कहते हैं कि मैं कृतघ्न हो गया हूँ। लेकिन मैं ओकॉनेल नाम के आयरिश देशप्रेमी के शब्दों में उन्हें जबाब देना चाहता हूँ, 'No man can be grateful at the cost of his integrity.' अपनी ईमानदारी को अलग रखकर मैं कृतघ्न हुआ तो वह मानवीय व्यक्तित्व की हत्या है, ऐसा मैं समझूँगा। मुझे अपनी ईमानदारी ज्यादा महत्त्वपूर्ण लगती है।

अनुशासन की शुद्धता

कोई भी सरकार कितना जनहित करती है, इस पर उसकी श्रेष्ठता निर्भर करती है। रोटी, कपड़ा, मकान के सवाल तो महत्त्वपूर्ण हैं ही। लेकिन उससे भी महत्त्वपूर्ण बात यह है कि राजसत्ता कितनी शुद्धता से चलाई जाती है। हमारे देश में पिछले चार सालों में अनाज का अकाल, कपड़ों का अकाल आदि समस्याएँ लगातार रही हैं। लेकिन सबसे महत्त्वपूर्ण दोष यदि कोई है तो वह है अशुद्ध और रिश्वतखोरी में लिप्त राजसत्ता। राजसत्ता और प्रशासन शुद्ध रखने के लिए तो बाहर की मदद की जरूरत नहीं पड़ती। सिर्फ शुद्धि की इच्छा चाहिए। आज राज्य प्रशासन और सत्ता के शुद्धीकरण में कांग्रेस के सामने सबसे बड़ी कठिनाई यह है कि कांग्रेस ही उसे शुद्ध रखने की इच्छुक नहीं है।

कई उदाहरण

भारत के उत्तर प्रदेश, बिहार, बंगाल आदि प्रदेशों में जनता ने नहीं तो कांग्रेस वालों ने ही कांग्रेस के खिलाफ कई आरोप लगाए हैं। दुर्भाग्य की बात यह है कि उनमें से किसी भी प्रदेश में इन संगीन आरोपों की न्यायिक जाँच भी नहीं हुई है। 1910-11 के दरमियान लॉर्ड ॲस्किथ जब इग्लैंड के प्रधानमन्त्री थे तब लॉर्ड रीडिंग और लॉर्ड जॉर्ज का एक केबल सौदे में हाथ होने की अफवाहें फैली थीं। इस पर उन्होंने तुरन्त एक जाँच समिति नियुक्त की। वे बेदाग निकले। फिर भी ॲस्किथ ने उन दोनों को इस्तीफा देने के लिए मजबूर किया क्योंकि उन्हें लगा कि अपने सहयोगियों से भी देश का भला बड़ी चीज है। इसी तरह का दूसरा एक उदाहरण पिछले साल एटली के कार्यकाल का है। इस समय लॉर्ड विस्टोवेल व्यापार मन्त्री थे। एक व्यापारी दोस्त से ब्रांडी की बोतल और सूट का कपड़ा लेने का उन पर आरोप था। वास्तव में जाँच के बाद पता चला उस आरोप में कोई सच्चाई नहीं थी। वह भेंट उन्हें एक दोस्त द्वारा दी गई थी। फिर भी एटली ने उन्हें मन्त्रिमंडल से हटा दिया था।

इंग्लैंड में राजसत्ता को शुद्ध रखने की यह प्रवृत्ति देखिए और कांग्रेस की प्रवृत्ति देखिए। इन मन्त्रियों के खिलाफ कितने गम्भीर आरोप थे लेकिन उनका क्या हुआ?

मैं और भी कुछ उदाहरण देना चाहता हूँ। मैं जब प्रतिनिधित्व बिल तैयार कर रहा था उस समय मैंने सरकारी ठेका लेनेवालों के लिए संसद के दरवाजे बन्द होने चाहिए, ऐसा प्रावधान किया था। किन्तु उस प्रावधान के बाद कांग्रेस पार्टी के संसदीय बोर्ड में तूफान खड़ा हो गया। अन्त में मुझे उस प्रावधान को हटा देना पड़ा। दूसरा उदाहरण यह है कि मैंने उसी बिल में इस बात की व्यवस्था की थी कि हर उम्मीदवार के चुनावी खर्च पर नियन्त्रण होना चाहिए। इस सवाल पर भी तूफान खड़ा हुआ। इस पर तीन दिन तक विवाद चलता रहा। संसद के कांग्रेसी सदस्य नेहरू के पास गए, और उन्होंने उनसे कहा कि 'कांग्रेस को दुश्मन समझनेवाले इस आदमी को आपने इस महत्त्वपूर्ण बिल को तैयार करने के लिए क्यों कहा? आपको कांग्रेस का नाश करना है?' मैंने उस बिल में व्यवस्था की थी कि किसी भी उम्मीदवार का चुनावी खर्च उनके नाम पर दर्ज किया जाए। उसका परिणाम यह होता कि किसी भी उम्मीदवार का पार्टी के नाम पर बेहिसाब खर्च करने पर रोक लगती। लेकिन अन्त में मुझे इस धारा को भी हटाना पड़ा। मैंने उस समय काफी प्रयास किया, लेकिन अन्त में हार गया।

आप ही मुझे बताइए, क्या इस तरह का रवैया लोकतन्त्र की पवित्रता के अनुकूल है? हर देश के चुनाव कानून में यह व्यवस्था है। कोई भी लोकतान्त्रिक दल इस बात को बर्दाश्त नहीं कर सकता क्योंकि कोई भी कानून कितना अच्छा हो पर उसे व्यवहार में किस तरह लाया जाता है, इसका राजनीति में महत्त्व है।

यह है राज्यसत्ता का दोष। जब मैं दिल्ली से यहाँ आ रहा था तब मुझे इस बात का पता चला कि इस इलाके के कुछ कांग्रेसी नेता जजों पर दबाव डालकर अपनी इच्छा के मुताबिक उनसे फैसले करवाने का प्रयास करते हैं। अपने संविधान में कहा गया है कि कानून सभी के लिए समान है। लेकिन इस तरह की हरकतें होती रहीं तो इस देश का क्या होगा, कुछ नहीं कहा जा सकता।

आग से खेल

मुझे ऐसा लगता है कि कांग्रेस को इस देश में विरोधी दलों को खत्म करने की भाषा बोलने की बजाय उन्हें प्रभावी बनाने का प्रयास करना चाहिए। जिस देश में संसदीय लोकशाही है वहाँ क्या अन्य दल नहीं हैं? फिर आप लोगों को यहाँ क्यों डर लग रहा है? ऐसा दमनचक्र चलानेवाली कांग्रेस आग से खेल रही है। यही बात पैसेवालों की है। ये धनवान लोग किसी पार्टी को चुनाव फंड में पैसा देकर स्वयं की प्रभुसत्ता कायम करना चाहते हैं। उन्हें यह बात ध्यान में रखनी चाहिए कि यह उनके लिए भी खतरनाक साबित होगा। वैसे ही सरकारी अफसर सत्ताधारी पार्टी के सामने झुककर काम करने लग जाएँगे तो स्वतन्त्र और शुद्ध चुनाव नहीं होंगे। उन्हें अपना काम प्रतिबद्धता और निष्पक्ष भाव से करना चाहिए।

विरोधी दल की जरूरत

कोई भी सरकार बगैर गलती के सत्ता नहीं चलाती। किसी न किसी से प्रमाद तो होता ही है। लेकिन उसे बताने के लिए जनता को सरकार की गलतियों की जानकारी देने के लिए विरोधी दल की जरूरत होती है। इग्लैंड, कनाडा आदि देशों में विरोधी दल को कानूनी मान्यता है। उसके नेता को तनख्वाह मिलती है।

शेड्यूल्ड कास्ट फेडरेशन और समाजवादी

शेड्यूल्ड कास्ट फेडरेशन और समाजवादियों के चुनावी सहयोग के बारे में लोगों को ईर्ष्या क्यों होती है, इस बात पर मुझे आश्चर्य होता है। मैं जाति से अछूत हूँ। उसी तरह मुझे राजनीति में भी अछूत रहना चाहिए, उनकी ऐसी इच्छा तो नहीं है? मैं कांग्रेस में शामिल नहीं हुआ इसीलिए उन्हें ईर्ष्या हो रही होगी।

इस देश की राजनीति शुद्ध रखने के लिए जिस कांग्रेस ने किसी प्रकार का प्रयास नहीं किया उस कांग्रेस को पुनः चुना जाए या नहीं, इस बात का फैसला आप लोगों को करना है।

साप्ताहिक 'जनता' के 1 दिसम्बर, 1951 के अंक में प्रकाशित।

मुस्लिमों को गुमराह करनेवाली कांग्रेस का साथ छोड़ देना चाहिए

शुक्रवार, दि. 21 दिसम्बर 1951 को मुम्बई के अहमद अली रोड पर बेग अहमद बाग में मुस्लिम भाइयों की विशाल प्रचार सभा आयोजित की गई थी। इस सभा को सम्बोधित करते हुए डॉ. अम्बेडकर ने कहा–

साथी हरीस और अन्य कुछ मुस्लिम भाई मेरे पास आए। उन्होंने कहा कि आप मुस्लिम भाइयों के मार्गदर्शन के लिए कुछ बातें कहिए। वे कांग्रेस की ओर झुक गए हैं। उनकी यह समझ बन गई है कि कांग्रेस ने हम लोगों पर अहसान किया है।

मुझे इस बात पर आश्चर्य नहीं हुआ बल्कि गुस्सा आ गया और इसीलिए देश के सही हालात मुस्लिम भाइयों को बताए जाएँ, इस बात के लिए मैं यहाँ आया हूँ।

कांग्रेस ने मुस्लिमों के लिए क्या किया है? शायद आप लोगों को लगता होगा कि 1957 के दंगों में कांग्रेस ने आप लोगों की जान बचाई। लेकिन आप लोगों का इस तरह से सोचना गलत है। बल्कि इन कांग्रेसवालों ने आप लोगों की मदद करने की बजाय हमलावरों और गुण्डों को सहयोग देकर इन दंगों को भड़काया और आप लोगों में दहशत पैदा की। वह दहशत इतनी थी कि आप लोग सोचने लगे कि इस देश में कांग्रेस के अलावा आप लोगों का दूसरा कोई रखवाला नहीं।

इससे आप लोग जो वफादारी कांग्रेस के प्रति दिखा रहे हैं, क्या उसके लिए कांग्रेस लायक है? आप लोग पण्डित नेहरू के प्रति हद से ज्यादा प्यार जताकर उनकी तारीफ कर रहे हैं। इस पण्डित की राजनीति स्थिर नहीं है। अन्त में आप लोग उससे पछताएँगे। जनतन्त्रवादी शासन प्रणाली के राज में नेहरू खानदान की प्रधानमन्त्री की परम्परा को हमें जारी नहीं रखना है। इतना ही नहीं, आपके जैसे अन्धश्रद्धालु लोगों का लाभ उठाकर इस परम्परा को बरकरार रखने का किसी ने प्रयास किया तब भी जाग्रत समाज उस परम्परा को कायम नहीं रहने देगा।

अगले चुनाव में कांग्रेस बिल्कुल चुनकर नहीं आएगी। वह अपनी आखिरी साँसें गिन रही है। जिस तरह से अपने देश की अन्य जातियाँ अपने राजनीतिक हकों के लिए

जाग्रत हुई हैं उसी प्रकार आप लोगों को भी अपना जोश बरकरार रखकर अपने राजनीतिक हकों के लिए लड़ना चाहिए।

संविधान बनाते समय कांग्रेस ने अल्पसंख्यकों के राजनैतिक भविष्य पर विचार करने के लिए जो समिति बनाई थी उस समिति की बैठक जिस दिन आयोजित की गई थी उसके एक दिन पहले मैं कांग्रेस का खिलौना बने मौलाना अब्दुल कलाम आजाद से मिला और मैंने उन्हें अल्पसंख्यकों के सभी सवालों के बारे में और भविष्य की सारी स्थिति के बारे में समझाया। किन्तु मौलाना दूसरे दिन बैठक में मौजूद रहने की बजाय निकल गए। मुस्लिम भाई और अल्पसंख्यकों के सवालों के बारे में मेरे अलावा वहाँ और कोई नहीं बोल सका। मैं उस बैठक में आप लोगों की ओर से अकेला था। पण्डित नेहरू ने कांग्रेस की ओर से मुस्लिमों के आरक्षण देने के सुझाव का विरोध किया इसलिए आप लोग अपना राजनीतिक हक हासिल नहीं कर सके।

कांग्रेस यह कहती है कि यह सभी धर्मों की समानता पर भरोसा रखनेवाली सरकार है, यह सिर्फ गुमराह करनेवाली बात है। क्योंकि अपने संविधान में मैंने इस तरह की व्यवस्था की है कि किसी भी जाति पर, धर्म पर या परम्परा पर किसी का स्वामित्व नहीं होना चाहिए। हर किसी के मौलिक अधिकार बरकरार रहने चाहिए। यह होते हुए भी कांग्रेस ने लखनऊ जैसे शहर में मुस्लिमों की संख्या ज्यादा होने के बावजूद और वहाँ से पचास मुस्लिम उम्मीदवार आसानी से चुने जाने की सम्भावना होने के बावजूद केवल दस-बारह मुस्लिम उम्मीदवार खड़े किए, यह एक सोचनेवाली बात है।

इस आधार पर इस चुनाव में किसे अपना वोट देना चाहिए इस बात का फैसला आप ही कीजिए। मेरी तो सलाह यह है कि आप लोगों को समाजवादी और दलित फेडरेशन को मदद देनी चाहिए और देश के भविष्य का निर्माण करना चाहिए।

साप्ताहिक 'जनता' के 22 दिसम्बर, 1951 के अंक में प्रकाशित।

मुलाकात

किर्लोस्कर एक मराठी भाषी उद्योगपति थे। उन्हीं के नाम पर 'किर्लोस्कर' नाम की पत्रिका उन्हीं के उद्योग समूह द्वारा प्रकाशित की जाती है। 'किर्लोस्कर' पत्रिका के ***जनवरी 1952*** *के दिल्ली विशेषांक में डॉ. बाबासाहेब अम्बेडकर का यह अति संक्षिप्त भाषण प्रकाशित हुआ था–*

अपने समाज की जिन्दगी के बारे में मैंने अपने अनुभव से जाना है। अपने दुखी गरीब समाज के लिए कुछ करना चाहिए इस प्रेरणा से ही मैं उनके लिए लड़ सका हूँ। मुझमें जो कुछ अच्छा था वह सब कुछ मैंने उन्हें दिया है। किन्तु यह सब करते समय मैंने पूरे सोच-विचार के साथ और समझ के साथ कदम उठाए हैं। मैंने कभी किसी की नफरत और प्यार की परवाह नहीं की है। जो मेरे विवेक और बुद्धि को अच्छा लगा वही मैंने किया है।

मैं अकेला गांधीजी के खिलाफ खड़ा रहा। मुझे समाप्त करने का प्रयास कई लोगों ने किया। किन्तु वे सफल नहीं हो सके। आज भी मैं स्वयं के बलबूते पर राजनीति में हूँ। मैं किसी का कायल नहीं हूँ, और आगे भी नहीं रहूँगा।

भारत के विश्वविद्यालयों की शिक्षा निकम्मी

दि. 14 जून 1952 को मुम्बई में 'अमेरीका के अनुभव' विषय पर डॉ. बाबासाहेब अम्बेडकर से साक्षात्कार किया गया था। उस समय उन्होंने कहा–

भारत और उसकी विदेश नीति से भी अधिक पाकिस्तान और उसकी विदेश नीति ने अमेरिकी जनता के दिलो-दिमाग पर अच्छा प्रभाव कायम किया है। इसकी वजह यह है कि यू.एन.ओ. और दूतावास में अपने प्रतिनिधि चुनते समय पाकिस्तान ने काफी सावधानी बरती है। इसके लिए भारत को जो लोग मिले उन्हें ही पकड़ लिया गया। नया ध्येयवाद स्वीकार करने के बजाय भारत आज तक अपने पुराने वेदों में मदहोश रहा है, ऐसा अमेरिकी लोगों का मानना है कि भारत को अपनी आँखें खोलकर आधुनिक दृष्टि से देखना चाहिए।

निकम्मी शिक्षा व्यवस्था

भारत आज भी वेदान्त दर्शन और पुरानी कल्पनाओं में मदहोश है। उसे आधुनिक बुद्धिवाद और तर्कशुद्ध विचारधारा को स्वीकार करना चाहिए, इस प्रकार का अमेरिकी जनमत है।

भारत के विश्वविद्यालयों से मिलनेवाली शिक्षा बहुत भिखमंगी और निकम्मी ढंग की है। उससे छात्रों को पर्याप्त मागदर्शन और ज्ञान की प्राप्ति नहीं होती। उसी प्रकार उनकी शोध प्रवृत्ति और स्वतन्त्र विचार-प्रणाली को प्रेरणा नहीं मिलती। इस प्रकार का मत उन प्राध्यापकों का है जो अमेरिका से भारत आकर चले गए।

साप्ताहिक 'जनता' के 21 जून, 1952 के अंक में प्रकाशित।

सार्वजनिक पैसे का गलत उपयोग न होने दें

*दि. **14 जुलाई 1952** को मुम्बई के दामोदर हॉल में अछूत समाज के कार्यकर्ताओं का एक सम्मेलन आयोजित किया गया था। इस सम्मेलन में डॉ. बाबासाहेब अम्बेडकर विशेष रूप से उपस्थित थे। इस अवसर पर उन्होंने अपने भाषण में कहा–*

बहनो तथा भाइयो,

मैंने आज आप लोगों को यहाँ निमन्त्रण देकर बुलाया है, इसका उद्देश्य यह है कि मैंने 1938 में मुम्बई में इमारत कोष की स्थापना क्यों की, इस बात की जानकारी आप सभी लोगों को है। इस इमारत कोष की आज तक की जानकारी आप लोगों को दी जाए और आगे क्या किया जाए, इस बात का निर्णय करने के लिए आज की इस सभा का आयोजन किया गया है। 1938 में इमारत कोष की स्थापना करने के बाद हर चाल में इस कोष स्थापना का प्रचार किया गया। और अछूत भाइयों की ओर से इस इमारत को मूर्त स्वरूप प्राप्त नहीं हो सका, जबकि इस कोष की स्थापना को आज 14 साल पूरे हो चुके हैं। इसके कई कारण हैं। लेकिन मैं स्वयं 1942 से मुम्बई छोड़कर दिल्ली चला गया था, यह उसका मुख्य कारण है। मेरी अनुपस्थिति में इस कोष का काम तेजी से नहीं हुआ। मेरी मौजूदगी के बगैर कोई काम नहीं होता, यह ठीक नहीं है। लेकिन ऐसा हुआ है, यह सच है। मेरी अनुपस्थिति में पिछले दस साल में लोगों के मन में कई सन्देह पैदा हो गए। क्या हुआ इमारत कोष का? या आगे क्या होगा? इस बात की किसी को कोई जानकारी नहीं है। मैं आज यहाँ आप लोगों के सामने कुछ आँकड़े रखना चाहता हूँ, उससे इस बात का पता चल जाएगा कि इमारत कोष का काम बन्द नहीं था बल्कि उसका काम धीमी गति से चल रहा था। मेरी जानकारी के मुताबिक इस फंड में अब तक काफी पैसे इकट्ठा हुए हैं, और वे इतने कि उतने पैसे की आप लोग कल्पना नहीं कर सकते।

आज की तारीख में इमारत फण्ड में 1,11,228 रुपए और 4 आना 3 पैसे जमा हुआ है। अछूत समाज के इतिहास में इतनी बड़ी रक़म इकट्ठा होने का यह पहला उदाहरण है। एक लाख, ग्यारह हजार, दो सौ अट्ठाईस रु., चार आना, तीन पैसे। इस रकम में हमारे लोगों की रकम सिर्फ 31,709 रु. 4 आना ही है। शेष रकम 75,500

रु. मैंने अपने उच्च वर्ग के मित्रों से प्राप्त की है। इस रक़म में से 36,535 रु. जमीन खरीदने के लिए खर्च हुआ है। लेकिन आज इस जमीन को बेचा जाए तो डेढ़ लाख रु. कोई भी दे देगा, यह जमीन इतनी महत्त्वपूर्ण है। इस रकम से दूसरा बड़ा खर्च प्रेस की इमारत बनाने के लिए हुआ। इसमें 35,000 खर्च हुए हैं। उक्त दोनों कामों पर 71,525 रु. खर्च हुए हैं। शेष 37,673 रु., 4 आना, 3 पैसे रकम इम्पीरियल बैंक में जमा है।

हमारे लोगों ने जो रकम दी है उसमें से अलग-अलग जगह के लोगों ने, संस्थाओं ने और व्यक्तियों ने 25 रु. या इससे अधिक रकम दी है, ऐसे लोगों से 25,709 रु. 4 आना रकम प्राप्त हुई है। 25 रु. से कम देनेवालों की रकम 1000 रु. है। और जिसका विवरण ठीक से पता नहीं है, इस तरह की रकम 5000 रु. है। इन रकमों का विस्तृत ब्यौरा क्यों मालूम नहीं है? जो लोग रसीद बुकें ले गए थे उन्होंने रसीद बुकें वापस नहीं लौटाईं, इसलिए इस रकम के स्रोत का पता नहीं चला। उन रसीद बुकों से अभी और पैसा इकट्ठा होने की सम्भावना है। उन इकट्ठा हुए पैसे को लोग खा न जाएँ इस तरह का सन्देह होना स्वाभाविक है। इस सन्देह को दूर करने के लिए लोगों को दी गईं सभी रसीद बुकें उन्हें पैसों के साथ लौटा देनी चाहिए। रसीद बुक न लौटाना या इकट्ठा किया गया पैसा कोष में जमा न करना एक तरह से धोखा है। और कानून में इस तरह के धोखे को गुनाह करार दिया गया है, इस बात को सभी को ध्यान में रखना चाहिए।

अब इस फंड को इकट्ठा करके मैं मुम्बई में एक हॉल बनाने के बारे में सोच रहा हूँ। इस हॉल से जो कुछ भी आय होगी उस आय से हम अपने छात्रों की पढ़ाई में मदद कर सकते हैं या और भी जनहित के काम किए जा सकते हैं। इस या अगले वर्ष तक हॉल बनकर पूरा हो जाना चाहिए।

इस हॉल को बनाने के लिए पौने दो लाख रु. खर्च होंगे, इस तरह का अनुमान है। आज हमारे पास इम्पीरियल बैंक में 37,673 रु., 4 आना और 3 पैसे की रक़म जमा है। फिलहाल इमारत की जगह लोगों को किराए पर दी गई है। इसलिए उससे कुछ आय हो जाती है। लेकिन हॉल बनाने से पहले इन लोगों को नोटिस देकर निकालना पड़ेगा। तब यह आय बन्द हो जाएगी।

हॉल बनाने पर 1 लाख रु. खर्च होंगे और हॉल में फर्नीचर तथा सुविधाएँ जुटाने पर पौन लाख रु. लगेंगे। यह जानकार लोगों का कहना है। इस पर कुछ कम ज्यादा रकम खर्च हो सकती है।

इसलिए इतनी बड़ी रक़म कहाँ से इकट्ठा की जाए यह बड़ा महत्त्वपूर्ण सवाल है। मुझे मेरे 60वें जन्मदिन के अवसर पर 60,000 रु. देना तय किया गया है। उसमें से अब तक कुल ग्यारह हजार रु. इकट्ठा हुए हैं, ऐसा पता चला है। हीरक महोत्सव की प्रतिज्ञा आप लोगों ने की है। उसे पूरा करने की जिद आप लोगों में होनी चाहिए अन्यथा बातों से किसका पेट भरा है? ऐसा न हो इसका ध्यान रखिए। आप लोगों ने 12 हजार

रु. इकट्ठा किए हैं तो शेष 48 हजार रु. आप लोगों को इकट्ठा करने चाहिए। यदि आप लोगों ने मुझे 60,000 रु. दिए तो मैं उन्हें अपनी जेब में डालनेवाला नहीं हूँ। मैं उन्हें हॉल के लिए ही खर्च करनेवाला हूँ। मेरे जीतेजी इस हॉल का काम पूरा हो जाना चाहिए, यही मेरी बड़ी इच्छा है। इसलिए आप पैसा इकट्ठा करने के काम में लग जाइए।

कुछ लोग सार्वजनिक काम के लिए पैसा देते हैं। लेकिन जो बीचवाले होते हैं वे लोग इस पैसे को बीच में ही हड़प लेते हैं। इसलिए कुछ लोगों के मन में यह सन्देह हो सकता है कि हमने जो पैसा जिस काम के लिए दिया है, उस पैसे से वह काम पूरा होगा या नहीं, इसलिए लोग पैसा नहीं देते।

यदि इस तरह की बात हो तो आप लोगों को मेरे पास पैसा इकट्ठा करना चाहिए। मैं उसे स्वीकार करने के लिए तैयार हूँ। मैंने आज तक कभी पैसा नहीं लिया है। लेकिन आज इस काम के लिए पैसा लेने के लिए तैयार हूँ। इसलिए जिसे मेरे पास ही पैसा देना हो वह रोज शाम को 6 से 7 बजे के दरमियान मेरे घर पर (राजगृह दादर) मुझे पैसा दे सकता है। वहाँ मान्यवर शांताराम अन्नाजी उपशाम मास्टर आपको रसीद दे देंगे। वे इस फंड के एक ट्रस्टी हैं और हिसाब रखने का काम भी उन्हीं का है। मेरा मुक़ाम माह-डेढ़ माह तक मुम्बई में है। मैं सितम्बर माह के पहले सप्ताह में मुम्बई से दिल्ली चला जाऊँगा। इसलिए मेरे जाने से पहले ही लोगों को मेरे पास पैसा जमा कर देना चाहिए।

यदि आप लोगों ने मुझे साठ हजार रु. दिए तो करीब-करीब 1 लाख रुपया हमारे पास जमा हो जाएगा। फिर भी हॉल बनाने के लिए हमें और पौन लाख रुपया कर्ज लेना होगा और मैं वह कर्ज लूँगा। हॉल के लिए सवा दो लाख, ढाई लाख रुपये ब्याज पर मुझे कोई भी दे सकता है। लेकिन बाद में ये पौन लाख रुपये भी आप लोगों को लौटाने पड़ेंगे। मुम्बई में ऐसे हॉल की कितनी माँग है इस बात को आप अच्छी तरह जानते हैं। हर माह 1000 रुपए हॉल से आय हो सकती है। हर साल 15 से 20 हजार रुपए लौटाने पर कुछ ही वर्षों में हॉल अपनी मिल्कीयत का हो जाएगा। लाभ की एक दूसरी बात मैं आपको बतानेवाला हूँ। मुझे ऐसा लगता है कि 'जनता' पत्र के लिए एक ट्रस्ट होना चाहिए। 'जनता' को कुछ घाटा हुआ तो उसे इस ट्रस्ट के पैसे से पूरा किया जा सकता है। हमें समाचार-पत्र की बहुत जरूरत है। हमारे लोगों पर होनेवाले अन्याय, अत्याचार और शिकायतें जनता तक पहुँचाने के लिए हमें 'जनता' समाचार-पत्र चलाना बहुत जरूरी है। इस काम के लिए मैंने अलग से पैसा इकट्ठा किया है। 32,000 रु. मैं फिलहाल हॉल के लिए बिना ब्याज के देने को तैयार हूँ। लेकिन बाद में ये पैसे लौटाने पड़ेंगे। मेरे पास तीन कामों के लिए पैसा जमा है। 1. इमारत फंड, 2. साप्ताहिक जनता और 3. शेड्यूल कास्ट फेडरेशन के लिए। ये पैसे मुझे अलग-अलग प्रान्तों से मिले हैं और वे सिर्फ राजनीति पर ही खर्च करने हैं। इसलिए वे इस काम पर खर्च नहीं किए जा सकते।

पहले का इमारत फंड मुम्बई सरकार के विश्वस्त कानून के द्वारा शेड्यूल्ड कास्ट इम्प्रूवमेंट ट्रस्ट, मुम्बई के नाम से रजिस्टर्ड किया गया है, इसलिए इस पैसे के बारे में कुछ हेराफेरी होगी इस तरह की चिन्ता करने की कोई जरूरत नहीं है क्योंकि सरकार की ओर से हर साल हिसाब की जाँच-पड़ताल होगी।

मुम्बई में सभी लोगों के मिल्कियत के हॉल हैं। मुम्बई में घरेलू काम करनेवाले तिलोरी, कुनबी लोगों ने परेल में वाघे हॉल अपनी मिल्कियत का हॉल बनवाया है। इस बात से प्रेरणा लेकर आप लोगों को तुरन्त काम में लग जाना चाहिए। मैं पुनः कहता हूँ कि रसीद बुक न लौटाने की वजह से जो-जो हिसाब पूरा नहीं हुआ है उस हिसाब की सभी रसीद बुकें और इकट्ठा हुआ पैसा आप लोगों को तुरन्त जमा कर देना चाहिए। जो लोग यह नहीं करेंगे उनकी किसी भी प्रकार की परवाह नहीं की जाएगी, न उन्हें माफ किया जाएगा।

साप्ताहिक 'जनता' के 19 जुलाई, 1952 के अंक में प्रकाशित।

पुराने साहित्य का संवर्धन

डॉ. बाबासाहेब अम्बेडकर का यह लेख सा. 'जनता' के ***दि. 2 अगस्त 1952*** *के अंक में प्रकाशित हुआ था–*

कई मराठी साहित्यकारों से यह सुनने को मिलता है कि मराठी साहित्य का विकास कई दिशाओं से हो रहा है। लेकिन इस सम्बन्ध में मेरे जैसे सिर्फ प्राचीन साहित्य का अध्ययन करनेवाले आदमी को अपनी कोई राय व्यक्त करना उचित नहीं है। फिर भी पुराने और नए साहित्य की जाँच-पड़ताल करने से इस बात का पता चलता है कि आज के साहित्य के साथ कुछ अन्य पुराना साहित्य नष्ट हो रहा है। उसकी उपयोगिता खत्म हो रही है, इस तरह की बात कहना गैरजिम्मेदारी की बात होगी, ऐसा मुझे बिल्कुल नहीं लग रहा है।

पुराने साहित्य में लावणी और संवाद (गारहाणे) काफी अधिक मात्रा में होते थे। लेकिन आजकल के साहित्य की ओर देखें तो उसमें इन दो साहित्य प्रकारों का नामोल्लेख भी नहीं मिलता है। यदि लावणी और संवाद को (गारहाणे) हल्के दर्जे का साहित्य माना जाए तब भी सौन्दर्य और श्रृंगार (लालित्य और लावण्य) की दृष्टि से इस साहित्य को हल्के दर्जे का नहीं माना जा सकता। ऐसा साहित्य अब नष्ट होता जा रहा है, इस बात का मुझे सचमुच बड़ा दुख है।

एक समय था जब मैं इस साहित्य को इकट्ठा करने की बात सोच रहा था। लेकिन काम की व्यस्तता के कारण मैं उस कार्य को अंजाम नहीं दे सका। ऐसे साहित्य में संवाद (गारहाणे) तथा गुण क्या हैं इस बात की जानकारी लोगों तक पहुँचाने की दृष्टि से मैं 'चाळोबा का संवाद' ('चाळोबाचे गारहाणे') प्रकाशित करने के लिए भेज रहा हूँ। सावंतवाड़ी संस्थान के झाराप नाम के गाँव में 'पंडू की पाथर' नाम की एक जगह है। यहाँ के एक देवता का नाम 'चाळोबा'[1] है। हर साल इस चाळोबा देवता के नाम से समाराधना करने की परम्परा है। समाराधना के बाद भोजन किया जाता है। भोजन के बाद चाळोबा के सामने नारियल रखकर संवाद (गारहाणे) किया जाता है। इस संवाद में (गारहाणे) सत्ताईस सवाल होते हैं।

महार जाति के एक व्यक्ति को एक के बाद एक सवाल पूछना पड़ता है। उसके हर सवाल पर वहाँ उपस्थित सभी लोगों को हर सवाल के जवाब में 'हाँ, महाराज' (होय महाराजा) कहना पड़ता है।

---

1. चाळोबा–यह एक श्रृंगारिक नाम है। चाळोबा का अर्थ नखरैल और नटखट देवता है।

मेरे नाम का जयघोष करने की बजाय रचनात्मक बातों के लिए जान की बाजी लगाइए

दि. 17 अगस्त 1952 को मुम्बई के सिद्धार्थ कॉलेज के भवन में दलित समाज के प्रमुख कार्यकर्ताओं, नेताओं की बैठक में डॉ. बाबासाहेब अम्बेडकर का भाषण। इस बैठक को सम्बोधित करते हुए उन्होंने कहा–

अछूतों के उत्थान के लिए एक आदमी को एक युग में जितना काम करना सम्भव है, उतना काम मैंने किया है। मेरे कुछ रास्ते सफल हुए, कुछ असफल हुए होंगे लेकिन मैंने अपने काम को हिम्मत से जारी रखा है। मैंने 25 साल में आप लोगों के लिए जो कार्य किया है उतना कार्य इतने समय में किसी एक आदमी ने कभी और कहीं नहीं किया होगा। यह मैं गर्व से नहीं बल्कि अपने ऊपर भरोसा रखकर कह रहा हूँ। इसमें पूरी सच्चाई है। मेरे कार्य की दिशा तीन तरह की थी!

1. सबसे पहले अछूत समाज में स्वाभिमान की भावना पैदा करना। यह कार्य मुझे इस धरती के मोल की बराबरी का लगा। मेरे राजनीति में आने से पहले अछूत समाज किस सतह पर था, किस तरह से इनसानियत के हकों से दूर था, इस बात का एक उदाहरण मैं आपको देना चाहता हूँ। बीस-पच्चीस साल पहले की बात है, जलगाँव में हर साल ब्राह्मण भोज का रिवाज था। उनका भोजन होने के बाद अछूत लोग उनकी जूठी पत्तलें इकट्ठा करके कूड़ाखाने से उठाकर ले जाते थे। कभी-कभी उनमें आपस में उन जूठी पत्तलों के लिए झगड़े भी होते थे।

अछूत समाज इस अवस्था में था। वह पूरी तरह से इनसानियत के हक़ों से कोसों दूर था। और उसकी ऐसा रहने के प्रति शिकायत नहीं थी। मानवीय पतन की कोई सीमा नहीं थी।

मैंने पिछले पच्चीस सालों में झगड़कर उन्हें पूरी तरह से आजादी नहीं दिलवाई है फिर भी मैंने उनमें गहरा स्वाभिमान पैदा किया है। मैंने उनमें अन्याय के खिलाफ लड़ने का बल (Political Conciousness) पैदा किया है। यह कोई आसान बात नहीं है।

2. दूसरी बात यह है कि उन्हें राजनीतिक हक़ दिलवाए गए हैं। अपने समाज को पहले दिल्ली कैबिनेट में झाड़ूवाले का भी काम नहीं मिलता था। आज 25 साल बाद उसमें अछूत समाज के आदमी को मन्त्री बनाया गया है।

3. तीसरी बात शिक्षा के क्षेत्र की है। 25 साल पहले अछूत समाज के लिए शिक्षा के सभी दरवाजे बन्द थे। उन दरवाजों को मैंने खोल दिया है। अछूत समाज के बच्चों को उच्च शिक्षा की सुविधा प्राप्त हो इसलिए मैंने सरकार के साथ लड़-झगड़कर स्कॉलरशिप्स और फ्रीशिप्स दिलवाए हैं। यही नहीं, जिसे वे अपना कह सकें ऐसा प्रगतिशील सिद्धार्थ नामक कॉलेज भी मैंने शुरू किया है। इस कॉलेज में अछूत समाज के तीन सौ छात्र पढ़ रहे हैं। उन्हें हर साल दो हजार रुपए छात्रवृत्ति दी जाती हैं। उनके रहने के लिए करीब में ही छात्रावास बनाया गया है। औरंगाबाद में भी इस कॉलेज की एक शाखा शुरू की गई है।

4. अब मैं एक बात और कहना चाहता हूँ। मुम्बई शहर में अपने समाज का एक हॉल बनाने का मेरा उद्‌देश्य है। मुम्बई में कई हॉल हैं। वहाँ नाटक, तमाशे आदि खेल होते रहते हैं। केवल इस तरह के मनोरंजन के लिए हॉल बनाने का मेरा उद्‌देश्य नहीं है। इस हॉल को बनाने में मेरा एक अलग ही उद्‌देश्य है।

गाँव-देहातों में सवर्ण हिन्दू समाज की ओर से अछूत समाज पर जुल्म-ज्यादतियाँ होती रहती हैं। आज ही मुझे एक खत मिला है कि औरंगाबाद के एक गाँव में सवर्ण हिन्दुओं ने अछूत समाज के मोहल्ले के चारों ओर लोहे के काँटों का घेरा डालकर उन्हें घेर लिया है और उनका जीना हराम कर दिया है। इस तरह की एक-दो नहीं, बल्कि हजारों शिकायतें मेरे पास आ रही हैं। उस पीड़ा को मैं आप लोगों से भी ज्यादा अच्छी तरह जानता हूँ। इस दुख को समाप्त करने के लिए एक केन्द्रीय धनराशि चाहिए, हमें पैसों की जरूरत है। दूसरी बात यह है कि इन सभी शिकायतों को इकट्‌ठा करने के लिए मुम्बई में अपने समाज का एक केन्द्रीय दफ्तर होना चाहिए। उस दफ्तर में काम करनेवाले लोगों को वेतन देना चाहिए। लेकिन ये सभी बातें कैसे सम्भव होंगी। इसलिए यदि यह हॉल बनाया गया तो एक साल में कम-से-कम एक लाख रुपए किराए के रूप में इकट्‌ठा हो जाएँगे। यह केन्द्रीय स्थल है। इसलिए यदि इस हॉल को बनाया गया तो यह एक दिक्कत दूर हो जाएगी। सिर्फ मेरे नाम का जयघोष करने के बजाय जो बात मेरी दृष्टि में बहुत महत्त्वपूर्ण है वह करने के लिए आप जी-जान से जुट जाइए। मैं हॉल बनाने के कार्य को महत्त्वपूर्ण मानता हूँ। उसकी वजह से गाँव-देहातों में अछूत समाज पर जो जुल्म-ज्यादतियाँ होती हैं उसका तुरन्त हल खोजा जा सकता है। इसलिए तीन माह के भीतर आप लोग इस कार्य के लिए गाँव-देहातों से एक लाख रुपया इकट्‌ठा करके भेजिए। हर गाँव से दस-दस रुपए इकट्‌ठा कीजिए और यह राशि मुम्बई में शेड्यूल्ड कॉस्ट्स इम्प्रूवमेंट ट्रस्ट के सेक्रेटरी मान्यवर शांताराम अनाजी उपशाम के पते पर भेज दीजिए। मैं उस हॉल का निर्माण-कार्य विजयादशमी को शुरू करना चाहता हूँ। मुझे एक लाख रुपए की जरूरत है। इसलिए हर गाँव से दस-दस रुपए के हिसाब से हर तहसील से एक-एक हजार रुपए इकट्‌ठा करके भेजने के कार्य में जुट जाइए।

साप्ताहिक 'जनता' के 23 अगस्त, 1952 के अंक में प्रकाशित।

जाहिर निवेदन

दलितों के आन्दोलन को गति प्रदान करने तथा स्थायित्व प्रदान करने की दृष्टि से डॉ. बाबासाहेब अम्बेडकर ने मुम्बई में एक भवन निर्माण की योजना बनाई थी। उसके सम्बन्ध में यह उनका निवेदन—

अछूत वर्ग के सभी लोगों को सूचित किया जाता है कि मैंने सन् 1938 में मुम्बई में 'इमारत फंड' की स्थापना की थी। अब यह फंड 'शेड्यूल्ड कास्ट्स इम्प्रूवमेन्ट ट्रस्ट मुम्बई' के नाम से रजिस्टर्ड किया गया है। इस फंड का उद्देश्य है मुम्बई में अछूतों के स्वामित्व का एक हॉल बनाना। मैंने आज तक अछूत समाज का जो आन्दोलन चलाया उसके तीन उद्देश्य थे। उनमें अछूत वर्ग में राजनीतिक चेतना जगाना और स्वाभिमान की भावना पैदा करना तथा अछूतों में शिक्षा के प्रति रुचि पैदा करना। ये दो उद्देश्य काफी सफल हुए, इसमें कोई सन्देह नहीं है। लेकिन मेरा यह जो तीसरा उद्देश्य था कि गाँव-देहातों में रहनेवालों लोगों के दुःखों को दूर करना वह अब तक सफल नहीं हुआ है। इस काम के लिए पैसा कहाँ से प्राप्त करें यह मेरे सामने सबसे बड़ा सवाल है। इस सवाल को हल करने के लिए ही मैंने 'इमारत फंड' की स्थापना की है। इस फंड से जो हॉल बनाया जाएगा वह केवल नाटक, तमाशा करने के लिए ही नहीं बल्कि इस हॉल से जो आय होगी उससे गाँव-देहातों के लोगों के दुःखों को दूर करने की कोशिश की जाएगी। किसी पर जुल्म-ज्यादतियाँ हुईं तो किसी वकील की कानूनी मदद से उस जुल्म से लोगों को राहत दिलाने का प्रयास किया जाएगा। इस काम के लिए हॉल हमेशा आय का साधन बन जाएगा। हॉल मुम्बई में बनाया जाएगा किन्तु वह गाँव-देहातों के लोगों के लिए बनाया जाएगा, यह बात उक्त विवेचन से समझ में आ जाएगी।

इस फंड में अब तक 1 लाख, 11 हजार रु. इकट्ठा हुए हैं। उसमें हॉल जिस जमीन पर बनाया जाएगा उस जमीन को खरीदने के लिए 36 हजार रुपये खर्च हुए हैं। फिलहाल 'भारतभूषण प्रिटिंग प्रेस' जिस इमारत में है उस इमारत को बनाने के लिए 35 हजार रुपये खर्च हुए हैं और बकाया 40 हजार रुपये बैंक में हैं।

अब जो हॉल बनाना है उस पर 2 लाख रुपये खर्च होनेवाले हैं। मुझे मुम्बई के लोग (मेरी उम्र 60 साल की होने के उपलक्ष्य में) 60 हजार रुपये देनेवाले हैं। वह पूरी रकम मैं इस हॉल के काम पर ही खर्च करूँगा। बकाया 1 लाख रुपए आप सभी लोगों को मुझे देने हैं।

दशहरा, दिवाली के दरमियान हॉल बनाने का काम शुरू कर दिया जाएगा। उसके पहले या उस दरमियान यह रकम आप लोगों की ओर से मुझे मिल जानी चाहिए।

मुम्बई, अहमदाबाद, पूना, सोलापुर, धारवाड़, नागपुर आदि शहरों में नौकरी करनेवाले लोगों को निम्न प्रकार से सहयोग करना चाहिए। 100 रुपए या 100 रुपए तक वेतन पानेवाले लोगों को कम से कम 5 रु., 100 रु. से अधिक और 200 रुपए तक वेतन पानेवाले लोगों को 10 रु., और 200 से अधिक वेतन पानेवाले लोगों को कम-से-कम 25 रुपए देने चाहिए। जो लोग नौकरी नहीं करते उनकी ओर से एक-एक रुपया लेने में कोई हर्ज नहीं।

गाँव-देहात के लोगों को यदि गाँव एकदम छोटा हो तो कम से कम 10 रुपए और गाँव में 10 से अधिक परिवार रहते हों तो हर घर से कम से कम एक रुपया इस हिसाब से चन्दा देना चाहिए। जो लोग ज्यादा हैसियत रखते हैं उन्हें ज्यादा रक़म देनी चाहिए। जिसने 25 रुपए या इससे अधिक या अपनी एक माह की तनख्वाह दी उसी तरह अगर किसी संस्था ने 101 रुपए से अधिक चन्दा दिया तो उनके नाम हॉल के बोर्ड पर लिखे जाएँगे।

एक बात सभी लोगों को अच्छी तरह ध्यान में रखनी चाहिए कि इस फंड को पैसा देनेवाले लोगों को अपना पैसा 'शेड्यूल्ड कास्ट्स इम्प्रूवमेन्ट ट्रस्ट, मुम्बई' संस्था के सेक्रेटरी मान्यवर शांताराम अनाजी उपशाम के नाम पर 'भारतभूषण प्रिंटिंग प्रेस, गोकुलदास पास्ता रोड, मुम्बई नं. 14' पते पर मनीआर्डर अथवा इन्शुअर्ड लेटर से भेजना चाहिए। आपका पैसा उन्हें मिलते ही वे तुरन्त उसे बैंक में जमा करने की व्यवस्था करेंगे।

सार्वजनिक पैसा बीच में ही खा जाने की कुछ लोगों की आदत बन गई है। यह रोग इस फंड को नहीं लगेगा इस बात पर सभी लोगों को भरोसा रखना चाहिए।

इस चंदे को इकट्ठा करने के लिए शहर के लोगों को चाल-कमेटी बनाकर और गाँव के लोगों को तहसील कमेटी या कुछ गाँवों का एक ग्रुप बनाकर ग्रुप कमेटी बना कर ही चन्दा इकट्ठा करना चाहिए। जहाँ 10-20 पावतियाँ हों वहाँ रसीद बुक की इन्तजार करने की कोई आवश्यकता नहीं। उन्हें चन्दा इकट्ठा करके पैसे देने वालों के नाम और पूरा पता उपरोक्त पते पर भेज देना चाहिए। उन्हें मुम्बई से रसीद बनाकर भेज दी जाएगी। अन्य लोगों ने माँग की तो जितनी आवश्यक हों उतनी रसीद बुकें भेजी जाएँगी। एक गाँव के इकट्ठा चन्दे के लिए एक ही रसीद देनी चाहिए। लेकिन गाँव के किसी आदमी ने निश्चित चन्दे के अलावा अधिक चन्दा दिया तो उसे अलग रसीद देनी चाहिए। किस गाँव से कितना चन्दा प्राप्त हुआ इस बात को 'जनता' पत्र में प्रकाशित किया जाएगा। यदि 'जनता' पत्र आपके पास न आता हो तो उसे आपको मँगवाना चाहिए। इससे इस कार्य में क्या प्रगति हो रही है इस बात की जानकारी आपको हर सप्ताह घर बैठे मिल जाएगी।

धन्यवाद।

21.8.1952

आपका

–बी. आर. अम्बेडकर

भवन निर्माण के लिए धन संचित करने की प्रतिज्ञा कीजिए

दि. 28 सितम्बर 1952 को मुम्बई में नरेपार्क में आयोजित दलित समाज के सम्मेलन में डॉ. बाबासाहेब अम्बेडकर का भाषण। इस सम्मेलन में डॉ. अम्बेडकर ने कहा–

बहनो तथा भाइयो,

आजकल कई लोगों के दिलो-दिमाग राजनीति में व्यस्त हैं। लेकिन आज मुझे राजनीति में कोई विशेष दिलचस्पी नहीं है। फिलहाल मेरा ध्यान भवन निर्माण के लिए धन संचित करने में लगा है। मुम्बई में कई जातियों के अपने-अपने भवन हैं। ब्राह्मणों के अतिथि भवन हैं। मराठाओं के अतिथि भवन हैं। क्षत्रियों के अतिथि भवन हैं। इतना ही नहीं, कुनबियों ने भी अपने अतिथि भवन या हॉल बनाए हैं। उसी प्रकार अछूत समाज का भी एक अतिथिगृह या हॉल मुम्बई में होना चाहिए, यह योजना बहुत पुरानी है। इस काम के लिए मैंने 1938 में मुम्बई में 'इमारत फंड' की स्थापना की थी। मुझे इस कार्य की जिम्मेदारी को लिए आज 10-15 साल हो चुके हैं। फिर भी यह कार्य आज तक स्थायी रूप से सम्पन्न नहीं हो सका। इसलिए मैंने यह निर्णय किया है कि अब इस कार्य को पूरा कर लेना चाहिए। इस कार्य को पूरा किए बगैर मैं अन्य किसी कार्य को हाथ में नहीं लेना चाहूँगा। आप सभी लोगों को इस कार्य को महत्त्व देकर पूरे दिलोजान से इस कार्य में जुट जाना चाहिए। इस कार्य के लिए आज मेरे पास पहले का संचित धन इस प्रकार है। बकाया 40 हजार रुपए, हीरक महोत्सव के लिए मुम्बई के लोगों ने इकट्ठा किए 18 हजार रुपए (इसमें बाहर गाँवों से प्राप्त 1 हजार रुपए भी हैं)। मुम्बई से बाहर के लोगों ने इमारत फंड के लिए भेजे हुए 4 हजार रुपए और बगैर ब्याज से प्राप्त 32 हजार रुपए। शेष रकम आप लोगों को इकट्ठा करनी चाहिए। इस कार्य के लिए कर्ज इकट्ठा करने का मेरा इरादा था। लेकिन अब मैंने वह इरादा बदल दिया है। क्योंकि यदि कर्ज लिया गया तो सौ रुपए पर 10-12 रुपए सिर्फ ब्याज के देने पड़ेंगे। ब्याज की इतनी रकम देने के लिए मैं तैयार नहीं हूँ। यदि आप लोगों ने तय कर लिया तो कर्ज लिए बगैर ही इस काम को पूरा किया जा सकता है। आप

लोगों को मुम्बई में चाल कमेटियाँ बनाकर और मुम्बई से बाहर कुछ गाँवों की गाँव कमेटियाँ या तहसील कमेटियाँ बनाकर इस काम को पूरा करना चाहिए। अब मैं बार-बार उसी बात को दोहराना नहीं चाहूँगा। इस बात को बताने के लिए ही आज मैं यहाँ आया हूँ। इस तारीख के बाद मैं दिल्ली जाना चाहता हूँ। और शायद बहुत दिनों तक लौटकर नहीं आऊँगा। मैं यहाँ नहीं हूँ इसलिए आप लोगों को इस काम की ओर ध्यान देना है। मेरे यहाँ से जाने के बाद जिस तेजी से काम चल रहा है, उससे भी अधिक तेज गति से काम चलना चाहिए। आप लोगों के काम की रिपोर्ट मेरे दिल्ली से जाने के बाद मुझे वहाँ मिलनी चाहिए। और वह रिपोर्ट मुझे सन्तोषजनक लग सके इस प्रकार की होनी चाहिए। यहाँ जिस संस्था के द्वारा सम्मेलन आयोजित किया गया है उस संस्था के सभी सदस्यों को इस कार्य को अपना समझकर अपने-अपने क्षेत्र में काम में जुट जाना चाहिए।

आज विजयादशमी है। यह सोने का दिन है। लेकिन सोना न तो आपके पास है और न मेरे पास है। किन्तु आज का यह अवसर सचमुच सोने की तरह है। यहाँ से जाने से पहले आप सभी लोगों को 'इमारत फंड' इकट्ठा करने के लिए सोने की तरह प्रतिज्ञा करनी चाहिए। आप अपनी प्रतिज्ञा की कसौटी पर सौ प्रतिशत खरे उतरने चाहिए।

मेरी सारी जनता गरीब है। लेकिन उस पर मेरा पूरा भरोसा है। वह गरीब होने के बाद भी मेरी आवाज का सम्मान करेगी, इसमें कोई सन्देह नहीं। लेकिन, इस मौके पर पढ़े-लिखे लोगों से मेरी शिकायत है, मैं उन्हें दो-चार बातें कहना चाहता हूँ। गरीब जनता द्वारा दिए गए पैसे का हिसाब उन्हें सही ढंग से रखना चाहिए। और एक पैसे की भी हेराफेरी नहीं होगी इस बात की उन्हें पूरी सावधानी बरतनी चाहिए। सार्वजनिक पैसे का हिसाब सही ढंग से रखना, उसे समय-समय पर जनता के सामने रखना इससे बढ़कर पवित्र कार्य और कोई नहीं है। उसी प्रकार सार्वजनिक पैसे को लूटना, इससे दूसरा नीच काम और कोई नहीं है।

मैं जब तक मुम्बई में हूँ तब तक लोगों को मुझे घर पर पैसे देने चाहिए। और मेरे दिल्ली जाने के बाद पैसे शांताराम अनाजी उपशाम, सेक्रेटरी शेड्यूल्ड कॉस्ट इम्प्रूवमेंट ट्रस्ट, मुम्बई, के पास देने चाहिए।

फिलहाल वे मेरे घर पर पैसे लेने का काम करते हैं। मेरे दिल्ली जाने के बाद उनका ऑफिस भारतभूषण प्रिटिंग प्रेस में रहेगा।

साप्ताहिक 'जनता' के 4 अक्तूबर, 1952 के अंक में प्रकाशित।

शिक्षा का स्तर घटता जा रहा है

मुम्बई के प्रसिद्ध एल्फिस्टन कॉलेज में सोमवार ***दि. 15 दिसम्बर 1952*** *को डॉ. बाबासाहेब अम्बेडकर का व्याख्यान आयोजित किया गया था। उन्होंने अपने व्याख्यान में कहा–*

इस कॉलेज में मैंने चार साल तक जो अध्ययन किया उसकी स्मृतियाँ सुखद नहीं हैं। मैं इस कॉलेज का पहला अछूत छात्र था। मैं सवर्ण (हिन्दू) छात्रों से मिलने की हिम्मत नहीं कर सकता था। मतलब किसी डर के कारण नहीं बल्कि मुझे ही उनमें घुलना-मिलना अच्छा नहीं लगता था क्योंकि मेरे कपड़े दूसरों की तरह साफ-सुथरे, चमकदार नहीं होते थे इसलिए मुझे उनसे दूर रहना अच्छा लगता था। आजकल के छात्रों की तरह मेरा कॉलेज जीवन उतना उत्साही नहीं था, इसके लिए मैं किसी को दोष नहीं दे रहा हूँ। मेरे अध्यापकों ने और विद्यालय के संचालकों ने मेरे साथ अच्छा व्यवहार किया। उस समय के छात्रों में और आज के छात्रों में जमीन-आसमान का अन्तर है।

विश्वविद्यालय का गैरजिम्मेदाराना व्यवहार

आज के छात्र जिस विश्वविद्यालय में पढ़ते हैं उसके काम करने के ढंग की ओर बिल्कुल ध्यान नहीं देते। छात्रों को क्या पढ़ना चाहिए इसका फैसला विश्वविद्यालय करता है। फिर भी हम जो पढ़ते हैं वह हमारे बौद्धिक विकास के लिए सचमुच जरूरी है या नहीं, इस बात की ओर हर छात्र को ध्यान देना चाहिए। उनके भावी जीवन का निर्माण यहीं से होता है। वह राष्ट्र का आदर्श नागरिक होगा या उसका जीवन असफल होगा, यह भी पाठ्यक्रम ही तय करेगा। इसलिए विश्वविद्यालय की गतिविधियों पर छात्रों की पैनी नजर होनी चाहिए। लेकिन आज के छात्र इस दृष्टि से एकदम लापरवाह होते हैं।

महान दर्शन की ओर अनदेखी

महाविद्यालय की पढ़ाई करनेवाले इन छात्रों के महाविद्यालय के चार साल समाप्त हो जाते हैं और विश्वविद्यालय की उपाधियाँ लेकर वे लोग बाहर आते हैं। लेकिन उन्हें प्लेटो, बेकन, नीत्शे, स्पिनोजा जैसे महान दार्शनिकों के दर्शन के बारे में कुछ भी मालूम

नहीं होता। जिस दर्शन ने नए विश्व का निर्माण किया है, यही नहीं, आज का नवमानव अपने रोज के जीवन में जिस दर्शन पर जी रहा है उस महान दर्शन को आज के स्नातकों का नजरअंदाज करना इससे अधिक शर्म की बात और क्या हो सकती है? बल्कि आज के विश्वविद्यालय जेम्स और चार्ल्स के दर्शन को जबरन छात्रों पर थोप रहे हैं। छात्रों को स्वयं इन बातों को पहचानना चाहिए। और उन्हें इस बात की माँग करनी चाहिए कि हमें उचित शिक्षा मिलनी चाहिए।

नए जीवन-मूल्यों को पहचानिए

मानवीय जीवन के वैचारिक और नैतिक मूल्य कभी स्थायी नहीं रहे, अचल नहीं रहे, वे समय के मुताबिक बदलते रहते हैं। वे सिर्फ बदलते ही हैं ऐसी बात नहीं बल्कि वे विकसित भी होते रहते हैं। भारतीय छात्रों को भी इन नवनिर्मित जीवनमूल्यों की ओर ध्यान देना चाहिए। और हम लोगों को भी उन्हें अपने जीवन में उतारने के लिए तैयार रहना चाहिए। यह नया दर्शन हमारी शैक्षणिक संस्थाएँ अपने पाठ्यक्रम में सम्मिलित करती हैं या नहीं इस बात की ओर भी ध्यान देना चाहिए।

प्रज्ञा और प्रतिभा क्यों कमजोर हुई?

लेकिन दुख की बात यह है कि आधुनिक छात्रों का बौद्धिक और वैचारिक स्तर गिरता जा रहा है। इनकी भूतकाल की मानवीय प्रज्ञा से तुलना नहीं की जा सकती। यह बौद्धिक स्तर क्यों नीचे गिर गया इस बात पर छात्रों का सोचना जरूरी है। उस पतन का कारण एकदम साफ है। आज का छात्र वर्ग भूतकाल के प्रज्ञावंत और प्रतिभावान लोगों के दर्शन और साहित्य का मन लगाकर अध्ययन नहीं करता।

नई दृष्टि का अभाव

बल्कि आज का छात्रवर्ग फुटबाल, क्रिकेट और खोखली राजनीति में व्यस्त रहता है। अध्ययन का एक बहुत बड़ा अर्थ होता है। अपने यहाँ के प्राचीन गुरुकुलों में एकान्त में अध्यापन होता था। इस तरह के गुरुकुल जंगलों में स्थापित होते थे, इसका मूल कारण यही था कि उन्हें अध्ययन से नई दृष्टि प्राप्त होनी चाहिए। इस दृष्टि से उन्हें सही जीवन मूल्यों की खोज करके बोध हासिल करना होता था। लेकिन आज के छात्र क्रीड़ा और राजनीति के जाल में फँसकर उस नई दृष्टि को हासिल करने का प्रयास नहीं करते।

अध्यापकों की उदासीनता

भारत के विद्यालयों का अध्यापक केवल विद्यालयों में स्वीकार लिया गया है। वह विद्यालयों में पढ़ाता है। स्वयं प्रेरणा से यह अध्ययन नहीं होता। अध्यापक के मन की

प्रसन्नता, अध्यापन की इच्छा और उसके लिए लगातार जो मेहनत करनी पड़ती है, इन सभी बातों का उसके पास अभाव रहता है। बल्कि अध्यापक के काम को नौकरी का जो घिनौना स्वरूप प्राप्त हुआ है उससे घंटे पूरे करने के लिए ही उसे पढ़ाना पड़ता है। इसी कारण अध्यापक वर्ग में कई प्रकार के दोष पैदा हुए हैं। इसी कारण अध्यापक छात्रों को विचार प्रवर्त्तक ज्ञान देने में असमर्थ हैं।

ज्ञान ही महान शक्ति

छात्रों को काफी फीस देनी पड़ती है। यह फीस इसी तरह से बढ़ती रही तो छात्रों के भावी जीवन पर उसका निश्चित रूप से गलत प्रभाव पड़ेगा। उनका भविष्य खतरे में पड़ जाएगा। बेकन कहता है, "Knowledge is Power." ज्ञान एक महान शक्ति है। यदि छात्रों को इस ज्ञान की राह पर चलकर अपने देश का विकास और उत्थान करना है तो उन्हें विश्वविद्यालय के कार्य-प्रशासन की ओर जरूरी ध्यान देकर अपने हक़ के लिए हमेशा लड़ते रहना चाहिए।

विश्वविद्यालय के काम में दखल देनेवाले पुराने मठाधीशों को हटाइए

विश्वविद्यालय का कार्य-प्रशासन चलानेवाले सीनेट में बैठे हुए इन निष्क्रिय पुराने लोगों के वहाँ से निकले बगैर विश्वविद्यालय के काम में परिवर्तन नहीं आएगा। बल्कि इन पुराने मठाधीशों के द्वारा ही विश्वविद्यालय में खुल्लमखुल्ला भ्रष्टाचार पनप रहा है। सीनेट के कुछ सदस्यों के पास से ही शिक्षा साहित्य या शास्त्रीय इन्स्ट्रूमेन्ट्स खरीदने की शर्त पर ही किसी नए स्कूल या कॉलेजों को मान्यता मिलती है। इसलिए छात्रों को ही विश्वविद्यालय का कार्य देखना चाहिए और अपने हितों की रक्षा करनी चाहिए।

साप्ताहिक 'जनता' के 20 दिसम्बर, 1952 के अंक में प्रकाशित।

अपने उत्थान का स्वतन्त्र रास्ता खोजना होगा

__दि. 29 जनवरी 1953__ को दिल्ली में डॉ. बाबासाहेब अम्बेडकर की एक जनसभा का आयोजन किया गया था। इस सभा में दलित समाज के लोग बहुत बड़ी संख्या में उपस्थित थे। इस सभा को सम्बोधित करते हुए डॉ. अम्बेडकर ने कहा–

दलित जनता पर होनेवाली जुल्म-ज्यादतियाँ यदि यथाशीघ्र रुकी नहीं तो दलित जनता समय आने पर देश की भलाई-बुराई की परवाह किए बगैर अपने ऊपर होनेवाली जुल्म-ज्यादतियों का मुकाबला करने के लिए अपना कदम आगे बढ़ाएगी। दिन-ब-दिन दलित जनता के अधिकारों पर जबर्दस्ती हो रही है और उन पर होनेवाली जुल्म-ज्यादतियों में बढ़ोतरी हो रही है। यदि इस तरह की स्थिति समय रहते ही नहीं रुकी तो हमें अपनी मुक्ति का स्वतन्त्र रास्ता खोजना पड़ेगा। यदि आप लोगों की यह धारणा हो कि हमारी भलाई के लिए हम काबिल और सबल नहीं हैं, तो उस तरह की आपकी समझ गलत है।

साप्ताहिक 'जनता' के 31 जनवरी, 1953 के अंक में प्रकाशित।

भाषायी प्रान्तों का निर्माण

2 मई, 1953

अंग्रेजों ने डेढ़ सौ से अधिक सालों तक भारत पर राज किया है। इस शासनकाल में भाषायी प्रान्तों के गठन का सवाल बार-बार उपस्थित होने के बावजूद अंग्रेजों ने भाषायी प्रान्तों का गठन नहीं किया। उन्होंने कई भाषायी प्रान्तों के लोगों की 'सांस्कृतिक एकता' को किसी प्रकार का महत्त्व न देते हुए सबल प्रशासन कानून व्यवस्था और शान्ति प्रस्थापित करने की ओर ही विशेष ध्यान दिया। वास्तव में उनकी सत्ता के उत्तरकाल में उनकी समझ में आ गया था कि उनके द्वारा निर्मित प्रादेशिक प्रशासन में जहाँ ज्यादा असन्तोष है, कम-से-कम ऐसे स्थानों पर भाषायी प्रान्तों के गठन की दृष्टि से कुछ परिवर्तन जरूरी हैं। अंग्रेजों के जाने से पहले उन्होंने बंगाल, बिहार और उड़ीसा जैसे भाषायी प्रान्तों का गठन किया। यह उसका प्रमाण है। यदि आगे भी अंग्रेजी सत्ता भारत पर बरकरार रही होती तो उन्होंने सामान्य तर्क के मुताबिक भाषायी प्रान्तों के गठन का रास्ता अपनाया होता या नहीं, यह बताना काफी मुश्किल है।

अंग्रेजों ने भाषायी प्रान्तों के गठन पर विचार करने से पहले गांधी के नेतृत्व में कांग्रेस ने 1920 में भाषायी प्रान्तों के गठन को लेकर एक विधान बनवाया। मतलब 1920 में कांग्रेस ने यह जो विधान बनवाया था, उसकी बुनियादी विचारधारा उस विशुद्ध विचार-विमर्श से पैदा हुई कि इसमें जनता को कांग्रेस के पक्ष में लाया जाए। इसके लिए यह जादू चलाया गया इस बात को आजमाने के लिए किसी को भी फिजूल समय नहीं गँवाना चाहिए। लेकिन अंग्रेजों ने भाषायी प्रान्तों के महत्त्व को जाना और उन्होंने तुरन्त कुछ प्रान्तों की भाषायी आधार पर गठन की भी योजना बना ली। कांग्रेस ने 1920 के विधान से स्वयं जो जिम्मेदारी स्वीकार की थी उसका उन्होंने 1945 तक कोई जिक्र नहीं किया। लेकिन जब 1945 में सत्ता प्राप्त करने का मौका आया उस समय कांग्रेस की बूढ़ी माँ का मुर्गा ढका हुआ होने पर भी भाषायी प्रान्तों की योजना का सूरज क्षितिज पर आ पहुँचा। अभी हाल ही में भारतीय संसद के एक सदस्य ने संसद में भाषायी प्रान्त गठन का प्रश्न उपस्थित करके इस समस्या को जरूरी गति प्रदान की है। सरकार की ओर से संसद की बहस में इस सवाल का जवाब देने की जिम्मेदारी एक तरह से मुझ पर आई। स्वाभाविक तौर पर बड़े पदाधिकारियों का दृष्टिकोण निश्चित करने के लिए

इस समस्या को मैंने अपनी ओर ले लिया। और आश्चर्य की बात यह है कि कुछ प्रान्तों के भाषायी गठन पर इन बड़े पदाधिकारियों का (High Command) बिल्कुल विरोध था। इस स्थिति में इस बहस के जवाब की जिम्मेदारी प्रधानमन्त्री को लेनी चाहिए, यही एक उचित रास्ता था। प्रधानमन्त्री ने इस बहस का जवाब दिया और आन्ध्र प्रदेश का यथासम्भव ऐसा गठन होगा, इस तरह का आश्वासन भी दे दिया। प्रधानमन्त्री के इस आश्वासन पर भाषायी प्रान्त के गठन का प्रस्ताव वापस ले लिया गया और यह सवाल यहीं रुक गया।

संविधान का प्रारूप तैयार होने के बाद फिर एक बार इस सवाल का जवाब देने की जिम्मेदारी मुझ पर आई। संविधान के 'अ' श्रेणी के प्रान्तों में आन्ध्र प्रदेश को सम्मिलित किया जाए या नहीं, इस बारे में मैंने उन्हें खत लिखा था। उस आधार पर मैंने संसद में उस विषय पर जो बहस हुई थी और उसके लिए जो आश्वासन दिया गया था उसकी उन्हें याद भी दिलाई। इस सम्बन्ध में वास्तव में कहाँ रुकावट आई यह पता नहीं है लेकिन संविधान सभा के अध्यक्ष डॉ. राजेन्द्र प्रसाद ने उत्तर प्रदेश के एक वकील मान्यवर धार के नेतृत्व में भाषायी प्रान्त गठन की जाँच करवाने के लिए एक समिति नियुक्त की, यह बात सच है।

भाषायी प्रान्तों के गठन की योजना के मुताबिक संयुक्त महाराष्ट्र का गठन हुआ तो किसी भी हालत में मुम्बई शहर उसमें सम्मिलित नहीं किया जाएगा, यह मत जिस तरह धार समिति ने व्यक्त किया उसके लिए धार समिति को भूलना सम्भव नहीं है। धार समिति की इस रिपोर्ट पर कांग्रेस के जयपुर अधिवेशन में राय माँगी गई। इस काम के लिए जयपुर के अधिवेशन में स्वयं प्रधानमन्त्री नेहरू, वल्लभभाई पटेल और डॉ. पट्टाभिसीतारमैय्या तीनों लोगों की नियुक्ति की गई। उन्होंने जो रिपोर्ट दी उसका सारांश इतना है कि आन्ध्र प्रदेश का तुरन्त गठन होना चाहिए। किन्तु मद्रास शहर तमिलों को ही मिलना चाहिए। इस सम्बन्ध में विस्तार से जानकारी हासिल करने के लिए एक समिति नियुक्त की गई। इस समिति ने बहुमत से एक रिपोर्ट तैयार की। लेकिन इस रिपोर्ट का मान्यवर प्रकाशम जैसे महत्त्वपूर्ण व्यक्ति ने विरोध किया था। क्योंकि वे मद्रास शहर को खोना नहीं चाहते थे। इसी कारण आन्ध्र प्रदेश के गठन की गाड़ी रुक गई।

उसके बाद मान्यवर पोट्टी सिरिरामलु का देहान्त हो गया। उन्होंने आन्ध्र प्रदेश के लिए अपनी जान कुरबान कर दी। सभी कांग्रेसियों ने आंध्र प्रदेश के भाषायी गठन की बात को स्वीकार करने के बाद उसमें बेवजह देर करके मान्यवर सिरिरामलु को मरने के लिए मजबूर किया। यह बड़े दुख की बात है। अब जो आन्ध्र प्रदेश बन रहा है उसमें केवल सिरिरामलु की अस्थियों पर प्रधानमन्त्री पिंडदान कर रहे हैं। दुनिया के अन्य किसी देश में लोग ऐसी घटना को बर्दाश्त कर लेंगे, ऐसी कल्पना नहीं की जा सकती।

भाषायी प्रान्त बनाने से पहले तीन बातों को पूरा किया जाना चाहिए। इसमें पहली बात यह है कि वह प्रान्त अपने में आत्मनिर्भर होना चाहिए। संविधान निर्माण के समय

जब संस्थानों के एकीकरण का सवाल उठा, उस समय आर्थिक दृष्टि से यह स्वावलम्बन का मुद्दा महत्त्वपूर्ण था। और इसीलिए कई संस्थानों को स्वतन्त्र प्रान्तों का स्थान मिला। शेष आसपास के प्रान्तों से जोड़ दिए गए।

क्या आन्ध्र आत्मनिर्भर प्रान्त है? आन्ध्र प्रदेश के सालाना बजट में पाँच करोड़ का घाटा रहेगा, यह स्पष्ट रूप से न्यायमूर्ति वाच्छू ने स्वीकार किया है। यह स्थिति होते हुए भी आन्ध्र प्रदेश का जो गठन होने जा रहा है उसमें कर बढ़ाकर या प्रशासन व्यवस्था पर कम खर्च करके क्या उस घाटे को पूरा किया जा सकता है? आज आन्ध्र प्रदेश के सामने यह एक गम्भीर सवाल है। क्या केन्द्रीय सरकार इस घाटे को पूरा करने का जिम्मा ले सकती है? यदि उस तरह की जिम्मेदारी केन्द्रीय सरकार ने ली तो वह आन्ध्र प्रदेश की ली जाएगी या इस तरह की कठिनाइयों से जूझते अन्य प्रान्तों को भी सरकार उसी तरह से मदद करेगी? इन सारे सवालों का हल आज ही निकल जाना चाहिए।

आन्ध्र प्रदेश के पास निश्चित रूप से पूँजी नहीं है। पूँजी के बगैर किसी राज्य का निर्माण किया जा सकता है, ऐसी बात कहीं सुनने में नहीं आई है। तमिलों के सख्त विरोधी राजगोपालाचारी आन्ध्र प्रदेश की नई सरकार को मद्रास शहर में एक रात भी टिकाने के लिए तैयार नहीं हैं। उनके पास हिन्दू धर्म के मामूली 'आतिथ्य' की औपचारिकता भी नहीं है। नई आन्ध्र सरकार को अपना कामकाज चलाने के लिए अलग स्थान खोजना पड़ रहा है। और भूसे में अपनी नई कचहरियाँ बनानी पड़ रही हैं। आन्ध्र अपनी राजधानी के लिए कौन-सा स्थान चुनेगा? आन्ध्र सहारा के मरुस्थल की तरह है। उसमें कहीं भी हरियाली नहीं दिखाई दे रही है। आन्ध्र प्रदेश को अपनी राजधानी के लिए मरुस्थल में अच्छे निवास स्थलों और स्वास्थ्यप्रद स्थान को खोजना जरूरी है। अस्थायी बनी कचहरियों पर होनेवाला निर्माण खर्च एक तरह से पैसों की बरबादी है। क्या सरकार ने कभी इस बात पर सोचा है? सरकार इस तरह की कोई जगह क्यों नहीं देती जो आन्ध्र की हमेशा की राजधानी बन सके?

वारंगल एक ऐसी जगह है जो आन्ध्र प्रदेश की राजधानी बन सकता है। यह आन्ध्र की प्राचीन राजधानी का शहर है। वहाँ रेलवे जंक्शन हैं। इसके अलावा इस शहर में पर्याप्त भवन भी हैं। किन्तु यह शहर आन्ध्र का हिस्सा होने के बावजूद आज हैदराबाद संस्थान में है। सैद्धान्तिक तौर पर हैदराबाद संस्थान समाप्त करके उसमें आन्ध्र का कुछ हिस्सा मिलाकर नया आन्ध्र प्रदेश बनना चाहिए। प्रधानमन्त्री को हैदराबाद संस्थान समाप्त न करने में कुछ स्वार्थ हो सकता है। बावजूद इसके हैदराबाद का कुछ हिस्सा आन्ध्र को देकर वारंगल को राजधानी बनाने में उन्हें कौन-सी आपत्ति हो सकती है? इस तरह दूसरे राज्य का हिस्सा निकाल लेने की बात भारत के लिए नई नहीं है। लेकिन प्रधानमन्त्री को हैदराबाद और कश्मीर इन दोनों संस्थानों के प्रति अस्वाभाविक बरताव करना है। किन्तु मुझे पूरा यकीन है कि प्रधानमन्त्री को चन्द दिनों में ही उसके गलत परिणाम अपनी आँखों से देखने पड़ेंगे।

यह थोड़ा विषयान्तर हो गया है। मेरा मुद्दा यह है कि राज्य आर्थिक दृष्टि से

स्वावलम्बी होना चाहिए। और भाषायी प्रदेशों के गठन के समय यह मुद्दा विशेष महत्त्वपूर्ण है। दूसरा मुद्दा यह है कि भाषायी प्रान्तों का निर्माण करते समय जिस प्रकार के अच्छे-बुरे परिणाम आने की सम्भावना है उसकी पूर्व जानकारी होनी चाहिए। लेकिन बदकिस्मती यह है कि हिन्दुस्तान अपनी जनसंख्या का, जन्म, मृत्यु, जाति-वंश आदि का सिलसिलेवार समीक्षा करके इस वर्गीकरण के मुताबिक सही संशोधन और समीक्षा करनेवाला अध्ययनशील छात्र नहीं है। हमारी दसवर्षीय जनगणना की रिपोर्ट से यह जानकारी मिल जाती है कि यहाँ मुस्लिम कितने हैं, हिन्दू कितने हैं, अछूत कितने हैं, ज्यू कितने हैं और ईसाई कितने हैं? देश में धर्म कितने हैं, इतनी जानकारी हासिल होना पर्याप्त नहीं है। हमें इस प्रकार की जानकारी चाहिए कि हर भाषायी संभाग में जाति-विभाजन किस प्रकार का है। लेकिन इस सम्बन्ध में हमारे पास बहुत कम जानकारी उपलब्ध है। और इसीलिए हर किसी को अपने ज्ञान और अपनी ही जानकारी पर निर्भर रहना पड़ता है। प्रान्तों में हमेशा एक-दो जातियों की संख्या अधिक होती है। शेष सभी जातियाँ अल्पसंख्यक होती हैं, इसमें कोई सन्देह नहीं।

उदाहरण के तौर पर पंजाब के पेप्सू प्रान्त को देखिए। वहाँ जाटों की संख्या अधिक है और वहाँ के अछूत पूरी तरह से उन पर निर्भर हैं। आन्ध्र में दो या तीन जातियों की बहुतायत दिखाई देती है। वहाँ की प्रमुख तीन जातियाँ रेड्डी, कम्मा और कप्पू हैं। जमींदारी, सरकारी नौकरियाँ, व्यापार-उद्योग आदि सभी क्षेत्रों में उन्हीं का स्वामित्व है। और वहाँ अछूतों का दूसरे दर्जे का पराश्रयी स्थान है। महाराष्ट्र को ले लीजिए। महाराष्ट्र के गाँव-देहातों में मराठा जाति के लोगों की संख्या अधिक है। वहाँ ब्राह्मण, गूजर, अछूत और कोलियों को दूसरे दर्जे का महत्त्व प्राप्त है। एक समय था जब वहाँ के ब्राह्मण और बनिया लोग निडर होकर रहते थे। लेकिन अब वह समय बीत चुका है। गांधीजी की हत्या के बाद ब्राह्मण और बनिया लोग मराठों के प्रकोप से घबराकर गाँव-देहातों से जान बचाकर भाग निकले और उन्होंने शहरों में शरण ली है। बदकिस्मती यह है कि अछूत, कोली और माली लोग मराठों की मगरूरी और जुल्म-ज्यादतियों को बर्दाश्त करते हुए अपना जीवन व्यतीत कर रहे हैं। जिन्हें इस चमत्कारिक जाति-व्यवस्था की जानकारी नहीं है उस हर आदमी को इस तरह की परेशानी को बर्दाश्त करना पड़ेगा। भाषायी प्रान्त निर्माण में अल्पसंख्यक जातियों का क्या आधार है? क्या उन्हें विधिमंडल के लिए चुने जाने की उम्मीद है? क्या वे आर्थिक उत्थान की उम्मीद कर सकते हैं? क्या उन्हें प्रदेश सरकार में नौकरियाँ मिलने की उम्मीद है? ऐसी स्थिति में भाषायी प्रान्त के गठन का मतलब बहुसंख्यक जातियों के हाथों में 'स्वराज्य' दे देने की बात है। यह है गांधीजी के स्वराज्य की स्थिति।

जिन लोगों को इस सवाल का अर्थ समझ में नहीं आया उन्हें भाषायी प्रान्त के गठन की बात समझ में नहीं आएगी। बल्कि इस तरह के प्रान्तों को जाट-प्रदेश, रेड्डी-प्रदेश और मराठा-प्रदेश कहा गया तो बात उनकी समझ में आ सकती है।

तीसरा मुद्दा यह है कि यदि एक ही भाषा बोलनेवालों को एक ही प्रान्त में

सम्मिलित किया गया तो क्या उनमें एकता सम्भव है? क्या सभी महाराष्ट्रियन महाराष्ट्र में एक समाज बन सकते हैं? क्या सभी आन्ध्र के निवासी आन्ध्र प्रदेश में इकट्ठा होंगे? इस एक समूह का अर्थ एक नई इकाई का निर्माण करना नहीं है। उनका उत्तर प्रदेश, बिहार, पश्चिम बंगाल आदि प्रान्तों की सामूहिकता से सम्बन्ध है। उत्तर प्रदेश की तरह हिन्दी बोलनेवालों का एक सम्पूर्ण प्रदेश क्यों नहीं होना चाहिए? किन्तु जो लोग इस सामूहिकता का समर्थन करते हैं उन्हें क्या दूसरे प्रान्तों के साथ झगड़ा पैदा करना है? और हर किसी ने इस सामूहिकता का यह अर्थ ले लिया कि हम आजाद हैं, दूसरों से अलग हैं तो कुछ ही समय बाद मौर्य साम्राज्य की तरह आज के भारत के भी टुकड़े हो जाएँगे।

इसका मतलब यह नहीं है कि भाषायी प्रान्तों की माँग का दूसरा पक्ष नहीं है। भाषायी प्रान्तों के परदों के पीछे उन प्रान्तों की बहुसंख्यक जातियों की ओर से भाषायी प्रान्त निर्माण के उद्देश्यों की बलि न चढ़ाई जाए। इसलिए जो सही है उस दिशा में निश्चित जिम्मेदारी, सावधानी और सन्तुलन रखने का मेरा यह सुझाव है।

चोखामेला के मन्दिर की बजाय बुद्ध विहार बनाइए

देहू रोड, जिला पूना में डॉ. बाबासाहेब अम्बेडकर का व्याख्यान आयोजित किया गया था। इस अवसर पर लोगों को मार्गदर्शन करते हुए डॉ. अम्बेडकर ने कहा–

आप लोगों ने सन्त चोखामेला का मन्दिर बनाया है। जिस चोखामेला की प्रतिमा आपकी आँखों के सामने नहीं, जिसे आपने देखा नहीं, यही नहीं उस समय चोखामेला ने अपने अस्तित्व के लिए कुछ भी नहीं किया, उस चोखामेला के बारे में हम लोगों को इतनी आस्था रखने में कोई फायदा नहीं। और इसलिए हम अब जिस भावना से प्रेरित हुए हैं उस भावना को इस युग में पाँवों तले नहीं रौंदा जा सकता।

यदि मैंने अपने समय का कुछ हिस्सा इस काम में लगाया होता तो इस काम के लिए जनता में आदर की भावना पैदा हुई होती और मेरे लक्ष्य से निश्चित तौर पर दुनिया परिचित हुई होती। फिर भी मेरे पास अधिक काम होने की वजह से मैं इस कार्य के लिए थोड़ा-सा भी समय नहीं निकाल पाया।

प्रचलित रूढ़-परम्पराओं की गिरफ्त में फँसी हुई दलित जनता अन्धश्रद्धा के कारण पतन को प्राप्त हुई है। हिन्दू धर्म के 33 करोड़ देवताओं की पूजा करते हुए उन्होंने हजारों बरसातें गुजारी हैं। आज तक यह भोली जनता धर्म के अभियान के नाम पर उन्हीं रास्तों पर चल रही है। लेकिन सच्चाई, अहिंसा और जनसेवा की त्रिवेणी बहानेवाले धर्म को शंकराचार्य ने रोकने का प्रयास किया और आज वही नदी सागर बन गई है। उसमें कुछ अन्धश्रद्धालु पूज्य भावना से स्नान करके अपने पापों को धो रहे हैं। जिस धर्म में इनसानियत नहीं उस धर्म के देवताओं के बारे में भी अपनत्व की भावना गलत है। और इसीलिए अब आगे हम लोगों को अन्य भाव से या उद्देश्य से आगे के कार्यक्रम बनाने चाहिए। इसलिए मैं आप लोगों को सलाह देना चाहता हूँ कि आप लोगों ने जो मन्दिर बनाया उसमें बुद्ध की प्रतिमा स्थापित कीजिए।

साप्ताहिक 'जनता' के 8 मई, 1953 के अंक में प्रकाशित।

दुनिया को बौद्ध धम्म का रास्ता अख्तियार करना होगा

*दि. **27 मई 1953** को बुद्ध जयंति के निमित्त शाम को पाँच बजे नरेपार्क, परेल (जी.आई.पी. रेलवे वर्कशॉप के सामनेवाला मैदान) में डॉ. बाबासाहेब अम्बेडकर का व्याख्यान आयोजित किया गया था। इस सभारम्भ में विशाल दलित जनता सम्मिलित हुई थी। इस अवसर पर डॉ. अम्बेडकर ने अपने भाषण में कहा—*

अध्यक्ष महोदय, भाइयो तथा बहनो,

आप लोगों को यहाँ आए हुए दो-तीन घंटे हुए होंगे। स्वाभाविक तौर पर आपकी आँखें घर की ओर लगी होंगी, इस बात को जानते हुए मैं आपका ज्यादा समय नहीं लूँगा। मुझसे पहले पाँच-छह वक्ताओं ने भगवान बुद्ध के जीवन पर काफी कुछ कहा है।

मेरी यह सद् इच्छा है कि भारत के तमाम अछूतों को बौद्ध धर्म स्वीकार कर उसके मुताबिक अपना बर्ताव रखना चाहिए। हम लोग पिछले साल बुद्ध जयन्ती उत्सव के अवसर पर यहाँ इकट्ठा हुए थे। उस समय इतनी बड़ी संख्या में लोग इकट्ठा नहीं हुए थे। लेकिन आज यह विशाल जनसमूह देखकर मुझे इस बात की खुशी हो रही है कि एक साल में लोगों में इतनी अधिक जाग्रति पैदा हुई है। इसके अलावा अछूतों की खबरों को ज्यादा महत्त्व न देनेवाले अखबारों में कल के महाजुलूस की खबर मुझे पढ़ने को मिली। हम लोगों ने जो प्रगति की है, वह बड़ी प्रशंसनीय है।

बुद्ध जयन्ती मनाना कोई बहुत बड़ी बात नहीं है क्योंकि सभी छोटे-बड़ों के कार्य के प्रति सम्मान प्रदर्शित करना उचित ही है। लेकिन हम बुद्ध जयन्ती मनाते हैं वह इसलिए कि भारत का सामाजिक पतन समाप्त होना चाहिए। लोगों को बुद्ध की शिक्षा स्वीकार करने के लिए कहने से पहले यह बताना जरूरी है कि बौद्ध धर्म और हिन्दू धर्म में क्या फर्क है? चातुर्वर्ण्य, मूर्तिपूजा, और आध्यात्मिक तत्त्व आदि सामाजिक भेदों पर हिन्दू धर्म की बुनियाद खड़ी है। लोगों के सामाजिक पतन और राष्ट्र के पतन के लिए जिम्मेदार ब्राह्मणशाही और आज के हिन्दू धर्म में कोई खास फर्क मुझे दिखाई नहीं दे रहा है। हिन्दू धर्म में 'शान्ति' या 'एकता' बिल्कुल नहीं है। और इसका कारण चातुर्वर्ण्य पर आधारित हिन्दू धर्म की समाज-व्यवस्था है। इस बात को करीब-करीब सभी लोग

स्वीकार करते हैं। लेकिन सवाल यह है कि इस चातुर्वर्ण्य की चौखट को कैसे तोड़ा जाए? हिन्दू धर्म में शान्ति और एकता की स्थापना कैसे की जाए? इस सम्बन्ध में कोई कुछ नहीं कह रहा है।

मैं सभी हिन्दुओं से यही कहना चाहता हूँ कि उन्हें इस वर्णाश्रम व्यवस्था को खत्म कर देना चाहिए और पुरानी मूर्खतापूर्ण मान्यताओं को जड़मूल से खत्म कर देना चाहिए। लेकिन यह सब कैसे होगा? क्योंकि हिन्दू वेदों की आज्ञा को प्रमाण मानते हैं। और वेदों में इस वर्णाश्रम व्यवस्था का समर्थन किया गया है। धर्म में सुधार होना चाहिए इस तरह की भाषा बोलने से काम नहीं चलेगा। उसके लिए आचार-विचारों में बुनियादी परिवर्तन लाना चाहिए। बगैर उसके परिवर्तन की उम्मीद नहीं की जा सकती।

बुद्ध धर्म से नफरत करनेवाले ब्राह्मणों से मैं यह पूछना चाहता हूँ कि बुद्ध को प्रारम्भ में जो शिष्य मिले वे कौन थे? उसमें 90 प्रतिशत ब्राह्मण थे।

कुछ हिन्दुओं का यह कहना है कि जिन्हें बौद्ध धर्म स्वीकार करना है उन्हें जरूर करना चाहिए। लेकिन वैसा करते समय ब्राह्मणवाद को गाली देने की जरूरत क्या है? इसका जवाब बड़ा आसान है। वर्णाश्रम की बुनियाद पर खड़े ब्राह्मणवाद पर, हिन्दू धर्म पर चोट नहीं की गई, उसका असली चेहरा लोगों के सामने नहीं रखा गया तो वह बौद्ध धर्म के विकास के रास्ते में एक बड़ा खतरा बन जाएगा। निर्मल जल और गन्दे पानी की धारा को इकट्ठा बहने दिया गया तो निर्मल जलधारा दूषित हो जाएगी। इसीलिए बौद्ध धर्म के विशुद्ध सिद्धान्तों के साथ हिन्दू धर्म का दूषित पानी नहीं बहने देना चाहिए।

बौद्ध धर्म की तरह ही हिन्दू धर्म में भी अहिंसा पर बल दिया गया है, यह बात सही है। लेकिन वर्णाश्रम व्यवस्था को हिन्दू धर्म की बुनियाद बना दिए जाने के कारण ही यही एक बात हिन्दू धर्म का निषेध करने के लिए पर्याप्त है। आज हिन्दू धर्म में जगह-जगह ढोंग फैल रहा है। ब्राह्मण लोग मन्दिरों में रहते हैं क्योंकि वहाँ उन्हें ऐशो-आराम का जीवन व्यतीत करने के लिए मिलता है, ईश्वर की भक्ति करने के लिए नहीं। पिछले साल श्रीलंका से आते समय मैं मद्रास में रुका था। उस समय वहाँ के कई हिन्दुओं ने मुझसे मन्दिरों को देखने का आग्रह किया। मुझे आश्चर्य हुआ। मैं मन्दिरों में गया। मैंने घूम-घूमकर मन्दिर देखे। वहाँ ये ब्राह्मण लोग मूर्तिपूजा करते और धूप, कपूर जलाते थे। इसके अलावा वे और कोई काम नहीं करते, यह मैंने वहाँ देखा है। उनके एक दूसरे महत्त्वपूर्ण काम का मुझे पता लगा। उन्हें अधिक खाना खाना पड़ता है। वे सुबह, दोपहर और शाम को भरपेट खाना खाते हैं। वे लोग सिर्फ भोजन करने का काम करते हैं। मैंने उन्हें पूछा कि उनका यह सब कैसे चलता है? इस पर जवाब मिला कि मद्रास सरकार की ओर से उन्हें दो लाख रुपए सालाना अनुदान मिलता है। कुछ मन्दिरों में सोने और चाँदी की मूर्तियाँ हैं। उनका मूल्य करोड़ों रुपए होगा। एक ओर लोग अनाज के बिना मर रहे हैं, लोग एक-एक पैसे के लिए तरस रहे हैं और दूसरी

ओर पैसा लुटाया जा रहा है, पैसों की खैरात बाँटी जा रही है, और यह सब हिन्दू धर्म के निठल्ले, हराम की कमाई खानेवाले वर्ग के लिए है। फिर ये लोग हिन्दू धर्म की वकालत क्यों नहीं करेंगे?

धर्म विशुद्ध मानवीय सिद्धान्तों पर आधारित होनी चाहिए। भगवान बुद्ध ने वर्णाश्रम धर्म का कभी समर्थन नहीं किया है। हम सभी समान हैं, इस बात को हम लोगों को कभी नहीं भूलना चाहिए। मनुष्य मनुष्य के बीच किसी भी प्रकार का कोई भेदभाव नहीं है। कोई भी आदमी जन्म से छोटा या बड़ा नहीं हो सकता। कोई आदमी अपनी करनी से ही छोटा या बड़ा हो सकता है, यही तथागत बुद्ध का उपदेश है। यदि लोग पुनः बौद्ध धर्म को अपनाएँगे तो भारत पुनः गौरवशाली होगा, इसमें कोई सन्देह नहीं है। अन्य किसी भी रास्ते से भारत का जातिभेद समाप्त होना सम्भव नहीं है। इसलिए जो लोग जातिभेद को समाप्त करना चाहते हैं उन्हें बौद्ध धर्म को अपनाना चाहिए, यही एक रास्ता है।

लेकिन हम बगैर किसी जल्दबाजी के धीरे-धीरे अपना लक्ष्य हासिल करेंगे। पुराने लोग, जिनकी रगों में हिन्दू धर्म का जहर फैला हुआ है उन्हें यदि तुरन्त कहा जाए कि हिन्दू धर्म को छोड़ दीजिए तो उस तरह की बात उनके लिए सम्भव नहीं होगी। और मैं भी उन्हें उस तरह से कुछ कहनेवाला नहीं हूँ। लेकिन नौजवानों से मुझे पूरी उम्मीद है। वे लोग सही रास्ते को अपनाकर ही अपना, समाज का और राष्ट्र का कल्याण कर सकते हैं।

मानवता की सम्पूर्ण सुरक्षा के लिए सारी दुनिया को बौद्ध धर्म का रास्ता अपनाना पड़ेगा। जातिभेद की जड़ों को हमेशा-हमेशा के लिए नष्ट करने के लिए हम लोगों को हिन्दू धर्म को त्यागना जरूरी है। ऐशोआराम में रहनेवालों को इस बात की जानकारी नहीं होगी कि हमारे पाँवों के नीचे क्या सड़ रहा है। यदि जातिभेद की इस समाज-व्यवस्था को ही उखाड़ फेंकना है तो हमें बौद्ध धर्म की शिक्षा को अमल में लाना होगा। इस बात को मैं केवल ऊपरी तौर पर नहीं कह रहा हूँ बल्कि मन से कह रहा हूँ। कहते हैं जब पांडव बनवास गए थे उस समय वे अपने शस्त्रों को एक शमी के पेड़ पर टाँगकर गुप्त रूप से बनवासी जीवन बिता रहे थे। और बाद में उन्हीं तीर-कमानों से उन्होंने बहादुरी दिखाई। उसी प्रकार हम भी अपने हथियार बाहर रखनेवाले हैं।

मैं अपना प्रचार सिर्फ आप लोगों तक ही रखने के बजाय सम्पूर्ण हिन्दू समाज को इस नए प्रवाह में लाने का प्रयास करूँगा। कुछ नहीं कहा जा सकता कि सफलता कहाँ तक मिलती है। मानवता की सुरक्षा के लिए भारत को ही नहीं, सारी दुनिया को बौद्ध धर्म का रास्ता अपनाना पड़ेगा। इसके लिए मैंने बौद्ध धर्म पर एक पवित्र शास्त्र लिखा है। वह जल्दी ही प्रकाशित होगा। और उसे पढ़ने के बाद बौद्ध धर्म को स्वीकार किया जाए या नहीं, इस बात का निर्णय आपको लेना होगा। एक बार आपने जो रास्ता अपनाया वह पूरी तरह से आपके दिलो-दिमाग में रहना चाहिए।

आज हम सभी लोग बुद्ध जयन्ती के अवसर पर यहाँ इकट्ठा हुए हैं। यहाँ बुद्ध

जयन्ती मनाई जा रही है। यहाँ की बुद्ध जयन्ती का विशेष महत्त्व है। बुद्ध जयन्ती मनाई जाए इसके लिए मैं 1942 से सरकार से माँग कर रहा था। बीच के काल में जब मैं मन्त्रिमंडल में था तब भी मैं बुद्ध-जयन्ती की छुट्टी घोषित करने का प्रयास कर रहा था। लेकिन मेरी इच्छा पूरी नहीं हो सकी। उस समय के गृहमन्त्री माननीय मैक्सवेल की भी यही इच्छा थी कि बुद्ध जयन्ती की छुट्टी होनी चाहिए। महायुद्ध के कारण हमारी यह इच्छा पूरी नहीं हो सकी। उन्हें इस बात का डर था कि यदि बुद्ध जयन्ती की छुट्टी की गई होती तो हमें युद्ध के लिए मुस्लिमों से मिलनेवाली मदद नहीं मिलेगी। उसके बाद मुझे पुनः कांग्रेस मन्त्रिमंडल में लिया गया। मन्त्रिमंडल में जाने के बाद मेरी यह माँग प्रधानमन्त्री पंडित नेहरू को मंजूर करनी चाहिए इसके लिए मैंने काफी प्रयास किए। मेरी इस माँग का महाबोधि सोसायटी के अध्यक्ष डॉ. श्यामा प्रसाद मुखर्जी ने भी समर्थन किया। तैंतीस करोड़ हिन्दुओं के देवताओं के जन्मदिन पर छुट्टी, मुस्लिम, पारसी, जैन, ईसाई आदि धर्मों के देवताओं के जन्मदिन पर छुट्टी घोषित की जाती है। लेकिन बुद्ध जयन्ती पर क्यों नहीं? फिर मैंने प्रधानमन्त्री पंडित नेहरू से यह माँग की कि इन छुट्टियों में से किसी एक छुट्टी को कम करके वह हमें दी जाए या एक छुट्टी और बढ़ाई जाए। पंडित नेहरू बुद्ध का सम्मान करते हैं। नेहरू सरकार ने बड़ी खुशी के साथ इस साल से बुद्ध जयन्ती की छुट्टी की घोषणा कर दी। लेकिन अपनी मुम्बई सरकार ने उसके लिए कोई उत्साह नहीं दिखाया। कहते हैं हमारी मुम्बई सरकार काफी सुसंस्कृत है। मुम्बई सरकार बड़ी कल्चर्ड है, भले ही आप उसे 'एग्रीकल्चर' कह सकते हैं। मुम्बई सरकार द्वारा छुट्टी की घोषणा न करने की वजह से पाँच बजे होनेवाली यह सभा सात बजे शुरू हो रही है।

बुद्ध का नाम लेते ही जिन हिन्दू लोगों को एक तरह का डर लग रहा था, उन्हें ऐसा लग रहा था कि जैसे किसी ने उन पर बम फेंक दिया है। उनमें से कुछ लोगों को अब समझ आई है और वे आज बुद्ध के महत्त्व को स्वीकार करने लगे हैं। मैं कोई भविष्यवादी नहीं हूँ, आगे क्या होगा इसके बारे में मैं कुछ नहीं कह सकता। लेकिन मैं एक बात साफ तौर पर कहना चाहता हूँ कि बौद्ध धर्म इस धरती पर पुनः स्थापित होगा। वह किस रास्ते से आएगा इस बारे में आज कुछ नहीं कहा जा सकता।

मैं बौद्ध धर्म का एक उपासक हूँ। मैंने सिर्फ बोध ही नहीं लिया है और न सिर्फ बोल ही रहा हूँ, ऐसी बात नहीं है, बल्कि मैं प्रत्यक्ष रूप से कुछ काम करके दिखाऊँगा। अपने जीवन के अन्तिम दिनों में मैंने बुद्ध धर्म का प्रचार करने का फैसला कर लिया है। मैं बुद्ध के खेत में बोने का काम कर रहा हूँ। और खेत में कैसी फसल उगती है, इस बात का अध्ययन कर रहा हूँ। मुझे कई लोग यह सवाल पूछते हैं कि आपकी बौद्ध धर्म में विशेष आस्था क्यों है? डॉ. राधाकृष्णन् जैसे चिन्तक कहते हैं कि बौद्ध धर्म में विशेष क्या है? उसमें और हिन्दू धर्म में क्या फर्क है? बुद्ध ने उपनिषदों से ही सारी बातों को लिया है, ऐसा हिन्दू चिन्तकों का मानना है। मुझे ऐसे लोगों की अक्ल पर आश्चर्य होता है। जिसने ब्राह्मणों के 138 उपनिषदों का अध्ययन किया होगा या उन्हें

पूरी तरह से पढ़ा होगा, उसे पता होगा कि उनमें ब्रह्म और आत्मा इन दो बातों के अलावा और क्या है, यही उन्हें लगेगा।

उपनिषदों के इस गोरखधन्धे में ब्रह्म और आत्मा इन दो तत्त्वों की ओर देखा जाए तो बुद्ध ने उनमें से एक को भी स्वीकार नहीं किया है। बुद्ध ने साफ तौर पर कहा है कि मुझे ईश्वर की कोई जरूरत नहीं है। इस धरती पर पैदा हुए हर आदमी को सुख और शान्ति चाहिए। और सभी लोगों को सुख से रहना चाहिए। बुद्ध ने सिर्फ शान्ति का ही उपदेश नहीं दिया है। बुद्ध सचमुच में सही चिन्तक थे। उनके जैसा मानवतावादी चिन्तक आज तक दुनिया में नहीं हुआ है।

बुद्ध ने कभी वेदों की सत्ता को स्वीकार नहीं किया है। उन्होंने इस बात की घोषणा खुले तौर पर की थी। बुद्ध ने वर्णव्यवस्था का भी सख्त विरोध किया था। बौद्ध साहित्य में इस बात के कई प्रमाण उपलब्ध हैं कि बुद्ध ने चातुर्वर्ण्य व्यवस्था पर जबर्दस्त वार किए थे। और इसी की वजह से उन्हें हिन्दू धर्म का जबर्दस्त विरोधी कहा जाता है। इस देश में महत्त्वपूर्ण तीन पन्थ हैं–(1) हिन्दू (2) जैन (3) बौद्ध। मुझे जैन धर्म के बारे में कुछ नहीं कहना है। बुद्ध ने जातिभेद पर जबर्दस्त वार किया है। मैं ब्राह्मणों से नफरत नहीं करता। लेकिन मैं ब्राह्मणों के श्रेष्ठतावाद को कभी स्वीकार नहीं करूँगा, यही उनकी विचारधारा थी।

मैं मुम्बई में एक अच्छा बुद्ध-विहार बनाना चाहता हूँ। हम सभी लोगों को इस मंगल अवसर पर बुद्ध धर्म की पुनर्स्थापना के लिए प्रतिज्ञा करनी चाहिए।

साप्ताहिक 'प्रबुद्ध भारत' के 30 मार्च, 1957 के अंक में प्रकाशित।

पोशाक ढंग की होनी चाहिए

चेम्बूर, मुम्बई के 'अस्पृश्य संगठन मंडल' की ओर से डॉ. बाबासाहेब अम्बेडकर को हीरक महोत्सव के निमित्त इमारत फंड के लिए रु. 1001 दिए गए थे। उस निमित्त ***दि. 29 मई 1953*** *को डॉ. बाबासाहेब अम्बेडकर चेम्बूर गए थे। उनके आने की खबर पता लगते ही दलित नर-नारियों का विशाल जनसागर इकट्ठा हो गया था। इस अवसर पर डॉ. अम्बेडकर ने लोगों को सम्बोधित किया। उन्होंने अपने व्याख्यान में अपने अछूत भाई-बहनों से कहा–*

भाइयो और बहनो,

आप लोगों ने अभी तक यह एक हजार रुपया मिलाकर चार हजार रुपए के करीब इमारत फंड को दिए हैं, इस प्रकार की जानकारी मेरे मित्र और शे.का. इम्प्रूवमेंट ट्रस्ट के सेक्रेटरी प्रा. उपशामजी ने मुझे दी है। आप लोगों की बस्ती की दृष्टि से यह रकम बहुत बड़ी है। आप लोगों ने इतनी बड़ी रकम दी है इसलिए मैं अपना आभार व्यक्त कर रहा हूँ। जिस तरह आप लोगों ने अपनी जिम्मेदारी को निभाया उसी तरह अन्य लोगों ने भी इमारत फंड के बारे में अपनी जिम्मेदारी को निभाया तो अकेले मुम्बई में ही यह फंड एक लाख से भी ज्यादा इकट्ठा हो जाएगा। और अपना बहुत बड़ा भवन बन जाएगा, इस बात की मुझे पूरी उम्मीद है।

आजकल अपने समाज के युवक-युवतियों की जो पोशाक है वह मुझे बड़ी पसन्द है। हमारे पास हमेशा कम-से-कम दो पोशाकें होनी चाहिए। एक हम जो धन्धा करते हैं उस समय पहनने की और दूसरी पोशाक काम करने के बाद, नहा-धोकर पहननी चाहिए। मैं देखता हूँ कि हमारे कुछ लोग अलग-अलग दफ्तरों और कम्पनियों में काम पर जाते हैं। वहाँ उन्हें खाकी यूनिफॉर्म मिलती है। यह यूनिफॉर्म उन्हें अपने काम पर ही पहननी चाहिए। घर आने पर उन्हें जो कपड़े शोभा दें वही कपड़े पहनने चाहिए। नौकरी-धन्धे में पहना जानेवाला यूनिफॉर्म सभा, सम्मेलनों या शादी-ब्याह जैसे निजी समारोहों के अवसर पर पहनना अच्छा नहीं लगता।

हमारे समाज के पुरुष-महिलाओं की पोशाक में आजकल अच्छा परिवर्तन आया है, इस बात की मुझे अधिक खुशी है। लेकिन वृद्ध महिलाओं की पोशाक में भी बदलाव लाने की जरूरत है। यदि उन्हें जंफर, ब्लाउज जैसी नई पोशाक पहननी पसन्द न हो

तो उन्हें वैसी पोशाक नहीं पहननी चाहिए। लेकिन चोली-लुंगड़ा इस तरह की परम्परागत पोशाक ही उन्हें पहननी हो तब भी उसे सफाई से पहनना चाहिए। कपड़े भारी कीमत के ही होने चाहिए, यह मेरा कहना नहीं है। कपड़े एकदम मामूली किस्म के हों तब भी कोई बात नहीं लेकिन वे ढंग के होने चाहिए। पेशवाई में हमारे लोगों पर जबर्दस्त प्रतिबन्ध था कि उन्हें अच्छे कपड़े तथा जेवरात नहीं पहनने चाहिए। उन्हें सोने के गहने नहीं पहनने चाहिए, इस तरह से हम लोगों पर प्रतिबन्ध लगाया गया था। लेकिन न तो अब पेशवाई है और न उनका कोई प्रतिबन्ध है। फिर भी हमारी वृद्ध महिलाएँ बेला, तोड़े, फूली, मछली और जोड़वे जैसे चाँदी के भारी गहने पहनती हैं। उन्हें उस तरह के गहने नहीं पहनने चाहिए, उन्हें यह पहनना छोड़ देना चाहिए। नाक छेदकर भारी नथनी नाक में पहनना अच्छा नहीं लगता। अपने पहनावे से हम अमुक जाति के हैं, इस तरह से नहीं पहचाना जाना चाहिए क्योंकि उससे कई बार बड़ी मुसीबत आ पड़ती है।

जब मैं कॉलेज में पढ़ रहा था उस समय एक बार हम शादी के बहाने गाँव गए। हमारे साथ हमारे रिश्तेदारों में से कुछ पुरानी परम्परा की महिलाएँ भी थीं। मेरे भाई और हमारे परिवार के लोगों के कपड़े अच्छे और साफ-सुथरे थे। जब हम बन्दरगाह पर उतरे, हमाली करनेवाले कुलियों ने हमारा सामान उठाया और वे हमारे साथ-साथ चलने लगे। आधे से ज्यादा रास्ता तय करने के बाद उनके ध्यान में आया कि हमारे साथ चलनेवाली जो पुरानी परम्परा की महिलाएँ हैं उनकी जाति और हमारी जाति एक ही है। जैसे ही उन्हें हमारी जाति के बारे में मालूम हुआ उन्होंने हमारा सामान नीचे रख दिया और हमाली बगैर माँगे ही वे लोग वहाँ से चले गए। अन्त में हम लोगों को दो-तीन बार आ-जाकर उस सामान को मुकाम पर पहुँचाना पड़ा।

साप्ताहिक 'जनता' के 6 जून, 1953 के अंक में प्रकाशित।

शिक्षा के साथ शील भी महत्त्वपूर्ण

*रावली कैम्प महिला मंडल के आग्रह पर **दि. 3 जून 1953** को सुबह 6.00 बजे डॉ. बाबासाहेब अम्बेडकर अपनी पत्नी माईसाहेब अम्बेडकर के साथ रावली कैम्प पहुँचे। वहाँ हजारों की तादाद में दलित समाज के लोग इकट्‌ठा हुए थे। वहाँ बड़े उत्साह के साथ डॉ. अम्बेडकर और माईसाहेब अम्बेडकर का स्वागत किया गया। इस अवसर पर डॉ. अम्बेडकर ने अपने उद्‌बोधन में कहा–*

बहनो तथा भाइयो,

यहाँ की महिलाओं ने इमारत कोष के लिए 1001 रुपए देना स्वीकार किया है और उन्होंने आज जो रकम दी है उसके लिए मैं उनका बड़ा एहसानमन्द हूँ। इस बस्ती में मैं आज पहली बार आया हूँ। आज यहाँ की महिलाओं ने जिस तरह से इमारत कोष के लिए मदद की है उसी प्रकार की मदद यहाँ की एक सोसायटी भी करनेवाली है। इस सोसायटी का कुछ पैसा म्यूनिसपैलिटी में बचा हुआ है। वे लोग उस पैसे को इमारत कोष के लिए देनेवाले हैं। वह पैसा इस बस्ती के लोगों द्वारा आज तक दिए गए पैसे से भी अधिक है। मतलब उस पैसे को लेने के लिए मुझे पुनः यहाँ आना पड़ेगा। किसी समय मैं जरूर यहाँ आऊँगा।

मैं आप लोगों को एक बड़ी महत्त्वपूर्ण बात बताना चाहता हूँ। आप लोगों ने परसों 27 मई, 1953 को बड़ी संख्या में और बड़े उत्साह के साथ बुद्ध जयन्ती मनाई है। मुझे लगता है कि आप लोगों ने एक बहुत बड़ी बात की है। लेकिन कुछ अखबारवालों ने इस बात का अलग अर्थ लिया है। जहाँ 30 हजार लोग मौजूद थे वहाँ उन्होंने 3 हजार लोग मौजूद होने की खबर छापी है। और बिल्ली की तरह अपनी आँखें मूँदने का काम किया है। कुछ लोगों ने तो अपने अखबारों में बुद्ध जयन्ती के समाचार को कोई महत्त्व ही नहीं दिया है। यह तो उनकी हमेशा की चाल है। उनकी यह पूरी कोशिश रहती है कि डॉ. अम्बेडकर के कार्य को बिलकुल प्रसिद्धि न दी जाए और यदि दी तो उस कार्य को गौण समझा जाय या उसका उलटा अर्थ लिया जाए। बुद्ध जयन्ती की अखबारों में जो आलोचना छपी है उसका मैं सही और विस्तार से उत्तर देनेवाला हूँ। इन अखबारों में छपी आलोचना के प्रभाव में मत आइए। मैं आप लोगों से जो कुछ कहना चाहता

हूँ उसे आप अच्छी तरह समझ लीजिए, उसके बाद ही उस पर भरोसा किया जाए या नहीं इस बात का फैसला कीजिए।

अखबारों में हमेशा एक ही बात रटी जाती है कि ''कुछ भी किया जाए लेकिन अछूतपन खत्म होनेवाला नहीं है, राजनीति से कहिए या धर्मनीति से कहिए, अछूतपन खत्म होनेवाला नहीं है।'' यदि इस तरह से सोचने वाले लोग मेरे साथ चर्चा करना चाहते हैं तो उसके लिए मैं तैयार हूँ। मुझे ऐसा लगता है कि ये लोग पैदाइशी अन्धे हैं। उन्होंने इतिहास नहीं पढ़ा है। उन्हें शायद इस बात का पता नहीं होगा कि दुनिया में आज तक कितने परिवर्तन हुए हैं। इसलिए वे लोग इस तरह से मूर्खतापूर्ण आलोचना करते हैं।

आज यहाँ इकट्ठा हुआ जनसमूह ही इस बात का गवाह है कि पहले के हालात क्या थे और आज के हालात क्या हैं! दूसरे लोग क्या कहते हैं, इस बात की ओर आप ध्यान मत दीजिए। वे लोग जो कुछ लिख रहे हैं, उसका उद्देश्य आप लोगों को गुमराह करना है। सभी अखबार मेरी आलोचना करते हैं। लेकिन मुझे उसकी कोई परवाह नहीं है। उनकी आलोचना से मेरा प्रभाव कम हो जाएगा, ऐसा समझने की कोई बात नहीं है। मैं हर साल देख रहा हूँ कि मेरा प्रभाव बढ़ रहा है।

नासिक सत्याग्रह की बात ले लीजिए। अब सही बातें आप लोगों को बताने में कोई आपत्ति नहीं है। उस समय मान्यवर भाऊराव गायकवाड आदि पाँच/छह मुख्य लोग ही मेरी मदद के लिए थे। उस समय रात 12 बजे एक सभा का आयोजन किया गया। सत्याग्रह के लिए कितने लोग नाम देते हैं इस बात का हमने अंदाज लगा लिया था। उस समय हमने क्या देखा? सुबह तक हम लोगों को एक भी आदमी सत्याग्रह के लिए नहीं मिला। लोगों के मन में इस बात का डर था कि सत्याग्रह किया तो क्या होगा? सुबह हमने एक जुलूस निकालना तय किया। दुर्भाग्य से कहिए या सौभाग्य से कहिए, दूसरे लोगों ने इस जुलूस में शामिल लोगों पर पत्थरबाजी करना शुरू कर दिया। उस समय हमें सबसे पहले पन्द्रह-बीस सत्याग्रही मिले। बाद में लोगों के ध्यान में आया कि सत्याग्रह करने में स्वाभिमान है। जब यह बात लोगों के समझ में आई उसके बाद हमें सत्याग्रही मिलने में कोई कठिनाई नहीं हुई। उसके बाद हम यह सत्याग्रह एक-दो साल नहीं बल्कि चार-पाँच साल तक जारी रख सके। मैं यही कहना चाहता हूँ कि पहले की बातों पर विचार किया जाए तो पहले के मुकाबले आज काफी परिवर्तन हुआ है।

हम शिक्षा के बारे में ही सोचें। मेरे बचपन में 'मुझे स्कूल में लिया जाए या नहीं' इस बात पर सोचने के लिए तीन दिनों तक शिक्षकों की मीटिंग हुई थी। मुझे उस समय सरकार की ओर से तीन रुपए स्कॉलरशिप मिलती थी। और मुझे इस कारण स्कूल में दाखिला मिला कि यदि मुझे स्कूल में नहीं लिया गया तो सरकार की ओर से आपत्ति उठ सकती है। उस समय मैं गाँव का एक नासमझ लड़का था। जब मैं पहले दिन हाईस्कूल में गया उस दिन मैंने अपने 40 साल की उम्रवाले भाई की कमीज पहनी थी। उस समय एल्फिंस्टन हाईस्कूल में छात्र संख्या अत्यधिक थी। उस स्कूल में मैं ही अकेला

महार का लड़का था। आज सिद्धार्थ कॉलेज में देखिए। दूसरे समाज के लड़कों से भी हमारे समाज के लड़कों के कपड़े अच्छे होते हैं। पहले साल सिद्धार्थ कॉलेज में 15-20 लड़के थे। लेकिन आज देखिए। अछूत समाज के 300 लड़के सिद्धार्थ कॉलेज में पढ़ रहे हैं।

दूसरी बात धर्म की है। मनुष्य को हद से ज्यादा स्वार्थ देखते रहने की बजाय कुछ परमार्थ भी करना चाहिए। इसी के लिए धर्म की जरूरत है। मैं यह सब कुछ आप लोगों के लिए कर रहा हूँ, इस तरह की शिक्षा मुझे धर्म से मिली है। सिर्फ पेट भर गया तो सब कुछ हो गया, ऐसा आप मत समझिए। पेट तो अबला भी भर लेती है। कबीर कहते हैं "कबीर कहे कूच उद्दम कीजे। आप खाए और औरन को दीजे।" आप लोग कबीर के इस दोहे के मुताबिक उद्यम कीजिए। स्वार्थ और परमार्थ दोनों कीजिए। घर को पहले देखिए लेकिन समाज-कार्य में भी मदद कीजिए।

एक लोहित नाम के ब्राह्मण ने बुद्ध से दो सवाल पूछे थे। उसका पहला सवाल यह था, ब्राह्मण, क्षत्रिय और वैश्य आदि तीन वर्ण के लोगों को ही शिक्षा दी जानी चाहिए, चौथा वर्ण शूद्र है उन्हें शिक्षा नहीं दी जानी चाहिए, इस सिद्धान्त को तू क्यों स्वीकार नहीं कर रहा है? बुद्ध ने उसे जवाब दिया कि चार वर्ण (वर्ग) धन्धे के लिए बने हुए हैं किन्तु ज्ञान (शिक्षा) किसी की रोजगारी का सवाल नहीं हो सकता। ज्ञान हर आदमी के जीवन के लिए बहुत ही जरूरी है। ज्ञान न होने के कारण हमारा नुकसान हो रहा है। उदाहरण के तौर पर देखिए—नासिक में एक किसान के पास जमीन के कागजात थे। सब कुछ ठीक-ठाक था। केस का फैसला उसके पक्ष में होना चाहिए था। लेकिन उसके वकील ने उसे धमकाया और मुकदमे का फैसला उसके खिलाफ हुआ। और यह सब उस किसान के अज्ञान के कारण हुआ।

भारत में जातिव्यवस्था बरकरार रहने के मुख्य दो कारण हैं। पहली बात तो यह है कि सभी को शस्त्र रखने का अधिकार नहीं था। और दूसरी बात है अज्ञान। मैं अपने पूर्व वंशजों को बहुत गाली देता हूँ कि उन्होंने उन पर होनेवाले अन्याय का मुकाबला क्यों नहीं किया। लेकिन उसके लिए उनका अज्ञान ही मूल कारण था।

जब लोहे का मैल हट जाएगा तो वह आसानी से आईना हो जाएगा। इस तरह अब हम लोगों को स्वयं ही अपनी कमियाँ खत्म करने का प्रयास करना चाहिए। दूसरों ने मदद नहीं की तब भी अपना उत्थान हम लोगों को अपने आप करना चाहिए। इस तरह से हम लोग अपने आपमें बदलाव लाए तो दूसरे लोग हमें गलत साबित नहीं कर सकते। हमारे ऊपर चढ़ा हुआ कलंक हमीं को धोना चाहिए। मान लीजिए, अपने लोग पढ़-लिख गए, अफसर हुए तो दूसरे लोगों को उनके साथ काम करना ही पड़ेगा। और उन्हें आप लोगों का सम्मान करना ही पड़ेगा। हमारी और उनकी स्थिति जब एक हो जाएगी तब वे आप लोगों को कम समझने की हिम्मत नहीं करेंगे।

हर आदमी की काया, वाणी और मन पूरी तरह विशुद्ध हो जाना चाहिए। इस तरह पवित्र आदमी को अपवित्र करने की हिम्मत किसमें है? आप लोगों के कपड़े मेरे कपड़ों

से अच्छे होंगे तो आप लोगों को नीच मानने की हिम्मत किसमें है? अब हम लोगों को ही हमारे उत्थान का रास्ता तय करना है।

हम लोगों ने धर्म के लिए सत्याग्रह किया। धर्मान्तरण का प्रस्ताव मंजूर किया। सब कुछ किया। अब हम लोगों को अपने मन को शुद्ध करना चाहिए। हमारा झुकाव सद्गुणों की ओर होना चाहिए। इस तरह से हम लोगों को धार्मिक बनना चाहिए। हम लोग पढ़-लिख गए तो सब कुछ हो गया, ऐसा मानने की कोई जरूरत नहीं। शिक्षा के महत्त्व को कोई नकार नहीं सकता। लेकिन शिक्षा के साथ मनुष्य में शील भी होना चाहिए। शील के बगैर शिक्षा का कोई महत्त्व नहीं है। ज्ञान तलवार की तरह है। मान लीजिए किसी आदमी के हाथ में तलवार है, उसका अच्छा उपयोग करना या गलत उपयोग करना यह उस आदमी के शील पर निर्भर करेगा। वह आदमी उस तलवार से किसी का खून भी कर सकता है या किसी की रक्षा भी कर सकता है। ज्ञान का भी ऐसा ही है। कोई पढ़ा-लिखा आदमी यदि शीलसम्पन्न होगा तो वह अपने ज्ञान का उपयोग लोगों के कल्याण के लिए करेगा। लेकिन यदि उसमें शील नहीं होगा तो वह आदमी अपने ज्ञान का उपयोग लोगों को नुकसान पहुँचाने के लिए करेगा। धर्म की बुनियाद शील है। पढ़े-लिखे लोगों का सिर्फ पेटभरू होने से कम नहीं चलेगा। जिसे अपने स्वार्थ से आगे कुछ नहीं दिखाई देता, जो मामूली परमार्थ भी नहीं कर सकता ऐसे लोगों का सिर्फ पढ़-लिख जाने से क्या फायदा? उनका दूसरों के लिए क्या उपयोग है? शिक्षा का उपयोग लोहे का मैल हट जाने के बाद आईने की तरह होना चाहिए।

मैं ज्योतिबा फुले को अपना गुरु मानता हूँ। माली समाज में उनका जन्म हुआ। कई मराठा लोग उनके अनुयायी थे। लेकिन आज की स्थिति बड़ी विचित्र है। आज ज्योतिबा का नाम कोई नहीं ले रहा है। आज मातंग, चमार लोग सिर्फ जूठन के हक़दार हैं। प्रगति के असली हक़दार हम हैं। आज हम पर जुल्म-ज्यादतियाँ हो रही हैं। हम आन्दोलन कर रहे हैं। इसलिए दूसरे लोग हम लोगों से नफरत करते हैं लेकिन हमारा आन्दोलन निस्वार्थ भावना से और बगैर किसी स्वार्थ, लालच के आगे बढ़ रहा है। हमें उम्मीद है कि एक दिन ऐसा आएगा कि इस देश के मालिक हम भी होंगे। आज जो लोग बगैर कुछ किए ऐशोआराम कर रहे हैं, हराम की कमाई खा रहे हैं, उन्हीं लोगों को आगे शर्म आएगी।

हर आदमी को बुद्ध का फोटो अपने घर में लगाना चाहिए, इतना कहते हुए मैं अपना भाषण समाप्त कर रहा हूँ।

साप्ताहिक 'जनता' के 13 जून, 1953 के अंक में प्रकाशित।

समाज को बदलना जरूरी

दि. 13 जून 1953 को ब्रिटिश ब्राडकास्टिंग कार्पोरेशन (बी.बी.सी.) ने टेलीफोन पर डॉ. बाबासाहेब अम्बेडकर से मुलाकात की थी। उस समय उन्होंने कहा–

सामाजिक परिस्थिति बदलना और जातिव्यवस्था को समाप्त करना बहुत जरूरी है। इन दोनों बातों को शान्ति के रास्ते समाप्त करने में देर लगेगी। उसके लिए किसी-न-किसी को जी-जान से प्रयास करना चाहिए।

सवाल : क्या आज तक किसी ने इस तरह का प्रयास नहीं क्या है?

जवाब : आज तक सामाजिक बदलाव के सन्दर्भ में और जातिभेद समाप्त करने के बारे में चाहे जितनी बेमतलब की बातें हुई हों किन्तु उस पर किसी ने अमल नहीं किया। इस तरह का परिवर्तन सिर्फ आन्दोलन और ठोस कार्य के आधार पर ही सम्भव है। इसके लिए ठोस कार्य करनेवाले कार्यकर्त्ताओं की ही सबसे ज्यादा जरूरत है।

सवाल : यदि भारत में जनतन्त्र बरकरार नहीं रह सका तो उसका विकल्प क्या है?

जवाब : भारत में एक खास तरह का साम्यवाद उठ खड़ा होगा। चुनाव के बारे में कौन सही सोच रखता है। लोगों को भोजन, कपड़ा चाहिए। उनकी जरूरतें पूरी होनी चाहिए। हमारे लोगों के पास जमीन-जायदाद नहीं है। हर साल बारिश के अभाव में अकाल पड़ रहे हैं। ऐसी स्थिति में हमारे लोगों को क्या करना चाहिए? मुझे ऐसा लगता है कि वर्तमान कांग्रेस सरकार इस सवाल को हल करने योग्य नहीं है। यह स्थिति शायद जल्दी ही खत्म हो जाएगी क्योंकि मेरी जनता इसके लिए बेताब है।

साप्ताहिक 'जनता' के 27 जून, 1953 के अंक में प्रकाशित।

राजनीति ही सब कुछ नहीं

जुलाई 1953 में मराठवाडा शेड्यूल्ड कास्ट्स फेडरेशन के द्वारा मराठवाडा क्षेत्र के दलित समाज के कार्यकर्ताओं की एक बैठक आयोजित की गई थी। इस बैठक को मार्गदर्शन करते हुए डॉ. बाबासाहेब अम्बेडकर ने कहा–

कार्यकर्ताओं की यह सोच बन गई है कि चुनाव का मतलब ही राजनीति है। उनकी यह सोच बन चुकी है कि चुनाव के बगैर राजनीति का दूसरा कोई मतलब नहीं है। इसीलिए चुनाव के समय टिकट पाने के लिए सभी लोगों की दौड़धूप शुरू हो जाती है। और चुनाव हो जाने के बाद हर कोई अपने घर में शान्त बैठ जाता है। लेकिन समाज के जीवन में राजनीति एक बहुत छोटी चीज है। राजनीति ही सबकुछ नहीं है। सचमुच में देखा जाए तो राजनीति जो कुछ है वह ऊपरी चीज है। समाज का जो उत्थान होता है वह सिर्फ राजनीति से नहीं होता। समाज-उत्थान के कई कारण हैं। सामाजिक, आर्थिक बातें कुछ कम महत्त्वपूर्ण नहीं हैं। कार्यकर्ताओं को समाज का सम्पूर्ण उत्थान करने के लिए इन सभी बातों की ओर समान रूप से ध्यान देना जरूरी है।

राजनीति ही महत्त्वपूर्ण है यह भावना होने की वजह से चुनाव में टिकट पाने के लिए दौड़धूप करना, टिकट न मिलने पर समाज में बिखराव पैदा करना, चुनाव हार जाने के बाद निराश होकर आराम से सो जाना और चुने जाने के बाद एसेम्बली में जाकर मुँह बन्द करके बैठ जाना इतना ही काम है, इस तरह से कार्यकर्ताओं की समझ बन जाती है।

इस हैदराबाद विभाग में आज करीब-करीब दो साल से एसेम्बली का काम शुरू है। इस विभाग में आरक्षित स्थानों पर कुल 31 सदस्य अछूत समाज की ओर से चुने गए हैं। किन्तु इन दो वर्षों में उन्होंने वहाँ क्या किया है? एसेम्बली में कुल तीन तरह के काम करने पड़ते हैं। एसेम्बली में–(1) प्रस्ताव रखना, (2) बिल पेश करना और (3) बजट का अध्ययन करके बजट पर भाषण देना। इन तीनों बातों में से किसी एक बात पर भी इन 31 सदस्यों में से किसी एक ने भी कुछ कहा है? मैंने इनमें से उनकी एक भी बात नहीं सुनी है। फिर शायद एसेम्बली के काम की खबरें अखबारों में नहीं छपतीं इसलिए मुझे जानकारी नहीं है। कहने का मतलब इतना है कि एसेम्बली के लिए चुने जाने के बाद कम-से-कम हमारे सदस्यों को तो इस काम को करना चाहिए।

यदि राजनीति ही कार्यकर्ताओं के सामने मुख्य उद्देश्य है तो उन्हें कार्यक्रमों को भी अच्छी तरह अमल में लाना चाहिए। लेकिन मैं यह भी नहीं देख रहा हूँ।

इन लोगों ने एक उद्देश्य से, एक संकल्प से, और एक होकर काम किया तो मुझे यकीन है कि कांग्रेस सरकार ही नहीं बल्कि कांग्रेस और अन्य दल भी हमारे लोगों से घबराएँगे, इसमें कोई सन्देह नहीं है।

ये जो आरक्षित स्थान हैं वे अछूत समाज की भलाई के लिए हैं। जिन लोगों को हमारे लिए भेजा गया है, जिन पर हमारा पूरा यकीन है, ऐसे चुनिन्दा लोगों को क्या अछूतों की भलाई के लिए लड़ना नहीं चाहिए? मेरा गांधीजी से जो विरोध था या देश के (कुछ) लोगों का और कांग्रेस का मैंने जो विरोध बर्दाश्त किया है, उसकी वजह एक ही है, वे लोग अछूत समाज के कल्याण के लिए कुछ नहीं कर सकते, यही वह कारण है। सरकार ने या इस देश के लोगों ने हमारी बात सुनी, हमारी माँगें मंजूर कीं तो फिर विरोध और लड़ाई का कोई कारण ही नहीं रहेगा। लेकिन ऐसा नहीं है, इसीलिए हमें लड़ना पड़ता है।

यदि किसी को राजनीति करनी है तो राजनीति का अच्छा अध्ययन करना चाहिए। अध्ययन के बगैर इस दुनिया में किसी को कुछ हासिल करना सम्भव नहीं है। अपने समाज के हर कार्यकर्ता को राजनीतिक, धार्मिक और आर्थिक सवालों का अच्छी तरह से अध्ययन करना चाहिए। जिन्हें नेता बनना है उन्हें नेताओं का कर्त्तव्य, उनकी जिम्मेदारी क्या है इस बात की अच्छी जानकारी होनी चाहिए। क्योंकि अपने समाज के नेताओं पर सबसे बड़ी जिम्मेदारी है। अन्य समाज के नेताओं की तरह अपने समाज के नेताओं की स्थिति नहीं है। अन्य नेताओं की बातें क्या हैं? सभा में जाना, लम्बा-चौड़ा भाषण करना, तालियाँ बजवाना, और अन्त में फूलमालाएँ पहनकर घर चले आना, इतना ही काम अन्य समाज के नेताओं का होता है। हमारे समाज के नेताओं को इस तरह का काम करने से नहीं चलेगा। अच्छा अध्ययन करना, विचार करना, समाज के उत्थान के लिए स्वयं रात-दिन मेहनत करना, यह काम कम-से-कम हमारे नेताओं को करना ही होगा। तब वे लोगों की कुछ भलाई कर सकते हैं और वे सही नेता बन सकते हैं।

आप लोगों को लगता है, नेता होना आसान काम है। लेकिन मेरी राय में नेता होना बहुत मुश्किल काम है। मुझे स्वयं नेतृत्व करना बड़ा कठिन लगता है क्योंकि अन्य लोगों की तरह मेरा नेतृत्व नहीं है। मैंने जिस समय आन्दोलन शुरू किया उस समय हमारा किसी भी प्रकार का संगठन नहीं था। मुझे स्वयं सारे काम करने पड़ते थे। संगठन के काम के अलावा अखबार प्रकाशित करना होता तो वह काम भी मुझे ही करना पड़ता था। 'मूकनायक', 'बहिष्कृत भारत', 'जनता' आदि समाचार-पत्र मुझे ही निकालने पड़े। मुझे स्वयं प्रेस की सारी व्यवस्था करनी पड़ी। संक्षेप में कहें तो मुझे ही शून्य से सबकुछ पैदा करना पड़ा। मैं यह नहीं कह रहा हूँ कि जो कुछ किया गया है वह पूरा हो गया है। मैं सिर्फ इतना ही कहता हूँ कि मैंने जो कुछ किया है वह जितना होना चाहिए वह

उसका एक प्रतिशत भी नहीं हुआ है। और भी बहुत कुछ करना बाकी है। काफी रास्ता पार होना अभी बाकी है। अब तक जो हुआ है वह सिर्फ पौधा लगाया गया है। आन्दोलन का पेड़ होना अभी बाकी है। कहने का मतलब यह है कि अपने नेताओं पर नेतृत्व की बहुत बड़ी जिम्मेदारी है।

लोगों में जाग्रति पैदा करना, उन्हें संगठित करना, यह बहुत महत्त्वपूर्ण काम है। उस काम को हर नेता को करना चाहिए। जिनके पास हिम्मत नहीं वे नेता नहीं हो सकते। जो मनुष्य मरने के लिए तैयार रहता है वह कभी नहीं मरता। और जो मरने से डरता है वह पहले ही मर जाता है, यह समझिए। इस देश के हिन्दू लोग हमें अधिक सताएँगे। अपने रास्ते में कई रुकावटें पैदा करेंगे। लेकिन कुछ भी क्यों न हो, हम लोगों ने जो रास्ता अपनाया है, जिसे हम इनसानियत कहते हैं, मनुष्यता कहते हैं, उसे प्राप्त करने का रास्ता हम लोगों को कभी छोड़ना नहीं चाहिए। इसीलिए अपना हर कार्यकर्ता साहसी होना चाहिए। मानसम्मान से रहना हमारा सबसे महत्त्वपूर्ण अधिकार है, यह समझना चाहिए और उसी के लिए हमारा आन्दोलन चल रहा है।

दूसरी बात इसे लोगों में धर्मान्धता बहुत ज्यादा है। हर कोई जब देखिए तब पंढरी पैठण, आलन्दी जाता है। मैं आप लोगों से यह पूछना चाहता हूँ कि, पंढरी, पैठण, आलंदी जाकर हम लोगों को क्या मिला है? क्या पंढरी जाकर किसी का भला हुआ है? या आलंदी जाकर किसी का कल्याण हुआ है? आप लोग एकनाथ को बहुत मानते हैं, एकनाथ ने क्या किया है? एक भागवत ग्रन्थ लिखा। लेकिन एकनाथ की कथा मैं आज आप लोगों को बता रहा हूँ। उसके मरने के बाद उसकी अन्तिम यात्रा एक रास्ते से निकली थी। उसी रास्ते से एक विवाहिता महिला एक महार आदमी को साथ में लेकर ससुराल जा रही थी। उसने एकनाथ की शवयात्रा को देखा और उसने उस महार से कहा कि यह मेरे लिए अशुभ है। उसकी यह बात एकनाथ के मुर्दा शरीर ने सुनी। और एकनाथ अपने जनाजे पर उठ बैठा। उसने उस विवाहिता नारी से कहा, "मैं आज नहीं मर रहा हूँ, क्योंकि तेरे लिए यह अशुभ शकुन है।" यह कहकर वह वापस घर लौट गया। बाद में एकनाथ और उसकी बीवी ने नदी में डूबकर जान दे दी। उन्होंने अपनी जान क्यों दे दी इस बात का आज तक पता नहीं चला। अब आप ही सोचिए क्या आज तक किसी का मुर्दा शरीर जिन्दा हुआ है, यह आपने देखा है या सुना है?

दूसरी बात, ज्ञानेश्वर ने क्या किया है? उसने भगवद्‌गीता पर ज्ञानेश्वरी नाम का ग्रन्थ लिखा। क्या है उस ग्रन्थ का सार? कहा गया है कि जग ब्रह्ममय है। यदि सारा जग ब्रह्ममय है तो महार, मातंग, भंगी आदि अछूत जातियों में ब्रह्म होना चाहिए था। फिर ज्ञानेश्वर महार, मातंग, भंगियों में क्यों नहीं रहा? उसने इस बारे में यह प्रयास क्यों किया कि ब्राह्मणों को पुनः जाति में ले लेना चाहिए? जब ब्राह्मणों ने उसे जाति से बाहर निकाल दिया तब उसको उन्हें बताना चाहिए था कि आप लोगों ने मुझे जाति में नहीं लिया तब भी कोई बात नहीं। मैं महार, मातंग-भंगियों में जाकर रहूँगा क्योंकि

जग तो ब्रह्ममय है। लेकिन पता नहीं ज्ञानेश्वर ने उन्हें यह क्यों नहीं बताया। सामान्य जनों को बेवकूफ बनाने के लिए ये धार्मिक पाखंड लिखे गए हैं और आप लोग इन पाखंडों के जाल में फँसे हुए हैं। इसलिए आप लोग पंढरपुर, आलंदी, या जेजुरी या अन्य किसी देवता के जाल में फँस गए तो आप लोगों को समाज से बहिष्कृत करने का हुक्म मुझे देना पड़ेगा। उसके बगैर आप लोगों की धर्मान्धता खत्म नहीं होगी और आप लोगों में सुधार नहीं होगा। आज का युग विचारों का युग है। किसी ने किसी भी प्रकार का पाखंड का जाल फैलाया तब भी उस पाखंड के जाल को आपको पहचानना चाहिए क्योंकि अब आप लोगों को दुनिया में सोच-विचार कर ही रहना होगा।

हम लोगों को अपना संगठन मजबूत करना चाहिए। आपस के सभी भेदभाव दूर रखकर आपको एकविचार होना चाहिए क्योंकि बगैर संगठन के इस दुनिया में हम लोगों की ओर कोई ध्यान देनेवाला नहीं है। मैं इस बात को जानता हूँ कि चुनाव के समय हमें अन्य दल से समझौता करना पड़ेगा। लेकिन यदि हमारा संगठन नहीं है तो दूसरे लोग हमारे साथ नहीं आएँगे। वे आपके बारे में पूछेंगे तक नहीं। राजनीति करनी हो तो वह अच्छी तरह करनी चाहिए। उसके लिए लोगों में जाग्रति पैदा करके संगठन बनाना चाहिए। मुझे नेताओं से डर नहीं है। यदि नेताओं ने अच्छा व्यवहार नहीं किया, उन्होंने लोगों का काम नहीं किया तो मैं उन्हें संगठन से निकाल बाहर करने में कोई हिचकिचाहट महसूस नहीं करूँगा। इसलिए हर क्षेत्र में कम-से-कम साल में एक बार बैठक आयोजित करनी चाहिए। उसी प्रकार सभाएँ, सम्मेलन, चर्चा सत्र आदि आयोजित किए जाने चाहिए। मतलब अपने कार्यकर्ता समय-समय पर एक जगह इकट्ठा होंगे, आन्दोलन का अध्ययन करेंगे और अपना काम तेजी से होगा।

अन्त में मैं बस इतना ही कहना चाहता हूँ कि मैं व्यक्तिगत तौर पर किसी कार्यकर्ता से प्रेम नहीं करता। प्रेम सिर्फ कार्य पर ही होता है। जो कार्यकर्ता काम करता है वही मुझे पसन्द है।

डॉ. बाबासाहेब आम्बेडकरांची भाषणे : सम्पा. प्रा.मा.फ. गांजरे, खंड 7, पृ. 99-103, यहाँ भाषण और बैठक स्थल का उल्लेख नहीं है।

Dr. Babasaheb Ambedkar Writing and Speeches, vol. 18, part III, p. 361

शेर बनिए आपसे कोई टकराएगा नहीं

__दि. 9 अगस्त 1953__ को औरंगाबाद के गड्डीगुडम (कैंट) में वहाँ की शेड्यूल्ड कास्ट्स फेडरेशन की वार्ड कमिटी द्वारा डॉ. बाबासाहेब अम्बेडकर के सम्मान में चाय-नास्ते का कार्यक्रम मा. दाभाडे, कांबले, मल्हारराव आदि कार्यकर्ताओं ने आयोजित किया था। इस अवसर पर मुम्बई राज्य शेड्यूल्ड कास्ट्स फेडरेशन के राज्य-अध्यक्ष दादासाहेब गायकवाड, मध्यप्रान्त शे.का.फे. के जनरल सेक्रेटरी बाबू हरिदास आवले, नासिक के रामपाला, विधायक नेरलीकर (मराठवाडा), पी. इ.एस. कॉलेज के रजिस्ट्रार मा. वराले, मा.बी.एस. मोरे, मा.पी.जे. रोहम (अहमदनगर) आदि लोग उपस्थित थे। इस अवसर पर अपने अल्प किन्तु मार्मिक सम्बोधन में डॉ. अम्बेडकर ने कहा–

आप लोग कुछ नहीं करते इसलिए सरकार इस तरह का बर्ताव करती है। भेड़ों को कोई भी काटता है। इसलिए एक भेड़ देवता के पास अपनी फरियाद लेकर गई। देवता ने उस भेड़ से कहा कि, "तेरा मांस नर्म और कोमल होता है इसलिए हर कोई तुझे खाना चाहता है। देवता ने सवाल किया कि क्या शेर को कोई खाता है ?"

"नहीं," भेड़ ने कहा।

"फिर तू भी उसी की तरह हो जा," देवता ने कहा।

उसी प्रकार आप लोग भी शेर की तरह बन जाइए। फिर कोई आपके खिलाफ नहीं होगा, न कोई आप लोगों को सताएगा। क्या कोई मुस्लिमों से छेड़खानी कर सकता है? क्योंकि लोगों को इस बात का पता है कि उनके पास छुरा है। खटिया पर बैठने से काम नहीं चलेगा। इसलिए आप लोगों को भी विनती, निवेदन, अर्जी आदि पर पूरी तरह से निर्भर रहने की जरूरत नहीं है। साहसी बनिए। भूखे रहने की बजाय बेकार पड़ी जमीन को हासिल कीजिए।

सा. जनता : दि. 15 अगस्त 1953

तो मैं स्वयं संविधान जला दूँगा!

*दि. **2 सितम्बर 1953** को भारत की संसद में भारतीय संविधान के सम्बन्ध में डॉ. बाबासाहेब अम्बेडकर का यह अति महत्त्वपूर्ण व्याख्यान है। उन्होंने भारतीय संविधान की सफलता और असफलता के बारे में अपनी राय व्यक्त करते हुए कहा–*

बहुमतवाली सरकार के आग्रह पर मैंने संविधान बनाया है। उसमें मेरी मजबूरी थी। जनमत के अनुसार मुझे संविधान बनाना पड़ा। भारत के संविधान में अछूतों की सुरक्षा के खास अधिकार राज्यपाल को नहीं दिए जाने के कारण उनकी उचित सुरक्षा नहीं हो पाई और आगे होगी भी नहीं। इसीलिए मैं सबसे पहले इस संविधान को जला दूँगा।

आन्ध्र प्रदेश में रेड्डी जाति बहुसंख्यक है और सभी लोग बड़े जमींदार हैं। उनके बाद जमीन पर स्वामित्व कम्मा और कक्कू लोगों के पास है। लेकिन उनसे निचले स्तर पर खेती के बगैर खेतों में मेहनत-मजदूरी करनेवाला उत्पीड़ित-शोषित पददलित समाज है। आन्ध्र प्रदेश में निमिति-बिल को लेकर आगे आए आदमी ने अल्पसंख्यक नागरिकों पर बहुमत वाले नागरिकों के द्वारा होनेवाले अन्याय को दूर करने के सम्बन्ध में कोई जिम्मेदारी नहीं निभाई है। उनका यह बिल कल्पनाशून्य और नासमझी से पूर्ण है। उसमें पददलित जनता के भविष्य के बारे में और सुरक्षा के बारे में कोई व्यवस्था नहीं की गई है।

भाषायी प्रदेश निर्माण से पहले अल्पसंख्यक लोगों की सुरक्षा के लिए दो बातों की ओर विशेष ध्यान देना चाहिए था। पहली बात यह कि अल्पसंख्यक लोगों की सुरक्षा के लिए राज्यपाल को खास अधिकार देने चाहिए थे। और बहुभाषायी राज्यों में कानून के द्वारा नियुक्त परिषदों की स्थापना कर उस पर अल्पसंख्यक भाषायियों के प्रतिनिधियों को प्रतिनिधित्व देकर उन पर होनेवाले अन्याय के खिलाफ मन्त्रिमंडल से या राज्यपाल से न्याय माँगने का हक़ होना चाहिए। स्विट्ज़रलैंड राष्ट्र भी बहुभाषायी राज्य था। किन्तु वहाँ अल्पभाषायियों का सवाल खड़ा नहीं हुआ क्योंकि उस राष्ट्र में भाषा का सवाल जातिवाद से कलंकित नहीं था। लेकिन भारत में इस अलगाववादी जातिवाद को ही भाषायी सवाल के रूप में तथा कुछ लोग अन्य नाम से पहचानते हैं।

भारत के 27 राज्यों में से 23 राज्य पहले से ही भाषायी सिद्धान्तों पर आधारित

हैं। इससे पहले भाषायी प्रान्तों से भारत की एकता को कभी खतरा पैदा नहीं हुआ। इंग्लैंड में आज भी स्कॉटलैंड के लिए स्वतन्त्र सेक्रेटरी ऑफ स्टेट है। उन्होंने वेल्स और मॉनमाऊथशायर इलाकों के हितसम्बन्धों की रक्षा के लिए खास परिषद्रों का गठन किया है। उसी प्रकार कनाडा में गवर्नर जनरल को फ्रेंच भाषा बोलनेवाले अल्पसंख्यक कैथॉलिक समाज की सुरक्षा के खास अधिकार दिए गए हैं। वे लोग कैसे हैं! लेकिन भारतीय संविधान में अल्पसंख्यकों के लिए समान सुरक्षा की व्यवस्था नहीं की गई है, यह बड़े शर्म की बात है। भाषायी प्रान्त निर्माण के कारण अलगाववादी जातिवाद को यदि इस देश में मौका मिलनेवाला हो तो आज के जो बहुभाषी प्रान्त हैं वे जस के तस बरकरार रखने चाहिए। भाषायी प्रान्त निर्माण के कारण भारत में जातिवाद का जहर फैल जाएगा।

इस सरकार ने भाषायी प्रान्त निर्माण के सिद्धान्त का समर्थन पिछले बीस सालों से किया और उसी पार्टी को आज भाषायी प्रान्त निर्माण करने में क्यों संकोच होना चाहिए, इस बात का मुझे आश्चर्य हो रहा है। मेरी यह स्पष्ट मान्यता है कि इसके लिए 1949 से इस सरकार ने जो असम्बद्ध नीति अपनाई यह उसी का परिणाम है। एक अफसर द्वारा आन्ध्र प्रदेश निर्माण के लिए कुर्बानी देने तक सरकार का उस सवाल की ओर किसी प्रकार ध्यान न देना, यह बड़े आश्चर्य की बात है। सरकार के सामने सख्त होने के अलावा और कोई रास्ता नहीं था। लेकिन मुझे पूरा भरोसा है यदि अन्य राष्ट्रों में सरकार द्वारा अपनाए गए सिद्धान्त अमल में लाने के लिए किसी व्यक्ति को जान देनी पड़ी होती तो शायद उस सरकार को वहाँ की जनता ने अपने ही अधिकार से मटियामेट कर दिया होता, इसमें कोई सन्देह नहीं। भारत में ऐसा कुछ नहीं हुआ। सरकार को जितना सम्भव हो उतनी योजनाओं का उपयोग कर आज के बहुभाषायी प्रान्त जस के तस बरकरार रखने चाहिए। जिस समय भाषायी प्रान्तों के बगैर काम नहीं चलेगा उसी समय सरकार को भाषायी प्रान्त बनाने चाहिए।

साप्ताहिक 'जनता' के 5 दिसम्बर, 1953 के अंक में प्रकाशित।

अछूतपन को समाप्त करने की चिन्ता न करनेवाले राजनीतिक दलों से सावधान

*दि. **5 अक्तूबर 1953** को मीरत की एक आमसभा में अछूत समाज के लोगों को सम्बोधित करते हुए डॉ. अम्बेडकर ने कहा–*

''जातिभेद और अछूतपन को समाप्त करने की चिन्ता न करनेवाले राजनीतिक दलों से सावधान रहिए।

भारत की कम्युनिस्ट पार्टी रशियन तत्त्वप्रणाली पर आधारित हो तो आनेवाले म्युनिसपल चुनावों में उस पार्टी के साथ सहयोग करने के लिए शेड्यूल्ड कास्ट फेडरेशन तैयार है। लेकिन अन्य पार्टियों की तरह भारत की कम्युनिस्ट पार्टी जातिभेद और अछूतपन को समाप्त नहीं कर सकी।''

इस अवसर पर डॉ. अम्बेडकर को कुछ निधि भी अर्पित की गई थी।

सा. जनता, दि. 10 अक्तूबर 1953।

केन्द्र सरकार के खिलाफ कानून तोड़ो आन्दोलन चलाएँगे

*दि. **16 नवम्बर 1953** को नई दिल्ली से डॉ. बाबासाहेब अम्बेडकर ने देश की मौजूदा स्थिति पर सरकार को आगाह करते हुए एक निवेदन जारी किया था। उस निवेदन पत्र में उन्होंने कहा—*

निवेदन-पत्र

हैदराबाद सरकार ने अछूतों की जो भूमि ली थी उसे उन्हें वापस लौटाकर और सड़क के दोनों ओर की तथा कम्युनिस्ट आन्दोलन के समय साफ की गई जंगली भूमि को अछूत किसानों को जोतने-बोने के लिए देने के फैसले की सूचना मुझे दी है।

सरकार ने हमारी उचित माँगों के बारे में हमदर्दी दिखाई, ऐसा मुझे लगता है। और इसीलिए मैंने मराठवाड़ा शेड्यूल्ड कास्ट फेडरेशन द्वारा चलाए गए सत्याग्रह को समाप्त करने के बारे में दिए गए आदेश के मुताबिक इस सत्याग्रह को समाप्त कर दिया जाएगा, इस बात की मुझे पूरी उम्मीद है। हैदराबाद सरकार ने 1700 सत्याग्रहियों में से 1100 सत्याग्रहियों को बगैर मुकदमा दायर किए बिना शर्त मुक्त किया, यह एक अच्छी बात है। हमारे सत्याग्रहियों द्वारा लगाए गए पेड़ों को काटने की बात मेरे ध्यान में आई। इसलिए इसका मुझे खेद है। हमारा उद्देश्य बेवजह पेड़ों को काटना-तोड़ना नहीं है बल्कि छीनी गई भूमि को बोने के लिए वापस लेना था।

हैदराबाद के सत्याग्रह को मेरी अधिकृत सम्मति नहीं थी इस तरह की सूचना शेड्यूल्ड कास्ट फेडरेशन के कुछ सदस्यों ने दी है, लेकिन वह पूरी तरह से गलत है। इस सम्बन्ध में जो नासमझी हुई है उसे दूर करने के लिए मैं एक निवेदन-पत्र जारी करनेवाला हूँ। फेडरेशन सिर्फ हैदराबाद सरकार के खिलाफ ही सत्याग्रह करनेवाली नहीं है बल्कि समय आने पर और जरूरत महसूस होने पर अन्य राज्य सरकारों के खिलाफ भी सत्याग्रह का ऐलान करने में कोई कसर बाकी नहीं रखेगी। यदि किसी ने हमारी सहनशीलता का अन्त देखने की नादान कोशिश की तो हम सारे देश में केन्द्र सरकार के खिलाफ भी कानून तोड़ो आन्दोलन का ऐलान कर देंगे। इसलिए इस सत्याग्रह का विरोध करनेवालों को बगैर किसी हिचकिचाहट के फेडरेशन से बाहर चले जाना चाहिए।

हैदराबाद राज्य शेड्यूल्ड कास्ट फेडरेशन की मुख्य शाखा को बर्खास्त करके उसकी जगह मराठवाड़ा, कर्नाटक, तेलंगाना, और हैदराबाद, सिकंदराबाद आदि चार उपशाखाओं का पुनर्गठन किया जाए, इस प्रकार का निर्णय पार्टी की केन्द्रीय कार्यकारी समिति ने लिया है। उस फैसले को एक परिपत्र के द्वारा पार्टी के जनरल सेक्रेटरी पी.एन. राजभोज ने सभी को सूचित कर दिया है, यह बात सही है। इस सम्बन्ध में जो गलत समझ पैदा हुई है वह पूरी तरह से गलत है क्योंकि एक आदमी को मतलब हैदराबाद राज्य शेड्यूल्ड क्रास्ट फेडरेशन के अध्यक्ष को पूरे राज्य में चल रहे पार्टी के कार्य पर उचित नियन्त्रण रखना सम्भव नहीं हो रहा है। उसी तरह यह कार्यप्रणाली अकेले हैदराबाद राज्य में ही नए सिरे से शुरू हो रही है, ऐसी बात नहीं बल्कि उसका इस्तेमाल और अमल अखिल भारत में हर राज्य शाखाओं में पहले से हो रहा है। इसमें काम करना आसान है और कार्य में एकरूपता आती है। शेड्यूल्ड कास्ट फेडरेशन के सदस्यों को मैं अन्त में आगाह करना चाहता हूँ कि आज तक हमारा संगठन विद्रोही और अनुशासनहीन सदस्यों को उचित नसीहत देने के बारे में कुछ नरम था। लेकिन अब फेडरेशन के आदेश के विरोध में काम करनेवालों के साथ किसी भी प्रकार की हमदर्दी नहीं दिखाई जाएगी। उनके खिलाफ अनुशासनहीनता का आरोप सिद्ध होने पर उन्हें तुरन्त पार्टी से निकाल बाहर कर दिया जाएगा, इस बात को मैं आज साफ शब्दों में कह देना चाहता हूँ।

साप्ताहिक 'जनता' के 21 नवम्बर, 1953 के अंक में प्रकाशित।

मुझे आरामकुर्सी के राजनेता नहीं चाहिए

दि. 25 दिसम्बर 1953 को कर्नाटक के निपाणी, जि. बेलगाँव में डॉ. बाबासाहेब अम्बेडकर की सभा आयोजित की गई थी। इस सभा में हजारों लोग सम्मिलित हुए थे। इस अवसर पर डॉ. अम्बेडकर ने अपने दलित भाइयों को सचेत करते हुए कहा–

मैं कई दिनों से दक्षिण महाराष्ट्र के दौरे पर आने के सम्बन्ध में सोच रहा था। लेकिन आज वह मौका आया है। मैं आपके गाँव में इससे पहले न आ सका इस बारे में आप लोगों को बुरा मानने की कोई जरूरत नहीं। मैं कहीं भी रहूँ, अपने इर्द-गिर्द के अपने सवालों के बारे में आप लोगों को ही उन पर उत्सुकता से सोचना चाहिए। क्योंकि अपने सवाल आप लोगों को स्वयं ज्यादा अच्छे ढंग से और तुरन्त हल करने चाहिए।

1886 में कांग्रेस की स्थापना हुई थी। लेकिन हम लोग कांग्रेस के आन्दोलन से चार कदम दूर ही रहे। क्योंकि यह आन्दोलन हम लोगों पर सामाजिक गुलामी थोपनेवाले ब्राह्मण वर्ग का था। कांग्रेस का यह संगठन ब्राह्मणों का ही संगठन था, इस बात को हमने अच्छी तरह से जान लिया था। और हम पेशवाई में ब्राह्मणों की नीति से अच्छी तरह परिचित थे। टोपी देखकर फैसला करनेवाले इन समाज-सुधारकों में हम सम्मिलित हुए होते तो उन्होंने हमको दरवाजे के बाहर ही खड़ा रखा होता। हमें उनके दीवानखाने में जाने की इजाजत नहीं मिली होती। कांग्रेस को स्वराज चाहिए था। क्योंकि ब्रिटिश काल में उनकी जो सत्ता छीन ली गई थी, उसे उन्हें हासिल करना था, बरकरार रखना था। लेकिन उस समय मराठा भी कांग्रेस के आन्दोलन में सम्मिलित नहीं हुए थे। कांग्रेस ब्राह्मणों की थी। इसलिए उस समय के मराठा नेता घबरा गए थे। उन्हें इस बात का डर था कि हमारा क्या होगा। उन्होंने एक सभा का आयोजन किया और उसमें यह माँग की कि मराठा वर्ग को आरक्षण दिया जाए। उसके मुताबिक उन्हें सात सीटें आरक्षित मिल गईं। उन्होंने सभी गैर-ब्राह्मणों का एक संगठन बनाया। बाद में ये सभी गैर-ब्राह्मण हम लोगों को छोड़कर कांग्रेस में चले गए। क्योंकि गांधी ने इस संगठन को तोड़ा और मराठा नेताओं को बड़े-बड़े लालच दिए, उस लालच में फँसकर वे कांग्रेस में चले गए।

उसी तरह हमारे चमार भाई भी अपने लाभ के लिए कांग्रेस में घुस गए। स्वराज्य

में हमें कुल 29 आरक्षित स्थान मुम्बई राज्य के लिए मिले हैं। उसमें 25 कांग्रेसी चमार चुने गए। उन्होंने आज तक एक सवाल भी अछूतों के सम्बन्ध में लोकसभा में या एसेम्बली में नहीं पूछा है।

एक सिंहनी के दो बच्चे हुए। उन्हें छोड़कर वह सिंहनी जंगल में घूमने चली गई। उसे वहाँ भालू के दो बच्चे दिखाई दिए। उसने उन दोनों बच्चों को उठाकर अपने बच्चों में शामिल कर लिया। सिंहनी उन दो बच्चों को अपने बच्चों के साथ दूध पिलाती थी। वे सभी बच्चे बड़े होने के बाद एक जगह खड़े थे। वहाँ से एक हाथी अपनी गर्दन हिलाते हुए जा रहा था। उसके नजदीक आते ही भालू के बच्चे घबराकर भाग गए। उस समय सिंहनी के बच्चों के मन में सन्देह पैदा हुआ। उन्होंने यह सवाल अपनी माँ से पूछा। उनके सन्देह को देखते हुए उसने भालू के उन बच्चों को जंगल में ले जाकर छोड़ दिया।

इस कहानी को बताने का मतलब इतना ही है कि हम पिछले चुनाव में पराजित नहीं हुए हैं। हमारे लोगों ने स्वयं पैदल चलकर मतदान किया है। लेकिन जिन लोगों को ऐसा लगता है कि हमारे लोगों ने हमें मतदान नहीं किया है, उन्हें उस बात को सही साबित करके बताना चाहिए। मेरा यह आह्वान है कि उनकी बात यदि सही साबित हुई तो मैं अपने-आपको राजनीति से अलग कर लूँगा।

अब हम अकेले रह गए। हम अल्पसंख्यक लोग हैं। हम अपनी ताकत के मुताबिक लड़ रहे हैं। दूसरों से हाथ मिलाने से हम राजसत्ता हासिल कर सकते हैं। लेकिन निराश होने की कोई बात नहीं। आज की कांग्रेस सरकार, ब्राह्मण और मराठा जातियों की साँठ-गाँठ से चल रही है। लेकिन इसमें ज्यादा चतुर कौन हैं, इस बात को हमें देखना है। मराठाओं का घोड़ा नया है। सभी मराठे मलीदा खाएँगे। बाद में ब्राह्मणों के लिए कुछ नहीं बचेगा। और वे फिर लौटकर हमारे पास आएँगे। मराठाओं को नली मिल गई, हमारा हुक्का है ही। यह कोई अपनेपन की भावना नहीं है। इस कारण पेशवाई आएगी। हमारी सरकार संविधान द्वारा दिए गए हक़ छीन लेगी। पंडित नेहरू ने नागपुर की हरिजन परिषद् में भाषण किया। उसमें उन्होंने कहा, "अछूतों को अब आरक्षण की कोई जरूरत नहीं है। उनमें परिवर्तन आया है।" मुझे लगता है कि पंडित नेहरू को ठाणे के पागलों के अस्पताल में भेज देना चाहिए। जिसे अपने देश के लोगों की स्थिति के बारे में सही जानकारी नहीं, उसे प्रधानमन्त्री चुनना वास्तव में देश का दुर्भाग्य है। इस तरह से हमें मिली सुविधाएँ और आरक्षण छीन लेने का प्रयास हो रहा है।

हमारे प्रधानमन्त्री को दक्षिण अफ्रीका का सवाल महत्त्वपूर्ण लगता है। भारत के हर गाँव-देहात में दक्षिण अफ्रीका है। दक्षिण अफ्रीका का सवाल वर्णभेद (रंगभेद) का है। उसमें वहाँ के अंग्रेज लोग बड़ी लगन से हिस्सा ले रहे हैं। लेकिन ये लोग हमारे सवाल को दरकिनार करने के लिए तैयार हो जाते हैं। इसलिए ऐसे प्रधानमन्त्री को अक्लवाला या पागल, क्या समझा जाए यही मेरे सामने सवाल है। पेशवाओं के सरदार बापू गोखले ने मुस्लिमों पर हमला किया। उसमें सिदनाक महार सरदार था। उसका तम्बू पेशवाओं के तम्बू के पास लगता था। जब उसका तम्बू लगाया जा रहा था तब पेशवाओं

के लोगों ने उसका विरोध किया। उन्हें इस बात की खबर मिली। उस समय दरबार लगा हुआ था। सिदनाक महार ने अपनी तलवार नीचे रख दी और वहाँ से जाने के लिए निकला। तब हंबीरराव मोहिते झट से उठा और उसने कहा, "यह शादी की पंक्ति नहीं है, वीरों की पंक्ति है। यहाँ किसी प्रकार का भेदभाव नहीं है।" इसलिए हमें राजनीति में बड़ा हिस्सा चाहिए। आज तक मैं यदि कांग्रेस में होता तो क्या पंडित नेहरू प्रधानमन्त्री हो सकते थे? बिल्कुल नहीं, मैं प्रधानमन्त्री बना होता।

हमारी फेडरेशन में कई फालतू लोग इकट्ठा हो गए हैं। जिन्हें फेडरेशन छोड़ना हो उन्हें आज ही फेडरेशन छोड़ देना चाहिए। उसमें उनका कोई स्थान नहीं है। दो नावों पर पाँव नहीं रखने चाहिए। फेडरेशन का पेड़ जल्दी फल देनेवाला नहीं है। उस पर देर से फल लगेंगे। लेकिन वे हमेशा-हमेशा के लिए टिकनेवाले हैं। जो पेड़ जल्दी बड़ा होता है और उस पर जल्दी फल लगते हैं ऐसा पेड़ जल्दी ही नष्ट होता है। इस तरह का पेड़ हमारे किसी काम का नहीं। इसलिए जिन्हें जल्दी फल चाहिए उन्हें उधर जाना चाहिए।

हमारे लोगों ने आज तक बेहद मुसीबतें झेली हैं। मैं उनके लिए कुछ करना चाहता हूँ। मैं उन्हें हवा में नहीं छोड़ देना चाहता। हमारे कार्यकर्त्ताओं को आरामकुर्सी की राजनीति नहीं करनी चाहिए। आगे लोहे के चने चबाने पड़ेंगे। इसलिए जो यह बर्दाश्त नहीं कर सकते उन्हें बाहर निकल जाना चाहिए। फेडरेशन में कम लोग रहें तब भी चल जाएगा। मैंने जिस समय आन्दोलन शुरू किया उस समय मैं अध्यक्ष था और मेरे पास एक मेज-कुर्सी थी, बस इतना ही था। तब भी मैं निराश नहीं हुआ। इस चुनाव में हमारी हार हुई फिर भी आप लोगों को निराश होने की जरूरत नहीं। आप अपने आन्दोलन को जिन्दा रखिए। समय आने पर मैं आप लोगों को आवाज दूँगा और आप लोग मेरी आवाज से आवाज मिलाएँगे।

डॉ. बाबासाहेब आम्बेडकरांची भाषणे–खंड सात, सम्पा. प्रा.मा.फ. गांजरे।

देश में नैतिकता नहीं बची

दि. 31 जनवरी 1954, रविवार को मुम्बई के फेमस स्टुडियो में आचार्य अत्रे द्वारा निर्मित 'महात्मा फुले' सिनेमा के फिल्मांकन का सभारम्भ बड़े शानदार ढंग से सम्पन्न हुआ था। डॉ. बाबासाहेब अम्बेडकर इस सभारम्भ के अध्यक्ष थे और सतारा के कर्मवीर भाऊराव पाटिल विशेष अतिथि के रूप में उपस्थित थे। आचार्य अत्रेजी ने सभी अतिथियों तथा उपस्थितों के प्रति अपना आभार व्यक्त करते हुए बहुत ही मौलिक विचार व्यक्त किए। डॉ. अम्बेडकर ने इस मंगल अवसर पर कहा–

इस काम को हाथ में लेने के लिए मैं मान्यवर अत्रे[1] का अभिनन्दन करता हूँ क्योंकि ज्योतिबा फुले आधे समाज-सुधारक थे। पहले इस तरह की बहस चल रही थी कि राजनीतिक परिवर्तन पहले या सामाजिक सुधार पहले। पहले समाज सुधार होना चाहिए इस तरह के विचारों का प्रतिपादन रानडे, गोखले, आगरकर आदि लोग करते रहे हैं। लेकिन तिलक का बल राजनीतिक सुधार पर अधिक था। तिलक अपने विरोधियों पर इस सम्बन्ध में विजय हासिल नहीं कर सके। लेकिन बाद में महात्मा गांधी ने समाज सुधारवादियों पर विजय हासिल की। लेकिन समाज सुधार और सामाजिक परिवर्तन होने से पहले देश को राजनीतिक स्वतन्त्रता मिली, उसके परिणाम कुछ खास अच्छे नहीं निकले। आज देश में नैतिकता ही नहीं है। जिस देश में नैतिकता न हो उस देश का भविष्य बहुत असुरक्षित है। जवाहरलाल नेहरू आपके प्रधानमन्त्री हों या मोरारजी देसाई आपके मुख्यमन्त्री हों, आपका भविष्य तो अन्धकारमय ही है।

देश के मन्त्री देश का उत्थान नहीं करते। बल्कि जिसने धर्म को अच्छी तरह से समझ लिया है वही देश की नाव पार लगा सकता है। महात्मा फुले इस प्रकार के धर्म-सुधारकों में से थे। इस दृष्टि से इस महान समाज सुधारक के जीवन पर आधारित यह वृत्तचित्र अधिक उपयोगी होगा।

साप्ताहिक 'जनता' के 6 फरवरी, 1954 के अंक में प्रकाशित।

---

1. प्र.के. अत्रे

भारत में धर्म के कई स्थित्यन्तर हुए

*दि. **24 जनवरी 1954** को मुम्बई में साईं भक्तों ने जेवियर कॉलेज के मैदान पर 'साईं भक्त सम्मेलन' आयोजित किया था। उस सम्मेलन के उद्घाटन के लिए डॉ. बाबासाहेब अम्बेडकर को सादर निमन्त्रित किया गया था। उस सम्मेलन का उद्घाटन करते हुए डॉ. अम्बेडकर ने कहा–*

आज मूर्तिपूजा, साधूसन्त और चमत्कार करनेवाले व्यक्तियों की पूजा ही धर्म बन गया है। अपने धर्म में अब देव और नैतिकता भी नहीं रही है। आज की स्थिति पूरी तरह से मानवी मन का पूरी तरह से पतन है। इसीलिए सत्य और महान धर्म की पुनर्स्थापना करने की बड़ी जिम्मेदारी भावी पीढ़ी पर आ पड़ी है।

मुझे साईंबाबा से प्रत्यक्ष मिलने या उन्हें देखने का मौका नहीं मिला। उनके बारे में मैंने कुछ बातें सुनी हैं, इसीलिए ऐसे समय में ऐसे आदमी को निमन्त्रित करना चाहिए था जिसे साईंबाबा के जीवन के सभी पक्षों की जानकारी हो, यह अच्छी बात होती। मैं साईंबाबा के बारे में कुछ नहीं जानता। और जो कुछ मैं जानता हूँ वे दूसरों से सुनी-सुनाई बातें हैं। साईंबाबा को मरे हुए काफी दिन हो गए हैं। फिर भी उन्हें चाहनेवालों की संख्या दिन-ब-दिन बढ़ती जा रही है। कई लोग साईंबाबा को धर्मगुरु के रूप में जानते हैं। भारत में धर्म के कई स्थित्यन्तर हुए हैं। धर्म के बारे में लोगों की यह समझ बन गई थी कि धर्म मनुष्य की आत्मा को मुक्ति दिलाने का एक साधन है। शताब्दियाँ बीतने के बाद धार्मिक दृष्टि, उद्देश्य और साधना की वजह से मूल कल्पना में बुनियादी परिवर्तन हुआ और धर्म एक ऐसा साधन बन गया जो नैतिक मूल्यों से आपस में सम्मान की भावना पैदा कर विश्वबन्धुत्व का निर्माण करता है। धर्म का यह अर्थ लिया गया। धर्म की तीसरी अवस्था यह है कि जो व्यक्ति मानवीय जीवन की दैनिक आवश्यकताओं की पूर्ति करेगा उसकी भगवान की तरह पूजा की जाएगी। किसी को बच्चे चाहिए थे, किसी को जेवरात चाहिए थे, किसी को दुख से मुक्त होना था। जिस व्यक्ति ने लोगों की इन इच्छाओं को पूरा किया उस व्यक्ति को लोगों ने भगवान बना लिया। उसके बाद तो सामान्य आदमी से कुछ अलग ढंग का बर्ताव करनेवाले व्यक्ति की भी पूजा होने लगी, यह तो हम सारे भारत में देख रहे हैं।

धर्म के सम्बन्ध में हम गलत रास्ते पर गए हैं। इतना ही नहीं, आजकल के युग

में धर्म के नाम पर पैसा इकट्ठा करके उसे गलत बातों पर खर्च किया जाता है। आज दुनिया में गरीबी और दुखों का बोलवाला होने पर भी धर्म के नाम पर पैसा इकट्ठा कर उसे ब्राह्मणों तथा उत्सवों पर खर्च करना एक तरह से भयंकर गुनाह है। गौतम बुद्ध ने इस सवाल को बड़े अच्छे ढंग से हल किया था। उन्होंने अपने नैतिकशास्त्र में पंचशील, अष्टांग मार्ग और निर्माण के सम्बन्ध में अच्छे ढंग से समझाया है। इ सके अलावा उन्होंने अपने अनुयायियों को निम्न प्रकार के दस तत्त्व जीवन में अपनाने के लिए बताए हैं–(1) प्रज्ञा, (2) शील, (3) नैमित्य, (4) ज्ञान, (5) वीर्य, (6) शान्ति, (7) सत्य, (8) अधिस्थान, (9) मैत्री और (10) उपेक्षा।

जिसके कारण अज्ञान रूपी अँधेरा नष्ट हो जाता है वह है प्रज्ञा, मतलब ज्ञानरूपी प्रकाश। शील का मतलब है नैतिक विचार। किसी को भी बुरी बात नहीं करनी चाहिए। लेकिन अच्छी बात को बार-बार करना चाहिए। नैमित्य का मतलब है भौतिक सुख या भोगवाद से दूर रहना। दान का मतलब है किसी भी प्रकार की इच्छा किए बगैर दूसरों के लिए अपना तन-मन और धन समर्पित कर देना। वीर्य का मतलब है संयम, कसौटी कि जिसके कारण हाथ में आया काम करने से पीछे न हटना। शान्ति का मतलब है स्नेहशीलता। घृणा का घृणा से जवाब न देना। सत्य का मतलब है सच, किसी को भी झूठ नहीं बोलना चाहिए, हमेशा सच बोलना चाहिए। जो बोलना है वह सच ही होना चाहिए। अधिस्थान का मतलब है मनोनिग्रह। मैत्री का मतलब है प्रेम, फिर वह मित्रों से हो या दुश्मन से हो, मनुष्य से हो या पशुओं से हो। उपेक्षा का मतलब है सुख-दुख से पार जाकर किन्हीं भी परिणामों से विचलित न होना और कर्त्तव्यकुशल रहना। उक्त प्रकार के गुणों में से अधिक से अधिक गुणों को हर आदमी को अपने जीवन में अपनाना चाहिए। यही बुद्ध की अपेक्षा थी। इसे पालि साहित्य में (पारमिता) कहा गया है। गौतम बुद्ध ने 'दान पारमिता' का उपदेश दिया है। दान देते हुए दाता को जिससे दान दिया गया उसके प्रति हीनता का भाव नहीं रखना चाहिए। पददलितों में अपने पाँवों पर खड़े होने की शक्ति हम पैदा कर सकते हैं, वही असली दान है। साधु-सन्तों के नाम पर इकट्ठा किए गए पैसे का पारमिता में बताए गए तत्त्वों के मुताबिक उपयोग करना बहुत जरूरी है। गरीबी, अज्ञान, बीमारियाँ इतनी हैं कि आज के युग में उन्हें खत्म करने के लिए पैसा खर्च करने की बजाय उसे अमीरों के लिए खर्च करना एक तरह की दुष्टता होगी। इस पैसे का उपयोग कारखाना, शिक्षा, बेकारों के लिए छोटे-मोटे उद्योग-धन्धे, गरीब तथा अनाथ महिलाओं के लिए कुछ व्यावसायिक प्रशिक्षण देना आदि ऐसे कार्यों पर करना चाहिए। आप लोगों ने इकट्ठा किए हुए पैसे का उपयोग इस तरह किया तो उससे आप लोगों के काम की प्रशंसा होगी। इतना ही नहीं, साईंबाबा का नाम भी चारों ओर लिया जाएगा।

साप्ताहिक 'जनता' के 30 जनवरी, 1954 के अंक में प्रकाशित।

रिपब्लिकन पार्टी : लक्ष्य और नीति

डॉ. बाबासाहेब अम्बेडकर ने 'रिपब्लिकन पार्टी ऑफ इंडिया' नाम से नई राजनीतिक पार्टी के गठन का निश्चय किया था। इसके लिए उन्होंने भारतीय राजनीति में समान विचारधारा वाले लोगों से बातचीत भी शुरू कर दी थी। उनकी यह मान्यता थी कि भारतीय राजनीति में प्रबल विरोधी दल की जरूरत है। इस दृष्टि से उन्होंने रिपब्लिकन पार्टी की नींव तैयार की थी। और इसी दृष्टि से उन्होंने भारतीय जनता के नाम यह खुला पत्र लिखा था। यह खुला पत्र डॉ. बाबासाहेब अम्बेडकर के राजनीतिक लक्ष्य, प्रयोजन तथा उनके राजनीतिक दर्शन की दृष्टि से एक बुनियादी ऐतिहासिक दस्तावेज है। यह लेख **1954** *में लिखा गया था।*

हिन्दी कांग्रेस की स्थापना 1886 में हुई थी। उसने 1947 तक स्वराज्य प्राप्ति के आन्दोलन के रूप में काम किया। उसका प्रारम्भ में कोई स्पष्ट लक्ष्य नहीं था। सबसे पहले उसने सुराज्य (अच्छे शासन) की माँग की। उसके बाद उसने अपना लक्ष्य बदल दिया और 'स्वराज्य' की माँग सामने आई। ब्रिटिश राजनीतिक विश्व में स्वराज्य की इस कल्पना के दो वैकल्पिक अर्थ लगाए गए। पहला 'उपनिवेश का स्वराज्य (Dominion Status) और दूसरा 'सम्पूर्ण आजादी' (Independence)। इसमें 'उपनिवेश का स्वराज्य' का मतलब है समान (एक ही) राजा को, राज्य के प्रति वफादार रहकर स्वतन्त्रता का उपभोग करना और 'सम्पूर्ण स्वराज्य' का मतलब है राज्य के प्रति किसी भी प्रकार की बगैर वफादारी की स्वतन्त्रता।

हिन्दी राष्ट्रसभा (कांग्रेस) प्रारम्भ में कुछ समय तक 'औपनिवेशिक स्वराज्य' की माँग कर रही थी। किन्तु माँग बहुत कम समय तक रही। बाद में उसने 1930 में नाटकीय और चमत्कारिक ढंग से 'सम्पूर्ण स्वराज्य' का प्रस्ताव मंजूर किया। इस प्रकार की स्वतन्त्रता 1947 में हासिल की गई।

यहाँ तक कांग्रेस का स्वरूप संसदीय लोकतन्त्र (Parliamentary Democracy) को सफल बनाने के लिए तैयार की गई फौज की तरह नहीं था बल्कि विदेशी सत्ता के विरोध में लड़ाई लड़ने के लिए इकट्ठा की गई फौज की तरह रहा है। इसके बाद श्री गांधी ने कांग्रेस को बर्खास्त करने की और स्वराज्य में सरकार का संचालन करने के लिए

दलीय प्रणाली से स्थापित नए दल का निर्माण करने का बहुत महत्त्वपूर्ण सुझाव दिया था। किन्तु कांग्रेस के नेता तो सरकारी सत्ता-संचालन के सूत्र अपने हाथों में लेने के लिए अपनी-अपनी छावनियों में पूरी तैयारी के साथ सज-धजकर बैठे हुए थे। उन्होंने श्री गांधी की किसी सलाह को स्वीकार नहीं किया। आम तौर पर इस प्रकार की राजनीतिक परम्परा है कि शान्ति स्थापना के बाद युद्धकाल में किए गए सैनिक संगठन को बर्खास्त करना पड़ता है। इसका कारण एकदम साफ है। युद्ध के समय सैनिक भर्ती में उचित नियमों का पालन नहीं किया जाता है। उसमें अच्छे, बुरे, बेफिक्र, स्वार्थी आदि प्रकार के लोगों की भर्ती होती है इसलिए उसका स्तर काफी निम्न होता है। भारत के सन्दर्भ में इस तरह की फौज को बर्खास्त करने की बात तो दरकिनार, उन्होंने सम्पूर्ण सत्ता को ही हड़प लिया है।

हम लोगों को अब कांग्रेस सरकार की पिछले दस साल की राजनीति का, सत्ता-संचालन का अच्छा अनुभव है। कोई भी यह कह सकता है कि उनका सत्ता-संचालन कोई गर्व करने योग्य नहीं है। अब श्री गांधी की सलाह पर गम्भीरता से सोचने का और जो दल संसदीय लोकतन्त्र में विरोधी दल के रूप में काम कर सके ऐसे दल का गठन करने का समय आ गया है। मैंने यहाँ लोकतान्त्रिक प्रणाली की शासनसंस्था को सफलतापूर्वक चलाया जाए इसके लिए कौन-सी बातें जरूरी हैं इस बारे में संक्षेप में चर्चा करने की बात तय की है।

विषय की भूमि

मूल विषय की चर्चा करने से पहले मैं उसकी विषयवस्तु के बारे में कुछ बुनियादी बातों का यहाँ उल्लेख करना चाहता हूँ। इसमें पहली बात यह है कि 'लोकतन्त्र' का स्वरूप हमेशा बदलता रहा है। हम लोग जिस लोकतन्त्र के बारे में बात कर रहे हैं वह लगातार कभी एक रूप में नहीं रहा। ग्रीक लोगों के 'अथेनियन लोकतन्त्र' (Athenian Democracy) को ही ले लीजिए। इस 'अथेनियन लोकतन्त्र' में और आज के लोकतन्त्र की संकल्पना में बहुत बड़ा अन्तर है। 'अथेनियन लोकतन्त्र' में पचास प्रतिशत लोग गुलाम होते थे। वहाँ वास्तव में आजाद जनता पचास प्रतिशत ही थी। शेष पचास प्रतिशत गुलाम जनता को शासन संस्था में किसी भी प्रकार से कोई महत्त्व प्राप्त नहीं था। यह एक ही बात अथेनियन लोकतन्त्र और आधुनिक लोकतन्त्र में फर्क बताने के लिए पर्याप्त है। प्रारम्भ में ही जिस बात की ओर मैं आपका ध्यान खींचना चाहता हूँ, वह दूसरी बात यह है कि किसी भी देश में लोकतन्त्र का स्वरूप कभी एक जैसा नहीं रहा है। इंग्लैंड की बात ले लीजिए। वहाँ 1688 में हुई क्रान्ति से पहले उस देश का लोकतन्त्र और क्रान्ति के बाद के लोकतन्त्र का स्वरूप एक ही है, ऐसा नहीं कहा जा सकता। कोई ऐसा भी नहीं कह सकता कि 1688 से 1832 के दरमियान इंग्लैंड का लोकतन्त्र और 1832 में मंजूर किया गया 'पहला सुधार कानून' (First Reform Bill) अमल में आने के बाद का लोकतन्त्र भी एक जैसा था। मतलब यह कि लोकतन्त्र का स्वरूप हमेशा बदलता रहा है।

इस सम्बन्ध में तीसरी बात यह है कि लोकतन्त्र का केवल 'स्वरूप' (Form) ही बदलता रहा हो ऐसी बात नहीं है बल्कि उसके 'उद्देश्य' (Purpose) भी समय के साथ बदलते रहे हैं। पुनः प्राचीन इंग्लिश लोकतन्त्र का उदाहरण लीजिए। उस समय वहाँ के लोकतन्त्र का उद्देश्य क्या था? राजा की असीम सत्ता पर नियन्त्रण रखना, उसे उसके विशेष हक़ों (Prerogative rights) को अमल में लाने से रोकना, उसका यही उद्देश्य था। उस समय इंग्लैंड का राजा यहाँ तक कहता था कि, "कानून बनाने का हक़ पार्लियामेंट को होने के बावजूद भी मैं राजा की हैसियत से कानून बना सकता हूँ और मेरे कानूनों को महत्त्वपूर्ण स्थान दिया जाएगा।" राजा की इस प्रकार की तानाशाही (Autocracy) के कारण वहाँ लोकतन्त्र सही रूप में अमल में नहीं आ सका। आज लोकतन्त्र का उद्देश्य अनियन्त्रित राजसत्ता को नियन्त्रित करना नहीं है बल्कि 'जनकल्याण' करना है। इस तरह यह लोकतन्त्र के उद्देश्यों में महत्त्वपूर्ण परिवर्तन हुआ है। और इसीलिए मैंने प्रस्तुत विषय की 'आधुनिक लोकतन्त्र के सफल प्रयोग की जरूरी बातें' शीर्षक से चर्चा की है।

लोकतन्त्र की परिभाषा

लोकतन्त्र की परिभाषा क्या है? इसके सम्बन्ध में चर्चा करने से पहले लोकतन्त्र की स्पष्ट संकल्पना को समझ लेना जरूरी है। शायद आप लोगों को मालूम होगा कि राजनीतिज्ञ, राजनीतिक नेता, लेखक, समाजशास्त्री और अन्य कई लोगों ने लोकतन्त्र की परिभाषा अपने-अपने ढंग से की है। इनमें से सिर्फ दो परिभाषाओं को मैं अपने मुद्दे को स्पष्ट करने के लिए यहाँ दे रहा हूँ। बॉल्टेयर बेगहोट ने ब्रिटिश संविधान पर (English Constitution) एक बहुत प्रसिद्ध ग्रन्थ लिखा है। उसमें उन्होंने लोकतन्त्र का बहुत अच्छा विश्लेषण करने का प्रयास किया है। इस ग्रन्थ में उन्होंने लोकतन्त्र की परिभाषा इस प्रकार से दी है, 'चर्चा पर आधारित शासनसंस्था' (Government by discussion)। अब्राह्म लिंकन ने भी लोकतन्त्र की परिभाषा की है, जिसकी हम यहाँ चर्चा कर रहे हैं। दक्षिण के राज्यों के साथ उनका जो युद्ध हुआ उसकी समाप्ति के बाद अब्राहम् लिंकन ने गैटिसबर्ग में एक महत्त्वपूर्ण भाषण दिया। उसमें उन्होंने लोकतन्त्र की परिभाषा करते हुए कहा कि, 'लोगों की, लोगों द्वारा और लोगों के लिए चलाई गई सरकार' (A Government of the people by the people and for the people)। इस प्रकार की कई परिभाषाओं की यहाँ चर्चा की जा सकती है। अगर मैं अपने बारे में कहूँ तो लोकतन्त्र की परिभाषा मैं अलग शब्दों में करूँगा। मुझे ऐसा लगता है कि आज लोकतन्त्र की सही परिभाषा वही हो सकती है। लोकतन्त्र की मेरी परिभाषा है कि, "लोगों के सामाजिक और आर्थिक जीवन में बगैर किसी तरह के रक्तपात के क्रान्तिकारी परिवर्तन करनेवाली शासन-प्रणाली ही लोकतन्त्र है।" जिस शासन-प्रणाली की वजह से सत्ताधारी दल सामाजिक और आर्थिक क्षेत्र में बुनियादी बदलाव ला सकते हैं, इस तरह का बदलाव स्वीकार करते समय जनता किसी प्रकार की हिंसा का रास्ता

नहीं अपनाती, वही लोकतन्त्र का अस्तित्व है। यहाँ मैं ऐसा कह सकता हूँ कि यही लोकतन्त्र की असली कसौटी है। यही ऊँचे दर्जे की कसौटी है। आप लोग जिस समय किसी चीज के गुणों की परख करते हैं, उस समय उसके लिए सबसे सख्त कसौटी का इस्तेमाल करते हैं। इससे उस बात की सही परीक्षा हो जाती है। मैं यहाँ लोकतन्त्र की इस परिभाषा को कसौटी के रूप में इस्तेमाल कर रहा हूँ।

इस प्रकार का लोकतन्त्र कैसे सफल होगा? इसका मैं विशेष रूप से उल्लेख कर रहा हूँ। लोकतन्त्र के सफल अमल के लिए कौन-सी बातें जरूरी हैं, इस बारे में लोकतन्त्र का विश्लेषण करनेवाले किसी भी लेखक ने साफ तौर पर कुछ बुनियादी आधार नहीं बताए हैं। इसीलिए जिन देशों में लोकतन्त्र के प्रयोग हुए, उन देशों के इतिहास का अवलोकन करते हुए लोकतन्त्र की असफलता के कारणों को खोजना होगा और हम लोगों को उसके आधार पर अपने निष्कर्ष निकालने होंगे। अब हम यहाँ लोकतन्त्र की सफल प्राप्ति के लिए जरूरी बातों पर एक-एक कर विचार करेंगे।

1. लोकतन्त्र की सफलता के लिए सबसे महत्त्वपूर्ण पहली शर्त यह है कि समाज-व्यवस्था में असमानता नहीं होनी चाहिए। समाज में उत्पीड़ित, शोषित वर्ग न हो। समाज में सभी हक़ और सत्ता का केन्द्रीयकरण जिनके हाथ में है, ऐसा वर्ग एक ओर और हर तरह की पीड़ा को बर्दाश्त करनेवाला वर्ग दूसरी ओर, इस तरह का बँटवारा नहीं होना चाहिए। जिस समाज में इस प्रकार की असमानता, इस प्रकार का अन्यायमूलक बँटवारा और उस पर आधारित समाज-व्यवस्था में हिंसात्मक क्रान्ति के बीज होते हैं बाद में उन्हें दूर करना लोकतन्त्र के लिए असम्भव हो जाता है। लिंकन ने अपने उसी गैटिसबर्ग के भाषण में कहा था, ''स्वयं के विरोध में बँटा हुआ परिवार टिक नहीं सकता'', (a house divided against itself cannot stand)। उसके इस वाक्य के अर्थ को सभी लोग अच्छी तरह नहीं समझ सके। वास्तव में उन्होंने अमेरिका के दक्षिण और उत्तरी संस्थानों के झगड़ों के सम्बन्ध में यह कहा था। जब उन्होंने कहा कि बँटा हुआ परिवार टिक नहीं सकता उस समय उन्हें यह कहना था, ''आप दक्षिण के लोग और हम दक्षिण के लोग यदि बँट गए मतलब एक-दूसरे के खिलाफ खड़े रहे तो हम विदेशी दुश्मन के खिलाफ इकट्ठा खड़े नहीं रह पाएँगे।'' लेकिन उनके उस वाक्य में इससे भी गहरा अर्थ समाहित है ऐसा मुझे लगता है। मेरी राय में एक वर्ग और दूसरे वर्ग में जो भयंकर दूरी है, वर्गसंघर्ष है, वे लोकतन्त्र की सफलता के रास्ते में बहुत बड़े पत्थर हैं, यही उनका तात्पर्य है। कारण साफ है। लोकतन्त्र में किस प्रकार की तब्दीलियाँ होती हैं। जो दलित, उत्पीड़ित, जिनके हक़ हड़प लिए गए हैं, जो केवल बोझ ढोनेवाले हैं वे लोग और जिन लोगों ने सभी हक़ अपने पास सुरक्षित रखे हैं ऐसे दोनों तरह के लोगों को लोकतन्त्र में मतदान का समान हक़ हासिल होता है। सुविधाभोगी वर्ग (Privileged Class) हमेशा उत्पीड़ित वर्ग की तुलना में संख्या से कम होता है। और निर्णय लेने के काम में हम 'बहुमत' का सिद्धान्त स्वीकार करते हैं, इसलिए यदि सुविधा-भोगी वर्ग ने अपने-आप या अपनी इच्छा से अपने सभी विशेष

अधिकारों का त्याग नहीं किया तो फिर उनमें और निम्न वर्ग के बीच की दूरी और बढ़ेगी, यह दूरी लोकतन्त्र के विनाश के लिए और खतरनाक शासन-प्रणाली को जन्म देने का कारण बन सकती है। इसलिए मैं बगैर किसी संकोच के यह कहना चाहता हूँ कि दुनिया के अलग-अलग देशों के लोकतन्त्र के इतिहास का अध्ययन किया जाए तो यही दिखाई देगा कि लोकतन्त्र की असफलता का कारण सामाजिक असमानता, और दो वर्गों के बीच की दूरी ही है, इसके अलावा और कोई वजह नहीं है।

2. लोकतन्त्र की सफलता के लिए दूसरी महत्त्वपूर्ण बात है, विरोधी दल की मौजूदगी। इस सन्दर्भ में दल प्रणाली (Party System) के विरोध में बोलनेवाले कई लोग मैंने इसी देश में नहीं, इंग्लैंड में भी देखे हैं। इंग्लैंड में दल व्यवस्था पर (System) हेन्सार्ड सोसायटी द्वारा लिखे गए ग्रन्थ में एक पूरा का पूरा अध्याय इसी विषय पर है। उसमें दल प्रणाली अच्छी प्रणाली है या नहीं? और उसे अमल में लाया जाए या नहीं? इस प्रकार के सवाल खड़े करके उनका विश्लेषण किया गया है। इस सवाल के बारे में कई दृष्टिकोण रखे गए हैं। मेरी मान्यता के अनुसार जो लोग 'दल प्रणाली' के विरोध में हैं, जिन्हें विरोधी दल की जरूरत महसूस नहीं होती उन्हें शायद 'लोकतन्त्र' की संकल्पना का सही मतलब समझ में नहीं आएगा। लोकतन्त्र का मतलब क्या है? मैं यहाँ उसकी परिभाषा बताने नहीं जा रहा हूँ। बल्कि उसकी कार्य-मीमांसा कर रहा हूँ। इस अर्थ में लोकतन्त्र को 'सत्ता पर नियन्त्रण' (Veto to Power) कहा जा सकता है। इसमें हम 'वंशपरम्परा से सत्ता' और 'सरंजामशाही (सनातन सत्ता)' के एकदम विरोधी अर्थ में लोकतन्त्र का प्रयोग करते हैं। लोकतन्त्र का अर्थ यही है कि सत्ताधारी वर्ग की असीम सत्ता को नियन्त्रित करने की व्यवस्था। तानाशाही में नियन्त्रण की कोई गुंजाइश नहीं होती। एक बार चुना गया राजा अपने 'जन्मजात और दैवी' अधिकारों से सत्ता का संचालन करता है। उसे हर पाँच साल में अपनी प्रजा के पास जाकर यह नहीं कहना पड़ता कि, ''क्यों, मैं भला आदमी हूँ या नहीं? पिछले पाँच साल में मेरा कार्य आप लोगों को पसन्द आया या नहीं? और यदि आपको पसन्द हो तो आप मुझे अगले पाँच सालों के लिए राजा के रूप में चुनेंगे या नहीं?'' राजा की सत्ता पर किसी का नियन्त्रण नहीं होता। किन्तु लोकतन्त्र में हमने इस तरह की व्यवस्था की है जिसकी वजह से सत्ताधारी वर्ग को हर पाँच साल के बाद प्रजा के सामने जाना पड़ता है। और वे सत्ता पर रहने के योग्य हैं या नहीं? लोगों की देखभाल और संरक्षण करने में सक्षम हैं या नहीं? इन सवालों पर उन्हें अपनी प्रजा का यकीन हासिल करना पड़ता है। मैं इसी को सत्ता पर नियन्त्रण (Veto) कहता हूँ। लेकिन हर पाँच साल में सिर्फ एक बार जनमत का कौल लेने के पहले बीच के समय में अनियन्त्रित सत्ता का उपयोग करने के इस पंचवर्षीय नियन्त्रण की वजह से असली लोकतन्त्र की स्थापना नहीं होती। लोकतन्त्र में राज्यसत्ता पर सिर्फ जनमत का नियन्त्रण होने से काम नहीं चलता। वह तत्काल और निरन्तर होना चाहिए। लोकसभा (संसद) में सरकार को सवाल पूछनेवाले और चुनौती देनेवाले लोग चाहिए। इस विश्लेषण से आपको इस बात का पता चल जाएगा कि किसी भी व्यक्ति

को हमेशा के लिए अपनी सत्ता में बने रहने का अधिकार नहीं है। लेकिन शासन संस्था (सरकार) जनमत का प्रतिनिधित्व करनेवाली होनी चाहिए। और उसमें रुकावट पैदा करनेवाले, चुनौती देनेवाले लोग स्वयं संसद के अन्दर होने चाहिए। इससे आप लोगों को विरोधी दल का महत्त्व समझ में आएगा। विरोधी दल की मौजूदगी की वजह से सत्ताधारी दल की नीति-लक्ष्य को प्रभावित करके उसे सही रास्ते पर लाने की व्यवस्था लोकतन्त्र में होती है। लोकतन्त्र में सत्ताधारी दल को अपनी नीति-कार्य का और राजनीति का समर्थन और जो लोग उस दल में नहीं हैं उनकी शंकाओं का समाधान लगातार करते रहना पड़ता है। दुर्भाग्य से अपने देश के कई अखबार सरकारी विज्ञापनों से आमदनी के लिए या अन्य कारणों से सरकारी नीतियों का ज्यादा समर्थन करते हैं। वे विरोधी दलों का ज्यादा समर्थन नहीं करते। उन्हें विरोधी दलों की ओर से मिलनेवाला भी क्या है? उनको सरकार की ओर से विज्ञापनों का पैसा मिलता है। इसीलिए ये अखबार सत्ताधारी दल के सदस्यों के भाषणों की खबरें बड़े विस्तार से प्रकाशित करते हैं। और विरोधी दलों के सदस्यों के भाषण एकदम संक्षेप में अन्तिम पृष्ठ पर किसी कोने में छापते हैं। इसीलिए लोकतन्त्र की सफलता के लिए विरोधी दल की जरूरत है। इंग्लैंड में विरोधी दल को सिर्फ मान्यता ही नहीं दी जाती बल्कि विरोधी दल के नेता को उसके दल का काम करने के लिए वेतन भी दिया जाता है। उसे सेक्रेटरी, क्लर्क, टाइपिस्ट आदि की सुविधा प्रदान की जाती है। और उसे 'हाउस ऑफ कॉमन्स' के भवन में ही ऑफिस आदि की सुविधाएँ प्रदान की जाती हैं। कनाडा में भी प्रधानमन्त्री की तरह ही विरोधी दल के नेता को वेतन दिया जाता है। इसकी वजह एकदम साफ है। इन दोनों देशों में उन लोगों को यह बताने की जरूरत महसूस होती है कि सरकार गलत दिशा में जा रही है या नहीं और इस तरह का काम लगातार तथा पूरी सजगता से होना चाहिए। यह लोकतन्त्र की जरूरत होती है इसीलिए वे विरोधी दल के लिए पैसा खर्च करने के लिए तैयार रहते हैं।

3. लोकतन्त्र की सफलता के लिए तीसरी महत्त्वपूर्ण बात यह है कि कानूनी और राजनीति के क्षेत्र में समानता के सिद्धान्त का पूरी तरह से अमल हो। यहाँ 'कानून की समानता' (Equality before law) विषय पर ज्यादा बहस करने की कोई जरूरत नहीं है। मतलब इस सिद्धान्त को अमल में लाते समय कहीं न कहीं अन्याय तो होता ही है। किन्तु सत्ता-संचालन करते समय समानता-दृष्टि का पालन आज बहुत महत्त्व की चीज बन गई है। हममें से कई लोगों को राजनीति में भ्रष्टाचार की मार देखने को मिली होगी। सत्ताधारी दल के लोगों को किफायत से राजनीति चलाए जाने के लिए कई उदाहरण आप लोगों ने देखे होंगे। मैं स्वयं ऐसी कई बातें जानता हूँ। मान लीजिए, कानून के मुताबिक किसी एक चीज का व्यापार लाइसेंस के बगैर कोई नहीं कर सकता। उस तरह का कानून सिद्धान्त के तौर पर सभी पर समान रूप में लागू होता है। इसके बारे में किसी को कोई सन्देह नहीं। उसमें सिफारिश का भी कोई महत्त्व नहीं है। लेकिन आगे उस कानून के अमल के बारे में जाँच-पड़ताल करके देखिए। मान लीजिए, प्रस्तुत

कानून के मुताबिक जरूरी लाइसेंस माँगने के लिए अलग-अलग लोग सरकारी अधिकारी के पास गए या मन्त्री के पास गए और मन्त्री महोदय उन लोगों की टोपियों का रंग देखकर फैसला करने लगे और अपने दल की टोपी पहननेवालों को ही लाइसेंस देने लगे तो यह भ्रष्टाचार होगा और उसमें राजनीतिक सत्ता-संचालन की समानता नहीं रहेगी। वास्तव में लाइसेंस की बात छोटी है और उसमें भ्रष्टाचार की चोट बहुत कम लोगों पर पड़ेगी। लेकिन यही भ्रष्टाचार राजनीति में काफी दूर तक फैला तो उसके बड़े गम्भीर परिणाम होंगे। समझ लीजिए, किसी दल के सदस्य पर कानूनी मुकदमा चलाना कानूनन जरूरी हो गया है, सरकारी अधिकारी के पास उस तरह के पर्याप्त प्रमाण उपलब्ध हैं, ऐसे में यदि उस क्षेत्र का, उस दल का नेता जिलाधिकारी से मिला और मुकदमा वापस लेने के लिए कहने लगा कि, "यदि आपने हमारा इतना काम नहीं किया तो मैं मन्त्री से कहकर आपका तबादला करवा दूँगा।" यदि इस तरह से होने लगा तो राजनीति कितनी खतरनाक और उलझन में पड़ जाएगी, इस बात की कल्पना आप कर सकते हैं। अमेरिका में पहले 'स्पॉइल्स सिस्टम' (Spoils System) नाम की एक राजनीतिक प्रणाली थी। नया दल सत्ता में आने के बाद पहले की सरकार के नियुक्त कर्मचारियों को नौकरी से हटा दिया जाता था। अपने विश्वास के तथा जिन्होंने उन्हें चुनाव में मदद की, ऐसे लोगों को नौकरियों पर नियुक्त किया जाता था। इस प्रणाली की वजह से अमेरिका में कई सालों तक अच्छी प्रशासन-व्यवस्था कायम नहीं हो सकी। बाद में उन्होंने यह अनुभव किया कि इस तरह की व्यवस्था लोकतन्त्र के हित में नहीं है, इसलिए उन्होंने उसे बदल दिया।

इंग्लैंड में वहाँ के लोगों ने राज्य प्रशासन निर्मल-निष्पक्ष और राजनीति से मुक्त रहे इसलिए राजनीतिक और नागरिक सेवाओं का विभाजन किया है। वहाँ नागरिक प्रशासन सम्बन्धी नौकरियाँ स्थायी होती हैं। वहाँ का नौकरशाही वर्ग किसी भी दल की सत्ता आने के बाद प्रशासन चलाता है। और मन्त्रिमंडल भी उसके काम में कोई दखलंदाजी नहीं करता। जब अपने देश में ब्रिटिशों की सत्ता थी उस समय उन्होंने इसी प्रकार की प्रणाली अपनाई थी। जब मैं केन्द्रीय सरकार में मन्त्री था उस समय मुझे एक अनुभव हुआ, उसकी याद आज भी ताजा है। दिल्ली में हर वायसराय के नाम पर कोई-न-कोई सड़क या क्लब है। सिर्फ लॉर्ड लिनलिथगो ने ही अपना नाम किसी स्थल या संस्था को नहीं दिया है। उनका निजी सचिव मेरा दोस्त था। उस समय मैं बाँध-काम (पी.डब्ल्यू.डी.) विभाग का मन्त्री था। और मेरी देखरेख में कई काम चल रहे थे। वह मेरे पास आया और उसने कहा कि, 'डॉक्टर साहब, क्या आप लॉर्ड लिनलिथगो के नाम पर कोई स्थल बनाने के लिए कुछ नहीं कर सकते? बाकी सभी वायसरायों के नाम पर कुछ-न-कुछ है। लेकिन लॉर्ड लिनलिथगो का नाम कहीं नहीं है।' मैंने उसे इस बात पर विचार करने का आश्वासन दिया। मैं उस समय दिल्ली शहर में गर्मियों में पानी की कमी को दूर करने की योजना पर विचार कर रहा था। मैंने अपने यूरोपियन सचिव मिस्टर प्रायर से कहा कि वायसराय के सचिव ने मेरे पास आकर सुझाव दिया है। क्या

हम इस बारे में कुछ नहीं कर सकते? आप जानते हैं उसने क्या जवाब दिया? उसने कहा, 'साहब, आप इस तरह का कोई काम मत कीजिए।' आज की स्थिति में अपने देश में ऐसा जवाब मिलना मुश्किल है। आज किसी के लिए भी मन्त्रियों के खिलाफ बोलना आसान नहीं है। बात सीधी है। ब्रिटिश राज में हम लोगों ने भी ग्रेट-ब्रिटेन की तरह ही नियम बना लिया था कि प्रशासन से सम्बन्धित कामों में सरकार को दखलंदाजी नहीं करनी चाहिए। नीति तय करना सरकार का काम है, दखलंदाजी या भेदभाव करना नहीं। यह बात बहुत बुनियादी है और आज हम लोग इससे दूर होते जा रहे हैं, इस बात का मजाक उड़ा रहे हैं।

4. लोकतन्त्र की सफलता को हासिल करने के लिए चौथी महत्त्वपूर्ण बात है, 'संवैधानिक नैतिकता' (Constitutional Morality) का पालन किया जाए। कई लोग अपने संविधान के बारे में ज्यादा ही उत्साही दिखाई देते हैं। किन्तु मेरी बात वैसी नहीं हैं। आज के भारतीय संविधान को पूरी तरह से नकारनेवालों में या कम-से-कम उसे पूरी तरह से परिवर्तित करने के लिए लड़नेवाले लोगों में सम्मिलित होने के लिए मैं तैयार हूँ। हम लोगों को एक बात ध्यान में रखनी चाहिए कि अपना आज का संविधान कानूनी प्रावधानों और सिद्धान्तों का सिर्फ ढाँचा है। इस ढाँचे को जरूरी रक्त-मांस आदि संवैधानिक नैतिकता के पालन से ही मिल सकता है। इंग्लैंड में इस प्रकार की संवैधानिक नैतिकता को संवैधानिक संकेत (Conventions of the Constitution) कहते हैं। लोग उन संकेतों का खुशी से पालन करते हैं। इस सम्बन्ध में मुझे दो घटनाएँ याद आ रही हैं जिनका मैं यहाँ जिक्र करना चाहता हूँ। जिस समय अमेरिका के 13 सम्बन्धित राज्यों ने विद्रोह किया उस समय अमेरिका का शासन सूत्र जार्ज वाशिंगटन के हाथों में था। वह अमेरिका के नेता था। मौजूदा विधान उस समय के अमेरिकी सामाजिक जीवन को पूरी तरह से प्रतिबिम्बित नहीं करता। ऐसा कहनेवाला वह अमेरिकी लोगों के लिए एक तरह से भगवान थे। अमेरिका का संविधान तैयार होने के बाद वाशिंगटन को संविधान सभा का पहला अध्यक्ष चुना गया। उनका अध्यक्षीय काल समाप्त होने के बाद उन्होंने पुनः अध्यक्ष बनने से इनकार कर किया। यह बात सन्देह से परे है कि वाशिंगटन यदि लगातार दस बार अध्यक्षीय चुनाव में उम्मीदवार होते तब भी उनका कोई प्रतिद्वन्द्वी नहीं हो सकता था। और लोगों ने उन्हें खुशी से, एकमत से अध्यक्ष चुना होता। किन्तु वे दूसरी बार चुनाव में खड़े नहीं हुए। जब उन्हें इसका कारण पूछा गया तब उन्होंने कहा कि, "मेरे प्यारे देशवासियो, इस संविधान को हमने जिस उद्देश्य से बनाया है, शायद उसे आप भूल गए हैं। हम लोगों को वंशपरम्परा से चलनेवाली राजशाही, वंशपरम्परा से आनेवाला राजा या तानाशाह नहीं चाहिए था इसीलिए हम लोगों ने यह संविधान बनाया है। तुम लोगों ने इसी भावना से प्रेरित होकर इंग्लैंड के राजा से अपने सम्बन्ध तोड़ दिए हैं। फिर मेरी पूजा करके आप मुझे यदि सालोंसाल अध्यक्ष बनाते रहे तो आपके सिद्धान्तों का क्या होगा? अंग्रेज राजा के स्थान पर मुझे राजा बनाकर आप क्या यह कह सकते हैं कि अंग्रेज राजा की सत्ता के विरोध में आपका विद्रोह सही था? और

यह आप किस मुँह से कह सकते हैं? यदि आप लोगों ने मेरे प्रति प्रेम और श्रद्धा के कारण मुझे दोबारा खड़ा रहने का आग्रह किया तब भी आपकी भावना और विवशता को बलि न चढ़ने देने का काम, वंशपरम्परावादी सत्तावाद को नष्ट करने के दर्शन के समर्थक के रूप में मुझे कर्त्तव्य बुद्धि से करना पड़ेगा।" लोगों के आग्रह के कारण वाशिंगटन को दूसरी बार भी अमेरिका का राष्ट्रपति बनना पड़ा। लेकिन जब उनसे तीसरी बार अध्यक्ष बनने के आग्रह के साथ लोग उनके पास गए तब उन्होंने उस आग्रह को बड़ी बेरहमी से ठुकरा दिया।

मैं एक दूसरा उदाहरण देना चाहता हूँ। आठवें एडवर्ड की कहानी आप जानते होंगे। मैं गोलमेज परिषद् के लिए लन्दन गया था। उस समय उस देश में एक बड़ा विवाद चल रहा था कि राजा को अपनी पसन्द से शादी करनी चाहिए या नहीं? यदि राजा ने जनमत तथा परम्परागत संकेतों के खिलाफ शादी की तो उसे सिंहासन पर रखना चाहिए या नहीं? वहाँ इस सवाल पर लम्बी बहस चली। वहाँ एक सवाल यह भी उठाया गया था कि राजा को शादी के बारे में इस तरह की व्यक्तिगत स्वतन्त्रता दी जाए या नहीं? उस समय श्री वाल्डविन कंजरवेटिव पार्टी के प्रधानमन्त्री थे। वे राजा के इस प्रकार से शादी करने के खिलाफ थे। वे राजा के लिए कहते थे, "यदि तुम मेरी बात नहीं मानोगे तो तुम्हें अपना राजपद छोड़ना पड़ेगा।" उस समय श्री चर्चिल राजा एडवर्ड के मित्र थे। और राजा के पक्ष में हर समय खड़ा रहने के लिए तैयार थे। तब लेबर पार्टी विरोधी पार्टी थी। मुझे अच्छी तरह याद है कि कंजरवेटिव पार्टी में इस सवाल पर मतभेदों का लाभ उठाकर वाल्डविन को हराना चाहिए या नहीं इस बारे में लेबर (मजदूर) पार्टी में बहस चल रही थी। क्योंकि कंजरवेटिव पार्टी के कई सदस्य राजनिष्ठा के कारण एडवर्ड का पक्ष ले रहे थे। उस समय प्रोफेसर लास्की (लेबर पार्टी) 'हेराल्ड' अखबार में एक के बाद एक लेख लिखकर यह बता रहे थे कि लेबर पार्टी को उस तरह से कुछ नहीं करना चाहिए, इस तरह वे पार्टी की गतिविधियों का निषेध कर रहे थे। वे कह रहे थे कि, "हम लोगों ने संवैधानिक संकेतों से एक बात स्वीकार कर ली है कि राजा प्रधानमन्त्री की सलाह मानेगा और उसने यदि ऐसा नहीं किया तो प्रधानमन्त्री राजा को अपने पद से हटा सकता है। यह एक आम संकेत है। इसलिए जिस काम को करने से राजा का क्षेत्र बढ़े इस तरह के सवाल पर वाल्डविन को पराजित करवाना गलत होगा।" लेबर पार्टी ने इस सलाह को स्वीकार किया। उन्होंने यह तय किया कि संकेतों को खेल प्रवृत्ति से स्वीकार करना चाहिए। इंग्लैण्ड का इतिहास पढ़ते समय इस तरह के कई उदाहरण मिलेंगे जब तात्कालिक सत्ता के लोभ में पार्टी नेताओं ने चाहे वे सत्ता में रहे हों या विरोधी दल के रहे हों, संविधान और लोकतन्त्र की रक्षा के लिए आपसी मतभेद भुलाए हैं।

5. लोकतन्त्र का प्रयोग सफल हो इसलिए एक और बात की जरूरत है, ऐसा मुझे लगता है। और वह यह कि लोकतन्त्र के नाम पर अल्पसंख्यक (अल्पमत) लोगों को बहुमत वालों के द्वारा दबाया नहीं जाना चाहिए। अल्पसंख्यक लोगों की सुरक्षा होनी

चाहिए। बहुसंख्यकों की सत्ता से हमें कोई हानि न पहुँचे, हम पर अन्याय न हों इस बात का भरोसा अल्पसंख्यक लोगों को मिलना चाहिए। इंग्लैंड के हाउस ऑफ कॉमन्स (लोकसभा) में इस बात का बड़ा ध्यान रखा जाता है। इंग्लैंड के 1931 के आम चुनाव के बाद लेबर पार्टी के नेता रैम्से मैक्डोनाल्ड के नेतृत्व में राष्ट्रीय मन्त्रिमण्डल का गठन किया गया। फिर चुनाव आया उस समय लेबर पार्टी की सदस्य संख्या 150 से घटकर 50 हो गई। वाल्डविन प्रधानमन्त्री बने। उस समय मैं इंग्लैंड में ही था। कंजरवेटिव पार्टी के भारी बहुमत के दबाव में काम करनेवाली अल्पसंख्यक लेबर पार्टी के सदस्यों की ओर से भाषण, स्थगन प्रस्ताव या अन्य बातों में बहुमत वाली कंजरवेटिव पार्टी की ओर से कभी दबाव या अन्याय की शिकायत मुझे सुनने को नहीं मिली। किन्तु अपनी लोकसभा का उदाहरण लीजिए। विरोधी दल के सदस्यों की आलोचना या स्थगन प्रस्ताव जैसी बातें मंजूर नहीं की जाती हैं, ऐसी बात नहीं। किन्तु हमेशा स्थगन प्रस्ताव पेश करते रहना भी कोई अच्छी बात नहीं है। कुछ भी हो, लेकिन किसी सुझाव को उचित मानकर उसके लिए बहस की अनुमति मिलने की बात शायद ही सुनने को मिले। मुझे इस बात पर आश्चर्य होता है। अंग्रेजी पार्लियामेंट के इतिहास में शायद ही मुझे ऐसी कोई बात पढ़ने को मिली हो कि स्थगन प्रस्ताव नामंजूर किए गए। मैं जब मुम्बई विधानसभा का सदस्य था उस समय मोरारजी भाई देसाई, के. एम. मुंशी और मि. खरे आदि लोग सत्ताधारी दल के सदस्य थे। उन्होंने एक भी स्थगन प्रस्ताव चर्चा के लिए नहीं आने दिया। उस समय के स्पीकर (अध्यक्ष) श्री मावलंकर इस तरह के प्रस्तावों को स्वयं नामंजूर कर देते थे। यदि उन्होंने अनुमति दी भी तो मंत्री विरोध करते थे। मंत्री के विरोध करने पर स्थगन प्रस्ताव पेश करने वाले सदस्य को कम से कम 30-40 सदस्यों का समर्थन हासिल करना पड़ता है। यदि अल्पसंख्यक जमात के 4-6 सदस्यों के गुट ने स्थगन प्रस्ताव पेश किया तो सरकारी दल के लगातार विरोध में इन अल्पसंख्यक लोगों को सदन में अपने सवालों को रखने का मौका ही नहीं मिलेगा। ऐसी स्थिति में अल्पसंख्यक लोगों में गैर कानूनी तरीके अपनाने, क्रान्तिकारी उभार की भावना स्वाभाविक रूप से पैदा होती है। इसलिए लोकतांत्रिक शासनप्रणाली में बहुमतवालों का अल्पमत वालों को दबाने का प्रयास नहीं होना चाहिए।

6. इस सन्दर्भ में एक अन्य मुद्दे पर भी विचार करना जरूरी है। मेरी राय में राज्य-व्यवस्था के लिए नैतिक समाज-व्यवस्था (Moral order) की बहुत जरूरत है। इस सवाल पर हमारे राजनीतिज्ञों ने कुछ सोचा हो, ऐसा मुझे नहीं लगता है। ऐसा समझा जाता है कि नीतिशास्त्र राज्यशास्त्र से एकदम अलग है। उनका एक-दूसरे से अभिन्न सम्बन्ध है ऐसा नहीं समझा जाता। किन्तु नैतिकता के बगैर राजनीति नहीं की जा सकती। इस धारणा के मुताबिक राजनीति के अध्येता को नीतिशास्त्र की कोई समझ न भी हो तब भी चलेगा, यह तर्क दिया जाता है। मेरी मान्यता के अनुसार यह तर्क बहुत खतरनाक है। लोकतंत्र में आखिर क्या होता है? कहा जाता है कि लोकतन्त्र का मतलब स्वतंत्र सरकार है। इस तरह की सरकार का मतलब ऐसी शासन-प्रणाली है

जिसमें ज्यादा से ज्यादा लोगों को सामाजिक जीवन में बगैर कानूनी मध्यस्थता के खुले रूप से जीवन जीने की आजादी होती है। यदि कानून बनाने की जरूरत महसूस हुई तो कानून बनने से कानून अमल में आने तक सामाजिक नैतिकता समाज में आई या नहीं इस बात की जानकारी कानून बनाने वालों को होनी चाहिए। लोकतंत्र के इस पहलू के बारे में सिर्फ प्रोफेसर लॉस्की ने ही उल्लेख किया है। अपनी एक पुस्तक में वे साफ तौर पर कहते हैं कि लोकतान्त्रिक शासन प्रणाली में संसार के नैतिक जीवन को स्वीकार किया जाता है। सामाजिक नैतिकता के अभाव में लोकतंत्र कभी सफल नहीं हो सकता। वह बदसूरत स्थिति में आ जाएगा। आज हम अपने देश में ऐसा ही अनुभव कर रहे हैं।

7. लोकतंत्र की स्थापना के लिए और भी एक महत्त्वपूर्ण बात है और वह है जागृत (विवेकी) जनमत (Public Conscience)। हर देश में अन्याय होते हैं, इसमें कोई सन्देह नहीं। फिर भी अन्याय हर जगह एक जैसे हैं, ऐसी बात नहीं है। समाज के कुछ लोगों को बहुत कम अन्याय बर्दाश्त करना पड़ता है। लेकिन कुछ लोगों को बेहद अन्याय बर्दाश्त करना पड़ता है। वे लोग अन्याय और ज्यादतियों से अपाहिज हो जाते हैं।

इस सन्दर्भ में इंग्लैंड के ज्यू लोगों का उदाहरण दिया जा सकता है। वहाँ के ईसाई लोगों ने जिसे कभी अनुभव नहीं किया ऐसा अन्याय उन्हें बर्दाश्त करना पड़ा। इसलिए इंग्लैंड के लोगों को उस अन्याय के खिलाफ अकेले ही लड़ाई लड़नी पड़ी। अंग्रेज ईसाइयों ने उन्हें कभी किसी प्रकार की मदद नहीं की। बल्कि उन्हें ज्यू लोगों पर हो रहे अन्याय में मजा आता था। ज्यू लोगों की मदद करनेवाला इंग्लैंड में सिर्फ एक आदमी था और वह था वहाँ का राजा। इस बात पर कुछ लोगों को आश्चर्य हुआ होगा। किन्तु उसकी वजह बड़ी मजेदार थी। पुराने ईसाई कानून के मुताबिक ज्यू लोगों के वंशजों को उनके बाप की जायदाद नहीं मिलती थी। बल्कि उसे राज्य की जायदाद मान लिया जाता था और वह सरकार के पास चली जाती थी। इसलिए राजा को स्वाभाविक तौर पर खुशी होती थी। जब जायदाद के उत्तराधिकारी के लिए बच्चे राजा से निवेदन करते थे, तब राजा उदार होकर उन्हें जायदाद का कुछ हिस्सा देता था और बाकी जायदाद अपने पास रख लेता था। ऐसा अन्याय ज्यू लोगों पर होता था। तब एक भी अंग्रेज आदमी उनकी मदद के लिए नहीं आया। यह सार्वजनिक विवेक बुद्धि (Public Conscience) जाग्रत न होने का परिणाम था। अन्याय किसी पर भी हो, यदि अन्याय दिखाई देता है तो जाग्रत होकर उसका विरोध करने वाली शक्ति का मतलब है जनता की सार्वजनिक विवेक-बुद्धि। सार्वजनिक विवेक-बुद्धि का मतलब है कि, समाज का हर आदमी, फिर वह अन्याय का शिकार हो या न हो, अन्याय को समाप्त करने के लिए उत्पीड़ित लोगों का साथ देने के लिए खड़ा हो जाता है। एकदम ताजा उदाहरण दें तो दक्षिण अफ्रीका का उदाहरण दिया जा सकता है। वहाँ अन्याय के शिकार हिन्दी लोग हैं। वहाँ के गोरे लोगों पर उनका कोई असर नहीं है। यह होने पर मिस्टर स्फूट नाम का गोरा आदमी इस अन्याय को समाप्त करने के लिए हर तरह की कोशिश कर रहा है। दक्षिण अफ्रीका के हिन्दी लोगों के आन्दोलन में कई गोरे युवा, युवती भी शामिल

होते हैं। वहाँ इस तरह की बातें क्यों हैं? यह आम जनता की जाग्रत विवेक-बुद्धि का ही परिणाम है।

मैं आप लोगों को शर्मिन्दा नहीं करना चाहता। लेकिन मुझे कई बार अपने भुलक्कड़ स्वभाव पर आश्चर्य होता है। दक्षिण अफ्रीका में अलग जनबस्तियों (Segregation) की नीति के विरोध में बोलनेवाले हम लोगों ने यदि अपने देश की स्थिति पर गौर किया तो हमें हर गाँव में इस तरह की अलग बस्तियाँ मिलेंगी। क्या यह बात हम लोगों को दिखाई नहीं दे रही? अपने देश के गाँव-देहातों में दक्षिण अफ्रीका दिखाई देता है। फिर भी अलग बस्तियाँ बनाकर रहनेवाली अछूत (दलित) जातियों का सवाल हल करने के लिए और उन पर हो रहे अन्याय का मुकाबला करने के लिए शायद ही कोई आगे आए? आखिर ऐसा क्यों है? कारण साफ दिखाई देता है। और वह है सामाजिक विवेक-बुद्धि का अभाव। यदि अल्पसंख्यक लोगों पर हो रहे अन्याय का मुकाबला करने के लिए दूसरे लोग आगे नहीं आए तो फिर अल्पसंख्यक लोगों के पास पुनः क्रान्ति के सिवा और कोई रास्ता नहीं है।

उक्त विवेचन में अलग-अलग राजनीतिक तत्त्वों का सीधा मेलमिलाप नहीं है। बल्कि अलग-अलग राष्ट्रों का राजनीतिक इतिहास पढ़ने की वजह से मेरे मन पर जिन बातों का प्रभाव पड़ा उससे हुए साक्षात्कार की अभिव्यक्ति है।

हम लोगों को आजादी मिली है। अंग्रेज लोग यहाँ से चले गए हैं। लोकतन्त्र की नींव के रूप में हमने संविधान को स्वीकार किया है। फिर इस सम्बन्ध में हमें और क्या चाहिए? अब हम लोगों को बेफिक्र हो जाना चाहिए, इस प्रकार की भावना इस देश के लोगों में बढ़ती जा रही है। संविधान बन गया, अब हमारा काम खत्म हो गया, इस प्रकार की आत्मघाती सोच वाले लोगों को मैं खतरे से सावधान करना चाहता हूँ। हमारा काम तो अब शुरू हुआ है। हम लोगों को ध्यान में रखना चाहिए कि लोकतन्त्र का पेड़ हर जगह समान रूप से फूल-फल सकता है, ऐसी बात नहीं है। वह अमेरिका में फूला-फला है। उसकी जड़ें इंग्लैंड में मजबूत हुई हैं। कुछ हद तक उसने फ्रांस में भी जड़ें जमा ली हैं। जगह-जगह जो आशाप्रद स्थिति दिखाई दे रही है, उससे हमें बल मिलेगा।

शायद आप लोगों को याद हो कि पहले महायुद्ध के परिणामस्वरूप और ऑस्ट्रिया, हंगरी के साम्राज्य के विभाजन के कारण स्वयंनिर्णय (Self Determination) के अधिकार के मुताबिक विल्सन ने ऑस्ट्रिया से अलग छोटे-छोटे राष्ट्रों का गठन किया। उनके पास लोकतान्त्रिक संविधान, लोकतान्त्रिक सरकार और वर्सेल्स के समझौते के मुताबिक बुनियादी हक़ों का व्यवस्थित संविधान था। लेकिन बाद में उस लोकतन्त्र का क्या हुआ? क्या आपको वहाँ उसके निशान भी शेष दिखाई दे रहे हैं? वे अब पूरी तरह से खत्म हो गए। अब उनका कहीं कोई अस्तित्व नहीं है। ये सभी राष्ट्र आज अन्य किसी की दासता में जी रहे हैं।

मौजूदा स्थिति की ओर देखिए। सीरिया में लोकतन्त्र था। कुछ साल बाद वहाँ

फौजी विद्रोह हुआ और फौज का प्रमुख सीरिया राजप्रमुख बन गया। वहाँ लोकतन्त्र की ऐसी-तैसी हो गई। दूसरा उदाहरण है–इजिप्ट। इजिप्ट में क्या हुआ? वहाँ भी 1922 से लोकतान्त्रिक शासन-प्रणाली लगातार तीस साल तक अमल में रही। लेकिन रातोंरात फारुख को भगा दिया गया। वहाँ नागिब तानाशाह बन गया। उसने पहले संविधान को बर्खास्त कर दिया।

इस तरह के कई उदाहरण हमारे सामने हैं। इसलिए हम लोगों को अपने भविष्य के बारे में बहुत सचेत और समझदार होने की जरूरत है। हम लोगों को लोकतन्त्र की रक्षा के लिए, उसके रास्ते में आनेवाली रुकावटों को दूर करने के लिए कुछ महत्त्वपूर्ण कदम उठाने चाहिए या नहीं, इस बात पर सोचना जरूरी है। मैंने यहाँ जो विवेचन किया है, उसकी वजह से आप सभी लोग इस सवाल को नजरअंदाज नहीं करेंगे। यदि इतना भी आपने किया तो भी मुझे सन्तोष मिलेगा।

संसदीय शासन-प्रणाली में विरोधी दल की जरूरत क्यों?

सर्जनशीलता के अभाव में लोकतन्त्र को अमली जामा पहनाने में कठिनाइयाँ पैदा होती हैं। सरकार और विधिमंडल का कामकाज सही ढंग से चलने के लिए जनमत को पहचानने की कुव्वत होनी चाहिए।

इस मुद्दे को स्पष्ट करने के लिए शिक्षा और प्रचार के बीच के फर्क को जानना जरूरी है। प्रचारवादी सरकार और जनशिक्षा की नींव को मजबूत करनेवाली सरकार में बहुत अन्तर है। प्रचार का मतलब किसी भी बात का एक पहलू है। जनशिक्षा पर आधारित सरकार का मतलब हर सवाल के दोनों पहलुओं की पूरी तरह से खोज कर सत्ता चलानेवाली सरकार है। जिस सवाल पर विधिमंडल को निर्णय लेना होता है उस सवाल के दोनों पहलू लोगों के सामने आने जरूरी हैं। इसके लिए स्वाभाविक तौर पर दो दलों की जरूरत होती है। स्वाभाविक तौर पर एक ही दल दोनों पहलुओं को प्रस्तुत नहीं कर सकता। एकदलीय सरकार का मतलब केवल तानाशाही है। तानाशाही को टालने के लिए दूसरे दल की जरूरत है। यह बुनियादी बात है। लोगों को अच्छे कानून के बजाय अच्छे शासन-प्रशासन से वास्ता है। कानून अच्छे हो सकते हैं लेकिन उनका अमल गलत ढंग से भी हो सकता है।

प्रशासन अच्छा है या बुरा, यह बात उसके अमल के लिए नियुक्त किए गए अधिकारियों की स्वतन्त्रता पर निर्भर करती है। जब एक ही दल होता है तब कोई भी अधिकारी मन्त्री की हैसियत से पहचाने जानेवाले अपने राजनीतिक नेता की इच्छा के मुताबिक चलने लगता है। मन्त्री का अस्तित्व मतदाताओं पर निर्भर है। मतदाताओं को खुश रखने के लिए मन्त्री महोदय कई बार बेहूदे (गलत) काम भी अधिकारियों से करवा लेते हैं। ऐसे समय यदि विरोधी दल हो तो वह मन्त्रियों के गलत कामों को सदन में या सदन के बाहर उजागर कर सकता है। उससे गलत कामों पर रोक लगाई जा सकती है।

उसी प्रकार अच्छे शासन-प्रशासन में लोगों को भाषण की स्वतन्त्रता और बगैर जाँच के जेल से मुक्ति आदि बातों की जरूरत होती है। विरोधी दल की वजह से लोगों को भाषण की स्वतन्त्रता और आचार स्वतन्त्रता का लाभ मिलता है। विरोधी दल न होने से लोगों के बुनियादी हक़ खतरे में पड़ जाते हैं क्योंकि तब इन हक़ों को कुचलने वाले सत्ताधारी दल को सवाल पूछने की किसी की हिम्मत नहीं होती।

विरोधी दल की जरूरत क्यों है इसके कुछ संक्षिप्त कारणों का हमने जिक्र किया है। जहाँ-जहाँ संसदीय लोकतान्त्रिक शासन प्रणाली (Parliamentary Government) है उन देशों में विरोधी दल सरकार द्वारा स्वीकृत राजनीतिक संस्था (Recognisal Political Institution) होती है। इंग्लैंड और कनाडा में विरोधी दल विधि स्वीकृत संस्था हैं और पार्लियामेंट के काम बिना किसी रुकावट के किए जा सकें इसलिए विरोधी दल के नेता को सरकारी कोष से वेतन दिया जाता है।

राजनीतिक दल का मतलब क्या है?

राजनीतिक दल फौज की तरह का होता है। उसे निम्न बातों की जरूरत होती है– (1) फौज के मुखियों की तरह नेता। (2) संगठन : (अ) सदस्य, (ब) बुनियादी संयोजन, (स) अनुशासन। (3) लक्ष्य और नीति, दर्शन, (4) कार्यक्रम, (5) राजनीतिक दाँव-पेंच और लक्ष्य प्राप्ति के लिए, सोच-समझकर कौन-सी बात कब और किस तरह करने का चातुर्य। संक्षेप में कहें तो विशेष प्रकार के लक्ष्य से प्रेरित मतदाताओं द्वारा स्थापित किया गया संगठन ही राजनीतिक दल (Party) है।

रिपब्लिकन पार्टी ऑफ इंडिया (भारतीय जनसत्तावादी दल) नाम के संगठन को स्वीकृत दर्शन और लक्ष्य की प्राप्ति के लिए मतदाताओं का (आम जनता) संगठन बनाना पड़ेगा। यह राजनीतिक संगठन निम्न प्रकार से काम करेगा :

1. दल की स्थापना के लिए और उसके संगठित विकास के लिए प्रयास करना और संगठन के दर्शन तथा नीति का प्रचार और प्रसार करना।

2. संगठन के सिद्धान्त, विचारधारा का प्रचार, समाचार-पत्र, सभा-सम्मेलन, व्याख्यान, पढ़ाई-लिखाई आदि के द्वारा करना।

3. संगठन के सदस्यों के द्वारा संयुक्त राजनीतिक आन्दोलन और राजनीतिक कार्य करने के लिए चुनाव लड़ना।

रिपब्लिकन पार्टी ऑफ इंडिया : लक्ष्य और प्रयोजन

भारतीय संविधान के मार्गदर्शक तत्त्व निम्न प्रकार हैं :

"हम भारत के लोग प्रतिज्ञा करते हैं कि भारत स्वतन्त्र सार्वभौम जनसत्तावादी राष्ट्र रहेगा और यहाँ के सभी नागरिक सामाजिक, आर्थिक और राजनीतिक न्याय, विचार, भाषण, मान्यता और धार्मिक स्वतन्त्रता, अवसर और सामाजिक प्रतिष्ठा के बारे में

समानता, व्यक्ति की स्वतन्त्रता और राष्ट्र की एकता का निर्माण करनेवाले भाईचारा आदि बातें हासिल करने के लिए प्रयास करते रहेंगे।"

भारतीय संविधान के मार्गदर्शक तत्त्वों के लक्ष्य और उद्देश्य (न्याय, स्वतन्त्रता, समानता और भाईचारा) को हासिल करना ही रिपब्लिकन पार्टी का लक्ष्य और उद्देश्य रहेगा।

इन उद्देश्यों को हासिल करने के लिए रिपब्लिकन पार्टी सार्वजनिक व्यवहार में निम्न तत्त्वों के प्रति प्रतिबद्ध रहेगी :

1. सभी भारतीयों को समान न्याय मिले, इतना ही नहीं, समान न्याय ही हर भारतीय का हक़ है ऐसा माना जाएगा और उसके मुताबिक जहाँ समानता नहीं वहाँ समानता की स्थापना के लिए रिपब्लिकन पार्टी प्रयास करेगी। और जहाँ उसे नकारा जाएगा वहाँ उसे अमल में लाने के लिए संघर्ष करेगी।

2. हर व्यक्ति की भलाई को ही केन्द्रीय मुद्दा माना जाएगा, अपने उत्थान के लिए प्रयास करनेवाले हर व्यक्ति को समान अवसर दिया जाएगा और इस लक्ष्य को हासिल करने के लिए शासन संस्था (State) को एक साधन समझा जाएगा।

3. अन्य देशवासी भाइयों के हक़ों का और शासन संस्था के लिए जरूरी अधिकारों का संरक्षण कर हर नागरिक को धार्मिक, आर्थिक, राजनीतिक स्वतन्त्रता होनी चाहिए। यही इस पार्टी की मान्यता रहेगी।

4. हर भारतीय नागरिक को समान अवसर का अधिकार है, यह इस पार्टी की मान्यता रहेगी। मतलब जिन लोगों को अपने विकास का कभी अवसर नहीं मिला उन्हें अवसर प्राप्त लोगों से अग्रक्रम देने के सिद्धान्त को यह पार्टी स्वीकार करेगी।

5. हर व्यक्ति को जीवन की जरूरतें और डर से मुक्त करने के लिए शासन-संस्था के दायित्व के प्रति सरकार को सचेत करने का काम यह पार्टी लगातार करेगी।

6. यह पार्टी स्वतन्त्रता, समानता और भाईचारे की स्थापना के लिए आग्रह करेगी और एक आदमी के द्वारा दूसरे आदमी के, एक वर्ग के द्वारा दूसरे वर्ग के या एक राष्ट्र के द्वारा दूसरे राष्ट्र के उत्पीड़न तथा दमन पर रोक लगाएगी।

7. इस पार्टी को इस बात पर भरोसा रहेगा कि व्यक्ति और समाज दोनों की भलाई की दृष्टि से संसदीय शासन प्रणाली (Parliamentary System of Government) ही सबसे अच्छी शासन प्रणाली है।

चुनाव की असफलता से निराश होना उचित नहीं

*दि. **20 अप्रैल 1954** को सुबह 10.00 बजे डॉ. बाबासाहेब अम्बेडकर और माईसाहेब अम्बेडकर दिल्ली से हवाई जहाज द्वारा नागपुर पहुँचे। नागपुर के सोनेगाँव हवाई अड्डे पर हजारों दलित भाई-बहनें उनके स्वागत के लिए पहुँचे थे और वे 'डॉ. अम्बेडकर जिन्दाबाद', 'थोड़े दिन में भीमराज' के नारे लगा रहे थे। उन्हें समता सैनिक दल के जवानों ने सलामी वंदना दी थी। उसके बाद उन्हें माउंट होटल में ले जाया गया। वहाँ उन्होंने शे.का. फेडरेशन के कार्यकर्ताओं को सम्बोधित करते हुए कहा–*

पिछले चुनाव में शेड्यूल्ड कास्ट फेडरेशन की पराजय हुई है इसलिए मेरे सहयोगी निराश हुए होंगे। और कुछ लोगों को यह भी लगता होगा कि इस तरह के चुनाव होने ही नहीं चाहिए। किन्तु उन्हें इस तरह से निराश नहीं होना चाहिए। राजनीति कदम-दर-कदम आगे बढ़ती है। मैंने कभी असफलता की परवाह नहीं की है, आज भी नहीं करता और आगे भी नहीं करूँगा। सिर्फ चुनाव जीतना फेडरेशन का लक्ष्य नहीं है। चुनाव में सीटें हासिल करना एक साधन है, लक्ष्य नहीं। फेडरेशन का अन्तिम लक्ष्य अछूत समाज को मुक्ति दिलाना है। और जब तक अछूत समाज का उत्थान नहीं होता तब तक शेड्यूल्ड कास्ट फेडरेशन की जरूरत ही नहीं बल्कि अधिक जरूरत है। मैं पूरे विश्वास के साथ कह सकता हूँ कि फेडरेशन तब तक जिन्दा रहेगी। जो असन्तुष्ट-विरोधी लोग खड़े हैं वे कुछ दिनों के बाद अपने आप शान्त हो जाएँगे। उनकी किसी भी तरह की परवाह मत कीजिए। यदि फेडरेशन जैसा राजनीतिक संगठन नहीं रहेगा तो अछूतों का भारत की राजनीति में स्वाभिमान का स्थान भी नहीं रहेगा। फेडरेशन को असफलता मिलने के कारण ही हम लोग अपने उत्थान के लिए दिन-ब-दिन नए कार्यक्रमों को तय कर रहे हैं। जो लोग फेडरेशन के कार्यकर्त्ता हैं उनकी बहुत बड़ी जिम्मेदारी है। उन सभी लोगों से मैं यह कहना चाहता हूँ कि फेडरेशन की असफलता आँधी में सोए हुए पेड़ों की तरह है। लेकिन उसके कारण इस फेडरेशन रूपी पेड़ की जड़ें ही उखड़ जाएँगी, यह सोचना गलत है। इसलिए सचेत रहकर हमेशा लगातार काम करते रहिए।

साप्ताहिक 'जनता' के 24 अप्रैल, 1954 के अंक में प्रकाशित।

जनतन्त्र के लिए विरोधी दल की जरूरत

*दि. **20 अप्रैल 1954** को डॉ. बाबासाहेब अम्बेडकर और माईसाहेब अम्बेडकर नागपुर के माउंट होटल में रुके हुए थे। नागपुर के हवाई हड्डे से वे जब माउंट होटल पहुँचे तो जगह-जगह उनका शानदार स्वागत किया गया था। माउंट होटल के मैदान पर हजारों दलित भाई-बहनें उनके दर्शन की प्रतीक्षा में खड़े थे। डॉ. अम्बेडकर भंडारा संसदीय निर्वाचन क्षेत्र से उपचुनाव के लिए खड़े थे और विभिन्न राजनीतिक दलों ने उन्हें अपना समर्थन दिया था। इसलिए माउंट होटल में विभिन्न दलों के नेताओं को भी निमन्त्रित किया गया था। माउंट होटल में आयोजित सम्मेलन में दत्तोपन्त ठेंगडी (म.प्र. जनसंघ), मंचरशा आवारी (प्र.स. पार्टी), रा.बा. कुम्भोर (हाथकाम, बुनकर संघ), हंसराज जी (निर्वासितों की ओर से), ए.बी. बर्धन (कम्युनिस्ट पार्टी), भोसले (प्रा.शि. संघ और सं. महाराष्ट्र परिषद्), पी.एन. राजभोज, दादासाहेब गायकवाड, बापू चन्द्रसेन कांबले, बॅ. राजभाऊ खोब्रागडे, धरमदास मेश्राम (मेयर, नागपुर) और ॲड. बाबू हरिदास आवले आदि शे. का. फे. के नेता उपस्थित थे। इस सभारम्भ में उपस्थित जनों को सम्बोधित करते हुए डॉ. अम्बेडकर ने कहा–*

मुझे ऐसा लगता है कि राष्ट्र विनाश की ओर बढ़ रहा है। इसीलिए मैं चुनाव में खड़ा होना चाहता हूँ। यदि मैंने कांग्रेस के साथ गठबन्धन करने की अनुकूलता दिखाई होती तो लोकसभा में बने रहना मेरे लिए असम्भव नहीं हुआ होता। लेकिन धर्म की तरह राजनीति में भी प्रतिबद्धता नहीं रही तो वह लुच्चे-लफंगों का बाजार हो जाएगा। विरोधी दल में रहकर ही जनता के सामने अलग विचारधारा रखने के लिए मैं यह चुनाव लड़ रहा हूँ।

अपनी क्षमता सिद्ध करने के लिए कांग्रेस सरकार को काफी समय दिया गया। फिर भी कांग्रेस पार्टी ने आज तक किसी सवाल को हल नहीं किया है। अब आगे सिर्फ भावुक होकर देखने से काम नहीं चलेगा। बल्कि एक चिकित्सक की तरह इन बातों को देखना चाहिए। सबसे पहले देश है, बाद में प्रधानमन्त्री और कांग्रेस, इस निर्विकार भाव

से स्थिति को देखना चाहिए। वर्तमान सरकार को बदलना यह लोगों का आज का महान कार्य होना चाहिए।

आज भारत का दुनिया में कोई दोस्त नहीं है। जिस तरह से हिटलर की जर्मनी को चारों ओर से घेर लिया गया था, उसी तरह की स्थिति यहाँ भी पैदा हो गई है। पाकिस्तान को अमेरिका से मिलनेवाली फौजी सहायता एक गम्भीर बात है। उसके भयंकर परिणाम होंगे। यदि पाकिस्तान को इस तरह की फौजी मदद मिली तो इधर-उधर बिखरे हुए, टूटे हुए मुस्लिम राष्ट्र भी एक होंगे और उनका इस्लामी संयुक्त राष्ट्र स्थापित होगा, इस बात को बताने की कोई जरूरत नहीं है। इस इस्लामी संयुक्त राष्ट्र से हमारा राष्ट्र घिर जाएगा। मैं आप लोगों को सचेत करना चाहता हूँ कि अफगानिस्तान ने भी अमेरिकी मदद स्वीकार कर ली है और संकल्पित पाक-अफगान फेडरेशन की खबरों से जो इनकार किया जा रहा है वह केवल आँखों में धूल झोंकना है, इसके अलावा कुछ नहीं। दूसरी ओर एशिया पर अपना नियन्त्रण स्थापित कर उसे कम्युनिज्म के प्रभाव में लाने का प्रयास रूस और चीन कर रहे हैं।

इसलिए यदि आपको प्रभावी बनना हो तो हाथों में बन्दूकें लेनी पड़ेंगी। नरम-चिकने भाषणों से कुछ नहीं होगा। आप लोगों को कोई एक ठोस भूमिका निभानी चाहिए। क्या आप लोगों को संसदीय सरकार चाहिए? असली राज इसी में है। यदि संसदीय सरकार चाहिए तो जहाँ संसदीय सरकारें हैं और बाहरी हमले के खिलाफ उनकी सुरक्षा के लिए जो तैयार हैं, ऐसे लोगों को ही आप लोगों को सहयोग देना चाहिए। यदि यह नहीं चाहिए तो कल हम रूस और चीन के साथ दोस्ती करेंगे।

साप्ताहिक 'जनता' के 24 अप्रैल, 1954 के अंक में प्रकाशित।

फेडरेशन जिन्दा है और जिन्दा रहेगी

जब डॉ. बाबासाहेब अम्बेडकर भंडारा संसदीय क्षेत्र के उपचुनाव के लिए आएँगे उस समय पुलगाँव (जि. वर्धा) के दलितों ने अपनी एक दिन की मजदूरी देकर करीब-करीब पाँच हजार रुपए की राशि उनको भेंट की जाए इस प्रकार का संकल्प एक सभा में व्यक्त किया गया था। उसके मुताबिक रविवार, ***दि. 25 अप्रैल 1954*** *को पुलगाँव के म.प्र. इलैक्ट्रिसिटी बोर्ड के विशाल मैदान पर डॉ. अम्बेडकर के सम्मान में एक विराट सभा का आयोजन किया गया था। इस अवसर पर पी.एन. राजभोज (जनरल सेक्रेटरी शे.का.), मा. परमार (गुजरात), दादासाहेब गायकवाड (महाराष्ट्र) और बी.एस. मोरे (मराठवाडा) आदि नेताओं के समयोचित भाषण हुए। इस सभारम्भ में डॉ. अम्बेडकर को पाँच हजार की राशि भेंट की गई। इस अवसर पर डॉ. अम्बेडकर ने अपने सम्बोधन में कहा–*

भाइयो तथा बहनो,

मैं इस प्रान्त के भंडारा जिले में चुनाव-प्रचार-अभिमान में आया हूँ। आपका यह क्षेत्र चुनाव के क्षेत्र से सम्बन्धित नहीं है। लेकिन कुछ लोगों ने मुझे पाँच हजार रुपए की थैली अर्पण करने का आश्वासन दिया। यहाँ के कार्यकर्त्ता कहते हैं कि पहले दो हजार रुपए दिए हैं और अभी डेढ़ हजार रुपए देने की बात चल रही है। इस मौके पर चुनाव के बारे में कुछ कहना प्रासंगिक नहीं होगा। लेकिन मैं जिस विषय पर बोलना चाहता हूँ वह बड़ा महत्त्वपूर्ण विषय है।

1952 में हुए आम चुनाव में सभी जगह फेडरेशन की हार हुई इस पर कांग्रेस को बड़ी खुशी हुई। उस चुनाव में कांग्रेस के खिलाफ लड़नेवाला फेडरेशन नाम का यह एक ही राजनीतिक संगठन था। अन्य राजनीतिक संगठन अपनी-अपनी भूमिका भूल गए। हम लोग चुनाव में हार गए इसलिए कुछ लोग मुझे सलाह देते हैं कि डॉ. अम्बेडकर को यह संगठन समाप्त कर देना चाहिए। इस संगठन को अलग हटा देना चाहिए। क्योंकि इसमें कुछ भी जान शेष नहीं है, इससे कोई उम्मीद नहीं है। बाहर के लोगों की तरह हममें से कुछ लोग भी ऐसा ही कह रहे थे। लेकिन मुझे ऐसा कुछ नहीं लग रहा है। अभी जो सभाएँ हुईं उनमें दो-दो, तीन-तीन लाख लोग इकट्ठा हुए, इससे ऐसा लगता है कि लोगों को फेडरेशन की जरूरत है (तालियाँ)। फेडरेशन की आवश्यकता क्यों है, इस बात

को समझने के लिए आज की स्थिति में देश का कामकाज कैसे चल रहा है, इस बात को समझना जरूरी है। इंग्लैंड में जब कोई पार्टी सत्ता में आती है तब वह पार्टी सभी लोगों के साथ समानता की भावना से बर्ताव करती है। कंजरवेटिव पार्टी के सत्ता में आने के बाद लाइसेंस या ग्रांट देते समय सत्ताधारी वर्ग व्यक्ति के राजनीतिक पार्टी के बारे में बिल्कुल नहीं सोचता। इसी प्रकार की नीति अन्य देशों में भी है। लेकिन इस देश के सत्ताधारी अन्य पार्टियों के बारे में लापरवाह हैं। जिन लोगों ने छोटी-बड़ी संस्थाएँ चलाई हैं उन्हें मेरे कहे हुए के अनुसार इस बात के बुरे अनुभव होंगे। अंग्रेजों के राज में अधिकारी वर्ग किसी के बारे में भी मन में किसी प्रकार का किन्तु परन्तु रखने के बजाय न्याय करता था। लेकिन आज सफेद टोपी पहननेवाला कांग्रेस का बगुला जिले का राजा है। वह किसी व्यक्ति को साथ लेकर जज के पास जाता है और उसके बारे में सिफारिश करता है। उसने यदि सिफारिश नहीं सुनी तो मन्त्री तक पहुँच जाता है। यदि जज ईमानदार होगा तो बेचारे की नौकरी चली गई समझ लीजिए।

इन सभी बातों का कारण एक ही है। इस देश में सत्ताधारी, शासक पार्टी को नियन्त्रित करनेवाली दूसरी सबल पार्टी नहीं है। यही स्थिति इस देश में रही तो यहाँ जर्मनी की तरह हिटलरशाही या रूस की स्टालिनशाही आएगी, इसमें कोई सन्देह नहीं है। इसलिए हम अल्पसंख्यक होने के बावजूद विरोध की भूमिका निभाते रहेंगे। फिर इसके लिए हमें दूसरों का सहयोग मिले या न मिले। हमारी भावना या कार्यशक्ति का कभी न कभी दूसरों पर प्रभाव पड़ेगा और वे हमारी बात को सुनेंगे। जिस तरह किसी दीपमाला के सभी दीये बुझ जाएँ और एक ही दीया टिमटिमाता रहा तब भी उस दीये से अन्य दीयों को प्रज्वलित किया जा सकता है। उसी प्रकार हमारी पार्टी छोटी होने के बावजूद अन्य पार्टियों का मार्गदर्शन कर सकती है।

चुनाव एक तरह से क्रिकेट का मैच है। क्रिकेट में हारनेवाली टीम अपना बिस्तर बाँधकर इन्तजार नहीं करती। बल्कि वह टीम पुनः दूसरे साल नए जोश के साथ खेलने के लिए मैदान में उतरने की सोचती है। हम लोगों को इसी प्रकार का आशावाद रखना चाहिए। दो साल पहले लखनऊ में भाषण देते समय मैंने कहा था कि कांग्रेस एक जलता हुआ मकान है। उसे आप लोगों ने अनुभव किया होगा। अब इस मकान के रखवाले नेहरू बचे हुए हैं फिर भी यह मकान कुछ दिनों के बाद जल जाएगा। हमारे पास आर्थिक बल नहीं है। सिर्फ राजनीतिक बल है। दूसरे की शरण में जाना किसी भी आदमी को शोभा नहीं देता। समय आने पर आदमी किसी की शरण में जाता है लेकिन बाद में फिर तलवार हाथ में उठा लेता है। अब इसके आगे हमारी स्थिति 1952 के आम चुनाव की तरह नहीं होगी। मनुष्य कितना भी दीर्घजीवी हो फिर भी उसकी उम्र ढलेगी ही। फिर हमारा उत्थान नहीं होगा, इसलिए मैं हमेशा की तरह आज भी आप लोगों से यही कहता हूँ कि आप अपने संगठन को मजबूत कीजिए।

साप्ताहिक 'जनता' के 15 मई, 1954 के अंक में प्रकाशित।

अपने भविष्य की ओर नजर रखिए

*दि. **1 जुलाई 1954** को मुम्बई प्रदेश शेड्यूल्ड कास्ट्स फेडरेशन के वार्ड समितियों की बैठक कामा हॉल में आयोजित की गई थी। इसमें डॉ. बाबासाहेब अम्बेडकर को विशेष रूप से निमन्त्रित किया गया था। इस बैठक में उपस्थित लोगों को सम्बोधित करते हुए डॉ. अम्बेडकर ने कहा–*

भाइयो तथा बहनो,

सच देखा जाए तो मेरा यहाँ कोई स्थान है, ऐसा मुझे नहीं लगता क्योंकि मैं यहाँ किसी वार्ड मेम्बर के रूप में नहीं आया हूँ। बल्कि आगे होनेवाले हीरक महोत्सव के लिए आप लोगों ने कितना पैसा इकट्ठा किया है और करनेवाले हैं, इस बात को देखने के लिए मैं यहाँ आया हूँ। शेड्यूल्ड कास्ट फेडरेशन की कई शाखाओं के कार्यकर्त्ताओं ने आज तक काफी चन्दा इकट्ठा किया, रसीद बुकों से चन्दा जमा किया लेकिन उन्होंने उस चन्दे को सही अधिकारी व्यक्ति तक नहीं पहुँचाया है, यह बात मेरे ध्यान में आई है। किसके पास कितना पैसा है और उसे किस काम में खर्च किया गया है, इसका कोई हिसाब-किताब नहीं है। इसलिए उस बात की पहले जाँच होनी चाहिए, ऐसा मुझे लगता है।

आज तो चींटियाँ पहाड़ों पर भी छेद कर रही हैं और आगे भी छेद करती रहेंगी। शायद आप लोगों को इस बात की विशेष जानकारी नहीं होगी। इसलिए आज आपकी यह हालत है, आगे क्या होगा? आप लोगों का भविष्य क्या है? आपका भविष्यकाल कैसा रहेगा? आज आप लोग यह कल्पना नहीं कर सकते। आपके भविष्य के बारे में मुझे अच्छी तरह जानकारी होने के बावजूद मैं आज आप लोगों को उसके बारे में कुछ नहीं कहूँगा। ऐसा एक दिन आएगा जिस दिन मैं आप सभी लोगों को इकट्ठा करके यह बताऊँगा कि आगे क्या होनेवाला है और उसके लिए क्या करना चाहिए। कम-से-कम आज तो मैं उस सम्बन्ध में कुछ नहीं बोलना चाहता। लेकिन आप लोग अपने भविष्य की ओर अपनी सचेत नजरों से देखते रहिए।

अपने सार्वजनिक कार्य के लिए हमें एक ऐसे हॉल की जरूरत है, जिसके किराए से हमारा कुछ सार्वजनिक खर्च चल सकेगा। इसके लिए पैसे की अधिक जरूरत है। आप लोगों ने 87 हजार रुपए इकट्ठा किए हैं लेकिन मैंने एक लाख से भी अधिक

रुपए इकट्ठा किए हैं। अब हमें 25 हजार रुपयों की जरूरत है। उसके लिए आप लोग जगह-जगह चाल समितियाँ बनाइए। जिनके पास रसीद बुक या पैसे बाकी हों उनके पास जाइए, लगातार उनके पीछे लगकर उनसे सार्वजनिक काम का पैसा लेकर उसे उचित आदमी के पास पहुँचाइए। सार्वजनिक काम करते समय समाज का पैसा देते समय या लेते समय कोई हमें फँसाने का काम तो नहीं कर रहा है, इस बात पर नजर रखिए। इस तरह का पैसा इकट्ठा करना और उसे सही आदमी के पास पहुँचाना इसे आप अपना कर्त्तव्य समझें क्योंकि समाज के पैसे को हड़पने की आदत काफी बढ़ चुकी है। और कम-से-कम मैं तो उससे परेशान हो गया हूँ। ऐसे लोगों को समाज से खोज निकालना चाहिए और कौन आदमी समाज को किस तरह से फँसाने का काम करता है, इस बात की ओर गम्भीरता से ध्यान देना चाहिए।

समाज में ईमानदारी से काम करनेवाले लोग बहुत कम होते हैं। काम के प्रति जिद और लगन बहुत कम लोगों में होती है। यदि सभी लोग कार्यकर्त्ता होते तो इमारत कोष के लिए इतनी मेहनत करने की कोई जरूरत नहीं थी। सार्वजनिक कार्य के प्रति लगाव बहुत ही कम लोगों को होता है। बाकी लोग गोबर के कीड़े की तरह अपने ही आनन्द में मस्त रहते हैं। इसलिए ऐसे लोगों से बार-बार यह कहना चाहिए कि, "तुम गोबर के कीड़े की तरह अपना जीवन जी रहे हो।" और उन्हें समझाते हुए सचेत करने का काम हर पढ़े-लिखे आदमी को अपना कर्त्तव्य समझकर करना चाहिए।

कम-से-कम आज तो समाज के सामने इस तरह की स्थिति आ गई है कि 'अन्धा दलता है और कुत्ता आटा खाता है।' हम लोगों के खेत की रखवाली हो इसलिए विशेष बाड़बन्दी की व्यवस्था की गई है। लेकिन अब बाड़ ही खेत को खाने लगी है। अब इसके लिए क्या किया जाए। इस खतरनाक स्थिति के बारे में सभी को जानकारी होनी चाहिए।

समाज को इस तरह से गुमराह करनेवाले नेताओं पर सख्त नजर रखनी चाहिए। सामाजिक जीवन की उनकी गतिविधियों पर पैनी नजर रखनी चाहिए। संक्षेप में मुझे इतना ही कहना है कि आज से तीन-चार माह बाद हीरक महोत्सव के लिए मैं यहाँ आऊँगा। इसलिए इमारत फंड जितनी जल्दी इकट्ठा हो उतना अच्छा है क्योंकि उस कार्य के लिए अब ज्यादा समय लगाने का कोई मतलब है, ऐसा मुझे नहीं लगता। इसलिए जगह-जगह पर चाल समितियों से पैसा इकट्ठा कीजिए। जिनके पास पैसा रह गया हो, रसीद बुकें रह गई हों उन्हें इकट्ठा कीजिए, मैं आप लोगों के साथ हूँ ही।

साप्ताहिक 'जनता' के 3 जुलाई, 1954 के अंक में प्रकाशित।

छुआछूत विरोधी बिल

*दि. **16 सितम्बर 1954** को 'छुआछूत विरोधी बिल' पर राज्यसभा में डॉ. बाबासाहेब अम्बेडकर ने एक महत्त्वपूर्ण व्याख्यान दिया। उन्होंने अपने व्याख्यान में कहा–*

उपसभापति महोदय,

इस बिल में दी गई व्यवस्था के बारे में चर्चा शुरू करने से पहले मुझे ऐसा लगता है कि संविधान के कुछ अनुच्छेदों द्वारा इस सदन की जो जिम्मेदारी निश्चित की गई है और उसके अनुरूप व्यवस्था की कार्रवाई की जो जिम्मेदारी सरकार को सौंपी गई है उसकी ओर सदन का ध्यान आकर्षित करना जरूरी है। मैं यहाँ सबसे पहले संविधान के 13वें अनुच्छेद का उल्लेख करना चाहता हूँ। संविधान के अनुच्छेद 13 के अनुसार बुनियादी, मौलिक अधिकारों से असंगत सभी कानून इस संविधान के अस्तित्व में आने के दिन से निरर्थक समझे जाएँगे। आर्टीकल 13 द्वारा निर्मित यह सामान्य व्यवस्था है। हक़ीकत यह है कि सभी लोगों को और उसी तरह कोर्ट्स के जजों को भी यह नोटिस दिया गया है। उसके द्वारा ताकीद दी गई है कि यदि उनके सामने मौलिक हक़ों के फैसलों के सम्बन्ध में सवाल उठाया गया तो मौलिक हक़ों के विरोधी साबित होनेवाले किसी भी कानून को निर्णायक न समझा जाए। फिर भी संविधान निर्माता इस सामान्य निष्कर्ष पर पहुँचने के लिए तैयार नहीं थे। क्योंकि किसी आदमी के बुनियादी हक़ों का यदि अतिक्रमण हुआ तो उसके खिलाफ कोर्ट में जाने की बात सामान्य नागरिकों द्वारा हद से ज्यादा अपेक्षाएँ रखनेवाली बात है, ऐसा उन्हें लगा। उससे सामान्य नागरिकों पर हद से ज्यादा बोझ पड़नेवाला था। इसलिए संविधान के दूसरे आर्टीकल की व्यवस्था की गई। वह आर्टीकल 372, सब-आर्टीकल (2) है। इस आर्टीकल के द्वारा मौजूदा कानून में परिवर्तन और संशोधन करके बुनियादी हक़ों के अनुकूल करने का अधिकार सरकार को दिया गया है।

मेरे सम्माननीय मित्रों ने निजी उल्लेख करने की इजाजत दी तो मैं यह कहना चाहता हूँ कि जिस समय मुझे कानून मन्त्री की जिम्मेदारी सौंपी गई थी उस समय जितने कानून अस्तित्व में थे उन सभी कानूनों में संशोधन और परिवर्तन करके उन्हें बुनियादी हक़ों के अनुकूल बनाने का सवाल मैंने तुरन्त हाथ में लिया था। और पंजाब का एक

बहुत ही महत्त्वपूर्ण 'पंजाब लैंड एलिनेशन एक्ट' नाम का कानून रद्द करवाने में मैं सफल हुआ था। इस कानून के मुताबिक कुछ विशेष जातियाँ या उस कानून की भाषा के मुताबिक खास वर्ग ही जमीन के मालिक हो सकते थे या जमीन रख सकते थे। मेरी राय में यह कानून इतना अन्यायपूर्ण था कि कोई व्यक्ति वास्तव में किसान होने पर भी यदि सरकार ने उसके वर्ग को किसानों का वर्ग घोषित नहीं किया है तो उस व्यक्ति को जमीन खरीदने का हक़ नहीं था। किन्तु व्यक्ति यदि जीवनभर बैरिस्टरी का धन्धा करता रहा हो, खेत में घास उगाने की भी जिसकी कभी इच्छा नहीं की हो वह व्यक्ति भी जमीन आदि जायदाद हासिल करने के योग्य समझा जाता था क्योंकि सरकार उसके वर्ग को किसान वर्ग स्वीकार करती थी। संविधान के आर्टीकल 372, सबआर्टीकल–(2) की व्यवस्था के मुताबिक इस सम्पूर्ण कानून को रद्द करने में मुझे सफलता मिली। पंजाब में 'पंजाब लैंड एलिनेशन एक्ट' के साथ ही एक अन्य कानून या रिवाज है, उसमें शामिलात भूमि यानी सम्पूर्ण गाँववासियों के स्वामित्व की जमीन का उल्लेख है। पंजाब के परम्परागत कानून में इस शामिलात जमीन को जो जमींदार यानी वंशपरम्परा से जो जमीन मालिकों का वर्ग है उसमें बँटवारा कर दिया जाए, इस प्रकार की व्यवस्था है। अन्य लोग जमींदार नहीं हैं। उन्हें 'कमिन' मतलब निम्न जाति का समझा जाता है। और वे जमीन का हिस्सा हासिल करने के सुपात्र नहीं होते हैं। इसका परिणाम यह हुआ कि वे जहाँ रहते हैं वहाँ वे अपने स्थायी मकान नहीं बना सकते। उन्हें हमेशा यह डर रहता है कि पंजाब के जमींदार उन्हें किसी भी पल गाँव से बाहर कर देंगे। इसलिए वे लोग स्थायी मकान बनाने का साहस नहीं जुटा सकते। इस सम्बन्ध में मैंने विधि मन्त्रालय में एक नोट लिखकर रखा है।

मेरे मन्त्री पद से इस्तीफा देने के बाद संविधान के आर्टीकल 372, सबआर्टीकल-(2) के तहत सरकार को इस बारे में कार्रवाई करनी चाहिए थी। इस सम्बन्ध में कानून मन्त्री या गृहमन्त्री ने क्या किया है, इस बात की मुझे बिल्कुल जानकारी नहीं है। किन्तु मुझे इस बात का पूरा यकीन है कि इस मामले में किसी भी प्रकार की कोई कार्रवाई नहीं की गई है। मैंने अपनी जानकारी और मार्गदर्शन के लिए कुछ कानूनों की सूची बनाई है, उन्हें संविधान के अनुकूल बनाने की बहुत जरूरत है, ऐसा मुझे लगता है। यहाँ मैं जिसका निर्देश करना चाहूँगा, वह 1816 का पहला मद्रास रेग्युलेशन 11 एक्ट है। ईस्ट इंडिया कम्पनी द्वारा तैयार किया गया वह फौजदारी गुनाह का कानून है। उसमें एक व्यवस्था है, शायद वह खंड 10 में है, वह यह कि यदि गुनाहगार निम्न जाति का हो तो उसे जेल की सजा दी जाए। और गुनाहगार यदि ऊँची जाति का है तो उसे सजा न दी जाए। महोदय, इस तरह का कानून भेदभाव बरतनेवाला है इसलिए उसे रद्द किया जाए, इसमें कोई सन्देह नहीं।

इसके बाद मैं जिस बात का निर्देश करना चाहता हूँ वह 1890 का मुम्बई म्यूनिसपल सर्वेन्ट्स एक्ट है। इस कानून में यह व्यवस्था शायद खंड-3 में है कि जिन नगरपालिका कर्मचारियों की नौकरी इस कानून से संलग्न सेवा सूची में आती हो वे बगैर

किसी इजाजत के अनुपस्थित रहें या कम-से-कम तीन माह पहले इस्तीफे की लिखित सूचना देने के बजाय उन्होंने तुरन्त इस्तीफा दिया तो उन्हें जेल की सजा दी जाए। आज इस बात को सभी लोग स्वीकार करते हैं कि नौकरी का इकरारनामा दीवानी इकरार है। और उसके लिए यदि सजा हो तो वह कार्य के नुकसान के लिए हो सकती है, पर जेल की सजा नहीं होनी चाहिए। लेकिन यह नगरपालिका कानून आज भी कानून की किताब में जिन्दा है। यदि मेरे सम्माननीय मित्र मन्त्री महोदय इस सूची को गौर से देखेंगे तो उस सूची में सेवा के नाम पर निर्देश हैं और प्रत्यक्षतः वे साफ-सफाई करनेवाले, रास्ते साफ करने या अन्य इसी तरह के काम करनेवाले लोगों के लिए हैं। वे अनुसूचित जाति के अछूत लोग हैं। उनका हड़ताल पर जाना भी सम्भव नहीं रह गया है। उन्हें अपने इस्तीफे के लिए तीन माह पहले नोटिस देना पड़ता है। इस कानून के सम्बन्ध में आज तक कुछ नहीं किया गया।

अब मैं एक दूसरे कानून के सम्बन्ध में यानी 1946 के उत्तर प्रदेश नगरपालिका कानून के सम्बन्ध में कहना चाहता हूँ। मेरी जानकारी के मुताबिक यह बात शायद खंड 85 में है। उसमें भी कुछ कम-ज्यादा मुम्बई नगरपालिका सेवा एक्ट जैसी ही व्यवस्था है। उस एक्ट में भी ऐसा ही कहा गया है कि बोर्ड की नौकरी की सेवा शर्तों के मुताबिक जिसे लिखित इकरार से नौकरी में नहीं लिया गया हो उसके अलावा नौकरी में रखा गया अन्य भंगी पर्याप्त कारण बताकर नोटिस देने की बजाय यदि इस्तीफा देता हो या नौकरी का त्याग करता हो तो गुनाह साबित होने पर उसे जेल की सजा होगी और वह सजा दो माह तक बढ़ाई जा सकती है। मेरी राय में इस तरह के कानून पूरी तरह से अमानवीय हैं। दुनिया के किसी भी देश में नौकरी के इकरार की शर्तें तोड़ना जेल की सजा देने या जुर्माना करने योग्य गुनाह है, ऐसा नहीं समझा जाता। मैं यहाँ अन्य तीन कानूनों का निर्देश करना चाहता हूँ। उनमें एक 1884 का बॉम्बे हेरेडिटरी विलेज ऑफिसर एक्ट है। इस कानून के द्वारा जो लोग काम करते हैं या बदले में काम करते हैं वे दो वर्गों में बाँटे गए हैं। शायद गृहमन्त्री को इस बात की जानकारी नहीं होगी। किन्तु मेरे मित्र मान्यवर ढगे को इस बात की पर्याप्त जानकारी होनी चाहिए। इस बारे में उनके प्रान्त में कैसी पद्धति है इसकी मुझे कोई जानकारी नहीं है। किन्तु मुम्बई राज्य में नौकर दो वर्गों में बाँटे गए हैं, जबकि इन दोनों प्रकार के नौकरों को परम्परागत प्रणाली से यानी उनके जीवन निर्वाह के लिए जमीन देकर काम का मुआवजा दिया जाता हो तब भी एक वर्ग को अधिकारी और दूसरे वर्ग को गाँव-मजदूर कहा जाता है। उन्हें दी गई जमीन सैकड़ों साल पहले दी गई है। शायद वह शिवाजी के काल या पेशवाओं के काल में दी गई होगी। इन जमीनों के वारिसदारों ने बँटवारे में जमीन के छोटे-छोटे टुकड़े कर लिए हैं। और फिलहाल स्थिति यह है कि अधिकांश लोगों के पास एक-दो खेतों से ज्यादा जमीन नहीं है, फिर भी ये गरीब लोग आज भी उसी जमीन से चिपके हुए हैं। अंग्रेज लोग जब भारत में आए तब उन्होंने नौकर भर्ती की योजना शुरू की। वंशपरम्परा से चली आ रही सेवा की जिम्मेदारी से लोगों को मुक्त कर यदि वे 'जुड़ी'

नाम से सम्बोधित की जानेवाली और सरकार द्वारा तय की गई जमीन को ग्रहण करने के लिए तैयार हों तो उस जमीन को उन्हीं के पास रखने की इजाजत दे दी गई। यह प्रक्रिया स्थाई रूप से जारी रखते हुए कई वंशपरम्परा से चले आ रहे अधिकारियों को नौकरी से हटा दिया गया है। अभी-अभी मुम्बई सरकार ने अन्य कई कर्मचारियों की छँटनी करने का कार्य हाथ में लिया है। मुम्बई प्रदेश के अनुसूचित जाति के लोग स्वयं ऐसी माँग कर रहे हैं कि उनके गाँव-कर्मचारी कम किए जाएँ और जमीन लगान देने की शर्त पर उनकी जमीन बरकरार रखी जाए, जिससे वे सरकारी नौकरी से मुक्त हो सकें। वे लोग उदारवादी हैं और जमीन का सम्पूर्ण लगान देने के लिए तैयार हैं। उन्हें किसी भी प्रकार की सहूलियतें नहीं चाहिए। फिर भी मुम्बई सरकार ने उनकी प्रार्थना को अस्वीकार किया है। उन्होंने अनुसूचित जातियों को छोड़कर गैरअनुसूचित जातियों तक ही अपने कानून की सीमा तय कर दी है। इसलिए अनुभव के आधार पर मैं यह कह सकता हूँ कि यह एक खतरनाक कानून है। क्योंकि इस कानून के द्वारा गाँव के मुखिया को उस गाँव के अनुसूचित जाति के सभी लोगों को बँधुआ बनाकर अपने अधिकार के तहत सिर्फ सरकारी काम के लिए ही नहीं बल्कि अपने निजी काम के लिए भी इस्तेमाल करने का अधिकार मिल जाता है। जैसे–किसी गाँव के मुखिया के परिवार का कोई व्यक्ति मर गया तो वे उसकी खबर अपने रिश्तेदारों को पोस्टकार्ड द्वारा नहीं भेजते क्योंकि इस रिवाज को असम्मानजनक समझा जाता है। वह गाँव- कर्मचारी के द्वारा खबर भेजने का आग्रह करता है। और उन गाँव-कर्मचारियों को गाँव- मुखिया के घर में मय्यत की खबर पहुँचाने के लिए कई मील पैदल जाना पड़ता है। गाँव-मुखिया के घर की नई बहू अथवा लड़की को ससुराल भेजना हो तो उसके साथ एक या दो गाँव-कर्मचारी भेजने का आग्रह किया जाता है। उन्हें उसकी सेवा करके सही- सलामत उसे ससुराल पहुँचाना होता है। मुखिया के घर में शादी-ब्याह हो तो गाँव के सभी अनुसूचित जाति के लोगों को लकड़ियाँ काटना तथा अन्य सभी प्रकार के काम बगैर किसी प्रकार का मुआवजा लिए करने पड़ते हैं। यही मुखिया का आग्रह होता है। यदि उन्होंने अस्वीकार किया तो उनके खिलाफ वह कलेक्टर के पास शिकायत करने पहुँच जाता है कि गाँव-कर्मचारी सही काम नहीं कर रहे हैं। कानून के मुताबिक कलेक्टर उन्हें सजा दे सकता है या उनकी जमीन-जायदाद छीनकर उन्हें नंगा कर सकता है। क्या इस तरह का कानून संविधान के मौलिक हक़ों के खिलाफ है या नहीं? और इस प्रकार के कानूनों में विधि मन्त्रालय या गृह मन्त्रालय के द्वारा परिवर्तन, संशोधन होना चाहिए या नहीं?

यह बॉम्बे हेरेडिटरी विलेज ऑफिसर्स एक्ट जैसे अन्य दो कानून हैं। उनमें एक है, 'बॉम्बे रेवन्यू ज्यूरिडिक्शन एक्ट' और दूसरा है 'पर्सनल एक्ट' (गृहमन्त्री को अपनी कुर्सी से उठते हुए देखकर) मन्त्री महोदय को शायद काफी पसीना आ गया होगा।

(डॉ. के. एन. काटजू ने कहा, 'बल्कि इससे तो मुझे ठंड लगने लगी है।')

(डॉ. अम्बेडकर ने कहा कि 'मैं आगे बोलता रहूँगा तो आपको भी गरमी लगने लगेगी।')

अधिकारी वर्ग चाहे कितनी भी गलतियाँ करे फिर भी ये दोनों कानून उनके विरोध में कोर्ट में न्याय की माँग को रोकते हैं। इसमें कलेक्टर हो, कमिश्नर हो या मिनिस्टर हो, वे कोर्ट से बिल्कुल बरी नहीं हो सकते। क्योंकि रेवन्यू ज्यूरिडिक्शन एक्ट में यह कहा गया है कि कलेक्टर अमल करनेवाला अधिकारी है तो उसका फैसला बदलने, उसमें परिवर्तन करने या पुनः फैसला देने का कोई अधिकार न्यायालय को नहीं होगा। पेंशन एक्ट के अनुसार किसी भी ईनामी जमीन पानेवाले को न्यायालय में जाने का अधिकार नहीं होगा। इसके लिए कलेक्टर की ओर से जब तक यह प्रमाण-पत्र कि, 'इस विवाद को न्यायालय में ले जाने में कोई आपत्ति नहीं' मिलता तब तक न्यायालय को उस मामले में फैसला नहीं देना चाहिए। इस वजह से इस खास कानून के द्वारा गरीब लोगों पर होनेवाले अन्याय को दूर करना उनके लिए बिल्कुल असम्भव हो गया है। यदि मैं विधि मन्त्री रहता तो इसमें सुधार व परिवर्तन करने की मेरी इच्छा थी। फिर भी मुझे ऐसा लगता है कि हर विधि मन्त्री और खास तौर पर गृहमन्त्री की यह जिम्मेदारी है कि उन्हें अपने कानूनों की समीक्षा करनी चाहिए और जानना चाहिए कि कौन-से कानून मौलिक अधिकारों के खिलाफ हैं।

माननीय महोदय, मुझे यह कहने में खेद है कि मेरी जानकारी के मुताबिक यह दोनों विभाग बेहद लापरवाह हैं। इसमें कुछ संशोधन करने में उन्हें किसी प्रकार की दिलचस्पी नहीं है, ऐसी उनकी इच्छा नहीं है। उनके पास कोई आदर्शवाद नहीं है। मेरे इस निवेदन के बाद मैं यह उम्मीद करता हूँ कि जहाँ अन्याय को समाप्त करना जरूरी है, ऐसे मामलों में कुछ प्रयास करने का उत्साह उनमें पैदा होगा। महोदय, भूमिका के तौर पर मुझे जो कुछ कहना था वह मैंने कह दिया है। अब मैं मूल बिल के सम्बन्ध में कहना चाहता हूँ।

इस बिल के नाम के सम्बन्ध में मुझे चार बातें कहनी हैं। यह कोई बहुत बड़ा मुद्दा नहीं है। किन्तु मुझे ऐसा लगता है कि नाम का भी महत्त्व होता है। शेक्सपियर ने कहा, "गुलाब को गुलाब कहिए या और कुछ कहिए, किन्तु सुगन्ध तो आएगी ही।" मैं शेक्सपियर के इस मत से असहमत हूँ। मुझे लगता है नाम बहुत अहम है। मुझे लगता है, अच्छे कानून का अच्छा और अर्थपूर्ण नाम होना चाहिए। क्या है इस बिल का नाम? इस बिल का नाम है, 'अछूतपन का बर्ताव करने या अछूतपन के नाम पर जोर-जबर्दस्ती किसी भी प्रकार की पाबन्दी पर सजा की व्यवस्था करनेवाला बिल।' इस सम्बन्ध में मेरा कहना है कि इस बिल का नाम काफी लम्बा-चौड़ा है। इस बिल का नाम क्या होना चाहिए यह विवाद का विषय हो सकता है। किन्तु मेरे विचार से इस बिल का नाम [The Civil Rights (Untouchables) Protection Act] 'अछूतों के नागरिक अधिकार सुरक्षा कानून' होना चाहिए था। क्योंकि अन्त में आप लोग जो भी कर रहे हैं वह उनके नागरिक हक़ों की सुरक्षा करने से अधिक कुछ नहीं कर रहे हैं। इसलिए ज्यादा बल नागरिक हक़ों पर ही देना चाहिए। यह बिल जिसके प्रभुत्व में है उस मित्र को मैं यह बताना चाहता हूँ कि आप यूनाइटेड स्टेट्स के काले लोगों का मामला या सिविल वार

का मामला जाँचकर देखिए। आपको पता चलेगा कि अब वे जो बिल संसद के सामने स्वीकृति के लिए पेश कर रहे हैं उसका पूर्व ढाँचा यूनाइटेड स्टेट्स में तैयार किया गया है। और उसके नाम की ओर देखें तो उसे 'सिविल राइट्स प्रोटेक्शन एक्ट' नाम दिया गया है। उसमें नीग्रो शब्द भी निर्दिष्ट नहीं है। फिर वे 'अछूतपन' अथवा 'अछूत' शब्द का हर जगह प्रयोग क्यों कर रहे हैं, यह बात मेरी समझ में नहीं आ रही है। इस बिल में वे कई जगह 'शेड्यूल्ड कास्ट्स' के बारे में कहते हैं। संविधान में शेड्यूल्ड कास्ट्स शब्द का इस्तेमाल हुआ है। फिर इस छोटे से बिल में 'शेड्यूल्ड कास्ट्स' शब्द का इस्तेमाल करने में शर्म क्यों आनी चाहिए यह बात भी मेरी समझ में नहीं आ रही है। मुझे लगता है इस बिल का नाम 'अनटचेबल्स् सिविल राइट्स प्रोटेक्शन एक्ट' या 'शेड्यूल्ड कास्ट्स सिविल राइट्स प्रोटेक्शन एक्ट' होना चाहिए। मेरे मित्र मेरे इस सुझाव पर जरूर ध्यान देंगे, इस बात की मुझे पूरी उम्मीद है।

महोदय, इस बिल में कुछ बहुत महत्त्वपूर्ण बातों का अभाव है, उनकी ओर मैं आपका ध्यान आकर्षित करना चाहता हूँ। वास्तव में नागरिक और संवैधानिक मौलिक अधिकारों का उपयोग करने के लिए पैदा की गई रुकावट दूर करने की उसमें किसी भी प्रकार की व्यवस्था नहीं है। इस बिल का अन्तिम उद्देश्य नागरिक और संवैधानिक मौलिक अधिकारों का उपभोग करने की आजादी ही है, इसमें कोई सन्देह नहीं है। किन्तु मेरे मित्र ने इस बिल का उद्देश्य नागरिक और संवैधानिक अधिकारों का उपयोग करने में पैदा होनेवाली रुकावट को दूर करना ही है, इस बात को साफ तौर पर दर्ज किया होता तो अच्छा होता ऐसा मुझे निजी तौर पर लगता है। इस सन्दर्भ में मैं यूनाइटेड स्टेट्स के 'सिविल राइट्स एक्ट' में की गई व्यवस्था को पढ़कर सुनाना चाहता हूँ। उसमें जो व्यवस्था की गई है वह इस प्रकार है पर मैं उस बिल का कवर पेज पढ़कर नहीं सुना रहा हूँ। उससे आपको ठेस पहुँचेगी। यह व्यवस्था यूनाइटेड स्टेट्स के संविधान के 14वें संविधान संशोधन से ली गई है। वह उस संविधान में आयरलैंड के 1920 के कानून से ली गई है जो प्रो. कीथ के आज्ञा-पत्र में भी है। वह व्यवस्था मूलतः ऐसी है कि मैंने उसका अनुवाद अछूतों पर लागू करने के लिए ही किया है। इसे मूल रूप से 'सिविल राइट्स एक्ट' से लिया गया है।

''राज्य के सभी प्रजाजन कानून के सामने समान हैं और उन्हें समान नागरी हक़ प्राप्त हैं। विद्यमान कोई भी कानून, नियम, आज्ञा, रूढ़ि या विश्लेषणात्मक कानून जिसके प्रभाव से राज्य के प्रजाजनों में अछूतपन के आधार पर सजा दी जा सकती है, रुकावटें पैदा की जा सकती हैं, असमर्थता थोपी जा सकती है ऐसा कानून जिस दिन से यह संविधान लागू हुआ है उस दिन से प्रभावहीन होगा।''

इसमें ऐसे ही संकल्पयुक्त वक्तव्य की जरूरत थी मुझे ऐसा लगता है। यह बात संविधान की धारा 13 गें आई है, इसमें कोई सन्देह नहीं। किन्तु जब इस बिल की जरूरत है तब इस तरह के संशोधित बिल में सम्पूर्ण धारा 13 को ज्यों का त्यों ले लिया गया होता तब भी कोई आपत्ति नहीं थी। यह बिल इस सम्बन्ध में क्यों चुप हुआ यह

बात मेरी समझ में नहीं आ रही है। इस बिल से इस बात का पता चलता है कि धोबी (अछूतों के) कपड़े नहीं धो रहा है, नाई बाल नहीं काट रहा है, या हलवाई लड्डू नहीं बेच रहा है, इसी तरह के मामूली कारणों के लिए इस बिल को तैयार किया गया है। लोगों को लगता है कि ये बातें मामूली हैं और धोबी, नाई और हलवाई आदि पर कार्रवाई करने के लिए बेवजह अड़े रहकर संसद अपना समय क्यों बर्बाद कर रही है? किन्तु यह बिल वैसा नहीं है। इस बिल का उद्देश्य नागरी और मौलिक अधिकारों के बारे में सुरक्षा प्रदान करना है। इसलिए फिलहाल इस बिल के वर्तमान स्वरूप में जो ठोस बात नहीं है, उसकी जरूरत है, यही मेरा सुझाव है। इसलिए इस बिल में संशोधन करना जरूरी है। इस बिल में कई बातों का अभाव है। बिल में मुझे जो दूसरा अभाव दिखाई दिया वह बहुत भयंकर है। वह अभाव है सामाजिक बहिष्कार के विरोध में यहाँ कोई व्यवस्था नहीं है। अनुसूचित जाति के लोगों को इन हक़ों का उपभोग करने में रुकावट पैदा करने के लिए गाँव-देहात के लोग जो तरीके अख़्तियार करते हैं वे बहुत खतरनाक और अमानवीय तरीके हैं, इस बात को मैं अपने अनुभव के आधार पर कह सकता हूँ। वे लोग पूरी तरह से अनुसूचित जाति के लोगों का बहिष्कार करते हैं। यह एक प्रकार का असहयोग ही होता है। यह सिर्फ मेरी ही राय है, ऐसी बात नहीं है। मुम्बई सरकार ने अछूत दलित वर्ग और आदिवासी लोगों की स्थिति के बारे में जाँच करने के लिए जो समिति नियुक्त की थी उसकी भी यही राय है। इस कमेटी के एक सदस्य थे ठक्कर बाप्पा। और उन्होंने उस रिपोर्ट पर अपने हस्ताक्षर किए थे इस बात को भी मैं सदन के सामने रखना चाहता हूँ। इस रिपोर्ट में सामाजिक बहिष्कार के सम्बन्ध में जो परिच्छेद हैं उनमें से सिर्फ एक परिच्छेद को मैं यहाँ पढ़ रहा हूँ। वह 102वाँ परिच्छेद है। इस समिति का कहना है, "दलित वर्ग के लोगों को सभी सार्वजनिक उपयोग के स्थानों का इस्तेमाल करने के हम लोगों ने कई तरीके सुझाए हैं फिर भी आनेवाले कई सालों तक उन्हें इस काम में रुकावटों का सामना करना पड़ेगा इस बात का हमें डर है। पहला डर यह है कि सनातनी लोगों का उनके विरोध में खुल्लमखुल्ला जुनून पैदा करना। इस बात की ओर ध्यान देना चाहिए कि हर गाँव में अनुसूचित जाति के लोग बहुत अल्पसंख्यक हैं और जो सनातनी लोग उनके खिलाफ हैं उनकी संख्या ज्यादा है। और उनकी भलाई की और सामाजिक प्रतिष्ठा की रक्षा करनेवाले दलित वर्ग के किसी कल्पित हमले से किसी भी प्रकार की कीमत चुकाकर रक्षण करने के लिए वे हमेशा तैयार रहते हैं। जबर्दस्ती करने पर कोर्ट में पुलिस द्वारा मामला दर्ज करने का खतरा होने की वजह से जोरजबर्दस्ती की घटनाएँ कम हो गई हैं और शायद ही कभी घटती हों। दलित वर्ग की आज की आर्थिक स्थिति से दूसरी रुकावट पैदा होती है। इस प्रदेश के अधिकांश हिस्सों में दलित वर्ग आर्थिक दृष्टि से स्वतन्त्र नहीं है। उसे कुछ सनातनी जमीन मालिकों की मर्जी के मुताबिक उनकी खेती पट्टेदार किसान के रूप में करनी पड़ती है। उन्हें अन्य सनातनी लोगों के खेत में खेत मजदूरों के रूप में काम करना पड़ता है और शेष लोगों को गाँव-कर्मचारी के रूप में किए हुए काम के

मुआवजे के रूप में गाँव के सनातनी (हिन्दू) लोगों की ओर से प्राप्त भोजन पर या अनाज पर जीना पड़ता है। दलित वर्ग के लोगों ने जब भी अपने हक़ का उपयोग करने का प्रयास किया तब इन पुराणपन्थी (हिन्दू) लोगों ने उनके विरोध में अपने आर्थिक शस्त्रों का उपयोग किया। उन्हें अपनी जमीन से भगा दिया और उन्हें मुआवजा देना बन्द कर दिया। उसी प्रकार गाँव कामगार के नाते दिया जानेवाला मुआवजा भी बन्द कर दिया गया। इस प्रकार के कई उदाहरण हमने सुने हैं। इस प्रकार के बहिष्कार की योजना इतने बड़े पैमाने पर बनाई जाती है कि उसमें सार्वजनिक रास्तों का उपयोग करने पर भी पाबन्दी होती है। जीवनावश्यक चीजें भी उस गाँव का बनिया उन्हें न दे, उन्हें न बेचे इस तरह का माहौल बनाया जाता है। गवाही से इस बात का भी पता चला है कि दलित वर्ग के खिलाफ बहिष्कार का ऐलान करने के लिए कभी-कभी मामूली कारण भी पर्याप्त होते हैं। दलित वर्ग के सार्वजनिक कुएँ पर पानी भरने या हक़ स्थापित करने का प्रयास करने की वजह से भी कई बार उन पर बहिष्कार थोपा जाता है। दलित वर्ग के आदमी के सिर्फ जनेऊ पहनने पर, सिर्फ जमीन खरीदने पर या दूल्हे को घोड़े पर बिठाकर सार्वजनिक रास्ते से शादी की बरात ले जाने पर बहिष्कार थोपा गया। इस तरह के अनेकों उदाहरण हैं जो किसी भी दृष्टि से कम नहीं हैं। दलित वर्ग के लोगों को दबाकर रखने के लिए सामाजिक बहिष्कार से अधिक प्रभावी दूसरा कोई शस्त्र हो सकता है या नहीं, इस बात की हमें कोई जानकारी नहीं है। इस शस्त्र के सामने प्रत्यक्ष जोरजबर्दस्ती करने का हथियार भी कमजोर साबित होता है। इस शस्त्र का प्रभाव बेहद गहरा और खतरनाक है। उस शस्त्र के इतना खतरनाक होने की वजह यह है कि यह शस्त्र (बहिष्कार) इकरार की आजादी वाले कानून के साथ मेल खाता है। इस वजह से उसे कानूनी दृष्टि से सही माना जाता है। दलित वर्ग के उत्थान के लिए हम उन्हें जिस तरह की करनी और कथनी की आजादी देना जरूरी समझते हैं उसके लिए बहुसंख्यक लोगों की ऐसी जुल्म-ज्यादतियों पर हमें रोक लगानी ही पड़ेगी; इसके लिए हम पूरी तरह से सहमत हैं।''

अनुसूचित जाति की स्थिति के अवलोकन के लिए जानबूझकर नियुक्त की गई समिति का यह निष्कर्ष है। इस तरह के सामाजिक बहिष्कार से मुक्ति दिलाने के लिए किसी विकल्प की कोई व्यवस्था इस बिल में मुझे बिल्कुल नहीं दिखाई दे रही है। मैं यहाँ अपने मित्र का ध्यान ब्रह्मदेश के 1922 के एंटी-बॉयकाट एक्ट की ओर आकर्षित करना चाहता हूँ। यदि उन्हें ऐसा लगता हो कि जो कोर्ट के लिए उपयोगी हो ऐसी कानूनी भाषा में इस विषय को रखना मुश्किल है तो मैं यह कहना चाहता हूँ कि उन्हें ब्रह्मदेश के 1922 के एंटी-बॉयकाट एक्ट की नकल कर लेनी चाहिए। इस बिल में इस भयंकर अमानवीय स्थिति की मतलब सामाजिक बहिष्कार की परिभाषा सही ढंग से की गई है। इस बर्मी एक्ट में वह बात हमें खंड दो में मिल जाएगी। यह कानून सिर्फ सामाजिक बहिष्कार को ही जुर्म साबित नहीं करता बल्कि सामाजिक बहिष्कार को प्रेरित करने को भी जुर्म साबित करता है। इसके अलावा किसी सचेत वकील की संक्षिप्त और

अर्थपूर्ण भाषा में भी सामाजिक बहिष्कार की धमकी देना जुर्म माना गया है। यदि कोई हिन्दू अछूतपन न मानता हो किन्तु उसकी जाति-बिरादरी के लोग अछूतपन मानने के लिए उसे मजबूर करते हों तो उसकी सुरक्षा करने के लिए कुछ प्रतिकूल भाषा में बिल के आर्टीकल 8 के सबआर्टीकल–(2) में व्यवस्था है, ऐसा मुझे लगता है। ये लोग सिर्फ दो रास्तों से ऐसी जोर-जबर्दस्ती कर सकते हैं। एक मारपीट कर या सामाजिक बहिष्कार थोपकर वे ऐसा कर सकते हैं। जैसाकि समिति ने कहा है, गाँव-देहात के लोग ज्यादातर बहिष्कार का रास्ता ही अपनाते हैं क्योंकि वह परदे के पीछे की कार्रवाई है और इकरार करने के कानून के पूरी तरह अनुकूल है। जैसा कि मैंने कहा है कि मारपीट करना इंडियन पैनल कोड के मुताबिक जुर्म साबित होता है। इसलिए अस्पष्ट भाषा का इस्तेमाल कर आकस्मिक परिणामों को निमन्त्रण देने की बजाय अनुसूचित जाति के लोगों को उन्हें उनके मौलिक अधिकारों का इस्तेमाल करने पर जोर-जुल्म से पाबन्दी लगाने- वाली बात मानकर सामाजिक बहिष्कार को सीधे गैरकानूनी क्यों न माना जाए? कानून की भाषा में सामाजिक बहिष्कार एक तरह से षड्यन्त्र का हिस्सा है और इंडियन पैनल कोड के मुताबिक उसे जुर्म के रूप में ही स्वीकार किया गया है, ऐसी मेरी मान्यता है। दो आदमी मिलकर तीसरे को खत्म करने का प्रयास करते हों तो इसे षड्यन्त्र करना ही कहते हैं। इस सामाजिक बहिष्कार के लिए गाँव के बहुसंख्यक लोग जिम्मेदार होते हैं, इसलिए वह भी एक प्रकार का षड्यन्त्र ही है। और उसे जुर्म के रूप में मान्यता दी जा सकती है। मेरे सम्माननीय मित्र इस सम्बन्ध में इस बहुत महत्त्वपूर्ण सच्चाई को क्यों भूल गए, यह मेरी समझ में नहीं आ रहा है।

इस बिल में जो तीसरी कमी है उसे कमी कहा जाए या नहीं, यह मैं नहीं समझ पा रहा हूँ। अगर गलती हो गई हो तो सुधार लीजिए। इस समय इस सदन में कानून मन्त्री मौजूद हैं क्योंकि यह साफ तौर पर कानून से सम्बन्धित बात है, ऐसा मुझे लगता है। फिर भी अपने गृहमन्त्री महोदय प्रारम्भ में कानून मन्त्री की ओर से वकालत करनेवाले थे इसलिए मैं यहाँ जो कुछ कह रहा हूँ उससे वे निश्चित तौर पर अनभिज्ञ नहीं हैं। अब मैं यह सवाल पूछना चाहता हूँ कि इस बिल में जिन जुर्मों का उल्लेख किया गया है वे समझौता करने योग्य हैं या नहीं? वे पूरी तरह चुप्पी साधे हुए हैं। पिछले समय जब हम अनुसूचित जाति-जमाति से सम्बन्धित रिपोर्ट पर चर्चा कर रहे थे, उस समय की बात सम्माननीय मित्रों को याद होगी कि अछूत लोग उन्हें सतानेवाले लोगों पर अपनी आर्थिक कठिनाइयों के कारण मामले दर्ज नहीं कर पा रहे हैं और इसलिए वे उन पर अन्याय करनेवाले लोगों के साथ समझौता करने के लिए तैयार रहते हैं, इस मुद्दे की ओर कमिश्नर ने सदस्यों का ध्यान आकर्षित किया था। सच्चाई यह है कि कानून मुर्दा अक्षरों की शक्ल में रहता है। जिनके हितों की रक्षा के लिए कानून बनाया जाता है वे उस कानून को अमलीजामा नहीं पहना सकते। और जिनके विरोध में उस कानून को काम करना चाहिए यह अपेक्षा होती है वे लोग बलि चढ़े लोगों की जबान पर पाबन्दी लगा सकते हैं। यह निष्कर्ष अनुसूचित जाति-जमाति के कमिश्नर का है।

इसलिए इस स्थिति को बर्दाश्त न किया जाए। जो गुनाहगार हैं उन्हें सुधारना हो तो जुल्म-ज्यादतियों के साथ समझौता नहीं होना चाहिए। यदि गुनाहगार लोग किसी छोटी-सी रकम या उसी प्रकार के अन्य लोभ से समझौता कर लें या जुल्मों से मुक्त हों तो चाँद और सूरज के रहने तक वे लोग अछूतों को सताने का अपना काम जारी रखेंगे और अछूतपन कभी खत्म नहीं होगा।

इसलिए जुल्म-ज्यादतियों के साथ समझौता करना बड़ी खतरनाक बात है और यह खतरनाक सवाल है इसलिए उस पर तुरन्त कार्रवाई की जानी चाहिए। अन्य कानूनों में इस सम्बन्ध में जो व्यवस्था की गई है उसके इस सम्बन्ध में निर्देश पर गौर करने के लिए मेरे सम्माननीय मित्र ने कहाँ तक प्रयास किया है, इस बात की मुझे कोई जानकारी नहीं है। मैं इंडियन क्रिमिनल प्रोसीजर कोड की 345 धारा का उल्लेख करना चाहता हूँ। उसमें समझौता करने योग्य कौन-से जुर्म हैं और कौन-से जुर्म समझौता करने योग्य नहीं हैं इसकी परिभाषा बताई गई है। इंडियन पैनल कोड में कुल 511 धाराएँ हैं, इस बात को मेरे मित्र अच्छी तरह जानते होंगे। उसमें से 106 धाराएँ सजा, कानून कहाँ लागू होता है, सामान्य अपवाद, खर्च आदि साफ तौर पर निर्देश आदि बातों से सम्बन्धित हैं। इसलिए 511 में से 106 धाराएँ कम करनी पड़ेंगी। जुर्म की प्रत्यक्ष परिभाषा करनेवाली धाराएँ प्रधान रूप से 400 हैं। इंडियन पैनल कोड ने चार सौ कृत्यों और उन्हें करने को जुर्म घोषित किया है। इन चार सौ में समझौते के लायक कितने हैं? इन बातों पर हम लोगों को निश्चित तौर पर सोचना चाहिए। क्योंकि हमारे लिए महत्त्वपूर्ण साबित होनेवाले तत्त्व इसी में हैं। जैसा कि मैंने कहा है कौन-से जुर्म समझौता करने योग्य हैं और कौन-से नहीं, यह तय करने की व्यवस्था क्रिमिनल प्रोसीजर कोड की सिर्फ 355वीं धारा में है। मैंने कुछ हिसाब लगाया है। गणित के मामले में मैं कुछ कच्चा हूँ। किन्तु इन चार सौ में सिर्फ 44 जुर्म समझौता करने योग्य हैं ऐसा कहने में कोई बहुत बड़ी गलती हो रही है, यह मुझे नहीं लग रहा है। अन्य जुर्म समझौता करने योग्य नहीं हैं। सच्चाई यही होने के कारण मैं इस निष्कर्ष पर पहुँचा हूँ कि फौजदारी कानून के सिद्धान्त के मुताबिक आम तौर पर जुर्म के बारे में समझौता नहीं होना चाहिए। और ये 44 जुर्म इस सामान्य नियम के लिए अपवाद हैं। इन 44 में से 24 जुर्म न्यायाधीश की इजाजत के बगैर समझौता करने योग्य हैं और 20 न्यायाधीश की इजाजत से समझौता करने योग्य हैं। मतलब यह कि, वास्तव में 24 जुर्म ही समझौता करने योग्य हैं।

अब इस बिल में जो जुर्म निर्देशित किए गए हैं वे समझौता करने योग्य हैं या नहीं? इस बिल ने इस सम्बन्ध में स्वयं कुछ नहीं कहा है। मुझे लगता है कि इस सम्बन्ध में इस बिल में सम्मिलित होनेवाला कोई भी जुर्म समझौता करने योग्य नहीं है, इस प्रकार की स्पष्ट व्यवस्था की जानी चाहिए। यदि मेरे सम्माननीय मित्र मेरी इस सूचना को स्वीकार करना नहीं चाहते तो उसका परिणाम क्या होगा? परिणाम यह होगा कि उनमें से अधिकांश जुर्म जख्म करने या उन्हें खरोंचने जैसे समझे जाएँगे। वे सिर्फ मारने का

नाटक करने या उससे भी कम महत्त्व के रह जाएँगे। जिसमें जख्म या भयंकर जख्म या जबर्दस्ती का उल्लेख हो तब वे जुर्म रहेंगे। अब यदि न्यायाधीश 345वीं धारा की उपधारा-(1) या (2) को उस पर लगाकर देखें तो न्यायाधीश की समझ में आएगा कि इस जुर्म में जख्म करने की बात शामिल होती है या नहीं। इस प्रकार के जुर्म की परिभाषा करनेवाली 345वीं धारा की ये दो उपधाराएँ पढ़कर अपने मित्र को थकाने का मेरा कोई उद्‌देश्य नहीं है। उन्हें इस बात का भी पता चल जाएगा कि न्यायाधीश की इजाजत से या बगैर इजाजत के भी जो जुर्म समझौता करने योग्य हैं, जिनमें जख्मी करना, भयंकर रूप से जख्मी करना, किसी को छुपाकर रखना, किसी के रिश्तेदार को भगाकर के ले जाना ऐसे अन्य जुर्मों को भी सम्मिलित किया गया है। इसमें से हर एक समझौता करने योग्य है। इसलिए नतीजा यह निकलता है कि आपको स्पष्ट रूप से और निश्चित तौर पर ऐसी व्यवस्था करनी चाहिए, जिसके बगैर जिन जुर्मों में सामाजिक बहिष्कार सम्मिलित है, जख्म पहुँचाना या जोरजबर्दस्ती करना इस तरह के जुर्म मानकर, 345वीं धारा के मुताबिक समझौता करने योग्य समझे जाएँगे और इस बिल का कोई महत्त्व ही नहीं रहेगा। सामाजिक बहिष्कार का पैनल कोड में कोई उल्लेख नहीं है और यह जुर्म षड्‌यन्त्र के अलावा और कुछ नहीं है। यह एक नाटक न हो इसलिए मेरे मित्र इस बात की ओर ध्यान देंगे मतलब इस सम्बन्ध में विधि मन्त्रालय से सलाह लेना उनका अधिकार है। और क्रिमिनल प्रोसीजर कोड की धारा 345 के मुताबिक इस प्रकार के जुर्म समझौता योग्य होंगे या नहीं, इस बात की ओर ध्यान देंगे। और ऐसी बात दिखाई दी तो 'अछूतपन से सम्बन्धित जुर्म समझौता करने योग्य नहीं समझे जाएँगे' इस प्रकार की बात स्पष्ट रूप से इस बिल में होनी जरूरी है या नहीं, इस बात को भी तय करेंगे।

महोदय, अब मैं कुछ गलत प्रावधानों के सम्बन्ध में कहना चाहता हूँ। इस बिल में जो कमी है मैंने उसकी चर्चा की है। और अब जो गलत प्रावधान है उसके सम्बन्ध में भी मुझे कुछ कहना है। इन प्रावधानों में से सजा से सम्बन्धित उपधारा-8 की ओर मैं संकेत करना चाहता हूँ। इस बिल में निश्चित की गई सजा 6 माह कैद या 500 रुपयों तक का जुर्माना या दोनों, ऐसी व्यवस्था है। सजा के सवाल पर मेरे मित्र बहुत ही पुरुषार्थपूर्वक बोल चुके हैं।

उन्होंने कहा कि, 'सजा एकदम मामूली होनी चाहिए।' जैसे उन्हें स्वयं जुर्म करना हो। इसलिए वे मामूली सजा का समर्थन कर रहे हैं, ऐसा मुझे लगा और मैं आश्चर्य में पड़ गया। उन्होंने कहा, ''सजा एकदम हल्की-फुल्की रहने दीजिए, गुनाहगारों के मन में कोई शिकायत नहीं रहेगी।'' उनकी राय में अछूतों पर जुल्म-ज्यादतियाँ करनेवाले गुनाहगार वास्तव में बेहद दयालु हैं और प्रेम तथा करुणा से पूर्ण हैं। इसलिए उनके हाथों यह जो गलत व्यवहार है वह धोखे में होनेवाली गलती होने के कारण है और उन लोगों को माफ कर देना चाहिए। उन्हें सिर्फ ताकीद देकर छोड़ देने की सजा नहीं बताई, इससे मुझे सन्तोष हुआ है। क्रिमिनल प्रोसीजर कोड की 561 धारा के मुताबिक ऐसी

सजा उत्तम समझी गई होती ऐसा मुझे लगता है। निश्चित तौर पर वह सबसे अच्छी सजा होती। यदि हमारा उद्देश्य यही है कि गुनाहगार को अच्छा आदमी बनाया जाए तो उसे ताकीद देकर छोड़ देना चाहिए। वह प्रेम करने लगेगा और उसके मन में किसी प्रकार की नफरत नहीं रहेगी। व्यक्ति के मन में नफरत की भावना क्यों पैदा होती है? दुर्भाग्य से मेरे मित्रों को यह लगा कि ऐसा नहीं होगा इसलिए उन्होंने इस प्रकार की सजा का सुझाव रखा।

महोदय, मैंने फौजदारी कानूनों के तहत कुछ काम किया है इसलिए मुझे ऐसा लगता है कि सजा की व्यवस्था मूलतः दो नियमों पर निर्भर करती है। एक, गुनाहगार को पुनः उस तरह का जुर्म नहीं करना चाहिए यह डर पैदा करना। मेरी राय में फौजदारी न्याय में यह एकदम बुनियादी नियम है। सजा अनिवार्य होती है, वरना गुनाहगार बार-बार वही जुर्म करता रहेगा। उस पर रोक लगाने के लिए सजा तो होनी ही चाहिए। सजा देने का दूसरा उद्देश्य भी यही होता है कि मनुष्य की गुनाहगारी आदतों पर रोक लगे। यदि किसी ने गुनाहगार का जीवन शुरू किया तो उसे कुछ डर होना चाहिए और उस पर रोक लगनी चाहिए, ऐसी सजा के बगैर वह आदमी उसी प्रकार का जीवन बिताएगा।

महोदय, यदि आपने इन दो तत्त्वों को अपनाया है तो इस बिल के उद्देश्यों की प्राप्ति के लिए मेरे सम्माननीय मित्रों ने जिस सजा का प्रावधान किया है क्या उस प्रकार की सजा पर्याप्त है? इसमें पहली बात यह है कि 6 माह की सजा अधिकतम सजा है और न्यायाधीश सिर्फ एक दिन की जेल की सजा सुनाकर उस आदमी को बरी कर सकता है। उसमें इस बात को तय नहीं किया गया है कि सजा कम-से-कम 6 माह या तीन माह से कम नहीं होनी चाहिए। यहाँ सभी कुछ न्यायाधीश पर छोड़ दिया गया है। फिर वह न्यायाधीश कैसा भी क्यों न हो। मुझे तो यह सब एकदम सम्भाव्य लगता है। मैं यहाँ ऐसी कल्पना भी कर सकता हूँ कि न्यायाधीश की कुर्सी पर बैठा हुआ काशी का पंडित न्याय दे रहा है। फिर इस कानून को अमल में लाते समय उसकी न्यायबुद्धि कैसी होगी?

(माननीय बसप्पा शेट्टी पूछते हैं–'काशी या कश्मीर ?')

(हाँ, कश्मीर के ब्राह्मण असली ब्राह्मण नहीं हैं। मुझे मालूम है जैसा कि वे कहते हैं, उसके मुताबिक वे मांस-मछली खानेवाले हैं, इसलिए वे ब्राह्मण नहीं हैं।)

इसलिए, जैसा कि मैंने कहा उसके मुताबिक इस मामले में कानून का पालन हो, ऐसा यदि आपको लगता है तो जिस सजा से कम सजा न्यायाधीश नहीं सुना सकते इस प्रकार की कम-से-कम सजा निश्चित कर देनी चाहिए। दूसरी बात यह है कि वैकल्पिक सजा कैद या जुर्माना। स्वाभाविक रूप से न्यायाधीश जुर्माने की वैकल्पिक सजा दे सकता है। और कानून के जाल से मुक्त होने के लिए 500 रु. जुर्माना भरनेवाला भी गुनाहगार हो सकता है। ऐसी सजा से क्या होगा? इंडियन पैनल कोड ने अलग-अलग तरह की सजाएँ निश्चित की हैं। धारा 53 में मौत, हद्दपारी, कैद, जायदाद

की जफ्ती, जुर्माना, कोड़े लगवाना, सुधारगृह में भेजना आदि प्रकार की कई सजाएँ दी गई हैं। पैनल कोड ने 7 प्रकार के अपराधों के लिए फाँसी, 50 प्रकार के अपराधों के लिए हद्दपारी, 21 प्रकार के अपराधों के लिए मामूली कैद और 12 प्रकार के अपराधों के लिए जुर्माना निश्चित किया है। और अन्य सभी प्रकार के अपराधों के लिए सख्त कैद की सजा बताई गई है। फिर पर्याप्त सजा न देने के लिए मेरे मित्रों ने इस बिल के बारे में इतनी हल्की बात कैसे सोची, यह मेरी समझ में नहीं आ रहा है। मुझे ऐसा लगता है कि कम-से-कम तीन माह की सजा होनी चाहिए, ऐसी उम्मीद हर कोई कर सकता है। तीन माह की सजा कम-से-कम रखने से विशेष फर्क नहीं पड़ता और उस पर कम-से-कम जुर्माना भी तय करना हो तो इस बारे में मुझे कुछ नहीं कहना है, क्योंकि उससे सिर्फ खजाने में बढ़ोतरी होती है।

(मान्यवर बी.बी. शर्मा (उ.प्र.) बीच में बोलते हैं–'अधिक से अधिक फाँसी की सजा क्यों नहीं होनी चाहिए ?')

हाँ, सही है, इस तरह की सजा का प्रावधान आपको पसन्द होगा, किन्तु मैं इतना सख्त नहीं हूँ। और इस तरह की सजा का सुझाव आप खुले दिल से दे रहे हैं ऐसा मुझे नहीं लग रहा है। इंडियन पैनल कोड में ऐसा एक भी जुर्म नहीं जिसमें कम-से-कम या अधिक से अधिक सजा की बात न हो। पैनल कोड के 194, 226 और 449 तीन धाराओं में अधिक से अधिक सजा बताई गई है। और 397-398 धारा में सजा का कम-से-कम समय निश्चित कर दिया गया है। पहले के ऐसे कई उदाहरण हैं। उनका हम...

(डॉ. के. एन. काटजू कहते हैं–'क्या है 397 धारा ?')

डकैती ! पर किसी को भूखा रखना या पीने के लिए पानी न देना, मुझे लगता है यह डकैती से भी बुरा है। यह किसी को मौत का कारण बनना है। यही इस बिल की कमी है।

महोदय, इस बिल की दूसरी कमी यह है कि आगे अच्छा बर्ताव करने के लिए कुछ जमानत लेने की व्यवस्था नहीं है। क्रिमिनल प्रोसीजर कोड में 107, 108, 109 और 110 आदि चार धाराएँ हैं और ये चार धाराएँ न्यायाधीश को गुनाहगार को जमानत देने का अधिकार देती हैं। इस सन्दर्भ में इस बिल में क्यों प्रावधान नहीं किया गया यह बात मेरी समझ में नहीं आ रही है। उदाहरण के तौर पर राजस्थान और अन्य राज्यों में अछूत लोगों द्वारा अपने नागरी संवैधानिक हक़ों का उपयोग करने की वजह से वहाँ के सवर्ण हिन्दू उन्हें सता रहे हैं। इस तरह की स्थिति में अच्छा बर्ताव करने के सम्बन्ध में आप जमानत क्यों नहीं माँग रहे हैं?

(मान्यवर जे. एस. बिष्ट (उत्तर प्रदेश) ने कहा, 'क्रिमिनल प्रोसीजर कोड में इस तरह की सभी व्यवस्थाएँ हैं।')

मैं भी वास्तव में यही कह रहा हूँ। जो लोग शान्ति नहीं बनाए रखते, अच्छा बर्ताव नहीं रखते, राजद्रोह को बढ़ावा देते हैं, चोर और अपराधी आदतों के हैं उनकी जमानत लेने की पूर्व प्रथा क्रिमिनल प्रोसीजर कोड में है। इस कानून के विरोध में अपराधी लोगों

की ओर से जमानत माँगने के लिए इस तरह की व्यवस्था अमल में लाई जाएगी इस बात पर मेरा यकीन नहीं है। इसलिए इस बिल में प्रस्तुत विशेष प्रकार के सन्दर्भों में विशेष प्रकार की जरूरत है और उसका प्रावधान एक खास व्यवस्था से बिल में होना चाहिए।

महोदय, इसके बाद इंडियन पुलिस एक्ट के सेक्शन 15 में एक अलग प्रकार की व्यवस्था की गई है। उसके मुताबिक जब किसी गाँव-देहात के कुछ लोग या सभी गाँववासी मिलकर शान्ति भंग करते हैं, उस समय सरकार वहाँ अतिरिक्त पुलिस भेजती है और गाँव-देहात के निवासियों से उसका खर्च वसूल करती है। यह एक आम व्यवस्था है। इन कानूनों को अमल में लाने के लिए इस व्यवस्था का उपयोग किया जाएगा या नहीं, इसके बारे में मेरे मन में सन्देह है। उस तरह का कानून सामान्य है और वह शान्ति भंग तथा इस प्रकार के अन्य कारणों के लिए इस्तेमाल किया जाता है। लेकिन अछूतपन एक अलग चीज है और पुलिस एक्ट की 15वीं धारा के मुताबिक व्यवस्था इस बिल में ख़ास उपधारा के द्वारा होनी चाहिए ऐसा मुझे लगता है जिसकी वजह से अछूतपन को पूरी शक्ति के साथ प्रतिबन्धित करने का उद्‌देश्य सफल हो पाएगा। लेकिन इस तरह की बात भी इस बिल में नहीं दिखाई देती।

महोदय, अब मैं कुछ सन्देहयुक्त सवालों पर बात करना चाहता हूँ। इस कानून को कौन अमल में लाएगा, केन्द्रीय सरकार या राज्य सरकार? और यदि केन्द्रीय सरकार इस कानून को अमल में लाएगी तो, ''केन्द्र सरकार इस कानून का अमल करनेवाली है।'' यह आश्वासन इस बिल में होना जरूरी होगा या नहीं? यह सूचना देने का मेरा उद्‌देश्य यही है कि राज्य सरकारें यह कहेंगी कि यह विषय दोनों के अधिकार में है इसलिए राज्य सरकारें उस पर एतराज करेंगी। सामान्य तौर पर इस प्रकार के कानूनों का अमल करने का अधिकार राज्य सरकारों को है। फिर भी यह कानून दोनों सरकारों के अधिकार में आता है इस तरह का हक़ राज्य सरकारें उस पर जता पाएँगी, ऐसा मुझे नहीं लगता। यद्यपि संविधान की प्रथम सूची में इसे सम्मिलित नहीं किया गया है फिर भी यह एक केन्द्रीय कानून है, ऐसा मेरा दावा है। 35वीं धारा में जो व्यवस्था है वह एकदम स्पष्ट है। 35वीं धारा में यह कहा गया है कि संविधान की धारा 17 की भरपाई के लिए बनाए गए कानूनों को तोड़नेवालों को सजा देनेवाला कानून बनाने का अधिकार संसद का है, राज्य सरकार का नहीं है। ये शब्द बहुत महत्त्वपूर्ण हैं इसलिए मेरे मन में किसी भी प्रकार का सन्देह नहीं है कि संविधान के मुताबिक यह कानून केन्द्रीय सरकार के अधिकार में आता है, राज्य सरकारों के नहीं। मैं यह इसलिए कह रहा हूँ कि, ''इस कानून के तहत हमने आक्रामक अपराध करार कर देने की वजह से राज्य सरकारों के उसे अमल में लाने पर भी कोई आपत्ति नहीं है।'' इस तरह का विचार मेरे मित्र के मन में आता हो तो संविधान की धारा 35 के मुताबिक यह तर्क टिक नहीं सकता।

इसलिए मैं उन्हें यह सूचित करना चाहता हूँ कि, ''इस कानून का अमल केन्द्रीय सरकार करेगी,'' यह साफ शब्दों में घोषित करना चाहिए। यदि मेरे मित्रों का या राज्यों

का विवाद का मुद्दा यह है कि, 'यह समान अधिकारवाले कानून का विषय है' तो बहुत महत्त्वपूर्ण धारा 73 की ओर मैं उनका ध्यान आकर्षित करना चाहता हूँ। यह धारा 'समान अधिकार से सम्बन्धित' कानून के अमल में लाने से सम्बन्धित है। मेरे सम्माननीय मित्रों को ऐसा लगता हो कि, 'गवर्नमेंट ऑफ इंडिया एक्ट ऑफ 1935' में विषय योजना में विषय का बँटवारा एकदम इसी प्रकार का है। इसमें सूची नं. 1 केन्द्र सरकार, सूची नं. 2 राज्य सरकार और सूची नं. 3 समान अधिकारों के विषय हैं, फिर भी 1935 के 'गवर्नमेंट ऑफ इंडिया एक्ट' में इस प्रकार की स्पष्ट व्यवस्था थी कि समान अधिकारों के विषय में भारत सरकार को कानून बनाने के जो अधिकार हैं वे सिर्फ कानून बनाने तक ही रहेंगे। ऐसी व्यवस्था क्यों की गई इसकी वजह यह है कि भारत सरकार के 1935 का कानून बनाते समय की स्थिति और हम आज जिस स्थिति में रह रहे हैं वह स्थिति पूरी तरह भिन्न है।

इसलिए जिस समय हमने संविधान बनाया उस समय इस प्रकार की व्यवस्था को हमने अस्वीकार किया। हमने उसमें यह कहा है कि इस समान्तर सूची का विषय से सम्बन्धित कानूनी अमल को केन्द्र सरकार वास्तव में राज्यों के जिम्मे कर देगी। फिर भी इस समान्तर सूची के विषयों का अमल केन्द्र सरकार को करना चाहिए या नहीं, इस बात का फैसला करने का अधिकार केन्द्र सरकार को दिया जाना चाहिए, राज्य सरकारों को नहीं। धारा 73 में जो व्यवस्था की गई उसका उद्देश्य हासिल कर लिया गया है। हमने उसमें कहा है कि समान्तर सूची में जो विषय है उस पर बनाए गए कानूनों का अमल केन्द्र सरकार ने स्वयं करने का फैसला किया तो उस विषय में राज्य सरकारें किसी भी प्रकार का हस्तक्षेप नहीं कर सकतीं। इसलिए संविधान की धारा 35 के मुताबिक इस तरह का विवाद बेवजह है, यह मेरी स्पष्ट राय है। यद्यपि उसकी सूची नं. 1 में गिनती न होने पर भी वह सूची नं. 1 का ही हिस्सा है। इसलिए उसका अमल केन्द्र सरकार की ओर से ही होना चाहिए। इसके लिए जरूरी खर्च की व्यवस्था चर्चा का विषय है। केन्द्र सरकार को खर्च और अमल के बोझ को स्वयं बर्दाश्त करना चाहिए, यही इस सम्बन्ध में उचित होगा, ऐसा मुझे लगता है। यहाँ इस बारे में मुझे इतना ही कहना है।

ब्रह्मदेश में समानता है

रंगून में रहनेवाले आन्ध्र प्रदेश के शेड्यूल्ड कास्ट्स फेडरेशन के कार्यकर्ताओं ने ***दि. 4 नवम्बर 1954*** *को रंगून के ही एक शानदार होटल में डॉ. बाबासाहेब अम्बेडकर के सत्कार का सभारम्भ आयोजित किया था। इस अवसर पर डॉ. अम्बेडकर ने अपने भाषण में कहा–*

यहाँ आप सभी भारतीय लोग एक-दूसरे के साथ प्यार-मोहब्बत से और संगठित होकर रहते हैं, यह देखकर मुझे बड़ी खुशी हो रही है। अपने देश में यह देखने को नहीं मिलता। मुझे यहाँ के शेड्यूल्ड कास्ट के लोगों ने इस भव्य होटल में जलपान कराया, उन्होंने मुझ पर अपनी आस्था जताई। ऐसा करने के लिए निश्चित तौर पर उनकी आर्थिक स्थिति अच्छी होगी क्योंकि उसके बगैर इतना अधिक खर्च किसी के लिए भी सम्भव नहीं है। यहाँ मैं आप लोगों को सिर्फ इतना ही कहना चाहता हूँ कि आप सभी लोगों को इसी तरह प्यार-मोहब्बत से रहना चाहिए।

पिछली बार मैं आप लोगों से नहीं मिल सका। उस समय मैं बीमार था। आज भी मुझे बहुत अच्छा नहीं लग रहा है। फिर भी आप पुनः निराश न हों इसलिए आज के इस अवसर पर मैं यहाँ उपस्थित हुआ हूँ। मुझे लगता है यहाँ रहनेवाले हमारे लोगों की आर्थिक स्थिति अच्छी है। मैंने सुना है कि यहाँ हमारा सामान्य मजदूर भी प्रतिदिन दस कैट्स रुपए कमाता है। आपमें से कुछ लोग चावल के व्यापारी हैं। कुछ टिम्बर मर्चेन्ट अर्थात लकड़ी के व्यापारी हैं, आप लोग अपने-अपने धन्धे में उत्थान की ओर बढ़ रहे हैं। इस बात से मुझे बड़ी खुशी है। मेरा सारा जीवन मुम्बई में बीता है। मुम्बई की अपनी जनता का मुझ पर बड़ा प्यार है। वे लोग सभा-सम्मेलनों का आयोजन करते हैं। लेकिन उन्होंने आज तक आप लोगों की तरह मुझे ताजमहल होटल में 'टी पार्टी' नहीं दी है। इससे यह बात सिद्ध होती है कि उनकी और आपकी आर्थिक स्थिति में काफी फर्क है। वे ऐसा क्यों नहीं कर सकते, इसकी वजह साफ़ है। वहाँ अछूतपन है। लेकिन इस प्रदेश में उस प्रकार की कोई स्थिति नहीं है।

यहाँ मैं आप लोगों को एक बात बताना चाहता हूँ कि जिस ब्रह्मदेश में 'अछूतपन' शब्द भी लोगों को मालूम नहीं है, उस देश में आप लोग अपने आपको शेड्यूल्ड कॉस्ट क्यों समझते हैं? शेड्यूल्ड कॉस्ट का मतलब पददलित है। आप लोग स्वयं इन बर्मी लोगों

को यह क्यों बताते हैं कि हम नीच जाति के हैं? इसलिए आप लोग सबसे पहले यह काम कीजिए कि शेड्यूल्ड कॉस्ट फेडरेशन नाम की अपनी संस्था को इस देश में समाप्त कर दीजिए। यदि आप लोगों को अपना संगठन ही चाहिए तो मैं आपको उस संगठन का नया नाम सुझाऊँगा। लेकिन आप अपने आपको शेड्यूल्ड कॉस्ट मत कहिए। यदि आप लोगों की तरह भारत में हमारे साथ अच्छा व्यवहार हुआ तो मैं भी भारत में शेड्यूल्ड कॉस्ट फेडरेशन नाम के संगठन को समाप्त कर दूँगा। लेकिन वहाँ हमारे साथ समानता का व्यवहार नहीं होता। और इसीलिए अपने हितों का संरक्षण करने के लिए हमें शेड्यूल्ड कॉस्ट फेडरेशन नामक संस्था को बरकरार रखना पड़ा।

मैं आप लोगों को दूसरी बात यह भी बताना चाहता हूँ कि आप लोग इस देश में 20-25 से भी अधिक सालों से यहाँ रह रहे हैं। तो फिर आप लोगों ने इस देश की नागरिकता को क्यों स्वीकार नहीं किया? भारत की नागरिकता बरकरार रखने में आप लोगों का क्या फायदा है? भारत के लोगों की नस-नस में विषमता भरी हुई है। जिस देश पर अछूतपन का भयंकर कलंक लगा है, जिस देश में लोग अछूतों का आर्थिक उत्थान नहीं होने देते, उस देश की नागरिकता बरकरार रखना मूर्खता है। आप लोगों को बर्मी सरकार को धन्यवाद देना चाहिए कि उन्होंने अपने संविधान में इस तरह की व्यवस्था की है कि इस देश में आठ साल से रहनेवाले हर आदमी को कानूनी तौर पर इस देश की नागरिकता स्वीकार करने का हक़ है।

हमारी भारतीय सरकार और श्रीलंकाई सरकार का नागरिकता के बारे में कितना बड़ा झगड़ा चल रहा है। श्रीलंकाई सरकार भारतीय लोगों की नागरिकता को स्वीकार करने के लिए बिल्कुल तैयार नहीं है। उस दृष्टि से देखा जाए तो बर्मी सरकार काफी उदार है। इसलिए आप लोगों को बगैर किसी देर के इस देश की नागरिकता पहले स्वीकार कर लेनी चाहिए। इस देश में अछूतपन नहीं है इसीलिए आप लोगों को व्यापार में और अन्य उद्योगों में अपना विकास करने का मौका मिला। आप लोगों को अपना नैतिक स्तर बढ़ाना चाहिए।

साप्ताहिक 'जनता' के 29 जनवरी, 1955 के अंक में प्रकाशित।

अनुसूचित जाति की समस्याएँ

*राज्यसभा में भारत के अनुसूचित जातियों के सवाल पर चर्चा हो रही थी। उस समय **दि. 6 नवम्बर 1954** को डॉ. बाबासाहेब अम्बेडकर ने राज्यसभा में 'अनुसूचित जाति की समस्या' पर अपना विस्तृत व्याख्यान दिया। उस समय डॉ. अम्बेडकर राज्यसभा के सदस्य थे। उन्होंने अपने भाषण में कहा–*

अनुसूचित जाति-जनजाति के लिए नियुक्त कमिश्नर के द्वारा राष्ट्रपति को पेश की गई यह तीसरी रिपोर्ट है। इस रिपोर्ट को पढ़ते ही सबसे पहले ध्यानाकर्षित करनेवाली बात यह है कि कमिश्नर ने अपनी रिपोर्ट में जिन कई बातों की चर्चा की है उनमें उन्होंने संसद सदस्यों को दोषी ठहराया है, क्योंकि संसद के सदस्यों ने इस बारे में कोई कार्रवाई नहीं की है। उनका कहना है कि अनुसूचित जाति-जनजाति कमिश्नर कोई कार्रवाई करनेवाला अधिकारी नहीं है, बल्कि सिर्फ रिपोर्ट पेश करनेवाला अधिकारी है। उसका काम सिर्फ रिपोर्ट पेश करना ही है, शायद इस बात को संसद सदस्य भूल गए हैं। यह मान लिया गया कि कमिश्नर ने जो सुझाव दिए या सिफारिशें कीं उन पर अमल करने का काम कार्यकारी सरकारी विभाग को ही करना चाहिए। मुझे लगता है, उनका आरोप बहुत महत्त्वपूर्ण और बुनियादी है। वह कार्यान्वयन अधिकारी नहीं है, इस प्रकार का आरोप लगाने का उद्देश्य उनकी रिपोर्ट पर किस प्रकार अमल किया गया इस बात को समझ लेना है। इस प्रकार के आरोप भारत के गृह मन्त्रालय और अन्य विभागों पर ही लगाने चाहिए।

किन्तु महोदय, मुझे ऐसा लगता है कि कमिश्नर द्वारा लगाए गए इस आरोप की वैधानिकता स्वीकार करने के साथ ही कमिश्नर ने जिस तरीके से यह रिपोर्ट लिखी और पेश की उस पर भी कोई व्यक्ति कमिश्नर पर आरोप लगा सकता है। मेरा निर्देश शिकायतों की चर्चा करनेवाले परिच्छेद के सम्बन्ध में था। क्योंकि वह उस रिपोर्ट का बहुत ही जानकारीपूर्ण और ध्यान आकर्षित करनेवाला परिच्छेद होना चाहिए, ऐसा मुझे लगता है। आप सभी लोग इस बात को अच्छी तरह जानते हैं कि गाँव-देहातों में अनुसूचित जाति के लोगों को जिन लोगों के साथ रहना पड़ता है, वे लोग उनके साथ हर तरह की जुल्म-ज्यादतियाँ, अन्याय और दुष्ट व्यवहार करते रहते हैं। उन लोगों पर जो ऐसे अन्याय, जुल्म-ज्यादतियाँ होती हैं उन्हें निश्चित रूप से सहानुभूति के साथ

समझना जरूरी है। ऐसे अन्याय और जुल्म-ज्यादतियों के विवरण के लिए कमिश्नर की रिपोर्ट ही सबसे अच्छा जरिया है, इस बारे में मेरे मन में बिल्कुल सन्देह नहीं है। किन्तु अछूतों की दृष्टि से जो बहुत महत्त्वपूर्ण सवाल है, उसके बारे में कमिश्नर पूरी तरह मौन रहे हैं।

मेरे पास जो शिकायतें आई हैं, उनकी संख्या हजार से कम नहीं होगी, वे कम-से-कम पाँच सौ तो होनी ही चाहिए। मेरा यकीन है कि उससे कई गुना ज्यादा शिकायतें कमिश्नर के पास आई होंगी। किन्तु मैं मेरे पास आई सिर्फ एक या दो शिकायतों का ही उल्लेख कर रहा हूँ। ये घटनाएँ हाल ही में घटीं और बहुत जिम्मेदार तथा विश्वसनीय व्यक्ति द्वारा बताई गई हैं। राजस्थान में तथाकथित डाकुओं ने अनुसूचित जाति के 30 लोगों को बन्दूक की गोलियों से जान से मार डाला। सच बात तो यह है कि राजपूत, ठाकुर और ऊँची जाति के हिन्दू लोग अनुसूचित जाति के लोगों को संविधान द्वारा दिए गए बुनियादी हक़ों का उपभोग करने की बिल्कुल मंजूरी नहीं देते क्योंकि उससे उन्हें अन्य हिन्दुओं की बराबरी का स्थान प्राप्त हो जाता है।

इन बुनियादी हक़ों का उपभोग अनुसूचित जाति के लोग न कर पाएँ इसलिए उनके मन में डर पैदा करने और उन्हें मानसिक रूप से विकलांग बनाने के लिए सवर्ण हिन्दुओं ने डाकुओं की टोलियाँ बनाई हैं। और वे जो चमार लोग अपने बुनियादी हक़ों का इस्तेमाल करके अपना भला करना चाहते हैं, उन्हें वे अपनी गोलियों का निशाना बनाते हैं, उन्हें जान से मारते हैं। उन लोगों को सुरक्षा प्रदान करने के लिए पुलिस के जत्थे भेजे जाते हैं। लेकिन मेरी जानकारी है कि इन पुलिसकर्मियों की डाकुओं के साथ दोस्ती है और डाकुओं ने अपनी बन्दूकें छीनने की गलत रिपोर्टें उन्हें दी हैं। इसके अलावा पुलिसवालों ने अपनी बन्दूकों की गोलियों में से आधी गोलियाँ डाकुओं को दी हैं जो अधिकांश गोलियाँ हवा में दागी गई हैं। इसका परिणाम यह हुआ कि डाकू लोग हिम्मत और उत्साह के साथ आगे बढ़े। वास्तव में ये डाकू लोग और कोई नहीं हैं बल्कि दक्षिण अमेरिका के राज्यों में कु-क्लुक्स-क्लॅन नाम से जाने जानेवाले और काले (नीग्रो) लोगों के गृहयुद्ध (Civil-war) के पश्चात उन्हें जो समानता के बुनियादी हक़ प्राप्त हुए, उन्हें अमल में लाने के प्रयास के दौरान उन्हें बन्दूक की गालियों से खत्म करने के लिए स्थापित की गई एक तरह से गोरे (White) लोगों की टोली है। कमिश्नर की रिपोर्ट में इस बात का कोई जिक्र नहीं है।

यहाँ मैं एक अन्य घटना का उल्लेख कर रहा हूँ। यह घटना मुम्बई में घटी है। एक गाँव में रहनेवाले एक भंगी पर एक विशेष बीमारी को गाँव में फैलाने का सन्देह था। उस भंगी पर उस गाँव के सवर्ण हिन्दुओं का यह आरोप था कि भंगी के पास विनाशकारी तन्त्र-मन्त्र शक्ति है और वह बीमारी उसी तन्त्र-मन्त्र का परिणाम है। उन्होंने उसे पकड़ लिया और जलती हुई अग्नि का पात्र उसके सिर पर रखकर उसे सारे गाँव में घूमने के लिए कहा गया। इस तरह करने से बीमारी के लिए जिम्मेदार दुष्ट शक्ति का प्रभाव नष्ट हो जाता है, यह उनकी मान्यता थी। लेकिन दुर्भाग्य से वे लोग

इस बात को भूल गए थे कि उसने सिर पर पगड़ी बाँधी हुई है और उसे निकालना वह भी भूल गया। जलती आग का पात्र इतना गरम हो गया था कि उसकी करीब आधी खोपड़ी जल गई। इस घटना का जिक्र भी मुझे कमिश्नर की रिपोर्ट में नहीं दिखाई दिया।

हैदराबाद राज्य के औरंगाबाद जिले में घटी एक घटना है, जो मुझे अच्छी तरह मालूम है। वहाँ के एक गाँव में बीमारी का जो प्रकोप फैला, वह अनुसूचित जाति की किसी महिला ने जादू करके फैलाया है, इस तरह की अफवाह उस गाँव के लोगों ने फैलाई। उन्होंने इसके लिए उससे जवाब माँगा। उसे अपने आपको बेगुनाह सिद्ध करना असम्भव हो गया क्योंकि उसके पास अपने आपको बेगुनाह सिद्ध करने के लिए कोई तर्क नहीं था। उसका परिणाम यह हुआ कि उस दलित महिला को केवल मारा-पीटा ही नहीं गया बल्कि, उसका मकान भी जला दिया गया। उसके बच्चों और उसके आदमी को बेरहमी से यातनाएँ दी गईं। इस घटना का जिक्र भी कमिश्नर की रिपोर्ट में नहीं है।

मेरे सम्माननीय मित्र माननीय गृहमन्त्री इस बात को स्वीकार करेंगे कि अच्छे-बुरे कारणों के लिए अनुसूचित जाति के लोग उन पर होनेवाली जुल्म-ज्यादतियों की शिकायतें जैसे मेरे पास भेजते हैं उसी प्रकार सरकार के पास भी भेजते रहते हैं। इसीलिए मेरे पास अन्याय और जुल्म-ज्यादतियों की लम्बी-चौड़ी सूची है। इस सार्वजनिक रिपोर्ट में इन शिकायतों का किसी-न-किसी सन्दर्भ में उल्लेख होने की अपेक्षा करना जरूरी है, ऐसा मुझे लगता है। किन्तु यहाँ उनमें से एक का भी जिक्र नहीं है। शिकायतों की सूची का अवलोकन करने के बाद मुझे आश्चर्य हुआ कि कमिश्नर की यह रिपोर्ट एक तरह से संशोधित या फर्जी रिपोर्ट तो नहीं है। इस तरह का सन्देह मन में पैदा होता है। मुझे ऐसा लगता है कि कमिश्नर की नियुक्ति के पीछे जो उद्देश्य थे उनमें से एक अति महत्त्वपूर्ण उद्देश्य कमिश्नर साहब भूल गए। वह उद्देश्य यह था कि सवर्ण हिन्दू लोग अनुसूचित जाति के लोगों के साथ जो घटिया किस्म का बर्ताव करते हैं उसे सभी के सामने रखकर सार्वजनिक सुबुद्धि को जगाया गया। मतलब जिन लोगों की सुबुद्धि काफी जाग्रत है उन्हें लोगों के बीच जाकर यह बताना चाहिए कि क्या ऐसा बर्ताव करना आप जैसे सभ्य लोगों को शोभा देता है? किन्तु इस तरह की घटनाएँ किसी उद्देश्य से यदि लोगों के सामने नहीं रखी गईं और उन्हें पूरी तरह से दबा दिया गया तो इस पद का जो उद्देश्य और महत्त्वपूर्ण लक्ष्य है वह पूरी तरह से खत्म हो जाता है। मुझे इस बात की पूरी उम्मीद है कि इसके बाद जो रिपोर्ट तैयार की जाएगी और पेश की जाएगी उस रिपोर्ट में सवर्ण हिन्दुओं और अन्य लोगों द्वारा अन्यायग्रस्त अनुसूचित जाति के लोगों द्वारा दर्ज शिकायतें और घटनाएँ जस की तस लिखी जानी चाहिए। इस बात को वे अच्छी तरह ध्यान में रखेंगे और उन्हें लिखते समय किसी प्रकार की लापरवाही नहीं बरतेंगे। कमिश्नर की रिपोर्ट पर मुझे जो रिमार्क देना जरूरी था वह पहला रिमार्क यही है।

मैंने और कमिश्नर ने जिन घटनाओं का उल्लेख किया है उनमें कानून की सीमाओं को तोड़ा गया है और उनमें अनुसूचित जाति के लोगों पर जघन्य किस्म के जुल्म और

ज्यादतियाँ हुई हैं। मेरी राय में इस तरह की घटनाएँ गृहमन्त्री के अधिकार क्षेत्र में हैं। अनुसूचित जाति की सुरक्षा के लिए किस प्रकार के कानून बनाए गए, आप सभ्य लोगों के लिए कैसे कानून बनाए गए और कानून का उल्लंघन करनेवालों को किस मर्यादा तक सजा दी गई? महोदय, पहले दिन जब मान्यवर गृहमन्त्री ने इस रिपोर्ट को सदन में पेश किया उस दिन दुर्भाग्य से मुझे आने में देर हुई, किन्तु उनके भाषण के अन्तिम अंश सुनने का मुझे मौका मिला और उस भाषण से मेरी यह समझ बनी है कि उन्होंने जो कुछ कहा वह उन्हें कुछ-न-कुछ बोलना था इसलिए नहीं कहा। वे मुझे माफ करेंगे क्योंकि मैं तीखे शब्दों में अपनी बात रख रहा हूँ। उन्होंने कहा, लोगों पर मुकदमे दायर करने से क्या फायदा? लोग सत्याग्रह करना शुरू कर देंगे। लोग चाहें उस तरह की बातें करें, हमें कानून का समर्थन प्राप्त है। इस बात की हम लोगों को परवाह नहीं करनी चाहिए। खैर कोई बात नहीं, यही यदि गृहमन्त्रालय की नीयत हो तो अनुसूचित जाति के विरोध में हजारों सालों से लगातार जो कुछ हो रहा है, वह कानूनन है और कानूनी तौर पर जारी रहेगा क्योंकि कानून को तोड़नेवालों के विरोध में अनुसूचित जाति के लोगों द्वारा मुकदमे दायर करना असम्भव है। जैसाकि कमिश्नर साहब ने कहा है कि अनुसूचित जाति के लोग आर्थिक दृष्टि से अपाहिज हैं। उन्हें सवर्ण हिन्दुओं ने इस तरह दबाकर रखा है कि जिन लोगों पर उनका जीवन निर्भर है उन्हें चुनौती देने के लिए वे सामने आ पाएँगे, यह पूरी तरह से असम्भव है।

एकदम प्रारम्भ में ही कमिश्नर ने इस बात को स्वीकार किया है। यह बात उनकी पहली रिपोर्ट में है, दूसरी रिपोर्ट में है और अपनी तीसरी रिपोर्ट में भी वे दोहराते हैं कि अनुसूचित जाति के लोग अपने हक़ों की रक्षा कर पाएँगे, इस बात पर यकीन करना फिजूल है। जो लोग उन पर जुल्म-ज्यादतियाँ करते हैं उन्हें कोर्ट में खींचने लायक उनकी आर्थिक स्थिति नहीं है और न उनके पास ऐसे किसी प्रकार के साधन हैं।

जो बात कमिश्नर ने विशेष बल देकर नहीं कहीं किन्तु पिछले बीस सालों के अनुभव से जो बात मुझे मालूम हुई वह यह है कि संख्या की दृष्टि से बहुत अधिक पुलिस बल की सवर्ण हिन्दुओं के साथ मिलीभगत होती है। पुलिस बल में 90 प्रतिशत लोग सवर्ण हिन्दू हैं। बहुत कम प्रतिशत लोग अनुसूचित जातियों में से भर्ती किए जाते हैं। और वह भी सिर्फ पुलिस के सिपाहियों के रूप में। उनमें से कोई अफसर पद पर है ही नहीं। इस बात का परिणाम यह होता है कि पुलिस बल के उच्च अफसरों की और सवर्ण हिन्दुओं की दोस्ती हो जाती है। जब अनुसूचित जाति के लोग रिपोर्ट दर्ज कराने पुलिस थाने में जाते हैं तब कई बार गम्भीर गुनाह होने के बावजूद उनकी शिकायतें दर्ज नहीं की जाती हैं, लिखित शिकायतें फेंक दी जाती हैं और शिकायत करनेवालों को भगा दिया जाता है। पहली बात तो यह है कि वे शिकायत दर्ज ही नहीं करते और यदि शिकायत दर्ज कर भी ली तो इस तरह गैरजिम्मेदाराना ढंग से जाँच करते हैं कि अन्त में वह मुकदमा ही खारिज हो जाता है। इस तरह की स्थिति में मैं माननीय गृहमन्त्री से पूछना चाहता हूँ कि क्या इसमें उनकी कोई जिम्मेदारी है या नहीं? मेरा

सवाल यह है कि अनुसूचित जाति के लोगों की प्रत्यक्ष देखी घटनाओं की शिकायतों के प्रति यह रवैया बुनियादी कानून और बुनियादी हक़ों के साथ खिलवाड़ है या नहीं? क्या ये बुनियादी हक़ संविधान का एक हिस्सा नहीं हैं? दंगा-फसाद करनेवालों और गुण्डों के बड़े समूहों को संवैधानिक हक़ों के साथ खिलवाड़ करने की यदि आपकी इजाजत हो तो संविधान के प्रति नफरत की भावना फैलाने के लिए क्या आप जिम्मेदार नहीं हैं? क्या इन उद्‌देश्यों की प्राप्ति के लिए आपके अपने मन्त्रालय के द्वारा या स्वतन्त्र व्यवस्था का निर्माण करना आपकी जिम्मेदारी नहीं है?

यूनाइटेड स्टेट्स में एक विशेष न्याय विभाग है और उसकी जिम्मेदारी तथा कार्य संविधान और संघ राज्य के कानूनों का सम्मान होता है या नहीं, यह देखना है। मुझे ऐसा लगता है कि संविधान को सही ढंग से अमल में लाया जाए, इस देश का वह बुनियादी तथा मौलिक कानून बने, उसे सभी लोगों की स्वीकृति तथा समर्थन प्राप्त हो। इस बात के लिए यदि गृहमन्त्री गम्भीर हैं तो उसका पालन करवाना गृहमन्त्री की ही जिम्मेदारी है, इस बात को उन्हें अच्छी तरह से समझ लेना चाहिए। इस समय उन्हें अपनी इस जिम्मेदारी को निभाना ही एकमात्र उपाय है। इस जिम्मेदारी को उन्हें राज्य सरकारों पर नहीं छोड़ना चाहिए क्योंकि वे इस काम को नहीं कर सकतीं। और इस कार्य को अनुसूचित जाति के लोगों को भी नहीं सौंप देना है। इस जिम्मेदारी को पूरा करने के लिए उनके पास किसी प्रकार के कोई साधन नहीं हैं। इसलिए मुझे इस बात की उम्मीद है कि मन्त्री महोदय इस सवाल को पर्याप्त गम्भीरता से लेंगे और एक सही तथा महत्त्वपूर्ण मुद्‌दे की तरह इसे हल करने का प्रयास करेंगे।

अब मैं शिक्षा के सम्बन्ध में कुछ कहना चाहता हूँ। सरकार अनुसूचित जाति में शिक्षा के प्रसार पर हर साल अधिक से अधिक रुपए खर्च कर रही है। यह बड़े सन्तोष की बात है, यह बात मुझे स्वीकार करनी ही चाहिए। अपने बारे में कहने के लिए मेरे सम्माननीय मित्र मुझे माफ करेंगे। 1942 में जब मैं एग्ज़्यूक्यूटिव कौन्सिल का सदस्य था तब इस बात को स्वीकार कर लिया गया था कि केन्द्रीय सरकार पर भी अनुसूचित जाति के लोगों की शिक्षा की जिम्मेदारी है। इससे पहले शिक्षा की जिम्मेदारी पूरी तरह से राज्य सरकारों के अधिकार में थी। सिर्फ मुस्लिम और हिन्दुओं से सम्बन्धित अलीगढ़ मुस्लिम विश्वविद्यालय और बनारस हिन्दू विश्वविद्यालय को सालाना तीन लाख रुपए की मदद देने की जिम्मेदारी केन्द्रीय सरकार ने स्वीकार की थी। मैंने यह सवाल उठाया था कि जो सरकार मुस्लिम और हिन्दुओं की शिक्षा की जिम्मेदारी स्वयं लेने की बात मंजूर करती है तब उस सरकार की क्या अनुसूचित जाति के लोगों को शिक्षा देने की जिम्मेदारी नहीं है? उस समय भारत सरकार ने इस बात को स्वीकार किया कि यह सवाल न्यायपूर्ण है और इस सवाल का जवाब सकारात्मक ही हो सकता है। अनुसूचित जाति में शिक्षा का प्रसार हो इसलिए हर साल शैक्षणिक कार्य के लिए बढ़ रही धनराशि के बारे में और प्रगति के बारे में पूरी तरह सन्तुष्ट होने के बावजूद दो बातें ऐसी भी हैं कि मैं उनसे पूरी तरह असन्तुष्ट हूँ। पहली बात यह है कि 1942 में यह सवाल जब भारत सरकार के सामने उठाया गया तब इस

बात को स्वीकार किया गया कि अनुसूचित जाति की विश्वविद्यालय शिक्षा की जिम्मेदारी राज्य सरकारों को लेनी चाहिए। उसके बाद भारत सरकार को अनुसूचित जाति में शिक्षा प्रसार के लिए जो मदद करनी है वह उसके छात्रों को विदेशों में दी जानेवाली शिक्षा पर खर्च करनी है। इस समझौते के मुताबिक इंग्लैंड और अमेरिका के विश्वविद्यालयों में विदेशी छात्रों के लिए प्रवेश बन्द होने की वजह से प्रवेश मिलना मुश्किल था तब भी अनुसूचित जाति के छात्रों का पहला बैच इंग्लैंड भेजा गया। उस समय हम लोगों ने भारत सरकार की ओर से ऐसा दबाव डलवाया कि इस देश के बिल्कुल निम्न स्तर के लोगों में से ये छात्र उच्च शिक्षा के लिए भेजे जा रहे हैं इसलिए उनके बारे में सकारात्मक रवैया अपनाया जाना चाहिए। इसका परिणाम यह हुआ कि अनुसूचित जाति के 30 छात्रों को इंग्लैंड के विश्वविद्यालयों में प्रवेश दिलवाने में हमें सफलता मिली। उसके बाद 1945 में अंग्रेजों की सत्ता समाप्त हुई और 1946 में कांग्रेस की अधिसत्ता की शुरुआत हुई। 1946 में अनुसूचित जाति के विदेशों में पढ़ रहे छात्रों की शिक्षा के बारे में भारत सरकार द्वारा स्वीकृति मिली। यह शैक्षिक योजना आगे भी जारी रहेगी इस बात की मुझे पूरी उम्मीद थी। किन्तु खतरनाक बात यह हुई कि कांग्रेस सरकार के बाद के शिक्षामन्त्री, सी. राजगोपालाचारी जो अपवित्र कार्य को भी पवित्र बनाने की कला में माहिर हैं, ने अनुसूचित जाति के छात्रों को पढ़ाई के लिए विदेश भेजने की इस व्यवस्था को रद्द कर दिया। तब से अब तक अनुसूचित जाति का कोई विद्यार्थी शिक्षा के लिए शायद ही विदेश गया होगा। अब मैं इस बारे में क्या कह सकता हूँ। एक दृष्टि से यह खतरनाक बात है। हिन्दुओं को मेरी आलोचना पसन्द नहीं, इसमें कोई सन्देह नहीं है। लेकिन मुझे इस बात का पूरा यकीन है कि मैं जो आलोचना कर रहा हूँ वह उचित है और उसका किसी भी तरह से विरोध हुआ तो तब भी मैं उसे बन्द नहीं करूँगा।

(डॉ. अम्बेडकर के व्याख्यान के दौरान हस्तक्षेप करते हुए बिहार के श्री बी.आर.पी. सिन्हा ने कहा, "किन्तु अनुसूचित जाति के लोग भी हिन्दू ही हैं।"

इसका जवाब देते हुए डॉ. अम्बेडकर ने कहा, "हाँ, यदि आप उन्हें वैसा कहते हैं तो मैं कानून की दृष्टि से एक हिन्दू ही हूँ।")

महोदय, मुद्दा यह है कि उच्च वर्ग के लोग ही इस देश में उच्चतम शिक्षा हासिल करते हैं, इसमें कोई सन्देह नहीं है। फिर इसके कारण कुछ भी हों, उनका यहाँ उल्लेख करने की कोई जरूरत नहीं है। उनके बच्चे कैम्ब्रिज विश्वविद्यालय में पढ़ते हैं, उनके बच्चे ऑक्सफोर्ड विश्वविद्यालय में जाते हैं। उनके बच्चे कोलम्बिया विश्वविद्यालय में हैं और अन्य सभी विदेशी विश्वविद्यालय में पढ़ते हैं।

आप अपने विभाग के इतिहास की ओर देखें, आप सीधे यह नहीं कह सकते कि, 'मुझे मालूम नहीं है।' मैं इस बारे में इतना ही कहना चाहता हूँ। अपने सम्माननीय दोस्तों की बात सुनने के बाद मुझे लगता है कि मेरी आलोचना एकदम उचित और बुनियादी है। यथार्थ में इस मुल्क में दो राष्ट्र दिखाई देते हैं, एक शासनकर्त्ताओं का और दूसरा प्रजाजनों का राष्ट्र।

सभी पिछड़े वर्ग के लोग प्रजाजन हैं। उन्हें कहीं भी कोई अधिकार नहीं हैं। उनका सरकारी नौकरियों में कोई स्थान नहीं है। कार्यकारी व्यवस्था में उन्हें कोई स्थान नहीं मिला है जबकि उच्चवर्ग ने सभी सरकारी पदों पर अपना अधिकार स्थापित कर लिया है। वे उच्चतम शिक्षा हासिल करने में समर्थ होने के कारण अपना वर्चस्व स्थापित कर रहे हैं। भारत सरकार के अपने सभी सचिवालयों का आप निरीक्षण क्यों नहीं करते? हर सचिव का लड़का या लड़की कैम्ब्रिज और ऑक्सफोर्ड विश्वविद्यालय में मिल जाएँगे। अपने बच्चों की अच्छी व्यवस्था करने के लिए उन्होंने कई बार विदेश यात्राएँ की हैं, क्योंकि उनके पास बेहिसाब पैसा और साधन हैं। किन्तु पिछड़े वर्ग के बच्चों को प्राथमिक शिक्षा भी हासिल नहीं हो सकती। दो वर्गों के बीच यह अन्तर सैकड़ों सालों से चला आ रहा है। किन्तु यह बात बर्दाश्त करने योग्य नहीं है। और इसे हम हमेशा नहीं चलने देंगे। कुछ समय के लिए वे ऐसा कर सकते हैं। दूसरा वर्ग भी शिक्षित होकर सरकार की जिम्मेदारी को सँभाल सकता है, इस बात को भी उन्हें देखना चाहिए। हम हमेशा के लिए सिर्फ प्रजानन नहीं रहेंगे।

इसलिए मैं इतना ही कहना चाहता हूँ कि यदि आप लोग लोगों को एकजुट करना चाहते हैं, सभी लोगों को एक स्तर पर लाना चाहते हैं तो सिर्फ कुछ लोगों को उच्च शिक्षा मिले और दूसरों को प्राथमिक स्तर की शिक्षा भी न मिले यह उचित नहीं है। इस बात को मद्‌देनजर रखते हुए आप लोगों को उच्च शिक्षा की योजना तैयार करनी चाहिए। इस उद्‌देश्य के लिए भारत सरकार से एक निश्चित रक़म हासिल करके उच्च शिक्षा की जिम्मेदारी राज्य सरकारों को सौंपने के लिए कहा गया है। राज्य सरकारों को अपनी जिम्मेदारी टालने में मजा आता है। आखिर वे करती भी क्या हैं? राज्य सरकारें लोगों में शराब छुड़ाने के लिए शराबबन्दी का कार्यक्रम चलाती हैं। यदि शिक्षा के अभाव में वे शराबयुक्त लोग अज्ञानी रहें तो किसी काम के नहीं रहेंगे। बल्कि उनसे तो वे लोग अच्छे हैं जो पढ़े-लिखे हैं फिर वे थोड़ी-बहुत शराब भी क्यों न पीते हों। मैं निजी तौर पर ऐसे लोगों को ही पसन्द करूँगा। अनुसूचित जाति के बच्चों को विदेश भेजने की योजना अब पुनः नए सिरे से शुरू होनेवाली है, यह सुनकर मुझे बड़ी खुशी हो रही है, इसके लिए आपको धन्यवाद देता हूँ।

महोदय, अभी-अभी एक बात मेरे ध्यान में आई है कि शिक्षा विभाग ने एक नोटिस जारी किया है, यह शायद एक-दो माह पहले की बात है। उस नोटिस में कहा गया है कि अनुसूचित जाति के जो छात्र परीक्षा में 50 प्रतिशत अंक प्राप्त करेंगे उन्हीं को छात्रवृत्ति दी जाएगी, उससे कम अंक प्राप्त करनेवालों को नहीं। अनुसूचित जाति के उत्थान के बारे में हमदर्दी दिखानेवाली यह उदार सरकार 50 प्रतिशत अंक हासिल करने की इतनी कड़ी शर्त रखने के बारे में भी सोच सकती है, इस बात पर मुझे आश्चर्य हो रहा है। अनुसूचित जाति के लोग जिस स्थिति में रहते हैं, उस पर आप लोगों को सोचना चाहिए। बच्चों की पढ़ाई-लिखाई की ओर ध्यान देने के लिए उनके माँ-बाप के पास समय का अभाव रहता है। रात में पढ़ाई करने के लिए उनके पास दीया तक नहीं

होता है। वे लोग झुग्गी-झोंपड़ियों में, दूरदराज के गाँव-देहातों में रहते हैं। फिर वे परीक्षा में 50 प्रतिशत अंक प्राप्त करें, ऐसी उम्मीद उनसे कैसे की जा सकती है? उनसे इस तरह की उम्मीद करना मूर्खता ही नहीं बल्कि महामूर्खता है। सभी विश्वविद्यालयों द्वारा स्वीकार की गई और सरकारी नौकरियों के लिए आप लोगों द्वारा स्वीकार की गई पात्रता को यानी 33 प्रतिशत अंक प्राप्ति की शर्त को कुछ समय के लिए स्वीकार कर लेना चाहिए। शिक्षा प्रसार के कार्य में यदि जानबूझकर रुकावट पैदा करने का उनका उद्देश्य नहीं है तो सिर्फ 33 प्रतिशत पानेवाला छात्र भी सरकारी नौकरी के लायक समझा जाता है तो आगे की पढ़ाई के लिए वह छात्रवृत्ति पाने के लायक क्यों नहीं हो सकता? यही इसमें सबसे बड़ी बाधा है। आम तौर पर छात्रों को जून के अन्तिम सप्ताह में कॉलेज में प्रवेश दिया जाता है। कई कॉलेज अनुसूचित जाति के छात्रों से शुल्क लिए बगैर उन्हें दाखिल कर लेते हैं क्योंकि उन्हें इस बात का पता होता है कि भारत सरकार उन्हें छात्रवृत्ति देनेवाली है। कॉलेज में दाखिला लेने के तीन माह बाद मन्त्रालय से एक आदेश आता है जिसमें कहा जाता है कि जिन छात्रों ने 50 प्रतिशत अंक प्राप्त किए हैं उन्हीं को छात्रवृत्ति मिलेगी। पुरानी पद्धति के जारी रहने की उम्मीद में जिन कॉलेजों ने ऐसे छात्रों को दाखिला दिया है उन छात्रों का और उन कॉलेजों को अब क्या करना चाहिए? मुझे इस बात की पूरी उम्मीद है कि मेरे मित्र सम्माननीय गृहमन्त्री इस बात की ओर विशेष ध्यान देंगे और शिक्षामन्त्री के साथ विचार-विमर्श करके किसी भी हालत में कम-से-कम इस वर्ष के लिए इस कठिनाई को दूर करेंगे। फिर अगले साल छात्रों को और कॉलेजों को पहले ही उचित सूचना देकर आप लोग जो करना चाहें, कर सकते हैं।

इसके बाद अब मैं आपका ध्यान नौकरियों के सवाल की ओर आकर्षित करना चाहता हूँ। कमिश्नर ने नौकरियों को तीन भागों में विभाजित कर अपने आँकड़े दिए हैं। वे हैं, फौज, भारत सरकार की अखिल भारतीय नौकरियाँ और केन्द्रीय सरकार की नौकरियाँ। फौज की नौकरियों के बारे में मुझे यह दिखाई दिया कि एक विशेष दर्जे की नौकरियों की स्थिति घटिया बन गई है। 1952 में फौज में उपनायक के पद पर (Second Lieutenant) अनुसूचित जाति के दो अफसर थे। 1953 में एक भी नहीं, यह स्थिति है। 1952 में जूनियर कमीशंड अफसर के ओहदे पर 601 लोग थे। 1953 में यह आँकड़ा 435 हो गया था। 1952 में नॉन कमीशन्ड अफसर 3273 थे। 1953 में यह आँकड़ा 2533 तक नीचे गिर गया। 1952 में अन्य अफसर 22288 थे। 1953 में यह आँकड़ा 18666 तक नीचे आ गया था। फौज में अनुसूचित जाति के लोगों की संख्या क्यों कम हो गई इस बात को समझने में मैं असमर्थ हूँ।

मुझे ऐसा लगता है कि फौज एक ऐसी सेवा है जिसमें अधिक बुद्धिमत्ता की विशेष जरूरत नहीं पड़ती। मैं मामूली नौकरियों के बारे में कह रहा हूँ। ऊँचे दर्जे की नौकरियों में ज्यादा बौद्धिक क्षमता की जरूरत हो सकती है। किन्तु हम उन नौकरियों के बारे में बात नहीं कर रहे हैं। फिर भी आम नौकरियों के बारे में सोचें तो हमें यह दिखाई

देता है कि नौकरियों का आँकड़ा 22,000 से 18,000 तक नीचे आ गया है, आखिर क्यों? मेरी यह मान्यता है कि फौज की संख्या और फौज में बढ़ोतरी के साथ फौज में अनुसूचित जाति के लोगों की संख्या बढ़नी चाहिए ऐसी उम्मीद स्वाभाविक तौर पर कोई भी कर सकता है। अन्य सेवाओं के लिए वे लायक नहीं हैं, आप ऐसा कह सकते हैं। किन्तु यह एक अनिश्चित तरह का फतवा है। यह बात सभी लोकसेवा आयोगों और नियुक्त अफसरों को अच्छी तरह मालूम है। आप सिर्फ इतना भर कह दें कि अमुक आदमी लायक नहीं है। फिर वह विषय वहीं पर समाप्त हो जाता है। किन्तु फौज में 'लायक नहीं है' यह कहने लायक क्या है? यह अयोग्यता किस तरह की है? फौज में सीने के बारे में कुछ निश्चित पैमाने दिए हुए होते हैं। कसौटी पर जो सही न उतर सकें ऐसे अनुसूचित जाति में कम लोग होंगे। और कद के बारे में आपकी एक निश्चित कसौटी होती है। आम तौर पर 5 फुट 4 इंच या इसके लगभग। खैर, मेरी राय में अनुसूचित जाति के सभी उम्मीदवार कद की इस कसौटी पर खरे उतर सकते हैं। मैं यह स्वीकार करता हूँ कि शायद बहुत कम लोग इस कसौटी पर खरे नहीं उतर पाएँगे। किन्तु स्वास्थ्य के बारे में, सीना, कद के और अन्य शारीरिक पैमानों के आधार पर आम तौर पर अनुसूचित जाति का हर व्यक्ति फौज में नौकरी करने के लायक है। और जब आप अन्य सरकारी विभागों में उन्हें नौकरियाँ नहीं दे रहे हैं तब जहाँ शिक्षा महत्त्वपूर्ण शर्त नहीं मानी जाती वहाँ फौज और पुलिस की नौकरियों में उन्हें निश्चित तौर पर कुछ रियायतें देनी चाहिए थीं। लेकिन आप लोग उनके साथ सौतेला बर्ताव कर रहे हैं। गृहविभाग इन आँकड़ों की जाँच-पड़ताल करने या यथातथ्य जानकारी हासिल करने की बात से सहमत है या नहीं, इस बारे में कुछ पता नहीं चला है। इसलिए निश्चित तौर पर यह स्थिति क्यों है इस बात का जवाब सेना के कमांडर-इन-चीफ को देना चाहिए।

महोदय, अब मैं भारत सरकार की कुछ अन्य नौकरियों के बारे में कहना चाहता हूँ, जिनमें कुछ सरकारी नौकरियाँ और पुलिस की नौकरियाँ हैं। मेरी जानकारी के मुताबिक इन नौकरियों के लिए भर्ती लोकसेवा आयोग के द्वारा 1952 में शुरू की गई। यदि मैं गलत हूँ तो मेरे सम्माननीय मित्र मान्यवर दातार इसमें सुधार करें। किन्तु मेरी जानकारी के मुताबिक ये भर्तियाँ 1952 के साल से शुरू हुईं।

('शायद 1946' गृहमन्त्री श्री बी.एल. दातार ने कहा।)

नहीं। राज्य सरकारों की ओर से की गई भर्तियों और लोगों का मैं इस समय जिक्र नहीं कर रहा हूँ। एक-दो अपवादों को छोड़कर राज्य सरकारों को भी वे लोग लायक दिखाई देने के बाद भी लगभग सबको पूरी तरह अयोग्य करार दे दिया गया। केन्द्रीय लोकसेवा आयोग को वे बिल्कुल अयोग्य दिखाई दिए। यह पुराना इतिहास है। मैं फिलहाल वर्तमान स्थिति के बारे में कह रहा हूँ। 1952 में संविधान अमल में आया उस समय से भारतीय प्रशासकीय नौकरियों में क्या एक भी भर्ती की गई? भारत की प्रशासकीय नौकरी के लिए अनुसूचित जाति के एक भी आदमी का लोकसेवा आयोग ने चयन किया है, ऐसा मैंने नहीं सुना है। भारत की पुलिस सेवा में भी लोकसेवा आयोग

ने अनुसूचित जाति के एक भी आदमी का चयन नहीं किया। दोनों में से एक में भी नहीं। सिर्फ पिछले साल मैंने लोकसेवा आयोग से लड़-झगड़कर एक आदमी को भारतीय पुलिस सुरक्षा बल में भर्ती करवाया था। इसके लिए मैंने उन्हें मजबूर किया था। इन नौकरियों का प्रभाव स्वीकारनेवाला गृहविभाग इस बात को बिल्कुल महत्त्व नहीं देता है। वह नौकरियों के सवाल को बहुत महत्त्वपूर्ण नहीं मानता है। इस बात का मुझे आश्चर्य है। ये नौकरियाँ प्रशासकीय हैं। मेरे सम्माननीय मित्रों को इस बात का फर्क अच्छी तरह मालूम है कि (executive) नौकरियाँ और (प्रशासनिक) कार्यकारी प्रशासकीय (Administrative) नौकरियाँ क्या हैं। कार्यकारी नौकरियों में आम तौर पर क्लर्की आदि नौकरियाँ होती हैं। प्रशासकीय (executive) नौकरियों में मार्गदर्शन के अधिकार होते हैं। उसमें मार्गदर्शक अधिकारी होते हैं। मैं आपसे यह कहना चाहता हूँ और साफ तौर पर कहना चाहता हूँ कि 2000 क्लर्कों की तुलना में एक प्रशासकीय अधिकारी ज्यादा महत्त्वपूर्ण होता है। बेचारे ये क्लर्क क्या कर सकते हैं। नौकरियों में ये स्थान किलों में होते हैं। किन्तु किले आपके उत्तर प्रदेश में नहीं हैं। मेरा प्रान्त मराठों के किलों से भरा पड़ा है।

(गृहमन्त्री बी. एन. दातार ने कहा, 'हम उन्हें 'मार किला' कहते हैं।')

आदमी वहाँ बैठकर फायर कर सकता है।

ये प्रशासकीय पद इस प्रकार के होते हैं, जहाँ से आदेश दिए जा सकते हैं। क्लर्की करनेवाले लोगों को हर तरह की सुरक्षा की जरूरत होती है। कोई अफसर गलत रिमार्क लिखकर या यह बताकर कि 'यह आदमी अच्छा नहीं है' उसकी सेवा-पुस्तिका खराब कर सकता है। उसकी सुरक्षा करने का एकमात्र रास्ता उसका पक्ष लेकर उस पर अन्याय न हो इस बात की चिन्ता करनेवाला कोई-न-कोई आदमी प्रशासकीय नौकरी में होना चाहिए। सरकार ने जो नीति निर्धारित की है उसके बारे में यही कहना होगा। सरकार ने जो नीति निर्धारित की है उसे वास्तव में सफल बनाने के लिए और नीति को अमल में लाना ऐसे लोगों की जिम्मेदारी होती है। उस नीति को अमल में लानेवाले अफसर यदि असंवेदनशील और विरोधी होंगे तो कोई नीति कितनी भी अच्छी हो उससे लोगों का भला नहीं होगा। और इस बात को भी ध्यान में रखिए कि मेरे अनुभव के मुताबिक फिलहाल ही कार्यान्वयन विभाग अधिकांश सवर्ण हिन्दुओं से भरे पड़े हैं और यह अनुसूचित जाति के सवालों के बारे में कोई हमदर्दी न रखनेवाला प्रशासन है। इसलिए अनुसूचित जाति के लोगों को उनके मातहत बेहद परेशानियाँ बर्दाश्त करनी पड़ती हैं। अमलदारी विभाग में किसी प्रकार की हमदर्दी न होने के कारण यह स्थिति है। हम लोग नौकरियों में अपने लोगों के प्रतिनिधित्व के लिए शोर-शराबा मचाते हैं तब उसे जातिवादी करार देकर हमारी माँगें रद्दी की टोकरी में फेंक दी जाती हैं। हम लोग जो कुछ करने का प्रयास करते हैं वह यह है कि हम अन्य लोगों के जातिवाद को कम करने का प्रयास करते हैं। हम जातिवादी माँग नहीं करते। मुझे इस बात की उम्मीद है कि मेरे सम्माननीय मित्र इस बात का ध्यान रखेंगे कि आपका अमलदारी विभाग जब तक

अनुसूचित जाति के बारे में हमदर्दी के साथ नहीं सोचेगा तब तक आपके किसी भी कानून को और किसी कार्यान्वयन सम्बन्धी नीति को सफलता हासिल होनेवाली नहीं है।

जिन्हें केन्द्रीय नौकरियाँ (Central Services) कहा जाता है उनके बारे में मैं कुछ कहना चाहता हूँ। मैं 1 दिसम्बर, 1952 को भर्ती स्थायी सेवा के नौकरों के आँकड़े दे रहा हूँ। अस्थायी नौकरों के नहीं। कमिश्नर का कहना है कि रेल मन्त्रालय, परिवहन मन्त्रालय, वित्त मन्त्रालय, सूचना मन्त्रालय और उनके अधिकार में आनेवाले अन्य विभागों ने इस सम्बन्ध में जानकारी नहीं भेजी है। इसलिए जिन विभागों ने जानकारी भेजी है ये उनके आँकड़े हैं। ये आँकड़े बहुत कुछ जानकारी देते हैं। प्रथम श्रेणी के नौकरों की कुल संख्या 752 है, इनमें अनुसूचित जाति के लोग 10 हैं। गृह विभाग द्वारा निर्धारित अनुपात के मुताबिक यह संख्या 175 होनी चाहिए थी। द्वितीय श्रेणी (Gazetted Posts) के नौकरों की कुल संख्या 642 है। और इसमें अनुसूचित जाति के नौकरों की संख्या सिर्फ 7 है। अनुपात के मुताबिक यह संख्या 107 होनी चाहिए थी। द्वितीय श्रेणी (Non Gazetted) पदों की कुल संख्या 1123 और अनुसूचित जाति की भर्ती की संख्या 44 है। वह 185 होनी चाहिए थी। तीसरी श्रेणी के पदों की कुल संख्या 10372 है, उनमें अनुसूचित जाति के पदों की संख्या 536 है जो 728 होनी चाहिए थी। चौथी श्रेणी में कुल पदों की संख्या 18807 है।

(इस पर डॉ. पी. सी. मित्रा, बिहार के सांसद ने कहा, 'इन पदों के लिए कितने लोगों ने आवेदन किया है ?')

अनुसूचित जाति का आँकड़ा 1251 है जबकि वह 1478 होना चाहिए था। मेरी जानकारी के मुताबिक चौथी श्रेणी के नौकर चपरासी होते हैं। उनमें अनुसूचित जाति के लोगों की संख्या काफी अधिक दिखाई देती है। इन आँकड़ों के बारे में गृह विभाग को जानकारी हासिल करनी चाहिए। उसने ही नौकरियों की भर्ती का अनुपात निश्चित किया है। जिसके आधार पर निश्चित तौर पर अलग-अलग विभागों ने उस पर अमल किया है या नहीं, इस बात को देखने की जिम्मेदारी गृह मन्त्रालय की है। कई विभागों ने इस सम्बन्ध में आनाकानी क्यों की, और गृह विभाग ने उस पर कोई कार्रवाई क्यों नहीं की?

अनुसूचित जाति के लोगों को मन्त्रालय द्वारा निश्चित किया गया अनुपात प्राप्त होना चाहिए इसके लिए यदि कोई कार्रवाई की गई तो वह कौन-सी है? इस सम्बन्ध में मैं यह कहना चाहता हूँ कि सबकुछ अँधेरे में है। यह देखकर पिछले विश्वयुद्ध के समय एक जर्मन चित्रकार द्वारा बनाए गए एक व्यंग्य चित्र की याद आती है। उसमें वाशिंगटन के एक बूढ़े काले आदमी का चित्र बनाया गया था। अमेरिका के गोरे लोगों का बर्ताव काले लोगों के सम्बन्ध में बहुत अच्छा नहीं है, इस बात को सभी लोग जानते हैं। जिसकी वजह से काले लोग अधिक उत्तेजित रहते हैं। उनके साथ गोरे लोग समानता का बर्ताव नहीं करते इसलिए वे उनसे झगड़ते रहते हैं। जब युद्ध का ऐलान किया गया

उस समय उस बूढ़े आदमी में अचानक राष्ट्र-प्रेम जाग गया और उसे लगा कि अपने बच्चे को भी राष्ट्रभक्ति सिखानी चाहिए। उसने बाजार से बच्चे के लिए एक छोटा-सा अमेरिकी राष्ट्रध्वज खरीद लिया और वह ध्वज उस बच्चे के हाथ में दे दिया। उसने बच्चे से कहा, ''मेरे बच्चे, आज मैं तुझे अपनी राजधानी दिखानेवाला हूँ।'' यह बात उस बच्चे की समझ में नहीं आई। उसने बच्चे के बाएँ हाथ में झंडा दिया और उसका दाहिना हाथ पकड़कर उसे वाशिंगटन शहर में घुमाया। उसने उसे उच्चतम न्यायालय, संसद, सीनेट आदि दिखाए। दोपहर के भोजन के बाद वे व्हाइट हाउस के पास पहुँचे। वहाँ एक-दो मिनट रुककर बूढ़े ने बच्चे से कहा, ''मेरे प्यारे बच्चे, यह राष्ट्रपति का निवास है।'' किन्तु उस लड़के ने कहा, ''पापा, आप यह क्या कह रहे हैं? वह तो गोरा आदमी है और उसकी प्रशंसा कर रहे हैं?'' बूढ़े ने कहा, ''अरे, मुँह बन्द कर, वह सिर्फ ऊपर से गोरा है, अन्दर से तो वह पूरी तरह काला है।'' मुझे लगता है यह बात गृहमन्त्री पर पूरी तरह लागू होती है। सफेद कपड़े पहनने के बाद भी वे अन्दर से पूरी तरह काले हैं। इस बात का प्रमाण यह है कि स्वयं गृहमन्त्री के आदेशों का पालन होता है या नहीं, उन पर अमल होता है या नहीं इस बात की ओर ध्यान देने में उन्होंने कोई दिलचस्पी नहीं दिखाई है। इसके लिए उन्होंने कुछ नहीं किया। अब तक मैंने नौकरियों में भर्ती के सम्बन्ध में कुछ विवरण दिए हैं और अब मैं प्रचार तथा प्रसार के बारे में कुछ कहूँगा। इस बात का पता चला है कि भारत सरकार ने 1953-54 के अछूतपन विरोधी प्रचार के लिए लगभग 50 लाख रुपए मंजूर किए हैं। मेरी जानकारी के मुताबिक इस योजना में राज्य सरकारों द्वारा चुनी गई निजी संस्थाओं को इस रक़म का एक हिस्सा दिया गया और दूसरा हिस्सा भारत सरकार ने स्वयं अखिल भारतीय संस्थाओं को दिया। इस प्रकार की वह योजना थी। मुझे इसके बारे में कुछ नहीं पता कि अछूतपन नष्ट करने के सम्बन्ध में मेरे सम्माननीय मित्र की क्या मान्यता है? इस बात को हम लोगों को अच्छी तरह से समझ लेना चाहिए कि अछूतपन क्या है? मेरी राय में अछूतपन हिन्दुओं में एक प्रकार की बीमारी है। वह मानसिक रोग नहीं है, शरीर को हुआ कोई जख्म नहीं है, वह बदन का टूटना नहीं है या जिसे ठीक किया जा सके ऐसी कोई शारीरिक अपंगता नहीं है। बल्कि वह एक मानसिक जकड़न है। हर किसी हिन्दू को ऐसा लगता है कि अछूतपन का आचरण करना उचित है। सभी हिन्दुओं को पागलों के अस्पताल में भर्ती करवाए बगैर इस मानसिक जकड़न को दूर करना मुश्किल लगता है और वहाँ उन्हें भेजना नहीं है। इस तरह की स्थिति में मेरी समझ में नहीं आ रहा है कि हिन्दुओं के मन में हजारों साल से बनी हुई इस जकड़न को मेरे मित्र (गृहमन्त्री) किस तरह से दूर करनेवाले हैं? इसलिए हम क्या कह रहे हैं और क्या कर रहे हैं इस बात को समझ लेना चाहिए। यह बात सभी लोगों को समझनी चाहिए कि अछूतपन को धर्म की नींव पर खड़ा किया गया है। इस बारे में मेरे मन में कोई सन्देह नहीं है। और इस बात को समझ लेने में हम लोगों को बिल्कुल शर्म महसूस नहीं करनी चाहिए। मनु ने अपने नियमों की किताब में अछूतपन के बारे में बहुत स्पष्ट शब्दों में उल्लेख

किया है। उसने कहा है, 'अछूतों को गाँव से बाहर रहना चाहिए। उन्हें सिर्फ मिट्टी के बर्तनों का इस्तेमाल करना चाहिए। उन्हें साफ-सुथरे कपड़े नहीं पहनने चाहिए। उन्हें अपना पेट पालने के लिए भोजन की भिक्षा माँगनी चाहिए' आदि। मुझे यह बात समझ में नहीं आ रही है कि आप हिन्दुओं को दोष क्यों देते हैं। यह घटिया नियम हजारों सालों से उनके मन में बैठ गया है कि अछूतपन का पालन करना एक बहुत पवित्र कार्य है। हिन्दुओं को यह शिक्षा दी गई कि दूसरों से किसी प्रकार के सम्बन्ध रखने की बजाय चूहे की तरह अपने ही बिल में रहना सबसे अधिक पवित्र है। यह उत्तम जीवन है। उसे अमुक आदमी को छूना नहीं चाहिए, उसे फलाँ आदमी से बात नहीं करनी चाहिए। उसे यह नहीं खाना चाहिए उसे वह नहीं खाना चाहिए, आदि और इस तरह का जीवन एक तरह से अपने ही बिल में रहनेवाले चूहे का जीवन है। एक चूहे को दूसरे चूहे को अपने बिल में नहीं आने देना चाहिए। यही यथार्थ स्थिति है। इससे आपको पता चल जाएगा कि जैसा मैंने कहा, अछूतपन एक मानसिक जकड़न है और वह हिन्दुओं को सार्वजनिक जीवन में बाहर आने से रोकती है। वह लोगों को सार्वजनिक स्वतन्त्रता का उपभोग नहीं करने देती।

इसलिए, महोदय, मेरे लिए यह प्रचार का व्यवहार समझना असम्भव है। अपने मित्र सम्माननीय कुंजरू से मैं इस सम्बन्ध में पूरी तरह सहमत हूँ कि इसका परिणाम सार्वजनिक रुपयों की बर्बादी के अलावा और कुछ नहीं होगा।

दूसरी बात यह है कि समाजसेवी संस्थाओं के रूप में जिन संस्थाओं का उल्लेख किया गया है उन संस्थाओं पर इस बात को क्यों छोड़ दिया गया है, यह बात मेरी समझ में नहीं आ रही है। इस देश का समाज-सेवक व्यवसायी समाज-सेवक होता है। सही मन से हमदर्दी की कोई बात उसके पास नहीं होती। जब उसे मुस्लिम लीग की जरूरत होगी तब वह मुस्लिम लीग की सेवा करेगा। यदि हिन्दू महासभा को उसकी जरूरत पड़ी तो वह हिन्दू महासभा की सेवा करेगा। जब कांग्रेस को उसकी गरज पड़ेगी तो वह कांग्रेस की सेवा करेगा। वह पूरी तरह से व्यवसायी होता है और आन्तरिक प्रेम नाम की कोई चीज उसके पास नहीं होती। टालस्टॉय की कही हुई बात एकदम सच है कि, "सेवा करने से पहले प्रेम करना सीखना चाहिए।" कोई भी आदमी दूसरे को प्रेम किए बगैर उसकी सेवा नहीं कर सकता। इन व्यवसायी समाज-सेवियों के पास प्रेम नाम की कोई चीज नहीं होती, वे सिर्फ अपनी रोटी के लिए प्रयास करते हैं और इसीलिए शायद उन्हें तीनों ओर से मेहनताना मिलता है। इस बात पर मुझे बिल्कुल आश्चर्य नहीं हो रहा है। मैं उनकी आलोचना नहीं करना चाहता। मुझे ऐसा लगता है कि यदि मेरे मित्रों को सही काम करना है तो उन्हें बेरोजगार ग्रेज़ुएट लोगों को संगठित करना चाहिए। इस सम्बन्ध में यह कहा जा सकता है कि जिनकी सार्वजनिक प्रज्ञा जाग्रत है या जिन्होंने जीवन की आधुनिक दृष्टि को स्वीकार कर लिया है इस तरह के बुद्धिमान और पढ़े-लिखे लोग काफी हैं। आप उनकी उचित तनख्वाह पर नियुक्ति कीजिए। आप उन्हें मोटरसाइकिल या साइकिल दीजिए। और उनसे कहिए कि वे गाँव-देहातों में घूमकर

लोगों को जाग्रत करें। आप उन्हें कहिए कि वे लोगों को यह बताएँ कि अछूतपन की वजह से आधुनिक दुनिया में भारत की प्रतिष्ठा को कितना धक्का लगा है। मेरे मित्रों ने फिलहाल जो पद्धति अपनाई है उस पद्धति से भी यह पद्धति ज्यादा प्रभावी है और इस पद्धति से कार्य करना फल-प्राप्ति की दृष्टि से ज्यादा उपयोगी हो सकता है। मुझे एक बात समझ में नहीं आ रही है कि इस सेवाधारी संगठन के बारे में कांग्रेस सरकार को इतना मोह क्यों है? पुराने समय में अंग्रेजों के राज्य में केन्द्रीय सरकार का जिलाधिकारियों के द्वारा कार्य होता था। उसे पैसे दिए जाते थे और यह कहा जाता था कि अमुक क्षेत्र में अमुक काम कीजिए। सरकार उसी को जिम्मेदार मानती थी। पैसे की हिफाजत वही करता था। यदि आप लोगों को कलेक्टर नहीं चाहिए तो जैसाकि मेरा सुझाव है, जो बुद्धिमान लड़के इस प्रकार का कार्य करने के इच्छुक हैं उन्हें संगठनों में शामिल करके इस काम को उनके हाथों में दे दीजिए। इस तरह की बातों की ओर लोगों का ध्यान आकर्षित करने के लिए सिर्फ शोरगुल करने से काम नहीं चलेगा, और न इससे किसी प्रकार का प्रभाव पड़ेगा। उसके बाद महोदय, ('क्या वह कार्य व्यवसायी नहीं होगा?' इस तरह की बात बिहार के श्री शा.के.बी. लाल बीच में पूछते हैं।) सरकारी नौकर व्यवसायी नहीं होता है। बल्कि चुनाव में वोट पाने के लिए प्रचारक के रूप में आप लोगों को यदि उसका उपयोग करना है तो यह बात सिरदर्द का कारण बन सकती है।

महोदय, अब अगला मुद्दा यह है कि भारत सरकार ने पैसा देकर इस तरह का प्रचार करने के लिए जो संगठन चुने हैं वे ऐसे ही संगठन हैं। कमिश्नर महोदय ने इस मुद्दे पर मेरे और गृह विभाग के बीच जो पत्राचार हुआ है उसे ध्यान में रखकर कुछ राय दी है। उन्होंने कहा है कि अन्य संगठनों ने पैसे लेकर प्रचार करने के सरकार के आवाहन को सहयोग दिया है। लेकिन मैं ऐसा नादान लड़का हूँ कि मैंने उसे नकार दिया है। उनका इसके पीछे यही उद्देश्य था कि मेरे द्वारा किए गए विरोध को जनता के सामने रखा जाए। मैंने गृह विभाग को जो पत्र लिखे हैं वे सभी उन्हें भी दिए गए होते तो अच्छा रहता। मुझे जानकारी मिली है कि मान्यवर दातार ने उस पत्राचार को देखा था। उन्हें याद होगा कि मैंने उस पत्राचार में क्या कहा है। मैंने उस पत्राचार में यही कहा था कि सरकार ने इस काम के लिए जो संगठन चुने हैं वे सभी हरिजन सेवक संघ की तरह हैं और वे सभी संगठन राजनीतिक हैं। शेड्यूल्ड कास्ट फेडरेशन भी एक राजनीतिक संगठन है। इसलिए मेरा यह कहना है कि सरकार का राजनीतिक संगठनों के हाथ में इस तरह सार्वजनिक पैसा देना गलत है क्योंकि वे इस पैसे का उपयोग अनुसूचित जाति के उत्थान के लिए करने के बजाय अपने राजनीतिक प्रचार के लिए करेंगे। उसी के साथ मैंने मुम्बई के एक दूसरे अन्य संगठन के अध्यक्ष का जिक्र किया था। वह संस्था पूरी तरह से समाजसेवी संस्था थी। उनके पास दो से तीन लाख रुपयों का फंड इकट्ठा है और वे एक बड़ा हॉल बना रहे हैं और अपना कार्य आगे चला रहे हैं। वह संस्था मुम्बई में है पर उसका कार्य सिर्फ मुम्बई तक या मुम्बई राज्य तक ही

सीमित नहीं है, इस बात को मैंने उस पत्र में नहीं लिखा था। वे भारत के किसी भी क्षेत्र में समाजसेवा करने के लिए तैयार हैं। उसका मुख्य दफ्तर मुम्बई में है, यही एक कठिनाई थी। मान्यवर दातार ने मेरे सुझाव को अस्वीकार कर दिया। और इस मामले को इस रिपोर्ट में दर्ज करवा दिया। मैं इस सम्बन्ध में बस इतना ही कहना चाहता हूँ कि यदि मान्यवर दातार को मेरा सुझाव स्वीकार करने योग्य नहीं लग रहा था तो उन्हें मुझे सूचित कर देना चाहिए था। और उन्होंने मुझे सूचित कर दिया होता तो मैंने अपने मन को समझाया होता और शेड्यूल्ड कास्ट फेडरेशन को दी गई रकम को यह समझकर स्वीकार कर लिया होता कि भिखारी की इच्छा का कोई महत्त्व ही नहीं होता। और आज भी मैं यही कहता हूँ कि यह फंड देने के लिए शेड्यूल्ड फेडरेशन ही एक भरोसेमन्द संस्था है, यह यदि उनका कहना है तो इसमें मुझे कोई आपत्ति नहीं है। किन्तु आज भी मेरी यही राय है कि इस कार्य को राजनीतिक संगठनों के जिम्मे नहीं करना चाहिए।

महोदय, अब मैं अनुसूचित जाति के आर्थिक उत्थान के बारे में कुछ कहना चाहता हूँ। शिक्षा और नौकरियों के साथ अनुसूचित जाति के उत्थान के लिए आर्थिक उत्थान की बात बहुत महत्त्वपूर्ण है। क्या हैं अनुसूचित जाति के आर्थिक उत्थान के साधन? यह बात एकदम स्पष्ट है कि जिन्हें आर्थिक लाभ के उद्योग कहा जाता है उन उद्योग-धन्धों में उन्हें काम करने का मौका मिले, इस पर ही अनुसूचित जाति का आर्थिक उत्थान निर्भर करता है। उनके लिए जब तक इस प्रकार के आर्थिक लाभ के धन्धों के दरवाजे खुले नहीं होंगे तब तक उनकी आर्थिक मुक्ति सम्भव नहीं है। बगैर उसके वे गुलाम ही रहेंगे। यदि वे गुलाम नहीं होंगे तो गाँव के जमींदारों के वे दास होंगे। इस बारे में कोई सन्देह नहीं हो सकता। अब इस लाभ के धन्धे में मुझे निस्सन्देह ऐसा लगता है कि सरकार को उन्हें जोतने-बोने के लिए जमीन देने के सवाल पर अपना ध्यान केन्द्रित करना बहुत जरूरी है। यदि उन्हें जमीनें दी गईं तो वे अपना जीवन-निर्वाह स्वतन्त्र रूप से कर सकते हैं। वे किसी से भी डरेंगे नहीं। वे सिर ऊँचा कर चलेंगे और निर्भयता तथा हिम्मत के साथ अपना जीवन व्यतीत करेंगे। मुझे ऐसा लगता है कि यह एक इस तरह की बात है कि इसे सभी मन्त्रियों का समर्थन प्राप्त है और अब उन्हें जमीन दिलवाने का कार्य सरकार को करना है। अब हम इस मुद्दे पर सोचेंगे। पहला सवाल यह है कि क्या अनुसूचित जाति के लोगों को देने के लिए जमीन उपलब्ध है? जमीन मालिक की ओर से जमीन लेकर उसे अनुसूचित जाति के लोगों को देने का अधिकार सरकार को है? यदि जमीन प्राप्त करने का प्रयास हुआ तो अनुसूचित जाति के लोगों को जमीन खरीदने के लिए सरकार आर्थिक मदद दे सकती है। अनुसूचित जाति के लोगों को जमीन देने के ये तीन रास्ते हैं। सरकार को कानून के द्वारा जमीन के स्वामित्व के बारे में सीमा तय करनी चाहिए। और जिनके पास सीमा से ज्यादा जमीन हो उस जमीन को अपने अधिकार में लेकर अनुसूचित जाति के लोगों में बाँट देना चाहिए। दूसरी बात यह है कि यदि कोई आदमी अपनी जमीन बेचना चाहता है तो

सरकार को उस जमीन को खरीदने के लिए अनुसूचित जाति के लोगों को आर्थिक सहयोग करना चाहिए।

महोदय, सभी लोग जानते हैं कि भारत में भूमिधारी होना सिर्फ जीवन-निर्वाह की दृष्टि से ही महत्त्वपूर्ण है ऐसी बात नहीं, बल्कि वह सामाजिक प्रतिष्ठा से भी सम्बन्धित है। जिनके पास जमीन नहीं उनके मुकाबले जिनके पास जमीन का स्वामित्व होता है उनका सामाजिक दर्जा ऊँचा होता है। इससे यह बात स्पष्ट होती है कि आर्थिक दर्जे के सम्बन्ध में गाँव-देहातों में यह बात हर किसी को बहुत ही महत्त्वपूर्ण लगती है। हर हिन्दू यह चाहता है कि जो अछूत हमेशा हमसे नीचे रहा है वह हमेशा हमसे नीचा ही रहे। उन्हें यह बात कतई पसन्द नहीं कि कोई अछूत उनकी जमीन खरीदकर, उनकी जमीन का मालिक बनकर उनसे ऊँचा दर्जा हासिल करे। महोदय, अनुसूचित जाति के आदमी को गाँव-देहात में जमीन का एक टुकड़ा मिलने का सवाल मुझे मुश्किल लगता है। मुझे इस बात का पता नहीं कि सरकार जमीन प्राप्त करने के लिए कानूनी दृष्टि से किस प्रकार की सीमा तय करनेवाली है। इस सवाल का बड़ी आसानी से विरोध हो सकता है। जमीन का कानून लागू करते समय सरकार को इस प्रकार का कानून मंजूर करना चाहिए था कि किसानों को भू-स्वामित्व का हक़ देने के बजाय भूस्वामित्व का अन्तिम हक़ अपने पास सुरक्षित रखा होता तो स्वामित्व का हक़ सरकार के पास होने की वजह से किसी भी किसान को निश्चित सीमा से ज्यादा जमीन जोतने का हक़ नहीं मिला होता। किन्तु किसानों को जमीन का स्वामित्व देकर सरकार ने एक बहुत मूर्खतापूर्ण काम किया है। महोदय, एक बार टेलैरेंड ने नेपोलियन से कहा था कि "आपको सारे यूरोप के बारे में चिन्ता करने की क्या जरूरत है? मुझे प्रधानमन्त्री बनाकर फ्रांस का राजा बनने में ही क्यों सन्तुष्ट नहीं होते?" नेपोलियन के राजमहल के सामने काफी फौजी बायोनेट लगाई बन्दूकें लेकर खड़े थे और वे बायोनेट सूरज की रोशनी में चमक रहे थे। नेपोलियन बेहद उतावले किस्म का आदमी था। उसने टेलैरेंड से कहा कि, "तुम काफी मूर्खतापूर्ण बातें करते रहते हो! क्या तुम मेरी फौज को नहीं देख रहे हो?" उसने कहा, "हाँ, मैं देख रहा हूँ।" नेपोलियन ने कहा, "तो फिर मुझे सम्राट क्यों नहीं होना चाहिए?" इस पर टेलैरेंड ने जो जवाब दिया उस पर मेरे मित्रों को गौर करना चाहिए। उसने कहा, "इस बायोनेट के सहारे आप जो चाहे कर सकते हैं, लेकिन आप उस पर बैठ नहीं सकते।" आप लोगों ने किसानों को भूस्वामित्व का हक़ दे दिया है। अब आप उस पर बैठ नहीं सकते, वे आप पर बैठेंगे। जो लोग आप लोगों से यह कह रहे थे कि ऐसा मत कीजिए, उनकी आपने एक नहीं सुनी और जल्दबाजी करते गए। आप लोगों ने सिर्फ राजनीतिक चुनाव जीतने के लिए ऐसा किया है। और अब आप उसके परिणाम भोग रहे हैं। इसीलिए अब जमीन के स्वामित्व की सीमा निर्धारित करनी असम्भव लगती है।

मेरे मित्र गोविन्दवल्लभ पन्त द्वारा नियुक्त 'यूनाइटेड प्राविन्स टेनान्सी कमेटी' की रिपोर्ट को मैंने पढ़ा है। उसकी हर पंक्ति मुझे मालूम है। जो लोग जमीन के स्वामित्व

पर मर्यादा के लिए चिल्ला रहे हैं उन लोगों को इस रिपोर्ट के बारे में कुछ जानकारी है या नहीं, इस सम्बन्ध में मुझे आश्चर्य हो रहा है। उत्तर प्रदेश में हर किसान के पास औसतन जमीन कितनी है? कम-से-कम आम तौर पर डेढ़ एकड़ है और ज्यादा से ज्यादा आम तौर पर चार से पाँच एकड़ है। यहाँ जो बात लिखी गई है मैं वही बता रहा हूँ और इसके आगे की सच्चाई यह है कि उत्तर प्रदेश की हर इंच जमीन खेती और उद्योगों से व्याप्त है। वहाँ आप कुछ नहीं कर सकते। मुझे यकीन है कि अधिकांश अन्य राज्यों में भी यही स्थिति है। इसलिए सम्माननीय गृहमन्त्री से मेरा यह निवेदन है कि अनुसूचित जाति के लोगों के सामने खोखले आश्वासन देकर उन्हें बेवकूफ बनाने की बजाय 'जरा शान्त रहिए, हम आप लोगों को जमीन का टुकड़ा देनेवाले हैं, हम जमीन के स्वामित्व की सीमा निर्धारित करनेवाले हैं, हम आप लोगों को जमीन खरीदने के लिए पैसा देनेवाले हैं, हम आपके लिए यह करनेवाले हैं, वह करनवाले हैं।' इस कार्य को अमल में लाने के लिए आप लोगों को एक नया रास्ता खोजना चाहिए। यह इस प्रकार की समस्या है कि उसका हल आपको करना ही होगा। यदि आपने उस समस्या को हल नहीं किया तो उसके परिणाम कितने भयंकर होंगे इस बात को आप अच्छी तरह जानते हैं। आज बाहर आग लगी हुई है। वह बड़ी आसानी से भीतर आ सकती है। और शायद अनुसूचित जाति के हाथों में उसका निशान रहेगा। और आप तथा आपका संविधान नष्ट होगा। कुछ भी बाकी नहीं बचेगा।

महोदय, अब मैं अपने सम्माननीय मित्रों को एक विकल्प बता रहा हूँ और वह यह है कि प्लॉनिंग कमीशन की रिपोर्ट से मुझे ऐसा पता चला है कि इस देश में काफी बड़ी मात्रा में जोतने योग्य भूमि बेकार पड़ी है। प्लॉनिंग कमीशन की सलाह के मुताबिक यह भूमि 980 लाख एकड़ है। मेरा सुझाव यह है कि सरकार संविधान में संशोधन कर रही है। वैसे उन्हें संविधान में संशोधन करने का शौक है और यदि आप हर शनिवार को संविधान बदल रहे हैं तो संविधान की जरूरत ही क्या है?

फिर भी आप जब संशोधन ही कर रहे हैं तो मेरा यह सुझाव है कि संविधान में संशोधन करके जोतने योग्य भूमि की सूची नं. 1 तैयार कीजिए, जिससे वह केन्द्रीय सरकार के अधिकार में आएगी। इस जमीन को सुधारने के साधन राज्य सरकारों के पास नहीं हैं। वे उसकी देखभाल नाँद के कुत्ते की तरह कर रहे हैं। वे स्वयं भी उस जमीन को सुधार नहीं रहे हैं और दूसरों को भी उसे आबाद नहीं करने दे रहे हैं। इसलिए संविधान की सूची नं. 1 में संशोधन करके उस बंजर जमीन को अपने अधिकार में लेने में कोई गलत बात नहीं है।

मैं दूसरी बात कहना चाहता हूँ, शायद वह कई लोगों को पसन्द नहीं आएगी। किन्तु मुझे लगता है कि उसे कहने में कोई खतरा नहीं है। और वह यह कि आप लोगों को पुनः नमक पर कर लगाना चाहिए। अपने देश में नमक पर जो कर लगाया गया था वह ठीक था। लेकिन जब उस कर को रद्द किया गया तब उससे मिलनेवाली आमदनी 10 करोड़ रुपए थी। और वह अब बड़ी आसानी से 20 करोड़ रुपए तक बढ़

सकती है। महात्मा गांधी की स्मृति में नमक पर लगाए गए कर को रद्द किया गया इसमें कोई सन्देह नहीं। मुझे उनके प्रति सम्मान है और मैं यह कहना चाहता हूँ कि आप लोगों को कर इकट्ठा करके 'महात्मा गांधी ट्रस्ट फंड' नाम से अछूतों के उत्थान और सुरक्षा के लिए एक ट्रस्ट बनाना चाहिए। जैसा कि आप लोग कहते हैं कि उन्हें अछूत लोग ज्यादा अधिक प्रिय थे। इसलिए नमक पर कर लगाकर उससे होनेवाली आमदनी से बंजर भूमि को सुधारना और उस भूमि का उपयोग अछूतों की भलाई के लिए करने की योजना को गांधीजी स्वर्ग से आशीर्वाद नहीं देंगे, ऐसा बिल्कुल ही नहीं होगा। इस योजना में उम्मीद के लिए कोई रुकावट नहीं है। इसमें सिर्फ उम्मीद ही नहीं बल्कि उसके अमल में आने की भी गुंजाइश है। आप लोग जानते हैं कि तास के पत्तों के खेल की उम्मीद और हक़ीकत की उम्मीद में काफी फर्क है। मुझे यह बात समझ में नहीं आ रही है कि इस देश के लोगों को नमक के कर से अछूतों के उत्थान के लिए मदद करने में क्यों कतराना चाहिए। आप लोग इस पैसे को 'गांधी वेलफेयर स्कीम' जैसे नाम से अपने राष्ट्रीय बजट के बाहर रख सकते हैं। और उसके द्वारा गांधी को जिनका उत्थान और संरक्षण करना था उन लोगों को मदद देकर गांधीजी का नाम भी अमर कर सकते हैं। मैं मान्यवर गृहमन्त्री के सामने अपना प्रस्ताव पेश कर रहा हूँ और उनसे पूरी उम्मीद करता हूँ कि वे इस पर बड़ी गम्भीरता के साथ सोचेंगे।

महोदय, मुझे जो कहना था वह मैंने कह दिया है। मुझे इससे ज्यादा और कुछ नहीं कहना है। सिर्फ अन्त में एक ही बात कहना चाहता हूँ कि सरकार ने अलग-अलग समाज-सेवकों के द्वारा और समाज संगठनों के द्वारा जो प्रयास शुरू किया है उसे देखकर मेरे मन में एक कष्टदायी विचार पैदा हुआ, वह यह कि इसमें अपने प्रधानमन्त्री ने कोई हमदर्दी नहीं दिखाई है। सच बात यह है कि उनके मन में अछूतों के प्रति कोई हमदर्दी नहीं है। इतना ही नहीं, लगता है कि वे मूलतः अछूतों के विरोधी हैं। मैंने उनका जीवन-चरित्र पढ़ा है। और मुझे यह बात दिखाई दी कि अछूतों को जो स्वतन्त्र निर्वाचन क्षेत्र दिए गए थे उसके विरोध में गांधी ने जो आमरण अनशन किया था उसकी उन्होंने जबर्दस्त आलोचना की थी। उन्होंने अपने जीवन-चरित्र में कहा कि, "इस दुनिया के इतने मामूली सवाल के लिए गांधीजी इतनी चिन्ता क्यों कर रहे हैं?" महोदय, प्रधानमन्त्री का याने 1934 के पंडित नेहरू का यह वक्तव्य पढ़कर मुझे बड़ा आश्चर्य हुआ। और मैं बेचैन हो गया। मुझे लगा कि सरकार चलाने की जिम्मेदारी जब से उनके कन्धों पर आई तब से उनकी सोच में कुछ फर्क जरूर आया होगा और गांधी ने जिस जिम्मेदारी को अपनाया था उसे वे स्वीकार करते हुए आगे निभाएँगे। किन्तु उनके मन में कुछ तब्दीली आई हो यह बात मुझे उनमें बिल्कुल नहीं दिखाई दी। महोदय, 1952 में मेरे मित्र मान्यवर बाबू जगजीवन राम की अध्यक्षता में नागपुर में एक सभा आयोजित की गई थी। मुझे पता चला कि वहाँ एक बहुत बड़ा पांडाल बनाया गया था। वहाँ मंच पर चाँदी की दो कुर्सियाँ रखी गई थीं। उसमें एक बाबू जगजीवन राम के लिए और

दूसरी पंडित जवाहरलाल नेहरू के लिए थी। वहाँ दो सौ से तीन सौ तक श्रोता थे और एक हजार पुलिस वाले थे। उस परिषद् का उद्घाटन पंडित नेहरू के हाथों होनेवाला था। उनका उस समय का भाषण मुझे प्राप्त हुआ है। किन्तु उसे यहाँ पढ़कर मैं सदन को परेशान नहीं करना चाहता। मुझे यह भी खबर मिली है कि इस परिषद् के आयोजन के कारण वे बाबू जगजीवन राम से सख्त नाराज हो गए थे। पंडित नेहरू के व्याख्यान का सार यह कि, "यहाँ अछूतपन ही एकमात्र समस्या है, इस बात को मैं बिल्कुल स्वीकार नहीं करता। यहाँ आर्थिक दृष्टि से गरीबों की एक ही आम समस्या है और अछूतों की समस्या उसी का एक हिस्सा है। अन्य सवालों की तरह उस सवाल की ओर भी ध्यान दिया जाएगा। और उसे हल करने का रास्ता खोजा जाएगा। किन्तु इस समस्या की ओर विशेष ध्यान देने की कोई खास जरूरत नहीं है। और उस तरह की कोई स्थिति भी नहीं आई है।" महोदय, यदि प्रधानमन्त्री ही इतने गैरजिम्मेदाराना ढंग से बात कर रहे हैं तो इस महत्त्वपूर्ण सवाल को हल करने की जिम्मेदारी या कर्त्तव्य निभाने की जिम्मेदारी जिन कार्यकर्त्ताओं को दी गई है उनसे हम किस प्रकार के उत्साह की उम्मीद कर सकते हैं। मुझे इस बात का बिल्कुल यकीन नहीं है कि अछूतपन नष्ट होगा। मुझे लगता है नहीं। क्योंकि, जैसाकि मैं मानता हूँ, वह एक मानसिक कुंठा है। उसके लिए कई साल गुजारने पड़ेंगे। इस प्रकार की स्थिति में अछूतपन रहे या न रहे किन्तु हमारे सामाजिक, आर्थिक, राजनीतिक और संवैधानिक हक़ों की पूरी तरह से सुरक्षा के लिए हम लोगों को क्यों आन्दोलन नहीं करना चाहिए? जरूर करना चाहिए। इसके लिए जबर्दस्त प्रयास करना चाहिए।

महोदय, मैं और भी कुछ बातों की ओर आपका ध्यान आकर्षित करना चाहता हूँ। यह कहा जा सकता है कि मैंने अपना सारा समय अनुसूचित जाति के सवाल हल करने के लिए ही व्यतीत किया है। मैंने आदिवासियों के बारे में कुछ नहीं कहा है और कुछ कहूँगा भी नहीं। क्योंकि इस सम्बन्ध में जो मुझसे अधिक जिम्मेदारी से बोल सकते हैं ऐसे मेरे कई मित्र हैं। इसलिए मैं इस सम्बन्ध में कुछ कहने का साहस नहीं कर रहा हूँ। फिर भी मुझे ऐसा लगता है कि एक बात को समझ लेना जरूरी है। क्योंकि अनुसूचित जाति, आदिवासी जमातों और गुनाहगार जमातों के आपसी सम्बन्धों के बारे में कई लोगों के मन में काफी अस्पष्टता है। अनुसूचित जाति के बारे में कहें तो सच्चाई यह है कि उनकी हिन्दू संस्कृति में आने की तैयारी हो गई है। किन्तु वे अभी भीतर नहीं आए हैं। वे उसकी सीमा पर आकर खड़े हैं, बाहर नहीं हैं। उनकी दौड़धूप अवसर की समानता और सामाजिक समानता प्राप्त करने के लिए चल रही है। यह उनकी समस्या है। आदिवासी लोगों के बारे में कहें तो उनकी समस्या पूरी तरह से अलग है। वे पूरी तरह से हिन्दू संस्कृति से बाहर हैं। और उनके बारे में कुछ महत्त्वपूर्ण सवालों पर सोचा जाना चाहिए। क्या उन्हें हिन्दू संस्कृति में आना है? क्या उन्हें हिन्दू संस्कृति में आकर उसमें पूरी तरह से समा जाना है? और उसके बाद क्या उन्हें सामाजिक समानता प्राप्त करनी है ? मैंने इस सम्बन्ध में आदिवासी लोगों के कई नेताओं से और

कई आदिवासी पुरुषों तथा महिलाओं से बातचीत की है। और वे हिन्दू संस्कृति की छाया में आने के लिए पूरी तरह से तैयार नहीं हैं।

वे इससे बाहर रहना ही पसन्द करते हैं। भीतर आने के लिए वे बिल्कुल तैयार नहीं हैं। गुनाहगार जातियों के बारे में कहें तो वह पूरी तरह से आर्थिक समस्या है। आप लोग उनको उनके जीवन-निर्वाह के लिए कितने अच्छे अवसर प्रदान कर सकते हैं यह आप पर निर्भर करता है। यदि उन्हें अपना जीवन-निर्वाह करने के लिए अच्छे साधन और अवसर प्राप्त हुए तो वे अपनी गुनाहगारी को छोड़ देंगे।

यह हिन्दू संस्कृति करीब-करीब छह हजार साल पुरानी संस्कृति है। कई लोग इस काल-निर्धारण से सन्तुष्ट नहीं हैं। वे इस काल को उससे भी पीछे ले जाना चाहते हैं। इस संस्कृति ने पाँच करोड़ अछूत, कम-से-कम तीन करोड़ आदिवासी और कम-से-कम पचास हजार गुनाहगार लोग पैदा किए हैं, इस बात से मैं बेहद बेचैन हूँ। इस संस्कृति को क्या कहा जाए? जिस संस्कृति ने ऐसे परिणाम पैदा किए हैं उसके मूल में ही कहीं न कहीं बहुत बड़ा षड्यन्त्र है। और जिस संस्कृति ने अछूत, आदिवासी और गुनाहगार जमातों को पैदा किया है उस संस्कृति के बारे में क्या सचमुच में गर्व महसूस करना चाहिए इस दृष्टि से सोचने के लिए हिन्दुओं के पास यह अच्छा मौका है। वे परम्परागत अर्थ में सुसंस्कृत समझे जाते हैं। किन्तु उनकी संस्कृति ने जिन परिणामों को पैदा किया है उन परिणामों को देखने से क्या उन्हें सुसंस्कृत कहा जा सकता है? नहीं, बिल्कुल नहीं। उन्हें इस बात पर एक बार नहीं, दो बार नहीं बल्कि हजार बार सोचना चाहिए।

महोदय, आपने मुझे बोलने का जो मौका दिया उसके लिए मैं आपका बड़ा एहसानमन्द हूँ।

लोकतन्त्र की पहरेदारी करनी होगी

*पूना में **1954** में 'लोकतन्त्र' विषय पर डॉ. बाबासाहेब अम्बेडकर का व्याख्यान आयोजित किया गया था। उस अवसर पर लोकतन्त्र का समर्थन करते हुए डॉ. अम्बेडकर ने कहा—*

लोकतन्त्र बचाइए

लोकतन्त्र एक पौधा है जिसे हर जगह लगाने से वह बढ़ता जाता है, यह बात सही नहीं है। अमेरिका, इंग्लैंड में लोकतंत्र है। फ्रांस में भी कुछ लोकतन्त्र है। उससे हम लोगों को कुछ हिम्मत मिल जाती है। लेकिन कोरिया, इजिप्ट का लोकतन्त्र खत्म हो गया है। इस उदाहरण के आधार पर हमको अपने रास्ते की कठिनाइयाँ दूर करने के लिए कौन-सा रास्ता अपनाना चाहिए, यह बात हर आदमी को गम्भीरता से सोचनी चाहिए। यह संकेत मैं उन्हें देना चाहता हूँ।

लोकतन्त्र हमेशा बदलनेवाली चीज है। ॲथेनियन लोकतन्त्र आज के लोकतन्त्र से अलग था। उसमें 50 प्रतिशत गुलाम और 50 प्रतिशत आजाद लोग थे। 1832 के बाद इंग्लैंड का लोकतन्त्र भी बदला गया। इंग्लैंड के लोकतन्त्र में राजा को अपने अधिकारों का इस्तेमाल कम करना पड़ता था।

जनकल्याण करना ही आज के लोकतन्त्र का उद्देश्य है।

जनता की सरकार

अलग-अलग लेखकों ने लोकतन्त्र की परिभाषा अलग-अलग ढंग से की है। वॉल्टर बजेट ने लोकतन्त्र की परिभाषा इस प्रकार की है कि लोकतन्त्र का मतलब विचार-विमर्श, चर्चा करके सरकार को चलना है। लेकिन अब्राहम लिंकन कहते हैं, लोगों की, लोगों द्वारा और लोगों के लिए बनाई गई सरकार। यह उनकी लोकतन्त्र की परिभाषा है। लोकतन्त्र की मेरी परिभाषा अलग है।

मेरी अपनी परिभाषा यह है कि लोकतन्त्र का मतलब जिसके कारण खूनखराबा किए बगैर आर्थिक और सामाजिक जीवन में परिवर्तन होते हैं, इस प्रकार की व्यवस्था या सरकार।

इस तरह की बात अमल में आती है तो ही उसे सच्चा लोकतन्त्र कहा जा सकता है।

लोकतन्त्र के लिए जरूरी बातें : वर्गभेद न होना

लोकतन्त्र में ख़ास अधिकार प्राप्त, उत्पीड़ित, अन्यायग्रस्त ऐसे वर्ग नहीं होने चाहिए। वर्ग विग्रह पर आधारित समाज अस्तित्व में हो तो खूनी क्रान्ति होगी। बिखरा हुआ मकान बगैर किसी सहायता के खड़ा नहीं रह सकता, यह लिंकन का कहना है। समाज में इस तरह के भेद लोकतन्त्र के लिए बड़ा खतरा है।

विरोधी दल होना ही चाहिए

लोकतन्त्र को सफल बनाने के लिए विरोधी दल प्रभावी होना चाहिए। इंग्लैंड में दल प्रतिबद्ध राजनीति का विशेष महत्त्व नहीं है। अपने यहाँ हर पाँच साल बाद मतदाताओं के पास जाने की सुविधा है। विरोधी दल को सरकार को अपने कार्य का भरोसा दिलाना चाहिए। अपने यहाँ विरोधी दल को कम महत्त्व दिया जाता है। और सरकारी दल को हद से ज्यादा महत्त्व तथा प्रसिद्धि मिल जाती है। यह कैसे होता है, पता नहीं। लोकतन्त्र के लिए इस तरह का दूजा भाव अनुकूल नहीं है। इसके अलावा अखबारवाले तो विरोधी दलों को महत्त्वहीन समझते हैं। इंग्लैंड में एकदम इससे भिन्न स्थिति है। वहाँ विरोधी दल के नेता को वेतन दिया जाता है। विरोधी दल के कारण इस बात का पता चलता है कि सरकार कहाँ गलती कर रही है। इसलिए वहाँ उसके लिए पैसे खर्च किए जाते हैं।

सरकार में समानता

लोकतन्त्र में तीसरी महत्त्वपूर्ण बात यह है कि कानून में और सरकार में समानता होनी चाहिए। किसी को व्यापार करना हो तो लाइसेंस चाहिए, इस बात को स्वीकार किया जाता है। कोई आदमी लाइसेंस माँगने के लिए मन्त्री के पास जाता है तो मन्त्री पहले उसकी टोपी की ओर देखता है। जो आदमी उसके दल का है उसे तुरन्त लाइसेंस मिल जाता है। दूसरा कोई गया तो लाइसेंस नहीं मिलता। योग्यता पर लाइसेंस नहीं मिलता। इसलिए राजव्यवस्था में व्याप्त सौतेलापन और भेदभाव खत्म होना चाहिए। वही बात कानून के सम्बन्ध में भी है। अपने दल के सदस्य पर मुकदमा चल रहा हो तो उसे वापस ले लेना या किसी दूसरे पर मुकदमा चलाया जाए इस तरह का प्रयास किया जाता है। इस तरह की बातें होती रहीं तो बड़ी अव्यवस्था फैल जाएगी।

पहले अमेरिका में भी इस तरह की व्यवस्था थी। लेकिन उस तरह की व्यवस्था लोकतन्त्र के अनुकूल नहीं है, यह महसूस करने के बाद उसे समाप्त कर दिया गया है। इंग्लैंड में राजनीतिक और नागरिक ऐसे दो भेद किए गए हैं। नागरी ऑफिसेस हमेशा

के लिए होते हैं। अपने देश में जब अंग्रेज थे उस समय इस तरह की व्यवस्था थी। अब वह व्यवस्था खत्म कर दी गई है। मैं जब वायसराय के कार्यकारी मंडल में था तब लॉर्ड लिनलिथगो का निजी सेक्रेटरी मेरे पास आया और उसने कहा, लॉर्ड लिनथिगो के नाम पर कोई संस्था या सड़क का नाम होना चाहिए। मैंने उसे इस बात पर सोचने और विचार करने का आश्वासन दिया। मैंने अपने यूरोपियन सेक्रेटरी से पूछा कि इस सम्बन्ध में क्या किया जा सकता है? उसने कहा, डॉक्टर साहब, आप इस तरह का कोई काम मत कीजिए। फिलहाल इस तरह की नीति हमारे लिए ठीक नहीं है।

सिद्धान्तों के साथ नैतिकता का मिलाप

लोकतन्त्र को संवैधानिक किन्तु नैतिक मूल्यों पर आधारित होना चाहिए।

जॉर्ज वॉशिंगटन ने अमेरिका के अध्यक्षपद के लिए तीसरी बार खड़ा होने से इनकार कर दिया था। उसने कहा, वंशपरम्परा से न तो मुझे अध्यक्ष बनना है और न तानाशाह बनना है। यदि हर साल मैं ही अध्यक्ष बनता रहा तो संविधान के सिद्धान्तों की क्या कीमत रहेगी? लोगों के बेहद प्रेम के कारण जॉर्ज वॉशिंगटन पुनः चुने गए। लेकिन उसने संविधान के तत्त्वों को नजरअंदाज नहीं किया। यही बात ड्यूक ऑफ विंडसर के सत्ता त्याग करने के समय हुई थी।

बहुमतवालों की अल्पमतवालों पर सत्ता नहीं चाहिए

लोकतन्त्र को बरकरार रखना हो तो बहुमत वाले दल की अल्पमत वाले दल पर हमेशा सत्ता नहीं रहनी चाहिए। अल्पमत वालों को उस सम्बन्ध में डरना भी नहीं चाहिए। हम अल्पसंख्यक होने पर भी सुरक्षित हैं, इस तरह से उन्हें महसूस होना चाहिए। इंग्लैंड के हाउस ऑफ कॉमन्स में अल्पमत वाले दल को ज्यादा महत्त्व देते हैं। अपने यहाँ उससे भिन्न स्थिति है। इंग्लैंड की संसद में स्थगन-प्रस्ताव स्पीकर ने न रखने दिया हो, ऐसा कभी नहीं हुआ। मैं मुम्बई में विरोधी दल में था, लेकिन हमारे पेश किए गए स्थगन-प्रस्ताव का मोरारजी भाई देसाई और खरे ने विरोध किया। उस समय के स्पीकर मावलंकर ने भी उन्हें सहयोग किया। स्पीकर द्वारा स्थगन-प्रस्ताव नामंजूर करने से पहले मन्त्री ने ही विरोध किया तो सभी कुछ खत्म हो जाता है। फिर अल्पसंख्यक लोगों को कोई चांस नहीं मिलता। इसी तरह की बातें बार-बार होने लगीं तो सभी अवैधानिक बातों की ओर ध्यान चला जाता है।

सामाजिक नैतिकता

लोकतन्त्र के लिए सामाजिक नैतिकता की भी जरूरत होती है। सामाजिक जीवन में कानून का हस्तक्षेप नहीं होना चाहिए, ऐसा लोगों को भी लगता है। अपने यहाँ सामाजिक नैतिकता पूरी तरह से खत्म हो चुकी है।

अन्याय के खिलाफ प्रतिकार

जनता को हमेशा अन्याय के खिलाफ सचेत रहना चाहिए। दक्षिण अफ्रीका के सत्याग्रह में आज गोरे लोग भी सम्मिलित होते हैं। उसका कारण अन्याय के प्रति नफरत की भावना है। जिन पर अन्याय हो रहा है, वे लोग अन्याय दूर न होने पर क्रान्ति के रास्ते पर चलने का फैसला करते हैं। इस तरह का उनका स्वभाव बन जाता है।

साप्ताहिक 'प्रबुद्ध भारत' के 2 मार्च, 1957 के अंक में प्रकाशित।

मेरे जीवन का सैद्धान्तिक आधार

*आकाशवाणी, नई दिल्ली ने **दि. 3 अक्तूबर 1954** को डॉ. बाबासाहेब अम्बेडकर का व्याख्यान प्रसारित किया था। उस व्याख्यान में डॉ. अम्बेडकर ने अपने जीवन के सैद्धान्तिक आधार के बारे में बोलते हुए कहा–*

मुझे पाँच मिनट में अपना जीवन दर्शन बताना है। दर्शन शब्द का अर्थ इस सन्दर्भ में मैं सामाजिक दर्शन समझता हूँ। हर आदमी के पास अपने जीवन के सन्दर्भ में कुछ-न-कुछ दर्शन होना उचित है। अपने बर्ताव को मापने के लिए मनुष्य को कुछ-न-कुछ कसौटी तय करनी जरूरी है। और जीवन से सम्बन्धित दर्शन ही वह कसौटी है। मैं जब यह कहता हूँ कि हर आदमी के पास अपने जीवन से सम्बन्धित दर्शन होना जरूरी है, इसका कारण यह है कि इस सिद्धान्त की कसौटी के कारण ही उसे इस बात का पता चलता है कि मैंने गलत किया है। और जब उसकी समझ में आएगा कि मैं गलत हूँ, उसी समय उसे अपने सिद्धान्तों के द्वारा अपना उत्थान करने की जिम्मेदारी समझ में आएगी। मैंने अपने जीवन के दर्शन को निश्चित कर लिया है। उसके आस्तिक और नास्तिक इस तरह के दोनों पहलू मैं अब स्पष्ट करने जा रहा हूँ।

नास्तिक दृष्टि से सांख्य दर्शन के त्रिगुणों पर आधारित और भगवद्गीता में प्रतिपादित हिन्दुओं का सामाजिक दर्शन मुझे पसन्द नहीं है क्योंकि मेरी मान्यता के मुताबिक कपिल के दर्शन का वह एक बहुत ही भद्दा स्वरूप है। और इसी कारण जाति-व्यवस्था और क्रमिक असमानता की व्यवस्था हिन्दुओं के सामाजिक जीवन का एक बुनियादी नियम बन गई है। आस्तिकता की दृष्टि से मेरा जीवन सम्बन्धी दर्शन तीन शब्दों में समाहित है–स्वतन्त्रता, समानता और सहभाव। लेकिन किसी को यह नहीं समझना चाहिए कि मैंने अपने जीवन दर्शन को फ्रेंच की क्रान्ति से लिया है। मैंने वैसा नहीं किया है, इस बात को मैं बड़े यकीन के साथ कहता हूँ। मेरे दर्शन की बुनियाद राजनीति गें नहीं, धर्म में है। मैंने अपने आदर्श भगवान बुद्ध की शिक्षा से इस दर्शन को अपनाया है।

मैं इस बात को बड़े आग्रह के साथ कहना चाहता हूँ कि मेरे जीवन दर्शन में स्वतन्त्रता का महत्त्व है। लेकिन उसी के साथ अनिर्बन्ध स्वतन्त्रता समानता के लिए खतरनाक भी होती है। मेरे दर्शन में समानता का स्थान स्वतन्त्रता से ज्यादा ऊँचा है।

फिर भी उसमें सम्पूर्ण समानता के लिए बिल्कुल स्थान नहीं है। क्योंकि असीम समानता ही स्वतन्त्रता के अस्तित्व में रोड़ा बन जाती है। और स्वतन्त्रता को बढ़ने के लिए पूरा मौका मिलना जरूरी है।

मेरे दर्शन में स्वतन्त्रता और समानता के अतिक्रमण से सुरक्षा मिले इसीलिए सिर्फ कानून का महत्त्व स्वीकार किया गया है। लेकिन मैं कानून के महत्त्व को बहुत कम महत्त्वपूर्ण मानता हूँ क्योंकि स्वतन्त्रता और समानता के भंग होने पर कानून निश्चित तौर पर समर्थ होगा, इस बात पर मुझे बिल्कुल यकीन नहीं है। यहाँ मैं भाईचारे को सबसे ऊँचा स्थान देना चाहता हूँ क्योंकि स्वतन्त्रता और समानता को नकारा गया तो उस समय भाईचारा ही वास्तव में रक्षक बनता है। सहभाव भाईचारे का दूसरा नाम है। और भाईचारा या प्रेमभाव ही धर्म का दूसरा नाम है। कानून या सहभाव का मूल्यांकन करते समय यह फर्क दिखाई देता है। इसका कारण यह है कि कानून धर्म से परे है, इसलिए कोई भी आदमी उसे भंग कर सकता है। लेकिन सहभाव या धर्म पवित्र होने के कारण उसका सम्मान करना हर आदमी का कर्त्तव्य समझा जाता है।

मेरा दर्शन किसी अमीर आदमी का ध्येयवाद है ऐसा समझना गलत होगा, बल्कि सामाजिक जीवन के त्रिगुण तत्त्वों को नष्ट करके हिन्दू समाज में क्रान्ति ला सके इस प्रकार का मेरा क्रान्तिकारी दर्शन है। इसलिए मैं इतना अहंकारी हूँ। मेरे कई दुश्मन हैं। लेकिन मुझे वे दुश्मन अच्छे लगते हैं क्योंकि मुझे मालूम है कि वे मेरी बात को बड़े ध्यान से सुनते हैं।

मेरा दर्शन सिर्फ मेरे लिए नहीं है, बल्कि वह दूसरों के लिए भी है। दूसरे शब्दों में कहा जाए तो मेरे दर्शन का एक खास उद्देश्य है। मुझे वैचारिक क्रान्ति करनी है, विचार परिवर्तन करना है। त्रिगुण तत्त्वों का आचरण करनेवालों को उनका त्याग करने के लिए प्रेरित कर मेरे दर्शन को स्वीकार करने की प्रेरणा देना है। यह एक मुश्किल काम है। और उसमें अधिक समय लगने की सम्भावना है।

आज भारत का आदमी दो अलग-अलग ध्येयवादों से नियन्त्रित है। संविधान की प्रस्तावना में दर्शाया गया ध्येयवाद और धर्म में समाया हुआ सामाजिक ध्येयवाद। जिसे समझ है उसकी समझ में आएगा कि ये दो एक-दूसरे के विरोधी ध्येयवाद हैं। राजनीतिक ध्येयवाद के कारण स्वतन्त्रता, समानता और सहभाव जैसे जीवन-मूल्यों को मान्यता मिली है। फिर भी प्रचलित सनातनी प्रवृत्ति के सामाजिक ध्येयवाद के कारण ये तत्त्व व्यवहार में अस्वीकार किए गए। इस तरह यह एक-दूसरे का विरोधी जीवन कितने दिन तक चलनेवाला है? कभी न कभी एक-दूसरे की शरण में जाना ही पड़ेगा, इसके अलावा और कोई विकल्प नहीं है। अपने जीवन दर्शन पर मेरा पूरा भरोसा है। और इसीलिए आज जो बहुसंख्य भारतीय लोगों का राजकीय ध्येयवाद है वह सभी का सामाजिक ध्येयवाद हो, इस बात की मुझे उम्मीद है।

शेड्यूल्ड कास्ट फेडरेशन को जिन्दा रखिए

दि. 26-27 अक्तूबर 1954 *को मुम्बई प्रदेश अखिल भारतीय शेड्यूल्ड कास्ट्स फेडरेशन की परिषद् मुम्बई के पुरन्दरे स्टेडियम में आयोजित की गई थी। परिषद् के पहले दिन मतलब दि. 26 अक्तूबर को डॉ. बाबासाहेब अम्बेडकर परिषद् में उपस्थित थे। इस परिषद् को सम्बोधित करते हुए उन्होंने कहा–*

दोस्तो,

जिस कार्य के लिए आप लोगों ने इस सभा का आयोजन किया था वह उद्देश्य सभा के आयोजक अच्छी तरह से समझते हैं, ऐसा नहीं दिखाई दे रहा है। अन्यथा यह सभा जिस खुली जगह पर हो रही है, वह अन्यत्र गुप्त जगह पर आयोजित की गई होती। मैं कार्यकर्त्ताओं को बहुत कुछ बताना चाहता था लेकिन वह गुप्त रूप से बताना था। अब मैं जो कुछ कहनेवाला हूँ वह स्पष्ट रूप से नहीं कह पाऊँगा। मैं उसका सिर्फ सार बताऊँगा। शेड्यूल्ड कास्ट फेडरेशन में जो गन्दगी फैली हुई है उसे दूर करने का मेरा प्रयास था। म्यूनिसपैलिटी के गटर भर जाने से जिस तरह गन्दगी फैल जाती है उसी प्रकार शेड्यूल्ड कास्ट फेडरेशन में भी गन्दगी फैली हुई है। उस गन्दगी को गुप्त रूप से साफ करना चाहिए था।

शेड्यूल्ड कास्ट फेडरेशन की राजनीति 1919 से शुरू हुई है। उससे पहले अछूत मुक्ति आन्दोलन का काम शुरू हो गया था। यह संस्था आज की नहीं है। वह कांग्रेस की उम्र की ही नहीं बल्कि उससे ज्यादा पुरानी संस्था है। कांग्रेस की शुरुआत गांधी से हुई, ऐसा यदि कहा जाए तो गलत नहीं होगा। और वह साल 1919 ही है। दुर्भाग्य की बात है कि उसी साल से हमें कांग्रेस का विरोध करना पड़ा। उस समय भी कांग्रेस का विरोध करना हमारा पहला काम था। क्योंकि उन्हीं के द्वारा हमारे हक़ों को पाँवों तले रौंदा जाता था। शेड्यूल्ड कास्ट फेडरेशन तब से बरकरार है। शेड्यूल्ड कास्ट फेडरेशन पत्थर का मजबूत किला है। कांग्रेस का किला पैसों पर खड़ा है। यह किला लोकमान्य तिलक निधि और गुजराती भाइयों की थैली की मदद पर खड़ा किया गया है। लेकिन शेड्यूल्ड कास्ट फेडरेशन का किला अछूत भाइयों की भावना से निर्मित किया गया है। इसलिए मेरी यह इच्छा है कि इस किले को टूटने न दें। मैंने शेड्यूल्ड कास्ट फेडरेशन की ओर पिछले दस साल से कोई ध्यान नहीं दिया है। इस 10 साल की

गैरमौजूदगी में शेड्यूल्ड कास्ट फेडरेशन में काफी विवाद खड़े हुए हैं। इससे पहले इस तरह के विवाद नहीं थे। हर आदमी ने शेड्यूल्ड कास्ट फेडरेशन में गुटबाजी शुरू की है। हरेक ने अपने छोटे-छोटे गुट बनाए हैं। एक गुट को दूसरा गुट बर्दाश्त करने के लिए तैयार नहीं है। इसी वजह से अपने लोग राजनीति के अच्छे तजुर्बेकार नहीं हो पाए हैं। उन्हें राजनीति का मतलब क्या है, इसकी पूरी समझ नहीं है। हमारे समाज में आपस में काफी मतभेद हैं। ऐसे मतभेद तुरन्त खत्म नहीं होते। मतभेद के पौधे फेडरेशन के पेट से उगते हैं। ये मतभेद उनके बेटों में भी बढ़ते हैं। इस तरह मतभेद बढ़ते ही जा रहे हैं। हमारे लोगों का ऐसा स्वभाव है। कांग्रेस जैसी पार्टी में भी मतभेद हैं। लेकिन अनुभव से यह कहना पड़ता है कि उनके पास कुछ अच्छे गुण भी हैं। उनका एक गुण बड़ा महत्त्वपूर्ण है। और वह यह कि जो बहुमत से तय होगा वे उसी को स्वीकार करते हैं। फिर उस बात का उनके विरोधी भी झूठा समर्थन करने लगते हैं। इस तरह का आचरण राजनीति में बहुत जरूरी है। यह बात अपने आपमें बड़ी खतरनाक है कि मेरी राय से कार्य होगा तो मैं संस्था में रहूँगा या जो हम करें वही अच्छा, यह नीति उचित नहीं है।

संस्था में कौन बड़ा है? डॉ. अम्बेडकर के बाद कौन? ऐसे मतभेद काफी बढ़ गए हैं। दलित फेडरेशन की बैठकों का आयोजन नहीं हो रहा है, चुनाव नहीं होते, इस तरह की बातें मैं कार्यकर्त्ताओं के मुँह से बार-बार सुनता हूँ। यह सारी बातें सच होने के बावजूद भी उनके बारे में क्या कभी उन्होंने सोचा है ? इन कार्यों पर खर्च होनेवाला पैसा हमारे पास नहीं है। इसलिए बैठकों का आयोजन करना और चुनाव करवाना हमारे लिए सम्भव नहीं है। यदि भोले[1] जैसे लोगों ने हमें आर्थिक मदद की तो हम साल में क्या, छह माह में बैठक कर सकते हैं। भोले को पैसों की व्यवस्था करके पूना में बैठक का आयोजन करना चाहिए। कांग्रेस जैसी संस्था के पास पैसा है, हम लोगों के पास पैसों का अभाव है। कुछ लोग कहते हैं कि हमें सरकार की आलोचना नहीं करनी चाहिए। उससे सहयोग करना चाहिए। अपने हक़ों को हासिल करना ही हमारा पहला काम है। यदि वे हमारे हक़ हमें हासिल न होते हों तो हम सरकार की आलोचना जरूर करेंगे। यदि हम सरकार की आलोचना नहीं कर सकते तो दलित फेडरेशन की जरूरत क्या है ? सरकार ईश्वर भी हो गई तब भी हम उसकी आलोचना करेंगे। और जिन्हें यह पसन्द न हो उन्हें दलित फेडरेशन छोड़ देनी चाहिए। क्या हमने सरकार के साथ सहयोग नहीं किया है ? क्या मैं चार साल तक उनके साथ नहीं था ? हमने उन्हें हर समय सहयोग दिया है। यदि सरकार हमारे लिए कुछ नहीं करती तो हम हमेशा उसकी आलोचना करते रहेंगे। हमें क्यों शान्त रहना चाहिए ?

लोग बताते हैं कि दलित फेडरेशन आक्रामक नहीं है। आक्रमण का मतलब क्या है? क्या आक्रमण की राजनीति हमारे लिए फायदेमन्द है? यदि हमने आक्रमण की राजनीति

---

1. आर. आर. भोले डॉ. बाबासाहेब अम्बेडकर के सहयोगी थे। वे महाराष्ट्र हाईकोर्ट के जज तथा पी.ई. सोसायटी के अध्यक्ष भी थे।

की तो उससे आप लोगों को नुकसान होगा। हम जेल जाकर बैठ गए तो अन्य लोग आप लोगों को सताएँगे। कहेंगे, बच्चो ! तुम लोग अम्बेडकर को मदद करते हो? हम तुम्हें देख लेंगे, ऐसा कहकर वे लोग तुम्हारा जीना हराम कर देंगे। इसलिए आप लोग मेहनत कीजिए। मेहनत करना मेरा धर्म बन गया है। मुझे अभी तक आराम नहीं मिला है। मैं आराम नहीं कर रहा हूँ। दूसरी बात अपना मन निर्मल होना चाहिए। उससे आपस के मतभेद समाप्त हो जाते हैं। दलित फेडरेशन में असली और मुख्य विवाद यही है कि डॉ. अम्बेडकर के बाद फेडरेशन का नेता कौन होगा? मैं इस बात का अर्थ नहीं समझ पा रहा हूँ। मेरे मरने से पहले ही यह विवाद पैदा हो गया है। इसलिए मुझे जल्दी मरना चाहिए या जीना चाहिए, यह सवाल मेरे सामने है। वास्तव में इस विवाद को यहीं समाप्त कर देना चाहिए। मैंने इसका एक उपाय खोज लिया है। इस विवाद को समाप्त करने के लिए दलित फेडरेशन के नेताओं का और सदस्यों का चुनाव होना चाहिए। तब कहीं यह विवाद समाप्त होगा। जो काम करता है, वही नेता है। लोग जानते हैं कि सच्चा नेता कौन है? यदि काम करते रहे तो लोग अपने आप समझ जाएँगे कि राच्चा नेता कौन है। इस प्रणाली को अमल में लाने के लिए हमें चार आने का चन्दा नहीं चाहिए। दलित फेडरेशन में पैसे खाने की आदत बहुत बढ़ चुकी है। इसलिए हमें कांग्रेस की तरह चार आने का बन्धन नहीं चाहिए। हर दलित आदमी दलित फेडरेशन का सदस्य है। वह अपने आपको भले ही सदस्य न समझे लेकिन हम उसे अपना सदस्य समझेंगे। इस तरह से हर गाँव के लोगों को अपने गाँव से पाँच लोग चुनने चाहिए। इस तरह तहसील के सभी गाँवों से पाँच-पाँच लोग मिलकर अपना अध्यक्ष, सेक्रेटरी चुनें। इससे किसी को कोई शिकायत नहीं रहेगी। ऐसा चुनाव सबको एक सूत्र में बाँधकर रखेगा। जो पैसा इकट्ठा होगा उसे बैंक में जमा किया जाएगा।

जो लोगों के लिए झगड़ते हैं वे ही नेता होते हैं। यह बात लोग समझते हैं और इसीलिए काम करना चाहिए। अब मैं राजनीति से हटनेवाला हूँ। अब मैं सिर्फ सलाह देता रहूँगा। मेरा सहयोग आपको मिलेगा। मैं आपको सलाह देने के लिए हमेशा तैयार रहूँगा। मेरी यही इच्छा है कि मैं यदि शेड्यूल्ड कास्ट फेडरेशन से बाहर भी रहा तब भी फेडरेशन को बरकरार रखना चाहिए। हमारे लिए चुनाव में स्थान नहीं, ऐसा नहीं समझना चाहिए। हम हमेशा ही चुनाव जीतेंगे, ऐसा नहीं है। किदवई मेरा दोस्त था। वह कांग्रेस की जान था। उसके बगैर कांग्रेस अनाथ हो गई है। उसी तरह जवाहरलाल नेहरू भी। वे भी कांग्रेस की जान हैं। उनके बाद कांग्रेस कुछ नहीं रहेगी। लोग आपके पीछे चलेंगे। दूसरों के मकान टूट भी जाएँ लेकिन अपनी झुग्गी बरकरार रखिए। लोग आपकी झुग्गी में आश्रय पाएँगे। आपकी झुग्गी बरकरार रही तभी आपकी विजय है।

यह संगठन ब्राह्मणेतर संगठन के साथ सहयोग कर रहा था। हम उनसे सहयोग करते रहे। लेकिन बाद में वह संगठन कांग्रेस से मिल गया। उनमें विनाशबुद्धि पैदा हो गई। हम लोगों को अपना लक्ष्य हासिल करने के लिए दूसरों के साथ सम्बन्ध रखने होंगे। हमें किसके साथ सम्बन्ध रखना चाहिए, यह मैं आपको बाद में बताऊँगा। जो

पार्टी हमारी भलाई चाहेगी वह हमारी दोस्त रहेगी। राजनीति में विवाद होते हैं, उन्हें भूलने की आदत होनी चाहिए। अन्दरूनी विवाद बढ़ते रहते हैं। यह उचित नहीं है। मेरा मन साफ है। मेरे भी दूसरों के साथ मतभेद होते हैं। परन्तु मैं उन्हें जल्दी भूल जाता हूँ। आदमी का मन फूल की तरह साफ होना चाहिए। मारवाड़ियों की मूँछों की तरह अपनी नीति रखनी चाहिए। अपना लक्ष्य हासिल करने के लिए कभी मूँछें ऊपर तो कभी मूँछें नीचे। यही मारवाड़ी नीति है। इस तरह से अपनी नीति तय करनी चाहिए। आप इस बात को ध्यान में रखिए, इतना कहते हुए मैं आपसे विदा लेता हूँ।

साप्ताहिक 'जनता' के 6 नवम्बर, 1954 के अंक में प्रकाशित।

मेरा जीवन मेरे तीन मार्गदर्शकों से प्रेरित

*गुरुवार, **दि. 28 अक्तूबर 1954** को मुम्बई के पुरन्दरे स्टेडियम में डॉ. बाबासाहेब अम्बेडकर का हीरक महोत्सव सभारम्भ बड़े ही हर्षोल्लास के साथ मनाया गया था। इस सभारम्भ में समाज कार्य के लिए डॉ. अम्बेडकर को रु. एक लाख अट्ठारह हजार की निधि भेंट स्वरूप दी गई थी। और उनसे अनुरोध किया गया था कि यह सारा रुपया वे अपने तबियत की देखभाल पर खर्च करें। लेकिन डॉ. अम्बेडकर ने कहा कि 'मेरे जैसे बैरिस्टर के लिए आप जैसे गरीब लोगों के अपने पसीने से कमाया पैसा लेना बेशर्मी की बात है।' और उन्होंने उस निधि को इमारत फंड में दे दिया। इस अवसर पर डॉ. अम्बेडकर ने अपने भाषण में कहा–*

दोस्तो,

आप लोगों ने यह जो एक लाख अट्ठारह हजार रुपयों की थैली दी है, यह एकदम हलकी है, (हँसी)। मेरे मन में थोड़ा-सा सन्देह पैदा हो गया है। फिर भी यह जो बड़ी धनराशि मैनेजिंग ट्रस्टियों ने प्रदान की है, उसकी सारी जिम्मेदारी मैं उन्हीं को सौंपना चाहता हूँ।

अभी यह बताया गया कि मेरी हीरक जयन्ती सम्पन्न करने के उपलक्ष में यह थैली दी गई है। मेरा हीरक जयन्ती महोत्सव तो एक बहाना है। यह पैसा तो आप लोगों का ही है और एक हॉल बनाने के लिए इकट्ठा किया गया है। इसे स्थायी स्वरूप प्राप्त हो इसलिए मैंने सिर्फ यह कहा है कि इस निधि को मेरी उम्र के साठ साल पूरे होने पर दिया जाए। इस निधि को इकट्ठा करने के लिए बरसों पहले प्रयत्न शुरू कर दिए गए थे। 1942 में मेरी नियुक्ति एग्जीक्यूटिव कौन्सिल में हुई थी इसलिए मुझे मुम्बई छोड़कर जाना पड़ा। उस समय पैसा इकट्ठा करने का काम काफी धीमी गति से चल रहा था। इसलिए 1952 में लौटकर आने के बाद पुनः उस काम को शुरू किया गया। लेकिन दुर्भाग्य से इमारत के लिए जो जगह खरीदी गई थी उसमें किराएदार बस गए थे इस कारण इमारत का काम शुरू करना सम्भव नहीं हुआ। किराएदारों को निकालना भी मुश्किल हो गया है। अब इस बारे में अधिक कहने की जरूरत नहीं। मैंने अपने व्यक्तिगत प्रभाव से मुम्बई का कानून बदलवाया है। उस कानून की वजह से किराएदार

अब निकल जाएँगे और इमारत का काम पुनः शुरू हो जाएगा। मैंने जो यह कार्य किया है, वह लोगों के लिए किया है और यह जो पैसा इकट्ठा हुआ है वह भी आप लोगों का ही है। यह पैसा अपने समाज के इन गरीब भाइयों तथा बहनों के पसीने का पैसा है। मैं बैरिस्टर हूँ और एग्जीक्यूटिव कौन्सिल का सदस्य रहा हूँ। इसलिए बीमारी का बहाना बनाकर इन गरीब लोगों का पैसा लेना शर्म की बात है। इसलिए यह सारा पैसा जैसा कि मैंने बताया है, इमारत निर्माण के लिए ही खर्च होगा। मुझे उसमें से एक पाई भी नहीं चाहिए। इस तरह की घोषणा मैं यहाँ कर रहा हूँ, (तालियाँ)।

दोस्तो! आज जब मैं यहाँ आया हूँ उस समय मेरे पूर्व जीवन में जो कुछ घटनाएँ घटीं वे सारी घटनाएँ मेरी आँखों के सामने सिनेमा की तस्वीरों की तरह एक-एक कर घूमने लगीं। मेरा जन्म कहाँ हुआ, मेरे पिता मुझे कहाँ-कहाँ ले गए? उन्होंने मेरे लिए क्या-क्या किया? ये सारी बातें आँखों के सामने आने लगीं। लेकिन मुझे यहाँ एक बात कहनी है और वह यह कि मेरी उम्र के साठ साल पूरे हुए हैं, इसका प्रमाण क्या है? (हँसी)। मैं किस साल में पैदा हुआ, इस बात का रिकॉर्ड नहीं है। क्योंकि मेरे पिताजी सिक्स्थ पायोनियर बटालियन में थे। बाद में वे सेवन पायोनियर बटालियन में गए। उस समय मैं पैदा हुआ और मैं उनका बेटा हूँ, इस बात का कोई महत्त्व नहीं है। उन्होंने मेरी जन्मतिथि भी कहीं दर्ज नहीं की। यह मामूली बात है, लेकिन यह भी वे नहीं कर सके। आज मेरी जो जन्मतिथि है वह सही है, यह कोई नहीं कह सकता।

किन्तु अपने बारे में दो बातें निश्चित रूप से कही जा सकती हैं। राजपूताने के महू गाँव में मेरा जन्म हुआ। इससे मेरा कोंकण से कोई सम्बन्ध नहीं रहा। मेरे पिताजी कोंकण के ही थे लेकिन नौकरी के लिए उन्हें राजपूताने जाना पड़ा। मेरा जन्म महू में हुआ है यह बात सही है। दूसरी बात यह कि मेरा जन्म, दिन के ठीक बारह बजे हुआ। उस समय मेरे पिताजी काम पर थे। और मेरी माँ प्रसवा हो रही थीं। मेरा पिंड बहुत बड़ा था। इसलिए कहते हैं कि प्रसव के समय मेरी माँ को काफी परेशानी हुई थी। मेरे पिता चिन्तित थे। किन्तु आया ने आकर उन्हें बताया कि, ''घर जाइए, आपका लड़का हुआ है।'' उस समय बारह की घंटी बज चुकी थी।

तीसरी बात यह है कि मैं मूल नक्षत्र में पैदा हुआ था और ज्योतिषी ने बताया था कि यह लड़का बहुत अशुभ है। इसकी माँ जल्दी मर जाएगी। इसलिए मैं अपने अन्य भाइयों के लिए भी अप्रिय ही रहा। हर कोई मुझसे नफरत करता था और कहता, ''यह बच्चा माँ के लिए अशुभ है।'' हमारी माँ बहुत जल्दी मर गई। मेरे जन्म के बारे में इस तरह से तीन बातें बताई जाती हैं।

मेरे बचपन के बारे में जानना चाहेंगे तो उसके बारे में मुझे ही आश्चर्य होता है। मैं बारह-तेरह साल का था तभी से सबको यह लग रहा था कि मैं अपने खानदान का नाम बदनाम करूँगा। यह कुछ नहीं कर पाएगा। क्योंकि मैंने बारह-तेरह साल की उम्र तक लंगोटी के अलावा कुछ नहीं पहना, (हँसी)। इसके अलावा घर-घर जाकर महिलाओं से पूछता था कि क्या आपके घर लकड़ियाँ तोड़नी हैं? मुझे शुरू में पढ़ाई-लिखाई में

कोई रुचि नहीं थी। माँ के देहान्त के बाद मेरी देखभाल मेरी बुआ ने की थी। मैं सोच रहा था कि पढ़ने-लिखने से क्या होगा? छह माह तक मैंने माली का धन्धा किया। मिलिट्री कैम्प में बगीचा था। बगीचे के माली के लड़के के साथ मैंने दोस्ती की। मिट्टी-पत्थर ढोए। जमीन साफ-सूफ की। बगीचे में नल से सिंचाई की जाती थी किन्तु नल से यह काम ठीक से नहीं हो पाता था इसलिए मैंने घर की छत की खपरैलें निकालीं और उनसे नालियाँ बनाईं। आज लगता है उस समय मेरा जीवन कैसा था!

जब हम सतारा में थे तब वहाँ हमारे अन्य रिश्तेदार भी थे। वहाँ गोबर, कूड़ा-करकट इकट्ठा रहता था। उस नाबदान के पास एक गूलर का पेड़ था। मैं पेड़ पर चढ़ने के लिए काफी लालायित रहता था। शायद बन्दर भी उतनी जल्दी पेड़ पर नहीं चढ़ सकता था, जितनी जल्दी मैं उस पेड़ पर चढ़ जाता था। अब मैं एक पाँव से अपाहिज हूँ। मैं उस पेड़ पर चढ़ता था और उस पर कम्बल बिछाकर सोता था। हवा के तेज झोंके आए तो कूड़ेदान पर छलाँग लगाकर कूद जाता था। उस समय सतारा में प्लेग फैला था। लोग कहते थे कि बहुत से लोग प्लेग से मर गए हैं। इस बच्चे को प्लेग क्यों नहीं हो रहा। यह थी मेरी हालत! जब एक बार कसाई ने तीन रुपए में बकरी का सौदा नहीं किया तब हमने पैसे इकट्ठा किए और दो बकरियाँ खरीद लीं। उस समय हम बाँस के लम्बे डंडे को लेकर बकरियाँ चराते थे। एक दिन रास्ते में किसी ने कहा कि ये बकरियाँ अच्छी नहीं हैं। उसने कहा, बगैर सींगवाली बकरियाँ अच्छी होती हैं। इस तरह की शरारतें करने में मेरे वे दिन कभी के बीत गए।

घर के लोगों ने मुझे बड़े प्यार से पाला। हमारी बुआ थी। वह मुझे बहुत प्यार करती थी। उसने हम सभी को जीवन दिया था। मैं बगैर माँ का बेटा था इसलिए मुझे कोई सताता नहीं था और उसी कारण मैं अपनी स्वतन्त्रता का गलत फायदा उठाता था। सबको लगता था कि यह बच्चा अपने जीवन में कुछ नहीं कर पाएगा। जिन्होंने मुझे पाला-पोसा उनमें से आज कोई जिन्दा नहीं है। वे लोग आज मेरा यह सम्मान देखने के लिए मौजूद होते तो मुझे बड़ी खुशी होती। इस तरह से मेरा बचपन बीता। आप लोग जानते ही हैं कि अब जीवन में कितना बदलाव आ गया है। यदि मैं गाय-भैंस चराने का ही काम करता या मेहनत-मजदूरी ही करता तो मैं इस स्थान तक नहीं पहुँचा होता। मेरे पिताजी मुझे बार-बार कहते थे, 'छाँव में बैठकर किए जानेवाले काम कर', इन संस्मरणों को इकट्ठा करके मैं अपनी आत्मकथा तो नहीं पर एक छोटी-सी किताब 'मेरा बचपन' नाम से लिखना चाहता हूँ। इस किताब में मैं इन सभी बातों को विस्तार से लिखूँगा।

इसका यह मतलब नहीं कि मुझमें पैदायशी कुछ गुण थे जिनकी वजह से मैं इस स्थान तक पहुँचा हूँ। मेरा जीवन जैसे चल रहा था वैसे ही चला होता तो मैं एक विशुद्ध नैतिक आदमी ही हुआ होता। किन्तु मुझे अपना पूरा ख्याल था। मुझे जीवन में जो प्रेरणा मिली, वह क्यों और कैसे मिली इस बात की चर्चा मैं करनेवाला हूँ।

मेरे तीन मार्गदर्शक हैं। हर किसी के मार्गदर्शक होते ही हैं। उसी तरह मेरे भी हैं।

मैं न तो संन्यासी हूँ और न बैरागी। फिर भी मेरे मार्गदर्शक हैं। मेरे पहले और श्रेष्ठ मार्गदर्शक हैं बुद्ध। मैं जब दस-बारह साल का था तब मेरे पिताजी कबीरपन्थी साधु थे। यह मुझे अच्छी तरह याद है। मेरे पिताजी के घर को धर्मासन कहा जा सकता है, उसी प्रकार विद्यासन भी कहा जा सकता है। मेरे पिता ज्ञान के बड़े इच्छुक थे, उसी तरह वे धर्मपरायण भी थे। उन्होंने मुझसे बचपन में ही रामायण, महाभारत आदि सभी ग्रन्थों का पाठ करवा लिया था। रामायण, महाभारत के अध्ययन से मेरे मन पर बड़ा असर पड़ा। मेरे पिता मुझसे कहते थे 'हम गरीब हैं इसलिए डरने की कोई बात नहीं। तू विद्वान क्यों नहीं हो सकता?' एक बार मैंने एक इम्तिहान पास कर लिया था। उस समय चाल में रहनेवाले लोगों ने मेरे पिता की इच्छा न होने पर भी दादा केलुसकर की मदद से मेरा सम्मान करने का निश्चय किया था। मेरे पिता कह रहे थे, 'मत कीजिए सम्मान, बच्चों का इस तरह से सम्मान किया गया तो उन्हें लगता है कि हम नेता बन गए।' (हँसी और तालियाँ)। आखिरकार सम्मान हुआ। और दादा केलुसकर ने मुझे बुद्ध के चरित्र की एक किताब भेंट की। इस किताब को पढ़ने के बाद मेरे मन में एक नई किरण फूटी। हनुमान, सीता, राम बनवास गए। धोबी के कहने पर राम के द्वारा सीता का त्याग करना, कृष्ण की सोलह हजार औरतें आदि बातें मुझे भयानक लगती थीं। इस तरह की बातें मेरे मन को प्रभावित नहीं कर रही थीं। किन्तु बौद्ध धर्म के उस अध्ययन से मुझे और गहराई से अध्ययन करने की इच्छा हुई। उस धर्म का प्रभाव मेरे मन पर अटल है। और मुझे पूरा यकीन है कि दुनिया का कल्याण सिर्फ बौद्ध धर्म से ही हो सकता है। हिन्दू लोगों को अपने राष्ट्र का उत्थान करना हो तो उन्हें बौद्ध धर्म को ही स्वीकार करना चाहिए, यह मेरी उन्हें हमेशा के लिए सलाह है।

मेरे दूसरे मार्गदर्शक कबीर हैं। मेरे पिता कबीरपन्थी थे। उसी की वजह से कबीर के जीवन का और सिद्धान्तों का मेरे मन पर बड़ा प्रभाव पड़ा है। मेरी राय में कबीर को बुद्ध के दर्शन का असली रहस्य पता चल गया था। मैंने किसी को बड़ा नहीं कहा है। मैंने गांधी को महात्मा नहीं कहा। क्योंकि कबीर ने कहा है कि "मनुष्य होना ही कठिन है। साधु बने तो क्या बने।" फिर जो मनुष्य नहीं हुआ वह साधु क्या होगा? और मेरे तीसरे मार्गदर्शक हैं ज्योतिबा फुले। अब्राह्मण समाज के असली मार्गदर्शक वे ही हैं, महात्मा फुले ने ही दर्जी, कुंभकार, नाई, ढिमर, महार, मातंग, चमार आदि दलित पिछड़ों को इनसानियत का पाठ पढ़ाया है। पहले राजनीति में हम ज्योतिबा की राह पर ही चल रहे थे। बाद में मराठा लोग हमसे अलग हो गए। कुछ लोग जूठन खाने के लिए कांग्रेस में चले गए और उनमें से एक हमारे रा-ब-बोले हिन्दू महासभा में चले गए। वे वहाँ आज भी मौजूद हैं। कोई कहीं भी जाए। लेकिन हम तो ज्योतिबा की राह पर ही चलेंगे। साथ में कार्ल मार्क्स तथा अन्य मनीषियों के सिद्धान्तों का भी अनुकरण करेंगे। लेकिन ज्योतिबा की राह से हटेंगे नहीं। ये हैं मेरे तीन मार्गदर्शक। उन्हीं की शिक्षा से मेरा जीवन फला और फूला है।

उसके बाद मेरे लिए तीन बातों का बड़ा महत्त्व है। किसी के लिए मरी माँ, खण्डोबा

आदि देवता बड़े महत्त्वपूर्ण होते हैं। उसी प्रकार मेरे लिए तीन मार्गदर्शकों का बड़ा महत्त्व है। मेरे लिए पहली महत्त्वपूर्ण चीज है शिक्षा। शिक्षा के बिना मनुष्य को शान्ति नहीं मिलती और इनसानियत भी हासिल नहीं होती। शिक्षा को सभी को हासिल करना चाहिए। वह महासागर की तरह है। बुद्ध ने कहा था कि बौद्ध धर्म विशुद्धि का धर्म है। यहाँ भेदभाव नहीं है। यहाँ श्रमण, भिक्खु, ब्राह्मण, भंगी फिर वह कोई भी हो, सभी एक हैं। मेरे संघ में आने से पहले नदी-नालों के बाद उनका नाम कुछ भी हो। यमुना, ब्रह्मपुत्र हो या गंगा, गोदावरी हो या कोई भी नदी हो लेकिन ये सारी नदियाँ अपने प्रदेशों से बहते हुए सागर में जाने के बाद उनका पानी एक हो जाने के बाद फिर उस पानी को अलग नहीं दिखाया जा सकता कि यह अमुक नदी का पानी है, यह गंगा का पानी है या गोदावरी का पानी है। इसलिए मेरा संघ एक महासागर की तरह है। यहाँ जाति-पाँति नहीं है, सभी एक हैं। आप लोगों को ज्ञान हासिल करने की इच्छा है, उसे हासिल कीजिए। जिस प्रकार मनुष्य को जीने के लिए भोजन की आवश्यकता होती है, उसी प्रकार ज्ञान की भी जरूरत है। ज्ञान के बगैर कोई भी आदमी कुछ नहीं कर सकता। आज भारत में 70 प्रतिशत लोग अनपढ़ हैं। ब्रह्मदेश में 70 प्रतिशत लोग पढ़े-लिखे हैं। इसका कारण ब्राह्मणों ने आज तक हम लोगों को पढ़ने नहीं दिया, यही उसका कारण है। धर्म के कानून हमारे रास्ते में पत्थर की तरह आड़े आ गए। और हमें ज्ञान से, पढ़ने-लिखने से दूर रखा गया। हमारे लोग पत्थर को ही शिक्षा मानते थे। इसलिए हमारी धार्मिक मान्यताएँ पतित हुई हैं। हमारे लोगों में पत्थर की पूजा करने वाले श्रद्धालु सभी हैं। संत तुकाराम ने एक जगह कहा है कि 'मिन्नत मागने से बाल-बच्चे होते तो स्त्री को पति की क्या जरूरत है?' हम लोगों को पढ़ने-लिखने का मौका नहीं दिया गया। शिक्षा सबसे बड़ी चीज है। मुझे पढ़ाई-लिखाई का बेहद शौक है। ब्राह्मणों के घरों में उतनी किताबें नहीं हैं, जितनी किताबें आज मेरे पास दिल्ली में हैं। करीब-करीब बीस हजार किताबें मेरे पास हैं। क्या इतनी किताबें किसी ब्राह्मण के पास हैं? अगर हों तो उन्हें दिखानी चाहिए। मेरी ओर ठाकुर एण्ड कम्पनी के हजारों रुपये के बिल रुके पड़े हैं। मुझे कहीं से भी उधार में किताबें मिल जाती हैं। जहाँ मेरी उधारी रुक गई वहाँ मैं उनके गेट के सामने अपनी गाड़ी खड़ी कर देता हूँ। मुझे पढ़ाई-लिखाई का इतना शौक है। इस तरह का शौक सभी को होना चाहिए। जैसे कोई नई दुल्हन अपने मायके चली जाती है फिर रात के बारह बजे उसके पति को उसकी याद सताती है। फिर वह आदमी उसी समय उठकर न समय देखता है न और कुछ और वह अपनी पत्नी के मायके पहुँच जाता है। इतना जिसका किताबों के प्रति प्रेम होगा वही वास्तव में उसका साधक होगा। मैं 24 घण्टे किताबों की ही साधना करता रहता हूँ।

मेरी दूसरी सबसे प्यारी चीज है स्वाभिमान। मैंने किसी के सामने हाथ नहीं फैलाया। मेरा लक्ष्य यही था कि मेरा पेट भी भरना चाहिए और अपने लोगों की भी सेवा करनी चाहिए। डॉ. परांजपे के आग्रह पर मैं एक महाविद्यालय में अर्थशास्त्र का

प्रोफेसर बना। उस समय उन्होंने मुझे तेरह व्याख्यान देने के लिए कहा। उस समय मैंने कहा, मैं सिर्फ चार व्याख्यान दूँगा। अगर आपको पसन्द हो तो रखिए अन्यथा मेरा रास्ता मेरे लिए खुला है। क्योंकि मुझे अपने लोगों की सेवा करनी थी। उसके लिए मुझे समय चाहिए था। मैंने पोयबावली नाके की 48 और 50 नम्बर की खोली में कनकी का चावल और कनकी की रोटी खाई है, लेकिन समाज-सेवा को छोड़कर ऊँची तनख्वाह वाली नौकरी के पीछे नहीं दौड़ा। रास्ता निकल आया। लोगों ने थैलियाँ स्वीकार कर अपने घर बनाए। मेरे परिचित एक नेता के बारे में कहा जाता है कि उसने 47 हजार का प्रॉमिसरी नोट लिखकर दिया था। और लोगों ने जब उसे 1 लाख की थैली अर्पित की तब उसने उसे लौटाया। मैं उस तरह से नहीं करना चाहता। मैंने अपना पेट स्वयं भरकर जो कुछ सेवा करनी थी उसे मैंने पूरा किया। नौकरी तो मुझे करनी ही नहीं थी। जो भी गवर्नर जनरल आया, उसके साथ मेरी दोस्ती रही। लेकिन मैंने किसी के भी सामने हाथ नहीं फैलाया कि आप मुझे कोई पद दीजिए। हाँ, मैंने दूसरों के लिए कुछ किया होगा, लेकिन स्वयं के लिए मैंने एक अंगुल भर चिठ्ठी भी लिखी हो तो कोई बताए। लेकिन एग्जीक्यूटिव कौन्सिलर बनने की मेरी बड़ी इच्छा थी और वह पूरी भी हुई। अब मुझे न पेन्शन, न वेतन, न प्रोविडेण्ट फण्ड, कुछ नहीं मिलता। एक बार अंग्रेजों के राज में मैंने कौन्सिलरशिप को स्वीकार किया और एक बार कांग्रेस के राज में। लेकिन वहाँ भी मेरी कांग्रेस से नहीं बनी। मैं जज हो सकता था। लेकिन वहाँ फँस जाने से क्या फायदा! इसलिए मैं यही कहना चाहता हूँ कि दीनता नहीं होनी चाहिए। बल्कि यह मानना चाहिए कि मैं भी कुछ हूँ। मेरा स्वाभिमान इतना गहरा है कि मैं ईश्वर को भी अपने से छोटा मानता हूँ।

और मेरी तीसरी प्रिय चीज है शील। मुझे आज भी याद नहीं आ रहा है कि मैंने जीवन में कभी किसी के साथ दगाबाजी, धोखाधड़ी या खुद के स्वार्थ के लिए कोई गलत काम किया हो। और इस बात का मुझे बड़ा फख्र है। मैं कई बार यूरोप गया। फिर भी मैंने आज तक शराब नहीं पी। मैंने बीड़ी-सिगरेट नहीं पी। मुझे किसी प्रकार का शौक नहीं है। मुझे किताबें और कपड़े बहुत पसन्द हैं। शील संवर्धन करने का गुण मेरे पास है और उसके बारे में बताने में मैं गर्व महसूस करता हूँ। इस तरह से मेरे तीन मार्गदर्शक और तीन प्रिय चीजें हैं। मैं उन्हीं से बना हूँ। मैं आज जिस स्थिति में हूँ उस स्थिति तक पहुँचने के लिए ये चीजें बड़ी सहायक रही हैं। मैं तो सिर्फ एक निमित्त हूँ। मैं गुणों से बना हुआ एक पुतला हूँ। इसलिए आप उन्हीं का अनुकरण कीजिए। आप लोगों ने मेरा सम्मान किया है, वह व्यक्ति के लिए नहीं किया है बल्कि इन तीन बातों के आदर्श के रूप में उनके प्रति अपनी कृतज्ञता व्यक्त करने के लिए किया है। इस बात को मानते हुए मैं इस थैली को स्वीकार कर रहा हूँ।

मैं 1919 से मतलब गांधीजी ने जब से राजनीति में अपना कदम रखा तब से मैं राजनीति में हूँ। फिर भी मेरी उनसे पटी नहीं। हमने कई प्रकार के प्रयास किए। महाड में पानी का सत्याग्रह, नासिक के कालाराम मन्दिर प्रवेश का सत्याग्रह, कई तरह के

सत्याग्रह आन्दोलन किए हैं। लेकिन किसी ने भी हमदर्दी नहीं दिखाई। हमारे व्यंग्य-चित्र अखबारों में छपते थे। रिपोर्टर हमारे आयोजनों में नहीं आते थे। मैं 'बहिष्कृत भारत' का सम्पादक था। मैंने 1919 से 1942 तक संपादन-कार्य किया। एक बार मैंने 'केसरी' में विज्ञापन भेजा। उसी के साथ विज्ञापन का बिल तीन रुपये का मनीआर्डर भी भेजा। लेकिन वह वापस लौट आया। क्योंकि अखबार में जगह नहीं थी, इसलिए। मैंने टाइम्स ऑफ इण्डिया को टेलीफोन किया। उन्हें लगा कि कहाँ के भिखमंगे लोग तंग करने लगे। वहाँ से भी कोई जवाब नहीं आया। और अब रिपोर्ट के लिए सारे रिपोर्टर पीछे पड़ जाते हैं। यह है हकीकत। हमारा आन्दोलन यहाँ तक पहुँचा है। मैं सचमुच में महार लोगों का कृतज्ञ हूँ। मैं यह जो सब कुछ कर सका वह सिर्फ महार लोगों के बल पर ही। यह मेरा तीस साल का अनुभव है। महार लोग लड़ने-झगड़नेवाले लोग हैं, लड़ सकते हैं, कुर्बानी दे सकते हैं, त्याग कर सकते हैं। अन्य कोई भी जाति इस तरह का काम नहीं कर सकती। इसलिए मेरी दृष्टि से उनका मुझ पर बड़ा एहसान है। मैं उनकी जाति का नाम लेकर बोल रहा हूँ। इसलिए कोई मुझ पर आरोप लगा सकता है। लेकिन मैं जिस जाति में पैदा हुआ हूँ, उसके लिए मुझे बड़ा गर्व है। अछूत समाज इस स्थिति में आ पहुँचा, इसमें सबसे ज्यादा योगदान पुरुषों का है। उसमें महिलाओं की भी बड़ी हिस्सेदारी है। 30 साल पहले की महिलाएँ स्वच्छ-साफ नहीं रहती थीं। उस समय मुझे महिलाएँ 'ब्राह्मण' ही समझती थीं। और वह कहती थीं कि 'हमें ब्राह्मण नहीं होना है।' आज उस प्रकार की स्थिति नहीं है। फिर भी हम आज तक असली ऊँचाई पर नहीं पहुँचे। हम बीचोबीच हैं। आगे बढ़ते जा रहे हैं। कब पाँव फिसल जाएगा, कुछ नहीं कह सकते। आज भी खतरनाक स्थिति बरकरार है, इस बात को स्वीकार कर लेना चाहिए। मैं नेता हूँ या वह नेता है इस तरह के विवादों को खत्म कर देना चाहिए। सार्वजनिक कार्यों को मदद कीजिए। हजारों प्रकार की संस्थाएँ दान-धर्म करके जाति का उद्धार करती हैं। ब्राह्मणों की कोंकणस्थ ब्राह्मण, देशस्थ ब्राह्मण, सारस्वत ब्राह्मण प्रभु आदि इस तरह की संस्थाएँ हैं। उन्होंने अपनी जाति के छात्रों को यूरोप पढ़ने के लिए भेजा है। उन्हें बड़े-बड़े सत्तापद दिलवाए हैं। इन बातों की ओर ध्यान देते हुए आपने एक माह में एक रुपया देने का संकल्प किया तो हर साल बहुत बड़ा काम होगा। अब मैं आठ-दस साल तक ही जी सकूँगा। बाबासाहब हैं इसलिए हमें कुछ नहीं करना है, ऐसा कहने से काम नहीं चलेगा। मैं अब राजनीति से दूर रहूँगा। आपको ही अपना भविष्य बनाना है। आप लोग त्याग, मेहनत, जिद्द, निस्वार्थता से मिल-जुलकर कार्य कीजिए। आप मेरी मौजूदगी में क्या करते हैं, यह मुझे देखने दीजिए। मेरे मरने के बाद आपने अच्छा किया या बुरा किया इस बात का मुझे पता कैसे चलेगा? मैं आप लोगों को पूरी तरह से सचेत कर रहा हूँ।

साप्ताहिक 'जनता' के 6 नवम्बर, 1954 के अंक में प्रकाशित।

अपना उत्थान खुद करना चाहिए

*दि. **14 नवम्बर 1954** को हैदराबाद में डॉ. बाबासाहेब अम्बेडकर को एक समारम्भ के लिए निमन्त्रित किया गया था। उनकी तबियत ठीक नहीं रहती थी। उसके बावजूद भी वे हैदराबाद गए। उन्होंने हैदराबाद में दलित समाज के छात्रों को सम्बोधित करते हुए कहा–*

जिन लोगों ने इस छात्रावास को शुरू किया है उन्हें धन्यवाद देना चाहिए। उसी प्रकार हैदराबाद सरकार का भी आभार मानना जरूरी है। छात्रों को इस तरह का बर्ताव नहीं करना चाहिए जिससे लोग उनकी ओर उँगली उठा सकें। उन्हें जो सुविधाएँ मिल रही हैं उनका उन्हें सही समय पर लाभ उठाना चाहिए। मेरे समय की स्थिति तो बहुत बदतर थी। हमारे पास दस फुट लम्बा और दस फुट चौड़ा कमरा था। उसमें सामान के अलावा परिवार के दस लोग, एक बकरी और दो पैसे में खरीदा गया एक तेल का दीया था। हमारा बड़ा परिवार था। ऐसी स्थिति में मैंने अध्ययन किया है। मैंने काफी पढ़ाई की है। जिस काम को लोग साल भर के प्रयास से नहीं कर पाते उस काम को मैं दो मिनट में करता हूँ। (तालियाँ) । इसका कारण मेरा गंभीर अध्ययन है। इसी तरह आप लोगों को भी ज्यादा से ज्यादा पढ़ना चाहिए, अध्ययन करना चाहिए। आधी पढ़ाई करने से कोई फायदा नहीं। इम्तिहान तो कोई भी पास कर सकता है। केवल इम्तिहान पास करके उपाधियाँ पाने से क्या फायदा? छात्रों को रचनात्मक कार्य करके दिखाना चाहिए। पत्थर तोड़ने का काम करने और क्लर्क बनने में कोई फर्क नहीं है।

इस देश में ब्राह्मण समाज यह समझता था कि ज्ञान तो सिर्फ हम ही हासिल कर सकते हैं। किन्तु यह बात बिलकुल झूठ है। किसी अंग्रेज ने कहा है कि दुनिया में छह विद्वान हैं। उनमें डॉ. अम्बेडकर एक हैं (तालियाँ)। ज्ञान तो एक तलवार है। इस तलवार से कोई किसी की गर्दन काट देता है तो कोई शीलवान आदमी उस तलवार से दूसरों की रक्षा करता है। इसलिए हर आदमी को धर्मशील होना चाहिए। रोज सुबह-शाम सामूहिक बुद्धवन्दना करके बुद्ध के सिद्धान्तों को अपने जीवन में उतारना चाहिए। हर सप्ताह प्रासंगिक विषय पर किसी को बोलने के लिए निमन्त्रित करना चाहिए, व्याख्यान आयोजित करवाना चाहिए। आप लोगों को बाहरी दुनिया में किस तरह से रहना चाहिए, यह पढ़ाया जाता है। इसलिए आप लोगों को छुट्टियों में अपने घर जाकर स्वास्थ्य और

साफ-सफाई के बारे में अपने माँ-बाप को जानकारी देकर उनमें बदलाव लाने का प्रयास करना चाहिए। फिलहाल आपके छात्रावास की जो आर्थिक मदद मिल रही है वह तालाब के पानी की तरह है। यह मदद आपको हमेशा मिलनेवाली नहीं है इसलिए सरकार को स्थायी मदद देने की व्यवस्था करनी चाहिए।

साप्ताहिक 'जनता' के 20 नवम्बर, 1954 के अंक में प्रकाशित।

मुम्बई महाराष्ट्र की है

दि. ***14 नवम्बर 1954*** *को मराठवाडा साहित्य परिषद् (मराठी), हैदराबाद, ने भी डॉ. बाबासाहेब अम्बेडकर का व्याख्यान आयोजित किया था। इस अवसर पर साहित्य और समाज की चर्चा करते हुए डॉ. अम्बेडकर ने कहा–*

भारत के अन्य भाषायी प्रदेशों में बहुत अभागा प्रदेश यदि कोई है तो वह है महाराष्ट्र। महाराष्ट्र को दूसरों ने पूरी तरह से सताया है। सभी ने महाराष्ट्र का मनचाहा दोहन किया है। महाराष्ट्र में गुजराती और मारवाड़ियों का बेहिसाब वर्चस्व है और हैदराबाद के मराठवाडा पर तेलुगू लोगों का वर्चस्व है। वरहाड (विदर्भ) तो हिन्दीभाषी लोगों का अपना उपनिवेश बन गया है। इसकी वजह है महाराष्ट्रियन लोगों की कमजोरी। उनमें कोई उम्मीद नहीं है। वे लोग दिल्ली पर कब्जा करने की कोरी गप्प हाँकते रहते हैं। 50-60 रुपए की बाबूगीरी के अलावा उसके लोग कुछ करने के लायक नहीं हैं। उनकी परम्पराएँ बहुत अच्छी हैं। लेकिन सिर्फ सुनहरे भूतकाल से क्या फायदा? हमारे तथाकथित नेता तो बड़ी मर्दाना बातें करते हैं, लेकिन एक आदमी भी महाराष्ट्र के उत्थान के लिए बलिदान करने के लिए तैयार नहीं है। हर किसी को लगता है कि जवाहरलालजी क्या कहेंगे? फलाँ आदमी क्या कहेगा? इस डर से सभी आतंकित हैं। क्या यह जनतन्त्र है? क्या इसे विवेक कहा जा सकता है? आज जिनके हाथों में सत्ता है उनमें जनतन्त्र के संस्कार तक नहीं हैं। उन्हें जैसा लगता है वे वैसा करते हैं और करते रहेंगे।

हर दृष्टि से मुम्बई शहर महाराष्ट्र का है। आज मुम्बई पर गुजराती, पारसी और मारवाड़ी आदि गैरमहाराष्ट्रियन लोगों का वर्चस्व है। और उनका इस तरह का वर्चस्व देश के सभी बड़े शहरों पर है। मद्रास, कलकत्ता आदि सभी बड़े शहरों की कम-ज्यादा यही स्थिति है। मद्रास में आन्ध्र के लोगों के हाथ में 30 फीसदी से अधिक व्यापार है। दूसरे राज्यों की तुलना में जनसंख्या भी आन्ध्र प्रदेश की अधिक है। लेकिन यह होने पर भी भौगोलिक दृष्टि से मद्रास आन्ध्र में शामिल नहीं हुआ है। कलकत्ता का उदाहरण लीजिए। कलकत्ता में बंगाली लोगों के अलावा असमी, उड़िया आदि गैरप्रान्तीय लोगों का व्यापार है और आर्थिक दृष्टि से कलकत्ता पर उन्हीं का कब्जा है। वहाँ बंगाली बाबू केवल क्लर्की और मेहनत-मजदूरी करते हैं। यह सब होने पर भी कलकत्ता बंगाल में है। फिर मुम्बई महाराष्ट्र की नहीं, यह कहना अन्धापन और अन्याय है।

मुम्बई महाराष्ट्र को मिलेगी। यदि मुम्बई के लोगों को मुम्बई महाराष्ट्र से अलग लगती हो तो वे उस तरह से कर दिखाएँगे और आप लोगों से कहेंगे कि आप कौन हैं हमें पूछनेवाले? आपको जो करना है वो कर सकते हैं और उनका यह कहना सच भी है। क्योंकि उन्हें मालूम है कि क्लर्कों की यह जाति हमारा कुछ नहीं बिगाड़ सकती है। इसके अलावा आज का जनतन्त्र और हर पाँच साल में होनेवाले चुनाव उनके पक्ष में हैं ही। हमारे इस जनतन्त्र में चुनाव के टिकट सरेआम खरीदे जाते हैं। जो ज्यादा पैसा देगा, चापलूसी करेगा वही चुना जाएगा। और पाँच साल तक मजे करेगा। जिसके पास बेहिसाब पैसा नहीं है, उसे आराम से अपने घर में बैठ जाना चाहिए। और जो होगा उसे जनतन्त्र समझकर स्वीकार कर लेना चाहिए।

राष्ट्र की फौजी सुरक्षा और सत्ता-व्यवस्था में समान हिस्सेदारी की दृष्टि से दक्षिण भारत में देश की उपराजधानी होना जरूरी है। मैं यह कई दिनों से सोच रहा हूँ कि हैदराबाद, सिकंदराबाद और बोलाराम आदि क्षेत्र केन्द्रीय सरकार को अपने कब्जे में ले लेने चाहिए और वहाँ उपराजधानी बनानी चाहिए। सरकार दिल्ली में बैठकर राज चलाने की बात करती है, तब मुझे उसके फौजी ज्ञान पर हँसी आती है। हमारे राष्ट्र को फौजी न भी बनाना हो तब भी दक्षिण भारत में उपराजधानी बनाना सुरक्षा की दृष्टि से जरूरी है। आज केन्द्रीय सरकार में उत्तर भारतीयों का वर्चस्व है। राष्ट्रपति और प्रधानमन्त्री पद पर दो प्रान्तों के बड़े लोग बारी-बारी से आते रहेंगे। दक्षिण भारत के सामान्य लोगों का मामूली नौकरी के लिए भी दिल्ली जाना सम्भव नहीं है। और सत्ता-व्यवस्था में भी उन्हें हिस्सेदारी मिलना सम्भव नहीं है। सभी भारतीय एक हैं यह बात सच होने पर भी व्यवहार में कोई मायने नहीं रखती। राजनीति में इस तरह की उदारता खतरा बन जाती है और सामान्य लोगों का नुकसान होता है। इसलिए हैदराबाद उपराजधानी बनाई गई तो दक्षिण भारतीय लोगों को सरकारी व्यवस्था में हिस्सेदारी मिलेगी। यहाँ के लोगों को सत्ता में हिस्सा लेने का मौका मिलेगा। लेकिन हमारे दिमाग में इस तरह की बातें नहीं आतीं।

'लिट्रेचर' अंग्रेजी शब्द का 'साहित्य' यह अनुवाद गलत है। साहित्य रसोई पकाने का भी होता है, हजाम का भी होता है। उस अर्थ में इस शब्द की यहाँ सम्पृक्ति उचित नहीं है। ज्ञानेश्वरी, एकनाथी भागवत, तुकाराम की गाथा आदि हम पढ़ते हैं। ज्ञानेश्वर बड़ा विद्वान था। लेकिन मेरा एक सन्देह है। सम्पूर्ण ज्ञानेश्वरी में ज्ञानेश्वर ने वेदान्त का भाष्य किया है और उन्होंने कहा है कि ब्रह्म सत्य है और वह सभी में है। लेकिन ज्ञानेश्वरी के अन्तिम पृष्ठों में उन्होंने चातुर्वर्ण्य का जबर्दस्त समर्थन किया है। ज्ञानेश्वर और उसके अन्य भाइयों को ब्राह्मणों ने जाति से बाहर निकाल दिया था। उन्हें पुनः जाति में जाना था इसलिए उन्होंने प्रचलित चातुर्वर्ण्य व्यवस्था का समर्थन किया था। और समाज की शक्ति के सामने अपने-आपको समर्पित कर दिया था। यदि ब्रह्म सभी में व्याप्त है तो ज्ञानेश्वर यह कह सकते थे कि आपने मुझे बहिष्कृत किया तो मैं महारों की बस्ती में रहूँगा। उनमें भी ब्रह्म है। लेकिन ऐसा कहने की बजाय उन्होंने हेले के

मुँह से वेदपाठ करवाया और इस हेले की उस दिन से जबान बन्द हो गई।

इंग्लैंड के जनतन्त्र के पीछे हजारों साल की परम्परा है। वहाँ के सामान्य समाज की सभी बुरी प्रवृत्तियाँ नष्ट होने के बाद वहाँ वयस्क मतदान का हक़ दिया गया। हमारे यहाँ लोगों का अज्ञान ही वयस्क मतदान के हक़ का आधार बन गया है। यहाँ लोगों को और उनके प्रतिनिधियों को किसी भी प्रकार का ज्ञान नहीं है। इसी वजह से इस खोखले जनतन्त्र का लाभ धूर्त, पाखंडी, अवसरवादी लोग अधिक ले रहे हैं। ग्रेज्युएट होने के लिए मैट्रिक के बाद चार साल अध्ययन करना पड़ता है। फिर क्रमशः ग्रेज्युएट बनते हैं। लेकिन विधानसभा और लोकसभा का सदस्य होने या मन्त्री बनने के लिए हमारे जनतन्त्र में ऐसा कोई नियम नहीं है। जैसे-तैसे कोई चुनकर आता है और हेराफेरी करके रातोंरात मन्त्री बन जाता है, इस तरह की विचित्र स्थिति है। ऐसे लोगों के हाथों से हमारी राजनीति की जनतन्त्रवादी परम्परा कैसे बन सकती है? आनेवाले बीस साल तक समाज का शैक्षणिक, बौद्धिक और वैचारिक स्तर सामूहिक रूप में बढ़ना चाहिए। लोगों को समझाकर उनकी समझ में आनेवाली पद्धति (Persuasive Method) का विकास करना चाहिए। शायद यह तानाशाही लग सकती है, लेकिन ऐसा जरूरी है। (श्रोताओं में से एक के सवाल का जवाब देते हुए डॉ. अम्बेडकर ने कहा) यह खतरा तो है ही। लेकिन खतरा कहाँ नहीं है? क्या हमारा जनतन्त्र खतरे से मुक्त है? रूस में आज भी तानाशाही का चलना मुझे उचित नहीं लगता। इस लम्बे समय का रूस को सही जनतन्त्र और व्यक्ति की स्वतन्त्रता की स्थापना के लिए उपयोग करना चाहिए था। लेकिन वहाँ उस तरह से कुछ नहीं हुआ। तानाशाही के इस खतरे से मैं अच्छी तरह परिचित हूँ। लेकिन जनतन्त्र के लिए आवश्यक चेतना और परम्पराएँ हमारे यहाँ कहाँ हैं? हमारा समाज अन्धश्रद्धा, परम्पराप्रिय और अन्य दोषों के कारण अन्धा बन गया है।

मेलों में नग्न साधुओं के पाँवों तले हजारों नागरिक कुचलकर मर गए। इस तरह की घटनाओं का क्या मतलब है? यदि मैं मन्त्री होता और मेरे पास अधिकार होता तो मैं इन साधुओं को फौज भेजकर भगा देता। जरूरत होती तो गोलियाँ भी चलतीं। जंगलों-पहाड़ों में रहनेवाले साधुओं को लोगों के बीच आना हो तो उन्हें ढंग से कपड़े पहनकर आना चाहिए। लेकिन हमारे राजकर्त्ताओं ने इस सम्बन्ध में क्या किया है? उन्होंने लोगों की धार्मिक अन्धश्रद्धाओं का अपनी जनप्रियता के लिए इस्तेमाल किया है।

साप्ताहिक 'जनता' के 27 नवम्बर, 1954 के अंक में प्रकाशित।

बौद्ध धम्म का पुनरुत्थान कीजिए

भदन्त फुन्ना, व्हीचार्न ऑफ थाईलैंड की अध्यक्षता में ***दि. 4 दिसम्बर 1954*** *को रंगून (म्यांमार) में तीसरा विश्व बौद्ध सम्मेलन प्रारम्भ हुआ था। इस सम्मेलन में सिलोन, थाईलैंड, मलाया, इंडोनेशिया, भारत, अमेरीका, इंग्लैंड, जर्मनी, फ्रांस आदि राष्ट्रों से बौद्ध प्रतिनिधि आए थे। इस परिषद् के अध्यक्ष ने सम्मेलन में सम्मिलित लोगों को डॉ. बाबासाहेब अम्बेडकर का परिचय कराते हुए कहा कि वे भारत के प्रतिनिधियों के नेता और भारत के सात करोड दलितों के नेता हैं। इस महासम्मेलन के पहले ही दिन सम्मेलन को सम्बोधित करते हुए डॉ. अम्बेडकर ने कहा–*

भाइयो तथा बहनो,

आप लोगों ने मुझे इस पवित्र भूमि में इस आयोजन में निमन्त्रित किया है इसलिए मैं संयोजक मंडल के प्रति सबसे पहले अपना आभार व्यक्त करता हूँ।

यहाँ इकट्ठा हुए आप सभी बुद्ध के अनुयायी हैं। दुनिया के इतने राष्ट्रों में बौद्ध धर्म को माननेवाले लोग होने के बावजूद उसका प्रचार जितनी तेजी से होना चाहिए था उतनी तेजी से नहीं हुआ, इस बात को मुझे बड़े दुख के साथ कहना पड़ रहा है। आज यहाँ मौजूद सभी राष्ट्रों में श्रीलंका और बर्मा–ये दो राष्ट्र बौद्धधर्माभिमान की दृष्टि से काफी आगे हैं। यह बात बिल्कुल सच है। लेकिन मेरी दृष्टि से इन दोनों राष्ट्रों की बौद्ध धर्म प्रचार की कार्यप्रणाली बिल्कुल प्रशंसा करने योग्य नहीं है।

श्रीलंका की अमीर घर की महिलाएँ भी काफी पैसा दान देती हैं। लेकिन धर्म के नाम पर इकट्ठा होनेवाले हजारों रुपए वे लोग धार्मिक उत्सवों के अवसर पर बेवजह खर्च करते हैं। यह पैसा मकानों और पेड़-पौधों को बिजली के दीए लगाकर मनचाहे सजावट करने पर खर्च होता है। उसके बजाय धर्म के नाम पर खर्च होनेवाला पैसा बौद्ध धर्म के प्रचार के लिए ही खर्च होना चाहिए, ऐसा मुझे लगता है। भगवान बुद्ध को धन की बर्बादी और तड़क-भड़क आदि बातें बिल्कुल पसन्द नहीं थीं। अपने देश में धर्म-प्रचार करनेवाली संस्थाएँ स्थापित करके उनके द्वारा तथागत बुद्ध की विचारधारा के बीज बोने चाहिए, लेकिन इस तरह का काम अपने श्रीलंकाई भाई क्यों नहीं कर रहे हैं, इस बात का मुझे बड़ा आश्चर्य हो रहा है।

उसी प्रकार इस देश (बर्मा) के लोग भी धार्मिक उत्सव के बहाने हजारों रुपया खर्च करते हैं। इस पैसे को जैसाकि मैंने पहले कहा है उस तरह से खर्च किया गया तो कम समय में ही हम बौद्ध धर्म का प्रचार कर सकते हैं।

भारत देश के बारे में कहें तो मुझे बड़े अफसोस के साथ कहना पड़ता है कि जिस देश में गौतम बुद्ध का जन्म हुआ उसी देश में उनके धर्म को समाप्त किया गया। इस तरह की अजीब स्थिति क्यों पैदा हुई? आपमें से बहुत ही कम लोगों को इस बात की जानकारी होगी कि भारत में ब्राह्मणों ने अपने हिन्दू धर्म की प्रभुसत्ता को काफी दिनों से बरकरार रखा है। लेकिन मैं ब्राह्मणों को आह्वान करता हूँ कि किसी भी जानकार पंडित को बौद्ध धर्म-सिद्धान्तों के बारे में मुझसे चर्चा करनी चाहिए। मुझे इस बात का पूरा यकीन है कि मुझे उन्हें पराजित करने में कोई देर नहीं लगेगी। (तालियाँ)

प्राचीन युग में ब्राह्मण लोग ऐसा कहते थे कि हिन्दू धर्म के मुताबिक यज्ञों में गाय की बलि देने से स्वर्ग की प्राप्ति होती थी। भगवान बुद्ध ने उनसे सीधा सवाल किया था कि इस तरह से जितने कम समय में स्वर्ग की प्राप्ति होती हो उससे भी कम समय में स्वर्ग की प्राप्ति होगी यदि अपने ही बाप की बलि दी जाए। फिर ये ब्राह्मण लोग अपने बाप की बलि क्यों नहीं देते।

एक समय में इस तरह का अमानवीय बर्ताव करनेवाले ब्राह्मण आज गोहत्या प्रतिबन्ध का प्रचार कर रहे हैं। यह एक तरह से गौतम बुद्ध के अहिंसा तत्त्व की ही विजय है।

ब्राह्मणों की बेबुनियादी मान्यताएँ

भारत में ब्राह्मणों के अलावा गैरब्राह्मणों की संख्या ज्यादा है। धर्म के बारे में भी उनकी स्थिति बड़ी बचकानी है। इस देश में ब्राह्मणों ने हजारों देवी-देवता पैदा किए हैं। उन्हें इस बात का भी पता नहीं है कि किस देवता की पूजा करने से मोक्ष मिलता है, मिलता भी या नहीं। हमारे बौद्ध धर्म में इन बेबुनियाद बातों के लिए कोई स्थान नहीं है। बल्कि मानवीय जीवन को सुख, सन्तोष और शान्ति से गुजारना हो तो मनुष्य को शुद्ध आचरण, अहिंसा, समानता और भाईचारा आदि बातों को अमल में लाना चाहिए। इसके बगैर उसके लिए अन्य कोई रास्ता नहीं है आदि बातें गौतम बुद्ध के धर्म के बुनियादी सिद्धान्त के रूप में प्रसिद्ध हैं। और यही सिद्धान्त मैंने अपने छह करोड़ अनुयायियों को बताया है और वे सिद्धान्त उनको पसन्द भी आए हैं। पैसों के अभाव में मैं आज उनके लिए कुछ नहीं कर सका। लेकिन चन्द दिनों में ही उचित साधन प्राप्त होने के बाद मैं भारत में बौद्ध धर्म का प्रचार करने में कोई कसर बाकी नहीं रहने दूँगा। (तालियाँ)।

बौद्ध धर्म का पुनरुत्थान

जब मैं भारत की संसद में था उस समय मैंने बौद्ध धर्म के पुनरुत्थान के लिए कुछ महत्त्वपूर्ण काम किए हैं। मैं भारत के संविधान का शिल्पकार हूँ। मैंने जो संविधान बनाया उसमें पालि भाषा के अस्तित्व के लिए कुछ योजनाएँ बनाई हैं; यह एक बात है। दूसरी बात यह है कि राष्ट्रपति के निवास राष्ट्रपति भवन पर गौतम बुद्ध के उपदेशों में से पहला उपदेश 'धम्म चक्र प्रवर्तन' अंकित करवाया है और मैंने यहाँ इस महासम्मेलन के अध्यक्ष डॉ. जी.पी. मललशेखर का ध्यान इस बात की ओर आकर्षित किया है। इस बात को सुनकर उन्हें भी बड़ा आश्चर्य हुआ है।

तीसरी बात यह है कि भारतीय संसद के झंडे पर 'अशोक चक्र' को भारत सरकार के प्रतीक चिन्ह के रूप में संविधान में दर्ज करवाया है। यह सब करते समय मेरा हिन्दू, मुस्लिम, ईसाई और अन्य सांसदों की ओर से विशेष विरोध नहीं हुआ है, इतना स्पष्ट और सिलसिलेवार विश्लेषण मैंने संसद में किया था।

अन्य राष्ट्रों के प्रतिनिधियों से मेरा सवाल

इस तीसरे अन्तर्राष्ट्रीय महासम्मेलन में इकट्ठा हुए अट्ठाईस राष्ट्रों में से किसी एक राष्ट्र ने भी इस तरह का काम किया है? मैंने इतना ही नहीं किया बल्कि मैंने मुम्बई शहर में 'सिद्धार्थ' नाम से एक बड़े कॉलेज की स्थापना की है। उसी प्रकार अजंता, एलोरा की ओर जाते समय रास्ते में औरंगाबाद नाम के शहर में एक और कॉलेज की स्थापना की है। मुम्बई कॉलेज में 2,900 और औरंगाबाद के कॉलेज में 500 छात्र-छात्राएँ पढ़ रहे हैं।

इन छात्रों की ओर से गौतम बुद्ध के जीवन पर निबन्ध लिखवाकर, जिसका निबन्ध अच्छा होगा उसे एक हजार रुपए देने की मेरी योजना है। इस निबन्ध को लिखवाने का मेरा उद्देश्य यही है कि उन्हें बौद्ध धर्म के बारे में गम्भीर अध्ययन करना चाहिए। मतलब इससे बौद्ध धर्म के प्रचार का काम आसान होगा। और इस प्रतियोगिता में पारसी, मुस्लिम, हिन्दू आदि धर्मों को माननेवाले छात्र भी हिस्सा ले पाएँगे।

उसी प्रकार पर्याप्त पैसा इकट्ठा होने के बाद दिल्ली, मुम्बई, कलकत्ता, मद्रास आदि शहरों में बुद्ध विहारों का निर्माण करके हर रविवार को लोगों को उपासना के लिए व्यवस्था उपलब्ध करवाने की मेरी इच्छा है। मैंने जो दो कॉलेज स्थापित किए हैं उनके लिए मैंने भारत सरकार से 22 लाख रुपए का कर्ज लिया है। इसे मैं अपने मरने तक लौटा पाऊँगा या नहीं, इस बात पर मुझे सन्देह है। (हँसी)।

इस तरह से इस धर्म के उत्थान के लिए मेरा प्रयास चल रहा है। भारत एक ऐसा देश है, जहाँ बहुत ही कम समय में बौद्ध धर्म का प्रचार किया जा सकता है। किसान जमीन की क्षमता को देखकर ही उसमें बीज बोता है। उसी प्रकार भारत देश में बौद्ध धर्म का प्रचार करने के लिए सभी जरूरी बातें मौजूद हैं। उसमें आप सभी को आर्थिक

सहयोग देकर उसका उपयोग करना चाहिए, यही मेरा आप लोगों से नम्र निवेदन है। हमें इस काम में कोई मदद करे या न करे, हम अपना रास्ता तय करते रहेंगे, इस तरह का पूरा यकीन मैं इस सभा को देना चाहता हूँ, (तालियाँ)।

सा. जनता : दि. 18 दिसम्बर 1954।

बौद्ध धम्म के दुश्मन भारत में नहीं रह सकते

*दि. **25 दिसम्बर 1954** को देहू रोड (पूना) में नवनिर्मित बुद्ध विहार में डॉ. बाबासाहेब अम्बेडकर के हाथों भगवान बुद्ध की मूर्ति स्थापित की गई थी। इस बुद्ध मूर्ति को डॉ. बाबासाहेब अम्बेडकर रंगून से लाए थे। इस सभारम्भ में चालीस हजार से भी ज्यादा लोग उपस्थित थे। इस अवसर पर डॉ. अम्बेडकर ने अपने भाषण में कहा–*

आज यहाँ इस छोटे से विहार में भगवान बुद्ध की मूर्ति स्थापित की गई है। परम्परा के अनुसार यदि कोई मन्दिर बनाया गया तो उसमें भैरोबा, खंडोबा आदि कई प्रकार के देवताओं की मूर्तियाँ रखी जाती हैं। अपने लोग श्रद्धालु होने के कारण वे विष्णु, शिव आदि ढेरों देवताओं की मूर्तियों की स्थापना करते हैं किन्तु यहाँ के लिए यह अवसर नया है। इस विहार में खंडोबा, महादेव आदि देवताओं की मूर्तियाँ नहीं रखी गई हैं। आज यहाँ नया भगवान स्थापित किया गया है। यह मौका हम सभी के लिए एकदम नया है। आपमें से कुछ लोगों ने तो भगवान बुद्ध का नाम भी नहीं सुना होगा।

कुछ लोग कहते हैं कि इस नए भगवान को कहाँ से लाया गया है। उसका निर्माण कैसे हुआ, इस बात की चर्चा करना बहुत जरूरी है। भगवान बुद्ध का धर्म इस देश में बहुत प्राचीन है। इस देश में इस धर्म की शुरुआत प्राचीनकाल में हुई थी। यह धर्म चीन, जापान, बर्मा, इंग्लैंड आदि बाहरी देशों से नहीं लाया गया है। यह बोधिवृक्ष इस धरती में पैदा हुआ है। तथागत बुद्ध की उत्पत्ति के बारे में कई सवाल पूछे जाते हैं। तथागत बुद्ध यहाँ कहाँ से आया इस बारे में यह स्पष्टीकरण दिया जा सकता है कि इस देश की जो प्राचीन सन्तानें हैं वे इसी देश की सन्तानें हैं। और उन्हीं से बौद्ध धर्म की शुरुआत हुई।

इतिहास में यहाँ जो कई घटनाएँ घटी हैं उनके कारण यहाँ इस धर्म की रोशनी मन्द पड़ती गई। इसके दुश्मन इस देश में नहीं रह सकते। हम लोग मराठी में अपने दुश्मन पर अपना रोष व्यक्त करते हुए कहते हैं कि मेरा देवता जाग्रत है। मेरा देवता कोई ऐसा-वैसा नहीं है। यदि वह तुमसे नाराज हो जाएगा, तो वह तुम्हारा सत्यानाश कर देगा? ऐसी ही इस धर्म की बात भी है। आज मैं यह भविष्यवाणी कर सकता हूँ कि तथागत बुद्ध ब्राह्मणवाद को नष्ट कर देगा। यह देखने के लिए शायद उस समय मैं नहीं रहूँगा। लेकिन यह बात होकर रहेगी, इसमें कोई सन्देह नहीं।

एक आदमी कुछ समय तक कुछ लोगों को बेवकूफ बना सकता है। कोई सबको हमेशा के लिए बेवकूफ नहीं बना सकता। बौद्ध धर्म को 1956 में ढाई हजार साल पूरे होंगे। यह धर्म साढ़े बारह सौ साल तक जिन्दा रहा, इस बात को सिद्ध करने के लिए आज मैं इतिहास के प्रमाण देना चाहता हूँ। इस देश पर मुस्लिमों के हमले हुए। मुस्लिम लोग मूर्ति-पूजा नहीं करते। उन्होंने बौद्ध धर्म के लोगों पर हमला किया, इस कारण इस धर्म का अधिक नुकसान हुआ। अफगानिस्तान में सौ लोग इस्लाम धर्म को माननेवाले थे। वहाँ पहले से ही बौद्ध धर्म था। वहाँ बौद्ध धर्म के सात हजार भिक्खु थे। मुस्लिमों ने उन पर हमले किए। उस समय मुस्लिमों के सामने दो ही सवाल थे। इस देश के लोगों को इस्लाम धर्म कबूल कर लेना चाहिए, यह पहला सवाल था और दूसरा सवाल यह था कि जो आदमी इस धर्म को स्वीकार नहीं करेगा उसे कत्ल कर दिया जाएगा। मुस्लिमों ने उन सात हजार बौद्ध भिक्खुओं को मौत के घाट उतार दिया। जब यह धर्म जिन्दा था उस समय वह बेहद प्रभावी था। इस देश में नालंदा विश्वविद्यालय था। बोधि प्राप्त करवाना ही इस धर्म का मुख्य सिद्धान्त था। एक आचार्य और उसके दस छात्र इकट्ठा बैठते थे और आचार्य उन्हें शास्त्र पढ़ाते थे। इस प्रकार की इस धर्म की दीक्षा-पद्धति थी।

इस देश में पहला विश्वविद्यालय बौद्धों ने ही स्थापित किया था। नालंदा विश्वविद्यालय में तेरह हजार छात्र और एक हजार अध्यापक थे। ब्राह्मण धर्म अधिक संकुचित धर्म था। कई कारणों से मुस्लिमों के हमलों से उनका बचाव हुआ। बौद्ध धर्म के विरोध में ब्राह्मणों का षड्यन्त्र चल रहा था जिसके कारण बौद्धों का अधिक नुकसान हुआ। मैं बौद्ध धर्म पर अंग्रेजी में एक किताब लिख रहा हूँ। वह किताब दो माह में प्रकाशित हो जाएगी। इस किताब का मराठी अनुवाद कर उसे प्रकाशित किया जाएगा। मेरे कुछ मित्र मुझे यह सवाल पूछते हैं कि, 'आपका बौद्ध धर्म इतना अच्छा था तो उसका पतन क्यों हुआ?' मैं उन्हें पूछना चाहता हूँ कि यह धर्म बुरा होने के कारण इसका पतन हुआ है, यदि ऐसा समझा जाए तो चीन, जापान, कम्बोडिया, श्रीलंका आदि राष्ट्रों में इस धर्म का पतन क्यों नहीं हुआ? वहाँ आज भी यह धर्म क्यों जिन्दा है? इन राष्ट्रों में इस धर्म का पतन नहीं हुआ इसके कुछ अलग कारण होंगे। यहाँ मैं इतना ही कहना चाहता हूँ कि इस धर्म की स्थापना से लेकर साढ़े बारह सौ साल तक यह धर्म इस देश में जिन्दा रहा। इस इतिहास को यहाँ के इतिहासकारों ने छिपाकर रखा है। मैं यहाँ सम्पूर्ण भारत के सन्दर्भ में बात नहीं करना चाहता। मैं सिर्फ महाराष्ट्र के बारे में ही बात करना चाहता हूँ। हमारा महाराष्ट्र देश भी सौ प्रतिशत बौद्धधर्मीय था। और उसके लिए प्रमाण के तौर पर महाराष्ट्र की प्राचीनकाल की गुफाएँ बताई जा सकती हैं। भारत की दो हजार गुफाओं में से डेढ़ हजार गुफाएँ अकेले महाराष्ट्र में हैं। इस तरह की गुफाएँ बौद्ध भिक्खुओं के निवास स्थान थे। यहीं वे रहते थे। यहाँ इस प्रकार का झूठा प्रचार किया जाता है कि महाराष्ट्र में जो गुफाएँ हैं वे सभी पांडवों की हैं। लेकिन कहाँ विराट नगरी और कहाँ पांडवों का राज?

एक विहार में 25 भिक्खु रहते थे। पन्द्रह हजार विहारों में लगभग पैंतीस हजार भिक्खु रहते थे। वे लोगों के घर-घर जाकर भोजन दान पाकर अपना जीवन व्यतीत करते थे। दान माँगकर वे अपना कार्य करते थे। वे एक हजार दो सौ पचास साल तक इस प्रदेश में थे। हम लोग टूटा हुआ मकान पुनः बनाते हैं। उस पर नई कड़ियाँ लगाते हैं, नया छप्पर बनाते हैं। मतलब पूरे मकान को हम नए सिरे से बनाते हैं। हम लोग अपने पूर्वजों के समय से तथागत बुद्ध की वंदना करते आ रहे हैं। उसी तथागत की मूर्ति को हमें यहाँ पुनः स्थापित करना है। मेरी यह स्पष्ट मान्यता है कि इस देश में धर्म के रूप में कुछ बचा नहीं है। हिन्दू लोगों की धर्म की परिभाषा एकदम निराली है। उनके धर्म का स्वरूप है मन्दिर में जाना, घंटा बजाना, पूजा-पाठ करना और ब्राह्मण- पंडों को दो पैसे देना, यही इस धर्म का कार्य है। जैसे कि पंडों के पुरखों का कर्ज चुकाना हो! लेकिन इस तरह की बातें हमें कभी पसन्द नहीं आईं। विष्णु की पूजा करके हमें विष्णु से कोई लाभ नहीं मिला। शिव के मन्दिर में जाकर शिव से कोई लाभ नहीं हुआ। और न किसी म्हसोबा, खंडोबा से कोई लाभ मिला।

व्यक्ति और समाज के जीवन के लिए धर्म की जरूरत है। धर्म को नैतिकता के बन्धन की जरूरत है। कुछ लोग मुझे पूछते हैं कि धर्म की क्या जरूरत है? लेकिन मैं उन लोगों से सवाल पूछना चाहता हूँ कि क्या हमने मांस-मटन खाना छोड़ दिया है? सिर्फ पेट ही भरना हो तो तुम सभी कुछ क्यों नहीं खाते? धर्म मनुष्य के गलत आचरण पर नियन्त्रण रखता है। आप लोगों को बहुत सारी बातें बताई जा सकती हैं। लेकिन क्या आप लोगों की भाषा में मैं वे बातें बता पाऊँगा? यहाँ उदाहरण के तौर पर मैं आप लोगों को एक ही बात बताना चाहता हूँ। बैलगाड़ी को चलाने के लिए चाक, बैल और बैलों को हाँकनेवाले मनुष्य की जरूरत होती है। मैंने अपने बचपन में बैलगाड़ी चलाने का काम किया है। गाड़ी के चाकों में तेल आदि ठीक होगा तो बैल गाड़ी आसानी से खींच पाएँगे। उसी प्रकार मनुष्य के गलत बर्ताव पर बन्धन लगाने का काम धर्म करता है। धर्म के बन्धन के बगैर कोई भी कार्य टिक नहीं सकता।

किसी भी धर्म को अपनाते समय उसे अच्छी तरह से परख लेना चाहिए। हम लोग बाजार जाते हैं। सोना असली है या नहीं, इसकी पूरी पहचान करते हैं। इसी प्रकार धर्म भी एक बाजार है। उसमें विष्णु की, राम की तथा शिव की दुकानें हैं। वहाँ ब्राह्मण-पंडे पुजारी धूप, कपूर जलाते हुए बैठे मिलते हैं। यही है राम, कृष्ण, विष्णु और शिव का धार्मिक रूप। धर्म मनुष्य को मुक्ति दिलाता है। धर्म किसी का नाश करने के लिए नहीं है। हमारा जो पतन हुआ है वह जातिभेद के कारण हुआ है। जो धर्म जातिभेद से मलिन हो चुका है, जिस धर्म में गैरबराबरी है, उस धर्म को हम कैसे अपना सकते हैं? जिस धर्म की बुनियाद समानता है हम उसी धर्म को स्वीकार करेंगे। बौद्ध धर्म में सभी को एक जैसा मौका और एक जैसे अधिकार दिए गए हैं। उसमें एकता है, किसी भी प्रकार का भेदभाव नहीं है।

मैं इस मौके पर आपका ध्यान पालि के एक सुत्त की ओर आकर्षित करना चाहता हूँ। ब्राह्मणों के कुछ लड़के थे। उनमें दर्शन के बारे में विवाद चल रहा था। किसी ने कहा, 'ब्रह्म एक मकान की तरह है और आत्मा ब्रह्मा की परछाईं है। सूर्य, मकान और उसकी परछाईं ऐसा ही ब्रह्म और आत्मा का सम्बन्ध है। ये सारी बातें पुराणों की बकवास हैं। यदि ब्रह्मा की परछाईं ही आत्मा है तो अछूतों को सार्वजनिक तालाबों से पानी भरने की इजाजत क्यों नहीं है? यह विवाद खत्म होनेवाला नहीं है। यह देख वे लोग बुद्ध के पास गए। उन्हें ब्राह्मणों के दर्शन में खोखलापन दिखाई दिया। तथागत बुध ने उन्हें पूछा कि क्या यह ब्रह्म सत्य है? क्या तुम लोगों ने ब्रह्म को देखा है? क्या वह कुछ समय के लिए है या शाश्वत है? उसका रूप-रंग कैसा है? क्या वह कुछ बोलता भी है? क्या उसका कोई स्वाद है? क्या उसकी कोई गंध है? वह गुलाब के फूलों की तरह है या चमेली के फूलों की तरह है? क्या वह मीठा है, खट्टा है या तीखा है?

मनुष्य के पास सत्य का बोध करने के लिए पाँच इन्दिय हैं। वे पाँच इन्द्रिय आँख, कान, नाक, जीभ और काया हैं। आँखों से देखा जाता है। कानों से सुना जाता है। नाक से गंध का पता चलता है। जीभ से स्वाद का पता चलता है। और काया से स्पर्श का पता चलता है कि यह स्पर्श सुखद है या दुखद है। ब्रह्म सारी सृष्टि में फैला हुआ है, हर चीज में ब्रह्म है, मनुष्य में ब्रह्म है, जो उसे अपनेपन की भावना से देखता है वही ब्रह्म है, जिसे पाँच इन्द्रियों से ज्ञान प्राप्त होता है वही ब्रह्म सत्य है। ब्रह्म को सत्य मानने का मतलब न जानी-पहचानी, न देखी हुई स्त्री से प्यार करनेवाली बात है। ब्रह्म सत्य, जगत् मिथ्या का सिद्धान्त एक धूर्ततापूर्ण सिद्धान्त है। भगवान बुद्ध का धर्म समानता का धर्म है। कुछ ही दिनों पहले मान्यवर लक्ष्मणशास्त्री जोशी[1] ने मुझ पर एक लेख लिखा है, इस बात की मुझे जानकारी मिली है। आम तौर पर मेरे बारे में कोई लिखता नहीं और यदि लिखा गया तो वह मेरी प्रशंसा में ही होगा, ऐसा नहीं कहा जा सकता। मान्यवर लक्ष्मणशास्त्री जोशी ने अपने लेख ने अन्त में लिखा है कि डॉ. अम्बेडकर का अवतार कार्य समाप्त हो गया है। लेकिन मेरा अवतार कार्य अभी समाप्त नहीं हुआ बल्कि उसकी तो अब शुरुआत होगी। लक्ष्मणशास्त्री जैसा विद्वान आदमी मेरे बारे में इस तरह से लिख सकता है, इस बात को क्या कहना चाहिए? हमने महाड का सत्याग्रह किया। तुम (हिन्दू लोग) हमें हिन्दू कहते हो! फिर ये हिन्दू लोग हमें तालाब का पानी पीने देते हैं या नहीं, इस बात को जानने के लिए वह सत्याग्रह किया था। वे लोग हमें मन्दिर में जाने देते हैं या नहीं, इस बात को जानने के लिए हमने मन्दिर-प्रवेश का सत्याग्रह किया था। इतने दिनों तक हमने जमीन जोती है। अब जमीन बोने योग्य हो गई है। अब मेरे थोड़े दिन बच गए हैं। बड़े दुख के साथ कहना पड़ रहा है कि जो सामाजिक कार्य मेरे हाथ में थे

1. लक्ष्मणशास्त्री जोशी महाराष्ट्र के एक प्रसिद्ध विद्वान थे। वे महाराष्ट्र साहित्य संस्कृति मंडल के अध्यक्ष थे और अपने-आपको रायवादी मानते थे। किन्तु ब्राह्मण जाति में पैदा होने के कारण वे एम.एन. राय के अनुयायी थे तथा ब्राह्मण धर्म में अटूट आस्था रखते थे।

उन्हें मैं पूरा नहीं कर सका। अब मैं सभी कार्यों से मुक्त होना चाहता हूँ। मैं बौद्ध धर्म के प्रचार का कार्य करना चाहता हूँ। अब तक का हमारा कार्य देखकर कुछ लोग हमारी आलोचना करेंगे। लेकिन अच्छा काम अधिक कठिन होता है। महार जाति बड़ी हिम्मतवाली जाति है। उसके ऊपर अन्य जातियाँ हैं। लंगोट, कम्बल और डंडा ही उनका पहनावा है। जिस प्रकार जैन मुनि नग्न घूमते हैं उसी प्रकार हम भी नग्न हिन्दू हैं।

मैं आप लोगों का ध्यान दो बातों की ओर आकर्षित करना चाहता हूँ। आप लोग जिस दिन इस धर्म (बौद्ध) को स्वीकार करेंगे उसी दिन आपको बहुत सारी बातें छोड़नी पड़ेंगी। एकादशी के दिन पंढरपुर जाना छोड़ना पड़ेगा। मुझे अच्छी तरह याद है, नासिक जिले के त्र्यंबक में एक कुंड था। इस कुंड में मामूली पानी था। श्रद्धालु यात्री लोग उसमें कपड़ा गीला करके अपना बदन पोंछते थे। इस प्रकार का मूर्खतापूर्ण व्यवहार मैं बौद्ध धर्म में नहीं होने दूँगा। निर्मल जल में गन्दा पानी नहीं मिलना चाहिए। भगवान बुद्ध का धर्म ही हमारा धर्म है, यह हमने फैसला कर लिया है। आप लोग पंढरपुर जाते हैं, पाण्डुरंग के अभंग गाते हैं, पूना के इतिहास संशोधन मंडल के लोग इस बात पर झगड़ रहे हैं कि 'पंढरपुर का विट्ठल कौन था'? लेकिन मेरा उनसे सीधा सवाल है कि विट्ठल की झंझट को छोड़ दीजिए और पहले इस बात का जवाब दीजिए कि 'पंढरी का पाण्डुरंग कौन था?' वह कहाँ का था? उसे किसने भगाया? किसने डुबाया ? पांडुरंग का मतलब पंढरपुर है और वहाँ बौद्ध विहार था, इस बात को मैं सिद्ध करके बता सकता हूँ, (तालियाँ)। पुंडलीक (पुंडरीक) शब्द से पांडुरंग बना है। पुंडलीक का अर्थ है कमल। बौद्ध धर्म में मूर्ति-पूजा नहीं है। सामान्य लोगों को दर्शन समझ में नहीं आता है। कमल को पालि भाषा में पांडुरंग कहते हैं। आप लोगों को गुमराह करने के लिए ब्राह्मणों ने बुद्ध के नाम को ही समाप्त कर दिया। धूर्त-पाखंडी ब्राह्मण लोग महाराष्ट्र की बौद्ध गुफाओं को पांडव गुफाएँ कहकर लोगों को गुमराह करते हैं। इधर पांडव किसलिए मरने आए थे? पांडव दिल्ली से 80 मील के बाहर नहीं गए। उन्होंने अलवर प्रान्त में पन्द्रह सौ गुफाएँ कैसे खोदकर बनाईं? उनके पास न तो कुदालें थीं और न फावड़े थे। भगवान बुद्ध ने कहा है, 'आइए! और स्वयं अनुभव कीजिए!' मैं कहता हूँ इसलिए आप इस धर्म को स्वीकार कीजिए, ऐसा नहीं है। तुम्हारा अज्ञान नष्ट होने पर ही तुम इस धर्म को स्वीकार कर सकते हो।

एक बात की ओर आप लोगों का ध्यान आकर्षित करना शेष रह गया है। यह जो विहार बनाया गया है वह बहुत छोटा है। यदि इसे आज जिस स्थिति में है उसी स्थिति में रखा गया तो आप लोगों पर गैरजिम्मेदारी का आरोप लगेगा। इस विहार को एक बड़ा हॉल होना चाहिए। यहाँ प्रदशिणा करने के लिए अधिक जगह चाहिए। आप सभी लोगों को दान इकट्ठा करके इस विहार को विशाल रूप देने का प्रयास करना चाहिए। लेकिन भगवान बुद्ध के नाम पर इकट्ठा किया गया दान गलत काम में इस्तेमाल मत कीजिए।

आज के इस अवसर पर मुझे जो कुछ कहना था, मैंने कह दिया है। आज की यह घटना इतिहास में दर्ज होगी। बारह सौ साल बाद भगवान बुद्ध की मूर्ति को स्थापित करने का पहला सम्मान आप लोगों को मिला है। इसकी सारी नेकनामी आप लोगों की ही है, इसलिए आप लोगों को गर्व महसूस करना चाहिए।

साप्ताहिक 'जनता' के 1 जनवरी, 1955 के अंक में प्रकाशित।

बौद्ध विश्वविद्यालय स्थापित करने का संकल्प

*बर्मा की राजधानी रंगून में आयोजित विश्व बौद्ध सम्मेलन में सम्मिलित होने के बाद डॉ. बाबासाहेब अम्बेडकर भारत लौट आए। **दि. 11 जनवरी 1955** को पी.टी.आई. के प्रतिनिधि ने उनसे मुलाकात की और उनसे कुछ सवाल पूछे। उनका जवाब देते हुए डॉ. अम्बेडकर ने कहा–*

रमण इन्स्टीट्यूट और इन्स्टीट्यूट ऑफ साइंस जैसे दो प्रसिद्ध शिक्षा केन्द्रों के बीच पाँच एकड़ भूमि मैसूर के महाराजा ने हमें दी है। बर्मा यात्रा के दौरान वर्ल्ड बुद्धिष्ट मिशन और बुद्धशासन कौन्सिल–इन दो संस्थाओं की ओर से पैसे की और अन्य बातों की मदद का आश्वासन मिला है। हम भारत में जिनके पास गए उनमें से कई लोगों ने हमें आर्थिक सहयोग और तान्त्रिक सहयोग देने की बात कबूल की है। और स्वयं हम भी जल्दी ही भिक्षापात्र लेकर दान प्राप्त करने के लिए लोगों के पास जानेवाले हैं। यदि पैसा इकट्ठा हो गया तो विश्वविद्यालय लगभग दो साल में बनकर तैयार हो जाएगा। इस विश्वविद्यालय का उद्देश्य यह है कि सामान्य जनों में बौद्ध धर्म का प्रचार करने के लिए प्रचारक तैयार किए जाएँ।

इस विश्वविद्यालय में जाति, धर्म, राष्ट्र आदि किसी भेदभाव के बगैर छात्रों को प्रवेश दिया जाएगा। उन्हें अलग-अलग धर्मों का तुलनात्मक अध्ययन कराया जाएगा और अन्य सम्बन्धित विषय भी पढ़ाए जाएँगे। हम यहाँ चीन, जापान, बर्मा, अमेरिका आदि देशों से अध्यापकों को निमन्त्रित करेंगे। बौद्ध साहित्य के प्रकाशन के लिए इस विश्वविद्यालय में हम एक प्रेस भी स्थापित करनेवाले हैं। यहाँ ग्रन्थालय, विहार आदि विभाग भी होंगे।

साप्ताहिक 'जनता' के 15 जनवरी, 1955 के अंक में प्रकाशित।

बौद्ध धम्म की बुनियाद

दि. 14 जनवरी 1955 को मुम्बई के बौद्ध धम्म सलाहकार मंडल की ओर से वरली (मुम्बई) में बौद्ध धम्म पर डॉ. बाबासाहेब अम्बेडकर का व्याख्यान आयोजित किया गया था। डॉ. अम्बेडकर ने अपने उद्‌बोधन में कहा–

भाइयो तथा बहनो,

कुछ दिनों से मैंने यह फैसला किया है कि किसी भी सार्वजनिक कार्य में मैं सिर्फ व्याख्यान देने के लिए नहीं जाऊँगा क्योंकि सिर्फ भाषण देते-देते मैं परेशान हो गया हूँ। मेरी सारी उम्र व्याख्यानबाजी में गुजर गई है। सारा जीवन इसी में बीत चुका है। मेरे व्याख्यानों का समाज पर कुछ असर पड़ा ही नहीं, ऐसी बात नहीं है। आज अछूत समाज में जो चेतना जागी है, वह मेरे व्याख्यानों का ही परिणाम है, इस बात को मैं गर्व के साथ कह सकता हूँ।

जाग्रति समाज के उत्थान का एक अंग है, इसके बावजूद कोरी जाग्रति का कोई उपयोग नहीं। समाज के उत्थान के लिए कुछ रचनात्मक कार्यों की जरूरत होती है। किसी आदमी ने समाज में जाग्रति पैदा की और उसके मरने के बाद समाज का दिशा-निर्देश करनेवाला दूसरा कोई कर्त्तव्यनिष्ठ आदमी पैदा नहीं हुआ तो एक पिलरवाले तम्बू की तरह समाज टूट जाता है।

अब मैं कुछ रचनात्मक कार्य करना चाहता हूँ। उसके लिए पैसा चाहिए। मैं एक बड़ा फकीर हूँ। यदि समाज के अन्य लोगों का मन शुद्ध हो तो उन लोगों को हमारा कार्य शुभ लगेगा और यदि उन्होंने हमें आर्थिक सहयोग दिया तो हमें उसकी जरूरत है ही। लेकिन उनके आर्थिक सहयोग पर पूरी तरह से निर्भर रहने से काम नहीं चलेगा। हम लोगों को अपने बल पर खड़ा रहना सीखना चाहिए।

'जिसका मुर्दा वही उसे कन्धे पर उठाता है' उसी तरह अपने कार्य के बोझ को हम लोगों को अपने कन्धों पर लेना चाहिए। अपने कार्य के लिए हम लोगों को ही उदारता से मदद करनी चाहिए।

आज मेरी धर्मोपदेश की शुरुआत है। मैं बौद्ध धर्म के बारे में कुछ कहना चाहता हूँ। बौद्ध धर्म से सम्बन्धित मेरी घोषणा आज की नहीं है। जब मैं चौदह साल का था उस समय से मैं बौद्ध धर्म से परिचित हूँ। जब मैं चौदह साल का था उसी समय से

रामायण, महाभारत, कृष्णलीलामृत, शिवलीलामृत, श्रीधराख्यान आदि सभी मराठा ग्रन्थ मेरे पिता ने मुझसे दस-दस बार पढ़वाए थे। पिता के इस तरह के बर्ताव से उस समय मुझे बड़ी परेशानी होती थी।

जब मैं एल्फिंस्टन हाईस्कूल में था उस समय मैंने कोई एक इम्तिहान[1] पास किया था। जिस बटाटे की चाल में मैं रहता था वहाँ के लोगों ने मेरे पास होने के उपलक्ष्य में अभिनन्दन करने हेतु एक सभा आयोजित करने की बात सोची थी। उन्होंने दादा केलुसकर के सहयोग से बड़ी कोशिश करके मेरे पिता से इसकी इजाजत ली थी। एक मेज और कुर्सी रखकर सभा की कार्यवाही शुरू हुई। किन्तु देखा जाए कि सभा में कुछ चुने हुए लोगों के अलावा कोई उपस्थित नहीं था। लोग लंगोटी पहनकर अपने-अपने मकान की दहलीज पर बैठकर पान-तम्बाकू चबाते हुए बैठे थे। सभा का महत्त्व किसी ने नहीं समझा था।

लेकिन आज स्थिति बदल गई है। आज अछूत समाज जाग्रति की दृष्टि से काफी आगे है। बचपन में मेरे अभिनन्दन के लिए जो पहली सभा आयोजित की गई थी उसके अध्यक्ष दादा केलुसकर थे। उस समय सभा में मैंने क्या गलत-सलत बातें कहीं, वे अब मेरे ध्यान में नहीं हैं। भाषण समाप्त होने के बाद दादा केलुसकर ने मुझे भगवान बुद्ध की एक छोटी किताब भेंट की थी। मैंने रामायण-महाभारत जैसे कई ग्रन्थ पढ़े हैं। उसी तरह मैंने वह किताब भी पढ़ी है। लेकिन एक बात मेरी समझ में आई कि बुद्ध की शिक्षा और अन्य ग्रन्थों की शिक्षा में काफी अन्तर है। बाद में इस किताब की तरह अन्य कई किताबें पढ़ने के बाद मेरे दिमाग में नई रोशनी पैदा होने लगी। बुद्ध का धर्म कैसा है और हिन्दू धर्म किस तरह का है, दोनों में कितना फर्क है, कौन-सी नयी सोच है आदि बातें मेरी समझ में आने लगीं।

जबर्दस्त महत्त्वाकांक्षा और जिद

मेरे पिता कहते थे कि हम लोग गरीब हैं। लेकिन हमारी महत्त्वाकांक्षाएँ बड़ी होनी चाहिए। महाभारत का द्रोणाचार्य गरीब था। द्रोण के बच्चों को उनकी माँ पानी में बाजरे का आटा मिलाकर दूध कहकर पिलाती थी। कर्ण भी गरीबी से ही ऊपर उठा था। महान लोग हमेशा गरीबी से ही ऊपर उठते हैं। भेंटस्वरूप मिला गौतम बुद्ध का चरित्र पढ़कर मेरा मन बेचैन होने लगा। पिता की मृत्यु के बाद इस तरह के धर्मग्रन्थ पढ़ने का दबाव समाप्त हो गया।

उच्च शिक्षा के लिए मैं अमेरिका चला गया। वहाँ भी मैंने बौद्ध धर्म का काफी अच्छा अध्ययन किया। मैं वहाँ बौद्ध धर्म क्या है, इस बात को समझने के लिए और बुद्ध धर्म चरित्र ने मेरे मन में जो अशान्ति पैदा कर दी थी उसे शान्त करने के लिए अधिक अध्ययन करता था। मैंने काफी सोचा है तब कहीं मुझे हिन्दू-धर्म और बौद्धधर्म का फर्क समझ में आया है। बौद्ध धर्म के सम्बन्ध में मेरी जिज्ञासा काफी पुरानी है।

1. मैट्रिक की परीक्षा पास की थी।

लोग कहते हैं कि राजनीति में मेरा नुकसान हुआ है, अब बौद्ध धर्म से भी मेरा नुकसान होनेवाला है। किन्तु मेरा जो नुकसान होनेवाला है, उस नुकसान को बर्दाश्त करने के लिए मैं तैयार हूँ। धर्म मेरा निजी मामला है। मुझे बौद्ध धर्म पसन्द आया, मैंने वह स्वीकार किया। राजनीति के झूठे चुनाव मुझे नहीं चाहिए। झूठे चुनावों से मैं शायद प्रधानमन्त्री भी बन सकता हूँ। लेकिन मुझे यह नहीं चाहिए। राजनीति क्रिकेट का खेल है। वह एक विचार सम्प्रदाय नहीं है। रामानन्दी, कबीरपन्थी आदमी को यह कहा जाए कि तू अपना पन्थ छोड़ दे, तो वह अपना पन्थ नहीं छोड़ेगा। उसी प्रकार मेरा धर्म अटल है। मैंने यह धर्म स्वीकार किया है। फिर मुझे उस राह पर ही चलना चाहिए।

मैंने बौद्ध धर्म स्वीकार किया है। इसे आप लोग भी स्वीकार कीजिए। केवल अछूत समाज द्वारा ही बौद्ध धर्म स्वीकार करने से काम नहीं चलेगा। बल्कि सम्पूर्ण भारतीयों को और उसी के साथ सम्पूर्ण दुनिया के लोगों को बौद्ध धर्म स्वीकार करना चाहिए, यही मेरी इच्छा है (तालियाँ)।

क्या है बौद्ध धर्म?

मैंने बौद्ध धर्म को क्यों अपनाया, यह मैं आपको बताना चाहता हूँ। इसके कारणों की चर्चा करना जरूरी है। गौतम बुद्ध को सबसे पहले पाँच अनुयायी मिले। उन्हें 'पंचवर्गीय भिक्खु' कहते हैं। कुल चालीस अनुयायी होने के बाद बुद्ध को लगा कि अब अपने अनुयायियों को आज्ञा देनी चाहिए। धर्म-प्रचार के लिए दूर-दूर भेजना चाहिए। उस समय भगवान बुद्ध ने अपने अनुयायियों को बौद्ध धर्म की जो परिभाषा बताई थी वह इस प्रकार है, 'बहुजन हिताय, बहुजन सुखाय, लोकानुकम्पाय, अत्थाय हिताय सुखाय देवमनुस्सानं, आदि कल्याणं, मज्झ कल्याणं, परियोसान कल्याणं?'

बौद्ध धर्म बहुत लोगों की भलाई के लिए, सुख के लिए, उनसे प्रेम करने के लिए है। इस धर्म का स्वीकार सिर्फ सामान्य लोगों के करने से काम नहीं चलेगा बल्कि श्रेष्ठ जनों को भी देवमनुस्सानं करना चाहिए (तालियाँ)। जिस प्रकार गन्ना अपने मूल में भी मीठा होता है, मध्य भाग में मीठा होता है और ऊपरी भाग में भी मीठा होता है उसी प्रकार बौद्ध धर्म प्रारम्भ में भी कल्याणकारी है, मध्य में भी कल्याणकारी है और अन्त में भी कल्याणकारी है। इस धर्म का आदि, मध्य और अन्त सभी मधुर, कल्याणकारी और लाभकारी हैं।

लेकिन किसी को भी मुझे यह बताना चाहिए कि हमारा हिन्दू धर्म जिसे मैं ब्राह्मणी धर्म कहता हूँ, क्या वह 'बहुजन हिताय-बहुजन सुखाय है?' ब्राह्मण और अन्य विद्वान लोग बताते हैं कि ब्राह्मणी धर्म की संस्कृति दस हजार साल पुरानी है, प्राचीन संस्कृति है लेकिन आज हिन्दू धर्म में सात करोड़ लोग अछूत हैं। इस धर्म में वे लोग भी हैं जिन्हें समाज से बहिष्कृत कर दिया गया। वे इस कारण जंगल में रहनेवाले, चोरी करके अपना जीवनयापन करनेवाले बेहिसाब गुनाहगार हैं। फिर आप लोग ही बताइए, क्या ऐसे धर्म को 'बहुजन हिताय, बहुजन सुखाय' धर्म कहा जा सकता है?

दुनिया के कुछ कम्युनिस्ट छोड़ दिए जाएँ तो ऐसा एक भी आदमी नहीं मिलेगा, जिसे धर्म की जरूरत नहीं है। उसी तरह हमें धर्म चाहिए। लेकिन वह सत्‌धर्म चाहिए। एक ऐसा धर्म जिसमें सभी लोग समान हों, जिसमें सभी को समान अवसर मिलें। वही सच्चा धर्म है, बाकी सारे धर्म अधर्म ही हैं।

हिन्दू धर्म की शिक्षा के मुताबिक यदि सभी जगह ब्रह्म है तो फिर वह महारों, मातंगों और चमारों में भी होना चाहिए। फिर हिन्दू धर्म में इस तरह की असमानता क्यों ?

क्या है हिन्दू धर्म?

1910 में जब हिन्दू और मुस्लिमों के बीच साम्प्रदायिक दंगे शुरू हुए उस समय हिन्दू किसे कहा जाए, हिन्दू की परिभाषा क्या है, इस प्रकार का गम्भीर सवाल खड़ा हो गया था। उस समय भारत के ग्यारह विद्वानों ने ग्यारह प्रकार की परिभाषाएँ दीं। 'हिन्दू' शब्द की उन परिभाषाओं में किसी भी प्रकार का कोई तालमेल नहीं है। उनमें आपस में काफी अन्तर्विरोध है। किसी का किसी के साथ कोई सामंजस्य नहीं है। आप, सावरकर की हिन्दू धर्म की परिभाषा देखिए–

'आसिन्धुः सिन्धु पर्यंता
यस्य भारत भूमिका।
पितृभु, पुण्यभुश्चैव सवै
हिन्दुः इति उच्यते ॥'

डॉ. राधाकृष्णन् की परिभाषा इससे अलग है। उसका तिलक की परिभाषा से कोई सम्बन्ध नहीं है। तिलक के हिन्दू का मतलब है–

'प्रामाण्यं बुद्धिर्वेदेषु साधनानाम्
अनेकता उपास्या नाम नियमः।'

तिलक की दृष्टि में 'हिन्दू' का मतलब है वेदों का प्रमाण स्वीकार करनेवाला आदमी। फिर धर्माचरण में उसकी साधना कुछ भी रही तो भी कोई बात नहीं। किसी हिन्दू आदमी ने वेदों को प्रमाण मानकर 'पीर' की पूजा भी की तो भी कोई बात नहीं, वह तो हिन्दू ही है। तिलक की इस परिभाषा का क्या महत्त्व है? फिर आप लोग ही बताइए, इस प्रकार का धर्म, क्या 'बहुजन हिताय, बहुजन सुखाय' धर्म हो सकता है?

बौद्ध धर्म के पुनर्जागरण को देखकर कई लोगों ने भौंकना शुरू कर दिया है। उन्होंने अखबारों के माध्यम से चिल्लाना शुरू कर दिया। लेकिन आज मुझे उनकी ओर देखने का समय नहीं है। एक बार सभी को लिखने दीजिए। मेरे खिलाफ कौन-कौन क्या-क्या लिखते हैं, यही मुझे देखना है। जब उनकी कलम रुक जाएगी, तब मैं अपनी कलम उठाऊँगा।

हर मनुष्य के जीवन के लिए धर्म की बड़ी जरूरत है। अन्य धर्मों की तरह आत्मा क्या है, वह कहाँ स्थित है, इस बात को मैं नहीं जानता। वह अँगूठे के बराबर है या उँगलियों के समान है, यह भी मुझे मालूम नहीं। मैंने आज तक ईश्वर को नहीं देखा है। हिन्दू धर्म में ईश्वर तथा आत्मा को बड़ा महत्त्व प्राप्त है, लेकिन हिन्दू धर्म में क्या मनुष्य के जीवन का कोई महत्त्व है?

बौद्ध धर्म में भेदभाव नहीं है। सभी ओर समानता दिखाई देती है। बौद्ध धर्म में ईश्वर और आत्मा का कोई स्थान नहीं है। बल्कि मनुष्य को मनुष्य से कैसा बर्ताव करना चाहिए इस बात पर विचार किया गया है। इस धर्म में नीति के महत्त्व को बताया गया है। इसलिए यह सत्धर्म है। बाकी सारे धर्म झूठे हैं। ब्राह्मण और पुजारियों ने मिलकर हिन्दू धर्म बनाया है। बौद्ध धर्म में मोक्ष दिलवाने के लिए ईसाई लोगों की तरह पादरी नहीं है, उसी प्रकार आत्मा को सद्गति देनेवाले, पूजाविधि और यज्ञ-कर्मकांड करनेवाले ब्राह्मण बिल्कुल नहीं हैं।

जो धर्म मनुष्य के कल्याण का कारण बने वही धर्म अच्छा है। बौद्ध धर्म की बुनियाद जीवन के कल्याण के लिए बहुत जरूरी है, इसीलिए इस धर्म का महत्त्व है।

अमेरिका में ईसाई धर्म का फैलाव बहुत पहले से था और है। किन्तु अमेरिका जैसे प्रभावी राष्ट्र में दो हजार से भी ज्यादा बौद्ध भिक्खु रहते हैं। वहाँ के परम्परागत ईसाइयों ने ईसाई धर्म का त्याग करके बौद्ध धर्म अपनाया है।

अमेरिकी फौज के सैनिक भी बौद्ध धर्म के अनुयायी हैं। इतना ही नहीं, बौद्ध धर्म के प्रति आस्था व्यक्त करने के लिए फौजी लोग अपनी ड्रेस पर बौद्ध धर्म का प्रतीक चिन्ह लगाते हैं। उन्होंने अमेरिकी सरकार को बौद्ध प्रतीक चिन्ह इस्तेमाल करने के सम्बन्ध में कानून बनाने के लिए मजबूर किया है। अभी-अभी अमेरिका में एक बहुत बड़ा बुद्ध विहार बनाया गया है। उसके लिए सारी दुनिया से करीब-करीब 20 लाख रुपए दान में मिले हैं।

जर्मनी के बारे में तो कहना ही क्या! वहाँ बौद्ध धर्म का प्रचार करनेवाली हजारों संस्थाएँ हैं। यूरोप में ऐसा एक भी देश नहीं जहाँ बौद्ध धर्म का प्रचार न होता हो। भगवान गौतम बुद्ध तो जगप्रसिद्ध युगपुरुष हैं। वहाँ के लोगों को राम, कृष्ण या विष्णु की कोई जानकारी नहीं है।

दुनिया में भारत को याद करने का मतलब है गौतम बुद्ध को याद करना। भारत देश इसी युगपुरुष की जन्मभूमि के रूप में जाना जाता है। जिन भारतीय विद्वानों ने अज्ञानवश ईसाई धर्म स्वीकार किया है वे आज बड़े अफसोस के साथ कहते हैं कि तुलनात्मक दृष्टि से बौद्ध धर्म एक श्रेष्ठ धर्म है।

हमें कल्याणकारी बौद्ध धर्म चाहिए। हमारे पूर्वज अज्ञानी थे। महारकी, भीख माँगना यही उनका काम था। उन्हें धर्म के प्रति क्या लगाव? लेकिन हम स्वावलम्बी बने हैं। अन्य समाजों की बराबरी में हमें खड़े होना है। धर्म में उत्थान का रास्ता खुला है।

मेरे कुछ मित्रों की यह मान्यता है कि धार्मिक बातों के कारण आर्थिक सवालों की ओर ध्यान नहीं दिया जाता। मैं कुछ आर्थिक सवालों को उठाना चाहता हूँ। यदि किसी दोस्त या भाई का यह कहना हो कि धार्मिक बातों के कारण आर्थिक सवालों को नजरअंदाज किया जाएगा, तो उसे अपनी आर्थिक योजना बतानी चाहिए। यदि मुझे वह योजना पसन्द आई तो मैं अपनी सारी शक्ति उस कार्य में लगा दूँगा।

जीवन के लिए धन की आवश्यकता

ईसाई धर्म में और बौद्ध धर्म में बड़ा फर्क है। ईसाई धर्म में येशू ने बताया है कि "हे गरीबो! आप लोग दरिद्रता से घबराइए नहीं। मरने के बाद सारी दुनिया तुम्हारी है।" (हँसी)। इस तरह से बौद्ध धर्म में आर्थिक सवालों को नजरअंदाज नहीं किया गया है।

एक बार अनाथपिण्डक ने भगवान बुद्ध को आर्थिक समस्या के बारे में सवाल पूछा था। भगवान बुद्ध ने जवाब दिया, "धन मनुष्य जीवन के लिए बहुत आवश्यक है। धन इकट्ठा करना चाहिए। लेकिन उसका उपयोग दूसरों के उत्पीड़न के लिए, दूसरों को गुलाम बनाने के लिए नहीं करना चाहिए। उसे सही रास्ते से कमाकर उसका सही उपयोग होना चाहिए।" धर्म और अर्थ ये दोनों बातें मनुष्य के लिए बहुत जरूरी हैं। जीवन के लिए आवश्यक चीजों में धर्म और अर्थ दोनों हैं।

शाक्य लोगों में यह परम्परा थी कि जमीन के मालिक को कम-से-कम साल में एक बार खेत में हल चलाना चाहिए। इसी आधार पर भगवान बुद्ध ने अपने पिता से सवाल किया कि "क्या दूसरों की मेहनत का फल खाना हमारे लिए उचित है? अपना भोजन हम लोगों को अपनी मेहनत से हासिल करना चाहिए।" धर्म और अर्थ का उपार्जन, दोनों बातें एक साथ करनी चाहिए। इसलिए हमारी योजना से आर्थिक नुकसान कैसे होगा, यह बात मेरी समझ में ही नहीं आ रही है। उनको मुझे समझाना चाहिए। सिर्फ अर्थ से अनर्थ होगा। अर्थ में धर्म भी होना चाहिए।

कम्युनिज्म कैसे जिन्दा रहा? वह कैसे बरकरार रहा? यह एक आवश्यक सवाल है। वह शक्ति से जबरन टिका हुआ है। उन्हें प्रॉपर्टी, धन-दौलत चाहिए। रूस में सख्त बर्ताव करनेवाले जमींदारों के समाप्त होते ही लोग लपककर आगे आएँगे। अराजकता फैलेगी और फिर समाज अराजकता से चलेगा। बुद्ध का धर्म कम्युनिज्म में है। बौद्ध धर्म के भिक्खुओं की तरह ही कम्युनिस्टों को जीवन के लिए आवश्यक चीजें रखने का अधिकार है। उनके लिए पिण्डपात्र, तीन चीवर, सुई, बाल काटने की कैंची और पानी छानने का कपड़ा आदि चीजें जरूरी हैं।

धर्म का अनुशासक कौन?

भगवान बुद्ध का महापरिनिर्वाण हुए दो हजार साल बीत चुके हैं। लेकिन आज भी इस धर्म का प्रचार काफी जोर-शोर से हो रहा है। उसका कोई अनुशासक नहीं या

सर्वाधिकारी नहीं है। भगवान बुद्ध के अन्तिम समय में उनके एक अनुयायी ने उनसे पूछा, "भन्ते, आपके महापरिनिर्वाण के बाद इस धर्म का क्या होगा? इसके लिए कोई अनुशासक नियुक्त कीजिए।" इस पर भगवान बुद्ध ने जवाब दिया, "मेरे न रहने के बाद मेरा धर्म ही तुम्हारा अनुशासक रहेगा। लोग यदि उसका पालन नहीं करते तो उसका क्या उपयोग? विशुद्ध मन से स्वीकार किया गया धर्म ही तुम्हारा अनुशासक है।"

रूस में सम्पत्ति के लिए अराजकता फैली हुई है। दुनिया का व्यवहार धर्म से चल रहा है। किसी प्रसूत महिला को यह बताया गया है कि यह बच्चा तेरा दुश्मन है। तू इसे दूध मत पिला। उससे तू कमजोर हो जाएगी, बूढ़ी हो जाएगी, तेरी सुन्दरता कम होगी, यह बच्चा तेरा विनाशक सिद्ध होगा, तो क्या उस बच्चे की माँ इन सारी बातों को स्वीकार करेगी। उस माँ को कितना भी दुख हो, कितनी भी पीड़ा क्यों न हो, वह कितनी भी बीमार क्यों न हो तब भी वह बच्चे को दूध पिलाएगी। बच्चे की देखभाल करना, उसका पालन करना उसका धर्म है। इसी तरह दुनिया के सभी व्यवहार धर्म से चल रहे हैं।

पूना के लोग आधा पेट खाना खाकर दूसरों के लिए भोजन के डिब्बे ले जाते हैं। उन डिब्बों में पुलाव, बिरयानी जैसा खाना होता है। फिर भी वे लोग जिम्मेदारी के साथ और प्रामाणिकता से भोजन के डिब्बे दूसरों तक पहुँचाते हैं। इसलिए धर्म का पालन सभी को करना चाहिए। और आप जिस धर्म का पालन करते हैं वह सत्‌धर्म होना चाहिए। वह अधर्म नहीं, सुकर्मों पर आधारित धर्म होना चाहिए, दुष्कर्मों पर नहीं।

धर्म का लोगों के मन पर कितना प्रभाव है, इस बात को स्वयं जानना चाहिए। मैं कुछ दिन पहले बर्मा होकर आया हूँ। वहाँ कुछ बातें बड़ी आश्चर्यजनक हैं। वहाँ समाज में किसी भी प्रकार का भेदभाव नहीं है। वहाँ किसी भी प्रकार के ऊँच-नीच के लिए कोई स्थान नहीं है। वहाँ जातिभेद नहीं, जाति-व्यवस्था नहीं है। वहाँ वास्तव में जनतन्त्र है। उनके मकान-घर आदि साफ-स्वच्छ दिखाई देते हैं। 15-20 फुट आकार के मकानों के ऊपर लकड़ियाँ और उन पर लकड़ी की पट्टियाँ छाई हुई होती हैं। अपने यहाँ दीवारें, ईंटें, चूना, लोहा आदि के बारे में बहुत सावधानी बरती जाती है। उनके मकानों के दरवाजे चटाइयों के बने होते हैं। लात मारने से उनके मकान गिर सकते हैं।

वहाँ के लोग शाम को छह बजे भोजन करते हैं। वे शाम को छह बजे से रात में ग्यारह बजे तक घूमते रहते हैं। वहाँ चाय की दुकानें बन्द होने के बाद वे लोग चाय का सामान दुकानों पर ही रख देते हैं। वहाँ सामान की चोरी नहीं होती। हमारे यहाँ चोर सीमेन्ट और लोहे से बनी दीवारें भी तोड़ देते हैं (हँसी)।

दूसरी बात यह है कि बर्मी लोग रुपया-पैसा सँभालकर नहीं रखते। खाना, दान देना, यही उनके पैसे का उपयोग है। उनका पैसा बैंक में नहीं होता। बुद्ध का कहना है कि दुनिया में कुछ भी नित्य नहीं है।

मैं मण्डाले पर्वत पर बना बुद्ध का विहार देखने गया था। मैं 1080 सीढ़ियाँ चढ़कर बौद्ध विहार में पहुँचा। यह मेरा निश्चय था इसलिए। आम तौर पर इस तरह सीढ़ियाँ चढ़ने में मुझे परेशानी होती है। इस विहार में भगवान बुद्ध की 14 फीट ऊँची मूर्ति है। यह मूर्ति पूरी तरह से सोने की बनी है। वहीं ऊँचे स्थान पर एक स्तूप (पॅगोडा) बनाया गया है। उसमें करीब आधा करोड़ रुपए का सोना है। वहाँ सुबह से रात 11 बजे तक लोग वन्दना के लिए आते हैं। रात में 11 बजे के बाद वहाँ कोई नहीं रहता। वहाँ उस मूर्ति को लगभग छह सौ साल हो गए हैं। लेकिन किसी ने वहाँ से थोड़ा-सा सोना चुराने की भी हिम्मत नहीं की है। लेकिन हमारे देश में देवी-देवताओं के गहने ब्राह्मण, पण्डा-पुजारी ही चुराकर ले जाते हैं, (हँसी)।

वहाँ के लोग झूठ नहीं बोलते। चोरी नहीं करते। क्योंकि बुद्ध के धर्म की शिक्षा ही इस तरह की है।

यहाँ जब तक हिन्दू धर्म है तब तक महार मोहल्ला, चमार मोहल्ला, भंगी मोहल्ला, रहेंगे ही क्योंकि इस धर्म की शिक्षा ही इस तरह की है। सामूहिक सहभोज जैसा कार्यक्रम धर्म और परम्परा में परिवर्तन नहीं ला सकता है। जब तक यहाँ समाज-सुधार का बुरका पहने हुए ब्राह्मण, धर्मभ्रष्ट पण्डा-पुरोहित वर्ग है तब तक यहाँ ऐसा ही चलेगा। इसलिए मेरा यह कहना है कि सहभोज, सत्यनारायण की कथा आदि करनेवालों को भी बौद्ध धर्म अपनाना चाहिए।

एक बार बुद्ध को विशाख नाम के अनुयायी ने सवाल पूछा था, "धर्म क्या है?" उस पर बुद्ध का जवाब था कि, "मैले मन को साफ करना ही धर्म है।" अछूतपन रास्ते में पड़ा हुआ कोई पत्थर नहीं है जिसे समाज-सुधारक हाथ से उठाकर रास्ते से दूर फेंक दें। जब हमारा मनोधर्म बदलेगा तभी धर्म बदलेगा।

दुनिया में सबसे पहले धर्म की जरूरत दलित-शोषित वर्ग को हुई। रोमन, इटालियन साम्राज्य में ईसाई धर्म सबसे पहले गरीब, दलित-शोषित वर्ग ने ही स्वीकार किया।

हमारे यहाँ विद्वानों का यह दावा है कि इस देश की संस्कृति एक-स्वरूप है। लेकिन उनका इतिहास झूठ है। यहाँ संस्कृति के मुख्य दो प्रवाह हैं। एक ब्राह्मणी धर्म और दूसरा बौद्ध धर्म। ब्राह्मण धर्म का मैला पानी बौद्ध धर्म के निर्मल जल में फैल गया है। इसलिए हिन्दू धर्म के मैले पानी को नाली बनाकर बाहर फेंक देना होगा। कृष्ण ने गीता में क्या कहा है? यही कि मारो, हत्या करो। लेकिन उन्होंने कभी गरीबों के उत्थान के बारे में कुछ नहीं कहा है? इसलिए मैं बार-बार कहता हूँ कि गीता का कोई उपयोग नहीं है। मैं स्वयं गीता की समीक्षा करना चाहता हूँ, उस पर लिखना चाहता हूँ।

मैंने बौद्ध धर्म की जानकारी प्राप्त करने के लिए कई ग्रन्थों का अध्ययन किया है। मैं जो किताब लिख रहा हूँ उसमें मैं इस धर्म के दुर्बल होने के कारणों की चर्चा करूँगा। धर्मान्तरण के लिए जल्दबाजी नहीं करूँगा। बगैर सोचे-समझे भेड़ों की तरह चलने के लिए आपसे आग्रह नहीं करूँगा। इस बारे में मैं एक किताब लिख रहा हूँ।

बौद्ध धर्म की दीक्षा लेने के बाद उसके सिद्धान्तों के मुताबिक चलना चाहिए। तलवार की धार की तरह बर्ताव करनेवाले पाँच ही अनुयायी मिलें तब भी कोई बात नहीं।

साप्ताहिक 'जनता' के 22 जनवरी, 1955 के अंक में प्रकाशित।

शैतानों से ग्रस्त मन्दिर को जलाना ही चाहिए

*दि. **19 फरवरी 1955** को संसद (राज्यसभा) में मुआवजा संशोधन बिल पर बहस हो रही थी। इस बिल पर हो रही बहस में हिस्सा लेते हुए डॉ. बाबासाहेब अम्बेडकर ने अपने भाषण में कहा–*

नुकसान का पूरा मुआवजा देना और मुआवजा दिए बगैर लोगों को प्रताड़ित करना यह दोनों बातें समान रूप से त्यागने योग्य लगती हैं। मेरी राय में मुआवजे का प्रतिशत पार्लियामेंट का ही बहुमत के आधार पर कानूनी मानना उचित होगा। फिलहाल चर्चा के लिए आया हुआ यह बिल मेरी राय में बिल्कुल मामूली है। मेरा यह सुझाव है कि इस तरह से लोगों के बुनियादी हक़ों पर वार करने के बजाय सरकार को पार्लियामेंट को ही मुआवजा तय करने का हक़ हमेशा के लिए दे देना चाहिए। ऐसा करने के लिए सरकार को जमीन का स्वामित्व लेने के सम्बन्ध में विद्यमान कानूनों को समाप्त करके एक उचित तरह का नया कानून बनाना चाहिए।

संविधान में बार-बार परिवर्तन करना कभी उचित नहीं होगा। इस तरह करने से अनिश्चितता पैदा होगी। और सामाजिक मूल्यों का नुकसान होगा। संविधान की धारा 31 को संविधान समिति की ड्राफ्टिंग कमेटी ने तैयार नहीं किया था। बल्कि मुआवजे के सम्बन्ध में कांग्रेस में जो तीन गुट थे उनके मतभेदों में समझौते का परिणाम संविधान की धारा 31 है। सरदार पटेल को लैंड एक्वीजीशन कानून में प्रावधानों के मुताबिक पूरा मुआवजा और अन्य समाधानों के लिए और 15 प्रतिशत अधिक मुआवजा देना मंजूर था। पंडित नेहरू मुआवजे के खिलाफ थे। तीसरे पंडित पन्त द्वारा उत्तर प्रदेश में जमींदारी समाप्त करने की जिम्मेदारी लेने के कारण इस कानून को आसानी से बनाया जा सके, वे इस चिन्ता से ग्रस्त थे। इस तरह से कांग्रेस में त्रिपक्षीय लड़ाई संविधान के निर्माण के समय जारी थी।

संविधान की धारा 31 अधिक ठोस नहीं थी। लेकिन सार्वजनिक हितों के लिए जायदाद सरकार में जमा करने के लिए धारा 31 काफी लचीली थी। यह बिल बहुत साधारण है। ज्यादा महत्त्वपूर्ण नहीं है। संविधान बड़े अजब ढंग से बनाया गया एक

सुन्दर मन्दिर है। लेकिन भगवान की मूर्ति स्थापित होने से पहले ही षड्यन्त्रकारियों (पण्डा-पुरोहितों) ने उस मन्दिर पर अपना कब्जा कर लिया है। इसीलिए हमारे पास एक रास्ता बचा है कि इस मन्दिर को जलाकर नष्ट कर दिया जाए। (बीच में ही मान्यवर बी.के.पी. सिंह ने डॉ. बाबासाहेब अम्बेडकर से पूछा कि मन्दिर को जलाने के बजाय शैतानों को ही क्यों न भगाया जाए? इस सवाल का जवाब देते हुए डॉ. बाबासाहेब अम्बेडकर ने कहा) शैतानों को भगाना एकदम असम्भव है। 'शतपथ ब्राह्मण' ग्रन्थ पढ़ने से आपको पता चलेगा कि सुरों ने असुरों को हमेशा पराजित किया है।

इस बिल के मुताबिक मुआवजा न देने की नीति मेरी समझ में नहीं आ रही है। जिस तरह रूस जैसे देश में हर नागरिक को नौकरी का अधिकार, जीवन की बुनियादी जरूरतें, मनोरंजन के साधन और रहने के लिए मकान आदि की गारंटी दी जाती है, उसी प्रकार सरकार को उक्त बातों की जिम्मेदारी लेने के बाद मुआवजा न देने का कानून अमल में लाना चाहिए। लेकिन लोकसभा ने कानून के द्वारा जो उचित मुआवजा तय कर दिया है उसके उद्देश्य को मैं अच्छी तरह से स्वीकार कर सकता हूँ। यदि कानून के द्वारा मुआवजा देने से सम्बन्धित बिल को पेश किया गया तो हर कोई अपना मत साफ तौर पर जाहिर कर सकता है। इस तरह से पास किया गया कानून सर्वमान्य कानून माना जाएगा। यदि उस कानून के कुछ तत्त्वों को लोकसभा बहुमत से नामंजूर करती है तो लोकसभा उन तत्त्वों को बदल सकती है। मैं सरकार को सुझाव देना चाहता हूँ कि इस तरह का सामान्य बिल मंजूर होने पर लोगों को न खुशी होगी और न दुख। क्योंकि उससे लोगों का न नुकसान होता है और न लाभ। इसमें सबसे अच्छी बात यही होगी कि लोकसभा को ही मुआवजा देने का स्थायी हक़ दिया जाए। जिस समय संविधान बनाया जा रहा था उस समय कांग्रेस पार्टी नागरिकों के हक़ों को गहनों की तरह मानती थी। लेकिन अब कांग्रेस की सोच बदल गई है। इसलिए जब-जब बुनियादी हक़ों से सम्बन्धित सवाल खड़ा होता है उस समय लोग उसकी तरफ ऐसे देखते हैं जैसे किसी जंजीर की तरफ देख रहे हों। संविधान-निर्माताओं ने बुनियादी हक़ों को इतना लचीला नहीं बनाया था। उन हक़ों पर भी उचित प्रतिबन्ध लगाया गया था। इसलिए इस बारे में संविधान-निर्माता संविधान की धारा 31 के प्रति कतई जिम्मेदार नहीं हो सकते।

साप्ताहिक 'जनता' के 2 अप्रैल, 1955 के अंक में प्रकाशित।

बौद्ध धम्म ही सही समानतावादी धम्म है

दि. 3 अप्रैल 1955 को मुम्बई के बुद्ध भवन, सिद्धार्थ कॉलेज में म्यांमार सुप्रीम कोर्ट के न्यायाधीश यू चॅन टयून के सम्मान में एक सत्कार समारम्भ आयोजित किया गया था। इस समारम्भ में डॉ. बाबासाहेब अम्बेडकर विशेष रूप से उपस्थित थे। इस अवसर पर डॉ. अम्बेडकर ने अपने सम्बोधन में कहा–

विशेष रूप से लोकतन्त्र के दो दुश्मन हैं। उनमें एक है तानाशाही और दूसरा है मनुष्य और मनुष्य के बीच भेद माननेवाली नीति या संस्कृति। अमेरिकी स्वतन्त्रता के बारे में बकल कहता है, तानाशाही की वजह से जो शक्ति या संगठन पैदा होता है वह हमेशा बरकरार नहीं रह सकता। क्योंकि तानाशाही की प्रेरणा अपने मूल में ही अमर्यादित होती है। उस प्रेरणा को निकाल देने के बाद वह संगठन पूरी तरह से टूट जाता है। और इसीलिए कम्यूनिज्म की सत्ता अमर्यादित है। उसी तरह मनुष्य-मनुष्य में भेदभाव के बीज बोनेवाली नीति तथा सामाजिक आर्थिक भेद को जानबूझकर फैलानेवाली संस्कृति–ये दोनों बातें लोकतन्त्रवादी व्यवस्था के लिए बेहद खतरनाक हैं।

सिर्फ हिन्दू धर्म के सम्बन्ध में ही कहें तो उसके खास तौर पर तीन सामान्य वर्ग होंगे। पहला दलित वर्ग। इस वर्ग का सामाजिक और आर्थिक उत्पीड़न धर्म के कारण हुआ है। दूसरा वर्ग गैरब्राह्मण और पिछड़ी जातियों का है। यह वर्ग तुलनात्मक दृष्टि से स्थितिप्रिय लोगों का है। इस वर्ग में स्थित्यन्तर और बदलाव के लिए शिक्षा के अभाव में, नई प्रेरणाओं के, नई समझ के अभाव में कुछ ज्यादा समय लगेगा। तीसरा और अन्तिम वर्ग है ब्राह्मण और तत्सम जातियों का। इस वर्ग के लिए इस धर्म में ख़ास अधिकार और हक़ हैं। इस वर्ग की विशेषता यह है कि यह वर्ग अधिकार और उपभोग के अतिक्रमण के बाद समय के मुताबिक बदलता है लेकिन समय आने पर मुकाबले के लिए भी तैयार रहता है। क्योंकि इस वर्ग को धर्म ने जो श्रेष्ठता दी है उसे उस वर्ग को बरकरार रखना है। और इसीलिए उसे धर्म को जानबूझकर बरकरार रखना है। यह वर्ग होनेवाले बदलाव की ओर बड़ी बेसब्री से देखता है। पर उसकी सोच साफ तौर पर वेदों से आगे (Intellectual Interpretation) कभी जा नहीं सकती। और इसीलिए मैं मुझ पर लगनेवाले सभी आरोपों को ध्यान में रखते हुए भी इस देश में बौद्ध धर्म के भविष्य के बारे में पूरी तरह आशावादी हूँ।

हिन्दू धर्म की मान्यता के मुताबिक विष्णु के मुँह से ब्राह्मण, बाहु से क्षत्रिय, पेट से वैश्य और पाँव से शूद्र की उत्पत्ति का सिद्धान्त है और इसी बुनियाद पर खड़ी है हिन्दू धर्म-संरचना, जो मानवता का अपमान करनेवाली है, बुद्धिभ्रम पैदा करनेवाली है और ईश्वर के नाम पर पाखण्ड को फैलानेवाली है। इस तरह की धर्म-संरचना में समानता की बुनियाद कभी मजबूत नहीं हो सकती। यहाँ व्यक्ति-विकास कभी पूरा नहीं हो सकता। इसलिए गम्भीर सोच तथा अध्ययन के बाद मुझे ऐसा लगता है कि निचली तथा पिछड़ी जातियों के लोगों को इस विचारधारा के खिलाफ विद्रोह करना चाहिए, यही नहीं, उसे उन्हें पूरी तरह से त्याग देना चाहिए। इसका मतलब यह है कि इस प्रकार के धर्म को त्यागकर हर तरह से समानता, मानवीय एकता की जो विचारधारा बुद्ध ने दी है उसे उन्हें स्वीकार करना चाहिए। इसलिए मैं अपने सभी भाइयों को अन्तिम बार आवाज दे रहा हूँ कि मुक्ति हासिल करनी हो तो बौद्ध धर्म को अपनाइए।

पश्चिमी इतिहास की ओर देखें तो राज्य और धर्म (State and Church) को अलग-अलग कर जो युद्ध हुए वे उस इतिहास की बड़ी गलती हैं। धर्म को मानवीय जीवन से इस तरह अलग नहीं किया जा सकता। बल्कि धर्म मानवीय जीवन का सब कुछ है; बुनियाद है, वह सभी बातों की मूल प्रेरणा है। इस बात को कोई भी चिन्तक नजरअंदाज नहीं कर सकता। 'रोम का पतन' (Fall and decline of Rome, by Gibban) गिब्बन द्वारा लिखित किताब के कुछ अंश पढ़ें तो एक बात साफ तौर पर दिखाई देती है कि ईसाई धर्म की भनक लगते ही उमरावों (Patritious) के उत्पीड़न से परेशान होकर रैनबसेरे के बगैर शाम के भोजन की चिन्ता करते हुए, रास्ते में भड़कने वाले गुलामों ने ही ईसाई धर्म को सबसे पहले जीवन की मुक्ति (Salvation) के रूप में अपनाया। रोम में भी गुलामों ने ही ईसाई धर्म अपनाने का पहला कदम उठाया, यह एक बहुत बड़ी ऐतिहासिक सच्चाई (Historical reality) है। और इसीलिए अपने इर्द-गिर्द की स्थिति का अवलोकन करने के बाद यह कहना गलत नहीं होगा कि हम पर होने वाले अन्याय (Injustice) और ज्यादतियों (Torture) की वजह से बौद्ध धर्म की ओर लोगों का ज्यादा आकर्षण बढ़ेगा, उसकी बुनियाद मजबूत होगी।

मैंने पहले ही यह स्पष्ट कर दिया है कि हिन्दू धर्म असमानता पर आधारित है। दूसरा सबसे बड़ा पूर्वी धर्म इस्लाम है। यह धर्म भाईचारे के लिए प्रसिद्ध है। लेकिन यह भाईचारा उनके धर्म तक ही सीमित है। उसमें खास तौर पर मानवता (Human brotherhood) का अभाव है। सिर्फ बौद्ध धर्म ही सभी मनुष्यों को समानता का हक़ देता है। इस धर्म में ही मनुष्य और मानवीय जीवन का उचित सम्मान (Respect for human being) है। उसमें किसी भी प्रकार का भेदभाव (Discrimination) नहीं है। बौद्ध धर्म ही वास्तव में मानवीय समानता का धर्म है। मैंने यह काम करने में कुछ देर की है, इसलिए इसका मुझे खेद है। अन्यथा मैंने आज तक उन बोए हुए बीजों के फल देखे होते। मेरे समाज के 70 प्रतिशत लोग मेरी बात का समर्थन करेंगे इसके लिए मेरे मन में किसी भी प्रकार का सन्देह नहीं है। मेरे आलोचक कुछ भी कहते रहें। लेकिन

मुझे इस देश में बौद्ध धर्म का पुनरुत्थान करना है। इस देश में बौद्ध धर्म का पुनरुत्थान होनेवाला है यह बात स्पष्ट दिखाई दे रही है, इसमें मुझे कोई सन्देह नहीं है।

आज की स्थिति में मनुष्य को धर्म की क्या जरूरत है, ऐसी आलोचना कुछ लोग करते हैं। लेकिन इस पर मुझे आश्चर्य होता है। मानवीय समाज की अवधारणा के लिए धर्म की जरूरत है, इस बात को लोग क्यों भूल जाते हैं? धर्म ने मानवीय समाज को दो चीजें दी हैं और वे हैं–मानवीय जीवन में एकता बरकरार रखनेवाली मानसिक प्रेरणा का निर्माण करना। धर्म की वजह से मानवीय एकता के लिए उपयोगी एक खास तरह का मानसिक वातावरण पैदा हो सकता है और दूसरी बात यह है मानवीय समाज में धर्म ही समानता पैदा कर सकता है। इन दो महत्त्वपूर्ण कसौटियों से आज की स्थिति में समानता पैदा करके यहाँ सही ढंग से लोकतन्त्र मजबूत करना हो तो धर्म की बहुत जरूरत है।

साप्ताहिक 'जनता' के 9 अप्रैल, 1955 के अंक में प्रकाशित।

एन. शिवराज का इस्तीफा

प्रो. एन. शिवराज (मद्रास) शे.कां.फे. के अध्यक्ष थे और वे डॉ. बाबासाहेब अम्बेडकर के सहयोगी थे। प्रो. एन. शिवराज ने शे.का.फे. का इस्तीफा देने के बाद डॉ. अम्बेडकर ने ***दि. 23 अप्रैल 1955*** *को एक निवेदन प्रकाशित किया था। उस निवेदन में वे कहते हैं–*

मैं फेडरेशन का अध्यक्ष न होने के बावजूद भी अध्यक्ष के अधिकार मेरे पास होने का आरोप लगाने वाले मान्यवर एन. शिवराज का पत्र मैंने 'टाइम्स ऑफ इंडिया' के 13 अप्रैल, 1955 के अंक में पढ़ा है। सही स्थिति इस प्रकार है–जब अखिल भारतीय शेड्यूल्ड कास्ट फेडरेशन 1942 में स्थापित की गई उस समय यह तय हुआ था कि मुझे शेड्यूल्ड कास्ट फेडरेशन का अध्यक्ष बनना चाहिए। लेकिन उसी समय वायसराय की कार्यकारी परिषद् के सदस्य के रूप में मेरा चयन हुआ। कार्यकारी परिषद् के सदस्य का किसी भी राजनीतिक दल के साथ प्रत्यक्ष सम्बन्ध नहीं होना चाहिए, ऐसा नियम होने के कारण मेरा अध्यक्ष बनना उचित नहीं था। इसलिए मैंने मान्यवर एन. शिवराज को फेडरेशन की बागडोर सँभालने के लिए कहा। उन्हें किसी ने अध्यक्ष नहीं चुना। वह अध्यक्ष-पद मेरे अन्यत्र चयन के कारण उन्हें प्राप्त हुआ है। उस समय मैंने फेडरेशन के सभी सदस्यों को बताया कि मुझे फेडरेशन की जिम्मेदारी से मुक्त कीजिए। उस समय मेरा सुझाव किसी को पसन्द नहीं आया इसलिए मैं फेडरेशन में रहा इसलिए नहीं कि मुझे अधिकार चाहिए था। बल्कि अछूत जनता के आग्रह ने मुझे फेडरेशन में रहने के लिए मजबूर कर दिया।

यद्यपि मान्यवर एन. शिवराज अध्यक्ष थे तब भी असलियत में अध्यक्ष मैं ही था। जब-जब फेडरेशन को मुसीबातें का सामना करना पड़ता तब मैं ही फेडरेशन की मदद के लिए दौड़कर आता और फेडरेशन को बरकरार रखता। गोलमेज परिषद्, क्रिप्स कमीशन, कैबिनेट मिशन आदि के काम-काज के समय और उसके बाद भी मैंने ही फेडरेशन की जिम्मेदारी अपने सिर पर ली। कैबिनेट मिशन के आने और जाने के बाद कैबिनेट मिशन की योजना की वजह से जो राजनीतिक स्थिति पैदा हो गई थी उस पर अपने दोस्तों के साथ बातचीत के लिए 1946 में मैं लंदन गया था। उस समय मान्यवर

एन. शिवराज भी अपने धन्धे के बहाने लंदन में थे। तब उनके मन में भूल से भी फेडरेशन की बात नहीं आई। मैंने वहाँ उनसे मुलाकात करके अपनी मदद के लिए रुकने के बारे में कहा। लेकिन वहाँ मुझे मदद करने की बजाय वे वापस भारत लौट आए जैसे कि फेडरेशन का और उनका कोई सम्बन्ध ही नहीं था। 1952 के चुनाव में फेडरेशन ने सभी स्थानों पर जीत हासिल नहीं की। उस समय उन्होंने एक ऐसा पत्र प्रकाशित किया था कि फेडरेशन को बर्खास्त किया जाए। मैंने उन्हें ऐसा बेहूदा पत्र प्रकाशित करने से रोका था।

मान्यवर एन. शिवराज की स्थिति किसी गिरे हुए खम्बे की तरह है। उनका यह आरोप कि मैं अध्यक्ष-पद का गलत इस्तेमाल करता हूँ, गलत है। फेडरेशन के सभी कार्यकर्त्ताओं को मालूम है कि 1952 में वर्किंग कमेटी की सभा में दो प्रस्ताव मंजूर हुए। एक प्रस्ताव के मुताबिक मान्यवर एन. शिवराज को मद्रास प्रदेश फेडरेशन के अध्यक्ष-पद से और दूसरे प्रस्ताव के मुताबिक उन्हें अखिल भारतीय शेड्यूल्ड कास्ट फेडरेशन के अध्यक्ष-पद से हटा दिया गया है। और मुझे अध्यक्ष-पद स्वीकार करने के लिए कहा गया। ये दो प्रस्ताव मंजूर करने का आग्रह करनेवाले और कोई नहीं, मान्यवर पी.एन. राजभोज ही हैं। उनकी खुली बदनामी न हो इसलिए मद्रास जाकर मान्यवर एन. शिवराज को स्वयं इस्तीफा देने और वे प्रस्ताव प्रकाशित न किए जाएँ ये सीधी बातें मान्यवर राजभोज से मैंने कहीं। उन्होंने इस्तीफा नहीं दिया और मैंने भी उसके लिए फिर उनसे कोई आग्रह नहीं किया। क्योंकि मैं ही फेडरेशन के सभी काम कर रहा था और अध्यक्ष कौन होना चाहिए, इस बात की मैंने कभी परवाह नहीं की। लेकिन जब फेडरेशन का संविधान बनाने का समय आया तब मैंने वर्किंग कमेटी के प्रस्ताव के मुताबिक अध्यक्ष का स्थान ग्रहण किया। इसलिए अध्यक्ष-पद का गलत इस्तेमाल नहीं हो सकता। मुझे यही समझ में नहीं आ रहा है कि मान्यवर एन. शिवराज ने दक्षिण भारतीय दलित फेडरेशन शुरू करने की बात क्यों सोची? मैं अखिल भारतीय शेड्यूल्ड कास्ट फेडरेशन को उनके हाथों में सौंपने के लिए तैयार हूँ। यदि उनमें धमक हो तो उसका उन्हें नेतृत्व करना चाहिए। क्या एन. शिवराज के पास अपने समर्थक हैं? अगर हों तो उन्हें प्रयास करके देखना चाहिए। इस असन्तोष के असली कारण जैसे मान्यवर पा.ना. राजभोज हैं वैसे ही मान्यवर एन. शिवराज भी हैं। फेडरेशन के संविधान में चुनावी तत्त्वों को सम्मिलित करना उन्हें भी पसन्द नहीं है। उन्हें अपने अधिकार का स्थान नियुक्ति से मिलना चाहिए, ऐसा लगता है। मान्यवर राजभोज और मान्यवर एन. शिवराज इन दोनों को ही इस बात का डर है कि हम चुने नहीं जा सकते। इसलिए उन्हें चुनाव के तत्त्व पसन्द नहीं हैं। ऐसे लोगों का कोई इलाज नहीं है। ये लोग स्वयं भी कुछ नहीं करते और दूसरों को भी कुछ नहीं करने देते। एन. शिवराज की यही स्थिति है, इस बात को बड़े दुख के साथ कहना पड़ता है।

मान्यवर राजभोज के पत्र का जवाब

मान्यवर राजभोज ने शेड्यूल्ड कास्ट्स फेडरेशन के जनरल सेक्रेटरी पद से इस्तीफा देते समय जो पत्र प्रकाशित किया है उसे पढ़कर मुझे न तो आश्चर्य हुआ है और न किसी प्रकार की चोट पहुँची है। यह होगा, इस बात को मैं जानता था। मुझे यदि किसी बात का अफसोस है तो यह कि उन्होंने इस्तीफा देते समय इस्तीफे का सही कारण नहीं बताया है। मान्यवर राजभोज ने कहा है कि मुझे अन्तिम कुछ महीने बड़ी परेशानी में काम करना पड़ा। लेकिन उसमें कोई सच्चाई नहीं है। मेरी उन पर नाराज होने की वजह यह है कि वे फेडरेशन का और जनरल सेक्रेटरी पद का गलत उपयोग कर रहे थे। लोकसभा के लिए चुने जाने के बाद वे तुरन्त एक मारवाड़ी के पैसे से विश्व बौद्ध धर्म परिषद् की बैठक में भाग लेने के लिए जापान गए। जापान से आने के बाद कुछ ही दिनों में 'मॉरल रि-ऑर्नामेंट' आर्गनाइजेशन की बैठक में भाग लेने के लिए स्विट्जरलैंड चले गए। उसके बाद सदिच्छा मंडल के साथ तुर्किस्तान हो आए। इसमें कांग्रेस पार्टी के मुखिया के पाँव पकड़े बगैर उनका नम्बर कैसे आ सकता था? बाद में कुछ ही दिन बाद वे 'मॉरल रि-ऑर्नामेंट' के निमन्त्रण पर अमेरिका चले गए। यह सब करते समय उन्होंने न तो मुझे पूछा और न एन. शिवराज को। इस पूरे समय में उन्होंने न लोकसभा सदस्य की जिम्मेदारी निभाई और न वे अन्य कोई जिम्मेदारी निभा पाए। उन्होंने फेडरेशन का उपयोग अपना महत्त्व बढ़ाने के लिए किया, इस पर मैंने अपनी सख्त नापसंदगी जाहिर की थी। मान्यवर राजभोज कोई खास पढ़े-लिखे नहीं हैं। फेडरेशन से ही उनका विकास हुआ है। उनकी पढ़ाई-लिखाई चौथी कक्षा तक भी नहीं हुई है। यही नहीं, वे किसी भी भाषा में ढंग से दो शब्द भी नहीं बोल सकते थे। इतना कम पढ़े-लिखे आदमी का विदेश में जाकर यह कहना कि मैं शेड्यूल्ड कास्ट फेडरेशन का जनरल सेक्रेटरी हूँ, यह बात फेडरेशन के लिए गौरव की नहीं बल्कि शर्मिन्दा करनेवाली है।

उन्होंने अपना बड़प्पन दिखाने के लिए एक अच्छी तरकीब खोज निकाली थी। हर बार विदेश से लौटने के बाद वे अपने सम्मान में सभा का आयोजन करवाते थे। मुझे बीच में आकर इस प्रकार की अभिनन्दन सभाएँ बन्द करवानी पड़ीं। उसके कारण स्वाभाविक रूप से वे बौखला गए। उनका जनरल सेक्रेटरी पद का कार्य बदनामी से भरा हुआ था। वे जनरल सेक्रेटरी पद पर दस साल तक रहे। लेकिन इस दरमियान उन्होंने क्या काम किया यह दिखाने के लिए उनके पास कागज का एक टुकड़ा भी नहीं है और उन्होंने कितना पैसा इकट्ठा किया, इसका कोई रिकार्ड भी नहीं है। उनके पास आय-व्यय का हिसाब नहीं है। इतना कौन बर्दाश्त करेगा? मान्यवर राजभोज ने फेडरेशन छोड़ने का असली कारण नहीं बताया है। मुम्बई राज्य में उनके खिलाफ खुला विद्रोह हुआ और इस बारे में पिछले नवम्बर में सभा आयोजित की गई। इस सभा में उनसे अपने आपको अलग करने के लिए प्रस्ताव पास किया गया। फेडरेशन का काम कुछ समय के लिए रोक दिया गया और सभा के सभी अधिकार मुझे दिए गए। फेडरेशन

का नया संविधान होना चाहिए और उस संविधान में चुनाव-प्रक्रिया से पदाधिकारी चुने जाएँ, यह नया मुद्दा मैंने इस संविधान में जोड़ दिया।

मान्यवर राजभोज को यह संविधान मंजूर नहीं है। क्योंकि वे चुने नहीं जा सकते और जनरल सेक्रेटरी नहीं बन सकते, इस बात का उन्हें डर था। यही उनके इस्तीफे का असली कारण है। मुझे यकीन है कि फेडरेशन में किसी को भी राजभोज के जाने का दुख नहीं हुआ होगा। वह फेडरेशन का एक सड़ा हुआ हिस्सा था। और उसे फेडरेशन से जाना चाहिए ऐसा हर व्यक्ति को लगता था। मान्यवर राजभोज के जाने से फेडरेशन पर किसी प्रकार का कोई प्रभाव नहीं पड़ेगा। हर समय पदाधिकारियों की नियुक्ति करते रहना मुझे पसन्द नहीं है। मान्यवर राजभोज हमेशा अस्थिर रहे हैं और सिद्धान्तहीन थे। उनका न कोई दुश्मन है और न कोई मित्र है। उनमें यदि कुछ है तो वह है स्वार्थ। वे फेडरेशन में आने से पहले 11 साल तक कांग्रेस में रहे। उस समय वे वर्धा के आश्रम में रहते थे। वहाँ उन्हें डिप्युटी महात्मा बनाने का प्रयास चल रहा था। बाद में इस महात्मा को अछूतों के बीच काम करने के लिए भेजा जानेवाला था। वर्धा के आश्रम में उनका मुझे और फेडरेशन को गाली देने के अलावा और कोई काम नहीं था। अन्त में वहाँ से भाग जाने का कारण क्या था इस बात को वे ही जानते होंगे। बाद में वे मेरे पास आए और उन्हें फेडरेशन में लिया जाए इस तरह की विनती करने लगे। उन्हें फेडरेशन में लेने पर फेडरेशन के लोगों का बड़ा जबर्दस्त विरोध था फिर भी मैंने उन्हें फेडरेशन में लिया। चौथी क्लास तक पढ़े आदमी को हर तरह का सम्मान प्राप्त हुआ। पूँजी होने पर कांग्रेस में या कम्युनिस्टों में शामिल होने का इरादा किसी को गुमराह नहीं कर सकता। इस बात को उन्होंने पढ़ा नहीं या उन्हें यह पढ़ने की जरूरत महसूस नहीं हुई। सभी लोग उन्हें जल्दी ही समझ जाएँगे।

[एन. शिवराज (मद्रास) और पा.ना. राजभोज (पूना) ये दोनों डॉ. बाबासाहेब अम्बेडकर के महत्त्वपूर्ण साथी थे। उनके फेडरेशन से अलग होने के बारे में डॉ. अम्बेडकर का यह निवेदन, साप्ताहिक 'जनता' के 23 अप्रैल, 1955 के अंक में प्रकाशित हुआ था। एन. शिवराज और पा.ना. राजभोज का दलित आन्दोलन में महत्त्वपूर्ण स्थान है।]

सभी भारतीयों को बौद्ध धम्म स्वीकार करना चाहिए

दि. 8 मई 1955 को बुद्ध जयंती के निमित्त भारतीय बौद्धजन समिति, मुम्बई की ओर से एक भव्य समारम्भ का आयोजन किया गया था। इस समारम्भ का आयोजन नरे पार्क, सेंट्रल रेलवे वर्कशॉप के सामने परल, मुम्बई में किया गया था। मंगलदास पक्वासा, पूर्व राज्यपाल, मुम्बई इस समारम्भ के अध्यक्ष थे और डॉ. बाबासाहेब अम्बेडकर प्रमुख वक्ता के रूप में उपस्थित थे। इस समारम्भ के लिए विशाल दलित जनसमुदाय उपस्थित था। इस समारम्भ में अपने उद्‍बोधन में डॉ. अम्बेडकर ने कहा–

अध्यक्ष महोदय, भाइयो तथा बहनो!

आज यहाँ मेरा आना एक मेहमान की तरह आना सम्भव हुआ है। मुझे इस बात की बिल्कुल उम्मीद नहीं थी कि मैं यहाँ इस सभा में मौजूद रहूँगा। मैं आज या कल में दिल्ली जाने की तैयारी कर रहा था। लेकिन इत्तिफाक से मुझे 12 तारीख तक रेल का आरक्षण नहीं मिला। इसलिए यहीं रुकना पड़ा। इस अवसर पर मुझसे यह आग्रह किया गया कि मैं इस सभा में उपस्थित रहूँ। कुछ लोगों के आग्रह का सम्मान करते हुए मैं यहाँ आया हूँ।

जब पूर्व गवर्नर अध्यक्ष हैं तो मेरा इस सभा में आने का कोई कारण नहीं था। मुझे ऐसा नहीं लग रहा था कि मेरे आने से सभा का महत्त्व बढ़ जाएगा। लेकिन लोगों के आग्रह को ठुकराना उचित नहीं है। यहाँ इतना बड़ा जन-सागर देखकर मुझे बड़ी खुशी हो रही है। आप लोग अपनी-अपनी चालों पर भी गर्व करते हैं। वे माझगाँव के अड्डे पर रहनेवाले, मैं भायकला की चाल में रहनेवाला। जो कार्यक्रम आयोजित करना हो वह मेरे ही अड्डे पर करना चाहिए, यह इस प्रकार की मानसिकता है। अपनी-अपनी चाल में कोई न कोई उत्सव मनाते ही होंगे। ऐसी परम्परा को तोड़कर एक मत से आपने यह समारोह किया, इसलिए मैं आप लोगों का अभिनन्दन करता हूँ। आप लोगों ने नई परम्परा शुरू की है। इस कार्यक्रम को आप हर साल इसी तरह करते रहेंगे, यही आपसे उम्मीद है।

आलोचना बर्दाश्त करने के लिए जन्म

मैं आज अन्य बातों पर बोलना चाहूँगा। आज एक माह से मैं मुम्बई में हूँ। मैं मुम्बई के अखबारों को पढ़ता हूँ। कोई न कोई मेरे पास कतरनें भेज ही देता है। बौद्ध धर्म को स्वीकारने के सम्बन्ध में मुझे कई लोगों के विचार पढ़ने को मिलते हैं। कम-ज्यादा लेकिन सभी अखबारों में आलोचना ही पढ़ने को मिलती है। अक्सर आलोचना यह होती है कि "अछूत लोग इस कार्य के लिए प्रेरित हुए हैं, उनके अज्ञान का लाभ उठाकर डॉ. अम्बेडकर उन्हें बहकाने का प्रयास कर रहे हैं। आप लोगों ने बौद्ध धर्म स्वीकार किया तो आपका नुकसान होगा, डॉ. अम्बेडकर पागल है, उसके बहकावे में मत आइए, आप लोग बर्बाद हो जाएँगे।" सार्वजनिक कार्य में आलोचना करने का अधिकार सभी को है। उसका मुझे खेद है, इस तरह की कोई बात नहीं है। मेरा जन्म दूसरों की आलोचना सुनने के लिए ही हुआ है। जैसे छोटे बच्चे को नजर न लगे इसलिए उसे उसकी माँ काजल लगाती है, उसी प्रकार वे लोग मुझे हमेशा काजल लगाते हैं। उनकी इन हरकतों का मुझ पर कोई प्रभाव नहीं पड़ता।

हममें से कई लोग अज्ञानी और कुछ लोग ज्ञानी हैं। उन पर अखबारों की खबरों का असर हो सकता है। उन खबरों की चर्चा करना जरूरी है। फिर भी मुझे एक बात कहनी है कि आलोचना करने का हक़ किसे है ? किसे किसकी आलोचना करनी चाहिए? जिसे किसी से हमदर्दी है, उसी को उसकी आलोचना करने का हक़ भी होता है। रक्षण करनेवाले को ही आलोचना करने का हक़ है। मारनेवाले को आलोचना करने का हक़ नहीं है।

भगवान बुद्ध का चचेरा भाई देवदत्त शिकारी था। उसे शिकार करने का शौक था। वह धनुष-बाण लेकर पक्षी मारता था। भगवान बुद्ध अहिंसावादी थे। भगवान बुद्ध को देवदत्त का बर्ताव पसन्द नहीं आता था। वे कहते थे कि निरपराधों को मारना उचित नहीं है। पर उन्हें दूसरे लोग कहते थे कि 'तू नामर्द है, तू क्षत्रिय नहीं है।' एक बार देवदत्त ने शिकार पर जाने का निश्चय किया। तब बुद्ध ने कहा, मैं भी तुम्हारे साथ शिकार पर जाऊँगा। लेकिन मैं दूर खड़ा रहूँगा। तुम लोग शिकार करना। वे लोग शिकार के लिए गए। सिद्धार्थ एक पेड़ की छाँव में बैठ गए। उसके बाद देवदत्त वहाँ से निकल गया। कुछ देर बाद एक पक्षी आसमान से नीचे गिरा। वहाँ सिद्धार्थ बैठा हुआ था। उसने उस जख्मी पक्षी को देखा। उसे बाण लगा हुआ था। उसने उसके सीने में लगे हुए बाण को निकाला, उसे पानी पिलाया। अपने सीने से लगाकर उसे अपनी गर्मी दी। उसे उसने सचेत किया। देवदत्त पक्षी को खोजता हुआ वहाँ पहुँचा। उसने सिद्धार्थ गौतम से कहा कि उड़ते हुए पक्षी को मैंने मारा है। देवदत्त उस घायली पक्षी को ढूँढ़ने लगा। सिद्धार्थ गौतम ने कहा कि वह घायल पक्षी मेरे पास है। उसके पेट से मैंने बाण निकाल दिया है। उसके घाव को धोया है। उसे पुचकारकर मैंने उसे जीवन दिया है।

देवदत्त ने कहा, पक्षी मेरा है। इस पर उनमें काफी विवाद हुआ। देवदत्त ने कहा,

'शिकार का नियम यह है कि जिसने शिकार मारा हो वही उसका हक़दार होता है। मैंने उसे मारा है, इसलिए मैं उसका हक़दार हूँ।' सिद्धार्थ गौतम ने कहा, 'जो मरनेवाले को बचाएगा वही उसका हक़दार होगा।' दोनों में काफी देर तक विवाद चलता रहा। उन्होंने निर्णय लिया कि वे इस बात को पंचायत के सामने रखेंगे। हर किसी ने अपने-अपने पक्ष में दलीलें दीं। पंचायत ने सिद्धार्थ के पक्ष में निर्णय दिया। जिसने पक्षी को बचाया है वही उसका हक़दार है, यही नीति सही है।

इसलिए मुझे अखबारवालों से यह पूछना है कि आप हमारे रक्षणकर्त्ता हैं या हमारे विनाशकर्त्ता? आप क्या हैं? हम हजारों साल तक आपके समाज का अंग बनकर रहे। किसी को भी सामने आकर बताना चाहिए कि उसने अछूतों के लिए कोई काम किया है। जिन्होंने अछूतों के उत्थान के लिए अपनी उँगली भी ऊपर नहीं की उन्हें हमारी आलोचना करने का क्या अधिकार है? मैं इन लोगों से यही कहना चाहता हूँ कि आप अपनी जबान को लगाम लगाकर रखिए। हमें गड्ढे में गिरना होगा तो गिर जाएँगे। आप लोगों ने हमें इतने दिनों तक गड्ढे में ही रखा है। अब अपनी आजादी का उपयोग हमें करने दीजिए। गड्ढे में गिरने का अधिकार, गलतियाँ करने का अधिकार हमें दीजिए। तुमने हमें किसी प्रकार का सहयोग नहीं दिया है। क्या तुमने कभी किसी अछूत के लड़के को पढ़ाई के लिए यूरोप भेजा है? उन्हें जो स्कॉलरशिप मिल रही है मैंने उसे हासिल करवाया है। यह जो बंजर भूमि है वह उन्हें आपकी मर्जी से नहीं दी गई। हम अपने बल पर खड़े रहेंगे। हिन्दुओं ने हमारे लिए क्या किया है? उन्होंने एक ही सुधार किया है और वह यह कि रेलगाड़ी में वे हमारे ही डिब्बे में सफर करते हैं, यह उन्हें मालूम नहीं रहता इसलिए (हँसी)।

पेशवाई[1] के काल में किसे कैसे कपड़े पहनने चाहिए, इसके बारे में कानून थे। मेरी माँ बता रही थी कि महार लोगों को कपड़ा खरीदते समय कपड़ा उन्हें दूर से देखना पड़ता था। उसका दाम पूछना पड़ता था। दुकानदार दुकान से कपड़ा अलग कर देता था। उस अछूत आदमी ने कपड़ा खरीदा तो वह लोटे में पानी लेकर उस कपड़े पर छिड़कता था। उसे नया कपड़ा कीचड़ में गीला करना पड़ता था क्योंकि अछूतों को नया कपड़ा नहीं पहनना चाहिए। उन्हें फटे-पुराने कपड़े ही पहनने चाहिए। वे मिट्टी में घिसे हुए लूँगड़े में दो उँगलियों से फाड़ते और उसके दो टुकड़े कर डालते थे। बाद में महार फर्श पर पैसे रख देता था और कपड़ा लेकर घर चला जाता था। हम लोग लंगोट पहनते थे। यह पेशवाओं की आज्ञा थी। ब्राह्मणों को बढ़िया धोती पहननी चाहिए। भंडारी लोगों को चूतड़ के इर्द-गिर्द रूमाल लपेटना चाहिए, इस तरह का नियम था।

अंग्रेज सरकार के आने के बाद मुम्बई अंग्रेजों के हाथ में चली गई। सुनारों पर पेशवाओं की कड़ी नजर थी। सुनार कहते थे कि हम ब्राह्मण हैं। पेशवा कहते थे हम ब्राह्मण हैं। सुनार लोग ब्राह्मणों की तरह धोती पहनते थे। उन्हें इस प्रकार की धोती नहीं पहननी चाहिए। भ्रष्टाचार के बारे में सभी अखबारों में तहलका मच गया। चिल्लाने लगे

1. पूना में ब्राह्मणों की सत्ता पेशवाई में अछूतों को जानवरों से भी बदतर समझ गया था।

कि अंग्रेजों ने धर्म को डुबो दिया है। अंग्रेज गुर्राए। उन्होंने पेशवाओं की शिकायत को सुना। पेशवाओं ने कहा कि हमारे पहले के प्रजाजनों पर प्रतिबन्ध था। वे तुम्हारे राज में धोती पहनने लगे हैं। ईस्ट इंडिया कम्पनी उस समय बच्चा थी। बालकेश्वर में महाजन लोग थे। मुख्य अधिकारी ने शिकायत सुनी। उसने महाजन लोगों को बुलाया और जाँच-पड़ताल की। सुनार लोग धोती पहनते थे। सुनारों को ब्राह्मणों की तरह धोती नहीं पहननी चाहिए, इसके लिए पंचों ने पाँच रुपए जुर्माना किया। अब लोग कोट-पैंट पहनते हैं।

उन लोगों में रेलगाड़ी के एक डिब्बे में बैठने के अलावा अन्य कोई परिवर्तन नहीं हुआ है। फिर वे लोग आलोचना क्यों करते हैं? क्या वे हमारे हितचिन्तक हैं? वे कहते हैं कि यदि आप लोगों ने बौद्ध धर्म अपनाया तो आपकी स्कालरशिप बन्द हो जाएगी। लेकिन मिल में जानेवालों को स्कॉलरशिप का महत्त्व क्या समझ आएगा? इसका महत्त्व वही समझ सकते हैं जो स्कूल-कॉलेज जाते हैं। इन पत्रकारों को यह कैसे लगता है? कहते हैं स्कॉलरशिप नहीं मिलेगी। लेकिन उसके लिए तो मैं जिन्दा हूँ, (तालियाँ)। मेरे मरने के बाद जो भी होना है, होगा। लेकिन जब तक मैं जिन्दा हूँ तब तक डरने की कोई बात नहीं। सिख अछूतों को स्कॉलरशिप मिलती है। स्कॉलरशिप धर्म पर निर्भर नहीं है। वह तो पिछड़ेपन पर निर्भर है। आपने जो दिया वह कितने दिनों के लिए दिया है। जब तक चाँद और सूरज हैं तब तक के लिए तो नहीं! क्या जब तक चाँद और सूरज हैं तब तक हमें स्कॉलरशिप मिलेगी? यह एक साल के लिए, दो साल के लिए या चार साल के लिए है। यदि शादी ही रचानी है तो पति जीवित भी रहेगा या नहीं, इस बात का यकीन होना चाहिए। अब सरकारी नौकरी कितने साल रहेगी? मेरे संविधान बनाने के पाँच साल बाद के.एम. मुंशी के पेट में आग सुलग गई। उन्होंने मुस्लिमों की सहूलियतें वापस ले लीं। ईसाई थे, उन्हें भी सहूलियतें दी गई थीं। लेकिन उनका एक ही आदमी था। उसे गवर्नर बनना था। उसने कह दिया कि मुझे कुछ नहीं चाहिए। फिर मेरे पास कागज आया, मैंने वह कागज फाड़ दिया। दूसरे लोग सोने की माला पहनते हैं इसलिए क्या हमें अपने गले में फंदा लगा देना चाहिए? मैंने लिखकर नहीं दिया, इसलिए आज तक हमने उसे रखा है लेकिन अब उसका कोई उपयोग नहीं है।

हममें से एक आदमी इंजीनियर बनने योग्य है। लेकिन उसे आज तक इंजीनियर नहीं बनाया गया। हमारा मुख्यमन्त्री भी उसमें है! यदि राजा ने ही प्रजा को मारना शुरू कर दिया तो फिर प्रजा को किसके पास जाना चाहिए? 'भूँसी के लड्डू जिसने खाए वह भी फँस गया और जिसने नहीं खाए वह भी फँस गया।'

ब्राह्मणों का खेल

मैं पढ़े-लिखे लोगों से कहना चाहता हूँ, महार लोग क्या करते थे? वे रात में उठकर सारे गाँव में घूमते थे। सुबह की जो रोटी बची रहती, उसे खा लेते थे। फलटण गाँव में महार थे। उनके पास 24 बीघा जमीन थी। वहाँ एक मन्दिर था। वहाँ भोजन-पंक्तियाँ

होती थीं। तब अपना एक मिनिस्टर था। इस भोजन में एक गाड़ी लड्डू, जलेबी, चपाती आदि दिए जाते थे। महार लोग मन्दिर के दरवाजे के पास बैठते थे और जूठन ले जाते थे। इतना मिलने के बाद महारों को जमीन की जरूरत ही क्या थी? कुछ दिनों बाद भोजन मिलना बन्द हो जाने के बाद महार कहने लगे, "हमारी इतनी जमीन थी, उसे मराठों ने ले लिया।" मन्दिर से जो जूठन मिलता था उसी से वे जीवनयापन करते थे।

जलगाँव में श्राद्ध होता था तो महार भिखारी की तरह कूड़े पर बैठते थे। महार ईसाई हो गया, मुँह का निवाला छिनवा लिया उसने। उसका भला नहीं होगा, लोग इस तरह कहते थे। एक ब्राह्मण मेरा विरोधी था। वह हर साल गणित लगाया करता था। वह मरे हुए जानवरों का मांस, सींग, चमड़ी, हड्डी आदि की दो-चार हजार कीमत आँकता था। 'केसरी' में खबर छपती थी कि 'डॉ. अम्बेडकर द्वारा किया गया महारों का नुकसान?' लेकिन मैंने उसे कभी जवाब नहीं दिया।

एक बार संगमेश्वर में एक सभा हुई थी। महारों की इस सभा में मुझे इन ब्राह्मणों की ओर से सवाल पूछा गया। मैं भोजन करने बैठ गया था। मैंने कह दिया कि 'भोजन करने के बाद उन्हें मिलूँगा और यदि उनके पास समय हो तो वे अन्दर चले आएँ।' उस आदमी ने कहा, 'काम मामूली है लेकिन महत्त्वपूर्ण है।' वह अन्दर चला आया और उसने कहा, 'आप सभी लोगों से कहते हैं कि मांस मत खाइए, मरे जानवरों को मत उठाइए। आप महारों का नुकसान कर रहे हैं। क्या यह उचित है?' मैंने कहा, 'उचित तो है ही।' मैंने उससे कहा, 'तुम्हारे सवाल का जवाब निजी तौर पर दूँ या भरी सभा में दूँ।' उसने कहा, 'सभा में दीजिए।' मैंने लोगों से कहा इन्हें सवाल पूछने हैं। आप उनके सवालों की ओर ध्यान दीजिए। उसने गणित तैयार किया। उसके गणित के मुताबिक हमारा आन्दोलन गलत था। उसका सवाल था कि उसका एक हजार रुपए का नुकसान हुआ। तब मैंने उसे कहा, 'मैं तुम्हें एक हजार रुपए देने के लिए तैयार हूँ। और यदि आप लोग मरे हुए जानवरों को उठाएँगे तो मैं आप लोगों को एक हजार रुपए इनाम देने के लिए किसी भी समय तैयार रहूँगा। लेकिन आपको महारों की तरह काम करना पड़ेगा।'

स्वाभिमान बहुत जरूरी है। कोई औरत कामाठीपुरे[1] जाने के बाद पलंग, सोने-चाँदी के जेवरात आदि बनवाती है। सुबह होटल वाले को बुलाकर कहती है, "ये, आधा प्लेट कीमा, एक डबलरोटी ले आना! चार बजे फिर चाय।" और शाम के समय वह पाउडर लगाकर बैठ जाती है, उसका जीवन सुखी होगा। लेकिन वेश्या की कोई कीमत नहीं, कोई इज्जत नहीं, इस बात को ध्यान में रखिए।

हम लोगों को स्वाभिमान की जिन्दगी चाहिए। वह गरीबी की जिन्दगी ही क्यों न हो, कोई बात नहीं। मैं 48 नम्बर चाल में 50 नम्बर के कमरे में रहता था। सोने के लिए जगह नहीं थी। तकिया और धोती लेकर ऊपर (गच्ची) सोने के लिए जाता था। खाने-पीने के लिए मिले, यही महत्त्वपूर्ण सवाल नहीं है। स्वाभिमान का जीवन में महत्त्व है।

---

1. कामाठीपुरा–मुम्बई में वेश्याओं का मोहल्ला।

हम कीड़े-मकोड़े की तरह नहीं जिएँगे। मेरे बौद्ध धर्म स्वीकार करने के बाद कुछ लोग कहेंगे कि राजनीति का कीड़ा निकल गया! लेकिन राजनीति का यह कीड़ा निकलनेवाला नहीं है। वह वहीं रहेगा। वह अपने लोगों के साथ ही रहेगा।

मैं बौद्ध धर्म के बारे में अलग तरह से सोचता हूँ। इस धर्म के लोग वकील, बैरिस्टर, प्रधानमन्त्री होंगे, यह मुझे चाहिए। यह धर्म हमें पावन करेगा, जो लोग हमें बहकाना चाहते हैं, उन पर भरोसा मत कीजिए।

ये लोग कहते हैं कि हिन्दू धर्म और बौद्ध धर्म में कोई फर्क नहीं है। फिर बौद्ध धर्म में जो अच्छी बातें हैं उन्हें वे स्वीकार क्यों नहीं करते? क्यों हमें भी चैन से खाने नहीं देते? किसी को यह नहीं कहना चाहिए कि बौद्ध धर्म बुरा है। बौद्ध धर्म बुरा है ऐसा कहने की किसी में हिम्मत नहीं है। सभी भारतीय लोगों को बौद्ध धर्म स्वीकार करना चाहिए। बौद्ध धर्म और हिन्दू धर्म एक ही हैं यह बात झूठ है। उनमें जमीन और आसमान का अन्तर है। इसके लिए मैं पाँच-छह बातों की ओर आपका ध्यान आकर्षित करना चाहता हूँ। हिन्दू धर्म में कीड़े-मकोड़ों की तरह ढेरों देवी-देवता हैं। छत्तीस करोड़ देवी-देवता हैं। उनका ईश्वर के बगैर पत्ता तक नहीं हिलता। सृष्टि कैसे पैदा हुई? किसी ने कहा—अंडे से। लेकिन वह अंडा कहाँ से आया, किसी को पता नहीं है। भगवान बुद्ध ने कहा, सृष्टि की उत्पत्ति नहीं हुई बल्कि उसका विकास हुआ है। लेकिन यह सवाल महत्त्वपूर्ण नहीं है। उसे किसी वस्तु से बनाया गया या सृष्टि धीरे-धीरे बनती गई ये दोनों बातें हो सकती हैं, तीसरी नहीं।

दुनिया में कुछ भी न होने के बाद सृष्टि पैदा हुई, यह असम्भव है। ईश्वर सृष्टि का निर्माता नहीं था। हिन्दू धर्म में ईश्वर है। बौद्ध धर्म ईश्वर के अस्तित्व को स्वीकार नहीं करता। यही हिन्दू धर्म और बौद्ध धर्म में असली फर्क है। हिन्दू धर्म में आत्मा है। बौद्ध धर्म आत्मा के अस्तित्व को स्वीकार नहीं करता। एक बार अर्जुन ने कृष्ण से पूछा, 'आत्मा क्या है?' कृष्ण ने उत्तर दिया, 'आत्मा ऐसी वस्तु है जो लोहे से काटने के बाद भी कटती नहीं। लोहा लोहे से काटा जाता है। लेकिन आत्मा ऐसी चीज है जिसे लोहे से भी काटना सम्भव नहीं है।' क्या यह सम्भव है? कृष्ण ने यह भी कहा था कि आत्मा नष्ट नहीं होती। आत्मा विकार नहीं है। सन्ताप नहीं है, वह रोगग्रस्त नहीं होती लेकिन यह सब पाखंड है। इसमें सच्चाई नहीं है। भगवान बुद्ध ने एक बार पूछा था कि आत्मा कितनी बड़ी है? उसका आकार कितना है? उसकी लम्बाई-चौड़ाई कितनी है? यह आत्मा कहाँ रहती है?" उन्होंने याज्ञवल्क्य से ऐसे हजारों सवाल पूछे। ब्राह्मणों ने घटिया किस्म के ग्रन्थों की रचना कर ब्रह्म होने की कल्पना लोगों के दिलो-दिमाग में ठूँस दी है।

तीसरी बात यह है कि हिन्दू लोग चातुर्वर्ण्य व्यवस्था को मानते हैं। लेकिन बौद्ध धर्म में चातुर्वर्ण्य और जातिभेद नहीं है। एक बार लोहित ब्राह्मण ने भगवान बुद्ध से सवाल पूछा था, 'तू शूद्रों को क्यों शिक्षा देता है?' बुद्ध ने जवाब दिया, 'जो लायक होगा उसे शिक्षा, जो लायक नहीं होगा उसे शिक्षा नहीं?' लेकिन ब्राह्मण धर्म में इस

तरह की बात नहीं है। एक बार बुद्ध ने अपनी मौसी से सवाल पूछा था, 'मुसीबत के समय किसी को मारना यह कैसा कर्त्तव्य है?' बौद्ध धर्म में ऐसा नहीं है। वैश्यों को क्यों धोखेबाजी करनी चाहिए? बौद्ध धर्म में जातिभेद, असमानता, चातुर्वर्ण्य नहीं है। जातिभेद समाप्त करने के बारे में प्रस्ताव पास किए जाते हैं। लेकिन वे पुराणों की बकवास की तरह सिर्फ बकवास रह जाते हैं। इस बारे में कोई प्रत्यक्ष कार्य नहीं करता। जातिभेद से भयंकर नुकसान हुआ है। जातिभेद को समाप्त कीजिए!

भाईयो तथा बहनो,

शिवाजी के अष्ट प्रधान ब्राह्मण थे। उनकी कुलकथा निराली है। वे (ब्राह्मण) मराठों को पंक्ति में भोजन के लिए साथ नहीं बैठने देते थे। शिवाजी ने बालाजी आबजी को यह सारी हक़ीकत बताई। उन्होंने कहा, 'आप लोग जब तक राज्याभिषेक नहीं करेंगे तब तक तुम्हारा स्तर नहीं बढ़ेगा।' अन्त में शिवाजी को कहना पड़ा कि, 'आपको जो करना है वह आप ही कीजिए।' मोरोपन्त पिंगले शिवाजी का प्रधान था। उसने शिवाजी से कहा कि, 'शूद्र हमारा राजा नहीं बन सकता!' उसने शिवाजी का अपमान किया। अन्त में बालाजी आबजी राजपूताने चला गया। उसने वहाँ शिवाजी की वंशावली तैयार की और काशी से ब्राह्मणों को बुलाकर शिवाजी का राज्याभिषेक करवाया।

जातिभेद की गन्दगी के कीड़े गन्दगी में ही रहेंगे। उनकी उस गन्दगी से मुक्त होने की इच्छा नहीं है। जब उनके दिमाग में सही बात आएगी तब वे हमारे पीछे आएँगे। उन्हें लगता है कि दो ही लोग हिन्दू समाज से बाहर जाएँगे, एक डॉ. अम्बेडकर और दूसरी उनकी पत्नी। लेकिन बौद्ध धर्म में भी मतपरिवर्तन हुआ है। अगले साल सारनाथ में बुद्धानुयायी इकट्ठा होंगे। उनकी व्यवस्था के लिए उत्तर प्रदेश सरकार पैंतीस लाख रुपया खर्च करनेवाली है। भारत सरकार दो करोड़ रुपए व्यय करेगी। उत्तर प्रदेश पिछड़ा हुआ प्रदेश है। उसे पहले गोंडवन-आर्यावर्त कहते थे। उत्तर प्रदेश सरकार के पैंतीस लाख रुपए का मतलब है, उग रहे इस पेड़ का हरा-भरा होना। चाहे कोई कुछ भी करे फिर भी इस देश में बौद्ध धर्म स्थापित होगा। उसे रोकने की किसी में हिम्मत नहीं है। इस बाढ़ में सभी बह जाएँगे। जो लोग इसके खिलाफ जाएँगे, वे भी बह जाएँगे। इस देश की सारी जनता अज्ञानी थी। उन्हें इस बात का पता नहीं था कि ब्राह्मणों ने अपने ग्रन्थों में क्या लिखा है। इनकी किताबें दो-चार आने में मिलती हैं। मैं यहाँ आने से पहले भागवत (ग्रन्थ) पढ़ रहा था। उससे पता चलता है कि ज्ञानी लोग इतनी घटिया बातें कैसे लिख सकते हैं।

आप लोग अज्ञानी हैं। आपके पढ़े-लिखे बच्चे भी अज्ञानी हैं। मैं दो-चार दिन पहले उपनिषद पढ़ रहा था। उसमें से छान्दोग्योपनिषद में गुरु-शिष्य संवाद दिया गया है। शिष्य ने सन्देह से सवाल पूछा किन्तु सन्देह दूर करने के लिए भी अक्ल की जरूरत होती है। गुरु ने जवाब दिया कि, "क्या तुम्हें ज्ञान है? यदि तुम्हें ज्ञान नहीं है तो फिर अपना सन्देह दूर करने का तुम्हें क्या अधिकार है?" हमारे विद्वानों को यह बात समझनी चाहिए।

भगवान बुद्ध ने आनन्द को यही बताया है। मैं कहता हूँ इसलिए आप इस धर्म को स्वीकार मत कीजिए। यदि आपको ऐसा लगता है कि यह धर्म व्यावहारिक है तो ही आप इसे स्वीकार कीजिए। यदि आपको यह पसन्द हो तो आप इस धर्म को अपनाइए। हम सभी लोगों को एक दिल से, एक भावना से बौद्ध धर्म में जाना चाहिए। मुझे पूरा विश्वास है कि उसी मार्ग से हमारा उत्थान होगा।

बौद्ध धर्म में दो प्रकार के लोग हैं। इस धर्म में परिवर्तन करने का हमारा कोई उद्देश्य नहीं है। हमारा मुख्य कार्य है इस धर्म का प्रचार करना। हम लोगों को बुद्धिस्ट बनाना चाहते हैं। यही हमारी जिम्मेदारी है। हमने दो-चार दिन पहले एक संस्था की स्थापना करके उसे रजिस्टर्ड किया है। आप लोग इस संस्था के सदस्य बनें, यही मेरा आपसे अनुरोध है। हिन्दू लोग हमें आर्थिक सहयोग देंगे इस तरह की हमें कोई उम्मीद नहीं है। काम की शुरुआत होनी चाहिए। इसलिए सभी लोगों को समिति का सदस्य बनना चाहिए। इसके लिए सदस्यता-शुल्क एक रुपया देना पड़ेगा। हमें बौद्ध विहार बनाने होंगे। उन विहारों में सभी स्त्री-पुरुष वन्दना कर सकते हैं। अपने समाज में अधकचरे लोग बहुत हैं। उस तरह की बातें मैं यहाँ नहीं होने दूँगा। पावती लिए बिना किसी को पैसे नहीं देने चाहिए। मान्यवर बी.एस. गायकवाड, मान्यवर का.वि. सवादकर, मान्यवर बाळू कबीर आदि लोग आपसे फार्म भरवाएँगे और पावती देंगे।

साप्ताहिक 'जनता' के 10 मई, 1955 के अंक में प्रकाशित।

बुद्ध की अहिंसा बलवानों की अहिंसा

*दि. **24 मई 1956** को मुम्बई में विशाल पैमाने पर बुद्ध जयंती उत्सव मनाने का निर्णय भारतीय बौद्धजन समिति ने लिया था। और उसके मुताबिक नरेपार्क मुम्बई में पौन लाख दलितों की उपस्थिति में बड़े उत्साह के साथ बुद्ध जयंती मनाई गई। मुम्बई राज्य के पूर्व मुख्यमन्त्री बालासाहेब खेर इस समारम्भ के अध्यक्ष थे। यह समारम्भ डॉ. बाबासाहेब अम्बेडकर की विशेष उपस्थिति में मनाया गया था। इस समारम्भ में डॉ. अम्बेडकर ने अपने उद्बोधन में कहा–*

अध्यक्ष महोदय, भाइयो तथा बहनो!

आज वैशाखी पूर्णिमा के दिन भगवान बुद्ध के 2500वें महापरिनिर्वाण दिवस पर बर्मा सरकार के निमन्त्रण पर मुझे रंगून में होना चाहिए था। किन्तु आज मैं मुम्बई की इस सभा में मौजूद हूँ।

मैं पिछले पाँच साल बौद्ध धर्म पर किताब लिखने में व्यस्त रहा। इस किताब का प्रकाशन मेरी धम्म दीक्षा के पहले साल बैशाख माह में होना चाहिए। इस उद्देश्य से मैं मुम्बई आया हूँ। लेकिन मैं गम्भीर बीमारी में बिस्तर पर पड़ा रहा। इस कारण मैं उस किताब को समय पर पूरा नहीं कर सका। किताब सात सौ पृष्ठों की है और वह अंग्रेजी में लिखी गई है। इसलिए उस किताब को आपमें से बहुत कम लोग समझ पाएँगे। मैं उस किताब का मराठी अनुवाद जल्दी करवाना चाहता हूँ। केवल इस काम की वजह से मैं रंगून नहीं जा सका। फिर भी अपने सम्मुख एकत्रित इस विशाल जनसमूह को देखकर मैं बेहद खुश हूँ।

जब मैं छोटा था तब मेरे पिता रामायण, महाभारत आदि ग्रन्थ पढ़वाए बगैर मुझे छुट्टी नहीं देते थे। लेकिन कोई यह नहीं कह पाता था कि रामायण और महाभारत पढ़ने की हम पर यह जबर्दस्ती क्यों? जिस पुराण में शूद्र और अछूतों पर पग-पग पर जुल्म-ज्यादतियाँ करने के वर्णन मिलते हैं उस पुराण पुरुष का चरित्र पढ़ने से क्या फायदा? धर्मशास्त्र का मुझसे अधिक दूसरा कोई जानकार नहीं है। जब मैंने अपने पिता से कहा कि इन ग्रन्थों को पढ़ने के लिए हम पर जबर्दस्ती क्यों, तब उन्होंने जवाब दिया कि हम अछूत हैं इसलिए रामायण, महाभारत के पौराणिक चरित्रों को पढ़ने से हमारे मन की हीनभावना खत्म होती है। लेकिन उनका यह कथन मेरी समझ में नहीं आया।

महाभारत का द्रोणाचार्य पराक्रमी राजगुरु था। उसने कौरव और पाण्डव दोनों को शस्त्र चलाना सिखाया था। फिर भी द्रोणाचार्य ने महायुद्ध में सही न्याय का पक्ष नहीं लिया। वह कौरवों के पक्ष में लड़ा क्योंकि वह कौरवों की नौकरी कर रहा था। वास्तव में जिस कुन्ती-पुत्र कर्ण को नीच जाति का समझकर अपमानित किया गया, वही कर्ण वास्तव में वीर और नीतिज्ञ तथा महान पुरुष था। हम रामायण के राम को एकवचनी, पत्नीव्रत कहते हैं। लेकिन उसने बाली की पत्नी को सुग्रीव को देकर बाली का संहार किया था। एक पत्नीव्रत कहलाने वाली राम की पत्नी सीता को जब रावण ने अशोक वन में रखा उस समय रावण से युद्ध करने से पहले राम को अशोक वन में जाकर सबसे पहले सीता का हाल पूछना चाहिए था। लेकिन हनुमान के बार-बार कहने पर भी राम ने सीता की पूछताछ नहीं की। रावण से गद्दारी करके लंका का राज हासिल करने के लिए सबसे पहले विभीषण का राज्याभिषेक करना राम की दृष्टि में महत्त्वपूर्ण कार्य था। इसलिए ऐसे पुराण पुरुषों के चरित्र से क्या लाभ होनेवाला है?

बौद्ध धर्म के सम्बन्ध में मेरी यह जिज्ञासा प्रारम्भ से रही है। वास्तव में 1955 की जनगणना में आपको सभी धर्मों और सभी सम्प्रदायों के लोग मिलेंगे। लेकिन सम्पूर्ण भारत में इस जनगणना में आपको एक भी बौद्धधर्मी आदमी नहीं मिलेगा। यदि भारत में एक भी बौद्धधर्मी आदमी नहीं है तो आज से 2500 साल पहले जन्मे भगवान बुद्ध की आज हमें इतनी जरूरत क्यों है? हम बौद्ध धर्म के इस मुर्दे को जमीन से निकालकर उसकी पूजा क्यों कर रहे हैं? भगवान बुद्ध के धर्म की सारी दुनिया में माँग है। बुद्ध धर्म का प्रसार सिर्फ भारत में ही नहीं बल्कि सारी दुनिया में हुआ है। धर्म-प्रचार के व्यापार में राम और कृष्ण का कोई महत्त्व नहीं है। कई लोग बौद्ध धर्म पर गैर जिम्मेदाराना ढंग से आरोप लगाते हैं। उनमें बैरिस्टर वि.दा. सावरकर एक हैं। वास्तव में वे कहना क्या चाहते हैं, यही मेरी समझ में नहीं आता है। क्या उन्हें यह कहना है कि बुद्ध गलत आदमी थे? यदि उन्हें यह कहना है कि बौद्ध धर्म प्रचारक राजा-महाराजा गलत थे तो उन्हें अपनी भूमिका स्पष्ट करनी चाहिए। मैं उनकी हर बात का जवाब देने में समर्थ हूँ। उन्होंने केसरी में अपना लेख 'बौद्धों के अतिरेकी अहिंसा का शिरच्छेद' छपवाया है। उस लेख में वे क्या कहना चाहते हैं, कुछ भी स्पष्ट नहीं है। सावरकर ही नहीं बल्कि किसी को भी यदि बौद्ध धर्म के बारे में पूछना हो तो वे मुझसे निस्संकोच पूछ सकते हैं। उनके हर सवाल का जवाब देने की योग्यता मुझमें है।

भगवान बुद्ध का जो विशाल भिक्खु संघ था उसमें 75 प्रतिशत ब्राह्मण थे। क्या इस बात को भी सावरकर जानते हैं? सारीपुत्र मोद्‌ग्ल्यायन जैसे विद्वान भिक्खु ब्राह्मण जाति में पैदा हुए थे, इस बात को सावरकर जैसे लोगों को भूलना नहीं चाहिए। मैं सावरकर से पूछना चाहता हूँ कि पेशवा कौन थे? क्या वे भिक्खु थे? फिर अंग्रेजों ने उनके हाथ से सत्ता कैसे छीन ली, इसलिए हम लोगों को ऐसे नादान और गैरजिम्मेदार लोगों के पीछे पड़ने की कोई जरूरत नहीं है। कुछ लोग कहते हैं कि सावरकर ने जहर उगला लेकिन मैं कहता हूँ कि सावरकर अपने भीतर की गन्दगी उगल गए। किसी ने कैसी भी गैरजिम्मेदार

आलोचना की तब भी मेरा रास्ता तय है। मैं बौद्ध धर्म को ही स्वीकार करूँगा। यदि आप लोगों को पसन्द हो तो आप लोग भी उसे स्वीकार कीजिए। आज तक मार-काट के जरिए और अमानवीय जुल्म-ज्यादतियों के बल पर बुद्ध धर्म को समाप्त करने का प्रयास किया गया। लेकिन अब बौद्ध धर्म का तूफान आएगा और वह तूफान फिर कभी नहीं थमेगा। इस विशाल सागर में पानी बढ़ता ही रहेगा, लेकिन कम नहीं होगा। भगवान बुद्ध के संगठन में कुछ कमियाँ रह गई होंगी, कुछ छिद्र रह गए होंगे। इसलिए उन छिद्रों से बाहर का पानी भीतर आकर बौद्ध धर्म की धारा को कुछ मलिन कर गया। लेकिन अब मैं उस धर्म की कमियों को दूर करके उन छिद्रों को बन्द करना चाहता हूँ।

मैंने बुद्ध चरित्र पर जो किताब लिखी है उसमें बुद्ध का महत्त्व क्या है, इस बात का सम्पूर्ण विश्लेषण किया गया है। ईसाई धर्म में येशू अपने आपको ईश्वर (God) का बेटा मानता है। इतना ही नहीं, बाइबिल में वह यह भी कहता है कि मैं आप लोगों को ईश्वर का सन्देश दे रहा हूँ। आप लोग मरने के बाद जब स्वर्ग में जाएँगे उस समय मुझे आपकी ईश्वर के सामने सिफारिश करनी पड़ेगी। उस समय मैं सोचूँगा कि जब मैं धरती पर था तब ये लोग मुझे ईश्वर का बेटा मानते थे या नहीं? मुस्लिम धर्म के मोहम्मद पैगम्बर की भी ऐसी ही स्थिति है। मोहम्मद भी अपने आपको ईश्वर का दूत समझता है। लेकिन भगवान बुद्ध के उपदेशों में इस तरह की कोई बात नहीं है। भगवान बुद्ध ने कहा है कि मैं कहता हूँ इसलिए मेरी बात को स्वीकार मत कीजिए। बल्कि मेरी बात आपकी बुद्धि तथा विवेक को पसन्द आए तो ही उसे स्वीकार कीजिए। बुद्ध द्वारा खोजा गया मार्ग उनके खुद के प्रयासों, मेहनत और अनुभव-अध्ययन के आधार पर बनाया गया है। बुद्ध का धर्म किसी दूसरे की सुनी-सुनाई बातों पर स्थापित नहीं है।

मार्क्सवादियों को क्या कहा जाए? उन्हें भगवान बुद्ध के दर्शन को जरूर पढ़ना चाहिए। भगवान बुद्ध ने उत्पीड़ित, दुखी लोगों की मुक्ति का सही रास्ता खोज निकाला है। उन्होंने अनगिनत उत्पीड़ितों को स्वयं प्रकाश से दुख-मुक्त किया है। अवतारों के दर्शन से उनकी समस्या का समाधान नहीं हुआ है क्योंकि उनकी शिक्षा अपर्याप्त थी। सांख्य दर्शन के आचार्य कपिल ने अपने दर्शन में बताया कि पृथ्वी जड़ है, हिलती नहीं। फिर उसका विकास कैसे होता है? पृथ्वी तरह-तरह का रूप कैसे धारण करती है? कपिल ने बताया कि पृथ्वी के गर्भ में रज, तम और सत्त्व आदि गुण जब समान होते हैं तब पृथ्वी जड़ होती है। लेकिन जब इन तीनों गुणों की मात्रा घटती-बढ़ती है तब पृथ्वी अस्थिर होती है। और तब पृथ्वी तरह-तरह के रूप धारण करती है। कपिल ने बस, इतना ही बताया। लेकिन भगवान बुद्ध के ध्यान में आया कि इससे लौकिक दुखों का विनाश नहीं होगा। इसलिए उन्होंने चार आर्यसत्यों को अपनाया।

बाइबिल के मोझेस[1] की तरह मेरी स्थिति होने की सम्भावना है। पैलेस्टाइन के

1. ईसाइयों के दो महत्त्वपूर्ण ग्रन्थ हैं। एक 'ओल्ड टेस्टामेन्ट' और दूसरा 'न्यू टेस्टामेन्ट', 'ओल्ड टेस्टामेन्ट' के नायक मोझेस हैं और 'न्यू टेस्टामेन्ट' के ईसामसीह।

गुलामों के सुख के लिए मोझेस को काफी मुश्किलों का सामना करना पड़ा। मोझेस इजिप्ट से गुलामों को खरीदकर लाता था और उन्हें पैलेस्टाइन में ले जाकर सुखी और स्वतन्त्र करता था। इन प्रयासों में मोझेस को बेहद कठिनाइयों का सामना करना पड़ा। इजिप्ट के बाहर जाते समय मोझेस को बेहद परेशानी उठानी पड़ी। शायद मुझे भी कई कठिनाइयों का सामना करना पड़े। फिर भी अपने अछूत समाज को साथ लेकर मैं बौद्ध धर्म स्वीकार करूँगा, इसमें कोई सन्देह नहीं है।

मैं अक्तूबर में मुम्बई में धर्मान्तरण कर रहा हूँ। उससे पहले मैं बौद्ध धर्म पर अपनी किताब प्रकाशित करूँगा। भगवान बुद्ध के धर्म में जो कमियाँ हैं उनके बारे में मैं इस ग्रंथ में विस्तार से विश्लेषण करने वाला हूँ। बौद्ध धर्म में उपासक को दीक्षा नहीं दी जाती थी। संघ दीक्षा पर उसका गलत प्रभाव पड़ता है। उपासकों में मन की पूरी तैयारी नहीं होती। परन्तु मेरे धर्म में उपासकों को भी धम्मदीक्षा दी जाएगी। उससे पहले मैं धम्मदीक्षा पर किताब लिखूँगा। यह किताब हर किसी को खरीदनी पड़ेगी। और उस किताब के निश्चित सवालों के जवाब हर किसी को देने पड़ेंगे तब कहीं लोगों को बौद्ध धर्म में प्रवेश मिलेगा। बौद्ध धर्म में प्रवेश पाने के लिए हर किसी को सफेद कपड़े पहनने पड़ेंगे।

धर्म नष्ट क्यों होता है, इस बात की चर्चा 'मिलिन्द पञ्ह' ग्रंथ में की गई है। धर्म के पतन के खास तौर पर तीन कारण हैं। पहला कारण यह कि धर्मतत्व आपत्ति रहित न हो या बिना सोचे-समझे धर्मतत्त्वों की स्थापना की गई हो तो धर्म का पतन होता है। दूसरा कारण यह कि धर्म में वाद-विवाद की अक्षमता। जिस धर्म में वाद-विवाद में होशियार लोगों की संख्या ज्यादा होगी उस धर्म की हमेशा विजय होती है। तीसरा कारण है सामान्य जनों को धर्मतत्व को समझने में कठिनाई।

एक समय था जब सारे अफगानिस्तान में बौद्ध भिक्खु थे। दुनिया में सबसे विशाल और ऊँची बुद्ध मूर्ति अफगानिस्तान में ही है। लेकिन धर्मान्ध मुस्लिमों ने सात हजार बौद्ध भिक्खुओं का कत्ल करके उनके सिरों के ढेर रास्तों में डाल दिए इसलिए बौद्ध भिक्खु अफगानिस्तान से कूच कर गए।

अब बौद्ध धर्म का तूफान आएगा तो वह फिर कभी थमेगा नहीं। धर्म स्थापना के लिए विहारों की सख्त जरूरत है। लेकिन अपनी मेहनत से मैं एक ऐसा विहार बनवाना चाहता हूँ जैसा किसी ने आज तक नहीं बनवाया हो। किन्तु उसके लिए मैं किसी धनवान के सामने लाचार होकर हाथ फैलाने वाला नहीं हूँ। यदि आप लोग पैसा इकट्ठा करते हैं तो मैं उसे अवश्य बनवाऊँगा और बेहतरीन बनवाऊँगा। अपनी मेहनत से बनवाऊँगा। दूसरों की मदद से नहीं बनवाऊँगा।

साप्ताहिक 'प्रबुद्ध भारत' के 2 जून, 1955 के अंक में प्रकाशित।

पुराने रास्ते नाकामयाब साबित हुए

*दि. **25 अक्तूबर 1955** को औरंगाबाद में डॉ. बाबासाहेब अम्बेडकर के साथ एक वार्तालाप हुआ था। उस वार्तालाप में उन्होंने कहा–*

मुम्बई शहर गुजराती सेठों का बाप नहीं है। मुम्बई में पैसा कमाकर अहमदाबाद आदि जगहों पर रहने वाले लोगों का मुम्बई शहर पर क्या हक है? गुजराती, पारसी, पंजाबी, सिन्धी, मुस्लिम आदि लोग बाहर से मुम्बई में व्यापार करने के लिए आते हैं और पैसा कमाते हैं। उनका मुम्बई को समझना कैसे सम्भव है? मुम्बई को द्विभाषी राज्य बनाना पागलपन है।

हम लोगों ने इस तरह की घोषणा की है कि हमें आरक्षित स्थान नहीं चाहिए। इसका मतलब यह नहीं कि हम चुनाव से तटस्थ हो गए हैं। स्थिति और अपनी संख्या बल को देखते हुए हम दूसरों के साथ समझौता करेंगे। लेकिन स्वार्थ के बिना ही हमें चुनाव लड़ना चाहिए, उसी में हमारी भलाई है। कसाई के हरी घास दिखाने के बाद गाय उसके पास पहुँचती है। उस बेचारी को यह पता नहीं होता कि वही कसाई उसे मारने वाला है। लोभ बड़ी खतरनाक चीज है। हमारे कार्यकर्ताओं को उससे दूर रहना चाहिए।

रेलवे यूनियन और ॲम्युनेशन डिपो कामगार संघ की स्थापना उचित है। मैं स्वयं हर काम नहीं कर सकता। वैसे मेरा स्वास्थ्य भी ठीक नहीं है। मेरी तबीयत ठीक होने के बाद इस सम्बन्ध में आगे देखेंगे। फिलहाल मजदूरों का संघ (शाखा) स्थापित करके कार्य की शुरूआत करने में कोई हर्ज नहीं है।

अछूत वर्ग के भविष्य के बारे में सभी पुराने रास्ते नाकामयाब साबित हुए हैं। अब शान्ति के रास्ते से काम नहीं चलेगा। हमें नया रास्ता अपनाना चाहिए। मेरे पास रास्ता है। यदि अछूतों को मेरा नेतृत्व चाहिए तो उन्हें मेरे पीछे आना चाहिए। यदि मैं उन्हें पसन्द नहीं हूँ तो उन्हें दूसरा नेता खोजकर अपने उत्थान का रास्ता तय करना चाहिए। मुझे ईमानदार लोग चाहिए। समाज के कल्याण के लिए जान की बाजी लगाने वाले लोग मुझे चाहिए। इस तरह के लोग मुझे मिलेंगे या नहीं, इस बात का मुझे सन्देह है। जब तक मैं जिन्दा हूँ तब तक मेरे अछूत समाज का उत्थान हुआ देखना मेरी प्रबल इच्छा है। (यह कहते हुए डॉ. बाबासाहेब अम्बेडकर रो पड़े और उनकी आँखों में आँसू आ गए।)

मैं अपने अछूत समाज के उत्थान के लिए अपनी शक्ति दाँव पर लगा दूँगा। मैंने एक बार मनमाड की सभा में कहा था, ''यदि हम लोगों को सवर्ण हिन्दू सुख और सन्तोष से खाने-रहने नहीं देंगे तो हम लोग भी उनके खाने को मटियामेट कर देंगे।'' इसमें कोई शक नहीं। हम लोग हम पर होने वाले अत्याचार का डटकर मुकाबला करेंगे। देहातों में रहनेवाले अछूतों की स्थिति बहुत खराब है। वे सवर्ण हिन्दुओं की जुल्म-ज्यादतियों से परेशान हैं। इस सम्बन्ध में मैंने 'प्राब्लम ऑफ अनटचेबल्स' नामक किताब लिखी है।

यह किताब एक-दो माह में प्रकाशित हो जाएगी। उसके बाद अछूतों का सवाल हल करने के लिए मैंने संयुक्त राष्ट्र संघ में एक डेलिगेशन भेजने का फैसला किया है। अछूतपन का सवाल दुनिया के सामने रखकर उसे हमेशा-हमेशा के लिए समाप्त करवाने की मेरी पूरी कोशिश है।

साप्ताहिक 'जनता' के 5 नवम्बर, 1955 के अंक में प्रकाशित।

मनोबल, प्रतिबद्धता और विवेकशीलता प्राप्त कीजिए

__दि. 12 दिसम्बर 1955__ को औरंगाबाद के नागसेन वन के मिलिन्द कॉलेज के बोधि मंडल की ओर से एक समारम्भ आयोजित किया गया था। इस समारम्भ को सम्बोधित करने के लिए डॉ. बाबासाहेब अम्बेडकर को सादर निमन्त्रित किया गया था। इस अवसर पर उन्होंने अपने सम्बोधन में कहा–

विद्यार्थी मित्रो,

मिलिन्द एक ग्रीक था। उसे अपनी विद्वत्ता पर अहंकार था। उसकी यह मान्यता थी कि ग्रीकों की तरह विद्वान लोग दुनिया में कहीं नहीं हैं। उसने दुनिया को चुनौती दी थी। एक बार उसे लगा कि मुझे किसी बौद्ध भिक्खु से बहस करनी चाहिए। लेकिन उससे बहस करने के लिए कोई तैयार नहीं हुआ। मिलिन्द एक सामान्य आदमी था। वह कोई बहुत बड़ा ज्ञानी, दार्शनिक या गम्भीर विद्वान नहीं था। किन्तु राज कैसे चलाया जाता है उसे इस बात का अच्छा ज्ञान था। इस पर भी मिलिन्द से बहस करने के लिए कोई तैयार नहीं हुआ। बहुत प्रयास के बाद भिक्खु नागसेन राजा मिलिन्द से बहस के लिए तैयार हुआ। उसने यह निश्चय किया कि मिलिन्द की चुनौती को हमें स्वीकार करना चाहिए, फिर उसमें कामयाबी मिले या ना मिले।

नागसेन का जन्म ब्राह्मण परिवार में हुआ था। उम्र के सातवें साल में उसने अपने माँ-बाप का घर छोड़ दिया था। भिक्खु नागसेन ने अन्य भिक्खुओं के आग्रह को स्वीकार किया और मिलिन्द तथा नागसेन में जबर्दस्त बहस हुई। इस बहस में मिलिन्द को भिक्खु नागसेन के सभी तर्कों को स्वीकार करना पड़ा। उनकी इस बहस पर एक किताब प्रकाशित है। इस किताब को पालि भाषा में 'मिलिन्द पञ्हो' कहते हैं। इस किताब का मराठी अनुवाद हुआ है। 'मिलिन्द प्रश्न' इसलिए मैं आप लोगों से यही उम्मीद करता हूँ कि छात्र तथा अध्यापकों को वह किताब जरूर पढ़नी चाहिए। इस किताब में यह बताया गया है कि अध्यापक में कौन-से गुण होने चाहिए। इसलिए मैंने और मेरी सोसायटी ने इस कॉलेज का नाम 'मिलिन्द' रखा है। इस क्षेत्र को नागसेन वन नाम दिया गया है। उस बहस में मिलिन्द पराजित हुआ था और बौद्ध बन गया था। इसलिए

मैंने इस कॉलेज को यह नाम दिया है, ऐसी बात नहीं है। मैंने इस कॉलेज को यह नाम आदर्शसूचक भावना से दिया है, ऐसी मेरी मान्यता है।

किसी शिक्षा संस्था को यदि किसी धनवान व्यापारी ने पैसा दिया है, इसलिए उस शिक्षा संस्था को उस धनवान के नाम पर होना चाहिए, यह एकदम गलत है।

बौद्ध धर्म से सम्बन्धित 'मिलिन्द' के नाम पर महाविद्यालय का नाम रखने की दूसरी वजह यह है कि विद्या सभी के लिए आवश्यक है, जैसे भोजन मनुष्य की स्वाभाविक जरूरत है। हर किसी को उसका लाभ मिलना चाहिए। इस तरह का उदार विचार पहली बार किसी ने उद्घोषित किया तो वे हैं भगवान बुद्ध। इसलिए जिन अनगिनत लोगों को सदियों तक अज्ञानी बनाकर उत्पीड़ित रखा गया है उन्हें सचेत करने का प्रयास करते समय बुद्ध और उनके अनुयायियों के नामों का स्मरण करना स्वाभाविक है।

मुम्बई के सिद्धार्थ कॉलेज में 2900 छात्र पढ़ रहे हैं और इस कॉलेज में 600 छात्र पढ़ रहे हैं। मैंने इस कॉलेज के लिए काफी बोझ बर्दाश्त किया है।

इस कॉलेज को मिलिन्द नाम दिया गया इसलिए मान्यवर शंकरराव देव ने हमारे धम्मपद का एक श्लोक आपको सुनाया है–

अक्कोधेन जिने कोधं, असाधुं साधुना जिने।
जिने कदरियं दानेन सच्चेन अलिकवादिनं॥

मतलब अक्रोध से क्रोध को जीतना चाहिए, यही उनकी शिक्षा है। सारी दुनिया मुझे जानती है कि मुझे बहुत गुस्सा आता है। मान्यवर शंकरराव देव कहते हैं कि मनुष्य को गुस्सा पी लेना चाहिए। इससे मुझे ऐसा लगता है कि शंकररावजी का अध्ययन अधूरा है। उन्होंने अच्छी पढ़ाई नहीं की है (तालियाँ)। भगवान बुद्ध ने क्रोध पर व्याख्यान दिया है। उसे यदि मान्यवर शंकररावजी ने पढ़ा होता तो उन्होंने इस तरह की बात नहीं कही होती। मनुष्य क्रोधी है इसलिए उससे नफरत नहीं करनी चाहिए। क्रोध दो तरह का होता है–(1) द्वेषमूलक, (2) प्रेममूलक। जो कसाई होता है वह कुल्हाड़ी से वार करता है। उसका क्रोध द्वेषमूलक है। माँ ने अपने बच्चे को चाँटा मारा तो उसे कोई क्या कह सकता है! उसका गुस्सा प्रेममूलक है। माँ चाहती है कि बच्चा गुणवान बने, सदाचारी बने, इसलिए माँ उसे मारती है। मेरा क्रोध भी प्रेममूलक है। आप लोग समानता से रहें इसलिए मैं राजनीति में गाली देता हूँ। आलोचना करनेवालों की मुझे कोई परवाह नहीं रहती (तालियाँ)। मैंने जो कुछ किया है वह लड़-झगड़कर किया है।

पहले सिर्फ ब्राह्मण जाति के लोग पढ़ते थे। उन्होंने हम लोगों को पढ़ने नहीं दिया। हम लोग भी पढ़ना चाहते थे। लेकिन भगवान बुद्ध ने इस परम्परा को तोड़ा। उन्होंने सभी के लिए शिक्षा के रास्ते खोले थे।

एक बार लोहित नाम के ब्राह्मण ने भगवान बुद्ध से सवाल पूछा था कि सबको विद्या क्यों पढ़ाता है? जवाब में भगवान बुद्ध ने कहा कि जिस प्रकार मनुष्य को भोजन

की स्वाभाविक जरूरत है, उसी प्रकार सबको विद्या की जरूरत है। इस विचारधारा को सबसे पहले इस धरती पर भगवान बुद्ध ने शुरू किया था (तालियाँ)। विद्या एक तरह का जहर भी है, वह एक प्रकार की तलवार है, जिसकी दोनों ओर धार होती है। उससे दुष्टों का संहार भी कर सकते हैं और दुष्टों से अपना रक्षण भी कर सकते हैं। इसीलिए कहा गया है–

'स्वदेशे पूज्यते राजा। विद्वान सर्वत्र पूज्यते ॥'

आप सभी लोग यहाँ ज्ञान हासिल करने के लिए आए हैं। लेकिन मेरी राय में सिर्फ विद्या ही पवित्र नहीं हो सकती। विद्या के साथ भगवान बुद्ध द्वारा बताई गई 'प्रज्ञा' (समझदारी) 'शील' (सदाचरण) से सम्पन्न आचरण, 'करुणा' और मानव मात्र के प्रति प्रेमभाव, तथा 'मैत्री' से सभी प्राणियों के प्रति अपनत्व की पवित्र भावना भी होनी चाहिए। ये चार पारमिताएँ सबमें होनी चाहिए, तभी विद्या की कुछ उपयोगिता है। विद्या के साथ मनुष्य के पास यदि करुणा नहीं है तो वह कसाई है, ऐसा मेरा मानना है। करुणा का मतलब है मनुष्य का मनुष्य पर प्रेम। इसके आगे भी मनुष्य को जाना चाहिए। इस तरह की विचारधारा यदि किसी की है तो वे भगवान बुद्ध ही हैं।

सभी धर्मों में यदि श्रेष्ठ धर्म कोई है तो वह है भगवान बुद्ध का बौद्ध धर्म। अन्य धर्म निरर्थक हैं। मेरे धर्म में ईश्वर का कोई महत्त्व नहीं है। लोग कहते हैं कि ईश्वर ने ही इस सृष्टि की रचना की है, उसने निराकार से साकार और साकार से निराकार को पैदा किया है। लेकिन इस दुनिया में साकार चीजें पहले भी थीं और आज भी हैं। यदि ईश्वर होता तो उसने भी इस बात को स्वीकार किया होता। इसलिए ईश्वर है, यह कल्पना ही गलत है। अगर ईश्वर है तो सामान्य जीवन में उसकी दखलंदाजी क्यों? मेरे धर्म में आत्मा के लिए कोई स्थान नहीं। बौद्ध धर्म की बुनियाद दुक्ख (उत्पीड़न) है। मेरी राय में वही धर्म श्रेष्ठ है। अन्य धर्म मनुष्य और ईश्वर के काल्पनिक सम्बन्धों पर जोर देकर टिके हुए हैं।

दुनिया में कुछ लोग डरपोक होते हैं। मनुष्य में अकेला चलने की हिम्मत होनी चाहिए। मैं अकेला चलने की हिम्मत रखता हूँ (तालियाँ)। हजारों लोग मेरे पीछे नहीं आए तब भी मैं परवाह नहीं करता या उसका मुझे दुख नहीं होता।

एक डॉ. पिक्विक और उनके दो-चार शिष्य थे। उन्होंने अपने शिष्यों से कहा कि मैं तुम्हें मेला दिखाना चाहता हूँ। वे अपने चेलों के साथ एक गाँव में गए, वहाँ उन्होंने रहने के लिए दो-चार कमरे लिए। उस गाँव में चुनाव था। डॉ. पिक्विक के शिष्यों में सैम वेलर नाम के शिष्य को उनकी सेवा के लिए उनके पास रखा गया था। चुनाव का होहल्ला सुनने के बाद वह कमरे से बाहर निकलने का प्रयास करने लगा। उसने दरवाजा खोलने का प्रयास किया। डरपोक डॉ. पिक्विक ने उसे धमकाया, 'तू यह क्या कर रहा है?' (What are you doing there?)' उसने जवाब दिया कि, 'सर, वहाँ बड़ी भीड़ है।' (There is a crowd, sir)। सैम वेलर बाहर जाने की फिर कोशिश करने लगा। डॉक्टर ने पुनः उसे धमकाया, 'Go with bigger crowd and not with little one' कहा, 'वह बड़ी भीड़ जिधर जाएगी उधर जा, छोटी भीड़ के पीछे मत जा।' मैं आप लोगों से यही कहना चाहता हूँ कि आप लोग इस तरह की भीड़ के पीछे मत जाइए।

बल्कि मिलिन्द महाविद्यालय के हर विद्यार्थी को विद्या, प्रज्ञा, करुणा, शील और मैत्री आदि पाँच तत्त्वों के आधार पर अपने जीवन की नींव मजबूत करनी चाहिए। इस रास्ते से आपको अकेले भी जाना पड़े तब भी अपना मनोबल, प्रतिबद्धता बरकरार रखनी चाहिए। आप लोगों ने 'महाजनो येन गतः स पन्थः' जैसी गुलामी गानसिकता को छोड़ देना चाहिए। आपको अपने विवेक से जो मार्ग उचित लगे उसी मार्ग पर आगे बढ़ना चाहिए।

सा. जनता के 17 दिसम्बर, 1955 के अंक में प्रकाशित।

मुम्बई महाराष्ट्र की ही है

*दि. **21 दिसम्बर 1955** को औरंगाबाद के मिलिन्द महाविद्यालय का सालाना उत्सव मनाया गया था। इस उत्सव में डॉ. बाबासाहेब अम्बेडकर को अध्यक्ष के रूप में निमन्त्रित किया गया था। इस सालाना उत्सव में नागसेन वन परिवेन के सभी महाविद्यालयों के छात्र डॉ. अम्बेडकर के सम्बोधन को सुनने के लिए आए थे। इस सम्बोधन में डॉ. अम्बेडकर ने कहा–*

मुम्बई शहर के औद्योगिक क्षेत्र का बहुसंख्यक कामगार और अधिकांश सभी कार्यालयों का नौकर वर्ग महाराष्ट्रियन ही है। और वह शहर के विकास के लिए लगातार मेहनत कर रहा है।

मिलों में काम करनेवाले और कार्यालयों में काम करने में पारसी लोगों की संख्या बहुत कम है। इसलिए मेरी यह मान्यता है कि महाराष्ट्रियन लोगों के बगैर मुम्बई शहर का विकास नहीं होगा।

महाराष्ट्र राज्य निर्माण की त्रिगुट योजना में पश्चिमी महाराष्ट्र, मध्य महाराष्ट्र और पूर्व महाराष्ट्र हों, ऐसी मेरी त्रिगुट योजना है। और इस राज्य की राजधानी क्रम से मुम्बई, औरंगाबाद या नागपुर रहेगी। पूर्व महाराष्ट्र यह राज्य पुनर्गठन आयोग द्वारा सुझाया गया विदर्भ का हिस्सा रहेगा। उसमें नागपुर, भण्डारा, वर्धा, यवतमाल, अलोका, अमरावती, बुलढाणा, चान्दा आदि जिले सम्मिलित रहेंगे। मध्य महाराष्ट्र में मराठवाड़ा के आठ जिले–औरंगाबाद, परभणी, नांदेड, बीड़, उस्मानाबाद और नासिक, डांग, अहमदनगर, पूर्व और पश्चिम खानदेश और सोलापुर जिले का कर्नाटक में सम्मिलित किए गए मराठी क्षेत्र को मिला लिया जाएगा। शेष क्षेत्र पश्चिमी महाराष्ट्र में जाएगा जिसमें ठाणे, कुलाबा, रत्नागिरी, उत्तर और दक्षिण सतारा, कोल्हापुर, बेलगाँव और कारवार आदि जिलों को सम्मिलित किया जाना चाहिए।

आर्थिक और सांस्कृतिक दृष्टि से ये तीनों क्षेत्र प्रभावी रहेंगे। और इस योजना के द्वारा उन क्षेत्रों की जनआशाएँ भी पूरी की जाएँगी।

मेरी दृष्टि से अखण्ड संयुक्त महाराष्ट्र की माँग उचित नहीं है क्योंकि संयुक्त महाराष्ट्र में मराठवाड़ा जैसे जिले के पिछड़े लोगों का विकास नहीं हो पाएगा, जिससे संयुक्त महाराष्ट्र में अव्यवस्था पैदा होने की सम्भावना है। इसलिए इस पिछड़े मराठवाड़ा

क्षेत्र का विकास होना चाहिए। ऐसी यदि इच्छा हो तो उन्हें स्वतन्त्र मराठवाड़ा देना ही उचित है। मेरी त्रिगुट योजना के मुताबिक महाराष्ट्र के तीन राज्य बनाए गए तो वे राज्य संचालन की दृष्टि से समर्थ होंगे और जनता को अपना विकास करने का मौका भी मिलेगा।

शिक्षा की दृष्टि से मराठवाड़ा पिछड़ा होने के कारण मराठवाड़ा के लिए स्वतन्त्र विश्वविद्यालय की भी जरूरत है।

साप्ताहिक 'जनता' के 24 दिसम्बर, 1955 के अंक में प्रकाशित।

अहिंसा : बुद्ध की और जैन की

*दि. **5 फरवरी 1956** को नई दिल्ली के मन्दिर मार्ग स्थित (बिड़ला मन्दिर के पास) बुद्ध विहार में महाबोधि सोसायटी के तत्वावधान में डॉ. बाबासाहेब अम्बेडकर का व्याख्यान आयोजित किया गया था। उन्होंने अपने व्याख्यान में कहा–*

जो कम्युनिज्म को जवाब नहीं दे सकता ऐसा कोई धर्म जिन्दा नहीं रहेगा। मेरी राय में कम्युनिज्म के विकल्प के रूप में यदि कोई कारगर दर्शन है तो वह सिर्फ बौद्ध धर्म दर्शन ही है।

जो लोग सभी धर्मों पर भरोसा करते हैं और हर धर्म से कुछ अच्छी बातें चुन लेते हैं, ऐसे लोगों से मैं सहमत नहीं हूँ। हर धर्म से कुछ अच्छी बातें चुन लेने की प्रवृत्ति भारत में दिखाई देती है। हर किसी को अपना निर्णय करना चाहिए और उस पर निर्भर रहना चाहिए।

हर धर्म दूसरे धर्म से कुछ अलग है। बौद्ध धर्म में अहिंसा का जो उपदेश किया गया है और जैन धर्म में अहिंसा का जो उपदेश दिया गया है उसमें काफी अन्तर है। जैन धर्म में अहिंसा को बहुत गलत ढंग से समझाया गया है।

बौद्ध धर्म में पुनर्जन्म की जो बात कही गई है, उस पर मेरा पूरा विश्वास है। बौद्ध धर्म में बताया गया पुनर्जन्म तर्कयुक्त है यह बात मैं वैज्ञानिकों को (Scientists) सिद्ध करके बता सकता हूँ। मेरी राय में मूल तत्त्वों में परिवर्तन होता है, मूल तत्त्वों का पुनर्जन्म होता है, व्यक्ति का नहीं।

Dr. Babasaheb Ambedkar Writing and Speeches, vol. 18, part III, p. 463

अछूतों को शहरों में आना चाहिए

दि. 18 मार्च 1956, रविवार को आगरा में वहाँ के दलितों की ओर से डॉ. बाबासाहेब अम्बेडकर का व्याख्यान आयोजित किया गया था। इस सभा के अध्यक्ष उत्तर प्रदेश शे.का. फेडरेशन के अध्यक्ष मा. तिलकचन्द कुरील थे। सभा मंच पर पंडित श्रीकृष्ण दत्त पालीवाल और उत्तर प्रदेश के मान्यवर दलित नेता तथा कार्यकर्ता उपस्थित थे। इस सभा में दो लाख से भी ज्यादा दलित जन समुदाय उपस्थित था। डॉ. अम्बेडकर के सभा स्थल पर पहुँचते ही जोरदार और शानदार स्वागत किया गया। सभास्थल पर नारों डॉ. अम्बेडकर की जय जयकार हो रही थी। इस अवसर पर सभा को सम्बोधित करते हुए डॉ. अम्बेडकर ने कहा–

पच्चीस साल पहले राजनीति में आते समय मेरे जीवन के तीन उद्‌देश्य थे। मेरा पहला उद्‌देश्य था अछूतों के घर-घर तक ज्ञान की धारा प्रवाहित करना। मेरा यह उद्‌देश्य काफी हद तक सफल भी हुआ है। शिक्षा के क्षेत्र में अछूत लोग भले ही सबसे आगे न हों फिर भी वे कुछ दिनों बाद अपना उचित विकास कर पाएँगे, इस बात का मुझे पूरा यकीन है।

मेरे कार्य का दूसरा उद्‌देश्य था–सरकारी नौकरियों में अछूत समाज के लोगों को व्यापक प्रतिनिधित्व दिलवाना। मेरे प्रयासों से मिली सफलता को आज आप सभी लोग देख रहे हैं। मुझे इन दोनों उद्‌देश्यों में सफलता प्राप्त हुई है। किन्तु गाँव-देहातों में रहनेवाले मेरे अनगिनत दलित भाइयों की स्थिति में बदलाव लाने का तीसरा उद्‌देश्य रहा है, यह उद्‌देश्य इतना सफल नहीं हो सका। इसलिए मैंने अपनी शेष उम्र, अपनी बची हुई शक्ति गाँव-देहातों की अछूत जनता के जीवन में समग्र परिवर्तन लाने के लिए लगाने का फैसला कर लिया है।

वे लोग जब तक गाँव-देहातों को छोड़कर शहरों में रहने नहीं आते तब तक उनके जीवन में परिवर्तन होनेवाला नहीं है। गाँव-खेड़ों में रहनेवाले हमारे अछूत भाइयों का अपने पूर्वजों के गाँव में रहने का मोह खत्म नहीं होता। उन्हें लगता है कि वहीं अपनी रोटी है। लेकिन रोटी से भी स्वाभिमान का ज्यादा महत्त्व है। जिन गाँव-देहातों में उनके साथ जानवरों की तरह बर्ताव किया जाता है, कुत्तों की तरह व्यवहार किया जाता है,

जहाँ उनका पग-पग पर अपमान होता है, जहाँ उन्हें अपमान और स्वाभिमानहीन जीवन व्यतीत करना पड़ता है, उस गाँव का क्या उपयोग? इसलिए गाँव-देहातों के इन अछूतों को वहाँ से निकलकर जहाँ बंजर जमीन हो उस पर कब्जा करना चाहिए और नए गाँव स्थापित कर स्वाभिमानपूर्ण जीवन व्यतीत करना चाहिए। उन्हें नए समाज का निर्माण करना चाहिए। वहाँ के सभी काम उन्हें ही करने चाहिए। ऐसे गाँवों में उन्हें कोई अछूत समझकर उनका अपमान नहीं करेगा।

पढ़े-लिखे वर्ग का भी यह काम है कि अपने गरीब और अज्ञानी भाइयों की सेवा करना। इन पढ़े-लिखे लोगों को बड़े पदों पर जाने के बाद अपने ही अनपढ़ भाइयों का ख्याल तक नहीं रहता। इसका कारण उनमें अपने समाज के बारे में अपनत्व की भावना नहीं होती। उनके दिलो-दिमाग में अपने भाइयों के बारे में कोई हमदर्दी नहीं होती। उनमें धर्म भावना का भी अभाव है, यह भी एक कारण है। इसलिए यदि उन्होंने अपने अछूत भाइयों की ओर उचित ध्यान नहीं दिया तो समाज का पतन होगा।

अन्य किसी भी धर्म से बौद्ध धर्म श्रेष्ठ है। इसलिए मेरी इच्छा है कि आप सभी लोगों को इस वर्ष मेरे साथ बौद्ध धर्म की दीक्षा लेनी चाहिए। मैं इस सम्बन्ध में आप लोगों पर कोई दबाव नहीं डालूँगा। यह आपकी इच्छा का सवाल है। लेकिन मेरे बौद्ध धर्म स्वीकार के बाद मैं अछूत नहीं रहूँगा। हम सभी के बौद्ध होने के बाद हमें आरक्षित स्थानों का अधिकार नहीं रहेगा। उसी तरह हमें इस बात का भी ध्यान रखना चाहिए कि विधिमंडल, लोकसभा में आरक्षित स्थानों की अवधि संविधान के मुताबिक सिर्फ दस साल के लिए है। वह अवधि जल्दी ही समाप्त होगी। आरक्षण जिन्दगी भर नहीं रहेगा। अन्त में हमें अपने पाँव पर खड़ा होना पड़ेगा। आरक्षण की बैसाखियों से हम कोई खास उत्थान नहीं कर सकते। बौद्ध होने के बाद मुझे आप लोगों का नेतृत्व करना मुश्किल होगा। और मेरे लिए फेडरेशन में रहना भी मुश्किल होगा। इसलिए मेरी यह इच्छा है कि दलितों में से किसी न किसी सबल आदमी को आगे आना चाहिए जिससे कि वह मेरे बाद आपका नेतृत्व कर सके, अन्यथा एक पोल पर खड़े तम्बू की तरह यह संगठन टूट जाएगा।

बौद्ध होने के बाद मैं राजनीति नहीं छोड़ूँगा। सिर्फ शेड्यूल्ड कास्ट फेडरेशन के टिकट पर चुनाव नहीं लड़ूँगा। मैं अपनी हिम्मत पर चुनाव लड़ना चाहता हूँ। फिर मेरी विजय हो या पराजय हो, उसकी मुझे कोई परवाह नहीं है।

साप्ताहिक 'जनता' के 24 मार्च, 1956 के अंक में प्रकाशित।

महाराष्ट्र के दो राज्य बनने चाहिए

*सा. जनता के **दि. 2 जून 1956** के लिए लिखा हुआ डॉ. बाबासाहेब अम्बेडकर का एक विशेष लेख–*

राज्यसभा में मैंने जो भाषण दिया था उसके बाद कई पत्र मेरे पास आए। उनसे पता चलता है कि मैंने मुम्बई के बारे में जो सुझाव दिए हैं, वे महाराष्ट्रियन लोगों को पूर्णतः पसन्द नहीं हैं। महाराष्ट्रियन लोगों को डर है कि मुम्बई शहर राज्य होने की वजह से वहाँ उन्हें पर्याप्त बहुमत नहीं मिलेगा। यहाँ गुजराती लोगों की संख्या 15 प्रतिशत है और मुम्बई के विधिमंडल में यदि 100 स्थान हुए तो गुजरातियों को दो या चार स्थान मिलेंगे। उससे ज्यादा स्थान मिलने उन्हें सम्भव नहीं हैं, जिससे दोनों समाज एक-दूसरे के खिलाफ असन्तुष्ट रहेंगे। लेकिन वे कुछ नहीं कर पाएँगे। वास्तव में यह कोई सन्तोषप्रद स्थिति नहीं है। यदि हम यहाँ सद्‌भावना पैदा न भी कर सके फिर भी हमें शान्ति चाहिए।

इसलिए मैंने राज्यसभा में जो सुझाव दिए हैं, उनसे अलग मैं एक सुझाव देना चाहता हूँ। मेरा यह सुझाव है कि महाराष्ट्र के दो राज्य (State) बना दिए जाएँ। एक राज्य में निम्न जिले शामिल किए जाने चाहिए–(1) बृहत मुम्बई (2) ठाणे जिला (3) कुलाबा जिला (4) रत्नागिरी जिला (5) कोल्हापुर जिला (6) सूरत, कारवार और बेलगाँव जिले के मराठीभाषी क्षेत्र। सह्याद्रि पर्वत श्रेणियाँ इन दो राज्यों को विभाजित करनेवाली रेखा है। उससे निम्न प्रकार के फायदे होंगे–(1) मुम्बई में महाराष्ट्रियन लोगों का निर्णायक बहुमत न होने पर भी उन्हें राज्य में बहुमत मिलेगा। (2) वह एक स्वतन्त्र सांस्कृतिक इकाई होगी। (3) वह स्वतन्त्र भाषिक इकाई होगी। (4) इस इकाई का क्षेत्रफल 19800 वर्ग मील और जनसंख्या 90,67,413 होगी। एक राज्य बनाने के लिए ये बातें अनुकूल हैं। मुम्बई राज्य की सीमा समुद्र तक रहेगी। इस राज्य की जनता बुद्धिमान है। महाराष्ट्र के अधिकांश नेता इसी क्षेत्र से आते हैं। यहाँ के लोग उदार और वीर हैं। इसके अलावा एक बात पर और सोचना चाहिए। वास्तव में भारत सरकार को ही इस बात पर सोचना चाहिए। मुम्बई फौजियों की छावनी है और यदि लोग नाराज, असन्तुष्ट होंगे तो उसका परिणाम खतरनाक हो सकता है। इसलिए भारत सरकार को मुम्बई महाराष्ट्र को देकर उसकी सद्‌भावना हासिल करनी चाहिए।

जैसाकि मैंने उक्त सुझाव दिया है उसके मुताबिक महाराष्ट्र के दो राज्य बनाने में महाराष्ट्रियन लोगों को कोई आपत्ति होगी, ऐसा मुझे नहीं लगता। महाराष्ट्र का क्षेत्र और कोंकण इस प्रकार का विभाजन बहुत पहले से है। अब उसे पश्चिम और पूर्व महाराष्ट्र कहा जा सकता है। मैंने ऊपर जो नया प्रदेश सुझाया है, उसे पूर्व महाराष्ट्र कहा जाए। शेष महाराष्ट्र को पश्चिमी महाराष्ट्र कहा जाए। वह राज्य काफी बड़ा होगा। मुझे आज भी ऐसा लगता है कि इस पश्चिमी महाराष्ट्र के दो भाग किए जाएँ। ब्राह्मणों को संयुक्त महाराष्ट्र का आग्रह क्यों करना चाहिए, यह बात मेरी समझ में नहीं आ रही है। संयुक्त महाराष्ट्र कभी भी संयुक्त नहीं रहेगा। संयुक्त महाराष्ट्र में भी मान्यवर हिरे और मान्यवर रामराव देशमुख दोनों ही मन्त्रिपद पर अपना हक़ जताएँगे। इस खींचतान में डॉ. रामराव देशमुख के आगे निकल जाने की सम्भावना है। जिन्हें आज तक का इतिहास मालूम है उन्हें यह खींचतान बुरी लगे, इस बात को कहने की कोई जरूरत नहीं है। इसलिए संयुक्त महाराष्ट्र में अस्थिरता होने की बजाय उसके दो भाग करके एक हिरे को और दूसरा रामराव देशमुख को क्यों न दिया जाए? लेकिन कुछ लोगों को खौलते पानी में डुबकी लगाने का शौक होता है। उनकी यह भावना होगी कि इससे अपने को कुछ लाभ होगा। लेकिन महाराष्ट्र राज्य का आरम्भिक काल अशान्ति का न हो इसलिए मैंने महाराष्ट्र के दो राज्य बनाने का सुझाव दिया है। मेरे इस सुझाव को चाहें तो वे स्वीकार कर सकते हैं या चाहें अस्वीकार कर सकते हैं। फिलहाल मैं इसी बात पर सोच रहा हूँ कि मुम्बई को मिलाकर एक नया प्रदेश किस तरह से बनाया जा सकता है। सभी लोगों को इस बात पर शान्ति से सोचना चाहिए।

और भी एक कठिन सवाल उठ खड़ा हुआ है। वह सवाल है राजधानी का। दक्षिण के ब्राह्मणों को ऐसा लगता है कि पूना राजधानी होनी चाहिए। मध्य प्रदेश के ब्राह्मणों का आग्रह नागपुर के बारे में है। कुछ लोगों ने यह भी सुझाव दिया है कि दो राजधानियाँ होनी चाहिए और इन दोनों जगहों पर बारी-बारी से विधिमंडल के सत्र चलने चाहिए। मुझे ये तीनों विकल्प मंजूर नहीं हैं। मेरा यह सोचना है कि हम संयुक्त महाराष्ट्र के नाम पर फिर पेशवाई शुरू नहीं कर रहे हैं बल्कि नया राज्य बना रहे हैं। असल में औरंगाबाद संयुक्त महाराष्ट्र की राजधानी होनी चाहिए। यहाँ से करीब दौलताबाद पहले महाराष्ट्र की राजधानी थी। औरंगाबाद को मुस्लिमों द्वारा नष्ट करने तक दौलताबाद राजधानी अस्तित्व में थी। वह इस प्रदेश का केन्द्रीय स्थल है। वह स्थल आधा ग्रामीण और आधा नागरी क्षेत्र में बसा हुआ है। इसलिए औरंगाबाद से बढ़कर बेहतर अन्य कोई राजधानी की जगह नहीं है। मैंने मुम्बई के बारे में जो नया सुझाव दिया है वह गुजरातियों को नामंजूर होगा क्योंकि उनकी भूख काफी बढ़ चुकी है। जनता के मत को महत्त्व देना चाहिए, यह सही सवाल है। हम लोगों को यह बात साफ शब्दों में कहनी चाहिए कि उनका मुम्बई शहर पर कोई हक़ नहीं है। मुम्बई शहर का भविष्य तय करते समय उन्हें अपनी राय देने का कोई हक़ नहीं है। मुम्बई कहाँ होनी चाहिए या उसे किस राज्य में शामिल करना चाहिए, इस बारे में अपनी राय देने का उन्हें कोई अधिकार

नहीं है। गुजरातियों को कोई डर नहीं है। मुम्बई कहीं भी जाए तब भी वे मुम्बई आएँगे, रहेंगे और मुम्बई में व्यापार करेंगे। ये सारे अधिकार उन्हें संविधान ने ही दिए हैं। और यदि भेदभाव हुआ तो सुप्रीम कोर्ट में जाकर न्याय माँगने का हक़ भी उन्हें दिया गया है। इसलिए मुझे ऐसा नहीं लगता कि उन्हें इससे और कुछ ज्यादा देने की जरूरत है। संविधान ने मुम्बई में रहनेवाले अन्य नागरिकों को जितने अधिकार और संरक्षण दिए हैं, उनसे ज्यादा अधिकार और संरक्षण गुजरातियों को देने की कोई जरूरत नहीं है। लोकसभा और राज्यसभा की बहस में कांग्रेस पार्टी के लोगों ने यही सुझाव दिए हैं कि मुम्बई महाराष्ट्र के हिस्से में रहनी चाहिए। गुजरात और कांग्रेस सरकार को इसके बाद कुछ अक्ल सूझनी चाहिए। इतने बड़े विरोध के बाद भी यदि कांग्रेस अपने फैसले पर अड़ गई तो यह निष्कर्ष निकालने में देर नहीं लगेगी कि गुजरातियों ने अपने फायदे के लिए कांग्रेस को अपनी मुट्ठी में रखा है। अन्य सवालों पर भी गुजरातियों को गंभीरता से सोचना चाहिए। एक सवाल यह है कि गुजरात की भौगोलिक स्थिति और उससे पैदा होनेवाला खतरा। पाकिस्तान और गुजरात की सरहद एक है। यदि पाकिस्तान ने भारत के खिलाफ युद्ध छेड़ दिया तो महागुजरात पर पहला हमला होगा।

साप्ताहिक 'जनता' के 2 जून, 1956 के अंक में प्रकाशित।

गीता का मतलब 'धम्मपद' की नकल

*दि. **10 जून 1956** को नई दिल्ली में डॉ. अम्बेडकर भवन के मैदान पर एक जनसभा का आयोजन किया गया था। इस जनसभा और बुद्ध जयंती समारोह का आयोजन भारतीय बौद्धजन समिति दिल्ली प्रदेश की ओर से किया गया था। इस समारम्भ में तीस हजार से भी ज्यादा दलितजन सम्मिलित हुए थे। कम्बोडिया के भदन्त वीर धम्मवीर महाथेरा इस समारम्भ के अध्यक्ष थे। डॉ. बाबासाहेब अम्बेडकर विशेष अतिथि के रूप में सादर निमन्त्रित थे। इस समारम्भ में उपस्थित विशाल दलित जनसागर को सम्बोधित करते हुए डॉ. बाबासाहेब अम्बेडकर ने अपने विचार प्रवर्तक सम्बोधन में कहा–*

भाइयो तथा बहनो,

ब्राह्मण धर्म अन्याय, अमानवीयता और गरीबों का शोषण करने की शिक्षा देनेवाला धर्म है। इस धर्म की वर्ण-व्यवस्था में सबसे ऊपर ब्राह्मण है और उसके नीचे क्षत्रिय, उसके बाद वैश्य और सभी का बोझ जिसके सिर पर है वह शूद्र सबसे नीचे की कतार में है। यदि शूद्र को अपना उत्थान करना हो तो उसे ऊपर के तीनों वर्णों के साथ संघर्ष करना पड़ेगा। इन तीनों वर्णों को अपने कल्याण की चिन्ता करने की कोई जरूरत नहीं है। धर्मग्रन्थों में वैश्य और क्षत्रियों से ब्राह्मणों को श्रेष्ठत्व देने की वजह से वे सचमुच ब्राह्मणों के गुलाम हैं। साफ शब्दों में कहा जाए तो वे तीन वर्ण शूद्रों के उत्थान के खिलाफ उनके दुश्मन हैं।

जिस समाज-व्यवस्था में धार्मिक उत्पीड़न, शोषण होता हो वहाँ आप अपने उत्थान की बात कैसे सोच सकते हैं? इसी कारण शूद्रों को हमेशा पाँवों-तले रखा गया है। और शूद्रों ने जब-जब उसके खिलाफ लड़ने की बात की उस-उस समय उनकी गर्दनें काट दी गईं।

दूसरी ओर बौद्ध धर्म को देखिए। उसमें जातिवाद, जाति-व्यवस्था और असमानता के लिए कोई स्थान नहीं है। सभी को समान अधिकार हैं। सभी को धर्म में समान अधिकार है। कोई ऊँच नहीं, कोई नीच नहीं। स्वयं बुद्ध ने अन्याय के खिलाफ लड़कर 'बहुजन हिताय, बहुजन सुखाय' धर्म की स्थापना की।

प्राचीनकाल में 'आर्य'[1] लोग थे। इन आर्यों की पूजा ब्राह्मण लोग हजारों पशुओं की बलि देकर करते थे। यदि हमने पशु-हत्या का इतिहास (गाय और भैंसों की बलि) पढ़ा तो इस बात का पता चल जाएगा कि इस देश में अंग्रेजों ने और मुस्लिमों ने जितनी गायें काटकर नहीं खाई होंगी उससे ज्यादा गायें उस समय के ब्राह्मणों ने खाई हैं।

पहले चार प्रकार के ब्राह्मण थे। फिर बाद में उनमें सत्रह प्रकार की उपजातियाँ बनीं। ब्राह्मण धर्मग्रन्थों से इस बात का पता चलता है कि गोमांस के बँटवारे के लिए, गाय-भैंसों के चमड़े पर अधिकार के लिए ब्राह्मणों ने आपरा गें युद्ध किए हैं। ब्राहाणों के देवी-देवताओं को प्रसन्न करने के लिए जो लोग पशु-हत्या नहीं करते थे उन्हें ब्राह्मण-अनुयायी नहीं समझा जाता था। इसी कारण बौद्ध धर्म अस्तित्व में आया। बौद्ध धर्म ने मनुष्य को विचार करने की आजादी देकर पूर्ण विचार के बाद उचित मार्ग अपनाने की आजादी दी है। बौद्ध धर्म में नैतिकता पर आधारित अहिंसा का उपदेश है, इसके लिए आश्चर्य की कोई बात नहीं है। कुछ लोगों ने अहिंसा का गलत अर्थ लगाया है। मनुष्य को पशु-हत्या नहीं करनी चाहिए या हाथ में तलवार लेकर देश की रक्षा नहीं करनी चाहिए, यह अहिंसा नहीं है। अहिंसा दो बातों पर निर्भर है। जरूरत के लिए हिंसा और हिंसा करने की इच्छा होना ! यदि हमारे राष्ट्र पर विदेशी आक्रमण हुआ, देश की स्वतन्त्रता खतरे में पड़ी तो हाथ में तलवार लेकर राष्ट्र की रक्षा के लिए हर मुश्किल का मुकाबला करते हुए जंग के मैदान में उतरना और दुश्मन को पराजित करना, उनकी हत्या करना हर नागरिक का पहला कर्त्तव्य है। इसका मतलब यह कि हिंसा जरूरी होती है। उसे बौद्ध धर्म में श्रेष्ठ दर्जे की अहिंसा कहा गया है। दूसरी हिंसा है मारने की इच्छा होना। मतलब अपने सन्तोष के लिए पशु-बलि देना, पशु-हत्या करना हिंसा है।

लेकिन हिन्दू विद्वान बौद्ध दर्शन को जस का तस उठाकर उसमें अपने जातिभेद आदि तत्त्वों को घुसेड़कर उसे अपने दर्शन के रूप में प्रचारित करते हैं। ब्राह्मण धर्म के लोग कहते हैं कि वेदों को प्रजापति ने रचा है। उनसे भगवान बुद्ध ने पूछा कि प्रजापति कहाँ से पैदा हुआ? हिन्दुओं के वेद और गीता का अध्ययन करने से पता चलता है कि गीता धम्मपद की नकल के अलावा और कुछ नहीं है। धम्मपद की नकल करते समय ब्राह्मणों ने उसमें जाति संस्था को घुसेड़ने में कोई कसर बाकी नहीं रखी। स्वयं कृष्ण ने अपने शिष्यों को उपदेश दिया कि गैरब्राह्मणों को किसी भी प्रकार का ज्ञान या धर्मोपदेश मत दीजिए।

प्रार्थना करने से या किसी के पाँव पड़ने से वे आपको कुछ देनेवाले नहीं हैं। यदि लड़ना है तो हमारे शरीर में पहलवानों की तरह बल चाहिए। पहलवान बहुत खाता है, हजम करता है और बल अर्जित करता है, उसी प्रकार तुम्हारा मानसिक बल बढ़ना

1. 'आर्य' शब्द गुण-दर्शक है या 'वंश-जाति' दर्शक है, इस बारे में विद्वानों में मतभेद है। वास्तव में आर्य शब्द वंश-जाति दर्शक नहीं है। प्राचीन भारतीय धर्म तथा साहित्य में आर्य शब्द गुणों के लिए ही प्रयुक्त हुआ है। पालि भाषा में 'अरिय' शब्द गुणदर्शक है।

चाहिए। यदि आपने सत्य का उचित मार्ग अपनाया तो मानसिक बल प्राप्त होगा। डरपोक, भगोड़े लोग कभी लड़ नहीं सकते। मैं इस अछूत जैसी नामुराद चीज को समाप्त करने का प्रयास कई सालों से कर रहा हूँ। फिर भी आज तक मेरा उद्‌देश्य पूरी तरह से सफल नहीं हुआ है। मेरा मन मजबूत है। इसलिए मैं अन्तिम समय तक लड़ता रहूँगा। जुल्मी सत्ता के खिलाफ लड़ने के लिए नैतिक हिम्मत और मानसिक बल चाहिए। उसकी आपको प्राप्ति होनी चाहिए इसलिए मैं आपको नई राह दिखा रहा हूँ। यदि आप लोगों ने बौद्ध धर्म स्वीकार किया तो आप लोगों को दुनिया में इज्जत मिलेगी। यही नहीं आपको बल प्राप्त होगा और आपके बाल-बच्चों का भविष्य भी स्वर्णिम रहेगा। समानता और स्वाभिमान से जीने की राह दिखाने के लिए वे आपके एहसानमन्द रहेंगे।

मैंने सुना है कि लोगों को जुल्म-ज्यादतियों के खिलाफ नहीं लड़ना चाहिए। इसके लिए उन्हें अपनी पार्टी में लेने के लिए कांग्रेस कुछ लोगों को पैसा बाँट रही है। सरकार मुझे भी पैसा देने के लिए कह रही थी। उनका उद्‌देश्य यह था कि मेरा मुँह बन्द हो जाना चाहिए। लेकिन आप सभी जानते हैं कि मैंने कभी उनसे पैसा नहीं लिया है। मैं अपने जीवन-निर्वाह के लिए मेहनत करके पैसा कमाऊँगा और अछूतों के कल्याण के लिए, उनके हक़ों के लिए अन्तिम समय तक लड़ता रहूँगा। इसलिए मैं आप लोगों से विनती कर रहा हूँ कि कुछ भी हो जाए लेकिन आप लोगों का स्वाभिमान कोई खरीद न पाए, इस बात के लिए सचेत रहिए। और समाज का सिर हमेशा ऊँचा रहे इसके लिए अपनी नजर पैनी रखिए। अपनी पूरी ताकत लगाकर अपना और समाज का स्वाभिमान बरकरार रखिए।

मैं पैगम्बर नहीं हूँ, मैं ईश्वर का प्रतिनिधि भी नहीं हूँ। मैं भगवान बुद्ध का विनम्र शिष्य हूँ। मैं आप लोगों को यह राह दिखा रहा हूँ। यदि यह राह आपको पसन्द हो तो उसे अपनाइए। लेकिन यह राह अपनाने से पहले इस पर पूरी तरह से सोचिए। भगवान बुद्ध ने अपने अनुयायियों से कहा कि किसी भी बात को सोच-विचार के बाद ही स्वीकार कीजिए। आँख मूँदकर स्वीकार मत कीजिए। स्वाभाविक तौर पर हर आदमी स्वतन्त्र है। इसलिए मैं आपसे कहूँगा कि आप स्वतन्त्र विचारधारा के, स्वतन्त्र स्वभाव के भयमुक्त नागरिक बनिए।

साप्ताहिक 'जनता' के 21 जुलाई, 1956 के अंक में प्रकाशित।

बौद्ध धम्म का पतन क्यों हुआ?

*दि. **23 जून 1956** को डॉ. बाबासाहेब अम्बेडकर के निवास, 26 अलीपुर रोड, दिल्ली में बुद्ध जयंती के निमित्त 'बौद्धजन महासभा शाखा दिल्ली प्रदेश की ओर से बुद्ध जयंती का समारम्भ आयोजित किया गया था। इस समारम्भ में दिल्ली और आस-पड़ोस के दलित तथा बौद्ध भाई-बहनें उपस्थित थे। उस दिन पूर्व दिल्ली में भगवान बुद्ध की प्रतिमा की भव्य शोभायात्रा आयोजित की गई थी। इस शोभायात्रा में बौद्ध पात्रों का अभिनय करनेवाले बच्चों को डॉ. अम्बेडकर के हाथों पुरस्कार प्रदान किया गया था। इस अवसर पर उपस्थित लोगों को सम्बोधित करते हुए उन्होंने कहा–*

भाइयो तथा बहनो,

बौद्ध धम्म यथार्थवादी धम्म है। बुद्ध ने सिर्फ काल्पनिक बातों पर अपने धम्म की नींव नहीं रखी। इसलिए बुद्ध को ईश्वर और आत्मा जैसी फालतू बातों पर बिल्कुल यकीन नहीं था। मनुष्य को जिन बातों का अनुभव ही न हो, जिन बातों का अस्तित्व सिद्ध नहीं किया जा सकता, ऐसी किसी भी बात पर बुद्ध को विश्वास नहीं था।

हर धर्म के दो पक्ष होते हैं। एक विचारों पर आधारित तात्त्विक और दूसरा नैतिक। उसमें कौन-सा पक्ष अधिक महत्त्वपूर्ण है और कौन-सा नहीं, ऐसा नहीं कहा जा सकता। ब्राह्मण धर्म के ये दोनों पक्ष जाँचे जाएँ तो यह दिखाई देगा कि यह धर्म खतरनाक है। क्योंकि मनुष्य मनुष्य के बीच गैरबराबरी, भेदभाव ही हिन्दू धर्म का सैद्धान्तिक आधार है। ब्राह्मण भ्रष्ट हो या महामूर्ख, वह श्रेष्ठ ही है, यही इस धर्म की शिक्षा है। इस धर्म के मुताबिक ब्राह्मणों से क्षत्रिय नीच, क्षत्रिय से वैश्य नीच, और वैश्यों से शूद्र नीच हैं। अन्त के तीन वर्णों को अध्ययन का अधिकार न होने की वजह से स्वाभाविक रूप से सभी वर्णों के बारे में सोचने के अधिकार ब्राह्मणों के पास सुरक्षित थे। अकेले क्षत्रियों को देश की रक्षा करनी चाहिए, यह आत्मघाती व्यवस्था थी। एक के हाथ में तलवार देकर सबको उसी पर निर्भर रहने के लिए कहा गया था। इसका परिणाम यह हुआ कि जब-जब क्षत्रियों की हार हुई तब-तब सम्पूर्ण देश दुश्मनों ने जीत लिया।

मेरे इस कथन का इतिहास गवाह है। 1939 से 1945 में दूसरे विश्वयुद्ध के दौरान यूरोप में लगभग 100 युद्ध हुए हैं। उसमें किसी में सफलता मिली तो किसी में

असफलता। लेकिन सम्पूर्ण यूरोप पर हिटलर कभी अपनी सत्ता स्थापित नहीं कर सका। अन्त में हिटलर की ही पराजय हुई और सारा यूरोप बच गया क्योंकि वहाँ भारत की तरह एक वर्ण पर देश-रक्षा की जिम्मेदारी नहीं थी। जब-जब मुस्लिमों ने भारत पर हमला किया और राजपूतों की धज्जियाँ उड़ाईं तब जैसे सारा देश ही अपाहिज हो गया।

जिसका उद्‌देश्य सिर्फ नफा कमाना और धन-दौलत इकट्ठा करना है, ऐसा एक वर्ण (वर्ग) भारत में है जिसे हम 'बणिक', बनिया या उत्तरी भारत में 'लाला' वर्ग के नाम से जानते हैं। वे लोग देश के कल्याण की या अन्य किसी के कल्याण की परवाह नहीं करते। धन-दौलत कमाने में उनके जैसा स्वार्थी और महालोभी आदमी दिखाई नहीं देता। देश युद्ध में पराजित हो जाए उसे इसकी परवाह नहीं, लेकिन यह आदमी युद्ध साहित्य में भी नफा कमाने में कोई कसर बाकी नहीं छोड़ेगा।

हर पूर्णिमा को ऐसा समारोह आयोजित करने का समिति का संकल्प है, यह बहुत खुशी की बात है। पूर्णिमा के प्रशान्त वातावरण में पूर्ण चन्द्रमा की शीतलता से मनुष्य को अपने कार्य का सिंहावलोकन अधिक गम्भीरता से करने का मौका मिलता है, यही इस पूर्णिमा की विशेषता है।

प्राचीन काल में दिनदर्शिका, कैलेंडर्स आदि नहीं थे। इसलिए काल गिनती करने के लिए लोग पूर्णिमा के दिन उपवास रखते थे। अन्य धार्मिक लोगों की तरह उपवास करने से अपने सारे पाप, बुरे कर्म नष्ट हो जाएँगे और हमें स्वर्ग का लाभ मिलेगा, यह बुद्ध धर्म की शिक्षा नहीं है। बौद्ध धर्म में अनाकलनीय बातों या ईश्वर का कोई स्थान नहीं है। जिन चीजों को मनुष्य जान सकता है, जिन्हें छू सकता है, जिनके बारे में बोल सकता है, ऐसी ही चीजों या बातों के बारे में बुद्ध ने उपदेश दिया है।

हर किसी को धर्म की जाँच करके उसे परखने का मौका मिलना चाहिए। हम लोग बाजार में सुनार से सोने का गहना खरीदने के लिए जाते हैं, उस समय हम क्या करते हैं? क्या हम यह नहीं देखते कि यह सोना असली है या नहीं? इस बात को जानने के लिए गहने को कसौटी पर परखते हैं या नहीं? उसी प्रकार धर्म की भी कसौटी पर जाँच करनी चाहिए। धर्म के सिद्धान्तों की जाँच करनी चाहिए। सिद्धान्त और आचार को परखना चाहिए। उसके बाद ही पता चलेगा कि कौन-सा धर्म मनुष्य को सुख और शान्ति दे सकता है।

इस दृष्टि से देखा जाए तो ब्राह्मणी धर्म मनुष्य के अस्तित्व के लिए ही खतरनाक है, इतना ही नहीं, वह जहरीला भी है। महाराष्ट्र के देवगिरि के रामराव यादव का प्रधानमन्त्री हेमाड पन्त नामक ब्राह्मण था। उसने आचार के सम्बन्ध में कर्मकांड की सात सौ किताबें लिखी हैं। एक साल के 360 दिन होते हैं। फिर सात सौ विधियाँ किसलिए? हेमाड पन्त ब्राह्मण था, इसलिए उसने ब्राह्मणों को पेट पालने की व्यवस्था सात सौ 'आचार' लिखकर की है।

इसी तरह सत्यनारायण की कथा है। यह सत्यनारायण की कथा एक ही है बल्कि यह ब्राह्मणों के भिक्षा-भोजन की व्यवस्था के लिए किसी ब्राह्मण के षड्‌यन्त्रकारी दिमाग

की खोज है। सत्यनारायण पूजा के प्रारम्भ में ही आपको पता चल जाएगा कि सत्यनारायण को अर्पण करने के लिए जो मेवा-मिठाई और फल आदि होते हैं वे सिर्फ ब्राह्मणों के खाने के लिए होते हैं। किसी ब्राह्मण ने गैरब्राह्मण जाति के आदमी द्वारा पकाया गया भोजन खाने से इनकार किया तो उस ब्राह्मण को भोजन की बजाय बीस रुपए और फल आदि देने पड़ते हैं। वह ब्राह्मण भोजन के बदले में पैसे और फल माँगता है। शूद्र के द्वारा पकाया गया भोजन उसे नापाक लगता है। लेकिन वह ब्राह्मण अपने घर में पकाने योग्य भोजन-सामग्री शूद्र के घर से ले जाता है। शूद्र ने कितनी ही पवित्रता से भोजन-सामग्री का उपयोग कर भोजन तैयार किया तब भी उरा भोजन को ब्राहाण अस्वीकार करता है क्योंकि उस भोजन-सामग्री से उसके पाँच-दस दिनों की व्यवस्था हो जाती है।

यदि नारायण स्वयं सच होता तो 'सत्य' शब्द जोड़ने की कोई जरूरत नहीं थी। इसलिए यह 'नारायण' है ही नहीं। ब्राह्मण-पंडितों की तरह ही वह उत्पीड़न करनेवालों का रक्षणकर्त्ता है। यही नहीं, यह सब झूठी धार्मिक आचार-विधियाँ हैं।

कुछ लोग गंगा में नहाने के लिए जाते हैं। गंगा के किनारे ब्राह्मण लोग बैठे रहते हैं। ब्राह्मण नहाने के लिए जानेवाले हर आदमी से दक्षिणा बटोरने के लिए तैयार रहता है। गंगा नदी बहती रहती है। गंगा नदी नहाने के लिए लोगों से पैसा नहीं माँगती। या किसी को पैसे लेने के लिए भी नहीं कहती। ब्राह्मण को एक आना देकर ब्राह्मण को कुछ मन्त्र बुदबुदाने चाहिए और बाद में गंगा नहाने की इजाजत देनी चाहिए, इस बात की क्या जरूरत है? भोले-भाले लोगों की मान्यता है कि इस तरह ब्राह्मण को दक्षिणा देकर गंगा में नहाने से सभी पाप धुल जाते हैं। कितने मूर्ख हैं ये लोग! यह बड़े आश्चर्य की बात है कि गंगा नदी और लोगों के बीच ब्राह्मण को दलाल समझा जाता है।

यदि पाप गंगा में स्नान करने से और ब्राह्मणों को दक्षिणा देने से धुलते हों, नष्ट होते हों तो मनुष्य मनुष्य के बारे में हमदर्दी नहीं रख सकता। मनुष्य मनुष्य से प्रेम नहीं करेगा। ऐसी स्थिति में कानून की जरूरत नहीं पड़ती और सरकार का महत्त्व भी नहीं रह जाता। लेकिन इस बात को स्वीकार करने के लिए कोई तैयार नहीं है।

जब मैं मन्त्री था उस समय मैं एक बार हरिद्वार गया था। मन्त्री होने के कारण मुझे वहाँ एक ऐसा छोटा मन्दिर दिखाया गया जिसके चारों ओर पानी ही पानी था। उसे 'हर की पौड़ी' कहते हैं। वहाँ के पानी में मरे हुए लोगों की अस्थियाँ और अन्य गन्दी चीजें बह रही थीं। गटर भी उससे अधिक साफ होता है। 'हर की पौड़ी' के गन्दे पानी में (हिन्दू) नर-नारी नहा रहे थे। नदी के पानी में मृतकों की अस्थियाँ बहाने के बाद ब्राह्मणों के बिचौलियेपन से उनके रिश्तेदार स्वर्ग जाएँगे और उस पानी से नहाने के बाद सभी रिश्तेदार पवित्र होंगे, इस प्रकार की मूर्खतापूर्ण श्रद्धा क्यों होनी चाहिए, यह बात मेरी समझ में नहीं आ रही है। मुझे लगता है, इन सभी बातों के बारे में सोचा जाना चाहिए।

जब तक सोना कसौटी पर सही नहीं उतरता तब तक खरीदा नहीं जाता। उसी प्रकार धर्म भी मनुष्य की भलाई के लिए है या नहीं, इस कसौटी पर धर्म को कसना चाहिए। जब तक धर्म की ऐसी परीक्षा नहीं होती तब तक वह स्वीकार करने योग्य नहीं माना जाए। हमारे पुराने लोग बहुत अज्ञानी थे इसलिए उन्होंने भोलेपन में ब्राह्मणों के हर शब्द पर विश्वास किया। अब समय बदल गया है। आप लोगों को सोच-विचार के बाद ही धर्म को स्वीकार करना चाहिए।

हिन्दू धर्म और बौद्ध धर्म में जमीन-आसमान का अन्तर है। मैं आप लोगों को ये बातें समझा रहा हूँ। राजा मिलिन्द का भिक्खु नागसेन के साथ जो संवाद हुआ था वह 'मिलिन्द पञ्ह' अर्थात् 'मिलिन्द प्रश्न' ग्रन्थ में दिया गया है। लोग मुझसे सवाल पूछते हैं कि, "भारत से बौद्ध धर्म का पतन क्यों हुआ है?" इसी तरह का एक सवाल राजा मिलिन्द ने भिक्खु नागसेन से पूछा था। राजा मिलिन्द का सवाल था कि "धर्म का पतन क्यों होता है?" तब भिक्खु नागसेन ने जवाब दिया था, "धर्म के पतन के तीन कारण हैं"–

1. जो धर्म समय-विशेष के लिए होता है, उसका बाद में पतन हो जाता है। जब तक धर्म की जनमानस पर पकड़ होती है, तब तक वह धर्म टिका रहता है।

2. यदि धर्मोपदेशक विद्वान न हो और चर्चा के समय वह अपने धर्म का पक्ष सही ढंग से रखने में सक्षम न हो तो उस धर्म का पतन होता है।

3. जब सामान्य आदमी सही धर्म पर निर्भर नहीं रहता, केवल धर्म की नकल करता है, तब धर्म का पतन होता है क्योंकि नकल चिरंतन नहीं है।

भारत से बौद्ध धर्म के पतन के जो कारण हैं उनसे इन कारणों का सीधा सम्बन्ध नहीं है। मैं इस बारे में किसी से भी चर्चा करने के लिए तैयार हूँ।

मैं आप लोगों को बताना चाहता हूँ कि दुनिया की सम्पूर्ण मानव जाति के कल्याण के लिए हमेशा सिर्फ बौद्ध धर्म ही रहेगा। मुस्लिमों ने इस देश पर हमला करके बौद्ध विहारों को नष्ट किया, उन्होंने भगवान बुद्ध की मूर्तियों को तोड़ा इसलिए उन्हें 'बुत शिकन' अर्थात मूर्ति तोड़नेवाले कहा जाता है। यहाँ 'बुत' शब्द मूर्ति के लिए है। वह 'बुद्ध' मूल शब्द का अपभ्रंश रूप है। मैं मुस्लिमों के बौद्ध धर्म पर हमले के बारे में एक किताब लिख रहा हूँ।

एक समय सम्पूर्ण अफगानिस्तान एक बौद्ध राष्ट्र था। वहाँ हमलावर मुस्लिमों को पीत वस्त्रधारी लोग इधर-उधर जाते हुए दिखाई दिए। मुस्लिम सरसेनापति ने उन्हें इस्लाम धर्म स्वीकार करने का आदेश भेजा। लेकिन बौद्ध भिक्खुओं ने इस्लाम धर्म स्वीकार करने से इनकार किया। एक दिन वही सेनापति जंगल से गुजर रहा था। उसे वहाँ पेड़ों पर नरमुंड टँगे हुए दिखाई दिए। उसे बड़ा आश्चर्य हुआ। लगभग सात सौ बौद्ध भिक्खुओं के सिर कलम कर उन्हें पेड़ों पर टाँग दिया गया था। यह दृश्य देखकर अपने हुक्म के गलत अमल पर उस सेनापति को बेहद दुख हुआ। तब तक अपनी जान और धर्म बचाने के लिए सभी भिक्खु चीन, तिब्बत और अन्य राष्ट्रों में भाग गए थे। वे भिक्खु बाद में जापान चले गए।

यह बात सच है कि मुस्लिमों ने बौद्ध धर्म और हिन्दू धर्म पर आक्रमण किया था। उन्होंने हिन्दू और बौद्ध दोनों धर्मों के मन्दिर तोड़े। लेकिन यहाँ बौद्ध धर्म का जो सम्बन्ध है उसके बारे में इतना ही बताया जा सकता है कि काफी भिक्खुओं के सिर कलम होने के बाद शेष भिक्खुओं के देश से बाहर चले जाने के कारण बौद्ध अनुयायियों को यह बात समझ में नहीं आ रही थी कि वे किस राह पर चलें। बौद्ध अनुयायी अँधेरे में राह खोज रहे थे। क्योंकि भिक्खु जन्म से भिक्खु नहीं होता, उसे संस्कारित किया जाता है। उसे तैयार किया जाता है। ऐसे भिक्खु मुस्लिम आक्रमण के बाद देश में नहीं रहे।

भिक्खु बुद्धिमान और कसौटियों पर खरे उतरनेवाले होने चाहिए। भिक्खुओं की शिक्षा के कई सोपान थे। अट्ठारह साल का छात्र जेष्ठ भिक्खु के पास पाँच साल तक गहन धार्मिक शिक्षा के लिए भेजा जाता था। वहाँ अध्ययन करने के बाद उम्र के पच्चीसवें साल वह 'सामणेर' होने की योग्यता हासिल करता था। वह 'सामणेर' बाद में पाँच साल तक कठोर मेहनत करने के बाद उसकी भिक्खु के रूप में 'उपसम्पदा' होती थी। आम तौर पर पच्चीस साल की उम्र तक समुचित अध्ययन के बाद अच्छा बर्ताव करनेवाला 'सामणेर' ही भिक्खु हो सकता था।

ब्राह्मण-पुरोहितों के लिए इस तरह की कोई बात नहीं थी। जो ब्राह्मणों के घरों में पैदा होता था वही पुरोहित हो जाता था। उसे विद्याध्ययन, सदाचरण या अन्य किसी दीक्षा की जरूरत नहीं थी। इसलिए ब्राह्मण धर्म पर हमला होने के बाद, उनके मन्दिर नष्ट होने के बाद भी, ब्राह्मण पैदा होते रहे और वे अपने-आपको ब्राह्मणधर्मी ही कहते रहे।

बौद्ध भिक्खुओं का अस्तित्व समाप्त हो जाने के कारण सामान्य लोग ब्राह्मणों के जाल में फँस गए। इस वजह से ब्राह्मणों को खुला मैदान मिल गया। और वे अपने धर्म का प्रचार तथा प्रसार करने लगे। क्या ईश्वर है? गरीब लोगों को उत्पीड़ित कर धर्म के नाम पर जिन्हें लूट करनी थी, उन्होंने ही ईश्वर के नाम पर भूत खड़ा किया।

महिलाएँ भी इस सभा में मौजूद हैं, यह अच्छी बात है। लेकिन अपने चेहरों को घूँघट से ढँकना अच्छा नहीं है। भयमुक्त होकर जीवन जीना सीखो। अछूत समाज की महिलाओं का जब तक सम्पूर्ण विकास, परिवर्तन नहीं होता तब तक अछूत समाज में पूरी तरह से बदलाव नहीं आएगा।

साप्ताहिक 'जनता' के 27 अक्तूबर, 1956 के अंक में प्रकाशित।

मेरा नया जन्म हुआ

*दि. **14 अक्तूबर 1956** को नागपुर की दीक्षा भूमि पर डॉ. बाबासाहेब अम्बेडकर ने बुद्ध के धम्म की दीक्षा ली और अपने सात लाख अनुयायीयों को बुद्ध के धम्म की स्वयं दीक्षा दी। उन्होंने म्यांमार के बौद्ध भिक्खू भदन्त चन्द्रमणि महास्थवीर से पहले स्वयं दीक्षा ग्रहण की थी। बाद में उन्होंने सभी बौद्धों को बाईस धम्म प्रतिमाएँ दीं। और दि. **15 अक्तूबर 1956** को सुबह दस बजे से बारह बजे तक उन्होंने बौद्ध धम्म के सम्बन्ध में अपना बहुत ही महत्त्वपूर्ण दीक्षान्त भाषण दिया। उस दीक्षान्त भाषण में उन्होंने कहा–*

सभी बौद्धजन और उपस्थित अतिथिगण,

यह कल और आज बौद्ध दीक्षा लेने और देने की जिस परम्परा का समारम्भ हुआ है उसके स्थान के बारे में विद्वानों को शायद आश्चर्य हो रहा होगा। वास्तव में उनकी और मेरी राय के मुताबिक कल का समारोह आज और आज का समारोह कल होना चाहिए था। हमने इस कार्य की जिम्मेदारी को क्यों स्वीकार किया है, इसकी जरूरत क्यों है, और उससे क्या होगा आदि बातों के बारे में जान लेना जरूरी है। इस बात को समझ लेने से ही अपने कार्य की नींव मजबूत होगी। इस बात को समझने का काम वास्तव में पहले होना चाहिए था। किन्तु कुछ बातें इस तरह अनिश्चित होती हैं कि वे अपने आप घटती रहती हैं। अब इस दीक्षा विधि में जो कुछ होना चाहिए था वह हो चुका है, यह बात सच है फिर भी इन दिनों में जो परिवर्तन हुआ है, उससे कोई बहुत बड़ा नुकसान नहीं हुआ है।

कई लोग मुझसे सवाल पूछते हैं कि इस कार्य के लिए आपने नागपुर शहर को ही क्यों चुना है? अन्य किसी जगह पर इस कार्य को क्यों नहीं किया? कुछ लोग ऐसा कहते हैं कि, आर.एस.एस. (राष्ट्रीय स्वयंसेवक संघ) की बड़ी फौज नागपुर में रहती है, इसलिए उनकी छाती पर इस समारोह का आयोजन हम लोगों ने इस शहर में किया है, लेकिन यह बात सही नहीं है। इस मकसद से नागपुर में इस सभा का आयोजन नहीं हुआ है। हमारा कार्य इतना महान है। इस कार्य के लिए समय हमारे पास बहुत कम रहा है। लेकिन दूसरों के सामने कठिनाइयाँ पैदा करने के लिए मेरे पास वक्त नहीं है।

इस स्थान के चुनाव के कारण अलग हैं। जिन्होंने बौद्ध इतिहास का अध्ययन किया है उन्हें इस बात का पता होगा कि भारत में बौद्ध धर्म का प्रचार यदि किसी ने किया तो वे नाग लोग ही थे। नाग लोग आर्यों के जबर्दस्त दुश्मन थे। आर्य और अनार्यों में भयंकर युद्ध और जबर्दस्त टकराव हुए हैं। आर्य लोगों द्वारा नागों को जलाकर खत्म करने के प्रमाण पुराणों में मिलते हैं। अगस्त्य मुनि ने इनमें से सिर्फ एक नाग को बचाया था और हम उसी के वंशज हैं। जिन नाग लोगों को इतनी पीड़ा बर्दाश्त करनी पड़ी उन्हें अपने उत्थान के लिए कोई-न-कोई महान पुरुष चाहिए था। उनको वह महान पुरुष मिल गया। नाग लोगों ने भगवान बुद्ध के विचारों को सम्पूर्ण देश में फैलाया, ऐसे हम नाग लोग हैं। यहाँ नागपुर में और आसपास के इलाकों में नाग लोगों की खास बस्तियाँ थीं ऐसा विदित होता है। इसीलिए इस शहर को 'नाग' पुर अर्थात नागों का नगर कहा जाता है। यहाँ से करीबन 27 मील की दूरी पर नागार्जुन की पहाड़ी है। यहाँ से कुछ ही दूरी पर जो नदी बहती है उसका नाम नाग नदी है। मतलब इस नदी का नाम यहाँ रहनेवाले लोगों के नाम पर ही पड़ा है। नागों की बस्ती से बहनेवाली नदी नाग नदी है। और इस शहर के चुनाव का यही मुख्य कारण है। इसीलिए इस कार्य के लिए नागपुर को चुना गया है। इसमें किसी को नाराज करने की कोई बात नहीं है। आर. एस.एस. इसका कारण नहीं है। और किसी को वैसा अर्थ निकालने की कोशिश भी नहीं करनी चाहिए।

शायद अन्य कारणों से विरोध दिखाई दे सकता है। मैंने इस शहर को विरोध के लिए नहीं चुना है, इस बारे में मैंने आपको अभी बताया है। मैंने यह जो कार्य शुरू किया है उसके लिए कई अखबारों ने और कई लोगों ने मेरी आलोचना की है। कुछ लोगों की आलोचना बहुत सख्त है। उनकी राय में मैं अपने बेचारे गरीब अछूतों को गलत दिशा में ले जा रहा हूँ। आज जो लोग अछूत हैं वे अछूत ही रहेंगे। और अछूतों को जो हक़ मिले हैं वे नष्ट हो जाएँगे, इस तरह से वे हमारे कुछ लोगों को बहका रहे हैं। वे हमारे अनपढ़ लोगों को घटिया रास्ते पर चलने की सलाह देते हैं। हमारे कुछ युवा और बुजुर्ग लोगों पर शायद उनका प्रभाव हो सकता है। उससे लोगों के दिलो-दिमाग में सन्देह पैदा हुआ हो तो उस सन्देह को समाप्त करना ही मेरी जिम्मेदारी है। और इस तरह के सन्देह को समाप्त करने का मतलब अपने आन्दोलन की नींव को मजबूत करना है।

पिछली बार हम लोगों ने मरे हुए जानवरों का मांस खाने के खिलाफ आन्दोलन किया था। उससे सवर्ण लोगों पर बड़ी मुसीबत आ गई, ऐसा उन्हें लग रहा था। वे जिन्दा भैंस का दूध पीते हैं और भैंस के मरने के बाद हम लोग उसे अपने कन्धों पर ढोते हैं, यह अजीब बात नहीं है? हम लोग उन्हें कहते हैं कि आपकी बूढ़ी माँ मर गई तो उसे ले जाने की इजाजत आप लोग हमें क्यों नहीं देते? वे लोग जिस तरह से मरी हुई भैंस देते हैं उसी प्रकार उन्हें अपनी मरी हुई माँ को भी दे देना चाहिए। कुछ समय पहले किसी व्यक्ति ने 'केसरी' में पत्र छपवाकर यह प्रचारित किया था कि अमुक-अमुक

गाँव में हर साल 50 जानवर मरते हैं, उनकी खाल, सींग, हड्डियाँ आदि बेचने पर 500 रुपए की आय होती है। मरे हुए जानवरों का मांस खाना छोड़कर वे लोग इतनी बड़ी आमदनी को खो देंगे। उनके इस प्रचार का जवाब देने की वास्तव में कोई जरूरत नहीं थी। लेकिन हमारे लोगों को लग रहा था कि हमारे साहब इस बात का जवाब क्यों नहीं दे रहे हैं? आखिर साहब क्या कर रहे हैं?

इस बार मैं एक सभा में संगमणेर गया था। शाम को सभा समाप्त होने के बाद भोजन की व्यवस्था की गई थी। उस समय 'केसरी' के एक पत्रकार ने मेरे पास एक चिट्ठी भेजी और उसने मुझे पूछा कि, "आप अपने लोगों से कहते हैं कि मरे हुए जानवरों को मत उठाइए। उनकी आर्थिक स्थिति खराब है? उनकी औरतों को पहनने के लिए लुंगी, चोली नहीं मिलती है, उनके पास भोजन नहीं है, उनके पास खेती नहीं है, इस तरह उनकी बहुत बुरी हालत है। फिर भी आप अपने लोगों से कहते हैं कि जानवरों की खाल, सींग और मांस से होनेवाली सालाना आमदनी को ठोकर मार दीजिए, फिर क्या इसमें आपके लोगों का नुकसान नहीं है?" मैंने कहा, "इस बात का जवाब मैं आपको कहाँ दूँ? यहाँ इस बरामदे में दूँ या सभा में दूँ? सभी लोगों के सामने सवाल-जवाब हों तो और भी अच्छा है।" मैंने उस पत्रकार से कहा, "आपको इतना ही पूछना है या और कुछ?" उस पत्रकार ने कहा, "बस, मुझे इतना ही पूछना है। मुझे इसी बात का जवाब चाहिए।" मैंने उस पत्रकार से पूछा, "आपके कितने बच्चे हैं?" उसने कहा, "मेरे पाँच लड़के हैं और मेरे भाई के भी पाँच-छह लड़के हैं।" मैंने कहा, "फिर तो आपका परिवार बड़ा है। इसलिए आपको और आपके सभी रिश्तेदारों को इस गाँव के मरे हुए जानवर उठाने चाहिए। और 500 सौ रुपए ले लेने चाहिए। इस फायदे को आप जरूर ले लीजिए। इसके अलावा हर साल मैं स्वयं आपको 500 रुपया ज्यादा देने की व्यवस्था भी कर दूँगा। मेरे लोगों का क्या होगा, उन्हें भोजन-कपड़ा मिलेगा या नहीं, उसकी फिक्र आप मत कीजिए, मैं अपने लोगों की फिक्र करने में सक्षम हूँ। फिर इतने लाभ की बात आप क्यों छोड़ रहे हैं? आप यह क्यों नहीं कर लेते? इस काम को हम करें तो आपका फायदा होता है और तुम लोगों ने किया तो हमारा फायदा होगा या नहीं? अब आप लोग ही मरे हुए जानवरों को उठाने का काम कीजिए।"

कल किसी ब्राह्मण का एक लड़का मेरे पास आया था। उसने कहा, "तुम्हारे लोगों को पार्लियामेंट में आरक्षित स्थान दिए गए हैं, उन्हें आप क्यों छोड़ रहे हैं?" मैंने कहा कि "आप लोग महार हो जाइए और उन स्थानों को पार्लियामेंट तथा एसेम्बली में जाकर पूरा कीजिए। नौकरी का पद रिक्त हो तो उसे भरा जाता है। उसके लिए इन ब्राह्मणों के कितने निवेदन आते हैं? फिर नौकरियों के पद भरे जाते हैं। उसी प्रकार उन आरक्षित स्थानों को आप जैसे ब्राह्मण लोग महार बनकर क्यों नहीं भर लेते?"

मेरा उनसे यह सवाल है कि हमारे नुकसान की तुम लोग क्यों फिक्र करते हो? सच बात तो यह है कि हर आदमी को इज्जत प्यारी है, लाभ प्यारा नहीं होता। चरित्रवान और सदाचारी नारी को इस बात की जानकारी होती है कि अनैतिक कार्य

में कितना फायदा है। मुम्बई में वेश्याओं की एक अलग बस्ती है। वहाँ की औरतें सुबह 8 बजे के बाद नाश्ते के लिए पड़ोस के होटल में भीड़ कर लेती हैं। (वे तरह-तरह की आवाजों की नकल करती हुई कहती हैं) ''अरे सुलेमान, एक प्लेट कीमा और पावरोटी ले आना।'' सुलेमान वह सब ले आता है। उसके अलावा चाय, पाव रोटी, केक आदि भी ले आता है। किन्तु मेरी दलितवर्गीय बहनों को मामूली कटनी-रोटी भी नहीं मिलती लेकिन उनका जीना इज्जत का है।

हमारी लड़ाई इज्जत के लिए है। हम मनुष्य को उत्थान की अवस्था तक ले जाने के लिए लड़ रहे हैं, उसकी तैयारी कर रहे हैं। उसके लिए हर तरह की कुर्बानी देने के लिए हम तैयार हैं। ये अखबारवाले लोग पिछले 40 सालों से मेरे पीछे पड़े हुए हैं। उन्होंने मेरी न जाने कितनी आलोचना की होगी। मैं उनसे कहता हूँ कि कम-से-कम आज तो अपने बचकानेपन की भाषा छोड़ दीजिए और समझदारी की भाषा का इस्तेमाल दीजिए।

हम लोगों ने धर्म को स्वीकार कर लिया है फिर भी मैं राजनीतिक हक़ हासिल करके रहूँगा, इस बात का मुझे पूरा यकीन है। (डॉ. बाबासाहब अम्बेडकर की जय और भारी तालियाँ) मेरे मरने के बाद क्या होगा इसके बारे में मैं कुछ नहीं कह सकता। इस आन्दोलन के लिए काफी काम करना होगा। बौद्ध धर्म स्वीकारने से हमारा क्या होगा, कठिनाइयाँ आईं तो कैसे हल करनी पड़ेंगी, उसके लिए क्या तर्क और प्रयास करने पड़ेंगे, इस बात की मैंने पूरी तैयारी कर ली है। मेरी झोली में सबकुछ तैयार है। वह कैसे तैयार करके रखा गया है, इस बात की मुझे पूरी जानकारी है। हमें जो हक़ मिले हैं उन्हें मैंने अपने लोगों के लिए हासिल किया है। जिसने इन हक़ों को हासिल किया है वही पुनः हक़ हासिल करेगा। ये हक़ और इन सहूलियतों को मैंने दिलवाया है। और मैं ही पुनः अन्य सहूलियतों को भी हासिल करवाऊँगा, इस बात का मुझे पूरा यकीन है। इसलिए कम-से-कम आज आप लोगों को मुझ पर भरोसा करके चलना होगा। जो लोग मेरे खिलाफ प्रचार कर रहे हैं उनमें कोई दम नहीं, इस बात को मैं सिद्ध कर दूँगा।

नरक से मुक्ति

लेकिन मुझे एक बात का आश्चर्य हो रहा है कि इतनी बड़ी बहस चारों ओर चल रही है किन्तु एक भी आदमी ने मुझसे यह सवाल नहीं पूछा कि मैंने बौद्ध धर्म ही क्यों स्वीकार किया है? किसी भी धर्मान्तरण के आन्दोलन का बुनियादी और महत्त्वपूर्ण सवाल यही होता है कि किसी भी धर्म को स्वीकार करने की बजाय धर्म विशेष को क्यों स्वीकार किया? धर्मान्तरण करते समय किस धर्म को और क्यों स्वीकार करना चाहिए इस बात की गहराई से जाँच-पड़ताल करनी चाहिए। हमने हिन्दू धर्म को नकारने का आन्दोलन 1935 में येवला में एक प्रस्ताव पारित करके शुरू किया। मैंने उस समय प्रतिज्ञा की थी कि ''मैं हिन्दू धर्म में पैदा हुआ हूँ किन्तु हिन्दू धर्म में मरूँगा नहीं।''

और मैंने उसे सच साबित कर दिखाया है। मुझे खुशी हुई है कि मैं नरक से मुक्त हुआ हूँ ऐसा मुझे लग रहा है। मुझे किसी भी प्रकार के अन्ध भक्तों की जरूरत नहीं है। जिन्हें बौद्ध धर्म में आना है उन्हें पूरी समझ के साथ इस धर्म में आना चाहिए। उन्हें यह धर्म पसन्द होना चाहिए।

कार्ल मार्क्स की विचारधारा और हम

मानव के उत्थान के लिए धर्म एक बहुत ही उपयोगी चीज है। मैं इस बात को जानता हूँ कि कार्ल मार्क्स के दर्शन से एक पन्थ चल पड़ा है। उसके कहने के मुताबिक धर्म का कोई महत्त्व नहीं है, धर्म कुछ भी नहीं है। उन्हें सुबह ब्रेकफास्ट में पाव, मलाई, मक्खन-मुर्गी आदि चीजें मिल जाएँ, बस यही उनका दर्शन है। किन्तु मैं उस विचारधारा का आदमी नहीं हूँ। मेरे पिता गरीब थे, इसलिए मुझे इस प्रकार का सुख नहीं मिला। जितना दुख मैंने भोगा है उतना दुख शायद ही किसी ने भोगा होगा। इसलिए मुझे इस बात की पूरी समझ है कि मनुष्य का जीवन सुख-सुविधाओं के अभाव में कितना कष्टदायी होता है। मैं इस बात को भी मानता हूँ कि आर्थिक उत्थान का आन्दोलन जरूरी है। मैं उस आन्दोलन के खिलाफ नहीं हूँ। किसी भी हालत में मनुष्य का आर्थिक उत्थान तो होना ही चाहिए।

किन्तु मैं इसमें एक महत्त्वपूर्ण फर्क करता हूँ। भैंस, बैल और आदमी में फर्क है। भैंस और बैल हर दिन घास चरता है। मनुष्य को भी भोजन चाहिए। लेकिन इन दोनों में फर्क यह है कि भैंस और बैल में मन नाम की कोई चीज नहीं है। मनुष्य के पास शरीर के साथ-साथ मन भी है। इसलिए दोनों में फर्क किया जाना चाहिए। मन का विकास होना चाहिए मन सुसंस्कारित होना चाहिए। जिस देश के लोग ऐसा कहते हैं कि भोजन के अलावा मनुष्य का सुसंस्कारित मन से कोई सम्बन्ध नहीं, उस देश से या लोगों से मेरा सम्बन्ध रखने का कोई प्रयोजन नहीं है। आम जनता के साथ सम्बन्ध रखते समय जिस प्रकार मनुष्य शरीर से स्वस्थ होना चाहिए उसी प्रकार उसे मन से भी सुसंस्कारित होना चाहिए। अन्यथा मानवजाति का उत्थान हुआ है, ऐसा कहना सम्भव नहीं होगा।

मनुष्य का शरीर और मन क्यों रोगी होता है? उसका कारण यह है कि या तो उसमें काम-पीड़ाएँ होती हैं या उसका मन उत्साहहीन होता है। मन में उत्साह न हो तो उत्थान भी नहीं होगा। इसका पहला कारण यह है कि मनुष्य को इस ढंग से रखा जाता है कि उसे ऊपर उठने का मौका नहीं मिलता। उसे आगे बढ़ने की कोई उम्मीदें नहीं रहतीं। ऐसा समय में उसमें कहाँ से उत्साह आएगा? वह रुग्ण बीमार बन जाता है। जिस आदमी को अपनी मेहनत का फल मिलता है, उसी में उत्साह रहता है। यदि स्कूल में ही मास्टर ऐसा कहते हों कि "कौन है रे तू? यह तो महार है! और यह महरा पहली कक्षा से पास होगा? किसलिए चाहिए इसे पहला दर्जा? तुझे तो अपने तीसरे दर्जे

में ही रहना चाहिए। अव्वल दर्जे में पास होना तो ब्राह्मणों का काम है।'' ऐसी अवस्था में हमारे बच्चों में उत्साह कैसे जागेगा? कैसे होगा उनका उत्थान? उत्साह मन से पैदा होता है। जिसका मन और शरीर स्वस्थ है, जिसमें हिम्मत है, जिसे ऐसा विश्वास है कि मैं किसी भी स्थिति में लड़कर बाहर आ सकता हूँ उसी में उत्साह की तरंगें उठ सकती हैं। और उसी का उत्थान भी होता है। हिन्दू धर्म में कुछ ऐसी तत्त्व प्रणाली ग्रन्थों में भरी पड़ी है कि मनुष्य को निराश करनेवाली स्थिति हजारों साल बरकरार रही तो इस देश में ज्यादा से ज्यादा बाबूगीरी करके पेट पालनेवाले लोग पैदा होंगे, इससे अधिक और क्या हो सकता है?

फटे कपड़ों में पढ़ाई की

मनुष्य में उत्साह पैदा करनेवाला यदि कोई है तो वह है उसका मन। आप लोग मिल-मालिकों के बारे में जानते ही हैं। वे मिल को चलाने के लिए एक मैनेजर की नियुक्ति करते हैं। और उसके द्वारा मिल का सारा काम करवा लेते हैं। ये मिल के मालिक किसी-न-किसी शौक के शिकार होते हैं। उनके मन का सुसंस्कारित ढंग से विकास नहीं होता है। हमारे मन में उत्साह पैदा हो इसलिए हम लोगों ने आन्दोलन किया है। तब कहीं शिक्षा की व्यवस्था हो सकी है। मैंने फटे-पुराने कपड़ों में अपनी पढ़ाई की। मुझे स्कूल में पीने के लिए पानी तक नहीं मिला। मुझे न जाने कितने दिनों तक स्कूल में पानी पीने के लिए नहीं मिला। मुम्बई जैसे शहर के एलफिंस्टन कॉलेज में भी यही हालत थी। यदि इसी प्रकार की स्थिति रही तो नया क्या हो सकता है? ऐसे में तो सिर्फ बाबूगीरी ही होगी।

हिन्दू, मुस्लिम और हम

जब मैं दिल्ली में एग्जीक्यूटिव कौन्सिल में था उस समय लॉर्ड लिनलिथगो वायसराय थे। मैंने उनसे कहा कि आप अन्य खर्च तो करते ही हैं, लेकिन मुस्लिमों के अलीगढ़ विश्वविद्यालय में तीन लाख रुपए सालाना शिक्षा पर अतिरिक्त खर्च करते हैं। उसी प्रकार आप बनारस हिन्दू विश्वविद्यालय को तीन लाख रुपए सालाना देते हैं। किन्तु हम न हिन्दू हैं और न मुस्लिम। यदि हम लोगों के लिए कुछ करना चाहते हों तो उनसे हजारों गुना ज्यादा खर्च करना होगा। हम लोगों के लिए कम-से-कम मुस्लिमों की बराबरी का तो खर्च कीजिए। उस समय लिनलिथगो ने कहा कि इस सम्बन्ध में आपको जो कहना हो लिखकर दीजिए। उनके मुताबिक मैंने एक निवेदन तैयार किया। उसकी नकल आज भी मेरे पास है। यूरोपियन लोग बड़ी हमदर्दीवाले थे। उन्होंने मेरी बात स्वीकार कर ली। लेकिन बात वहाँ अड़ गई कि इन पैसों को किस प्रकार खर्च किया जाए। उन्हें लग रहा था कि हमारे समाज की लड़कियाँ पढ़ी-लिखी नहीं हैं। उनकी पढ़ाई पर खर्च किया जाए। उनके लिए हॉस्टल बनाए जाएँ, इस तरह पैसा खर्च किया जाए।

हमारे समाज की लड़कियाँ पढ़ भी गईं तो वे अभावों में तब भी अपनी पढ़ाई-लिखाई का उपयोग अपने घरों में कैसे कर पाएँगी? उनकी शिक्षा का लाभ क्या है? सरकार का अन्य बातों के लिए रखा गया पैसा खर्च कर लिया। और शिक्षा के लिए जो था उसे रोककर रखा गया। इसलिए एक दिन मैं लिनलिथगो के पास गया और मैंने शिक्षा सम्बन्धी इस खर्च के बारे में कहा कि यदि आपको आपत्ति न हो तो मैं आपसे एक सवाल पूछना चाहता हूँ। क्या मैं अकेला 50 ग्रेज्युट्स के बराबर नहीं हूँ? उस बात को उन्होंने स्वीकार किया। फिर मैंने पूछा कि इसकी वजह क्या है? उसने कहा कि उसके कारणों को हम नहीं जानते। फिर मैंने कहा, मैंने इतनी योग्यता हासिल की है कि मैं राजमहल की ऊँचाई को भी पार कर सकता हूँ। मुझे इसी प्रकार के लोग चाहिए क्योंकि वहाँ से चारों ओर की पहरेदारी की जा सकती है। हमें हमारे लोगों की सुरक्षा करनी है तो हमें ऐसी पैनी नजर रखनेवाले लोग पैदा करने चाहिए। बाबूगीरी करनेवाले लोग क्या कर सकते हैं? लिनलिथगो को मेरी बात समझ में आई और उसी साल 16 छात्रों को उच्च शिक्षा के लिए इंग्लैंड भेजा गया। जिस प्रकार कुछ हाँडियाँ अच्छी तरह पककर निकलती हैं और कुछ कच्ची रह जाती हैं उसी प्रकार उन सोलह लोगों में से कुछ मजबूत और कुछ कमजोर निकले; यह बात अलग है। बाद में राजगोपालाचारी ने उस उच्च शिक्षा की योजना को रद्द कर दिया।

इस देश में ऐसी स्थिति है कि हम लोगों को हजारों सालों तक निरुत्साही बनाकर रखा जा सकता है। और जब तक इस तरह की स्थिति है तब तक हमारे उत्थान के बारे में उत्साह पैदा होना सम्भव नहीं है। इसलिए हम लोग इस धर्म में रहकर कुछ भी हासिल नहीं कर सकते। मनुस्मृति में चातुर्वर्ण्य का विधान है। चातुर्वर्ण्य व्यवस्था मानव प्राणी के उत्थान के लिए खतरनाक है। 'मनुस्मृति' में कहा गया है कि शूद्रों को सिर्फ सेवा हमाली ही करनी चाहिए। उनको शिक्षा की क्या जरूरत है? ब्राह्मणों को ज्ञान हासिल करना चाहिए, क्षत्रियों को हथियार सँभालने चाहिए, वैश्यों को व्यापार-वाणिज्य करना चाहिए और शूद्रों को सेवा हमाली ही करनी चाहिए। सवाल है कि इस चौखट को कौन तोड़ सकता है? इस चातुर्वर्ण्य की चौखट से ब्राह्मण, बनिया और क्षत्रिय वर्ण को लोगों को कुछ-न-कुछ लाभ है। किन्तु सवाल है कि शूद्रों के लिए क्या है? यदि तीन वर्णों को छोड़ दिया जाए तो क्या अन्य जाति के लोगों में उत्साह पैदा हो सकता है? चातुर्वर्ण्य की व्यवस्था कोई छूमन्तर नहीं है, उसी प्रकार वह कोई रूढ़ियाँ रिवाज भी नहीं है बल्कि वह एक धर्म है।

चातुर्वर्ण्य, गांधी और सड़ा हुआ धर्म

हिन्दू धर्म में समानता नाम की कोई चीज नहीं है। एक बार मैं गांधी से मिलने गया था। तब उन्होंने कहा था कि मैं चातुर्वर्ण्य को मानता हूँ। मैंने कहा कि आपके जैसे महात्मा चातुर्वर्ण्य को मानते हैं! लेकिन यह कौन-सा और किस प्रकार का चातुर्वर्ण्य है?

यह चातुर्वर्ण्य सीधा है या उलटा है? चातुर्वर्ण्य का प्रारम्भ कहाँ से है और उसका अन्त कहाँ है? उस समय गांधी ने मेरे सवाल का जवाब नहीं दिया और देते भी कैसे? जिन लोगों ने हमारा विनाश किया है उनका भी उसी धर्म से विनाश अटल है। मैं हिन्दू धर्म पर इस तरह का आरोप यूँ ही नहीं लगा रहा हूँ। हिन्दू धर्म की वजह से किसी का भी उत्थान नहीं हो सकता। इस तरह का धर्म नष्ट होनेवाला धर्म है।

हमारे देश पर विदेशियों ने अपनी हुकूमत क्यों कायम की? यूरोप में 1945 तक युद्ध चल रहे थे। वहाँ जितनी फौज मरती थी उतने ही नए लोगों को वहाँ भर्ती किया जाता था। उस समय किसी ने भी ऐसा नहीं कहा कि हमने लड़ाई जीती है। लेकिन हमारे देश की बात एकदम अलग है। यहाँ क्षत्रिय मरे तो हम बेहाल हो गए। यहाँ यदि हम लोगों को हथियार उठाने का अधिकार होता तो यह देश कभी गुलाम नहीं हुआ होता। इस देश को जीतने की हिम्मत किसी में नहीं होती।

बौद्ध धर्म से ही उत्थान होगा

हिन्दू धर्म में रहकर किसी का उत्थान नहीं होगा। हिन्दू धर्म की संरचना के मुताबिक ऊँची जातियों की भलाई है यह बात सही है। लेकिन बाकी लोगों का क्या होगा? ब्राह्मण स्त्री का बच्चा हुआ तो उसकी नजर इस बात की ओर रहती है कि कहाँ हाईकोर्ट के जज का पद खाली है। हमारी झाड़ू मारनेवाली स्त्री का बच्चा होने के बाद उसकी नजर झाड़ूवाले की जगह कहाँ खाली है, इस बात की ओर जाती है। इस प्रकार की अजीब संरचना हिन्दू धर्म की वर्णव्यवस्था में है। अब इसमें क्या परिवर्तन किया जा सकता है? अब उत्थान सिर्फ बौद्ध धर्म से ही हो सकता है।

बुद्ध का समानता का दर्शन

बौद्ध धर्म में 75 प्रतिशत बौद्ध भिक्खु ब्राह्मण थे। और 25 प्रतिशत शूद्रादि थे। लेकिन भगवान बुद्ध ने कहा कि, "हे भिक्षुओ, तुम लोग अलग-अलग जातियों से और अलग-अलग राष्ट्रों से आए हो। तुम्हारे प्रदेशों से जो नदियाँ बहती हैं वे सब अलग-अलग हैं, लेकिन जब वह सागर में मिल जाती हैं तब उनका अलग-अलग अस्तित्व नहीं रहता। वहाँ सभी एकसमान हो जाती हैं। बौद्ध संघ सागर की तरह है। उस संघ में सभी समान और एक जैसे हैं। नदियों के सागर में मिलने के बाद, यह पानी गंगा का है, यह पानी महानदी का, यह पहचान असम्भव हो जाती है। उसी प्रकार बौद्ध संघ में आने के बाद अपनी जाति खत्म हो जाती है और सभी लोग समान हो जाते हैं।" इस तरह से समानता की बात करनेवाला एक ही महान पुरुष है और वह महान पुरुष है भगवान बुद्ध।

कुछ लोग ऐसा कहते हैं कि धर्मान्तरण करने के लिए आपने इतना समय क्यों लगाया? आप इतने दिन क्या कर रहे थे? यह सवाल महत्त्वपूर्ण है। धर्म की समझ

आसान नहीं है। वह एक आदमी का काम नहीं है। धर्म के सम्बन्ध में सोचनेवाले किसी भी आदमी को यह बात आसानी से समझ में आएगी। मुझ पर जितनी जिम्मेदारी है उतनी जिम्मेदारी शायद दुनिया के किसी आदमी पर नहीं होगी। यदि मुझे ज्यादा उम्र मिल गई तो मैं अपने संकल्पित कार्यों को पूरा करूँगा। (डॉ. बाबासाहब अम्बेडकर के नारे।)

कोई आपको महार बौद्ध न कहे

कुछ लोग ऐसा कहेंगे कि महार लोग बौद्ध हो गए तो क्या हुआ। लेकिन उन्हें ऐसा नहीं कहना चाहिए, ऐसा मैं उनसे कहना चाहता हूँ। यह बात उनके लिए खतरनाक हो सकती है। ऊँची जाति और धनवान वर्ग को शायद धर्म की जरूरत नहीं होगी। उनके जो लोग अधिकार के पदों पर हैं उनके पास रहने के लिए बड़े-बड़े बँगले हैं। उनकी सेवा करने के लिए नौकर हैं, उनके पास धन-दौलत है, समाज में उनका सम्मान है, ऐसे लोगों को धर्म के बारे में सोचने या परवाह करने का कोई कारण नहीं है।

धर्म की जरूरत गरीबों को

गरीबों को धर्म की जरूरत है। उत्पीड़ित जनों को धर्म की जरूरत है। गरीब आदमी उम्मीदों पर जीता है। जीवन का मूल उम्मीद में है। यदि उम्मीदें ही खत्म हो गईं तो जीवन का क्या होगा? धर्म मनुष्य की उम्मीदों को जगाता है। उसे उम्मीदों पर भरोसा करना सिखाता है। धर्म उत्पीड़ित वर्ग को, गरीब वर्ग को सन्देश देता है कि, ''तुम घबराओ मत, जीवन की उम्मीदें पूरी होंगी।'' इसीलिए गरीब और उत्पीड़ित आदमी धर्म से चिपका हुआ रहता है।

जब यूरोप में ईसाई धर्म पहुँचा उस समय रोम और पास-पड़ोस के राष्ट्रों की स्थिति बहुत खराब थी। लोगों को भरपेट खाना नहीं मिलता था। उस समय गरीब लोगों को खिचड़ा बाँटा जाता था। उस समय ईसा के अनुयायी कौन थे? यही गरीब, उत्पीड़ित वर्ग के लोग। यूरोप की सारी गरीब और पिछड़ी जनता ईसाई बन गई। इसीलिए गिबन ने कहा था, ''ईसाई धर्म भीख माँगनेवालों का धर्म है।'' ईसाई धर्म किस तरह से यूरोप के सभी लोगों का धर्म हो गया, इस बात का जवाब देने के लिए गिबन आज जिन्दा नहीं हैं अन्यथा उन्हें भी इस बात का जवाब देना पड़ता।

दुनिया बुद्ध को ही जानती, मानती है

कुछ लोग कहेंगे कि बौद्ध धर्म तो महार-मातंगों का धर्म है। ब्राह्मण लोग भगवान बुद्ध को 'भो गोतम' मतलब 'अरे गौतम' इस तरह सम्बोधित करते थे। ब्राह्मण लोग बुद्ध को इस तरह चिढ़ाते थे। लेकिन राम, शंकर, कृष्ण की मूर्तियों को विदेशों के बाजार

में रखा जाए तो शायद ही कोई खरीदेगा। किन्तु भगवान बुद्ध की मूर्तियों को रखा गया तो शायद ही कोई मूर्ति बच पाएगी। अब घर-घर में (भारत में) बहुत हो चुका है। अब कुछ बाहर भी करके दिखाइए। दुनिया को यदि किसी का नाम मालूम है तो वह है भगवान बुद्ध। फिर इस धर्म का प्रचार नहीं होगा तो और किस धर्म का होगा?

हम लोगों ने अपना रास्ता तय किया है। तुम्हारे लिए तुम्हारा अपना रास्ता है। हमें नई राह मिली है। यह रास्ता एकदम नया रास्ता नहीं है। आज का दिन उम्मीदों का दिन है। यह रास्ता उत्थान और विकास का रास्ता है। यह रास्ता एकदम नया रास्ता नहीं है। यह रास्ता बाहर से कहीं से नहीं आया है। यह रास्ता यहीं का है, भारत का ही है। इस देश में दो हजार साल तक बौद्ध धर्म रहा है। वास्तव में इससे पहले ही हम लोगों ने बौद्ध धर्म क्यों नहीं अपनाया इसी बात का मुझे खेद है। भगवान बुद्ध द्वारा बताए गए सिद्धान्त अमर हैं। किन्तु उन्होंने इस तरह का कोई दावा नहीं किया है। उसमें समय के अनुसार परिवर्तन का विधान किया गया है। इतनी उदारता किसी भी धर्म में नहीं है।

मुस्लिमों के हमलों की वजह से भारत में बौद्ध धर्म का बड़ा नुकसान हुआ। मुस्लिम हमलावरों ने हमलों में भगवान बुद्ध की मूर्तियों को तोड़ा है। उनका यह बौद्ध धर्म पर पहला हमला था। उनके हमलों से डरकर बौद्ध भिक्षु भाग गए, कोई तिब्बत चला गया, कोई चीन चला गया तो कोई कहीं और चला गया। धर्म का रक्षण करने के लिए अनुयायी-उपासक लोग चाहिए। वायव्य सीमा प्रदेश में एक राजा था। उसका नाम था मिलिन्द। यह राजा हमेशा हर किसी से बहस करने में रुचि रखता था। इसमें उसकी बड़ी दिलचस्पी थी। उसने हिन्दुओं से कहा था कि जो बात करने में होशियार हो उसे मेरे साथ बहस के लिए आगे आना चाहिए। उससे बातचीत करने की किसी की हिम्मत नहीं होती थी।

एक बार उसे लगा कि बौद्धों के साथ उसकी बहस होनी चाहिए। उसने अपने मन्त्रियों से कहा कि यदि बौद्धों में इस योग्य कोई आदमी हो तो उसे निमन्त्रित कीजिए। उस समय बौद्धों ने नागसेन से अनुरोध किया कि आपको इस बातचीत में बौद्धों का पक्ष रखना चाहिए। नागसेन विद्वान था। बौद्ध भिक्षु था और ब्राह्मण जाति में पैदा हुआ था। इसमें भदन्त नागसेन और राजा मिलिन्द में जो सवाल-जवाब हुए वे 'मिलिन्द पञ्ह' नामक किताब में संग्रहीत हैं। यह किताब दुनिया में प्रसिद्ध है। इसमें राजा मिलिन्द का एक सवाल था कि धर्म का पतन क्यों होता है? भदन्त नागसेन ने उसका जवाब देते हुए इसके तीन कारण गिनाए थे :

धर्म के पतन के तीन कारण

1. पहला कारण यह है कि कोई धर्म बिल्कुल बेबुनियाद होता है। उस धर्म के बुनियादी सिद्धान्तों में गम्भीरता नहीं होती। वह कालिक धर्म होता है और उसका अस्तित्व काल पर निर्भर करता है।

2. दूसरा कारण यह कि धर्म का प्रचार करनेवाले लोग विद्वान न हों तो धर्म का पतन होता है। विद्वान आदमी को धर्म का ज्ञान बताना चाहिए। अपने आलोचकों से बहस करने में, उनके सवालों का जवाब देने में धर्म-प्रचारक सबल न हो तो धर्म का पतन होता है।

3. और तीसरा कारण यह है कि धर्म और धर्म के सिद्धान्त विद्वानों के लिए होते हैं। सामान्य-जनों के लिए पूजा-प्रार्थना स्थल होते हैं, श्रद्धास्थल होते हैं। वे वहाँ जाकर अपने आदर्श, महान पुरुषों की पूजा-प्रार्थना करते हैं।

जब हम बौद्ध धर्म को अपना रहे हैं तो हम लोगों को इन बातों पर ध्यान देना चाहिए। कोई भी आदमी यह नहीं कह सकता कि बौद्ध धर्म के सिद्धान्त-तत्त्व कालिक हैं। आज ढाई हजार साल के बाद भी सारी दुनिया भगवान बुद्ध के सिद्धान्तों को स्वीकार करती है। अमेरिका में भगवान बुद्ध के नाम पर दो हजार संस्थाएँ हैं। इंग्लैंड में तीस हजार रुपयों की लागत से बौद्ध विहार बनाया गया है। जर्मनी में तीन-चार हजार बौद्ध संस्थाएँ हैं। बुद्ध के सिद्धान्त अमर हैं। फिर भी भगवान बुद्ध ने यह दावा नहीं किया कि यह धर्म ईश्वरीय है। भगवान बुद्ध ने कहा है कि मेरे माता-पिता आम आदमी की तरह से हैं। मेरी माँ एक सामान्य महिला की तरह थी। यदि यह धर्म आपको पसन्द है तो इसे स्वीकार कीजिए। यह धर्म जब बुद्धि से और मन से पसन्द हो तभी इसे स्वीकार कीजिए। इतनी बड़ी उदारता अन्य किसी भी धर्म में नहीं है।

यही बौद्ध धर्म की नींव है। इसीलिए बौद्ध धर्म और अन्य धर्मों में बहुत बड़ा फर्क है। आप अन्य धर्मों में परिवर्तन नहीं कर सकते क्योंकि वे धर्म मनुष्य और ईश्वर के सम्बन्धों के बारे में बताते हैं। अन्य अर्थात ईश्वरवादी धर्मों का कहना यह है कि ईश्वर ने सृष्टि की रचना की है। ईश्वर ने ही आकाश, वायु, चाँद, सूरज आदि की रचना की है। ईश्वर ने हमारे लिए कुछ भी करने में कसर नहीं रखी है। इसलिए ईश्वर को याद करना चाहिए। ईसाई धर्म के मुताबिक मरने के बाद निर्णय का दिन (Day of Judgement) होता है। और उस निर्णय के अनुसार सब कुछ होता है। लेकिन बौद्ध धर्म में इस तरह की बातों के लिए ईश्वर, आत्मा-परमात्मा के लिए कोई जगह नहीं है। भगवान बुद्ध ने कहा कि दुनिया में चारों ओर दुख है। नब्बे प्रतिशत लोग पीड़ा से त्रस्त हैं। उन त्रस्त, उत्पीड़ित, सताए हुए गरीब लोगों को मुक्त करना ही बौद्ध धर्म का पहला काम है। फिर कार्ल मार्क्स ने बुद्ध से अलग क्या कहा है? भगवान बुद्ध ने जो भी कहा है उसे उन्होंने अनाप-शनाप ढंग से नहीं कहा है।

भाइयो तथा बहनो, मुझे जो कुछ कहना था मैंने कह दिया है। यह धर्म हर तरह से सम्पूर्ण है। उसमें गलत बातों के लिए कोई जगह नहीं है। हिन्दू धर्म की विचारधारा कुछ ऐसी है कि उससे किसी भी प्रकार का उत्साह पैदा नहीं हो सकता। हजारों साल से कल-परसों तक हमारे समाज से एक भी आदमी ग्रेज्युएट या विद्वान नहीं हो सका। मुझे यह बताने में किसी भी प्रकार का संकोच नहीं हो रहा है कि मेरे स्कूल में साफ-सफाई का काम करनेवाली एक महिला थी। वह मराठा जाति की थी। वह मुझे

छूती नहीं थी। मेरी माँ मुझे बताया करती थी कि बड़े आदमी को मामा कहना चाहिए। मैं पोस्टमैन को मामा कहा करता था। जब मैं बचपन में स्कूल जाता था तब एक दिन मुझे स्कूल में प्यास लगी थी। मैंने मास्टर साहब से कहा। मास्टर ने मेरी सुरक्षा के लिए चपरासी को एक ओर बुलाया और उससे कहा कि, 'इसे नल पर ले जाओ', हम लोग नलके पर चले गए। चपरासी ने नल खोला और मैंने पानी पी लिया। मुझे स्कूल में पानी पीने के लिए नहीं मिलता था। बाद में मुझे डिस्ट्रिक्ट जज की नौकरी मिलनेवाली थी। लेकिन मैंने उस मोह में पड़ना पसन्द नहीं किया। मेरे सामने यही गम्भीर सवाल था कि मेरे भाइयों की मुक्ति की लड़ाई कौन लड़ेगा! इसलिए मैंने नौकरी के जाल में फँसना पसन्द नहीं किया।

मेरे लिए व्यक्तिगत तौर पर इस देश की कोई भी बात असम्भव नहीं है। मेरे सामने सबसे महत्त्वपूर्ण सवाल यही है कि आप लोगों के सिर पर वैश्य, क्षत्रिय, ब्राह्मण इस तरह की चट्टानें हैं। उन्हें कैसे उलटा जाए। कैसे दरकिनार किया जाए, इसलिए आपको इस धर्म के बारे में हर तरह जानकारी देना मेरी जिम्मेदारी है। मैं इस सम्बन्ध में एक किताब लिख रहा हूँ, जिसमे मैं आपकी तमाम शंकाओं को दूर करने का प्रयास करूँगा और आप लोगों को ज्ञान की पूर्णता की ओर ले जाने का प्रयास करूँगा। आज आप लोगों को मुझ पर पूरा यकीन करते हुए आगे बढ़ना चाहिए।

किन्तु आप लोगों की जिम्मेदारी बहुत बड़ी है। आप लोगों के प्रति दूसरों के मन में आदर की भावना पैदा हो, इस तरह का आप लोगों का व्यवहार होना चाहिए। इस धर्म का मतलब आप ऐसा मानिए कि हम अपने गले में एक मुर्दा बाँध रहे हैं। बौद्ध धर्म से भारत की भूमि फिलहाल खाली है। इसलिए आप लोगों को अच्छी तरह बौद्ध धर्म के सिद्धान्तों के मुताबिक आचरण करने का संकल्प करना चाहिए, अन्यथा यह न हो कि महार लोगों ने उसे बदनाम किया है। इसलिए आप लोगों को अटल निश्चय करना चाहिए। यदि हम लोग इस काम में सफल हुए तो अपने साथ अपने देश का ही नहीं, दुनिया का उत्थान करेंगे। क्योंकि बौद्ध धर्म से ही दुनिया का उत्थान सम्भव है। दुनिया में जब तक न्याय की स्थापना नहीं होती तब तक शान्तिपूर्ण समाज की स्थापना असम्भव है।

यह नया रास्ता पूरी तरह से जिम्मेदारी का रास्ता है। हम लोगों ने कुछ संकल्प किया है, कुछ आशा भरा जीवन जीने का निर्णय लिया है, इस बात को युवकों को ध्यान में रखना चाहिए। उन्हें सिर्फ पेट का गुलाम नहीं बनना चाहिए। उन्हें ऐसा निश्चय करना चाहिए कि अपनी आमदनी का कम-से-कम 20वाँ हिस्सा इस काम के लिए दें। मुझे सभी लोगों को साथ लेकर चलना है। भगवान बुद्ध ने पहले कुछ व्यक्तियों को अपने धम्म की दीक्षा दी। उन्होंने उन्हें आदेश दिया कि आप इस धम्म का प्रचार कीजिए। उनके चालीस मित्रों ने बुद्ध के धम्म की दीक्षा ली। यश तो उन्हें अमीरी में मिला हुआ था। उन्हें भगवान बुद्ध ने उपदेश दिया कि यह धम्म 'बहुजन हिताय, बहुजन सुखाय, लोकानुकम्पाय, धम्म आदि कल्याणं मज्झ कल्याणं और परियोसान कल्याणं' है।

तथागत ने उस समय की स्थिति के मुताबिक अपने धम्म के प्रचार का मार्ग तैयार किया था। अब हम लोगों को भी अपनी व्यवस्था करनी होगी। इसलिए इस समारोह के बाद हर आदमी को दूसरे लोगों को भी बौद्ध धर्म की दीक्षा देनी चाहिए। हर बौद्ध आदमी को दूसरे आदमी को दीक्षा देने का अधिकार है, इस बात की मैं घोषणा करता हूँ।

खैरमोडे, चां.भ.–डॉ. भीमराव रामजी आम्बेडकर चरित्र, खंड-12, पृ. 57

Dr. Babasaheb Ambedkar Writing and Speeches, vol. 18, part-III, p. 514

ढकोसलेबाजी से देश का विनाश होगा

*दि. **15 अक्तूबर 1956** को नागपुर महानगर पालिका की ओर से डॉ. बाबासाहेब अम्बेडकर का सत्कार किया गया था। सत्कार समारम्भ के लिए विशेष मंडप तैयार किया गया था। इस सत्कार समारम्भ में सभी नगर पार्षद, अधिकारी और नगर के मान्यवर नागरिक उपस्थित थे। महापौर रा.पै. समर्थ ने मानपत्र को पढ़ा। इस अवसर पर डॉ. अम्बेडकर ने कहा–*

नागपुर महानगर पालिका के महापौर,
नगर-निगम सदस्य तथा नागरिक भाइयो और बहनो,

मेरा इस नागपुर के इलाके से कोई विशेष सम्बन्ध नहीं रहा है। इससे मेरा राजनीतिक सम्बन्ध भी विशेष नहीं रहा है। इस प्रदेश के लिए मैंने कुछ विशेष काम किया है, ऐसी भी बात नहीं है। मैं कभी इस नगरपरिषद् का सदस्य भी नहीं रहा (हँसी)। इसलिए मैं म्यूनिसिपल कामकाज के बारे में आप लोगों को कोई उपदेश नहीं दे सकता। यह हकीकत होने के बावजूद आप लोग मुझे जो सम्मान-पत्र देकर सम्मानित कर रहे हैं, उसमें आपकी उदारता ही है, ऐसा कहने में कोई हर्ज नहीं है।

इसलिए इस मौके पर मुझे आप लोगों से किस विषय पर दो-चार शब्द कहने चाहिए, इस बात पर मैं सोच रहा हूँ। इस सम्बन्ध में सोचते हुए मुझे ऐसा लग रहा है कि म्यूनिसिपल कामकाज कुछ भिन्न होने के बावजूद म्यूनिसिपल के कामकाज में और देश के अन्य निकायों के कामकाज में काफी समानता है। इसलिए इस अवसर पर अपने देश के कामकाज के बारे में मैं आप लोगों को दो शब्द कहना चाहता हूँ। अपने देश का संविधान अमल में आए पाँच साल हो चुके हैं। ऊपरी तौर पर ऐसा दिखाई देगा कि अपने देश की शासन-पद्धति और इंग्लैंड की शासन-पद्धति कुछ बातों को छोड़कर अधिकांश एक जैसी है। वहाँ वयस्क मतदान प्रणाली से चुनाव होते हैं। अपने देश की पार्लियामेंट में भी बहुमत से निर्णय होते हैं। यह सब होने पर भी उस देश के शासन प्रबन्ध में और हमारे देश के शासन प्रबन्ध में एक असाधारण फर्क दिखाई देता है, वह यह कि अपने देश के शासन प्रबन्ध में बात और कुछ होती है और होता कुछ और है। यह एक अजीब अन्तर है। आप लोग इस सम्बन्ध में पता नहीं सोचते हैं या नहीं कि अपने देश का संविधान किस प्रकार से काम करता है और उसे

कैसे इस्तेमाल किया जाता है, मुझे इस बात की कोई जानकारी नहीं है। अब लोगों को शासन प्रबन्ध और संविधान के बारे में सचेत रहना चाहिए। मैं हमेशा इस बात पर सोचते रहता हूँ। क्योंकि इस संविधान का मैं आद्य निर्माता हूँ। यह सोचने के बाद अन्त में मेरे सामने इस तरह का भयावह सवाल खड़ा होता है कि इस देश का क्या होगा?

मुझे चुनाव के बारे में अब अधिक दिलचस्पी नहीं है। मैंने राजनीति का उपभोग किया है। जाति-पाँति के भेदभाव की वजह से इस देश की राजनीति अब कांग्रेस के शासनकाल में ऐसी है कि जो जातियाँ अल्पसंख्यक हैं उनके जीवनयापन के साधन शेष नहीं बचे हैं। फिर भी मैं राजनीति छोड़नेवाला नहीं हूँ। मैं अपनी राजनीति को जारी रखूँगा। क्योंकि मैं इस तरह से बैट छोड़कर तम्बू में जाकर बैठनेवाला खिलाड़ी नहीं हूँ, (हँसी और तालियाँ)।

मैं अभी आपको इंग्लैंड के शासन प्रबन्ध और अपने देश के शासन प्रबन्ध के बारे में बता रहा था। इन दोनों देशों के शासन प्रबन्ध में मुख्य फर्क यह है कि इंग्लैंड में मतदाता संघ के मतदाता ही अपने उम्मीदवारों का चयन करते हैं। उनके मतदाता संघ के जो उम्मीदवार होते हैं उन्हें उनमें से कौन-सा उम्मीदवार कैसा है, उसकी शिक्षा क्या है, उसका चरित्र कैसा है, उसे समाज-सेवा का अनुभव कितना है, इस बात की अच्छी जानकारी होती है। और उसी के आधार पर वहाँ के मतदाता अपना उम्मीदवार कौन होना चाहिए, इस बात को तय करते हैं। अपने देश में इस सम्बन्ध में कुछ अजीब माहौल है। किस मतदाता संघ से किस उम्मीदवार को खड़ा किया जाए इस बात की स्वतन्त्रता आज भी मतदाताओं को नहीं है। आज कांग्रेस ने चुनाव को लेकर जो तरीका अपनाया है, उससे आपको इस बात का पता चल जाएगा कि किस मतदाता संघ में किसे खड़ा किया जाए इस बात का फैसला दिल्ली में कांग्रेस हाई कमान तय करता है। उसकी किसी भी प्रकार की कोई जानकारी मतदाता संघ के मतदाताओं को नहीं होती है। कांग्रेस हाईकमान द्वारा खड़ा किया उम्मीदवार कैसा है, उसका चरित्र क्या है, उसने कालाबाजारी या हेराफेरी तो नहीं की है, समाज के कल्याण का पक्ष लेकर पार्लियामेंट में, एसेम्बली में लड़ता है या नहीं, इस सम्बन्ध में कांग्रेस हाईकमान का मतदाताओं के प्रति कोई कर्त्तव्य नहीं है। कांग्रेस हाईकमान का यही आदेश है कि जिसे हम कहेंगे, आप लोगों को उसे ही मत देना चाहिए। जैसे अंग्रेजों में कहा जाता है यदि रास्ते में गड़े खम्बे को (Lamp Post) मत देने के लिए कहा गया तो भी कांग्रेस हाईकमान के हुक्म के मुताबिक आप लोगों को रास्ते में गड़े खम्बे को ही मत देना है। कांग्रेस हाईकमान का यह दावा है और उस दावे को अमल में भी लाया जाता है। इसे ही कांग्रेस के लोग जनतन्त्र कहते हैं। इसे कौन जनतन्त्र कहेगा? यह तो जनतन्त्र पर सीधा प्रहार है।

कांग्रेसी महिलाओं की राजनीति

फिलहाल कांग्रेस की राजनीति में महिला सदस्यों की संख्या बढ़ाई जा रही है। महिलाओं

की इस कांग्रेसी राजनीति का अर्थ मेरी समझ में नहीं आ रहा है। इन महिलाओं का दिनभर पार्लियामेंट-एसेम्बली में रहना और शाम को घर लौटकर अपने पति से पूछना, ''जी, मैं पार्लियामेंट से आई हूँ, क्या घर के सभी काम हुए हैं या नहीं?'' ये महिलाएँ पार्लियामेंट में जाएँगी तो घर पर उनके बच्चों की देखभाल किसे करनी चाहिए? एक बच्चा रो रहा है, दूसरा गन्दगी से भरा हुआ है, तीसरा गलत जगह चला गया, ऐसे बच्चों की देखभाल फिर कौन करेगा? दूसरी बात यह है कि ये महिलाएँ पार्लियामेंट में आखिर क्या करती हैं? इस सम्बन्ध में कुछ बताने में मुझे संकोच हो रहा है। उनके बारे में कुछ कहने की इच्छा मेरी नहीं थी, लेकिन कुछ कह देता हूँ। उनकी नैतिकता तो पूरी तरह से खत्म हो चुकी है। मेरे पास कुछ पत्र आए हैं। उन पत्रों में प्रधानमन्त्री के बारे में लिखा गया है। ऐसा पत्र लिखनेवाली बहन महाराष्ट्र की है, यह बड़े शर्म की बात है। उसने अपने पत्र में नेहरू के नाम का उल्लेख करते हुए लिखा है कि 'हमारे 'वे' और हमारे 'ये' ऐसा करेंगे, वैसा करेंगे।' मुझे पहले यह लगा कि उस महिला ने प्रधानमन्त्री को बदनाम करने के लिए ऐसा पत्र लिखा होगा। लेकिन जब मैंने उस पत्र के बारे में प्रधानमन्त्री को जानकारी दी तो उन्होंने कहा, ''इस तरह के सैकड़ों पत्र आते हैं, इसके लिए क्या करें?'' पार्लियामेंट में जानेवाली महिलाएँ इस तरह बहकी बातें करेंगी तो वहाँ उन्हें कांग्रेस वालों को क्यों भेजना चाहिए?

यह तानाशाही नहीं तो और क्या है?

कांग्रेस की राजनीति का अब और एक दूसरा उदाहरण देखिए। हमारे मुम्बई राज्य के मोरारजी भाई देसाई कहते हैं कि, ''मुझे निर्विरोध चुना जाना चाहिए। और एक बार चुने जाने के बाद मेरे कामकाज में किसी को दखलंदाजी नहीं करनी चाहिए।'' अब इस पर क्या कहा जाना चाहिए, आप लोग ही बताइए। मान लीजिए, कल मोरारजी को चुन लिया गया और उन्होंने अपने मन्त्रिमंडल में अपने किसी कुत्ते को नियुक्त कर दिया, तो उसमें किसी को दखलंदाजी नहीं करनी चाहिए, यही उनके कहने का मतलब है। जिस इंग्लैंड की राज्यपद्धति अपने संविधान में स्वीकार की गई, वहाँ यह कार्य किस तरह से किया जाता है? वहाँ सत्ताधारी दल के पहली कतार में संसद में बैठे हुए जो सदस्य होते हैं, उन सभी की सहमति से इस तरह की बातें तय की जाती हैं। एक बार एक आदमी के चुने जाने के बाद अन्य किसी को उसमें दखलंदाजी नहीं करनी चाहिए, इस तरह की बात वहाँ कोई नहीं कर सकता। किसी ने ऐसा कहने की कोशिश की तो वह बात चलनेवाली नहीं है। लेकिन हमारे देश में मोरारजी देसाई जैसे लोग कहते हैं कि मैं जैसा कहूँगा, वैसा ही होना चाहिए। फिर इसमें और तानाशाही में क्या फ़र्क है? जर्मनी में हिटलर की तानाशाही थी। अपने तन्त्र के मुताबिक उसे शासन प्रबन्ध चाहिए था। फिर मोरारजी देसाई क्या उससे कुछ अलग कर रहे हैं? इस तरह की अजीब बातें इस देश में ही कांग्रेस पार्टी के द्वारा ही हो सकती हैं। इसके कितने भयंकर परिणाम इस देश को भोगने पड़ेंगे इस बात की जानकारी कई लोगों को नहीं है।

स्वेज नहर के बारे में नीति

कांग्रेस की वर्तमान राजनीति में स्वेज नहर के बारे में नेहरू की नीति को देखिए। नासिर ने उस नहर का राष्ट्रीयकरण किया है। नेहरू उसे समर्थन देकर एक तरह का चंचल प्रदर्शन ही कर रहे हैं। इस सम्बन्ध में मूल सवाल जो है वह यह है कि दुनिया का व्यापार जिस नहर (जलमार्ग) पर निर्भर है वह नहर एक राष्ट्र के अधिकार में होनी चाहिए या अन्तर्राष्ट्रीय नियन्त्रण में होनी चाहिए? भारत का बहुत बड़ा व्यापार इस जलमार्ग से होता है। आज नासिर और मिस्र सरकार की भारत से दोस्ती है। मिस्र हमेशा-हमेशा के लिए भारत से मित्रता बनाए रखेगा इस बात का क्या प्रमाण है? मान लीजिए कल, मिस्र की सरकार ने भारत के साथ दोस्ती नहीं रखी, तो क्या होगा? यदि भारत किसी समय युद्ध की चपेट में आ गया तो किस तरह की समस्या सामने आएगी? यदि मिस्र सरकार ने स्वेज नहर जलमार्ग से भारत आनेवाले हथियारों की आपूर्ति को रोक दिया और मिस्र सरकार ने पाकिस्तान के प्रति अनुकूल रुख अपनाया तो इस देश का पतन होने में कितना समय लगेगा? स्वेज नहर के बारे में कांग्रेस सरकार की इस नीति में कोई बुद्धिमानी नहीं है। उसमें खतरा है। इस बारे में नेहरू ही समझते हैं और दूसरे कुछ समझते ही नहीं, ऐसी बात नहीं है। नेहरू की इस नीति पर रोक लगनी चाहिए। कांग्रेसी राज की हर बात इसी तरह की है।

ढकोसलेबाजी का खेल

अब एक और दूसरा उदाहरण देखिए। विनोबा भावे का उदाहरण लीजिए। वह आदमी जगह-जगह घूमकर भूदान के लिए जमीन माँग रहा है। यदि ऐसा ही है तो लोग विनोबा भावे को ही भारत का प्रधानमन्त्री क्यों नहीं बना रहे हैं? विनोबा भावे को प्रधानमन्त्री होना चाहिए और देश की भूमि-समस्या को हल करना चाहिए, अन्यथा इस तरह की ढकोसलेबाजी से क्या फायदा? यह न तो कांग्रेस का काम है और न ही विनोबा भावे का काम है, यह काम कुछ इस तरह से हो रहा है। इस देश में ढकोसलेबाजी फैशन बन गया है। किसी ने कुछ अजीब काम किया तो वह साधु पुरुष बन जाता है। यदि उसने फटे-पुराने कपड़े पहने, गन्दा पानी पी लिया, लुंगी पहन ली या इस तरह से कुछ अजीब काम किए तो उस आदमी को इस देश में लोग साधु पुरुष मानते हैं। लेकिन किसी ने साफ-सुथरे कपड़े पहने साफ पानी के लिए कहा तो उस आदमी को मिजाजखोर कहा जाता है। यह देश इस तरह विचित्र विचारधारा में जकड़ा हुआ है। इसके लिए अब सभी लोगों को सचेत होकर इस ढकोसलेबाजी को रोकना चाहिए।

देश का विनाश होगा

हम लोगों ने नए संविधान को स्वीकार किया है। हम लोगों को इस संविधान प्रणाली का अनुभव नहीं है। उसे इस देश में सतर्कता से नहीं अपनाया गया तो इस देश का

विनाश होगा। केवल सफेद टोपियों से काम नहीं चलेगा। सारे राष्ट्र को इकट्ठा बैठकर राजनीति का अध्ययन करना चाहिए। अकेले नेहरू को ही अक्ल है, ऐसी बात नहीं। इस देश में कई लोग नेहरू से भी अधिक बुद्धिमान हैं। जब मैं मन्त्रिमंडल में था उस समय सप्ताह में एक बार कैबिनेट की बैठक होती थी। वहाँ मैंने नेहरू को अच्छी तरह से परखा और देखा है। वे खोखले तरबूज की तरह हैं। इसके अलावा उनके पास कुछ नहीं है। यदि कहें, 'लड़की के लिए सुन्दर लड़का चाहिए' तो बात ठीक है लेकिन नेता को अक्ल चाहिए। नेता सिक्के की तरह खनकनेवाला होना चाहिए। उसे देश की भलाई का कार्य करनेवाला होना चाहिए। ऐसे लोग भी मिल जाएँगे। लेकिन आप लोगों को नेहरू ही चाहिए! विषयान्तर हुआ, कुछ लोगों को मेरी बातें पसन्द नहीं आई होंगी, उन्हें मुझे क्षमा करना चाहिए। लेकिन किसी-न-किसी को लोगों से साफ शब्दों में कहना चाहिए कि आप लोग मूर्ख हैं। आप लोग शायद मुझे वोट नहीं देंगे, लेकिन मुझे इस बात की कोई परवाह नहीं है।

साप्ताहिक 'प्रबुद्ध भारत' के 27 अक्तूबर, 1956 के अंक में प्रकाशित।

समाज में एकता ही सबसे ज्यादा महत्त्वपूर्ण

दि. 15 अक्तूबर 1956 को मध्य प्रदेश दलित फेडरेशन की ओर से डॉ. बाबासाहेब अम्बेडकर के सम्मान में नागपुर के शाम होटल में छोटी-सी चायपार्टी आयोजित की गई थी। इस समारम्भ में माईसाहेब अम्बेडकर और शे. का.फे. के बॅ. राजाभाऊ खोब्रागडे, दादासाहेब गायकवाड, बाबू हरिदास आवले, डी.पी. मेश्राम, अंड.ना.ह. कुम्भारे, गोंडाणे, जी.टी. परमार (गुजरात), ए.जी. पवार, प्रो. आर.डी. भंडारे, ॲड.बी.सी. काम्बले आदि मान्यवर नेता उपस्थित थे। इस अवसर पर डॉ. अम्बेडकर ने कहा–

यहाँ मुझे भाषण देना पड़ेगा इस बात की मुझे कोई जानकारी नहीं थी। यदि यह जानकारी मुझे होती तो मेरे विचारों को संकलित करना आसान हो गया होता। कुल मिलाकर मुझे ऐसा लगता है कि आप लोगों को राजनीति में अधिक रुचि है। आप लोगों को किसी भी बात से राजनीति अधिक प्रिय है। लेकिन मेरी स्थिति ऐसी नहीं है। मुझे धर्म अधिक प्रिय है। और उसके लिए मैं अपनी सारी ताकत खर्च कर सकता हूँ।

आप लोगों को कुछ विशेष हक़ दिलवाने के लिए मैंने आज तक काफी प्रयास किए हैं। उन अधिकारों को हासिल करने के लिए मैंने गांधीजी से लड़ाई लड़ी। कांग्रेस का मुकाबला किया। उस समय पहली बार एसेम्बली के लिए हमारे पन्द्रह-सोलह लोग चुने गए थे। हमने एसेम्बली में सरकार-विरोधी दल के रूप में काम किया। उस समय हमारा काम इतना महत्त्वपूर्ण था कि तत्कालीन मुख्यमन्त्री मान्यवर खेर[1] को हमारे दल को एसेम्बली में 'आदर्श विरोधी दल' कहना पड़ा था। उसके बाद विश्वयुद्ध शुरू हो गया। विश्वयुद्ध के समय कुछ विशेष करना सम्भव नहीं हुआ।

आरक्षित स्थानों का कोई उपयोग नहीं

देश को आजादी मिलने के बाद जब संविधान बनाया जा रहा था उस समय हमारे आरक्षित अधिकारों के बारे में सोचा गया। कांग्रेसवालों को आरक्षित स्थानों के लिए स्वतन्त्र मतदाता संघ मंजूर नहीं था। उस समय जो हवा बह रही थी वह संयुक्त मतदाता

1. खेर, बी.जी. मुम्बई के तत्कालीन मुख्यमन्त्री।

संघ की थी। कई लोगों को ऐसा लगा कि इस बात का भी प्रयोग करके देखा जाए। कहते हैं कि चोर के भी कपड़े नहीं उतारने चाहिए। इस उक्ति के अनुसार आरक्षित स्थान छोड़ने की बजाय मन में आया कि इस बारे में संयुक्त मतदाता संघ के जरिए प्रयोग किया जाए। लेकिन अब यह अनुभव हो चुका है कि कांग्रेस के टिकट पर आरक्षित स्थानों पर जो लोग चुने जाते हैं वे लोग अपना मुँह बन्द कर बैठ जाते हैं। इस तरह से यदि संयुक्त मतदाता संघ के द्वारा गन्दे लोग चुने जाएँगे तो चुनाव का और आरक्षण का क्या उपयोग है? अनुभव से यह साबित हो चुका है कि उसका कुछ भी उपयोग नहीं हो रहा है।

समाज की एकता महत्त्वपूर्ण

फेडरेशन (शेड्यूल्ड कास्ट) ने यह प्रस्ताव पास किया है कि हमें आरक्षित स्थान नहीं चाहिए। मैं उस प्रस्ताव का पूरी तरह से समर्थन करना चाहता हूँ। उस प्रस्ताव से हटने की मेरी इच्छा नहीं है। आरक्षण दस साल के लिए है। वे आरक्षित स्थान अब नहीं रहेंगे। हमारे समाज की एकता किसी भी बात से ज्यादा महत्त्वपूर्ण है। यह आरक्षित स्थान हमारे लिए कोई मायने नहीं रखते। हमारे फेडरेशन के आज तक के आन्दोलन से स्वाभिमान की भावना निश्चित रूप से पैदा हुई है। और यह बात फेडरेशन के लिए गर्व करने योग्य है। उसके कारण संगठन बना। किन्तु उसके कारण एक तरह से दीवारें भी खड़ी हुईं। दूसरे लोग हमें वोट नहीं देते। और हम लोग उन्हें वोट नहीं देते, यह एक तरह से दीवार ही है। दुर्भाग्य से अपनी जनसंख्या कम है। हम सिर्फ अल्पसंख्यक हैं। फेडरेशन जिस स्थिति में है उस स्थिति में उसे चलाना कठिन है। इसके लिए अन्य समाज में हमारे दुखदर्द को समझनेवाले लोग कौन हैं, इस बात का पता लगाना चाहिए। इस तरह के सभी लोगों को हमें इकट्ठा करके उनके साथ काम करने के लिए तैयार रहना चाहिए। मैं ऐसे लोगों को इकट्ठा करने का प्रयास कर रहा हूँ। यह प्रयास सफल हुआ तो हमें नया दल स्थापित करना पड़ेगा। और उस दल में हमारे अलावा दूसरों के लिए भी दरवाजे खुले होंगे। तुम लोगों में ही नहीं, इस देश में ही एक अजीब विकृति दिखाई दे रही है। और वह यह कि आज पेड़ लगाकर कल फल खाने के लिए मिलने चाहिए, ऐसा लोग सोचते हैं। राजनीति में इस तरह की उम्मीद करना गलत है।

इंग्लैंड की राजनीति को लीजिए। वहाँ की ब्रिटिश मजदूर पार्टी का इतिहास क्या कहता है! 1900 में पार्लियामेंट के लिए उनके सिर्फ दो लोग चुने गए थे। 1906 में उन्हें करीब 14 स्थान मिले। 1924 तक उन्हें विशेष महत्त्व प्राप्त नहीं हुआ था। लेकिन उसी साल उनके करीब 125 लोग चुन लिए गए और वह सही विरोधी दल बन गया। इस प्रकार राजनीति हिम्मत और धीरज का खेल है। जिनमें हिम्मत और धीरज नहीं है वे राजनीति नहीं कर सकते।

अब आप लोगों को अन्य समाजों के लोगों के साथ काम करना सीखना चाहिए।

आप लोगों में आपस के बिखराव से काम नहीं चलेगा। मेरे प्रभाव से कुछ गलत नहीं हो रहा है। लेकिन मैं आप लोगों के खातिर कब तक जिऊँगा।

अब उम्मीदवार चुनने का काम लोगों को ही करना चाहिए। आपको जनता में काम करना चाहिए। उनकी कठिनाइयों के बारे में आपको अपनी ताकत के मुताबिक आवाज बुलन्द करनी चाहिए। आप लोगों को उनके सुख-दुख में शामिल होने का प्रयास करना चाहिए।

मैं भण्डारा[1] के चुनाव में हार गया। इस बात का मुझे कभी दुख नहीं हुआ। इस चुनाव में मुझे काफी वोट मिले। अपने वोटों को छोड़ दें तो अन्य समाज के लोगों ने भी मुझे वोट दिए हैं। यह बात मेरे लिए अधिक महत्त्वपूर्ण है। मैं हार-जीत की कभी परवाह नहीं करता। आप लोगों को भी इसी तरह कर्त्तव्यनिष्ठ होने का प्रयास करना चाहिए ताकि अन्य समाज के लोगों को भी यह लगे कि आप लोगों को ही वोट देना चाहिए। मुझे इस बात का पूरा यकीन है कि आप लोग इस बात पर गम्भीर रूप से सोचकर अपना राजनीतिक जीवन और कार्य को आगे बढ़ाएँगे। अब मैं इससे अधिक और कुछ नहीं कहना चाहता।

साप्ताहिक 'प्रबुद्ध भारत' के 27 अक्तूबर, 1956 के अंक में प्रकाशित।

---

1. भण्डारा संसदीय उपचुनाव, 1954

समता, स्वतन्त्रता और विश्वबन्धुतावादी धम्म के रूप में लोग बौद्ध धम्म को स्वीकार करेंगे

*नेपाल की राजधानी काठमांडू में **दि. 15 नवम्बर 1956** को डॉ. बाबासाहेब अम्बेडकर का व्याख्यान आयोजित किया गया था। उस व्याख्यान में उन्होंने कहा–*

मैं यहाँ अपने देश से या अपनी संस्था की ओर से आपके लिए कोई सन्देश लेकर नहीं आया हूँ। इस देश में (नेपाल) बुद्ध का जन्म हुआ है। परन्तु 2500 साल के बाद यहाँ बुद्ध का धर्म समाप्त हुआ है। फिर भी बुद्ध के धर्म का वृक्ष आज भी है। उसके पत्ते सूखे हुए हैं लेकिन उसका मूल सूखा नहीं है। यदि उसे पानी दिया गया तो वह पेड़ बढ़ जाएगा, इस बात का मुझे पूरा यकीन है। इसलिए मैं यहाँ कोई सन्देश नहीं लाया हूँ। लेकिन मैं आप लोगों को यह बताना चाहता हूँ कि मैंने बौद्ध धर्म क्यों अपनाया है? मेरे बौद्ध धर्म अपनाने का कारण यह है कि उसमें समानता, भाईचारा और आजादी है। अन्य धर्मों में ईश्वर और आत्मा के अलावा कुछ नहीं है। मानव-समाज के उत्थान के लिए उसमें कुछ नहीं है। मानव-समाज के उत्थान के ये जो तीन कारण हैं उनका अन्य धर्मों में कोई महत्त्व नहीं है। बुद्ध धर्म की बुनियाद इस सिद्धान्त पर आधारित है कि दुनिया में दुख (उत्पीड़न) है, यह उत्पीड़न ईश्वर और आत्मा का नहीं है। दुनिया में मनुष्य दुखी है, बौद्ध धर्म इस सिद्धान्त पर आधारित है। इतना ही नहीं, उस दुख को नष्ट करना और उसे नष्ट करने का मार्ग दिखाना ही धर्म का अन्तिम लक्ष्य है, इस बात को भगवान बुद्ध ने बताया है। जो धर्म इस कसौटी पर सही नहीं उतरेगा उसे धर्म नहीं कहा जाएगा। इस तरह की बात भगवान बुद्ध ने अपने पहले धम्मचक्र प्रवर्त्तन सूक्त में कही है। अन्य किसी भी धर्म के संस्थापक ने इस तरह की बात नहीं कही है। इसी वजह से मैंने बौद्ध धर्म स्वीकार किया है। बुद्ध ने दुख-मुक्ति के लिए प्रज्ञा पारमिता का उपदेश दिया है।

साप्ताहिक 'प्रबुद्ध भारत', 24 नवम्बर, 1956 के अंक में प्रकाशित।

बुद्ध और कार्ल मार्क्स

*नेपाल की राजधानी काठमांडू में आयोजित विश्व बौद्ध परिषद् के समाप्ति के पहले **दि. 20 नवम्बर 1956** को डॉ. बाबासाहेब अम्बेडकर का 'बुद्ध और कार्ल मार्क्स' विषय पर व्याख्यान आयोजित किया गया था। इस व्याख्यान का आयोजन नेपाल के राजदरबार में किया गया था। मंच पर नेपाल के राजा महेन्द्र वीर विक्रम सहदेव, भदन्त चन्द्रमणि महास्थवीर, डॉ. जी.पी. मललसेखर, भदन्त अमृतानन्द, महास्थवीर और ऊ चॉन टून आदि मान्यवर थे। भदन्त चन्द्रमणि महास्थवीर ने उपस्थित सभी को तिसरण और पंचसील ग्रहण करवाए। उसके बाद विश्व बौद्ध परिषद् के अध्यक्ष डॉ. जी.पी. मललसेखर ने डॉ. अम्बेडकर के सम्मान में दो शब्द कहते हुए उन्हें सम्बोधन के लिए निमन्त्रित किया। इस अवसर पर डॉ. अम्बेडकर ने अपने सम्बोधन में कहा–*

सम्माननीय अध्यक्ष, आदरणीय भिक्खुगण, भाइयो तथा बहनो!

विश्व बौद्ध परिषद् के अवसर पर नेपाल आने के बावजूद मैं परिषद् की कार्रवाई में एक प्रतिनिधि की तरह भाग नहीं ले सका, इसके लिए मुझे खेद है। आज मैं यहाँ उपस्थित हूँ। पर मैं बीमार होने की वजह से परिषद् की कार्रवाई में पूरी तरह से शामिल नहीं हो पाऊँगा। इस बात की जानकारी प्रतिनिधियों को होगी, इस बात का मुझे पूरा यकीन है। अपने खराब स्वास्थ्य की वजह से मैं परिषद् के प्रति अपनी जिम्मेदारी नहीं निभा पाऊँगा। इसी वजह से मैं सभा में पहले उपस्थित नहीं रह सका। शायद परिषद् में पहले मेरी नामौजूदगी की वजह से क्षतिपूर्ति के तौर पर आज इस भरी दोपहर में मुझे आप लोगों के सामने भाषण देने के लिए कहा गया। मैंने भी भाषण के लिए अपनी स्वीकृति दे दी, यह बात सच है, किन्तु यहाँ उपस्थित होने के बाद ही इस अप्रत्याशित जिम्मेदारी का निर्वाह करने के लिए मुझसे कहा गया। मुझे इस बात की पूर्वसूचना नहीं थी कि आप लोगों के सामने मुझे भाषण देना है। जब मुझसे यह पूछा गया कि मैं किस विषय पर बोलना चाहूँगा तो मैंने कहा था कि मैं 'बौद्ध धर्म में अहिंसा' विषय पर बोलना चाहूँगा। किन्तु मैंने जिस विषय का अस्पष्ट, उल्लेख किया था उसी विषय पर यानी 'बौद्ध धर्म और साम्यवाद' विषय पर इस सभा में मुझे अपना भाषण देना चाहिए। यह आग्रह इस परिषद् में उपस्थित अधिकांश प्रतिनिधियों का है, ऐसा मुझे बताया गया। मैंने भाषण का विषय बदलने के लिए स्वीकृति दी है, फिर भी मुझे ईमानदारी के साथ

यह बता देना चाहिए कि इस विषय पर बोलने की जिम्मेदारी मुझ पर ऐन समय पर थोपी गई है इसलिए इतने महान और गम्भीर विषय पर बोलने के लिए मैं पूरी तरह से तैयार नहीं हूँ। यह विषय सिर्फ महान और गम्भीर ही नहीं है, बहुत जटिल भी है। इस जटिल विषय के दबाव में आधी से भी अधिक दुनिया आ चुकी है। यही नहीं, बौद्ध राष्ट्रों के युवा छात्र भी इस विषय के बोझ से प्रभावित हुए हैं और इस दूसरे कारण से मैं अधिक चिन्तित हुआ हूँ।

साम्यवाद जिस जीवन प्रणाली का प्रतिपादन करता है उस जीवन प्रणाली से भी बेहतर जीवन प्रणाली का प्रतिपादन बौद्ध धर्म ने किया है, इस तरह की प्रशंसा बौद्ध राष्ट्रों के युवा लोग जब तक नहीं करते तब तक यह नहीं कहा जा सकता कि बौद्ध धर्म का भविष्य स्वर्णिम है। बौद्ध धम्म पर लोगों की जो श्रद्धा है, वह एक-दो पीढ़ियों तक भी टिक नहीं पाएगी। इसलिए जिन लोगों की बौद्ध धम्म पर असीम श्रद्धा है ऐसे लोगों को और युवा पीढ़ी को बौद्ध धर्म का महत्त्व समझाना चाहिए और साम्यवाद का बौद्ध धर्म ही किस तरह से विकल्प है यह भी समझाना जरूरी है। यही नहीं, बौद्ध धम्म ही एकमात्र सर्वोत्तम जीवन मार्ग है इस बात को भी समझाना जरूरी है। इस बात को अच्छी तरह से समझाने के बाद ही बौद्ध धर्म को मजबूत करने की और बरकरार रखने की उम्मीद की जा सकती है। हम लोगों को यह बात भी ध्यान में रखनी चाहिए कि यूरोप के अधिकांश लोग और एशिया के अधिकांश युवा सोचते हैं कि आज की दुनिया में कार्ल मार्क्स ही सर्वश्रेष्ठ और प्रासंगिक हैं। उसी प्रकार वे यह भी सोचते हैं कि बौद्ध भिक्खु संघ का एक बड़ा हिस्सा अनावश्यक ही नहीं है बल्कि वह स्वयं के लिए एक बहुत बड़ा खतरा है। ऐसी सोच किस बात का सूचक है इस बात पर भी भिक्खुओं को ध्यान देना चाहिए। उसके पीछे की पृष्ठभूमि को भी उन्हें समझ लेना चाहिए। और इसलिए उन्हें अपने आपको इस तरह से परिवर्तित करना चाहिए कि उनकी कार्ल मार्क्स के साथ तुलना की जा सके, तब कहीं बौद्ध धर्म के श्रेष्ठत्व को बरकरार रखा जा सकता है।

इस प्राक्कथन के बाद मैं आप लोगों के सामने इस बात का निवेदन करना चाहूँगा कि बौद्ध दर्शन और मार्क्सवाद या साम्यवाद में महत्त्वपूर्ण मुद्दे कौन-से हैं और उनकी विशेषता क्या है? मेरा यह विश्लेषण बुद्ध और मार्क्स के दर्शन के आदर्शों में समानता और विरोध के सन्दर्भ में होगा। उसमें इस बात का भी ऊहापोह होगा कि जीवन के लक्ष्य तथा उद्देश्यों को हासिल करने के लिए साम्यवादी जीवन मार्ग की बजाय बौद्ध जीवन मार्ग ही मानवीय जीवन का लक्ष्य हासिल करने के लिए चिरन्तन सिद्ध हो सकता है या नहीं। जो जीवनमार्ग अल्पजीवी होगा, गुमराह करनेवाला होगा या अराजकता की ओर ले जानेवाला होगा ऐसे जीवनमार्ग का समर्थन करना उचित नहीं होगा। किन्तु आप लोगों को जिस मार्ग को स्वीकार करने के लिए कहा गया है वह मार्ग यदि धीमी रफ्तार का होगा या लम्बी दूरीवाला होगा, फिर भी वह मार्ग भरोसेमन्द होगा और सुरक्षित तथा उचित लक्ष्य तक पहुँचानेवाला होगा। वह तुम्हारे आदर्श तत्त्वों का सहयोगी सिद्ध हो

और तुम्हारे जीवन को स्थिरता प्रदान करनेवाला हो तो उसी मार्ग को अपनाना उचित होगा। कम दूरीवाला और आसान समझनेवाले कँटीले रास्ते की बजाय धीमी रफ्तारवाले लम्बी दूरी का रास्ता तय करते रहना कभी भी उचित ही होता है। जीवन में जल्दबाजी, तुरन्त लाभ कभी भी खतरनाक सिद्ध हो सकता है। सिर्फ खतरनाक ही नहीं बल्कि वह भयंकर और खतरनाक सिद्ध हो सकता है, इस बात को हमेशा ध्यान में रखना चाहिए।

अब मैं अपने मूल विषय की ओर आ रहा हूँ। क्या है मार्क्स के साम्यवाद की विचारधारा? साम्यवादी विचारधारा का मूल सूत्र यह है कि इस दुनिया में शोषण (Exploitation) है। यहाँ अमीरों की ओर से गरीबों का शोषण हो रहा है, क्योंकि धनवानों में धन बटोरने की होड़ लगी हुई है। वे लोग ज्यादा-से-ज्यादा धन-दौलत कमाने में लगे हुए हैं। और इसलिए वे पूँजीपति लोग आम आदमी को, मेहनतकश वर्ग को गुलाम बना रहे हैं। अन्त में इस प्रकार की गुलामी पीड़ा, उत्पीड़न, दरिद्रता और निर्धनता का कारण बनती है। यही मार्क्सवाद की बुनियादी सोच है। मार्क्स ने शोषण (Exploitation) शब्द का इस्तेमाल किया है। इस शोषण को समाप्त करने के लिए कार्ल मार्क्स ने कौन-सा रास्ता बताया है? मार्क्स ने कहा है कि जिस वर्ग का शोषण, उत्पीड़न होता है, उस वर्ग के शोषण, उत्पीड़न को, दरिद्रता को, गरीबी को समाप्त करने के लिए निजी सम्पत्ति रखने पर रोक लगा देनी चाहिए। निजी तौर पर किसी को भी सम्पत्ति नहीं रखनी चाहिए या सम्पत्ति का संग्रह नहीं करना चाहिए। क्योंकि मार्क्स की तान्त्रिक भाषा में कहा जाए तो यह कहा जा सकता है कि मजदूरों के या मेहनतकश वर्ग की मेहनत से ज्यादा सम्पत्ति स्वयं हड़पनेवाला या स्वयं बटोर लेनेवाला निजी सम्पत्ति का एक मालिक बन जाता है। मजदूर वर्ग अपनी मेहनत से उत्पादन को बढ़ाता है और ज्यादा सम्पत्ति को पैदा करता है। लेकिन इस सम्पत्ति पर उस मजदूर का किसी भी प्रकार का हक़ नहीं होता है। उसे उस सम्पत्ति का कुछ भी हिस्सा नहीं मिलता। उस सम्पूर्ण ज्यादा सम्पत्ति को सिर्फ पूँजीपति वर्ग या मालिक वर्ग ही हड़प लेता है। इस सच्चाई को ध्यान में रखते हुए कार्ल मार्क्स ने इस तरह का सवाल उठाया है कि मजदूरों ने अपनी मेहनत के बल पर जो ज्यादा सम्पत्ति पैदा की है उस पर पूँजीपति या मालिक को क्यों अपना हक़ जताना चाहिए? मार्क्स की राय में ज्यादा सम्पत्ति पर कभी भी मालिक का हक़ नहीं होना चाहिए। ज्यादा सम्पत्ति पर सिर्फ राज्य का ही अधिकार होना चाहिए। और उस राज्य में सिर्फ मजदूरों की सत्ता होनी चाहिए। इसी कल्पना पर मार्क्स ने मजदूरों या मेहनतकश वर्ग की तानाशाही (Dectetarship of Ploreteriat) के सिद्धान्त का प्रतिपादन किया है। कार्ल मार्क्स ने जो सिद्धान्त प्रतिपादित किए हैं उनमें यह तीसरा सिद्धान्त है। मजदूर वर्ग की तानाशाही का मतलब मार्क्स को लगता रहा है कि राजसत्ता शोषक वर्ग की नहीं होनी चाहिए, मजदूरों का शोषण करनेवालों की नहीं होनी चाहिए। बल्कि राजसत्ता पर शोषितों और मजदूर वर्ग की सत्ता होनी चाहिए। यह कार्ल मार्क्स का बुनियादी सिद्धान्त है। इसी सिद्धान्त पर आधारित साम्यवाद की स्थापना रूस में हुई है। इस सिद्धान्त को विकसित किया गया और इसे विकसित करने

की प्रक्रिया जारी है। लेकिन बुनियादी सिद्धान्त जैसा कि शुरू में कहा गया, अपनी जगह बरकरार है।

अब मैं कुछ देर के लिए बौद्ध दर्शन की ओर आ रहा हूँ। क्योंकि कार्ल मार्क्स ने जिस बुनियादी विचारधारा का प्रतिपादन किया है उससे मेल खाती हुई और उस सम्बन्ध में बुद्ध ने कुछ कहा है या नहीं, इस बात को समझ लेना भी जरूरी है। कार्ल मार्क्स ने गरीबों के सम्बन्ध में या मजदूरों के शोषण के सम्बन्ध में सवाल उपस्थित कर अपने साम्यवाद की नींव रखी है। लेकिन इस सम्बन्ध में बुद्ध क्या कहते हैं? बुद्ध ने अपने दर्शन की शुरुआत कहाँ से की है? बुद्ध के दर्शन की या बुद्ध के धर्म की इमारत किस बुनियाद पर खड़ी की गई है? बुद्ध ने भी कार्ल मार्क्स की तरह ढाई हजार साल पहले मतलब कार्ल मार्क्स से सैकड़ों साल पहले यही बात कही है। बुद्ध ने कहा है, "दुनिया में दुख है।" बुद्ध ने कार्ल मार्क्स की तरह शोषण (Exploitation) शब्द का इस्तेमाल नहीं किया है। किन्तु शोषण से जो दुख, दरिद्रता पैदा होती है उसी दुख के आधार पर बुद्ध ने अपने दर्शन, अपने धर्म की नींव रखी है। 'दुनिया में दुख है' यह सर्वमान्य सच्चाई है। यह बताकर बुद्ध ने अलग-अलग अर्थों में दुख की परिभाषा की है। दुख का मतलब पुनर्जन्म, दुख का मतलब जीवन और मृत्यु का चक्र। इस तरह का अर्थ बुद्ध ने किया है। किन्तु मैं इस अर्थ से सहमत नहीं हूँ। दुख शब्द दरिद्रता और गरीबी के अर्थ में भी इस्तेमाल हुआ है। यह बात बौद्ध साहित्य में मिलती है। इसलिए बौद्ध दर्शन की बुनियाद और कार्ल मार्क्स के दर्शन की बुनियाद में किसी भी प्रकार का फर्क नहीं है। इसका मतलब यह है कि कार्ल मार्क्स ने जिस सिद्धान्त की स्थापना की है वह सिद्धान्त बिल्कुल नया नहीं है। इसलिए जीवन की बुनियादी नींव खोजने के लिए किसी भी बौद्ध भाई को कार्ल मार्क्स का दरवाजा खटखटाने की कोई जरूरत नहीं है। बुद्ध ने अपने इस विचार की नींव को बहुत पहले अच्छी तरह स्थापित कर दिया था। इस बात को उन्होंने अपने प्रथम उपदेश में ही स्पष्ट कर दिया है। इस उपदेश को बौद्ध साहित्य में 'धम्मचक्रपरिवर्तन सुत्त' के नाम से जाना जाता है। जिन लोगों के दिलो-दिमाग पर कार्ल मार्क्स के विचारों का प्रभाव है उन लोगों से मैं यही कहना चाहता हूँ कि आप लोगों को धम्मचक्रपरिवर्तन सुत्त का अध्ययन करना चाहिए। और बुद्ध ने क्या कहा है इस बात को अच्छी तरह से समझ लेना चाहिए। मुझे इस बात का पूरा यकीन है कि आप लोगों को उसमें मानवीय जीवन संघर्ष की बात शायद ही देखने को मिले। बुद्ध ने अपने दर्शन का या धर्म का निर्माण ईश्वर, आत्मा या इसी प्रकार की अतार्किक और काल्पनिक बातों के आधार पर नहीं किया है। बुद्ध ने मनुष्य के वास्तविक जीवन की ओर निर्देश करते हुए अपने सम्पूर्ण दर्शन का विश्लेषण किया है। मनुष्य पीड़ा, दुख आदि बातों से उत्पीड़ित होता है, यही मानवीय जीवन की वास्तविकता है। इन बातों का ऊहापोह सिर्फ मार्क्स ने ही किया है, ऐसी बात नहीं। बल्कि कार्ल मार्क्स के पैदा होने के दो हजार साल पहले बुद्ध ने समाज की इस वास्तविकता को अच्छी तरह जान लिया था और उससे मुक्ति का रास्ता भी बताया था,

यह बहुत महत्त्वपूर्ण बात है। इस बात को आप लोगों को अच्छी तरह समझ लेना चाहिए। इस तरह गरीबों के प्रति बुद्ध के दर्शन में और मार्क्स के दर्शन में बेहद समानता है, इसमें कोई सन्देह नहीं है।

मार्क्स की विचारधारा के मुताबिक कामगारों के शोषण का प्रतिरोध करने के लिए उत्पादन से प्राप्त होनेवाली सम्पत्ति को राज्य को अपने स्वामित्व में कर लेना चाहिए। सम्पूर्ण भूमि पर राज्य का अधिकार होना चाहिए, सम्पूर्ण उद्योगों-व्यवसायों पर सिर्फ राज्य का ही अधिकार होना चाहिए जिससे कि सम्पत्ति पर एक वर्ग को अपना वर्चस्व स्थापित करने का मौका नहीं मिलेगा। उसी प्रकार मजदूरों की मेहनत से उत्पन्न ज्यादा प्राप्ति का लाभ भी निजी स्वामित्व को नहीं मिलेगा और उसे मजदूरों का शोषण करने का मौका नहीं मिलेगा। यही शोषण के सन्दर्भ में कार्ल मार्क्स की विचारधारा है।

अब हम इस बात पर भी सोचेंगे कि निजी स्वामित्व के सन्दर्भ में बुद्ध की विचारधारा किस प्रकार की है। इसके लिए हमें बौद्ध भिक्खु संघ के बारे में सोचना होगा। और बुद्ध ने भिक्खुओं के लिए जो विनय (नियम) बताया है उनका चिकित्सकीय ढंग से विश्लेषण करना होगा। बुद्ध ने भिक्खुओं के लिए कौन-से नियम बताए हैं? बुद्ध ने बड़े आग्रह के साथ कहा है कि किसी भी भिक्खु को निजी सम्पत्ति नहीं रखनी चाहिए। किसी भिक्खु के पास निजी सम्पत्ति नहीं होनी चाहिए। इस प्रकार का सख्त नियम और निर्बन्ध होने के बाद भी आज आप लोगों को अपवादस्वरूप कुछ उदाहरण दिखाई देंगे। मैंने स्वयं देखा है कि कुछ राष्ट्रों के भिक्खुवर्ग के पास निजी सम्पत्ति है। लेकिन अधिकांश भिक्खुओं के पास किसी भी प्रकार की सम्पत्ति नहीं है। निजी सम्पत्ति रखने के सम्बन्ध में बौद्ध भिक्खु संघ के निर्बन्ध इतने सख्त हैं कि रूस में साम्यवादियों के बनाए नियम भी उतने सख्त नहीं होंगे। इस विषय पर अभी तक किसी ने भी विचार-विमर्श नहीं किया और कोई भी एक निश्चित फैसले तक नहीं पहुँच पाया है, इसलिए मैंने आज इसी विषय पर आपके सामने कुछ कहने का फैसला किया है।

भिक्खु संघ के निर्माण के पीछे बुद्ध का उद्देश्य क्या रहा होगा? बुद्ध को भिक्खुओं का संघ बनाने की जरूरत क्यों महसूस हुई? यदि हम इतिहास की ओर देखें तो हमें यह दिखाई देगा कि जब बुद्ध अपने धर्म का प्रचार और प्रसार कर रहे थे तब 'परिव्राजक' कहे जानेवाले लोग यहाँ-वहाँ घूम रहे थे। यही नहीं, वे बुद्ध के पहले से ही अस्तित्व में थे। 'परिव्राजक' शब्द का अर्थ है 'निराश्रय', मतलब जिनके मकान और बीवी-बच्चे नहीं हैं ऐसे लोग। आर्यों के समय आर्यों के अलग-अलग समूह अन्य जंगली समूहों की तरह आपस में लड़ रहे थे, झगड़ रहे थे। इसमें जो समूह जीत हासिल करते थे वे स्थायी होकर रहते थे, और जो समूह पराजित होते थे उनमें से कुछ लोग अपनी जमीन-जायदाद आदि सभी कुछ छोड़कर घुमन्तू जीवन बिताते थे। उन्होंने कभी भी स्थायी जीवन नहीं अपनाया। इसी तरह भटकते रहनेवाले लोगों को बाद में 'परिव्राजक' कहा गया। बुद्ध ने इस तरह भटकते परिव्राजक लोगों को इकट्ठा करके उनका संघ निर्माण करने और उनके घुमन्तू जीवन को नियमबद्ध करने का बहुत बड़ा महत्त्वपूर्ण

काम किया है। जिन नियमों के द्वारा इस प्रकार के परिव्राजकों को संगठित किया गया उन सभी नियमों की चर्चा हमें 'विनयपिटक' में मिलती है। परिव्राजक बौद्ध भिक्खु बन गए और वे लोग 'विनयपिटक' में बताए गए नियमों के मुताबिक रहने लगे। 'विनयपिटक' के नियमों के मुताबिक भिक्खु को निजी सम्पत्ति इकट्ठा करने या रखने की इजाजत नहीं थी। भिक्खु को निम्न सात चीजें रखने के लिए कहा गया था। उसमें एक वस्तुरा, एक लोटा, एक भिक्षापात्र, तीन चीवर, एक सुई, यही वह सात चीजें हैं। साम्यवाद के मूल दर्शन में यही बात कही गई है कि निजी सम्पत्ति नहीं होनी चाहिए। बौद्ध भिक्खुओं के लिए 'विनयपिटक' में बताया गया इतना सख्त प्रतिबन्ध क्या और कहीं हो सकता है? कम-से-कम मुझे तो इस तरह का नियम कहीं नहीं दिखाई देता है। इसलिए निजी सम्पत्ति न रखने के बारे में साम्यवादी विचारधारा में आज की किसी युवा पीढ़ी को आकर्षण दिखाई देता हो तो उसे निश्चित रूप से बौद्ध दर्शन का 'विनयपिटक' देखना चाहिए। उसे जिस बात की खोज करनी है, वैसी बात उसमें निश्चित तौर पर मिलेगी। लेकिन सवाल पैदा होता है कि निजी सम्पत्ति न रखने का नियम सम्पूर्ण समाज पर किस तरह से लागू किया जा सकता है और कब तक लागू किया जा सकता है? ये सारी बातें व्यवस्था, स्थिति, समय और मानवीय जीवन के विकास आदि पर निर्भर करती हैं। सिद्धान्तों की दृष्टि से सोचा जाए तो निजी सम्पत्ति को समाप्त करना क्या सचमुच गलत है? जब कभी किसी को निजी सम्पत्ति रखने की इच्छा होगी तो क्या बौद्ध धर्म उसके खिलाफ जाएगा? निश्चित तौर पर नहीं। क्योंकि बौद्ध भिक्खु संघ का निर्माण करते समय बुद्ध ने कुछ सुविधाएँ भी दी हैं। बुद्ध ने जरूरी आवश्यकता को पूरा करने के लिए जरूरी सम्पत्ति रखने पर कोई रोक नहीं लगाई है। इस बात की ओर खास तौर पर ध्यान देना चाहिए।

अब हम इस बात के दूसरे मुद्दे की ओर देखेंगे। साम्यवाद की स्थापना के लिए कार्ल मार्क्स या साम्यवादी लोग किस मार्ग को अपनाने की बात करते हैं ? यह एक बहुत महत्त्वपूर्ण सवाल है। साम्यवाद की स्थापना के लिए मार्क्सवादियों का रास्ता हिंसा का रास्ता है। वह साम्यवाद के विरोधियों को नष्ट करने का रास्ता है। और इसी बात में बुद्ध और कार्ल मार्क्स के परिवर्तन के रास्तों में बुनियादी फर्क है। किन्तु बुद्धिज्म की स्थापना के लिए लोगों के दिलो-दिमाग को परिवर्तित करना, यही बुद्ध का संवैधानिक रास्ता है। नैतिक शिक्षा से और प्रेम से लोगों के मन को बदलने पर बुद्ध का यकीन था। बुद्ध अपने विरोधियों को डरा-धमकाकर या सत्ता के बल पर पराजित करना नहीं, बल्कि प्यार और अपनत्व की भावना से अपना बना लेना है। इस बुनियादी फर्क को ध्यान से समझ लेने के बाद यह बात स्पष्ट हो जाती है कि अपने विचारों की स्थापना के लिए बुद्ध को खूनखराबा बिल्कुल पसन्द नहीं है, हिंसा का रास्ता मंजूर नहीं है। किन्तु साम्यवादियों को हिंसा का रास्ता पसन्द है। इस रास्ते से तुरन्त लक्ष्य की प्राप्ति होती है या नहीं, इस बात से साम्यवादियों को कुछ लेना-देना नहीं है। क्योंकि जब आप लोग मनुष्य को ही खत्म कर देने का सिद्धान्त अमल में लाना चाहते हैं तब

आप लोगों का विरोध करनेवाला या आप लोगों का प्रतिकार करनेवाला ही कोई नहीं रहेगा। मतलब इस तरह से प्राप्त होनेवाली सफलता सिर्फ दिखावा बन जाती है। मार्क्सवाद की तुलना में बुद्ध का रास्ता धीमी रफ्तार का और काफी अलग है। शायद वह लोगों को परेशानी का लगे, क्योंकि इसमें सफलता काफी देर बाद मिलती है। किन्तु यह बात उतनी ही सच है कि इस रास्ते में सुरक्षा की पूरी उम्मीद है। जीवन के लिए कोई खतरा सम्भव नहीं है। इसलिए जब आप अपने आदर्श की ओर आगे बढ़ते हैं तब आप लोगों को बुद्ध के रास्ते पर अपने कदम आगे बढ़ाने में ही कल्याण है, इसमें कोई सन्देह नहीं है।

मैं अपने साम्यवादी मित्रों से हमेशा दो-तीन सवालों का जवाब माँगता रहता हूँ। किन्तु मुझे ईमानदारी के साथ कहना चाहिए कि वे मेरे सवालों का जवाब देने में समर्थ नहीं हैं। वे मजदूर वर्ग की तानाशाही को खूनी क्रान्ति के द्वारा स्थापित करना चाहते हैं। वे राजनीतिक सत्ता पर पूँजी के वर्चस्व को नष्ट करना चाहते हैं। उनकी मान्यता के मुताबिक लोकसभा में साम्यवादी प्रतिनिधित्व नहीं हो सकता। उन्हें मतों का अधिकार नहीं मिल सकता। उन्हें ही राज्य की एकछत्री महाप्रजा के रूप में रहना है। उन्हें सत्ता का विभाजन या अधिकारों का विभाजन किए बगैर ही अपनी सत्ता बरकरार रखनी है। इसलिए मैं उन्हें यह सवाल पूछना चाहता हूँ कि क्या तानाशाही लोगों पर अपनी सत्ता स्थापित करने की उचित प्रणाली है? इस बात का वे इस तरह से जवाब देते हैं कि उन्हें तानाशाही शासन प्रणाली कभी मंजूर नहीं है। फिर मैं उन्हें पूछना चाहता हूँ कि फिर उन्हें मजदूर वर्ग की तानाशाही भी क्यों स्वीकार करनी चाहिए? इस बात पर उनका जवाब है कि मौजूदा स्थिति संघर्षमय होने की वजह से मजदूरों की तानाशाही का स्थापित होना जरूरी है। जब तक मजदूर वर्ग की तानाशाही स्थापित नहीं होती तब तक प्रस्थापित पूँजीपतियों का या ज्यादा धन हड़पनेवाले मालिक वर्ग का अन्त नहीं होगा। मैं पुनः उनसे सवाल करता हूँ कि यह संघर्ष की स्थिति और कितने दिनों तक चलेगी? बीस साल या चालीस साल या पचास साल तक? इस सवाल का उनके पास कोई निश्चित जवाब नहीं है। वे घुमा-फिराकर यह जवाब देते हैं कि साम्यवाद स्थिर होने के बाद मजदूर वर्ग की तानाशाही अपने आप समाप्त हो जाएगी। फिर आगे क्या? उसका स्थान कौन लेगा? क्या मनुष्य को किसी भी प्रकार की सरकार की जरूरत नहीं होगी? इस सवाल का जवाब उनके पास नहीं है।

इसी सन्दर्भ में जब हम बुद्ध के दर्शन की ओर देखते हैं और उनके दर्शन के बारे में सवाल करते हैं तब इस सम्बन्ध में बुद्ध क्या कहते हैं? बुद्ध ने दुनिया को एक महान बात बताई है। बुद्ध का कहना है कि मनुष्य की मानसिकता में परिवर्तन आए बगैर और दुनिया की मानसिकता में बदलाव आए बगैर दुनिया में सुधार, परिवर्तन या उत्थान सम्भव नहीं है। बुद्ध की शिक्षा के मुताबिक मनुष्य की मानसिकता में परिवर्तन आया और उसके मुताबिक उसने साम्यवादी विचारधारा को अपनाकर उस पर ईमानदारी के साथ अमल किया तथा उसे जीवन में उतारने का प्रयास किया तो उसे वह निश्चित

तौर पर अंजाम दे सकता है। उसे स्थायित्व प्रदान कर सकता है। इस स्थिति में मनुष्य को कानून की बेड़ियों में जकड़ने के लिए फौजी या पुलिस की कार्रवाई की कोई जरूरत महसूस नहीं होगी। इस तरह की स्थिति क्यों आ सकती है? इसका जवाब यह है कि नैतिकता के उचित रास्ते पर चलने के लिए आप लोगों की मानसिकता का निर्माण बुद्ध के दर्शन के आधार पर हुआ होगा। आपकी मानसिकता ही पूरी तरह से सन्मार्ग से संस्कारित हुई होगी।

साम्यवादी सुधार सम्बन्धों की विचारधारा जुल्म-ज्यादतियों पर आधारित है। कल्पना कीजिए, कल रूस की साम्यवादी तानाशाही सत्ता का पतन हो गया या उस तरह के लक्षण दिखाई दिए तो क्या होगा? साम्यवाद की हालत क्या होगी, इस बात को जान लेने में मुझे निश्चित तौर पर खुशी होगी। मेरी समझ के मुताबिक राज्य के स्वामित्व की सम्पत्ति को हथियाने में रूसी लोग आपस में खूनखराबे पर उतार आएँगे। आपस में संघर्ष करेंगे। यह स्थिति स्वाभाविक तौर पर आएगी। क्योंकि रूसी लोगों ने साम्यवादी विचारधारा को स्वाभाविक तौर पर स्वीकार नहीं किया है। उन्होंने उस विचारधारा को अपने आप स्वीकार नहीं किया है। उस विचारधारा को उन पर जबरन लाद दिया गया है। साम्यवाद की प्रस्थापना करते समय उन्हें इस तरह डराया गया है कि यदि उन्होंने साम्यवादी विचारधारा को स्वीकार नहीं किया तो उन्हें मौत के घाट उतार दिया जाएगा। और इसीलिए वे उसका आज तक आँख मूँदकर समर्थन कर रहे हैं। इस बात को अच्छी तरह ध्यान में रखना चाहिए कि डर से कोई भी विचारधारा स्थायित्व हासिल नहीं कर सकती। यदि किसी विचारधारा को अपनाया गया किन्तु कुछ समय बाद उसकी धारण शक्ति नष्ट हो गई तो उस विचारधारा का आगे क्या होगा इस सवाल का जवाब जब तक नहीं दिया जाएगा, तब तक उसे लोगों के दिलो-दिमाग पर थोपने से कोई फायदा नहीं होगा। क्योंकि यदि उस तरह की मानसिकता को ही तैयार नहीं किया गया तो लोगों को हमेशा सत्ता की जरूरत महसूस होगी। इसी वजह से मुझे हमेशा बुद्ध के प्रति लगाव रहा है। बुद्ध की विचारधारा लोकतन्त्र की विचारधारा है।

अजातशत्रु वज्जियों को (वैशाली गणराज्य) जीतना चाहते थे। इस बात को बताने के लिए अजातशत्रु का प्रधान सेनापति बुद्ध के पास आया। बुद्ध ने उससे कहा, राजा अजातशत्रु वज्जियों को पराजित नहीं कर सकता। क्योंकि जब तक वज्जि लोग अपनी पुरानी परम्परा को लेकर राज्यसत्ता का संचालन कर रहे हैं, तब तक कोई भी सत्ता उन्हें पराजित नहीं कर सकती। बुद्ध ने वज्जियों की पुरानी परम्परा का खुला विश्लेषण किस वजह से नहीं किया, इस बात को समझने का कोई रास्ता नहीं है। किन्तु जिस सम्बन्ध में उन्होंने कहा वह बात वज्जियों के लोकतन्त्र प्रधान और गणतन्त्री राज्यशासन प्रणाली के सम्बन्ध में थी, इसमें कोई सन्देह नहीं। इसीलिए बुद्ध ने कहा, वज्जि लोग जब तक अपनी पुरानी परम्परा के अनुसार चलेंगे, तब तक वे कभी पराजित नहीं होंगे। इससे यह बात सिद्ध होती है कि बुद्ध लोकतन्त्र के सबसे बड़े समर्थक थे, इसमें कोई सन्देह नहीं।

यदि अध्यक्ष महोदय मुझे इजाजत दें तो मैं इसी बात की ओर आपका ध्यान आकर्षित करना चाहता हूँ कि मैं राजनीतिशास्त्र का छात्र था, मैं अर्थशास्त्र का भी छात्र था, यही नहीं, मैं अर्थशास्त्र का अधिव्याख्याता भी था। मैंने अपने जीवन का काफी समय कार्ल मार्क्स, साम्यवाद और अन्य विषयों का अध्ययन करने में बिताया है। उसी तरह मैंने बुद्ध के धर्म का अध्ययन करने में भी काफी समय बिताया है। बौद्ध दर्शन और मार्क्सवाद का तुलनात्मक अध्ययन करके, उसके बाद मैं इस निष्कर्ष पर पहुँचा हूँ कि दुनिया की एक बहुत बड़ी समस्या दुख है। और उसे समाप्त करने का एक निश्चित मार्ग है। इसके लिए बुद्ध का मार्ग ही सर्वोत्तम और सुरक्षित है, जो गहरी बुनियाद पर टिका है। इसीलिए मैं बौद्ध राष्ट्रों की युवा पीढ़ी से कहना चाहता हूँ कि उन्हें बौद्ध धर्म के यथार्थवादी दर्शन पर ही विशेष बल देना चाहिए और उसी पर अपना सम्पूर्ण ध्यान केन्द्रित करना चाहिए।

शायद जब कभी बौद्ध धर्म पर खतरे के बादल मँडराने लगें तो इसके लिए बौद्ध राष्ट्र के भिक्खुओं को ही जिम्मेदार मानना पड़ेगा। क्योंकि निजी तौर पर मुझे भी ऐसा लगता है कि जिन भिक्खुओं को जान की बाजी लगाकर अपनी जिम्मेदारी को पूरा करना चाहिए था उन्होंने उस जिम्मेदारी को पूरा नहीं किया, यही उसका अर्थ होगा। आज कहाँ धर्म-प्रचार हो रहा है? आज बौद्ध धर्म के प्रचार-प्रसार की स्थिति क्या है? भिक्खुओं का सही कर्त्तव्य है धर्म का प्रसार और प्रचार करना। लेकिन भिक्खु लोग आज क्या कर रहे हैं? आज का भिक्खु खा-पीकर विहार में आराम से रहता है। वह सिर्फ एक ही समय भोजन ग्रहण करता है, इसमें कोई सन्देह नहीं। किन्तु उसका अधिकांश समय आलस में गुजर जाता है इसमें भी कोई सन्देह नहीं। वह कुछ थोड़ा-सा पढ़ लेता है। किन्तु अधिकांश समय तो आराम की नींद लेता रहता है। शाम का समय संगीत सुनने में गँवा देता है। यह रास्ता कोई धर्म के प्रचार-प्रसार का रास्ता नहीं है।

भाइयो, मैं किसी की आलोचना नहीं करना चाहता। किन्तु धर्म में, समाज में नवजाग्रति की नैतिक शक्ति हो तो आप लोगों को धर्म की विचारधारा को लगातार लोगों तक पहुँचाते रहना चाहिए। धर्म के दर्शन की जलधारा को लोगों को बार-बार पिलाते रहना चाहिए। बच्चे को स्कूल में कितने दिन गुजारने पड़ते हैं? आप लोग सिर्फ एक दिन के लिए बच्चे को स्कूल नहीं भेजते। उसके बाद उसे घर में सम्पूर्ण शिक्षा हासिल करनी चाहिए, सम्पूर्ण ज्ञान हासिल कर लेना चाहिए, इस तरह की आप कोई कोशिश नहीं करते। बच्चा हर दिन स्कूल में गया, उसने पाँच घंटे स्कूल में बिताए और उसने लगातार अध्ययन किया तब कहीं वह थोड़ा-सा ज्ञान हासिल कर सकता है। लेकिन आज के भिक्खु एक दिन भी लोगों को विहार में नहीं बुलाते या किसी विषय का ज्ञान नहीं देते, कोई शिक्षा नहीं देते। वे किसी प्रकार का धर्मोपदेश भी नहीं करते। मैंने उन्हें कभी धर्मोपदेश करते हुए नहीं देखा है।

मैं एक बार श्रीलंका गया था। उस समय मैंने वहाँ के लोगों से कहा कि भिक्खु किस प्रकार का धर्म प्रचार करते हैं, यह मुझे देखना है। उन्होंने मुझसे कहा कि उनके

यहाँ 'दान' पद्धति है। बाद में मेरी समझ में आया कि 'वणाक' इस अर्थ में 'दान' शब्द का उपयोग किया जाता है। वे मुझे ग्यारह बजे एक स्थान पर ले गए। वहाँ टेबल की तरह एक चौकोर चीज रखी हुई थी। मैं जमीन पर बैठ गया। कुछ समय बाद वहाँ कई भिक्खु आए। वहाँ पर इकट्ठा कई महिलाओं तथा पुरुषों ने पानी से उनके पाँव धोए। बाद में सभी भिक्खु उस आसन पर जाकर बैठ गए। सभी भिक्खुओं के पास हवा लेने के लिए एक-एक हाथ का पंखा था। उन्होंने कुछ सूत्रों का पाठ किया। किन्तु उन्होंने किन सूत्रों का पाठ किया इसे वे ही जानें। शायद उन्होंने अपना धम्म-प्रवचन सिंहली भाषा में किया होगा। लेकिन वह भी सिर्फ केवल दो मिनट। उसके बाद वे वहाँ से चले गए।

अब आप ईसाइयों के चर्च में जाकर देखिए। वहाँ क्या होता है? वहाँ हर सप्ताह लोग इकट्ठा होते हैं। वे वहाँ प्रार्थना करते हैं। वहाँ उनका कोई धर्मगुरु बाइबिल के किसी विषय पर प्रवचन देकर ईसा मसीह ने क्या उपदेश दिया, इस बात को समझाता है। और वह लोगों से यह आह्‌वान करता है कि उस उपदेश का बार-बार स्मरण कीजिए। आप लोग निश्चित रूप से इस बात को सुनकर आश्चर्य में पड़ जाएँगे कि ईसाई धर्म का नब्बे फीसदी हिस्सा दर्शन तथा रचनात्मक दृष्टि से बौद्ध धर्म से लिया गया है। आप लोग रोम में जाइए। वहाँ के मुख्य चर्च को देखिए। आपको भरहूत के 'विश्वकर्मा' नाम से जाने जानेवाले मन्दिर की निश्चित तौर पर याद आएगी।

व्हिशबिग्ने नाम का चीन में एक ईसाई मिशनरी था। उसने बौद्ध धर्म पर कई किताबें भी लिखी हैं। उसने बौद्ध धर्म और ईसाई धर्म में जो बेहद समानता है उसके बारे में बड़ा आश्चर्य व्यक्त किया है। प्रत्यक्ष रूप से उसने यह कहने का साहस नहीं किया है कि बौद्धों ने ईसाइयों की नकल की है फिर भी ईसाइयों ने बौद्ध दर्शन से कई बातें उधार ली हैं। इस बात को भी स्वीकार करने के लिए वह तैयार नहीं है। इस सम्बन्ध में बहुत सारी बातें कही जा सकती हैं।

अब समय काफी बदल चुका है। ईसाइयों ने बौद्ध दर्शन की नकल की है, इसमें कोई सन्देह नहीं। लेकिन बौद्ध धर्म के प्रचार के लिए ईसाइयों द्वारा अपनाए गए मार्ग की बौद्धों द्वारा नकल करने में कोई आपत्ति नहीं होनी चाहिए। यद्यपि वे रास्ता भूल गए फिर भी बुद्ध का धर्म उनके मार्गदर्शन के लिए किसी पुलिस की तरह हमेशा पहरेदारी करता हुआ खड़ा है। इस तरह की बातों का लोगों के दिलो-दिमाग पर प्रभाव कायम किए बगैर बौद्ध धर्म के पतन को रोका नहीं जा सकता। आज भी बौद्ध राष्ट्रों में बौद्ध धर्म की स्थिति काफी बदतर है। इतना सब होने के बावजूद लोगों के दिलो-दिमाग पर बौद्ध धर्म का गहरा प्रभाव है, इसमें कोई सन्देह नहीं है।

अन्त में मुझे एक बहुत मजेदार और महत्त्वपूर्ण बात की ओर आपका ध्यान आकर्षित करना है। बात उस समय की है जब मैं ब्रह्मदेश में था। वहाँ मुझे एक परिषद् के लिए निमन्त्रित किया गया था। उस समय वहाँ के लोग यह दिखाने के लिए मुझे एक देहात में ले गए थे कि ब्रह्मदेश में देहातों की पुनर्रचना किस प्रकार से की जा रही

है। इससे मुझे बड़ी खुशी हुई। वहाँ की एक कमेटी ने देहात की पुनर्रचना का एक नक्शा तैयार किया था। उस देहात के सभी रास्ते हमेशा की तरह आड़े-तिरछे और बेढंगे थे। वे लोग उन रास्तों को सीधा करना चाहते थे। उसके लिए उस कमेटी ने लोहे के खम्भे गाड़कर सीधी रस्सियाँ बाँध दी थीं। और इस तरह से रास्ते सीधे करने चाहिए, ऐसा निर्णय लिया। वहाँ मुझे यह दिखाई दिया कि कमेटी द्वारा तय किया गया रास्ता कई लोगों की निजी भूमि से होकर था। उस पर मैंने सवाल किया कि इस स्थिति में कमेटी किस तरह रास्ता बना सकती है? क्या जिनकी निजी भूमि को पार करते हुए रास्ता जाएगा उन लोगों को उनके नुकसान का मुआवजा देने के लिए कमेटी के पास उतना पैसा है? उन्होंने कहा कि किसी ने भी पैसे की माँग नहीं की है। बल्कि हर आदमी की यह इच्छा है कि रास्ता बनाने के लिए भूमि खुशी के साथ ले सकते हैं। इस बात को सुनकर मुझे बड़ा आश्चर्य हुआ। यह कैसे सम्भव हुआ? क्योंकि मेरे देश में नुकसान का मुआवजा लिए बगैर मामूली भूमि भी ली गई तब भी खून बहाया जाता है, किन्तु ब्रह्मदेश में इस तरह से कुछ नहीं होता है, आखिर क्यों? ब्रह्मी लोग अपनी जायदाद के बारे में इतने उदार क्यों हैं? क्या उनको अपनी जमीन के प्रति लोभ नहीं है? क्या उन्हें अपनी जायदाद की कोई चिन्ता नहीं है? इसकी वजह यही है कि बुद्ध का 'सब्बं अनिच्चं' का उपदेश उनके दिलो-दिमाग को काफी प्रभावित कर गया है। दुनिया की कोई भी चीज नित्य नहीं है, शाश्वत नहीं है, हर चीज नाशवान है। फिर इस तरह की अनित्य चीज के लिए झगड़ने का मतलब ही क्या है? उनकी यह मानसिकता बन गई है कि यदि जमीन चाहते हो तो बड़े शौक से ले सकते हो।

भाइयो तथा बहनो, इससे ज्यादा मैं और कुछ कहूँ, ऐसा कुछ नहीं बचा है। आप लोगों को कुछ मुद्दों की जानकारी प्राप्त हो यही मेरी इच्छा थी। आप लोगों को साम्यवाद के प्रभाव से घबराने की कोई बात नहीं है। उससे गुमराह होने की कोई बात नहीं है या हड़बड़ाने की भी बात नहीं है। यदि आप लोगों ने बौद्ध विचारधारा और दर्शन का एक दशांश हिस्सा भी अपने जीवन में उतार लिया तो साम्यवाद जो कुछ निर्माण करना चाहता है वह आप लोग करुणा, न्याय और सद्भावना के बल पर निर्माण कर सकते हैं, इस बात में बिल्कुल सन्देह नहीं है। धन्यवाद!

प्रबुद्ध भारत : दि. 3 अगस्त 1956।

Dr. Babasaheb Ambedkar Writing and Speeches, vol. 18, part-III, p. 542

बौद्ध धम्म ही मानव धम्म है

*दि. **24 नवम्बर 1956** को दोपहर 1.00 बजे डॉ. बाबासाहेब अम्बेडकर काशी से लौटकर सारनाथ पहुँचे। वे वहाँ के बौद्ध भिक्खुओं से मिले। उन्होंने बौद्ध धम्म के प्रचार और प्रसार के सम्बन्ध में बौद्ध भिक्खुओं से विचार-विमर्श किया। उन्होंने कहा कि बौद्धों ने हर रविवार को बुद्ध विहार में जाना चाहिए। भारत के हर गाँव में बुद्ध विहार होना चाहिए। और इसके लिए सीलोन, म्यांमार, तिब्बत, चीन आदि देशों के भिक्खुओं ने अगुवाई करके आर्थिक सहयोग करना चाहिए। इस अवसर पर सारनाथ में आयोजित समारम्भ में भिक्खुओं को और अन्य उपस्थित लोगों को सम्बोधित करते हुए डॉ. अम्बेडकर ने कहा–*

भाइयो तथा बहनो,

आम जनता को अब बड़े गम्भीर रूप से सोचना चाहिए। हिन्दू धर्मग्रन्थों में जिस जीवन का वर्णन किया गया है उसका और हमने जो संविधान तैयार किया है उसमें क्या कुछ समानता है? यदि समानता नहीं है तो उसकी वजह क्या है? हम लोगों को आज हमारा धर्म (हिन्दू धर्म) और संविधान इन दो में से एक को स्वीकार करना चाहिए। हम लोगों को धर्म (हिन्दू धर्म) को जिन्दा रखना चाहिए या संविधान को ही जिन्दा रखना चाहिए। किन्तु दोनों चीजें एक जगह नहीं रह सकतीं। दोनों में किसी भी प्रकार का मिलाप नहीं हो सकता।

हिन्दू धर्म में कई विचार-प्रवाह हैं, उन सभी में शंकराचार्य की विचारधारा अच्छी समझी जाती है। शंकराचार्य का 'ब्रह्म सत्य जगमिथ्या' का सिद्धान्त सबसे ज्यादा महत्त्वपूर्ण समझा जाता है। लेकिन बौद्ध धर्म के महान सिद्धान्तों के सामने वह एकदम घटिया और बकवास है।

नवदीक्षित बौद्धों का यह पहला कर्त्तव्य है कि उन्हें हर रविवार को बौद्ध विहारों में जाना चाहिए। यदि इस तरह से नहीं किया गया तो इन नवदीक्षित बौद्धों को बौद्ध धर्म की जानकारी हासिल नहीं होगी। इसलिए जगह-जगह बौद्ध विहारों का निर्माण होना चाहिए। विहारों में सभा का आयोजन करने की जगह होनी चाहिए। श्रीलंका, बर्मा, तिब्बत, चीन आदि राष्ट्रों के बौद्ध भिक्खुओं को अगुआयी करके पैसा इकट्ठा करना चाहिए और भारत के बौद्ध लोगों का सहयोग करना चाहिए।

आज सुबह उत्तर प्रदेश के पूर्व सभा प्रमुख मान्यवर द्वारका प्रसाद जी मुझसे मिलने आए थे। उन्होंने मुझसे दिसम्बर में जौनपुर आने का आग्रह किया। मैंने उन्हें जौनपुर आने का आश्वासन दिया है लेकिन अभी तारीख तय नहीं हुई है। जौनपुर में विराट सामुदायिक धर्मान्तरण कार्यक्रम की तैयारी शुरू हो गई है। इस अवसर पर उत्तर प्रदेश के पुर्किय जिले के लाखों पिछड़े लोग (बौद्ध) धर्म की दीक्षा लेंगे। आज भी इन पिछड़े वर्ग के लोगों का सवर्ण हिन्दू वर्ग की ओर से जबर्दस्त शोषण, उत्पीड़न जारी है। वे लोग बौद्ध धर्म की दीक्षा लेकर अपने पूर्वजों का रास्ता पुनः अख्तियार करनेवाले हैं।

बौद्ध धर्म ही मानव धम्म है

बौद्ध धर्म की नींव बड़ी गहरी है। यह धर्म मानव धर्म है। इस धर्म के अलावा मानव कल्याण का अन्य कोई उपयोगी धर्म नहीं है।

हम लोगों को भारत के प्राचीन इतिहास को समझना चाहिए। भारत में सबसे पहले आर्य और नाग लोगों में युद्ध हुआ। युद्ध के लिए आर्यों के पास घोड़े थे। उनके बलबूते पर उन्होंने नाग लोगों पर विजय हासिल की। यही नाग लोग आज हिन्दू हैं। नाग लोगों ने सबसे पहले बौद्ध धर्म को स्वीकार किया। उन्हें बौद्ध धर्म का प्रसार करने में सफलता मिली। लेकिन इन नागों को समाप्त करने के लिए आर्यों ने बार-बार प्रयास किए। इस बात के प्रमाण महाभारत में कई जगह मिलते हैं। बाद में आर्यों ने ब्राह्मण धर्म का प्रसार किया। उसमें कई दोष पैदा हो गए। ब्राह्मणों ने ही चातुर्वर्ण्य व्यवस्था को पैदा किया। लेकिन भगवान बुद्ध ने चातुर्वर्ण्य व्यवस्था का जबर्दस्त विरोध किया। उन्होंने चातुर्वर्ण्य को अस्वीकार करते हुए समानता का प्रचार किया। और इसी बुनियाद पर बौद्ध धर्म की स्थापना की। भगवान बुद्ध ने ब्राह्मणों की यज्ञ व्यवस्था का जबर्दस्त विरोध किया और उन्होंने उस यज्ञ व्यवस्था को पूरी तरह से नकार दिया। ब्राह्मणों ने हिंसा की प्रथा शुरू की थी उसे नष्ट करके भगवान बुद्ध ने अहिंसा का प्रचार किया है।

भगवान बुद्ध ने कहा कि बौद्ध धर्म महासागर की तरह है। उसमें किसी भी प्रकार के भेदभाव के लिए कोई स्थान नहीं है। भगवान बुद्ध ने करुणा का प्रचार करके उस समय के दलित, शोषित, उत्पीड़ित वर्ग को अपनी ओर आकर्षित किया था और उनको उचित रास्ता दिखाया।

अछूतपन का कलंक

हिन्दू धर्म के मूल में ही भयंकर दोष है। इसी कारण हमें इस धर्म को छोड़ देना पड़ेगा और हमें पूरी तरह स्वतन्त्र, एक नए धर्म को स्वीकार करना पड़ेगा। मेरी राय में बौद्ध धर्म ही एक स्वतन्त्र और नया धर्म है। इस धर्म में ऊँच-नीच, अमीर-गरीब, जाति-पाँति का कोई भेदभाव नहीं है।

अछूत समाज की भलाई और कल्याण बौद्ध धर्म को स्वीकार करने से ही हो सकता है। हिन्दू समाज में जो असमानता, भेदभाव, अन्याय और कुप्रथाएँ हैं उनका नाश बौद्ध धर्म को स्वीकार करने से ही हो सकता है।

भारत के अछूतों ने बौद्ध धर्म को स्वीकार करने के बाद बर्मा, चीन, जापान, लंका आदि सभी बौद्ध देशों की हमदर्दी हमारी दयनीय स्थिति से होगी और हम हमेशा-हमेशा के लिए हिन्दू धर्म की दासता से मुक्त हो जाएँगे। उक्त राष्ट्रों ने आज तक हम पर होनेवाले अन्याय के खिलाफ क्यों आवाज नहीं उठाई? इसका कारण यही है कि उनकी जानकारी के मुताबिक यह हिन्दुओं के बीच का आपसी झगड़ा है। यदि बौद्ध धर्म को स्वीकार करने के बाद भी हिन्दू लोग हमें समानता, स्वतन्त्रता और भाईचारे से दूर रखने की कोशिश करेंगे तो हम उक्त बौद्ध राष्ट्रों की मदद से उन्हें हासिल किए बगैर नहीं रहेंगे।

हिन्दू धर्म के माथे पर अछूतपन एक भयंकर कलंक है। इसी की वजह से हिन्दू जाति के दिलो-दिमाग की दुष्टता दिखाई देती है। अछूत लोग पवित्र और शुद्ध होकर देवता के दर्शन के लिए जाते हैं फिर भी उनके लिए मन्दिर के दरवाजे बन्द किए जाते हैं। सवर्ण हिन्दुओं की यह जिम्मेदारी है कि उन्हें छूतछात, भेदभाव, जातपाँत को पूरी तरह से खत्म कर देना चाहिए। हम लोगों को उनके मुर्दे को अपने कन्धों पर क्यों ढोना चाहिए?

मैं आज देश के तमाम अछूतों, पिछड़ों को आह्वान करता हूँ कि उन्हें वही धर्म स्वीकार करना चाहिए जिस धर्म में मनुष्य मनुष्य के बीच किसी प्रकार का भेदभाव न हो, सभी के प्रति समानता का भाव हो। परस्पर मैत्री से वे इकट्ठा हो सकते हैं। यही महान आदर्श बौद्ध धर्म में है। जिस प्रकार कई नदियाँ सागर में मिल जाती हैं और अपना अस्तित्व भूल जाती हैं उसी प्रकार बौद्ध धर्म स्वीकार करने के बाद सभी लोग समान हो जाते हैं। उनमें किसी प्रकार की असमानता नहीं रहती। बौद्ध धर्म सिर्फ अछूतों को ही नहीं सम्पूर्ण मानव जाति के लिए भी कल्याणकारी है। सवर्ण हिन्दुओं को निश्चित तौर पर इस धर्म को अपनाना चाहिए।

अन्य धर्मों में सृष्टि का निर्माणकर्त्ता ईश्वर समझा जाता है। और जो दोष रह गए हैं उनके लिए ईश्वर को जिम्मेदार समझा जाता है। लेकिन ऐसी विचारधारा बौद्ध धर्म में नहीं है। बौद्ध धर्म में यह कहा गया है कि दुनिया में दुख है। उस दुख को समाप्त किया जा सकता है। और उसके लिए कौन-से रास्ते हैं यह भी बताया गया है। हिन्दू धर्म की सारी विचारधारा रूढ़-परम्पराओं पर आधारित है। इस प्रकार की रूढ़-परम्पराएँ चातुर्वर्ण्य व्यवस्था से पैदा हुई हैं। बौद्ध धर्म के कई भिक्खु और भिक्खुणियाँ हुई हैं। उनके सम्बन्ध में पर्याप्त जानकारी 'थेरगाथा' और 'थेरीगाथा' जैसे ग्रन्थों में मिलती है।

हिन्दुओं के पास न्याय करने का अधिकार था। लेकिन उन्होंने आज तक अछूतों के साथ अन्याय ही किया है। इसलिए आप लोगों को हिन्दुओं से अलग होकर भगवान बुद्ध की विचारधारा को अपनाना चाहिए, उन्हीं के आदर्शों पर चलना चाहिए।

मुझे नेपाल की राजधानी काठमांडू के पशुपतिनाथ के मन्दिर में जाने से रोका गया, इस तरह की झूठी खबर अखबारों में प्रकाशित होने की बात मैं सुन रहा हूँ। मैं किसी भी हिन्दू मन्दिर में नहीं जाता। उन्होंने मुझसे सौ बार प्रार्थना की होती तब भी मेरा उस मन्दिर में जाना सम्भव नहीं था। नेपाल के महाराजा ने एक दिन पहले मेरे निजी सचिव को बुलाकर सूचित किया था कि डॉक्टर साहब को मन्दिर में मत जाने दीजिए और यह भी कहा था कि बौद्धों को हिन्दू मन्दिर में जाने देने योग्य आज की स्थिति नहीं है। नेपाल, श्रीलंका और भारत के भिक्खु उस मन्दिर में जाना चाहते थे। लेकिन उन्हें मन्दिर में जाने से रोका गया। जो आदमी ईश्वर पर ईमान नहीं रखता, उसका ऐसा करने का मतलब अपने-आपको धोखा देनेवाली बात है और हिन्दुओं के देवताओं का अपमान करनेवाली बात है। बौद्धों को कभी हिन्दुओं के मन्दिरों में नहीं जाना चाहिए। बौद्ध विहारों में सभी लोग समान हैं। वहाँ किसी को भी आने से नहीं रोकना चाहिए।

जो अछूत हिन्दू धर्म में ही रहकर मन्दिरों में प्रवेश करना चाहते हैं, हिन्दू समाज में समानता चाहते हैं वे भ्रम में जी रहे हैं। उन्हें अपना अपमान, अन्याय और बर्बादी करवानी हो तो उस पर मुझे कुछ नहीं कहना है। लेकिन बौद्धों को इस झंझट में नहीं पड़ना चाहिए। हम अपनी रोज की वन्दना में कहते हैं, 'नत्थि मे सरणं अञ्ञं बुद्धो मे सरणं वरं' मतलब मैं बुद्ध के अलावा किसी की भी शरण में नहीं जाऊँगा। जो लोग रोज इस तरह से कहते हैं उन्हें हिन्दू मन्दिरों में जाने की कोई जरूरत ही नहीं है, हिन्दू मन्दिरों में जाने के लिए जिद करने की कोई जरूरत नहीं है।

काशी के काशी विश्वनाथ मन्दिर-प्रवेश का सत्याग्रह एक राजनीतिक दाँव है। उससे दलितों की कुछ भलाई होनेवाली नहीं है। इसीलिए दलितों को बौद्ध धर्म को स्वीकार करके ही भाईचारा और समानता प्राप्त करनी है, यही हमारा मुख्य कर्त्तव्य है।

'धर्मदूत' (मासिक) : दिसम्बर 1956, पृ. 244।

Dr. Babasaheb Ambedkar Writing and Speeches, vol. 18, part-III, p. 559

शब्दानुक्रमणिका

क

ख

ग

च

छ

ज

प

फ

ब

भ

म

य

र

ल

व

श

स

ह

●●●